Festschrift für Gerhard Wolf

Herausgegeben von
Thomas Bode,
Michał Jakowczyk,
Martin Mrosk,
Nikolaus Wrage

Festschrift für Gerhard Wolf

PETER LANG

Bibliografische Information der Deutschen Nationalbibliothek
Die Deutsche Nationalbibliothek verzeichnet diese Publikation in der Deutschen Nationalbibliografie; detaillierte bibliografische Daten sind im Internet über http://dnb.d-nb.de abrufbar.

Redaktionsschluss 31.12.2017

Die den Beiträgen vorangestellten Abstracts in englischer Sprache wurden von der Redaktion der Festschrift verfasst.

ISBN 978-3-631-77273-7 (Print)
E-ISBN 978-3-631-78020-6 (E-PDF)
E-ISBN 978-3-631-78021-3 (EPUB)
E-ISBN 978-3-631-78022-0 (MOBI)
DOI 10.3726/b15206

Peter Lang – Berlin · Bern · Bruxelles · New York ·
Oxford · Warszawa · Wien

Diese Publikation wurde begutachtet.

www.peterlang.com

Inhaltsverzeichnis

Autorenverzeichnis 9

Das große Ganze 11

Grußwort 14

George Andoor
Ein „ketzerischer“ Vorschlag zur Reform des Rechtsmittelrechts in Strafsachen 15

Heiko Artkämper
Falsa demonstratio (non nocet) und error in persona in der strafrechtlichen Hauptverhandlung: Überlegungen zum „falschen“ Angeklagten 49

Thomas Bode
„Weiterfresserschaden“ im Strafrecht? – Die Schädigung des Nasciturus und das dadurch verursachte Fetale Alkoholsyndrom (FAS/FAE) bei geborenen Menschen aus strafrechtlicher Sicht 67

Thomas Crofts
Strafrechtliche Verantwortlichkeit von Minderjährigen in Australien 101

Dieter Dölling
Strafjustiz im Spannungsverhältnis zwischen Zwang und Dialog 125

Gunnar Duttge
Vom Sinn des Gutachtenstils 135

Jörg Eisele
Reformbedürftigkeit des Schriftenbegriffs im StGB 151

Dirk Fabricius
Die Realität des Rechts im Kontext einer evolutionären Theorie – eine Skizze und drei Vignetten 165

Kirsten Graalmann-Scheerer
Die elektronische Akte in Strafsachen 187

Walter Gropp
Der unvermeidbare Erlaubnistatumstandsirrtum – ein Rechtfertigungsgrund sui generis! 203

Horst Hammen
Aktienoptionen im scheidungsbedingten Zugewinnausgleich (Anfangsvermögen) 217

Arthur Hartmann
Das neue Recht der Einziehung 235

Felix Herzog
Gnade oder Recht für die Tötung von Haustyrannen? Einige Anmerkungen 263

Matthias Jahn
Verteidigung lege artis 271

Arnd Koch
„Das Volk" als Richter über NS-Verbrechen Die Urteilspraxis der bayerischen Schwurgerichte 285

Erik Kraatz
Zum Irrweg der mittelbaren Täterschaft kraft Organisationsherrschaft in Wirtschaftsunternehmen 301

Volker Krey
About Magicians and Witches Reflections on Legal History 325

Hans Kudlich
Mehr wagen müssen – mehr wagen dürfen 349

Kristian Kühl
Freud und Leid des Festschriftbeitrags – Ein ungewöhnlicher Beitrag – 367

Dorothea Magnus
§ 56a StGB: Gründe für wider die gesetzliche Dauer der Bewährungszeit ... 373

Andreas Mosbacher
Der neue § 169 Abs. 3 GVG, insbesondere in Strafsachen ... 387

Martin Mrosk
Die Reform des Tötungsstrafrechts nach dem Referentenentwurf des Bundesjustizministeriums aus dem Jahr 2016 ... 401

Hartmut Schneider
Zur Rechtsstellung des Beschuldigten im Ermittlungsverfahren ... 421

Friedrich-Christian Schroeder
Formen der Umsetzung europäischer Vorgaben zur Bekämpfung des Menschenhandels ... 457

Sebastian Söllner
Reformbedarf bei den Sicherheitsbehörden des Bundes und deren verfassungsrechtliche Grenzen ... 467

Brian Valerius
Ton- und Filmaufnahmen und -übertragungen von Urteilsverkündungen. Eine kritische Betrachtung der neuen Fassung des § 169 GVG ... 477

Joachim Wolf
Grundrechtsschutz ... 499

Nikolaus Wrage
Mittäterschaftlich begangener Mord durch unerlaubtes Autorennen? – LG Berlin NStZ 2017, 471 ... 547

List of Figures ... 559

Autorenverzeichnis

Andoor, George	Rechtsassessor, Mag. Jur., Hessisches Ministerium des Innern und für Sport
Artkämper, Heiko	Dr., Staatsanwalt (GL) Dortmund
Bode, Thomas	Prof. Dr., Fachhochschule der öffentlichen Verwaltung Nordrhein-Westfalen/Köln
Crofts, Thomas	Prof. Dr., Universitätsprofessor Sydney
Dölling, Dieter	Prof. Dr., Universitätsprofessor Heidelberg
Duttge, Gunnar	Prof. Dr., Universitätsprofessor Göttingen
Eisele, Jörg	Prof. Dr., Universitätsprofessor Tübingen
Fabricius, Dirk	Prof. Dr., Universitätsprofessor Frankfurt (Main)
Graalmann-Scheerer, Kirsten	Prof. Dr., Generalstaatsanwältin Bremen
Gropp, Walter	Prof. Dr., Universitätsprofessor Giessen
Hammen, Horst	Prof. Dr., Universitätsprofessor Giessen
Hartmann, Arthur	Prof. Dr., Hochschule für öffentliche Verwaltung Bremen
Herzog, Felix	Prof. Dr., Universitätsprofessor Bremen
Jahn, Matthias	Prof. Dr., Universitätsprofessor Frankfurt (Main); Richter am OLG Frankfurt (Main)
Koch, Arndt	Prof. Dr., Universitätsprofessor Augsburg
Kraatz, Erik	Prof. Dr., Hochschule für Wirtschaft und Recht Berlin
Krey, Volker	Prof. Dr., Universitätsprofessor Trier, Richter am OLG Koblenz a.D.
Kudlich, Hans	Prof. Dr., Universitätsprofessor Erlangen-Nürnberg
Kühl, Kristian	Prof. Dr., Universitätsprofessor Tübingen
Magnus, Dorothea	Dr., LL.M., Privatdozentin Hamburg
Mosbacher, Andreas	Prof. Dr., Richter am Bundesgerichtshof

Mrosk, Martin	Richter am Landgericht Berlin; Lehrbeauftragter Hochschule für Wirtschaft und Recht Berlin
Schneider, Hartmut	Prof. Dr., Bundesanwalt beim Bundesgerichtshof
Schroeder, Friedrich-Christian	Prof. Dr., Universitätsprofessor Regensburg
Söllner, Sebastian	Dr., Rechtsanwalt Berlin
Valerius, Brian	Prof. Dr., Universitätsprofessor Bayreuth
Wolf, Joachim	Prof. Dr., Universitätsprofessor Bochum
Wrage, Nikolaus	Dr., Leitender Verwaltungsdirektor Deutsche Rentenversicherung Mitteldeutschland

Das große Ganze

Gerhard Wolf wirkte in den Jahren 1994 bis 2017 als Strafrechtslehrer an der Europa-Universität Viadrina in Frankfurt (Oder). Geprägt durch den Vater Ernst Wolf, Professor für Zivilrecht an der Philipps-Universität in Marburg, und seinen eigenen akademischen Lehrer, den viel zu früh verstorbenen Marburger Strafrechtslehrer Dieter Meurer, standen bei Gerhard Wolf Sprache und Methodik im Zentrum des Schaffens. Für ihn waren dies die notwendigen Bedingungen, um das Strafrecht im Zaum zu halten. Jedem, der sich nur ansatzweise mit diesem Rechtsgebiet auseinandersetzt, weiß, wie politisch überfrachtet das Strafrecht ist. Auch die gut gemeinten Gegenansätze sind voll widersprüchlicher Symbolik. Das ganze Strafrecht strotzt vor ironischen Brechungen. Gerhard Wolf ist nie einem Trend hinterher gelaufen. So arbeitete er all die Jahre und bis heute an einem widerspruchsfreien Strafrechtssystem, das keine Einfallstore für Willkür bietet, immer das große Ganze im Blick. Ein akademisch asketischer Weg mit hohem Anspruch und ohne schrille Töne. Was nicht bedeutet, dass sich Gerhard Wolf mit Kritik gegenüber der sog. herrschenden Meinung zurückgehalten hätte. Man kann das eine wollen und das andere trotzdem tun. Vielleicht ist diese Facette auch so eine ironische Brechung.

Wie alle akzentuierten Persönlichkeiten, die der Welt etwas zu sagen haben, ist Gerhard Wolf nicht mit drei Federstrichen zu beschreiben. Aber das Vorwort einer Festschrift bietet für seine Schüler den Rahmen, es zumindest zu versuchen, in aller gebotenen Kürze.

Der Wissenschaftler

1984 promovierte der Jubilar zum Thema „Strafe und Erziehung nach dem Jugendgerichtsgesetz". Sechs Jahre später folgte das Werk „Das System des Rechts der Strafverteidigung" des Habilitationsstipendiaten der Deutschen Forschungsgemeinschaft. Kleinteiliges war nie die Sache von Gerhard Wolf. Er strebte von Anfang an danach, große Linien aufzuzeigen. So etwas kann man nur leisten, wenn man eine Idee zu der Frage nach dem Kern von allem hat. Gerhard Wolfs Antwort auf diese Frage war immer eindeutig: Gesetzesauslegung, strikt innerhalb der Wortlautgrenze.

Dieses Verständnis hat seinerseits zwei Säulen.

Die erste Säule ist die Gewaltenteilung. Legislative. Exekutive. Judikative. Beim Auseinanderhalten dieser Rollen innerhalb des Rechtsstaates war Gerhard Wolf immer außerordentlich genau. Er hat ein feines Gespür für Systembrüche, besonders an der Schnittstelle von Legislative und Judikative. Handwerklich schlecht gemachte Gesetze, korrigiert durch richterliche Rechtsfortbildung – für viele hingenommene Normalität, für Gerhard Wolf eine grauenvolle Kombination. Was passieren kann, wenn das Koordinatensystem zusammenbricht, haben die Jahre 1933 bis 1945 gezeigt. Strafrecht wurde zum Instrument des politischen Terrors. Sein eigener Vater kam mit Anfang Zwanzig ins Konzentrationslager, weil er gegen die Zwangsemeritierung eines Professors demonstriert hatte. So eine Erfahrung schafft Haltung in der ganzen Familie – und vielleicht besonders beim Sohn. Gerhard Wolfs Herangehensweise an das Strafrecht als Wissenschaftler ist ohne diese historische und persönliche Komponente nur unvollständig erfassbar. Erst mit diesem Schlüssel öffnet sich die Tür. Der Nukleus der Strafrechtswissenschaft ist nicht die fünfundzwanzigste Auslegungstheorie eines Tatbestandsmerkmals, sondern das Ringen um eine transparente und wirksame Außengrenze für die staatliche Strafgewalt.

Die zweite Säule sind eindeutige sprachliche Kategorien. Gerhard Wolf ist im besten Sinne Verfechter einer klaren Sprache. Man braucht weder das große Latinum, noch einen Abschluss in Philosophie oder Soziologie, um seinen Gedanken zu folgen. Dieses Maß an Uneitelkeit ist unter Professoren keine Selbstverständlichkeit. Gerhard Wolf entlarvte mit analytischer Präzision sprachliche Verschwurbelungen, denen andere unkritisch folgten. Das Gerede über die limitierende Funktion des Rechtsguts ebenso wie freischwebende teleologische Reduktionen gegen den Wortlaut oder auch die Voraussetzungen des Feindstrafrechts. Gerhard Wolf setzte in diesen Fällen gerne auf den Begriff „Wortgeklingel“. Das traf den Kern.

Sein Gegenmodell ist die Realistische Wissenschaftliche Rechtslehre. Ein rigoroser linguistischer Ansatz ohne idealistischen Überbau, basierend auf der Annahme, dass der Mensch sprachlich denkt. Die Arbeiten an einem schlüssigen Gesamtsystem auf dieser Grundlage sind langwierig und noch nicht abgeschlossen.

Der Strafrechtslehrer

Gerhard Wolf war bei den Studierenden beliebt, auch und gerade weil er Thesen vertrat, die im Widerspruch zur Ausbildungsliteratur und den Standardlösungsskizzen der juristischen Repetitorien standen. Er setzte nicht auf stumpfes Einpauken, sondern auf die Methodik des Lernens. „Der Jurist muss nicht alles wissen, sondern vor allem, wo er es findet.“ Er zeigte Bezüge zur Praxis auf, wo es nur ging. Zeitungsartikel als Klausursachverhalte, Besuche von Gerichtsverhandlungen, Rundgänge in Justizvollzugsanstalten. Es ging Gerhard Wolf um die realen Dimensionen, auch in der Ausbildung.

Der akademische Lehrer

Als Chef des Lehrstuhls gewährte er Freiheiten und förderte den Nachwuchs. Aber er forderte auch ein, selbst im Urlaub. Im Sommer wurde am Lehrstuhl manches Mal jeden Tag eine neue Thermopapierrolle ins Faxgerät eingelegt, und jeden Morgen war der rote Strich am Rand zu sehen. Dann war Gerhard Wolf nachts im elterlichen Feriendomizil wieder in einen Arbeitsrausch geraten und hatte Aufträge geschickt. Manchmal ging das wochenlang.

Gerhard Wolfs akademische Schüler brauchten einen langen Atem. Der Jubilar hatte immer viele Fragen zu eingereichten Texten. Aber stets hatte er Respekt vor der eigenständigen gedanklichen Arbeit. Diese honorierte er großzügig, auch wenn er dem Ansatz selbst nicht folgte. Die wissenschaftliche Freiheit, die er für sich selbst gegenüber der Institution Universitätsbetrieb einforderte, gewährte er dem Nachwuchs in vorbildlicher Weise.

Der Mensch

Gerhard Wolf hat ein offenes, herzliches und verlässliches Wesen. Und er vertritt klare Standpunkte. Wer ihm ebenso begegnet, lernt einen hilfsbereiten, großzügigen und angenehm selbstironischen Zeitgenossen schätzen. Nachdem seine Frau Nina in sein Leben getreten war, brauchte der Lehrstuhl in den Sommermonaten deutlich weniger Thermopapierrollen für das Faxgerät. Was für ein Glück, nicht nur für den Jubilar. Die herrlich diskussionsreichen Grillabende im Garten der Familie Wolf am Vorabend der Semesterferien genossen einen legendären Ruf in Frankfurt (Oder). Gerhard Wolf kann sich nun ganz den Arbeiten an seinem großen zusammenhängenden Alterswerk widmen. Seine Schüler sind sicher, dass damit ein längst überfälliger neuer Impuls gesetzt werden wird. Es bleibt spannend.

Die Herausgeber

Thomas Bode Nikolaus Wrage Martin Mrosk Michał Jakowczyk

Grußwort

Da saß ich nun im Spätsommer 1994 in der gerade erst gegründeten „Europa-Universität" in Frankfurt (Oder) und mir gegenüber einer der ersten Professoren. Es war ein „Strafrechtler" aus Marburg an der Lahn – Gerhard Wolf. So lernten wir uns kennen.

Auch ich war selbst ganz neu an dieser jungen Universität und hatte keinen blassen Schimmer, was mich erwartet. Aber bald waren wir uns einig und legten los mit dem Aufbau eines neuen Lehrstuhls für Strafrecht, Strafprozessrecht und Rechtsinformatik. Zunächst in zweieinhalb Räumen im Dachgeschoss, in denen die dicken mit Aluminium verkleideten Heizungsrohre das Auffälligste waren. Doch es ging flott voran in dieser Anfangszeit: neue Möbel, Computer, Material – alles kein Problem. Und bald kamen auch neue Mitarbeiter. Einer der ersten Assistenten an diesem Lehrstuhl – Nikolaus Wrage ist Mitherausgeber und Autor dieser Festschrift.

Es folgten turbulente, arbeitsreiche und schöne Jahre, in denen ich mitarbeiten durfte an großen und kleinen Veranstaltungen und Projekten. Ich lernte eine Menge. Aber vor allem durfte ich so viele junge, intelligente und interessante Menschen kennenlernen, Studenten und Mitarbeiter des Lehrstuhls – wie Michal Jakowczyk und Thomas Bode. Es ist für mich beeindruckend zu verfolgen, was aus ihnen geworden ist. Ich bin stolz, sie alle kennengelernt und mit ihnen gearbeitet zu haben.

Und dafür möchte ich mich bedanken – bei Gerhard Wolf, der 22 Jahre mein Chef war. Ein Chef, der immer ehrlich seine Meinung gesagt hat, auch wenn das ganz gewiss nicht jedem gepasst hat. Der in guten aber besonders auch in schweren Zeiten für mich da war und auf den ich mich immer verlassen konnte. Ich hätte mir keinen besseren wünschen können.

Vielen Dank für diese Zeit!
Gerhard Wolf – es war mir eine Ehre.

Leane Böhm

George Andoor

Ein „ketzerischer" Vorschlag zur Reform des Rechtsmittelrechts in Strafsachen

Abstract: On a closer inspection, the over 140-year-old legal provisions regarding the right of appeal in criminal cases meet neither the legal protection requirements of a modern procedural law nor are they particularly economical in their design. This article addresses these obvious, yet little-discussed weaknesses of the appeal provisions in criminal procedure and sets out how a more modern and efficient right of appeal in criminal cases could be designed. Hereby, the author was inspired by the numerous attempts to reform the right of appeal in the 19th and early 20th century, the legal remedies of other German court procedural rules and foreign legal institutions. The aim of the article is to present the fundamentals of a reformed right of appeal for criminal cases, which, in comparison to the present one, is not only more efficient, but also provides a higher legal protection. In this respect, in addition to the extension of the *appeal on points of fact and law* („Berufung") to criminal cases, which are being heard in the first instance before the *state courts* („Landgerichte") and *higher state courts* (Oberlandesgerichte), also the introduction of a *leave to appeal*, the concentration of the *appeal on law only* („Revision") at the *Federal Court of Justice* („Bundesgerichtshof") and the introduction of a *reference on a point of law* („Revision zur Wahrung öffentlicher Interessen") will be discussed.

Keywords: Berufung, Revision, Rechtsmittel, Rechtsmittelreform, erweiterte Revision

A Einleitung

In seinem tiefsten Inneren ist jeder Jurist doch auch ein bisschen Beamter – so mag es nicht überraschen, dass sich der von *Bettermann* aufgestellte Beamten-Dreisatz dem Grunde nach auch auf den Juristen übertragen lässt, sofern er mit grundlegenden Reformvorschlägen konfrontiert wird. Nicht selten heißt es dann: 1) Das haben wir immer so gemacht. 2) Das haben wir noch nie gemacht. 3) Da könnte ja jeder kommen.[1] Schließlich wird weder der Student der Rechtswissenschaften noch der Rechtsreferendar im Rahmen der Ausbildung zum „Volljuristen" planmäßig dazu angehalten, bestehende und bekannte Systeme grundlegend infrage zu stellen. So bleibt das rechtswissenschaftliche Studium trotz allen wissenschaftlichen Anspruchs im Kern ein Studium des *geltenden* Rechts. Auch daran mag es liegen, dass viele bekannte Aspekte des

1 *Bettermann*, DER SPIEGEL Nr. 3/1960, S. 63.

heutigen Rechts, selbst wenn sich ihre Mängel einem unbefangenen Betrachter aufdrängen müssten, ausgerechnet von Juristen als überkommen und (daher) selbstverständlich betrachtet werden, sodass sie sich zuweilen jeder Reformdiskussion beharrlich verweigern. Der sonst so gelobte dogmatische Zugang des Juristen zu seiner Jurisprudenz scheint insoweit einem (selbst-)kritischen Blick auf tradierte Systeme im Wege zu stehen, selbst wenn ihre Mängel seit jeher bekannt sind.

Nicht selten wird dabei selbst der „bloß" wissenschaftliche Diskurs um schwierige Reformanliegen mit einem Pauschalverweis auf seine schwierige praktische Umsetzbarkeit oder seine mangelnde Akzeptanz in der viel gefürchteten „Praxis" bereits im Keim erstickt. Freilich ist die „Wissenschaft" auch nicht sonderlich darum bemüht, sich allzu „praxisfremder" Themen anzunehmen, ist die Sorge doch groß, dass ein entsprechender Beitrag keinen Anklang in den einschlägigen Kreisen finden wird. Selbst der ehrwürdige Ordinarius will wohl ungern als der Bewohner eines Elfenbeinturms dastehen, dessen Ideen sich zwar auf dem Papier toll anhören, aber angesichts der harten Realität der Praxis das Papier nicht wert ist, auf dem sie niedergeschrieben wurden. So überrascht es wenig, dass es häufig den Anschein hat, dass selbst die universitäre Rechtswissenschaft ausschließlich damit befasst ist, Irrwege der Praxis nachträglich „dogmatisch" zu legitimieren oder „praktische" Lösungen zu entwickeln, die etwa von der Rechtsprechung adaptiert werden können. Für klassische Forschung im Sinne einer „Grundlagenforschung" scheint dabei gerade im Strafprozessrecht nur noch wenig Raum zu sein, obwohl ausgerechnet die Strafprozessordnung als unsere älteste, immerhin über 140 Jahre alte Gerichtsverfahrensordnung zahlreiche Ansatzpunkte hierfür böte. Doch gerade die Kritik an überkommenen Rechtsinstituten des Strafverfahrensrechts scheint nahezu als ketzerisch zu gelten – insbesondere dann, wenn bereits ihre Sinnhaftigkeit infrage gestellt wird. Es wirkt, als würde selbst der Rechts*wissenschaftler* von jeglichen weiteren Reformerwägungen Abstand nehmen, sobald eine gesetzgeberische Entscheidung in der „Praxis" angekommen ist. Das haben wir immer so gemacht, das haben wir noch nie gemacht, da könnte ja jeder kommen!

Ungeachtet dessen will sich der *Verfasser* hier herausnehmen, einer Frage nachzugehen, die so alt ist wie die Strafprozessordnung und bis 1975 Gegenstand zahlreicher Reformerwägungen war, bis auch hier schließlich die Zweifel an etwas Neuem endgültig obsiegten – nämlich der Frage, ob das Rechtsmittelrecht in Strafsachen einer Reform bedarf. Bei dem Entwurf der Strafprozessordnung waren seine Verfasser, die noch unter dem Eindruck der Entwicklungen des 19. Jahrhunderts standen, noch der Auffassung, gewesen, dass die Garantien, welche die künftige Reichsstrafprozessordnung bieten würde, ausreichend waren, um einen hinreichenden Rechtsschutz für den Beschuldigten sicherzustellen. So sah der Entwurf gegen *alle* erstinstanzlichen Urteile der Strafgerichte als Rechtsmittel ausschließlich eine Revision vor, die vor allem der Rechtsvereinheitlichung im Reich dienen sollte. Im Grundrechtsstaat des 21. Jahrhunderts besteht jedoch ein völlig anderes Rechtsschutzbedürfnis – dies nicht nur, weil wesentliche Garantien, welche die Reichsstrafprozessordnung noch vorsah, nämlich die Schwurgerichtsbarkeit, die gerichtliche Voruntersuchung und die Besetzung der Strafkammern mit fünf Berufsrichtern, heute unbekannt sind. Auch dürfte es heute dem allgemeinen Rechtsempfinden entsprechen, dass hoheitliche Entscheidungen, die final darauf gerichtet sind, in die Grundrechte des Bürgers einzugreifen, einer umfassenden Nachprüfung unterliegen sollten. Insofern dürfte die auf Rechtsfragen beschränkte Revision als *alleiniges* Rechtsmittel in Strafsachen kaum noch als ausreichend angesehen werden. Dies ungeachtet der lebhaft umstrittenen Frage, ob Art. 19 IV GG auch einen Rechtsschutz gegen richterliche Entscheidungen verlangt.

Daher überrascht es, dass gegen Urteile der großen Strafkammern, der Schwurgerichte und der Staatsschutzsenate der Oberlandesgerichte auch heute noch ausschließlich das auf die Rechtsfragen beschränkte Rechtsmittel der Revision zulässig ist, obwohl ausgerechnet diese Spruchkörper über die schwersten Delikte verhandeln und entscheiden. Eine Berufung, mit der ein Urteil vollumfassend angefochten werden kann, sieht die Strafprozessordnung bekanntermaßen bloß gegen Urteile der amtsgerichtlichen Spruchkörper vor. Damit stellt sich die Frage, ob dieses Rechtsmittelrecht noch als zeitgemäß gelten kann. Zumal die jüngeren deutschen Gerichtsverfahrensordnungen – wie etwa die Verwaltungsgerichtsordnung, das Sozialgerichtsgesetz oder die reformierte Zivilprozessordnung und damit auch das Arbeitsgerichtsgesetz – dem Bürger tatsächlich einen effizienteren und intensiveren Rechtsschutz zu bieten scheinen. Aber auch weil die grundlegenden Strukturen der Strafprozessordnung noch durch das preußische Justizministerium in der konstitutionellen Monarchie des 19. Jh. erarbeitet worden sind, durchaus Zweifel daran angebracht, ob das bislang unveränderte Rechtsmittelrecht der Strafprozessordnung noch geeignet ist, die subjektiven Rechte der Bürger im heutigen Grundrechtsstaat hinreichend zu schützen.

Just diese Frage war es, die den *Verfasser* umtrieb, als sich ihm die Möglichkeit bot, dem hochverehrten *Jubilar* einen Beitrag zu widmen, der ihm erlaubt, einen weniger gefälligen und etwas ketzerischeren Vorschlag in Bezug auf das strafrechtliche Rechtsmittelrecht zu unterbreiten.[2] Wohl wissend um den wahren und im vorliegenden Rahmen kaum abschließend zu fassenden Umfang der Thematik versteht der *Verfasser* diesen Beitrag in erster Linie als eine Chance, die ihm als jungem „Nachwuchswissenschaftler" den Gedankenaustausch mit einem verdienten Emeritus ermöglicht. Daher will er sich in diesem Rahmen auch nicht allzu sehr durch akademische Konventionen beschränken lassen. Schließlich soll dieser Beitrag in erster Linie den Gefallen des verehrten *Jubilars* finden – bloß in zweiter Linie hofft der *Verfasser* auf diesem Wege, wenn auch in einem sehr bescheidenen Umfang, an eine seit nahezu vier Jahrzehnten zum erliegen gekommene Debatte anzuknüpfen und diese in den Fokus des interessierten Lesers zu rücken.

B Ein Abriss der Versuche zur Reform des Rechtsmittelrechts in Strafsachen

I Die provisorische Natur der Strafprozessordnung und ihres Rechtsmittelrechts

Wenig bekannt ist die Tatsache, dass die Strafprozessordnung von dem Reichstag bei ihrer Einführung vorrangig als ein Provisorium beschlossen worden war, mit dem erste Erfahrungen auf dem Gebiet eines gesamtdeutschen Strafverfahrens gesammelt werden sollten, um auf dieser Grundlage eine endgültige Strafverfahrensordnung für das gesamtdeutsche Reich zu entwickeln. So führte der Vorsitzende der Reichsjustizkommission[3], Abgeordneter *Miquèl,* während der zweiten Beratung der Strafprozessordnung in dem Plenum des Reichstages aus, warum die Zweifel an dem Entwurf der Strafprozessordnung beiseitegeschoben und dieser durch den Reichstag endgültig angenommen werden sollte:

> »Ich […] komme aber schließlich doch zu der Entscheidung, […] daß ein Aufschub selbst von einigen Jahren eine größere Einmüthigheit nicht bringen wird. Die selben Erfahrungen *pro et contra* werden bestehen, dieselben verschiedenen Zustände in den

2 Bereits in seiner Dissertation (Würzburg, Veröffentlichung erwartet für 2019) befasst sich der Verfasser mit der Frage, ob die Revision als alleiniges Rechtsmittel in land- und oberlandesgerichtlichen Strafsachen dem Anspruch an ein modernes Rechtsmittelrecht genügt, wobei er dort allerdings einen weniger progressiven Weg einschlägt und „bloß" eine gesetzliche Erweiterung der Revision vorschlägt, ohne sich auch den nachfolgenden, deutlich weiterführenden Erwägungen zu widmen.

3 Hierbei handelte es sich letztendlich zwar bloß um die Justizkommission des Reichstages, doch tagte diese unabhängig von den Legislaturperioden und Sessionen des Reichstages, sodass ihre Beratungen nicht durch die Diskontinuität unterbrochen werden konnten.

einzelnen Ländern werden vorhanden sein. Wir müssen die Frage durchschauen, wie sie einmal liegt, und da schlage ich nach der Richtung hin, die am meisten das Zustandekommen der Justizgesetze fördert. […]«[4]

So räumte *Miquèl* ein:

»*Es sind Uebergangszustände, die wir heute schaffen;* eine Revision [der Strafprozessordnung] auf Grund einheitlicher Praxis kann in dieser Richtung nicht ausbleiben. Aber wer in der Justizkommission gesessen hat, weiß, daß eine gründliche und systematische Reform unseres Rechtswesens, unserer Gerichte und des Verfahrens vor denselben nur möglich ist auf Grund einer *einheitlichen deutschen Praxis.* Sehr richtig ist gesagt: im großen und ganzen vertritt jeder das, was er kennt. […] Haben wir eine einheitlich deutsche Praxis, dann wäre ich sicher, daß die Reform, welche sich als nothwendig auf Grund gemeinschaftlicher Erfahrung herausstellen wird, nicht lange ausbleiben kann«.[5]

Zuvor hatte bereits Abgeordneter *von Schwarze,* ebenfalls Mitglied der Reichsjustizkommission, eingeworfen, »daß das System der Prozeßordnung, wie es sich infolge der Beschlüsse nunmehr gestalte, vor der Wissenschaft nicht bestehen könne, auch in der Praxis auf Widerspruch stoße, Schwierigkeiten und Kontroversen hervorrufen werde«.[6] Doch auch er räumte ein:

»[M]an müsse entweder auf die Schaffung einer deutschen Strafprozeßordnung gegenwärtig verzichten, wo viele Fragen noch im Fluß […] und vieler Fragen auch sich die Politik bemächtigt habe; oder aber bedenken, daß man ein Gesetz für einen Bundesstaat mache, und daher […] die verschiedenen Systeme und die auf Grund derselben in den einzelnen Ländern gemachten Erfahrungen […] mitverwerthe, hierdurch aber selbst die Einheit des Gesetzes gefährde. Man müsse deshalb Kompromisse eingehen; man müsse das Gesetz jetzt zu Stande bringen und dadurch eine gemeinsame Grundlage schaffen, auf welcher sodann die Erfahrungen die man machen werde, sich gleichartiger und einheitlicher gestalten würden, so daß hieraus erst die Basis für ein gemeinsames und definitives Gesetz gewonnen werden würde. *Das jetzt zu schaffende Gesetz werde daher als ein provisorisches sich darstellen.*«[7]

Bemerkbar machte sich diese provisorische Natur der Strafprozessordnung dabei vor allem an ihrem endgültigen Rechtsmittelrecht, das auch nach seiner Einführung umstritten blieb, weil es eine Berufung bloß gegen Urteile der Schöffengerichte – einen Strafrichter kannte die Strafprozessordnung ursprünglich

4 Hahn, Materialien (Beratungen im Plenum des Reichstags), S. 1977.

5 Ebd., Kursiv-Hervorhebung durch *Verfasser.*

6 Hahn, Materialien (Protokolle der Reichsjustizkommission zur StPO), S. 1205.

7 Hahn, Materialien (Protokolle der Reichsjustizkommission zur StPO), S. 1205; Kursiv-Hervorhebung durch Verfasser.

noch nicht[8] – vorsah, obwohl selbst die mit der Strafprozessordnung zeitgleich eingeführte Zivilprozessordnung gegen *alle* erstinstanzliche Urteile eine Berufung zuließ.[9]

II Versuche einer Rechtsmittelreform im Deutschen Reich

Dabei verlangte es den Verfassern des Entwurfs der Strafprozessordnung einiges an Begründungsaufwand ab, dazulegen, warum eine Berufung in Strafsachen generell ausgeschlossen sein sollte. So befassen sich nicht bloß zwei Seiten der Motive zur Strafprozessordnung,[10] sondern auch eine 82 Seiten fassende Anlage, die den Motiven beigegeben war (»Die Berufungsinstanz im Strafverfahren«[11]), mit den Gründen für vollständige die Beseitigung der Berufungsinstanz in Strafsachen. Als sich im Rahmen der Beratungen des Entwurfs im Reichstag abzeichnete, dass gegen Urteile der Schöffengerichte eine Berufung eingeführt würde, bemühte sich die Reichsjustizkommission nicht minder darum, darzulegen, warum dies nun doch einen notwendigen Schritt darstellte.[12] Ungeachtet dessen wurde das Fehlen einer Berufung in den Strafkammersachen seit dem Inkrafttreten der Strafprozessordnung als ein ihr anhaftender Makel empfunden, mit dem sich der Reichsgesetzgeber nicht ohne Weiteres zufriedengeben wollte.

So überrascht es wenig, dass bereits etwas mehr als drei Jahre nach dem Inkrafttreten der Strafprozessordnung, nämlich am 11. Januar 1883, ein erster Gesetzesentwurf aus der Mitte des Reichstages vorgelegt wurde, mit dem auch die Strafkammersachen um eine Berufung ergänzt werden sollten.[13] Nachdem dieser erste Vorstoß erfolglos geblieben war, folgten in den Folgejahren bis zum Ersten Weltkrieg zahlreiche weitere Anträge aus der Mitte des Reichstags und sogar zwei Regierungsentwürfe, die allesamt die Einführung einer Berufung

---

8 Der *Amtsrichter als Einzelrichter* für Strafsachen wurde erst durch die Emminger-Verordnung von 1924 eingeführt, vgl. §§ 7 ff. der Verordnung über Gerichtsverfassung und Strafrechtspflege vom 4. Januar 1924, RGBl. I 1924, 15. Seine Umbenennung in *Strafrichter* erfolgte sogar erst durch das Erste Gesetz zur Reform des Strafverfahrensrechts (1. StVRG) vom 9. Dezember 1974, BGBl. I 1974, S. 3393.

9 Vgl. § 472 ZPO 1877.

10 Motive zur StPO, in: Hahn, Materialien, 2. Aufl., Rz. 193 ff.

11 Anlagen zu den Motiven der StPO, in: Hahn, Materialien, 2. Aufl., Anlage 1, Rz. 5 ff.

12 Bericht der Reichsjustizkommission zur StPO (in Hahn, 2. Aufl.), Rz. 92.

13 *Entwurf eines Gesetzes betreffend die Abänderung des Gerichtsverfassungsgesetzes und der Strafprozessordnung*, abgedruckt in: Verhandlungen des Reichstags, 5. Legislaturperiode, II. Session 1884, 5. Band, Aktenstück Nr. 117, S. 440 ff.

in den Strafkammersachen bezweckten.[14] Bemerkenswert ist dabei, dass zwar die ersten dieser Entwürfe noch am Widerstand des Bundesrates gescheitert waren, doch jedenfalls seit 1894 zwischen den Regierungen der Bundesstaaten, der Reichsregierung und dem Reichstag Einigkeit in der „Berufungsfrage“ herrschte. So sah der bereits vom Bundesrat beschlossene *Entwurf eines Gesetzes betreffend Änderungen und Ergänzungen des Gerichtsverfassungsgesetzes und der Strafprozessordnung*, der am 6. Dezember 1894 durch Reichskanzler *Fürst zu Hohenlohe-Schillingsfürst* dem Reichstag vorgelegt worden war, ebenfalls eine Berufung gegen erstinstanzliche Urteile der Strafkammern vor.[15] In § 354 StPO des Entwurfs hieß es, dass eine Berufung »gegen die Urtheile der Schöffengerichte und gegen die Urtheile der Strafkammern« stattfinden sollte.

Aufschlussreich ist auch die Begründung zu dem Entwurf, in der es heißt:

> »Für die Ausschließung der Berufung ist insbesondere die Annahme maßgebend gewesen, die Zulassung eines solchen Rechtsmittels sei unvereinbar mit der Durchführung des Grundsatzes der Mündlichkeit und Unmittelbarkeit des Verfahrens. Man glaubte eine bessere Gewähr für richtige Entscheidungen hinsichtlich der Thatfrage darin zu finden, daß man das Verfahren in erster Instanz mit einer Anzahl dem früheren Prozeßrecht unbekannter Garantien umgab.
> Die praktischen Erfahrungen im großen Theile des Reichs haben die Richtigkeit dieser Annahme nicht bestätigt. Wiederholt sind Klagen über die Mangelhaftigkeit der Rechtsprechung der Strafkammern hinsichtlich der Thatfrage lautgeworden. Mögen dieselben auch übertrieben sein, so erscheint doch eine bessere Gewähr gegen unrichtige Entscheidungen dieser Art wünschenswerth. Eine solche wird am sichersten dadurch erreicht, daß die Möglichkeit der Nachprüfung der Thatfrage in einer zweiten Instanz gegeben wird.«[16]

Obwohl damit in der Berufungsfrage zwischen allen an der Reichsgesetzgebung beteiligten Akteuren Einigkeit herrschte, scheiterte der Entwurf, wie auch die ihm nachfolgenden Entwürfe, letztlich an der nahezu banalen Frage, wie die Strafkammern als Gerichte erster Instanz künftig besetzt sein sollten, wenn gegen ihre Urteile eine Berufung zugelassen würde. Die erstinstanzlich verhandelnden Strafkammern waren nämlich anders als heute bis dahin noch mit fünf Berufsrichtern besetzt.[17] Während der Reichstag sich insoweit ungeachtet der Einführung einer

---

14 Vgl. insofern mit zahlreichen Fundstellen *Andoor*, Diss. Würzburg (Veröffentlichung erwartet für 2019), Kapitel 4, A., „Versuche zur Einführung einer Berufung in Strafkammersachen im Kaiserreich“.

15 Verhandlungen des Reichstags, 9. Legislaturperiode, III. Session 1894/95, 1. Anlageband, Aktenstück Nr. 15, S. 55 ff.

16 Verhandlungen des Reichstags, 9. Legislaturperiode, III. Session 1894/95, 1. Anlageband, Aktenstück Nr. 15, S. 63.

17 § 77 S. 2 GVG 1877.

Berufung durchgängig gegen eine Reduzierung der Zahl der Richterpersonen an den Strafkammern aussprach, erklärte der damals weitaus mächtigere Bundesrat wiederholt, dass er der Einführung einer Berufung in Strafkammersachen nur dann endgültig zustimmen würde, wenn die Besetzung der Strafkammern als Gerichte erster Instanz auf drei Berufsrichter reduziert würde.[18]

Der schließlich von dem Reichskanzler *von Bülow* am 26. März 1909 dem Reichstag vorgelegte Entwurf[19], der ebenfalls bereits von dem Bundesrat angenommen worden war, versuchte sogar einen Kompromiss in der Besetzungsfrage zu finden und schlug eine Besetzung der Strafkammern als Gerichte erster Instanz mit zwei Berufsrichtern und *drei (!)* Schöffen vor.[20] Das Übergewicht der Schöffen sollte als ein Ausgleich für die fachliche Dominanz der beiden Berufsrichter an dem Spruchkörper dienen, um sicherzustellen, dass die Laien durch die Berufsrichter nicht in den Hintergrund gedrängt würden.[21]

Gleich zu Beginn der Begründung des Entwurfs von 1909 heißt es dabei zu der Strafprozessordnung, dass diese unter den Reichsjustizgesetzen von Anfang an die am wenigsten befriedigende gewesen sei.[22] Hierzu führt die Begründung aus, dass die schon bald nach ihrem Inkrafttreten eingesetzte lebhafte Kritik an der Strafprozessordnung in erster Linie ihrem System der Rechtsmittel, insbesondere dem Fehlen einer Berufung gegen die Urteile der Strafkammern galt.[23] Zwischenzeitlich jedoch, so die Begründung, habe die Überzeugung von der Notwendigkeit der Berufung derart an Boden gewonnen, dass man die Zulassung der Berufung auch gegen die Urteile der mittleren Gerichte als eine fast allgemeine Forderung der öffentlichen Meinung bezeichnen könne, in deren Sinne auch der Reichstag und die verbündeten Regierungen bereits mehrfach Stellung

---

18 Vgl. nur in Bezug auf den Entwurf 1894 den Bericht der XI. Kommission, in: Verhandlungen des Reichstags, 9. Legislaturperiode, IV. Session 1895/97, 3. Anlageband, Aktenstück Nr. 294, S. 1574; bündig hierzu *Kühne*, in: Löwe/Rosenberg, Einl. E, Rn. 18 ff.; ausführlicher *Andoor,* Diss. Würzburg (Veröffentlichung erwartet für 2019), Kapitel 4, „Gründe für das Scheitern einer gesetzlichen Erweiterung der Revision“.

19 *Entwurf eines Gesetzes betreffend Änderungen des Gerichtsverfassungsgesetzes, einer Strafprozessordnung sowie eines zu beiden Gesetzen gehörenden Einführungsgesetzes vom 26. März 1909,* Verhandlungen des Reichstags, 12. Legislaturperiode, I. Session 1907/09, Anlageband 254, Aktenstück Nr. 1310, nach S. 7844 mit eigener Paginierung.

20 § 77 GVG i.d.F. des Entwurfs von 1909.

21 Begründung des Entwurfs vom 26. März 1909, abgedruckt in: Verhandlungen des Reichstags, 12. Legislaturperiode, I. Session 1907/09, Anlageband 254, Aktenstück Nr. 1310 A mit eigener Paginierung, S. 13.

22 A.a.O., S. 5.

23 Ebd.

genommen hätten.[24] So bemühte sich der Entwurf 1909, dem sogar eine völlig neue Fassung der Strafprozessordnung beigefügt war, nicht mal mehr darum, die Notwendigkeit einer Berufung in Strafkammersachen besonders zu begründen; hierzu heißt es bloß noch knapp:

> »Der Vorschlag, auch gegen Urteile der Strafkammern das Rechtsmittel der Berufung zu gewähren, wird jetzt einer näheren Begründung nicht mehr bedürfen. Die oben dargelegte Geschichte der Reformversuche zeigt, daß über die Notwendigkeit der Wiedereinführung Berufung unter den gesetzgebenden Faktoren seit langen Jahren kein Streit mehr besteht [...]. Der gegenwärtige Rechtszustand, wonach für die weniger bedeutenden Straftaten, die vor den Schöffengerichten zu verhandeln sind, eine Berufung zugelassen wird, bei einer Verurtheilung zu schwerer Strafe durch die Strafkammer dagegen jede Nachprüfung der Tatfrage im ordentlichen Verfahren ausgeschlossen bleibt, ist widerspruchsvoll und läßt sich nicht aufrecht erhalten.«[25]

Doch obwohl sich auch der Reichstag mit der durch den Entwurf vorgeschlagene Lösung der Besetzungsfrage einverstanden zeigte,[26] scheiterte auch dieser an der nicht minderbanalen und sachfremden Frage, ob künftig auch Volksschullehrer, die den heutigen Hauptschullehrern entsprachen, Zugang zum Schöffenamt erhalten sollten.[27]

Es zeigt sich also, dass bereits der historische Gesetzgeber sich der Schwächen des Rechtsmittelsystems „seiner“ Strafprozessordnung bewusst war und es offensichtlich nicht der fehlende Wille zur Änderung dieses missratenen Rechtsmittelrechts war, woran seine Reformbestrebungen scheiterten.

Auch nach dem Ersten Weltkrieg gab es wiederholte Versuche, das Rechtsmittelsystem in Strafsachen zu reformieren. So sahen die Regierungsentwürfe vom 29. Dezember 1919[28] und vom 29. Mai 1923[29] eine Konzentration aller

---

24 Ebd.

25 Begründung des Entwurfs vom 26. März 1909 (Fn. 21), S. 15.

26 Entsprechend den Beschlüssen des Reichstages sollten auch Berufungsstrafkammern und die Berufungssenate in der Hauptverhandlung in der Besetzung von zwei Richtern und drei Schöffen entscheiden, vgl. für § 77 GVG i.d.F. nach der 2. Lesung im Plenum, der die Besetzung der Strafkammern regelte, Verhandlungen des Reichstags, 12. Legislaturperiode, II. Session 1909/11, Band 278, Aktenstück Nr. 713 sowie Nr. 716, S. 3907; für § 991 GVG i.d.F. nach der 2. Lesung im Plenum, der sich mit der Besetzung der Berufungssenate befasste, ebd., Aktenstück Nr. 712, dort Antrag Nr. 3 Buchst. a).

27 Verhandlungen des Reichstags, 12. Legislaturperiode, II. Session 1909/11, Band 264, S. 4546.

28 *Entwurf eines Gesetzes zur Änderung des Gerichtsverfassungsgesetzes und eines Gesetzes über den Rechtsgang in Strafsachen nebst Begründung*, abgedruckt in: Materialien zur Strafrechtsreform, Reform des Strafverfahrensrechts, Bd. 14, Bonn 1960.

29 *Entwurf eines Gesetzes zur Neuordnung der Strafgerichte*, abgedruckt in: Verhandlungen des Reichstags, I. Wahlperiode 1920, Band 378, Anlage Nr. 5884, S. 6983 ff.

erstinstanzlichen Strafsachen an den Amtsgerichten vor, wodurch jedenfalls mittelbar eine umfassende Berufungsfähigkeit erstinstanzlicher Urteile in Strafsachen hergestellt worden wäre, da weiterhin an einer Berufung gegen amtsgerichtliche Urteile festgehalten werden sollte. Auch wenn beide Entwürfe sich nicht haben durchsetzen können, wurde mit der Emminger-Verordnung vom 4. Januar 1924[30] die Konzentration der erstinstanzlichen Strafverfahren auf die Amtsgerichte, wenn auch nur für kurze Zeit, Wirklichkeit. Doch selbst diese, aufgrund eines Ermächtigungsgesetzes im Verordnungswege vorgenommene und bislang wohl tief greifendste, Reform des gesamtdeutschen Strafverfahrens ließ sein Rechtsmittelrecht im Grunde unberührt.

III Die Rechtsmitteldebatte im postkonstitutionellen Grundrechtsstaat

Nach den Irrungen im „Dritten Reich" knüpfte der Bundesgesetzgeber im Strafverfahrensrecht mit dem Vereinheitlichungsgesetz vom 12. September 1950[31] im Wesentlichen wieder an den Rechtszustand an, der im Deutschen Reich vor dem 30. Januar 1933 geherrscht hatte.[32] Doch bereits in den Jahren zwischen 1924 und 1933 waren zahlreiche erstinstanzliche Zuständigkeiten in Strafsachen durch Präsidialverordungen erneut von den Amtsgerichten auf die Strafkammern zurückübertragen worden,[33] sodass nach dem Vereinheitlichungsgesetz in den schweren Strafsachen weiterhin keine Berufung zulässig war.

Allerdings ging man in den 1950er Jahren noch davon aus, dass insoweit lediglich Übergangszustände geschaffen würden. So heißt es in der Begründung zum Vereinheitlichungsgesetz noch: »Das vorliegende Gesetz trägt Übergangscharakter; es will also nur das Fundament bilden, auf dem in einem zweiten Abschnitt der Gesetzgebung die notwendigen Reformarbeiten durchgeführt werden sollen«.[34] Gerade die Notwendigkeit einer Berufungsinstanz in den

30 RGBl. I 1924, 15. Ausführlich zu der Emminger-Verordnung vgl. *Vormbaum,* Die Lex Emminger vom 4. Januar 1924 – Vorgeschichte, Inhalt und Auswirkungen, Berlin 1988.

31 BGBl. 1950, S. 455.

32 Ausführlicher *Kühne*, in: Löwe/Rosenberg, Einl. F, Rn. 86 f.; *Rieß*, in: Rieß (Hrsg.), Beiträge zur Entwicklung der deutschen Strafprozessordnung, Münster 2012, S. 222 f.

33 Vgl. die *Dritte Verordnung des Reichspräsidenten zur Sicherung von Wirtschaft und Finanzen und zur Bekämpfung politischer Ausschreitungen vom 6. Oktober 1931,* RGBl. I 1931, 537 sowie die *Verordnung des Reichspräsidenten über Maßnahmen auf dem Gebiete der Rechtspflege und Verwaltung vom 14. Juni 1932,* RGBl. I 1932, 285.

34 BT-Drs. 1/530, Anlage Ia, Vorbemerkung.

erstinstanzlichen Landgerichtssachen wurde sogar als eine wesentliche Frage des Verfahrensrechts angesehen, derer man sich im Rahmen einer „großen Justizreform“ annehmen wollte.[35] Hierzu heißt es in den Beratungsprotokollen des Unterausschusses für die Strafprozessordnung des Rechtsausschusses:

> »Es war die allgemeine Auffassung [...], daß man sich bei der Vorbereitung der großen Justizreform sehr eindringlich mit dem Gedanken befassen möge, daß unser *Verfahrensrecht in Deutschland in keinem Falle auf eine einzige Tatsacheninstanz abgestellt werden sollte*, daß wir in Zukunft *in jedem Falle zwei Tatsacheninstanzen* wünschen. Der derzeitige Entwurf der Strafprozeßordnung [...] beläßt es bei einer Tatsacheninstanz, deren Urteile nur in den Fällen mit der Revision angefochten werden können, in denen die Große Strafkammer oder das Schwurgericht erstinstanzlich zuständig sind. *Wir haben also ein System, das* vielleicht gerade für denjenigen, der nicht Jurist ist, *überhaupt nicht verständlich ist*, daß nämlich in allen den Fällen, in denen es sich um minder schwere Verbrechen oder Vergehen handelt, zwei Tatsacheninstanzen und möglicherweise eine Revisionsinstanz und in den schwereren Fällen von Verbrechen nur eine Tatsacheninstanz und eine Revisionsinstanz vorhanden sind.«[36]

Allerdings wurde schon alsbald von der Idee einer großen Strafverfahrensreform Abstand genommen, nachdem bereits eine große Reform des materiellen Strafrechts sich als politisch nicht umsetzbar erwiesen hatte.[37] Stattdessen sollte die Strafprozessordnung – einschließlich ihrer Rechtsmittel – im Wege einer sukzessiven „Gesamtreform durch Teilgesetze“ modernisiert werden.[38] In diesem Rahmen wurden sogar zwei amtliche Vorentwürfe vorgelegt, die sich dem Rechtsmittelrecht in Strafsachen angenommen hatten. Der *Referenten-Entwurf eines Gesetzes zur Neugliederung der ordentlichen Gerichtsbarkeit (Erstes Justizreformgesetz)* von Dezember 1971 befasste sich dabei nur nebenbei mit der Rechtsmittelfrage, während der *Diskussionsentwurf für ein Gesetz über die Rechtsmittel in Strafsachen (DE-Rechtsmittelgesetz)* von Dezember 1975 die Einführung eines einzigen Einheitsrechtsmittels mit der Bezeichnung *Urteilsrüge* gegen erstinstanzliche Urteile vorsah, das eine vollumfassende Nachprüfung des

---

35 Vgl. nur die mündlichen Ausschussberichte zum Vereinheitlichungsgesetz in: Verhandlungen des Deutschen Bundestages, Stenografische Berichte, 1. Wahlperiode, 79. Sitzung, S. 2866 f.; 2878.

36 Verhandlungen des Deutschen Bundestages, Stenografische Berichte, 1. Wahlperiode, 79. Sitzung, S. 2878; Hervorhebungen durch *Verfasser*.

37 Vgl. *Weigend*, in: Leipziger Kommentar, Einl., Rn. 34 ff. Die Reform des materiellen Rechts beschränkte sich letztlich auf eine Neufassung des Allgemeinen Teiles des Strafgesetzbuches zwischen 1970 und 1975, vgl. *Rieß*, in Beiträge zur Entwicklung der deutschen Strafprozessordnung, S. 229 f.

38 So *Rieß*, in Beiträge zur Entwicklung der deutschen Strafprozessordnung, S. 231.

erstinstanzlichen Urteils erlauben sollte.[39] Doch obwohl ausgerechnet der Diskussionsentwurf zahlreiche vielversprechende Ansätze enthielt, wurde er von dem 52. Deutschen Juristentag abgelehnt und in Folge von amtlicher Seite nicht mehr weiterverfolgt. Damit wurde zugleich das gesamte Vorhaben einer umfassenden Rechtsmittelreform kommentarlos *ad acta* gelegt.[40]

Zwar beschlossen die Landesjustizminister 1994 erneut die Einsetzung einer Bund-Länder-Arbeitsgruppe, welche die Möglichkeiten einer dreigliedrigen Ausgestaltung der ordentlichen Gerichtsbarkeit und einer Rechtsmittelreform überprüfen sollte; doch aufgrund der Schätzungen der personellen und finanziellen Auswirkungen einer so umfassenden Reform entschieden sich die Länder bereits 1996, das Vorhaben nicht weiterzuverfolgen.[41] Zuletzt hieß es in dem Koalitionsvertrag der schwarz-roten Koalition für die 18. Legislaturperiode (2013 bis 2017): »Wir wollen das allgemeine Strafverfahren und das Jugendstrafverfahren unter Wahrung rechtsstaatlicher Grundsätze effektiver und praxistauglicher ausgestalten. Dazu wird eine Expertenkommission bis zur Mitte dieser Wahlperiode Vorschläge erarbeiten«.[42] Die Anregungen der daraufhin eingesetzten *Expertenkommission zur effektiveren und praxistauglicheren Ausgestaltung des allgemeinen Strafverfahrens und des jugendgerichtlichen Verfahrens* können jedoch gerade in Bezug auf das Rechtsmittelrecht bestenfalls als zaghaft beschrieben werden.[43]

C Ein Konzept zur Reform des geltenden Rechtsmittelrechts

I Die Revision als Anknüpfungspunkt für eine Reform der Rechtsmittel in Strafsachen

Auch wenn die Forderungen nach einer umfassenden Reform des strafprozessualen Rechtsmittelrechts längst abgeklungen sind, hat sich an der grundsätzlichen Notwendigkeit einer solchen Reform nichts geändert. Aus rechtsstaatlicher Perspektive bleibt es ein schwer erträglicher Zustand, dass ausgerechnet Urteile der großen Strafkammern, Schwurgerichte und

39 Vgl. §§ 312 ff. StPO i.d.F. des DE-Rechtsmittelgesetzes.

40 *Lilie*, Gutachten D zum 63. DJT, S. D 43; *Rieß*, in FS Paeffgen, S. 772.

41 *Rieß*, in FS Paeffgen, S. 773.

42 Vgl. a.a.O., S. 102.

43 Bericht abrufbar unter: https://www.bmjv.de/SharedDocs/Downloads/DE/PDF/Abschlussbericht_Reform_StPO_Kommission.pdf?__blob=publicationFile&v=2 (Stand: 31.08.2018).

Staatsschutzsenate der Oberlandesgerichte keiner vollumfassenden Nachprüfung zugeführt werden können. Bevor man sich jedoch konkrete Gedanken über eine Reform der strafprozessualen Rechtsmittel macht, gilt es, sich zu vergegenwärtigen, dass Rechtsmittel bei unbefangener Betrachtung vor allem zwei Zwecken dienen, die unterschiedlicher kaum sein könnten. Einerseits stellen sie auf einer konkret-individuellen Ebene sicher, dass fehlerhafte Entscheidungen der Vorinstanz korrigiert werden können und tragen so zu mehr Einzelfallgerechtigkeit bei. Andererseits aber sorgen sie auf einer abstrakt-generellen Ebene dafür, dass die Rechtsanwendung im Bezirk des Rechtsmittelgerichts einheitlich und gleichmäßig vonstattengeht. Auch wenn sich im Strafrecht die Auffassung im Vordringen befindet, dass Rechtsmittel in erster Linie der Einzelfallgerechtigkeit dienten,[44] kann die Bedeutung der Rechtsvereinheitlichung als eine wesentliche Aufgabe der Rechtsmittel–vor allem mit Blick auf die Verfassungsprinzipien der Rechtsstaatlichkeit und Gleichheit vor dem Gesetz–kaum überschätzt werden. Schließlich darf die konkrete Auslegung und Anwendung des Rechts in einem Rechtsstaat nicht über Maßen von dem Zufall abhängen, welches Gericht in der Sache örtlich zuständig war.

1 Wahrung der Rechtseinheit als vorrangiger Zweck der Revision

Da Richter anders als Beamte oder Soldaten nicht durch innerdienstliche Weisungen oder Verwaltungsvorschriften dazu angehalten werden können, das Recht auf eine bestimmte Art und Weise anzuwenden, können allein Rechtsmittelgerichte sicherstellen, dass das Recht in ihrem Zuständigkeitsbereich durch die ihnen nachgeordneten Gerichte einheitlich angewandt und ausgelegt wird. Sofern man diesen Gedanken konsequent fortführt, kann die einheitliche Anwendung und Auslegung des (Bundes-)Rechts im Bundesgebiet allein durch oberste Rechtsmittelgerichte erreicht werden, die für ihre jeweiligen Sachgebiete die letztinstanzliche Entscheidungskompetenz innehaben. Tatsächlich ließ sich schon der Reichsgesetzgeber von diesem Gedanken leiten, als er 1879 mit dem Reichsgericht ein höchstes Gericht für das noch junge Deutsche Reich einsetzte, das sowohl in Zivilsachen als auch in Strafsachen mit dem neu geschaffenen Rechtsmittel der Revision, die der partikularrechtlichen Nichtigkeitsbeschwerde entlehnt war, angerufen werden konnte.

Das Rechtsmittel der Revision, das seit jeher bloß eine Nachprüfung des vorinstanzlichen Urteils *in iure* erlaubt, diente dabei nach dem ausdrücklichen Willen des historischen Gesetzgebers dem Zweck, die Rechtsvereinheitlichung im

44 Vgl. nur *Gössel*, in: Löwe/Rosenberg, vor § 333 Rn. 7 m.w.N.

Reichsgebiet sicherzustellen. So heißt es zur Notwendigkeit einer Revisionsinstanz in der Begründung zu den Revisionsvorschriften der Zivilprozessordnung, die auch den strafrechtlichen Revisionsvorschriften als Vorbild diente[45]:

> »[E]in Staat, dessen Gebiet ein zu umfangreiches ist, als daß die Einsetzung eines einzigen Oberlandesgerichts zuläßig wäre, [kann es] für geboten oder doch für wünschenswerth erachten, im Interesse der freilich nie vollständig zu erreichenden, aber doch thunlichst *zu erstrebenden Einheit des Rechts und der Rechtsprechung* eine dritte Instanz vor einem obersten Gerichtshofe zu gestatten. [...] Diese Erwägung war für die Vorschrift des Entwurfs maßgebend, nach welcher gegen die Endurtheile der Oberlandesgerichte das Rechtsmittel der Revision zugelassen ist.«[46]

In der Begründung zum Gerichtsverfassungsgesetz heißt es zu den Aufgaben des Reichsgerichts und damit mittelbar auch der Revision sogar noch deutlicher, dass die »Errichtung eines einzigen höchsten Gerichtshofes *wesentlich auf dem Erforderniß beruht, die Einheit der Rechtsprechung zu sichern*«.[47] Damit steht außer Frage, dass der historische Gesetzgeber – auch wenn die Ansichten hierüber heute deutlich auseinandergehen – die Revision vorrangig als ein Rechtsmittel geschaffen hat, das die einheitliche Rechtsanwendung im Deutschen Reich sicherstellen sollte.

Bemerkenswert hierbei ist jedoch, dass bereits der Reichsgesetzgeber beschlossen hatte, die letztinstanzliche Zuständigkeit auf dem Gebiet des Strafrechts – anders als auf dem Gebiet des Zivilrechts – nicht ausschließlich auf das Reichsgericht zu konzentrieren, sondern auf das Reichsgericht und (damals noch) 28 Oberlandesgerichte zu verteilen. Eine bemerkenswerte Entscheidung, wenn man bedenkt, dass dem Gerichtsverfassungsgesetz ursprünglich nicht einmal eine Divergenzvorlage von den Oberlandesgerichten zu dem Reichsgericht bekannt war.[48] Diese Entscheidung, die eine einheitliche Rechtsanwendung in den schöffengerichtlichen Sachen offensichtlich verhinderte, wurde damit gerechtfertigt, dass nur so eine Überforderung des Reichsgerichts ausgeschlossen werden könne. In der Begründung zum Gerichtsverfassungsgesetz heißt es hierzu:

---

45 Die Vorbildfunktion der revisionsrechtlichen Vorschriften der Zivilprozessordnung für die der Strafprozessordnung ist etwa bei Rz. 202 der Motiven zur StPO, in: Hahn, Materialien, 2. Aufl. dargelegt.

46 Begründung zur ZPO (in Hahn, 1. Aufl.), Rz. 41 f.; Hervorhebung durch *Verfasser.*

47 Begründung zum GVG (in Hahn, 2. Aufl.), Rz. 151.; Hervorhebung durch *Verfasser.*

48 Die heute in § 121 II a.E. GVG geregelte Divergenzvorlage wurde erst 1950 durch das Vereinheitlichungsgesetz eingeführt, *Franke,* in: Löwe/Rosenberg, § 121 Rn. 25.

> »Es liegt auf der Hand, daß *die Einheit des Reichsrechts* nicht durch neben einander bestehende höchste Landesgerichte, sondern nur durch ein in höchster Instanz allein Rechts sprechendes Reichsgericht aufrecht erhalten werden kann. [...] Daß der Entwurf die Revision gegen die Urteile der Schöffengerichte ohne Unterscheidung an das Oberlandesgericht gehen läßt, beruht auf der Nothwendigkeit, eine Ueberbürdung des Reichsgerichts zu verhüten. [...] Wollte man das Reichsgericht auch zur Entscheidung über die Revisionen gegen Urtheile der Schöffengerichte für zuständig erklären, [...] würden bei demselben so viele Senate gebildet werden müssen, daß sich die *Einheit des Rechts* praktisch nicht mehr durchführen ließe. [*Hervorh. d. Verf.*]«[49]

Da allerdings die meisten Delikte ursprünglich ohnehin von den Strafkammern oder den Schwurgerichten verhandelt wurden,[50] war dennoch sichergestellt, dass das Reichsgericht mit den meisten Rechtsfragen befasst werden konnte, die sich im Deutschen Reich stellten. Heute jedoch sind die Amtsgerichte für eine derart große Bandbreite von Delikten zuständig, dass zahlreiche Entscheidungen – nicht nur quantitativer, sondern auch in qualitativer Hinsicht – einer Nachprüfung und damit auch einer Vereinheitlichung durch den Bundesgerichtshof nicht mehr zugänglich sind. Daran hat auch die 1950 durch das Vereinheitlichungsgesetz eingeführte Divergenzvorlage wenig geändert.[51]

2 Umgestaltung der strafrechtlichen Revision zu einem effizienteren Rechtsmittel

In einem ersten Schritt wäre daher zu erwägen, auch in Strafsachen eine exklusive Rechtsmittelzuständigkeit des Bundesgerichtshofs herzustellen. Hierdurch würde in Strafsachen ebenfalls ein Instanzenzug in Kraft gesetzt, der

---

49 Begründung zum GVG (in Hahn, 2. Aufl.), Rz. 22; Hervorhebung durch *Verfasser.*

50 Gemäß § 27 GVG 1877 waren die Schöffengerichte als die einzigen strafgerichtlichen Spruchkörper an den Amtsgerichten lediglich zuständig für (a) Übertretungen; (b) Vergehen, welche grundsätzlich nur mit Gefängnis von höchstens drei Monaten oder Geldstrafe von höchstens sechshundert Mark bedroht sind; (c) Beleidigungen und Körperverletzungen, die im Wege der Privatklage verfolgt wurden; (d) Diebstahl, Unterschlagung, Betrug und Sachbeschädigung, wenn der Wert der gestohlenen bzw. beschädigten Sache 25 Mark – entsprach 1877 etwa dem Kaufkraft von heute 165 Euro – nicht überstieg und (e) Begünstigung und Hehlerei, wenn die Handlung, auf welche sich die Tat bezog, zur Zuständigkeit der Schöffengerichte gehörte.

51 So gab es in den Jahren 2012 und 2013 etwa nur eine, in dem Jahr 2014 zwei und 2015 erneut nur eine Divergenzvorlage an den Bundesgerichtshof; 2016 waren es immerhin drei und 2017 vier, vgl. jeweils die Jahresstatistik der Strafsenate des Bundesgerichtshofs, abrufbar unter http://www.bundesgerichtshof.de/DE/Service/Statistik/statistik_node.html (Stand: 31.8.2018).

im Wesentlichen dem der übrigen Prozessordnungen des Bundes entspräche. Schließlich sehen mit Ausnahme der Strafprozessordnung alle Verfahrensordnungen des Bundes, soweit sie eine Revision kennen,[52] eine ausschließliche Revisionskompetenz des jeweiligen obersten Gerichtshofs vor.[53] Auf diese Weise wäre auch auf dem Gebiet des Strafrechts sichergestellt, dass die letztinstanzliche Auslegung des Bundesrechts[54] durch einen Gerichtshof des Bundes und nicht 24 unterschiedliche Oberlandesgerichte erfolgt.

Einer Überbürdung des Bundesgerichtshofs könnte dabei durch eine Umgestaltung auch der strafrechtlichen Revision zu einem Zulassungsrechtsmittel vorgebeugt werden. Dies wäre insofern nur konsequent, als es sich bei der Strafprozessordnung um die einzige Prozessordnung des Bundes handelt, die eine zulassungsfreie Revision kennt.[55] Die übrigen Gerichtsordnungen des Bundes lassen eine Revision dagegen in der Regel nur zu, wenn

(1.) die Rechtssache grundsätzliche Bedeutung hat,[56]
(2.) die Fortbildung des Rechts oder die Sicherung einer einheitlichen Rechtsprechung eine Entscheidung des Revisionsgerichts erfordert[57] bzw. das Urteil von einer

52 Nicht alle Verfahrensordnungen des Bundes sehen eine Revision vor. Gegen erstinstanzliche Urteile der Truppendienstgerichte ist etwa unmittelbar eine Berufung an das Bundesverwaltungsgericht zulässig; ebenso ist gegen Urteile der Nichtigkeitssenate des Patentgerichts (§ 110 I PatG) sowie gegen erstinstanzliche Urteile, die im gerichtlichen Verfahren in verwaltungsrechtlichen Anwalts- (§ 112e BRAO), Notar- (§ 111d BNotO) und Patentanwaltssachen (§ 94d PAO) ergehen, eine Berufung zum Bundesgerichtshof zulässig.

53 Vgl. etwa § 133 GVG, § 132 I VwGO, § 115 I FGO § 72 I ArbGG oder § 160 I SGG, aber auch § 145 I BRAO, § 127 I PAO, § 129 I StBerG, § 107 I WiPrO, § 69 I BDG sowie § 230 BauGB.

54 Die Revision beschränkt sich in aller Regel auf eine Verletzung des Bundesrechts. So beschränken § 121 Abs. 1 Nr. 1 c) GVG, § 137 Abs. 1 VwGO und § 118 Abs. 1 FGO die Revision zu dem jeweiligen Obersten Gerichtshof des Bundes auf diejenigen Fälle, in denen zumindest eine mittelbare (§ 137 Abs. 1 Nr. 2 VwGO) Verletzung des Bundesrechts zu besorgen ist. § 162 SGG gestattet eine Revision darüber hinaus auch dann, wenn sie auf der Verletzung einer Vorschrift beruht, deren Geltungsbereich sich über den Bezirk des Berufungsgerichts hinaus erstreckt. Lediglich der Revision nach der ZPO ist keine derartigen Beschränkungen zu entnehmen, sodass sich die Frage stellt, ob es sich hierbei um ein gesetzgeberisches Versehen handelt.

55 § 543 I ZPO, § 132 I VwGO, § 115 I FGO, § 72 I 1 ArbGG, § 160 I SGG.

56 § 543 II 1 Nr. 1 ZPO, § 132 II Nr. 1 VwGO, § 115 II Nr. 1 FGO, § 72 II Nr. 1 ArbGG, § 160 II Nr. 1 SGG.

57 § 543 II 1 Nr. 2 ZPO, § 115 II Nr. 2 FGO.

Entscheidung des Obersten Gerichtshofes, des Gemeinsamen Senats der obersten Gerichtshöfe des Bundes oder des Bundesverfassungsgerichts abweicht und auf dieser Abweichung beruht[58] oder

(3.) ein Verfahrensmangel geltend gemacht wird und vorliegt, auf dem die Entscheidung beruhen kann.[59]

Hierdurch wird eine Entlastung der Revisionsgerichte herbeigeführt, die ihnen erlaubt, sich auf ihre Hauptaufgabe, nämlich die Wahrung und Sicherung der Rechtseinheit und die höchstrichterliche Rechtsfortbildung, zu konzentrieren.[60] In den übrigen Verfahrensordnungen stellt sich das Zulassungskriterium demnach als ein Filter dar, der sicherstellt, dass das Revisionsgericht nur mit Fällen befasst wird, die für seine Aufgabenstellung prinzipiell geeignet sind.[61] Dem strafrechtlichen Revisionsrecht ist *de jure* eben ein solcher Filter bislang unbekannt, auch wenn die höchstrichterliche Rechtsprechung die in § 349 II StPO vorgesehene Möglichkeit, eine Revision im Beschlusswege einstimmig als offensichtlich unbegründet zu verwerfen (sog. „ou“-Beschlüsse), *contra legem* ein Stückchen weit zu einem solchen Filter umgestaltet zu haben scheint.

Konkret wäre daher zu erwägen, auch die strafrechtliche Revision von einer Zulassung durch den *iudex a quo* oder den *iudex ad quem* abhängig zu machen.[62] Dabei zeigen die Erfahrungen mit der Abschaffung der zulassungsfreien Revision in den Verwaltungssachen durch das 4. VwGOÄndG[63] im Jahre 1990, dass sich die Fallzahlen der Revision durch die Einführung einer Zulassungsrevision tatsächlich verringern lassen.[64] Während diese Entwicklung in der Verwaltungsgerichtsbarkeit mit Sorge beobachtet zu werden scheint,[65] stellte sie mit Blick auf

58 § 132 II Nr. 2 VwGO, § 72 II Nr. 2 ArbGG, § 160 II Nr. 2 SGG.

59 § 132 II Nr. 3 VwGO, § 115 II Nr. 3 FGO, § 160 II Nr. 3 SGG.

60 Vgl. etwa *Pietzner/Buchheister*, in: Schoch/Schneider/Bier, Verwaltungsgerichtsordnung, 32. EL Oktober 2016, § 132 Rn. 4.

61 Ebd.

62 Eine Sprungrevision hingegen könnte in Anlehnung an die übrigen Gerichtsordnungen ausschließlich von der Einwilligung des Gegners und der Zulassung durch den *iudex a quo* abhängig gemacht werden, ohne auch eine Nichtigkeitsbeschwerde vorzusehen, vgl. § 566 ZPO, § 134 VwGO, § 76 ArbGG, § 161 SGG. Auch hinsichtlich Verfahrensmängel könnte der Beschwerdeführer statt auf eine Sprungrevision – wie dies etwa in § 134 IV VwGO vorgesehen ist – auf eine generell zuzulassende Berufung gegen erstinstanzliche Urteile verwiesen werden.

63 Gesetz zur Neuregelung des verwaltungsgerichtlichen Verfahrens (Viertes Gesetz zur Änderung der Verwaltungsgerichtsordnung – 4. VwGOÄndG), BGBl. I 1990, S. 2809.

64 *Pietzner/Buchheister*, in: Schoch/Schneider/Bier, Verwaltungsgerichtsordnung, 32. EL Oktober 2016, § 132 Rn. 140.

65 Ebd.

die hier vorgeschlagene Konzentration aller strafprozessualen Revisionen beim Bundesgerichtshof eine wünschenswerte Entwicklung dar, welche die Funktionsfähigkeit des Bundesgerichtshofs als alleiniges Revisionsgericht in Strafsachen sicherzustellen geeignet wäre. Letztendlich würde damit auch die Revision in Strafsachen zu einem Rechtsmittel umgeformt, das künftig im Sinne des historischen Gesetzgebers vorrangig der Rechtsvereinheitlichung und Rechtsfortbildung diente. Die Gewährleistung der Einzelfallgerechtigkeit im Sinne einer materiellen Gerechtigkeit würde damit auch in der Strafgerichtsbarkeit allenfalls noch als einen Reflex der Revisionsrechtsprechung gewährleistet werden, ohne dass sie – wie heute regelmäßig angenommen – zugleich einen ausdrücklichen Zweck derselben darstellen würde.

3 Einführung einer „Revision zur Wahrung öffentlicher Interessen“

Bei der hier vorgeschlagenen Umgestaltung der Revision wäre zudem zu erwägen, das Revisionsrecht um einen weiteren Rechtsbehelf zu ergänzen, welcher der Staatsanwaltschaft am Revisionsgericht gestattet, eine Rechtsfrage auch dann einer Entscheidung durch das Revisionsgericht zuzuführen, wenn das vorinstanzliche Urteil von keinem der Rechtsmittelberechtigten gerügt würde. Denn selbst wenn den (Landes-)Staatsanwaltschaften bei der zuvor vorgeschlagenen Umwandlung der Revision die Pflicht auferlegt würde, stets dann von ihrer Kompetenz, die Revision einzulegen, Gebrauch zu machen, wenn dies für die einheitliche Anwendung oder Auslegung des *Bundess* trafrechts von Bedeutung ist, hätte der Bund in den allermeisten Fällen keine Möglichkeit, die Ausübung dieser Kompetenz durch die Landesstaatsanwaltschaften sicherzustellen und damit unmittelbar auf eine andere Auslegung oder Fortbildung „seines“ Rechts hinzuwirken. Bekanntermaßen ist die Staatsanwaltschaft des Bundes nämlich nur steln auch die Anklagebehörde, sodass ihr in aller Regel keine Revisionseinlegungskompetenz zukommt. Dabei zeigt ein Blick in benachbarte Rechtsordnungen, dass ein Rechtsbehelf, der die Sache auch ohne eine Rüge der Rechtsmittelberechtigten einem obersten Gericht zuführt, keinesfalls so ungewöhnlich wäre, wie es zunächst den Anschein hat.

So etwa sieht das österreichische Strafverfahren mit der *Nichtigkeitsbeschwerde zur Wahrung des Gesetzes* einen Rechtsbehelf vor, der ausschließlich der Rechtsfortbildung dient und nicht von den Verfahrensbeteiligten abhängig ist. Sie erlaubt dem österreichischen *Generalprokurator*, dessen Funktion und Aufgaben mit denen des Generalbundesanwaltes vergleichbar sind, strafgerichtliche Urteile, die auf einer Verletzung oder einer unrichtigen Anwendung des Gesetzes beruhen, beim *Obersten Gerichtshof* zu rügen.[66] Dem steht auch nicht entgegen, dass die Entscheidung bereits rechtskräftig geworden ist oder die Verfahrensbeteiligten sich dazu entschlossen haben, sie nicht anzufechten.[67] Erachtet der Oberste Gerichtshof die zur Wahrung des Gesetzes erhobene Beschwerde für begründet, spricht er aus, dass in der fraglichen Strafsache das Gesetz durch die angefochtene Entscheidung verletzt worden ist.[68] Bemerkenswert ist, dass dieser Ausspruch des Obersten Gerichtshofs grundsätzlich ohne Auswirkungen auf den Angeklagten bleibt.[69] Lediglich bei einem Urteil zum Nachteil des Angeklagten kann der Oberste Gerichtshof diesen nach seinem Ermessen entweder freisprechen, die Strafe mildern oder eine erneute Verhandlung anordnen.[70] Die Nichtigkeitsbeschwerde zur Wahrung des Gesetzes stellt dabei nicht einmal einen besonders neuartigen Rechtsbehelf dar – bereits die österreichische Strafprozessordnung vom 17. Januar 1851 sah ihn in nahezu gleicher Weise vor.[71]

Auch im Strafverfahrensrecht von England und Wales existiert mit der *Attorney General's Reference on a Point of Law* ein vergleichbares Rechtsinstrument. Da nach der Tradition im englischen *common law* ein Freispruch durch die Jury grundsätzlich[72] nicht angefochten werden kann, erlaubt dieses Instrument dem *Attorney General* von England und Wales, einem Minister der englischen

66 §§23, 280 S. 2 Var. 2 öStPO.

67 § 23 I öStPO.

68 § 292 S. 5 öStPO.

69 § 292 S. 6 öStPO.

70 § 292 S. 7 öStPO.

71 Vgl. §§ 356, 373 der StPO i.d.F. des Art. VII des kaiserlichen Patents vom 17. Jänner 1850, wodurch eine neue provisorische Strafproceß-Ordnung mit der Bestimmung kundgemacht wird, dass der Tag, an welchem sie in Wirksamkeit zu treten hat, erst nachträglich bekannt gegeben wird, Allg. R.-G. u. RegBl. Nr. 25/1850, 287; dort S. 292 ff.

72 Ausnahmsweise kann gem. Section 36 Criminal Justice Act 1988 die Strafzumessung des *Crown Courts* angefochten werden, wenn es über die Maßen milde (*unduly lenient*) ist – dieses Recht steht jedoch ebenfalls ausschließlich dem *Attorney General* zu (zu dessen außergewöhnlicher Stellung vgl. Fn. 73). Zudem erlaubt Section 75 Criminal Justice Act 2003 seit 2005 eine Wiederaufnahme des Verfahrens, wenn der Entscheidung ein schweres Verbrechen (*serious offence*) zugrunde lag und neue, überzeugende Beweise (*new and compelling evidence*) für die Schuld des ursprünglich freigesprochenen Angeklagten vorgelegt werden. Lediglich verfahrenseinstellenden Entscheidungen des Richters am *Crown Court* – aber nie (!) die der Geschworenen – kann die Anklagebehörde stets anfechten, Section 58 Criminal Justice Act 2003.

Regierung,[73] umstrittene *rechtliche* Aspekte eines Freispruchs durch die Jury, dem *Court of Appeal,* der mit dem Bundesgerichtshof vergleichbar ist,[74] zur Entscheidung vorzulegen.[75] Der *Court of Appeal* entscheidet über die Rechtsfrage dabei entweder selbst oder legt sie, wo er es für notwendig erachtet, dem *Supreme Court of the United Kingdom*[76] zur Entscheidung vor.[77] Das Bemerkenswerte auch an diesem Rechtsbehelf ist die Tatsache, dass die Entscheidung des

---

73 Auch wenn die Bezeichnung *Attorney General* oftmals fehlerhaft als „Generalstaatsanwalt" übersetzt wird, handelt es sich bei *Her Majesty's Attorney General for England and Wales* tatsächlich um einen hochrangigen Staatsminister, der auch für die Rechtsberatung der englischen Regierung (*Crown*) sowie die Beaufsichtigung verschiedener Justizbehörden, wie etwa der Staatsanwaltschaft (*Crown Prosecution Service*), der Sonderermittlungsbehörde für schwere Betrugsdelikte (*Serious Fraud Office*) oder der Militärstaatsanwaltschaft (*Service Prosecuting Authority*), zuständig ist. Auch wenn der *Attorney General* als *non-cabinet minister* nicht dem Kabinett des Vereinigten Königreichs angehört, wohnt er den Kabinettssitzungen doch regelmäßig bei; ebenso hat seine Behörde – das *Attorney General's Office* – die Stellung eines Ministeriums (*ministerial departement*) inne.

74 Diese Einordnung der Stellung des *Court of Appeal* entstammt der Erwägung, dass es sich bei dem ihm übergeordneten *Supreme Court* ursprünglich noch um den Appellationsausschuss des Oberhauses des englischen Parlaments (*House of Lords*) handelte (vgl. Fn. 76). Seit der Umwandlung dieses Ausschusses in ein ordentliches Gericht mit dem Namen *Supreme Court of the United Kingdom* ist die Strafgerichtsbarkeit nunmehr fünfstufig ausgestaltet. So werden einfache Strafsachen in erster Instanz durch die *magistrates' courts,* die oftmals ausschließlich mit Laien besetzt sind, entschieden. Ihre Entscheidungen können mit einer „Berufung" zum *Crown Court* oder einer „Sprungrevision" zur *Queen's Bench Division* des *High Court of Justice* angefochten werden. Gegen die Entscheidung der *Queen's Bench Division* ist schließlich ein Rechtsmittel zum *Supreme Court* zulässig. Schwerere Strafsachen werden dagegen in aller Regel unmittelbar am *Crown Court* angeklagt, gegen dessen Entscheidung eine „Berufung" an die *Criminal Division* des *Court of Appeal* zulässig ist. Auch gegen die Entscheidung des *Court of Appeal* ist ein Rechtsmittel zum *Supreme Court* zulässig. Damit ist die Gerichtsbarkeit von England und Wales bis zur vierten Stufe (*Court of Appeal*) durchaus mit der deutschen Strafgerichtsbarkeit vergleichbar, eine der fünften Stufe (*Supreme Court*) vergleichbare Ebene existiert in der Bundesrepublik Deutschland lediglich nicht.

75 Section 36 (1) Criminal Justice Act 1972.

76 Bei dem *Supreme Court* handelt es sich um das oberste Gericht des Vereinigten Königreichs Großbritannien und Nordirland, das aus dem ehemaligen *Appellate Committee of the House of Lords* (bekannter unter der ungenaueren Bezeichnung *House of Lords*) hervorgegangen ist.

77 Section 36 (3) Criminal Justice Act 1972.

Gerichts für den Angeklagten keine nachteiligen Auswirkungen entfaltet.[78] Die Entscheidung ist vielmehr ausschließlich für die Auslegung und Fortbildung des Rechts von Bedeutung, die allerdings mit Blick auf die Präzedenz-wirkung der Urteile im *common law* freilich exorbitant sein kann.

Angelehnt an diese Vorbilder könnte auch für das deutsche Strafverfahren erwogen werden, dem Generalbundesanwalt die Möglichkeit einzuräumen, gegen rechtskräftige Urteile der Tatgerichte eine *Revision zur Wahrung öffentlicher Interessen* einzulegen, soweit er dies zur Fortbildung des Rechts oder zur Sicherung einer einheitlichen Rechtsprechung für erforderlich erachtet. Hierdurch würden dem Generalbundesanwalt als Bundesbehörde die Mittel an die Hand gegeben, auch ohne eine Mitwirkung der Landesstaatsanwaltschaften für die notwendige Fortbildung des Bundesstrafrechts Sorge zu tragen. Damit wäre zugleich auch sichergestellt, dass die Verfahrensbeteiligten ein Strafurteil nicht mutwillig – etwa durch ein kollusives Zusammenwirken mit dem erkennenden Gericht – der revisionsgerichtlichen Nachprüfung entziehen könnten.

Allerdings müsste auch hier sichergestellt sein, dass die Entscheidungen des Bundesgerichtshofs in diesen Fällen keine Wirkungen gegen den Angeklagten entfalten.[79] Allenfalls dort, wo ein tatrichterliches Urteil an grundlegenden Rechtsmängeln leidet, die den Angeklagten belasten, und sich deshalb als in jeder Hinsicht unbillig darstellt, wäre dem Revisionsgericht zu gestatten, das Urteil aufzuheben. Zudem wäre der Generalbundesanwalt zu verpflichten, von seiner außerordentlichen Revisionsbefugnis binnen eines Jahres nach der Rechtskraft

---

78 Section 36 (7) Criminal Justice Act 1972.

79 Damit unterscheidet sich der hier vorgeschlagene Rechtsbehelf auch grundlegend von der *Nichtigkeitsbeschwerde* im „Dritten Reich". Diese wurde, in Anlehnung an die österreichische *Nichtigkeitsbeschwerde zur Wahrung des Gesetzes,* durch die Verordnung über die Zuständigkeit der Strafgerichte, die Sondergerichte und sonstige strafverfahrensrechtliche Vorschriften vom 21. Februar 1940 (RGBl. I 1940, 405) eingeführt. Gem. §§ 34, 37 der Verordnung konnte der Oberreichsanwalt rechtskräftige Urteile, Strafbefehle und Beschlüsse der Amtsgerichte, Strafkammern und Sondergerichte binnen eines Jahres nach dem Eintritt ihrer Rechtskraft mit der Nichtigkeitsbeschwerde anfechten, »wenn das Urteil wegen eines *Fehlers bei der Anwendung des Rechts auf die festgestellten Tatsachen* ungerecht ist [*Hervorh. d. Verf.*]«. Art. 7 § 2 Abs. 1 der Verordnung zur weiteren Vereinfachung der Strafrechtspflege vom 13. August 1942 (RGBl. I 1942, 508) erweiterte den Anwendungsbereich dieser Nichtigkeitsbeschwerde sogar auf Tatfragen. Dort hieß es: »Der Oberreichsanwalt beim Reichsgericht kann die Nichtigkeitsbeschwerde erheben, wenn die Entscheidung wegen eines Fehlers bei der Anwendung des Rechts ungerecht ist oder wenn erhebliche Bedenken gegen die Richtigkeit der in der Entscheidung festgestellten Tatsachen oder gegen den Strafausspruch bestehen; hierzu erhebt das Gericht erforderlichenfalls Beweise«.

des Urteils Gebrauch zu machen, um trotz dieses neuen Rechtsbehelfs eine Endgültigkeit strafrichterlicher Urteile um des Rechtsfriedens willen sicherzustellen.

II Konsequenzen für die Berufung aus der Umgestaltung der Revision

In einem zweiten Schritt gälte es zu überlegen, welche Konsequenzen aus der hier vorgeschlagenen Umgestaltung der Revision für die Berufung zu ziehen sind. Während nämlich bereits in vielen Partikularrechtsordnungen der Nichtigkeitsbeschwerde, aus der sich die heutige Revision ableitet, die Aufgabe zukam, das Aufkommen und die Verfestigung falscher Rechtssätze zu verhindern, kannten sie oftmals mit der sogenannten Appellation ein Rechtsmittel, das der heutigen Berufung nicht unähnlich war und dem Zweck diente, Mängel des erstinstanzlichen Urteils auf tatsächlicher Ebene zu beseitigen.[80] Nicht wesentlich anders verhält es sich auch heute in den meisten deutschen Prozessordnungen mit der Revision und der Berufung. Während die Revision nämlich in allen Verfahrensordnungen mit Ausnahme der Strafprozessordnung in erster Linie der Rechtsvereinheitlichung und der Rechtsfortbildung dient, ist es die Aufgabe der Berufung, die Herstellung der materiellen Gerechtigkeit sicherzustellen.

Von diesem Grundsatz gibt es nur wenige Ausnahmen. So etwa können erstinstanzliche Urteile der obersten Gerichtshöfe des Bundes überhaupt nicht mit ordentlichen Rechtsmitteln angefochten werden.[81] Auch gegen erstinstanzliche Urteile der Verwaltungsgerichte, die eine Klage nach dem Asylgesetz als offensichtlich unzulässig oder offensichtlich unbegründet abweisen, hat der Gesetzgeber – was durchaus kritisch gesehen werden kann – keine Rechtsmittel

---

80 Dies ist freilich eine sehr vereinfachte Darstellung, da die Bezeichnungen der Rechtsmittel als Appellation, Berufung, Nichtigkeitsbeschwerde, Nullitätsklage, Restitution, Revision etc. in unterschiedlichen Prozessordnungen und Rechtsgebieten zu unterschiedlichen Zeiten unterschiedlichen Inhalts sein konnten. In der hier dargelegten Form trifft es aber etwa auf die jüngeren preußischen Strafverfahrensordnungen zu, vgl. *Andoor,* Diss. Würzburg (Veröffentlichung erwartet für 2019), Kapitel 2, A., V., „Reform der Rechtsmittel im 19. Jahrhundert am Beispiel Preußens".

81 So enthalten § 112a III BRAO, § 111 III BNotO, § 62 I DRiG, § 94a III PAO, § 5 VII RettungsG erst- und letztinstanzliche Kompetenzen des *Bundesgerichtshofs*. Erst- und letztinstanzliche Kompetenzen des *Bundesverwaltungsgerichts* finden sich etwa in § 50 I VwGO, § 86 Nr. 14 BPersVG, § 13 II PatG, § 16 S. 1 FMStFG, § 17 IV 5 StandAG oder § 5 I VerkPBG. Solche des *Bundessozialgerichts* wiederum enthalten § 39 II SGG, § 88 VII 2 Nr. 2 SVG und § 160 VI 5 SGB III. Auch können gem. § 158 Nr. 5 SGB IX erst- und letztinstanzliche Zuständigkeiten des *Bundesarbeitsgerichts* bzw. des Bundessozialgerichts begründet werden.

vorgesehen.[82] Besonderheiten gelten zudem für erstinstanzliche Urteile der oberen Landesgerichte, einschließlich der Finanzgerichte, die in aller Regel nur mit der Revision angefochten werden können.[83] Ebenso hat der Gesetzgeber in diversen verwaltungsgerichtlichen Sachen, in denen es ihm auf eine besonders rasche Erledigung des Rechtsstreits ankam, auf die Berufung verzichtet.[84] Dennoch kann jedenfalls grundsätzlich festgehalten werden, dass nahezu alle erstinstanzlichen Urteile deutscher Gerichte mit der Berufung angefochten werden können.[85] Schon daher ist kaum nachzuvollziehen, warum noch heute in den land- und oberlandesgerichtlichen Strafsachen keine Berufung vorgesehen ist.

1 *Einführung einer Berufung gegen sämtliche erstinstanzlichen Urteile in Strafsachen*

Eine umfassende Rechtsmittelreform sollte sich daher zumindest in Ansätzen an die Reformvorschläge aus dem 19. Jahrhundert orientieren und auch gegen Urteile der großen Strafkammern und Schwurgerichte eine Berufung vorsehen.[86] Die hierzu erforderlichen Kapazitäten stünden an den Oberlandesgerichten bei der hier vorgeschlagene Konzentration aller Revisionsverfahren am Bundesgerichtshof ohnehin zur Verfügung. Dabei knüpft ein solcher Vorschlag nicht bloß an die zahlreichen Anträge an, die bereits im 19. Jahrhundert im Reichstag verhandelt

82 § 78 I 1 AsylG.

83 Vgl. etwa §§ 120, 120b, 135 I GVG, §§ 47, 132 II VwGO, § 115 I FGO oder § 29 II bis 4 SGG.

84 Vgl. § 27 I 2 BerRehaG, § 20 II 1 ESG, § 23 II 1 InVorG, § 10 II 1 KDVG, § 339 I 1 LAG, § 58 SaatG, § 84 S. 1 SG, § 137 III 1 TKG, § 22 I 1 VerkSiG, § 37 II 1 VermG, § 16 I 2 VwRehaG, § 6 I 2 VZOG, § 34 S. 1 WPflG, § 12 S. 1 WiSiG oder § 75 S. 1 ZDG.

85 Vgl. § 511 I ZPO, §§ 72, 119 I Nr. 2 GVG, § 124 VwGO, § 64 ArbGG oder § 143 SGG. Ein Blick auf die Berufsgerichts- und Disziplinarordnungen des Bundes, auf die Patentgerichtsordnung sowie die Vorschriften für das Verfahren vor den Kammern und Senaten für Baulandsachen zeigt, dass auch in diesen eher speziellen Gerichtsverfahrensvorschriften gegen erstinstanzliche Urteile grundsätzlich eine vollumfängliche Berufung vorgesehen ist, vgl. hierzu etwa §§ 112e, 143, 145 BRAO, §§ 105, 111d BNotO §§ 94d, 125, 127 PAO, §§ 127,129 StBerG, §§ 105, 107 WiPrO sowie §§ 64, 69 BDG, § 115 WDO, § 110 PatG und § 229 I BauGB. Gleiches gilt auch für die Berufs- und Disziplinarordnungen der Länder, die soweit ersichtlich ebenfalls eine Berufung zu einem oberen Landesgericht vorsehen, vgl. insofern nur Art. 90 I BayHKaG bzw. § 62 BayDG.

86 Vgl. etwa § 354 StPO i.V.m. §§ 123 Nr. 2, 124 GVG i.d.F. des *Entwurf eines Gesetzes betreffend Änderungen und Ergänzungen des Gerichtsverfassungsgesetzes und der Strafprozessordnung* vom 6. Dezember 1894, abgedruckt in: Verhandlungen des Reichstags, 9. Legislaturperiode, III. Session 1894/95, 1. Anlageband, Aktenstück Nr. 15, S. 55 ff.

worden sind, sondern orientiert sich auch an der Ausgestaltung der Instanzenzüge der übrigen Gerichtsbarkeiten der Bundesrepublik Deutschland. Mit Ausnahme der Oberlandesgerichte in Strafsachen und der ausschließlich als Gerichte erster Instanz fungierenden Finanzgerichte[87] sind die oberen Landesgerichte nämlich vor allem Berufungsgerichte.[88]

Während die Frage der Berufung gegen erstinstanzliche Urteile der Landgerichte sich damit vergleichsweise einfach beantworten ließe, gestaltet sich die Antwort auf die Frage, wie auch gegen erstinstanzliche Urteile der Oberlandesgerichte ein vollumfassender Rechtsschutz zu gewähren ist, ungleich schwieriger. Zwar könnte erwogen werden, gegen erstinstanzliche Strafurteile der Oberlandesgerichte auch künftig keine Berufung zuzulassen – schließlich hat der Gesetzgeber gegen erstinstanzliche Urteile der Oberverwaltungsgerichte oder Landessozialgerichte auch keine Berufung vorgesehen.[89] Dagegen spricht allerdings, dass ausgerechnet an den Oberlandesgerichten Delikte verhandelt werden, die als besonders gravierend gelten und nicht selten materiell weit in das Vorbereitungsstadium vorgelagert sind; sie sind damit oftmals besonders eingriffsintensiv und zugleich in tatsächlicher Hinsicht besonders fehleranfällig.[90] Sollte jedoch einer Berufung gegen Urteile der Oberlandesgerichte eingeführt werden, gälte es zu bedenken, dass sie als Gerichte erster Instanz nicht stets eine Landesgerichtsbarkeit ausüben. Vielmehr nehmen sie in vielen Fällen eine originäre Bundesgerichtsbarkeit wahr, bei der sie letztlich im Wege der Organleihe als *obere Bundesgerichte*[91] fungieren.[92]

---

87 Dass die Finanzgerichte obere Landesgerichte sind, folgt schon aus ihrer Verfassung in Senate, aber auch aus der besoldungsrechtlichen Eingruppierung ihrer Richter. Damit stehen die Finanzgerichte, obwohl sie Gerichte erster Instanz sind, Gerichtshierarchisch auf derselben Ebene wie Oberlandesgerichte, Oberverwaltungsgerichte, Landesarbeitsgerichte (die kurioserweise in Kammern verfasst sind) oder Landessozialgerichte.

88 Vgl. § 119 I Nr. 2 GVG, § 124 VwGO, § 64 ArbGG, § 143 SGG.

89 §§ 47, 132 II VwGO, §§ 29 II bis IV, 160 SGG.

90 Vgl. nur §§ 83, 89a, 129a StGB.

91 Auch wenn die Bezeichnung „untere Bundesgerichte" näherläge, handelt es sich bei den Oberlandesgerichten in diesem Fall um „obere Bundesgerichte", wie ein unmittelbarer Vergleich mit dem *Bundespatentgericht* belegt, das ebenfalls als oberes Bundesgericht über eine Senatsverfassung und der Besoldungsgruppe R 3 zugeordnete Vorsitzende verfügt. Ein Beispiel für untere Bundesgerichte sind hingegen etwa die im Geschäftsbereich des Bundesministeriums der Verteidigung angesiedelten *Truppendienstgerichte* als besondere Verwaltungsgerichte, die über eine Kammerverfassung und der Besoldungsgruppe R 2 zugeordnete Vorsitzende besitzt.

92 Ausführlich zu dieser nur schwer begreiflichen Konzeption, *Andoor*, RW 2015, 403, 405 ff.

In den Fällen, in denen die Oberlandesgerichte in erster Instanz eine Gerichtsbarkeit des Bundes ausüben, böte es sich daher an, anstelle der bisherigen Revision an den Bundesgerichtshof eine Berufung zum Bundesgerichtshof (!) einzuführen. Damit würde die ausschließliche Bundesgerichtsbarkeit in Strafsachen im Ergebnis ähnlich ausgestaltet, wie die wenigen übrigen Fälle einer ausschließlichen Gerichtsbarkeit des Bundes. So hat der Bundesgesetzgeber auch gegen Urteile der Truppendienstgerichte (als untere Bundesgerichte erster Instanz) eine Berufung zum Bundesverwaltungsgericht und gegen Urteile des Patentgerichts (als oberes Bundesgericht erster Instanz) eine Berufung zum Bundesgerichtshof vorgesehen.[93] Lediglich dort, wo die Oberlandesgerichte im Wege der Organleihe als untere Bundesgerichte erster Instanz wirken, hat er sich auf eine Revision zum Bundesgerichtshof beschränkt. Dabei wäre auch hier die Zulassung einer Berufung zum Bundesgerichtshof nur konsequent, da dem Bund in den Sachgebieten, die in Art. 96 GG bestimmt sind,[94] ohnehin eine umfassende Rechtsprechungskompetenz zukommt. Daher gibt es eigentlich keinen Grund, warum der Bund sich auf diesen Gebieten im Rahmen einer Rechtsmittelgerichtsbarkeit auf eine bloße Rechtskontrolle in Form der Revision beschränken müsste. Schließlich geht mit der umfassenden Rechtsprechungskompetenz des Bundes auch seine Tatgerichtsbarkeit einher, die neben der erstinstanzlichen Gerichtsbarkeit freilich auch die Berufungsgerichtsbarkeit umfasst.

Der mögliche Einwand, dass der Bundesgerichtshof über keine hierfür notwendigen Erfahrungen als eine Tatsacheninstanz verfüge, geht dabei aus mehreren Gründen fehl. So gilt zunächst zu bedenken, dass der Bundesgerichtshof schon heute in verschiedenen Sachen eine Berufungsgerichtsbarkeit[95] ausübt und in manchen Sachen sogar als Gericht erster Instanz[96] tätig wird. Vor allem aber war der Bundesgerichtshof bis 1969 für die Staatsschutz-Strafsachen des Bundes als Gericht erster und letzter Instanz zuständig.[97] Insofern ist nicht ersichtlich, warum er künftig nicht jedenfalls eine Berufungsgerichtsbarkeit in

93 § 115 I 1 WDO, § 110 I PatG.

94 Zwar setzt Art. 96 V GG eine Staatsschutzgerichtsbarkeit voraus und begründet sie nicht, worauf hier jedoch nicht weiter eingegangen werden soll; vertiefend hierzu aber bereits *Andoor*, RW 2015, 403, 419 ff.

95 So etwa bei Verfahren, die vor den Nichtigkeitssenaten des Patentgerichts beginnen (§ 110 I PatG), und im gerichtlichen Verfahren in verwaltungsrechtlichen Anwalts- (§ 112e BRAO), Notar- (§ 111d BnotO) und Patentanwaltssachen (§ 94d PAO).

96 Vgl. § 112a III BRAO, § 111 III BNotO, § 62 I DRiG, § 94a III PAO, § 5 VII RettungsG.

97 Vgl. insofern ausführlich *Andoor*, RW 2015, 403, 431 ff.

Bei einer Reform des strafrechtlichen Rechtsmittelrechts böte sich angesichts dieser evidenten Schwächen der Berufung an, den Berufungsführer zu verpflichten, sein Rechtsmittel zu begründen und dabei substantiiert darzulegen, worin er die Mängel des erstinstanzlichen Urteils erblickt. Damit würde die Strafprozessordnung in diesem Punkt letztendlich den übrigen Prozessordnungen des Bundes angeglichen, die allesamt eine Begründung der Berufung durch den Beschwerdeführer voraussetzen.[106] Zur Verfahrensvereinfachung könnte auch dem Berufungsgericht in Anlehnung an die „ou"-Beschlüsse[107] im Revisionsverfahren die Möglichkeit eingeräumt werden, offensichtlich unbegründete Berufungen im Beschlusswege zu verwerfen.

Zugleich wäre neben der Revision auch die Berufung zu einem Zulassungsrechtsmittel umzugestalten. Auch hier sieht neben der Strafprozessordnung nur noch das Patentgesetz eine zulassungsfreie Berufung vor – alle anderen Gerichtsordnungen des Bundes setzen eine Zulassung der Berufung durch den *iudex a quo* oder den *iudex ad quem* voraus.[108] Wie schon die Berufungsbegründungspflicht könnte auch das Zulassungserfordernis einem willkürlichen und wahllosen Gebrauch des Berufungsrechts vorbeugen und den Berufungsgerichten einen vereinfachten Umgang mit aussichtslosen oder aus bloß prozesstaktischen Erwägungen eingelegten Rechtsmitteln ermöglichen. Angelehnt an die Verwaltungsprozessordnung, die ebenfalls von dem Amtsermittlungsgrundsatz beherrscht wird, könnte die Zulassung der Berufung insofern etwa davon abhängig gemacht werden, ob (1) ernstliche Zweifel an der Richtigkeit des Urteils bestehen, (2) die Rechtssache besondere tatsächliche oder rechtliche Schwierigkeiten aufweist, (3) die Rechtssache grundsätzliche Bedeutung hat, (4) die Sicherung einer einheitlichen Rechtsprechung eine Entscheidung des Berufungsgerichts erfordert oder (5) ein Verfahrensmangel geltend gemacht wird und vorliegt, auf dem die Entscheidung beruhen kann.

Dabei wäre dem Berufungsgericht auch die Möglichkeit einzuräumen, sich im Rahmen des Berufungsverfahrens ausschließlich auf die Rügen des Beschwerdeführers zu konzentrieren, ohne generell dazu verpflichtet zu sein, den Sachverhalt von Amts wegen auch darüber hinaus aufzuklären. Anders wäre kaum sicherzustellen, dass der Beschwerdeführer auch in materieller Hinsicht seiner Berufungsbegründungspflicht hinreichend nachkommt. Die Berufungsinstanz wäre demnach künftig also konsequent als eine Rechtsschutzinstanz und nicht

106 Vgl. § 520 ZPO, § 124a II VwGO, § 66 I ArbGG, § 151 III SGG, § 122 PatG.

107 § 349 II StPO.

108 Vgl. §§ 110 ff. PatG resp. § 511 II Nr. 2 ZPO, § 124 I VwGO, § 64 II Nr. 1 Buchst. a) ArbGG und § 144 I SGG.

mehr als eine weitere Instanz zur Ermittlung der materiellen Wahrheit zu begreifen. Letzteres wäre bei der Umsetzung der hier vorgeschlagenen Änderungen des Berufungsrechts vorrangig eine Aufgabe des ersten Richters, während die Berufung sich darauf beschränken würde, die Richtigkeit der Ergebnisse des erstinstanzlichen Verfahrens sicherzustellen.

Weiter wäre zu erwägen, auch in Strafsachen dem Berufungsgericht die Befugnis einzuräumen, die Sache an *denselben* Spruchkörper zurückzuverweisen, wenn das Urteil an rechtlichen oder gravierenden tatsächlichen Mängeln leidet. Ähnliche Möglichkeiten sehen nämlich auch die übrigen Gerichtsordnungen des Bundes vor.[109] Auch wenn bei einer erneuten Befassung desselben Spruchkörpers mit der Sache stets die Gefahr der Voreingenommenheit besteht, dürfte diese Gefahr nicht wesentlich größer ausfallen als in den Fällen, in denen dieselben erkennenden Richter bereits im Rahmen des Strafbefehlsverfahrens oder des Eröffnungsverfahrens mit der Sache befasst waren. Dagegen hätte die Aussicht, bei einer fehlerhaften Entscheidung mit der Sache erneut befasst zu werden, auf das Gericht des ersten Rechtszuges nicht nur eine disziplinierende Wirkung, auch wäre ein Spruchkörper, der bereits einmal mit der Sache befasst war, in der Lage, das Verfahren deutlich effizienter abzuschließen, als wenn ein anderer Spruchkörper des Gerichts mit derselben Sache befasst würde – es ist nämlich zu erwarten, dass ein Spruchkörper, der bereits zuvor mit der Sache befasst war, sich mit einem deutlich geringeren Aufwand erneut in die Sache einarbeiten können wird, als ein völlig anderer Spruchkörper desselben Gerichts oder das Berufungsgericht.

Die hier vorgeschlagene Umgestaltung der Berufung ist dabei nicht nur effizienter als die geltende Rechtslage, auch ermöglicht sie – bei einer Umsetzung der sonstigen Vorschläge in dem vorliegenden Beitrag – den Oberlandesgerichten und dem Bundesgerichtshof, ihre neuen Berufungsaufgaben mit denselben Kapazitäten auszuüben, wie sie bereits heute an diesen Gerichten vorhanden sind. Durch die Notwendigkeit der Zulassung der Berufung, ihre Begründungspflicht, die Einführung eines „ou“-Beschlusses auch im Berufungsverfahren sowie die Möglichkeit einer Zurückverweisung an die Vorinstanz dürfte es ihnen ein Leichtes sein, die Berufung mindestens ähnlich effizient zu handhaben, wie sie schon bislang die Revision handhabten. Selbst für die kleinen Strafkammern als Berufungsgerichte sind durch die hier vorgeschlagenen Änderungen erhebliche Erleichterungen zu erwarten. Zugleich allerdings würde dem Angeklagten und der Staatsanwaltschaft mit der Berufung gegen die erstinstanzlichen Urteile

109 § 538 ZPO, § 130 VwGO, § 159 SGG.

der großen Strafkammern, Schwurgerichte und Staatsschutzsenate der Oberlandesgerichte ein Instrument an die Hand gegeben, mit dem sie in Zweifelsfällen ungeachtet der Eingangsinstanz auf eine Korrektur der vorinstanzlichen Entscheidung auch in tatsächlicher Hinsicht hinwirken könnten. Letztendlich würde die strafrechtliche Berufung damit in vielen Punkten dem Berufungsrecht der übrigen Verfahrensordnungen angeglichen, wodurch ein großer Schritt hin zu einer längst überfälligen Modernisierung des gesamten Strafverfahrens getan wäre.

D Fazit

Der hier vorgestellte Reformvorschlag geht also letztendlich dahin, das Rechtsmittelsystem in Strafsachen an das System der Rechtsmittel der übrigen deutschen Prozessordnungen anzugleichen. Damit geht eine vergleichsweise klar umgrenzte Aufgabenzuteilung an die einzelnen Instanzen einher. So soll die Ermittlung der materiellen Wahrheit, die derzeit noch als eine generelle Aufgabe aller strafgerichtlichen Instanzen begriffen wird, vor allem der ersten Instanz zugewiesen werden. Die Berufungsinstanz als zweite Instanz soll dagegen vor allem die Richtigkeit der erstinstanzlichen Entscheidungen sicherstellen und auf diesem Wege nicht nur dem Angeklagten einen umfassenden Rechtsschutz gewähren, sondern auch dafür Sorge tragen, dass der materiellen Gerechtigkeit hinreichende Geltung verschafft wird. Die Revisionsinstanz als dritte Instanz hingegen soll sich künftig allein auf die Aufgabe der einheitlichen Anwendung und Fortbildung des (Bundes-)Strafrechts im Bundesgebiet konzentrieren, indem sie über die ihr nachgeordneten Instanzen eine Rechtskontrolle ausübt.

Dabei würde dem Bundesgerichtshof die Aufgabe zufallen, über alle Revisionen in Strafsachen zu entscheiden. Zugleich würde das Revisionsrecht mit der *Revision zur Wahrung öffentlicher Interessen* um ein dem deutschen Recht bislang unbekanntes Institut erweitert, die dem Generalbundesanwalt gestattet, auch rechtskräftige Urteile dem Bundesgerichtshof zur Entscheidung vorzulegen, wenn dies nach seiner Auffassung zur Fortbildung des Rechts oder zur Sicherung einer einheitlichen Rechtsprechung erforderlich ist. Entscheidungen, die im Rahmen dieser Revision zur Wahrung öffentlicher Interessen ergehen, würden für den Angeklagten jedoch grundsätzlich ohne Auswirkung bleiben. Auch wäre die Berufung auf alle erstinstanzlichen Urteile in Strafsachen auszuweiten. Während über die Berufung gegen die erstinstanzlichen Urteile der Amtsgerichte weiterhin die Landgerichte entscheiden würden, wäre es künftig an den Oberlandesgerichten, über die Berufung gegen die erstinstanzlichen Urteile der Landgerichte zu entscheiden.

Gegen erstinstanzliche Urteile der Oberlandesgerichte wäre eine Berufung zu dem Bundesgerichtshof zuzulassen, sofern sie eine Gerichtsbarkeit des Bundes ausüben – einer Revisionsinstanz bedürfte es in diesen Sachen nicht, da der Bundesgerichtshof insoweit bereits im Rahmen seiner Berufungsgerichtsbarkeit, einer divergierenden Rechtsentwicklung im Bundesgebiet entgegenwirken kann.

In den Fällen jedoch, in denen die Oberlandesgerichte eine Landesgerichtsbarkeit ausüben, muss eine Berufung zum Bundesgerichtshof ausscheiden, da dem Grundgesetz eine dahingehende tatrichterliche Kompetenz des Bundes nicht zu entnehmen ist. In diesen Fällen wäre daher eine Berufung an ein anderes Oberlandesgericht desselben Landes bzw., sofern ein solches nicht existiert, an einen anderen Senat desselben Oberlandesgerichts zuzulassen.

Um dabei dennoch die Funktionsfähigkeit der Strafrechtspflege nicht über Maßen einzuschränken, wäre das Rechtsmittelrecht auch materiell zu reformieren. So wäre die Revision zur Entlastung des Revisionsgerichts und einer Fokussierung seiner Tätigkeit auf seine Kernaufgaben, nämlich die Rechtsvereinheitlichung und die Rechtsfortbildung, zu einem Zulassungsrechtsmittel umzugestalten, das nur unter engen Voraussetzungen zuzulassen wäre. Auch die Berufung wäre entsprechend dem Vorbild der Zivilprozessordnung zu einem teilkassatorischen Zulassungsrechtmittel umzubauen. Damit wäre die Berufungsinstanz künftig nicht mehr eine „zweite erste Instanz“, sondern eine Instanz zur umfassenden Fehlerkontrolle und -beseitigung. Zugleich wäre der Beschwerdeführer auch in Strafsachen zu verpflichten, seine Berufung zu begründen, wobei dem Berufungsgericht gestattet werden müsste, offensichtlich unbegründete Berufungen auch ohne eine mündliche Verhandlung im Beschlusswege zu verwerfen. Damit ergäbe sich für Strafsachen der folgende Instanzenzug:

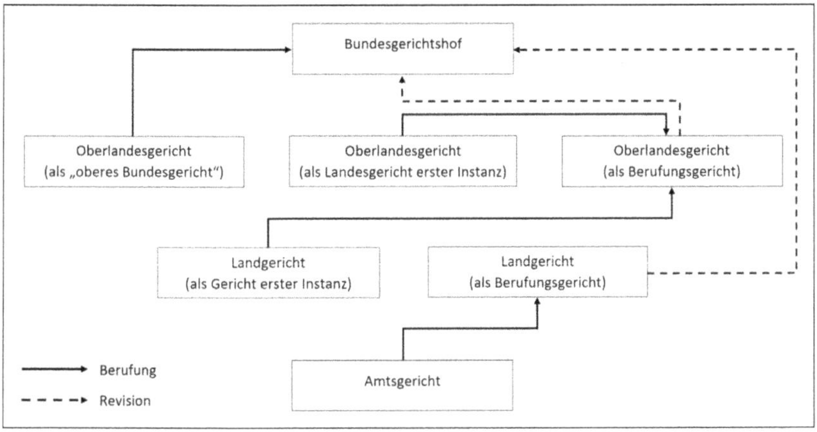

(allgemeinen) Polizeikontrolle, einer polizeilichen Vernehmung und zu vielen Verwaltungshandlungen, die vorab eine Legitimation der Person erfordern – und bei denen die getätigten Angaben überprüft werden. Selbst der Kauf einer Prepaidcard bedarf neuerdings der Vorlage einer amtlichen Legitimation der Person.

Eine diametrale Handhabung findet sich in der strafrechtlichen Hauptverhandlung bei Zeugen, die sich ausweisen wollen, worauf die Justiz aber regelmäßig großzügig verzichtet; etwas anderes gilt allerdings, wenn es – inhaltlich zu Recht – um die Frage geht, ob eine Burka tragende Zeugin sich ihrer Burka entledigen muss. Der Aufklärungsumfang – die richterliche Aufklärungspflicht – im Strafverfahren sei nicht disponibel und von religiösen Befindlichkeiten unabhängig. Dabei sei die Überprüfung der Personalien nebst des persönlichen Eindrucks wesentliches Kriterium einer Überzeugungsbildung. Dies erfordere die Wahrnehmung des Gerichts mit der Folge, dass die entsprechende Anordnung des Vorsitzenden, den Vollschleier abzulegen, auf § 176 GVG beruht und nicht nur zulässig, sondern sogar geboten ist.[2] Die Person rückt in den Mittelpunkt – anders als beim unkontrolliert akzeptierten Angeklagten, obwohl dieser doch (einer) der Hauptdarsteller der Verhandlung ist.

I Ausgangssituation: Eine prozessuale Tat

Die §§ 264 I, 155 I StPO beschreiben eine prozessuale Tat und legen damit den Umfang der Ermittlungen, der Hauptverhandlung, der Urteilsfindung, der Entscheidung und der Vollstreckung im Sinne eines historischen Lebensvorganges fest. Im Vordergrund stehen die Fragen, hat die durch die Anklage beschuldigte Person die in der Anklage bezeichnete Tat begangen?

Die Fragestellung impliziert zwei „Unterfragen“, nämlich ob die angeklagte Person die Tat tatsächlich begangen hat, oder Täter der Tat eine andere Person war und die stillschweigend übergangene Feststellung, dass die angeklagte Person zur Hauptverhandlung erschienen ist und auf der Anklagebank Platz genommen hat. Vorliegend geht es um die letzte Frage, insbesondere aber um die strafprozessualen Konsequenzen bei Verneinung der Frage wegen der Anwesenheit einer nicht gewollten Person.

---

2 Vgl. *Artkämper*, Die gestörte Hauptverhandlung, 5. Aufl. 2017, Rn. 451 ff.; *Nestler*, Die verschleierte Zeugin in der Hauptverhandlung, HRRS 3/2016, 126 ff.

1 Konstellation 1: Freispruch aufgrund eines bekannten Personentausches

Jemand wird wegen einer Straftat angeklagt und es erfolgt eine Absprache mit dem Richter, dass ein ihm ähnlich sehender Bekannter auf der Anklagebank Platz nimmt. Ziel ist die Überprüfung der Glaubhaftigkeit des Zeugen und die Enttarnung des zu erwartenden Wiedererkennens der auf der Anklagebank sitzenden Person, in einem Fall, in dem das Wiedererkennen wesentlicher oder gar einziger Bestandteil der Beweisführung ist.[3]

Im konkreten Fall – der tatsächlich Angeklagte war nicht im Sitzungssaal anwesend – erkennt der Zeuge den „Doppelgänger" als Täter wieder mit der Folge, dass der Angeklagte freigesprochen wird.

Die rechtliche Bewertung ist überschaubar: Der Verstoß gegen § 230 I StPO liegt neben einem Verstoß gegen §§ 69 III, 136a I StPO (der Zeuge wurde getäuscht, da ihm vorgespiegelt wurde, der auf der Anklagebank Sitzende sei der Angeklagte, mit der Folge eines absoluten Beweisverwertungsverbotes aus § 136a III 2 StPO) auf der Hand. Allerdings ließe sich das „Abwesenheitsurteil" dadurch umgehen, dass der gewollte Angeklagte im Zuhörersaal Platz nimmt und – um nicht erkannt zu werden – sein Aussehen verändert. Nicht ausreichen dürfte hingegen – einem Beschluss des OLG Celle aus dem Jahre 2017 folgend[4] – der Umstand, dass der Angeklagte (oder Betroffene) den Gerichtssaal freiwillig verlässt und in einem Nebenraum, der mit einer offen stehenden Tür mit dem Verhandlungsraum verbunden ist, der Verhandlung folgen kann.

Tatsächlich wird in derartigen Sachverhaltsgestaltungen der „Mantel der Rechtskraft" den Rechtsfehler verhüllen, zumal alle Verfahrensbeteiligten kollusiv zusammenwirken und die Vorgaben der StPO missachten.[5]

2 Konstellation 2: Der vertauschte Vorgeführte

Der Sammeltransport der Angeklagten hat in unterschiedlichen Justizvollzugsanstalten die zutreffenden Personen abgeholt und in die Vorführzellen des Gerichts transportiert. Ein Wachtmeister führt eine Person in Saal 130 vor, die eigentlich vor einer anderen Kammer in Saal 110 verhandelt werden soll.

---

3 Vgl. dazu SZ vom 7.8.2008 mit Kommentar *Prantl*; *Meyer-Goßner*, Der „falsche" Angeklagte, zis 2009, 519.

4 OLG Celle, Beschluss vom 9.3.2017 – 2 Ss 23/17.

5 Vgl. dazu auch *Artkämper*, Die gestörte Hauptverhandlung, 5. Aufl. 2017, Rn. 637 f.

Regelmäßig wird sich – wie auch im Frühsommer 2017 in Leipzig – spätestens bei der Überprüfung der Personalien – jedenfalls in einer der beiden Hauptverhandlungen – die Unstimmigkeit herausstellen, da der auf der Anklagebank Sitzende in aller Regel kein Interesse daran hat, unter falschen Perso verhandelt zu werden. Die Tatsache, dass Dafür spricht – neben seiner Rolle als unabhängiges Organ der Rechtspflege – der Umstand, dass der anwesende Angeklagte nicht sein Mandant ist.

Die rechtliche Bewertung tritt in den Hintergrund und die Lösung ist trivial: Der falsche Angeklagte wird gegen den richtigen Angeklagten ausgetauscht und gegen diesen wird eine komplette Hauptverhandlung von Beginn an durchgeführt, vgl. § 243 StPO.

Dass allerdings die Vertauschung nicht immer auffallen muss, zeigt der Fall *Waller/Walther* des LG Lüneburg, bei dem beide Personen im Amtsgerichtsgebäude einsaßen und versehentlich Walther vorgeführt und gegen ihn die Hauptverhandlung durchgeführt wurde.[6]

3 Konstellation 3: Teilnahme an der Hauptverhandlung unter falschen Namen

Ein nahezu alltägliches Phänomen der Strafverfolgung besteht in der Chance der Beschuldigten, durch eine Veränderung und/oder Manipulation ihres Namens, ihrer Geburtsdaten und ihrer Nationalität eine Zuordnung bereits in der Vergangenheit begangener Straftaten zu verhindern bzw. zu erschweren. Die Zahl der Aliasdatensätze in Akten, Anklageschriften und Urteilen ist teilweise erschreckend und wirft Probleme im Hinblick auf den gesetzlichen Richter auf; das BKA stellt zwar Führungsstammdaten auf, die regelmäßig übernommen werden … aber nicht stimmen müssen. Auch die Frage nach der Zuständigkeit der allgemeinen Strafgerichte oder der Jugendgerichte ist häufig durch widersprüchliche Datensätze erschwert.

Unbeschadet dieser Schwierigkeiten findet allerdings regelmäßig eine Verhandlung gegen die Person statt, die unter einem der genannten und bekannten Datensätze aufgetreten und von der Anklage gemeint ist. Für die Frage der Auswirkungen der falsa demonstratio der Person der Angeklagten hat der BGH bereits im Jahre 1995 erkannt, dass die Teilnahme an einer Hauptverhandlung unter falschem Namen die Rechtswirksamkeit des Strafurteils nicht tangiert: „Die Rechtswirksamkeit eines Strafurteils wird nicht dadurch berührt, dass der richtige Angeklagte unter falschem Namen an der Hauptverhandlung

---

6 LG Lüneburg MDR 1949, 767 f.

teilgenommen hat .... Betroffen von einem strafrechtlichen Erkenntnis ist nämlich nur diejenige Person, gegen die Anklage erhoben war und die tatsächlich vor Gericht stand, auch wenn die von ihr angegebenen Personalien unrichtig waren."[7] Damit dürfte eine praktikable und zutreffende Lösung gefunden sein.

Die Richtigkeit der einhellig konsentierten Lösung zeigt sich, wenn die einzelnen Verfahrensschritte genauer beleuchtet werden: Angriffsobjekt der Anklageschrift ist die Person, die dann auch auf der Anklagebank Platz nimmt und auf die sich der Eröffnungsbeschluss bezieht. Gewollte und anwesende Person sind identisch und diese hat die Möglichkeit rechtlichen Gehörs, das erkennende Gericht nimmt sie und die ihr zur Last gelegte Tat zur Kenntnis und klärt diese auf. Das Urteil wird in Anwesenheit dieser Person verkündet - womit die Rechtsmitteleinlegungsfrist beginnt - und das schriftliche Urteil wird auch dieser Person später zugestellt. Es gab zu keinem Zeitpunkt eine Fehlvorstellung des Gerichts und der gewollte Angeklagte hatte die Möglichkeit, sich zu verteidigen. Falsa demonstratio non nocet!

Lassen wir uns aber das zuvor genannte Zitat auf der Zunge zergehen: *Betroffen von einem strafrechtlichen Erkenntnis ist (nämlich) nur diejenige Person, gegen die Anklage erhoben war und die tatsächlich vor Gericht stand, auch wenn die von ihr angegebenen Personalien unrichtig waren,* stellt sich die Frage der Zulässigkeit des Umkehrschlusses: Nicht betroffen von einem strafrechtlichen Erkenntnis sind Personen, gegen die keine Anklage erhoben war und die nicht tatsächlich vor Gericht standen. Der Belastbarkeit dieser Hypothese gilt es nachzugehen. Ist Anklage und Präsenz in der Hauptverhandlung Voraussetzung dafür, dass ein Urteil (gegen diese Person) Geltung beansprucht?

4 Konstellation 4: Verurteilung eines „falschen" Angeklagten in der Hauptverhandlung

Eine andere Person als der Angeklagte tritt für diesen in der Hauptverhandlung auf und bestätigt bei der Präsenzfeststellung zu Beginn der Hauptverhandlung (§ 243 I StPO) wahrheitswidrig, er sei der Angeklagte; die Personenverwechslung bleibt unerkannt und es ergeht ein Urteil. Die Konstellation bedarf einer Klarstellung dahin gehend, dass die anderen Verfahrensbeteiligten nicht in den Tausch eingeweiht und damit quasi gutgläubig sind.[8] Zudem ist es denkbar, dass

7 BGH NStZ-RR 1996, 9 m.w.N.; KG NStZ-RR 2004, 240; *Kühne* in LR, 27. Aufl., Einl. Rn. 122 i.V.m. Fn. 379; *Gmel* in KK StPO, 7. Aufl., § 230 Rn. 7.

8 Dazu s.o. I.1.

die Vertauschung durch Zufall erfolgt oder von dem wahren (in der Anklage genannten) und dem anwesenden Angeklagten gewollt ist.

Die letzte Variante funktionierte offensichtlich im Jahre 2014 in Dortmund: Zwei Beschuldigte, die sich nach Aussehen und Alter durchaus ähnlich waren, wurden in einer Zelle inhaftiert. In der Folgezeit legten sie sich identische Haar- und Barttracht zu und schmiedeten folgenden Plan: A – der aufgrund seiner Vorbelastungen und des Tatvorwurfes nicht mit einer Bewährungsstrafe rechnen konnte – sollte zunächst seinen eigenen Termin wahrnehmen (und wurde dort erwartungsgemäß zu einer Freiheitsstrafe ohne Bewährung nebst Fortdauerbeschluss hinsichtlich der Untersuchungshaft verurteilt). Aber auch in dem Termin gegen B ließ A sich vorführen und trat in der Hauptverhandlung unter den Personalangaben des B auf; der durchaus Erfolg versprechende Plan basierte auf der Hoffnung, dass gegen B nur eine Strafe mit Bewährung verhängt werden würde und der Angeklagte daher den Gerichtssaal als freier Mann durch die normale Ausgangstür hätte verlassen können. A wäre damit erfolgreich geflohen … und B hätte das Missverständnis später aufgeklärt. Die Personenverwechselung blieb in der Hauptverhandlung unerkannt; der Plan scheiterte aber daran, dass das Schöffengericht auch in dem Verfahren gegen B eine Strafaussetzung zur Bewährung verneinte.[9]

Angriffsobjekt der Anklageschrift ist nicht die Person, die dann auf der Anklagebank Platz genommen hat und auf die sich der Eröffnungsbeschluss bezieht. Gewollte und anwesende Person sind nicht identisch und der gewollte Angeklagte hatte keine Möglichkeit rechtlichen Gehörs, das erkennende Gericht nimmt ihn und die ihm zu Last gelegte Tat nicht zur Kenntnis und klärt diese auf. Das Urteil wird in Abwesenheit dieser Person verkündet – womit die Rechtsmitteleinlegungsfrist nicht beginnt – aber das Urteil wird der gewollten Person später zugestellt. Es gab in der Hauptverhandlung eine Fehlvorstellung des Gerichts und der gewollte Angeklagte hatte (bislang) keine Möglichkeit rechtlichen Gehörs.

Bei der rechtlichen Bewertung sticht erneut der Verstoß gegen § 230 I StPO ins Auge, ein Verstoß mit (jedenfalls) vier denkbaren Folgen:

- *Das Urteil wirkt gegen beide, also den „richtigen" und den „falschen" Angeklagten.* Diese Auffassung wird – soweit ersichtlich – nicht vertreten. Der Grund dafür scheint prima facie logisch: Wenn es nur eine Tat mit einem Alleintäter gibt, kann ein Urteil nicht alternativ gegen zwei Alleintäter wirken, zumal es auch nur eine Anklage und nur einen Eröffnungsbeschluss gibt.
- Es wirkt nur gegenüber dem erschienenen „falschen" Angeklagten.

9 Zur Berufungsbegründung in diesem Verfahren s.u. Konstellation 5.

Diese Möglichkeit findet durchaus – wenn auch nur geringfügigen – Anklang[10]: Maßstab des Gerichts bei der Prüfung des hinreichenden Tatverdachts ist die Person, gegen die die öffentliche Klage erhoben ist (§ 203 StPO). Die Untersuchung und Entscheidung des Gerichts erstreckt sich nur auf die durch die Anklage beschuldigte Person (§ 155 I StPO). Das Gericht will also nur gegen diesen Angeklagten verhandeln und nur diesen aburteilen. Die Situation ist aber der Aburteilung eines nicht erschienenen Angeklagten vergleichbar. Es kann nicht unterschiedlich beurteilt werden, ob überhaupt niemand oder der „Falsche" auf der Anklagebank Platz nimmt. Die Auffassung übernimmt die Lösung des error in persona des materiellen Rechts in die prozessuale Situation: Das Gericht will den Anwesenden verurteilen und verurteilt diesen; Angriffs- und Verletzungsobjekt scheinen identisch und der Vorfeldirrtum unbeachtlich.

Das OLG Köln formuliert: „*Das Strafurteil ist Ausdruck der Überzeugung des Gerichts, dass der Angeklagte, das heißt die in der Hauptverhandlung anwesende und nicht die der Bezeichnung im Eröffnungsbeschluss entsprechende Person, sich einer bestimmten Straftat schuldig gemacht hat oder nicht. Daraus folgt, dass das Urteil sich immer nur auf die Person bezieht, die tatsächlich als Angeklagter vor Gericht gestanden hat*".[11]

Dabei wird verkannt, dass im Strafverfahren das Geschehen aus der Sicht des Gerichts durch das Zwischenverfahren geprägt ist: Die Prüfung des hinreichenden Tatverdachts bezieht sich nur auf die in der Anklage genannte Person (und die ihr zur Last gelegte Tat); auf dieses Angriffsobjekt ist das Gericht fixiert, sodass in der Hauptverhandlung gerade nicht das gewollte Objekt anwesend ist. Daran scheitert der Transfer des error in persona.

- Es wirkt nur gegenüber dem nicht erschienenen „richtigen" Angeklagten. Dies wird teilweise vertreten.[12] Zur Begründung wird auf die Argumentation bei der zweiten Möglichkeit Bezug genommen, mit der Folge, dass das Urteil nur anfechtbar ist.

Rechtsfolgen bei Wirkung gegen den nicht erschienenen Angeklagten wären:

---

10 *Grobler,* Anmerkung MDR 1949, 768, 769; *Loos* in AK-StPO, Anh. Zu § 264 StPO Rn. 26; OLG Köln MDR 1983, 865.

11 OLG Köln MDR 1983, 865.

12 LG Lüneburg MDR 1949, 767 f.; *Deiter* in SK-StPO, 5. Aufl. 2015, § 230 Rn. 38; *Meyer-Goßner*/Schmitt, 60. Aufl. 2017, § 230 Rn. 27; *Eschelbach,* in KMR § 230 Rn. 22: Keine Wirksamkeit gegenüber dem Anwesenden, für den gewollten Angeklagten revisibel bzw. nach § 359 Nr. 5 anfechtbar.

- o Das Urteil entfaltet Wirkung trotz Verletzung elementarer Rechtsgrundsätze (Verstoß gegen § 230 I StPO als einfachgesetzliche Konkretisierung des Grundsatzes rechtlichen Gehörs nach Art. 103 I GG, Art. 6 I EMRK)
- o Durch den Verweis des eigentlichen Angeklagten „nur" auf die Möglichkeit der Rechtsmittel verwehrt man ihm eine komplette Instanz (weniger problematisch im Hinblick auf Art. 19 IV GG als auf Art. 3 I GG).
- o Möglicherweise entstehen ungerechtfertigte Vorteile aus dem Verbot der reformatio in peius bei Einlegung des Rechtsmittels durch den Angeklagten oder durch die StA zugunsten des Angeklagten, da es denkbar ist, dass der vor Gericht Erschienene einen besseren Eindruck macht, als es der Angeklagte getan hätte, sodass das Urteil milder ausfällt, als es eigentlich ausgefallen wäre (vgl. § 46 II StGB).
- o Das Urteil entfaltet erhebliche Belastungen für einen an dem „Fehler" möglicherweise völlig unbeteiligten Angeklagten, die Entscheidung wieder „aus der Welt zu schaffen". Er ist „in Zugzwang", muss Rechtsmittel einlegen und trägt das Risiko der Nichtaufhebung des Urteils.

- *Es wirkt weder gegen den einen noch gegen den anderen. Es ist ein Nichturteil.*[13] Diese Möglichkeit hat die Schwere des Verstoßes gegen grundlegende rechtsstaatliche Prinzipien auf der Pro-Seite: Hinsichtlich des „falschen" Angeklagten fehlt Anklage und Eröffnungsbeschluss, hinsichtlich des „richtigen" Angeklagten fehlt aber eine persönliche Beziehung zum Gericht. Gegen sie spricht das Erfordernis von Rechtssicherheit nach Ausschöpfung des Rechtswegs und die Möglichkeit der Anfechtung des Urteils vor Rechtskraft und – nach Ablauf der Rechtsmittelfrist – eventuell die Möglichkeit der Durchbrechung der Rechtskraft durch ein Wiederaufnahmeverfahren zur Beseitigung von Fehlentscheidungen. Auch besteht die Gefahr der Beeinträchtigung der Schutzfunktion des verfassungsmäßigen Grundsatzes „ne bis in idem" und es fehlen bei der Kategorisierung von Nichturteilen bislang praktisch umsetzbare Abgrenzungskriterien.

5 Konstellation 5: Verurteilung und Rechtsmittel; Scheinurteil und Nichturteil

Der falsche Angeklagte ist allerdings auch in der zweiten Instanz im Strafverfahren präsent: Im Rahmen des Berufungsverfahrens macht der Verteidiger geltend, dass die in erster Instanz (neben ihm sitzende!) verurteilte Person nicht der

---

13 *Treier* in KK, 5. Aufl., § 230 Rn. 7; *Gmel* in KK, 7. Aufl., § 230 Rn. 7; *Beulke*, Strafverfahren, 11. Aufl. Rn. 507.

Angeklagte gewesen sei. Dieser und ein Mithäftling hätten einen „Rollentausch“ vereinbart und er trägt im Namen seines Mandanten vor: *„Ich habe am … nicht persönlich an der Hauptverhandlung teilgenommen. An meiner Stelle hat … als Angeklagter an der Hauptverhandlung teilgenommen.“*[14]

Auch hier ist für eine Berufungshauptverhandlung nur Raum, wenn es überhaupt ein (gegen den Rechtsmittelführer wirkendes) Urteil gibt.[15]

Im Zivilrecht ist das Scheinurteil anerkannt:

Das Landgericht beraumt einen Verkündungstermin an, zu dem niemand erscheint. Trotz Nachfragen der Parteien lässt sich nicht in Erfahrung bringen, ob (und ggfs. mit welchem Inhalt) eine Entscheidung ergangen war. Innerhalb der Rechtsmittelfrist des § 517 Alt. 2 ZPO legen daher beide Parteien vorsorglich Berufung ein. Das Landgericht teilt daraufhin mit, es sei lediglich ein Hinweisbeschluss verkündet worden. Die Klägerin beantragt, das Berufungsgericht möge feststellen, dass ein erstinstanzliches Urteil nicht existiere, den Rechtsstreit an das erstinstanzliche Gericht zurückverweisen und Gerichtskosten für die Berufungsinstanz nicht zu erheben.[16]

Die Berufung ist deshalb mangels Urteils schon unstatthaft; sie ist auch unzulässig, weil sie unter einer Bedingung eingelegt ist.[17] Das Zivilrecht überträgt die Grundsätze des Scheinurteils nicht auf ein Nichturteil; gegen Scheinurteile sind Rechtsbehelfe statthaft, soweit damit ein Rechtsschein beseitigt werden soll.

6 Konstellation 6: Verurteilung eines „falschen“ Angeklagten in der Hauptverhandlung und Rechtskraft

Eine weitere Komplikation tritt auf, wenn das gegen einen falschen Angeklagten ergangene Urteil in Rechtskraft erwächst, etwa weil der gewollte Angeklagte das ihm durch Zustellung bekannt gewordene Urteil inhaltlich akzeptiert und die Rechtsmittelfrist verstreichen lässt oder ausdrücklich einen Rechtsmittelverzicht erklärt. Zwar ist das Urteil nicht ihm gegenüber verkündet worden, sondern nur gegenüber der in der Hauptverhandlung anwesenden Person, sodass die Rechtsmitteleinlegungsfrist in der Hauptverhandlung nicht in Gang gesetzt wurde; gemäß § 314 Abs. 2 StPO beginnt daher die Frist mit der Zustellung des Urteils, die stets an den gewollten – in der Anklageschrift, im Eröffnungsbeschluss und im Urteil benannten – Angeklagten erfolgt … und der spätestens nunmehr von „seinem“ Urteil erfährt und die Möglichkeit rechtlichen Gehörs erhält.

---

14 Vgl. *Artkämper*, Die gestörte Hauptverhandlung, Rn. 780.

15 Vgl. Konstellation 4.

16 Urteil des OLG Dresden vom 26.05.2004 - 12 U 1793/03.

17 Siehe nur *Rimmelspacher* in MünchKommZPO, 4. Aufl. 2013, § 511 Rn. 12 m.w.N.

Ist die Rechtsmittelfrist bereits abgelaufen, muss der Verurteilte versuchen, die Rechtskraft zu durchbrechen, aber das Wiederaufnahmeverfahren wird nur Erfolg haben, sofern insbesondere der Wiederaufnahmegrund des § 359 Nr. 5 StPO bejaht wird.[18] Es bleibt die Wiedereinsetzung in den vorigen Stand bezüglich der Rechtsmittelfrist.

Geht man davon aus, dass eine Wiederaufnahme des Verfahrens nach Eintritt der Rechtskraft nicht möglich ist, da Wiederaufnahmegründe, insbesondere § 359 Nr. 5 StPO, nicht gegeben sind,[19] stellt sich die Frage der Vollstreckbarkeit jedenfalls dann, wenn man der Auffassung folgt, dass kein Nichturteil vorliegt. Lösungsmöglichkeit könnte – etwa wie bei einem Strafbefehl, der versehentlich keine Angaben zur Tagessatzhöhe enthält – die Annahme eines wirksamen Urteils sein, das lediglich nicht vollstreckt werden kann, aber ansonsten alle Wirkungen tätigt und insbesondere – ne bis in idem – zu einem Strafklageverbrauch führt.

7 Konstellation 7: Verurteilung eines „falschen" Angeklagten in der Hauptverhandlung, Rechtskraft und spätere Gesamtstrafenbildung

Die Frage der Gesamtstrafenbildung unter Einbeziehung eines Urteils gegen eine nicht anwesende Person, die auch schon 1949 relevant wurde,[20] ist auf zwei Wegen denkbar: Entweder

- es erfolgt eine neue Hauptverhandlung mit Anwesenheit der gewollten Person, in deren Verlauf die einzubeziehende Strafe erörtert und vor der Einbeziehung durch Urteil rechtliches Gehör gewährt wird

oder

- außerhalb der Hauptverhandlung wird im Verfahren nach § 460 StPO durch Beschluss – mithin ohne gesetzliche Kognitionspflicht der Person – entschieden, aber es wird auch in diesem Verfahren vorweg rechtlich-richterliches Gehör zu dem entsprechenden Antrag der Staatsanwaltschaft gewährt und der falsche Verurteilte hat zudem nach Zustellung die Möglichkeit der sofortigen Beschwerde.

Die Gesamtstrafe macht wenig Probleme, denn selbst im Verfahren nach § 460 StPO wird durch Beschluss – mithin (nur insoweit) ohne gesetzliche Kognitionspflicht der Person – entschieden, es wird aber auch vorweg rechtlich-richterliches

18 *Meyer-Goßner*/Schmitt, § 230 Rn. 27; *Rieß* in LR, 25. Aufl. Einl. Abschn. J Rn. 133.
19 *Schäfer* in LR, 25. Aufl. Einl. Kap. 12 Rn. 62 a.
20 LG Lüneburg MDR 1949, 767 f.

Gehör gewährt; in beiden Konstellationen hat daher rechtliches Gehör stattgefunden.

II Scheinurteile, Nichturteile und schwebend unwirksame Judikate

Rosendorfer hat in Ballmanns Leiden die Midlife-Crisis eines Vorsitzenden Richters am LG beschrieben, der unter anderem unter dem falschen Namen Martin Richter von einem Schnellgericht wegen Personalienverweigerung, Ausweislosigkeit und Beförderungserschleichung zu vier Tagen Freiheitsstrafe verurteilt wird und die Annahme des Urteils – gemeint ist die Erklärung eines Rechtsmittelverzichts – mit den Worten *„Das Verfahren leidet an einem Verfahrensmangel“* verweigert, da ihm das letzte Wort nicht erteilt worden war. Nachdem er gefragt worden war, warum er unbedingt Schwierigkeiten machen wolle, schließt sich ein interessanter Dialog an:

> *„Nicht ich mache Schwierigkeiten, Sie haben unordentlich gearbeitet“*, was zunächst zu einem Wutausbruch des Richters führt, der dann die Akte erneut aufschlägt mit den Worten: *„Dann müssen wir eben das Verfahren wiederholen“*. *„Das geht nicht“*, erwidert Ballmann alias Richter, *„Ihr Urteil existiert. Es beruht nur auf einem falschen Verfahren. Sie können doch nicht ein bestehendes, in öffentlicher Sitzung verkündetes Urteil wegwischen wie einen Tintenfleck. Wie wollen Sie denn das machen? Durch Beschluss, oder wie? … Wo haben Sie denn Ihr Examen gemacht? In der Baumschule?“*[21]

Auch wenn hier nur eine Teilnahme an der Hauptverhandlung unter falschen Namen[22] vorliegt, scheinen die Ausführungen zur Existenz eines Urteils richtungsweisend; bei dem falschen Angeklagten ist Ausgangspunkt doch die Frage, was an dem Urteil gegen den Angeklagten falsch ist? Die Verfahrensvorschriften sind – mit Ausnahme der Anwesenheit des Angeklagten – eingehalten, genau genommen ist es inhaltlich falsch. Damit stellt sich die Anschlussfrage, wie viele Urteile eigentlich inhaltlich falsch sind … und was deren rechtliches Schicksal ist?

Es geht hier nicht um Spekulationen von Fehlerquoten, die allein schon deswegen wenig seriös sind, da sie die Falschheit und den Fehler nicht exakt definieren. Strafjuristen sind sich aber wahrscheinlich einig, dass eine Vielzahl von Urteilen inhaltlich unzutreffend ist, da der Strafprozess nur idealtypisch dazu

---

21 *Rosendorfer*, Ballmanns Leiden oder Lehrbuch für Konkursrecht, 13. Aufl. 2012, S. 112 f. Der Autor war Richter und Professor für bayerische Literatur. Seine Werke sind gerade für Juristen eine unterhaltsame Lektüre.

22 Dazu s.o. I.3.

dient, die objektive Wahrheit herauszufinden, dies aber in der Praxis häufig nicht leisten kann und eine nur prozessuale Wahrheit das Urteil prägt.[23] Das entspricht auch dem Willen des Gesetzgebers, der die Suche nach objektiver Wahrheit durch zahlreiche Vorschriften der StPO einschränkt und damit „Fehlurteile" im Rahmen einer Güterabwägung – etwa mit den Interessen eines Angehörigen, § 52 StPO – hinnimmt. Ist der Rechtsmittelweg ausgeschöpft, bleiben die Urteile falsch, ohne dass jemand auf die Idee käme, dass dann alle inhaltlich falschen Urteile nichtig sind, ein Ergebnis, das mit einer formalen Rechtsicherheit einhergeht.

Lösungsansatz der Überlegung muss sein, ob Konsequenz des „falschen" Angeklagten die Nichtigkeit des Urteils sein kann und weitergehend die Frage: Gibt es überhaupt Nichtjudikate und – wenn ja – unter welchen Voraussetzungen. *Meyer-Goßner* formuliert: *„Es erscheint nämlich schlechthin ausgeschlossen, einem Urteil, das in einem ordnungsgemäßen Verfahren, in dem lediglich prozessuale oder materiell-rechtliche Fehler begangen wurden, erlassen wurde, die rechtliche Anerkennung zu verweigern. Die Phantasiefälle, dass etwa ein Gerichtswachtmeister ein Urteil erlässt oder in einem Urteil auf verbotene Leibesstrafen erkannt worden ist, kommen in einem Rechtsstaat nicht vor; sie können daher außer Betracht bleiben."*[24]

Die Suche nach Nichtjudikaten führt in der Tat zu seltsam anmutenden Fällen:

Im deutschen Zivilrecht wird ihr Vorkommen behauptet: „nur bei Vorliegen eines wesentlichen Mangels ist die Annahme eines Nichturteils gerechtfertigt"[25] und „bei Nichturteilen fehlt der äußere Tatbestand eines Urteils."[26] Für Österreich gilt nach Entscheidungen des OGH: „Es liegt ein Nichturteil vor, wenn ein Urteil von einer Person gefällt wurde, die nicht zum Richter oder vom Gesetz zur Ausübung des Richteramtes bestellt wurde" und „Wirkungslose Urteile sind nur solche Urteile, die aus tatsächlichen Gründen keine Wirkungen entfalten können, weil sie für oder gegen eine nicht existente Partei ergangen sind, oder völlig unverständlich sind."

Im deutschen Strafrecht findet sich bei *Beulke* die Feststellung: *„Nichtig sind […] Urteile, in denen auf eine gesetzlich nicht vorgesehene Sanktion erkannt wird*

---

23 Vgl. dazu *Artkämper/Jakobs*, Polizeibeamte als Zeugen vor Gericht, 2017, Rn. 36 ff.; *Artkämper/Schilling*, Vernehmungen, 5. Aufl. 2018, Rn. 921 ff.

24 *Meyer-Goßner*, zis 2009, 519, 522; vgl. auch *Kühne*, StPO, 7. Aufl. 2006 Rn. 1012.1: …, dass es nichtige Strafurteile nicht geben kann.

25 BGH v. 14.06.1954, GSZ 3/54, BGHZ 14, 39.

26 *Reichold* in: Thomas/Putzo, vor § 300 Rn. 11.

(z.B. Prügelstrafe).“[27] Die Rechtsprechung erkennt Nichtigkeit nur an „ *wenn die Anerkennung einer vorläufigen Gültigkeit wegen des Ausmaßes und des Gewichts der Fehlerhaftigkeit für die Rechtsgemeinschaft geradezu unerträglich wäre, weil die Entscheidung ihrerseits dem Geist der Strafprozessordnung und wesentlichen Prinzipien der rechtsstaatlichen Ordnung krass widerspricht, und wenn eine derartig schwerwiegende Fehlerhaftigkeit offenkundig ist.“*[28] An anderer Stelle hat der BGH die Frage nach der Existenz von Nichturteilen im Falle einer doppelten Urteilsverkündung offengelassen: „*Das zuletzt ergangene Urteil kann keinen Bestand haben, wobei offen bleiben kann, ob es, wie die Revision meint, von vornherein unwirksam ist und wegen Nichtigkeit nur in deklaratorischer Weise aufzuheben ist, oder ob es an einem Rechtsfehler leidet, der aufgrund der Revision zur förmlichen Aufhebung zwingt (vgl. BGH, Urteil vom 24. Januar 1984 - 1 StR 874/83, NStZ 1984, 279).“*[29]

Das OLG München hat im Jahre 2013 bei einem nicht protokollierten „Beratungszimmerdeal“ einen schwerwiegenden Mangel erkannt und daraus die Nichtigkeit des Urteils abgeleitet – mit der Folge, dass das Verfahren in erster Instanz nicht abgeschlossen und daher dort fortzuführen ist.[30] Bei einer Bußgeldsache in nicht öffentlicher Verhandlung und Abwesenheit des Betroffenen durch ein unzuständiges Gericht, das nur eine Beschuldigtenvernehmung durchführen soll, gelangte das OLG Köln zur Nichtigkeit.[31] Das OLG Hamburg hat ein die Instanz nicht abschließendes Urteil angenommen, wenn dessen Verkündung unterblieben ist und die Sache aus dritter Instanz an das Amtsgericht zurückverwiesen: Es fehle an einer die amtsgerichtliche Tatsacheninstanz abschließenden und damit erledigenden Entscheidungsverkündung.[32]

Im Hinblick auf den falschen Angeklagten hat bereits das Reichsgericht und auch das LG Lüneburg zutreffend festgestellt, dass der Grundsatz rechtlichen Gehörs zwar zu den elementaren Grundsätzen des Strafverfahrens zählt, aber die Regelung des § 338 Nr. 5 StPO klarstellt, dass seine Missachtung „nur“ zur Anfechtbarkeit des Urteils, nicht aber ohne Weiteres zur Nichtigkeit des Urteils führt.[33]

---

27 *Beulke*, Strafprozessrecht, S. 341.
28 BGH v. 16.10.1980, 3 StB 29, 30 u. 31/80, BGHSt 10, 278, 281.
29 BGH Beschluss vom 23.10.2012 – 2 StR 285/12 Rn. 4.
30 Beschluss vom 17.5.2013 – 2 Ws 1149 und 1150/12.
31 Beschluss vom 2.8.2002 – Ss 290/02.
32 Urteil vom 24.10.2013 – 2 - 21/12 (Rev) – 1 Ss 44/12.
33 LG Lüneburg MDR 1949, 767, 768 unter Hinweis auf RGSt 29, 294 und RG JW 1927, 2024.

Wird somit die Existenz von Nichtjudikaten unterstellt, eröffnet sich die Frage nach deren Voraussetzungen: So wird äußerst streitig teilweise auf die Beteiligten und die äußere Form des Urteils abgestellt, die – wenn sie fehlt – dieses zum Nichturteil macht und teilweise wird die Schwere des Verstoßes gegen Normen und Prinzipien herangezogen. Ein klarer Beurteilungsmaßstab in Rechtsprechung und Literatur ist jedenfalls nicht existent.

Da das Nichturteil gesetzlich nicht geregelt ist, ist es ein Institut, das von der Rechtsprechung zur Ergänzung bzw. Korrektur des Gesetzes geschaffen wird. Ein Nichturteil kann also allenfalls dann vorliegen, wenn die Rechtsfolgen bei strikter Gesetzesanwendung nicht tragbar sind: „*Diese Beurteilung findet eine Bestätigung, wenn man die Rechtfolgen miteinander abwägt, die sich einerseits ergeben, wenn man [...] von der Annahme eines Nichturteils ausgeht, und die andererseits eintreten, wenn man [...] den rechtlichen Bestand des [...] Urteils nicht verneint.*“[34] In die Abwägung pro und contra sind einzustellen:

- Zwar wird dem Erfordernis von Rechtssicherheit nach Ausschöpfung des Rechtswegs *nicht* Genüge geleistet, aber: Vollständige Rechtssicherheit gibt es nicht, da auch nach Eintritt formeller Rechtskraft die Wiederaufnahme des Verfahrens unter Vorliegen entsprechender Voraussetzungen möglich ist.
- Die Möglichkeit, etwaige Fehlentscheidungen zu korrigieren, besteht auch bei bereits eingetretener Rechtskraft durch das Wiederaufnahmeverfahren, aber nur, wenn Wiederaufnahmegründe nach § 359 StPO vorliegen.
- Eine Beeinträchtigung der Schutzfunktion des verfassungsmäßigen Grundsatzes „ne bis in idem“ ist denkbar, aber gegen den nicht erschienenen Angeklagten wurde ja gerade noch keine Hauptverhandlung durchgeführt, also ist die aufgrund der Nichtigkeit des Urteils durchgeführte „zweite“ Hauptverhandlung für den eigentlichen Angeklagten die erste.
- Fehlende praktikable Abgrenzungskriterien sind zu konstatieren, aber Sinn und Zweck einer Rechtsfortbildung ist es, das Gesetz in Einzelfällen zu korrigieren. Es ist somit dem nicht normierten Recht immanent, dass Kriterien für seine Anwendung erst entwickelt werden müssen.

Der Verfasser selbst hat zum Abschied von Kollegen bei der Abfassung fiktiver Anklagen (wegen Fahnenflucht), nachgestellten Hauptverhandlungen mit und ohne den Betroffenen und deren Dokumentation auf Video mitgewirkt. Auch schriftliche Urteile bis hin zu einem Freispruch mit Bewährungsauflagen gibt

34 BGH v. 14.06.1954, GSZ 3/54, BGHZ 14, 39.

es, die allesamt nicht ansatzweise geeignet sind, den Anschein echter Judikate hervorzurufen und so die Dignität echter Urteile zu gefährden.

Es gibt also Nichtjudikate in den Fällen, in denen nicht einmal der Anschein eines wirksamen Urteils hervorgerufen wird und die ihre Unwirksamkeit quasi sichtbar auf der Stirn tragen: Zu denken ist an Schriften (Urteilen) von Reichsbürgern pp. unter deren eigenen Wappen und Symbolen (Im Namen des ...), die Verurteilung wegen eines Sachverhaltes, der nach deutschem Recht unter keinem Gesichtspunkt strafbar ist (Sodomie, sofern nicht ein Verstoß gegen das TierschG vorliegt, Verhexen ...) sowie in den Fällen einer mit dem Recht unvereinbaren Sanktion (Folter, Todesstrafe, Auge um Auge ...). In diesen Extremfällen bedarf es wegen der evidenten Nichtigkeit keiner weiteren richterlichen Entscheidung und keines actus contrarius. Untechnisch gesagt: Das Urteil gibt es nicht, es bzw. die „Akte“ ist einfach wegzulegen. Das Verdikt der Nichtigkeit und die fehlende Rechtsverbindlichkeit sind bei derartigen Verstößen gegen elementare Prinzipien rechtsstaatlicher Ordnung jedem vernünftigen Betroffenen klar.[35]

Anders verhält es sich allerdings bei einem Urteil gegen einen nicht anwesenden Angeklagten: Das Urteil erfüllt alle personellen und formalen Voraussetzungen und ist für einen unbeteiligten Beobachter nicht als falsch zu erkennen; es erweckt daher den Rechtsschein eines Urteils, der seinerseits zu beseitigen sein muss, wenn gravierende Fehler vorliegen. Anders als von *Rössner* behauptet,[36] dürften in diese Gruppe ferner Urteile gegen Strafunmündige, gegen Verstorbene und solche Judikate gehören, die gegen das Verbot des „ne bis in idem“ verstoßen.

Die infrage stehende Sachverhaltskonstellation unterscheidet sich – entgegen der Auffassung von *Kühne*[37] – sehr wohl von anderen, in denen die Hauptverhandlung ohne den Angeklagten stattfindet und bei denen diese Abwesenheit eine Revision oder Verfassungsbeschwerde eröffnet, da hier – an irgendeiner Stelle – rechtliches Gehör gewährt wurde. Dieser Aspekt hat möglicherweise auch schon im Fall Waller/Walther für das LG Lüneburg im Jahre 1949 eine entscheidende – bislang wenig beachtete – Rolle gespielt: „Auch in diesem Fall ist der Angeklagte *vom Richter, allerdings anläßlich der Entscheidung über den Erlass seines Haftbefehls gehört* worden und hat dabei sein vor der Polizei abgelegtes Geständnis wiederholt. Unter Berücksichtigung *dieser Tatsache* stellt sich der

---

35 Vgl. auch *Beulke*, Strafverfahren, 11. Aufl. Rn. 507 a.E.

36 30 Probleme aus dem Strafrecht, S. 100.

37 In LR, 27. Aufl., § 230 Rn. 1.

Mangel des Verfahrens als nicht so tiefgreifend dar, daß er absolute Nichtigkeit des Urteils zur Folge haben müsste."[38]

Auch regelt § 73 Abs. 2 OWiG die Möglichkeit der Entbindung des Betroffenen von der Anwesenheitspflicht, *nachdem* dieser die Möglichkeit rechtlichen Gehörs hatte. Der Aspekt richterlichen Gehörs tritt damit in den Mittelpunkt; ein Aspekt, der dem Strafverfahren inhärent, der aber nicht per se indisponibel und unverzichtbar ist. Aufklärungsinteresse – der persönliche Eindruck des Gerichts von der Person des Angeklagten – und Anspruch auf rechtliches Gehör und eigene Verteidigung sind eherne Verfahrensgrundsätze.[39]

Es drängt sich zunächst eine differenzierte – und damit StPO-immanente – Lösung auf: Basis hierfür bilden die Anwesenheitspflicht, die aus dem Aufklärungsgrundsatz und dem Aufklärungsinteresse des Gerichts folgt und das Anwesenheitsrecht, das aus dem Anspruch auf rechtliches – meint richterliches – Gehör des Angeklagten in der Hauptverhandlung resultiert.

Wenn nur eines von beiden verletzt wird, führt dies zu einem nur anfechtbaren Urteil. Wird beides verletzt, insbesondere an keiner Stelle des Verfahrens richterliches Gehör gewährt, spricht dies prima facie für ein Scheinurteil, da ein bis zwei gravierende Verfahrensmängel vorliegen … es sei denn, die StPO selbst relativiert die Relevanz des Fehlers: Das geschieht im Rahmen der §§ 407 ff., die in Relation zur Rechtsfolge Anwesenheitspflicht und -recht negieren. Urteile gegen nicht anwesende Personen sind wirksam, soweit sie gewisse Sanktionsrahmen einhalten:

- Geldstrafe und
- Freiheitsstrafe bis zu einem Jahr, sofern deren Vollstreckung zur Bewährung ausgesetzt wird und der Beschuldigte einen Verteidiger hat.

Bei diesen Rechtsfolgen toleriert die StPO die Nichtgewährung des richterlichen Gehörs. Überträgt man dies auf den Fall des falschen Angeklagten, ergeht ein Urteil gegen den Gewollten im Rahmen der Rechtsfolgen des § 407 StPO. Dieses kann er – nach Zustellung – mit Rechtsmitteln anfechten … oder gegen sich gelten lassen.

Werden weitergehende Sanktionen gegen die gewollte Person verhängt, ist das Urteil jedenfalls kein Nichturteil, sondern „nur" ein Scheinurteil, dessen Rechtsschein beseitigt werden kann. Es ist nicht evident als Fehlurteil erkennbar, sondern trägt den Anschein einer wirksamen richterlichen Entscheidung

38 MDR 1949, 767, 768, Hervorhebungen durch den Verfasser.

39 BVerfG StraFO 2007, 190 f.; *Julius* in HK StPO, 4. Aufl., § 230 Rn. 1.

in sich. Die Entscheidung ist quasi schwebend unwirksam und erhält ihre Legitimation erst dann, wenn der „wahre“ Angeklagte sie zur Kenntnis nimmt und ihm (so) rechtliches Gehör gewährt wird. Erfolgt dies – aus welchen Gründen auch immer – nicht, ist die Entscheidung nicht geeignet, die Tatsacheninstanz, in der sie ergangen ist, zu beenden. Das Verfahren ist daher – auf Antrag des gewollten Angeklagten – in der Tatsacheninstanz fortzusetzen; er kann aber auch die Entscheidung akzeptieren, indem er auf Rechtsmittel verzichtet bzw. die Rechtsmitteleinlegungsfrist verstreichen lässt oder Rechtsmittel gegen die Entscheidung einlegt. Die Regelung des § 338 Nr. 5 StPO tätigt insoweit Wirkungen, als die Nichtgewährung rechtlichen Gehörs wegen fehlender Anwesenheit „nur“ die Revisibilität, nicht aber die Nichtigkeit des Urteils zur Folge hat.[40]

Diese Lösung fügt sich auch in die Normen bei Abwesenheit des Angeklagten im Rahmen der Berufungshauptverhandlung ein, die eine Verhandlung ohne den Angeklagten ermöglichen, denn dann hatte der Angeklagte „sein“ rechtliches Gehör im Rahmen des ersten Rechtszuges und auch zur Regelung des § 231 II StPO, der auch erst nach der Gewährung rechtlichen Gehörs Anwendung findet und gegebenenfalls eine Fortsetzung der Hauptverhandlung ohne den Angeklagten ermöglicht.

III Ausblick

Fehlurteile und Justizirrtümer sind gerichtlichen Verfahren leider inhärent und daher hinzunehmen;[41] dieser Erkenntnis vorgelagert ist und bleibt aber der Appell an die Agierenden, deren Existenz und Möglichkeit zu reflektieren und Vorkehrungen zu treffen, dass vermeidbare Fehler auch vermieden werden.[42]
Rosendorfer: „Ihr Urteil existiert. Es beruht nur auf einem falschen Verfahren. Sie können doch nicht ein bestehendes, in öffentlicher Sitzung verkündetes Urteil wegwischen wie einen Tintenfleck. Wie wollen Sie denn das machen? Durch Beschluss, oder wie?“[43] Nichturteile kann es nicht geben, wenn Juristen in vorgegebenen Verfahren und Formen Sachverhalte ernsthaft entscheiden. Inhaltliche Fehler führen – neben der Revisibilität der Entscheidung – unter Umständen zu Scheinurteilen, die der von ihnen Betroffene grundsätzlich mit Rechtsmitteln

---

40 LG Lüneburg MDR 1949, 767, 768 unter Hinweis auf RGSt 29, 294 und RG JW 1927, 2024.

41 *Hassemer*, Warum Strafe sein muss.

42 *Darnstädt*, Der Richter und sein Opfer, S. 304.

43 *Rosendorfer*, Ballmanns Leiden oder Lehrbuch für Konkursrecht, 13. Aufl. 2012, S. 112 f.

anfechten kann. Der falsche Angeklagte, der in der Tatsacheninstanz nicht anwesend war, kann das Verfahren in der Instanz fortsetzen, es gegen sich gelten lassen oder mit Rechtsmitteln anfechten. Rechtskraft ohne sein rechtliches (= richterliches) Gehör ist praktisch nicht denkbar.

Der falsche Angeklagte ist ein Phänomen der Rechtsrealität, aber durch eine Überprüfung der Legitimation des „Hauptdarstellers“ einfach als Fehlerquelle zu eliminieren; die Kontrolle seiner Personalien muss aus ihrem Dornröschenschlaf geweckt werden!

Thomas Bode

„Weiterfresserschaden" im Strafrecht? – Die Schädigung des Nasciturus und das dadurch verursachte Fetale Alkoholsyndrom (FAS/FAE) bei geborenen Menschen aus strafrechtlicher Sicht

Abstract: Thousands of kids are a born in Germany every year who have got more or less serious body or neurologic damages because of alcohol exposition already applied during pregnancy. These damages are developing their whole live. This so called fetal alcohol syndrome (FAS) is the most frequent disability of new-borns not caused by genes. In a penologic perspective, there is a logic and dogmatic problem with §§223, 229 StGB (German criminal code): can an object of crime, which by law never existed undamaged, be damaged by a later upcoming development, which is based on the previous damage? In this case, an assignment of a civil law concept called „Weiterfresserschaden" could be a new possibility of interpretation, solving this problem. But even so grave historic and systematic arguments are against declaring alcoholism during pregnancy a crime. Finally, de lege ferenda, there is the question of criminal policy about punishing mother of FAS kids.

Keywords: FAS - Fetales Alkoholsyndrom - Strafbarkeit der Mutter

A Hinführung

Anlässlich einer der zahlreichen, angenehmen und sowohl lehrreichen als auch oft kontroversen Fachdiskussionen mit *Gerhard Wolf* habe ich ihn mit einem meiner zugegeben etwas verwegenen dogmatischen Einfälle zu Einwänden provoziert. Dabei ging es in diesem Fall nicht um die Frage der Strafzwecke, der Willensfreiheit oder Evolutionsbiologie – Themen die ich immer wieder gern mit ihm diskutiere. Vielmehr ging es um die relativ konkrete dogmatische Frage, ob sich eine (werdende) Mutter strafbar machen kann, die in der Schwangerschaft ihr Kind für sein späteres Leben durch ihren eigenen Alkoholkonsum schädigt. Das Ungeborene trinkt notgedrungen mit und reagiert noch in der Entwicklung wesentlich empfindlicher auf das Zellgift Alkohol als Erwachsene. Mein erster Ansatz war, dass dies durchaus *de lege lata* möglich sein könne, und zwar über eine dogmatische Lösung ähnlich der zivilrechtlichen Konstruktion des „Weiterfresserschadens". *Gerhard Wolf* war von dieser Idee wenig begeistert und führte Gegenargumente an. Wir kamen aber aus Zeitmangel (andere Themen standen bei diesem Treffen im Vordergrund) nicht dazu, die Diskussion zu Ende zu führen und blieben noch im Prozess des gegenseitigen Begreifens stecken. Ich möchte daher hier die Gelegenheit nutzen – gleichsam als Grundlage für eine von mir erhoffte Weiterführung des Gesprächs – meinen überdachten Ansatz etwas umfangreicher auszuführen.

I Einstiegsfall

> *„4,5 Promille – polnisches Baby außer Lebensgefahr*
> *Entwarnung in Lodz: Ein mit 4,5 Promille geborenes Baby ist den Ärzten zufolge außer Lebensgefahr. Die hochschwangere Mutter war mit einem Alkoholpegel von 2,6 Promille in einem Schnapsladen zusammengebrochen.*
> *Ein am Dienstag mit 4,5 Promille Alkohol im Blut geborenes polnisches Baby ist außer Lebensgefahr. Der Zustand des Jungen sei stabil, sagte der stellvertretende Direktor der Universitätsklinik Lodz, Zbigniew Jankowski, dem polnischen Nachrichtensender TVN 24. Der Säugling werde noch einige Tage darauf untersucht werden, inwieweit Leber und Nieren unter der hohen Alkoholkonzentration gelitten haben.*
> *Die 24-jährige Mutter des Kindes war hochschwanger und betrunken in einem Schnapsladen zusammengebrochen. Weil die Ärzte das Leben des Babys in Gefahr sahen, brachten sie das Kind per Kaiserschnitt auf die Welt. Die Mutter hatte dabei einen Blutalkoholwert von 2,6 Promille.“*[1]

II Fragen

Die Schädigung, nicht die Tötung, eines ungeborenen Kindes durch den Alkoholkonsum der Mutter wirft die Frage auf, wie es um den Schutz des werdenden Lebens außerhalb der §§ 218 ff. StGB bestellt ist. Systematisch muss man auf den ersten Blick eine Schutzlücke konstatieren: Ist selbst die Tötung des Ungeborenen unter Auflagen erlaubt, kann die bloße Verletzung erst recht nicht strafbar sein. Oder etwa doch? Was ist, wenn das geschädigte Kind noch verletzt geboren wird und der Alkohol als Gift im Körper des geborenen Kindes weiter Schaden anrichtet? Was ist, wenn diese akute Vergiftungswirkung alsbald verfliegt, aber die Schäden so fortwirken, sodass das Kind im schlimmsten Fall Zeit Lebens körperlich und geistig hinter gleichaltrigen zurückbleibt? Es mag zunächst abstrus erscheinen, aber gibt es eventuell Parallelen zur Konstellation des

---

1 http://www.sueddeutsche.de/panorama/geburt-im-vollrausch-promille-polnisches-baby-ausser-lebensgefahr-1.1674302, alle Internetquellen abgerufen am 14.11.2017.

zivilrechtlichen sog. Weiterfresserschadens,[2] in der eine vorgeschädigte Sache veräußert wird und sich der Schaden erst nach dem Eigentumswechsel ausweitet, sodass sich eine Verletzung fremden Eigentums nach § 823 BGB durch die Rspr. des BGH konstruieren lässt, obwohl die Sache streng genommen nie fehlerlos im Eigentum des Erwerbers stand? Oder ist die Lösung im Strafrecht noch einfacher? Aber selbst, wenn sich eine Strafbarkeit begründen ließe, welchem Zweck kann Strafe in solchen Fällen dienen?

B Humanbiologische Wirkung, praktische Relevanz und statistische Schicksale

Der eingangs Geschilderte drastische Fall einer akuten Alkoholintoxikation ist gleichsam nur die Spitze eines Eisbergs: Jedes Jahr werden allein in Deutschland ca. 10.000 Kinder mit Alkoholschäden geboren, 4000 weisen schwere Behinderungen auf. Die praktische Relevanz ist also ebenso enorm, wie das Gefühl irgendetwas gegen diese Epidemie tun zu müssen. Sicher ist, dass es sich um den stärksten nicht genetischen Faktor für die Entwicklung von Behinderungen handelt. Jede zweite Frau trinkt in der Schwangerschaft Alkohol und kann damit potentiell das ungeborene Kind schädigen. Einen sicheren Grenzwert für Alkoholkonsum während der Schwangerschaft gibt es *nicht*. Der Alkoholkonsum der Mutter während der Schwangerschaft gelangt Alkohol direkt in den kindlichen Blutkreislauf und wirkt unmittelbar schädigend auf die Zellen und deren Teilung und somit auf die gesamte Organentwicklung wirkt.[3] Alkohol und sein Abbauprodukt, Acetaldehyd, wirken auf den Nasciturus direkt zytotoxisch, wachstumshemmend, teratogen, neurotoxisch und suchtfördernd. Nach dem Stand der medizinischen Forschung ist die Aufnahme von Alkohol in jedem Stadium der Schwangerschaft schädlich für die fetale Entwicklung. Die genauen Mechanismen, warum in einigen Fällen trotz erwiesenen Alkoholkonsums keine oder nur geringe Schäden auftreten, ist noch nicht erforscht. Medizinische Forschungen haben ergeben, dass Mütter, die täglich relativ wenig Alkohol (50–100 g) tranken, dennoch schwer geschädigte Kinder gebaren, aber Mütter die das dreifache tranken nur leicht geschädigte Kinder bekamen. Nur 30–40 % der Kinder von Alkoholikerinnen zeigten überhaupt das einschlägige Krankheitsbild.[4] Dies

2 BGHZ 67, 359, 363; BGH NJW 1996, 2224; vgl. auch BGHZ 179, 157 Rn. 25; Zur umfangreichen Kritik durch die Literatur zusammenfassend MüKoBGB/Wagner BGB § 823 Rn. 252 ff.

3 *Spohr*, Das Fetale Alkoholsyndrom, 2016, 40 ff.

4 *Milto*, Prävalenz von Alkoholkonsum bei Schwangeren in Berlin, 2015, 16 ff.

mag an genetisch oder umweltbedingten Abwehrkräften bzw. Anomalien oder der Verteilung der Trinkmenge über die Zeit liegen, ist aber jedenfalls nicht verlässlich berechenbar. Auch ist noch nicht genau bekannt, ob und wenn ja welche anderen, äußeren Faktoren den Effekt des Alkohols verstärken, etwa Nikotin, THC oder andere Betäubungs- oder Rauschmittel, Medikamente etc.

Sicher ist: Je höher die Dosis und die Dauer der Alkoholisierung der Mutter, desto wahrscheinlicher ist ein negativer Einfluss auf den Fötus. Einen sicheren Grenzwert gibt es jedoch nicht. In bestimmten frühen Phasen der Schwangerschaft reagiert die Entwicklung des Ungeborenen zudem empfindlicher auf das Zellgift Alkohol als in anderen, späteren Abschnitten. In der Phase der Organbildung (ab der 5. bis zur 12. SSW) und deren Ausreifung ist der Embryo am empfindlichsten gegenüber Störungen von außen. Das Risiko kann also durch eine Kombination von Schwangerschaftsphase, Dauer und Intensität des Konsums der Mutter nur vage geschätzt werden. Auch Gelegenheitskonsum kann daher erhebliche Schäden anrichten. Wird die Schwangerschaft nach einem flüchtigen sexuellen Abenteuer etwa von einer Teenagermutter nicht entdeckt oder verdrängt und verhält sie sich jugendtypisch indem sie an Wochenenden ausgiebig feiert und Alkohol konsumiert, kann das ungeborene Kind unbewusst schwer und irreversibel geschädigt werden. Wird das Verhalten dann mit Entdeckung der Schwangerschaft beendet, ist es bereits zu spät. Empirische Untersuchungen legen nahe, dass kurze Trinkexzesse („Bingedrinking") für den Nasciturus sind deutlich schädlicher sind, als gleichmäßiges „Pegeltrinken".[5]

Konzentriert man sich dennoch auf die Dauerkonsumentinnen ergibt sich folgendes statistische Szenario für zu erwartende schwer geschädigte Neugeborene: Bei ca. 680.000 Geburten pro Jahr in Deutschland und einer Prävalenz von 1–2% alkoholkranker Frauen im gebärfähigen Alter und einer Quote von 40% geschädigter Kinder könnten rein statistisch ca. 5000 Kinder alkoholkranker Frauen geboren werden – die Gelegenheitskonsumentinnen nicht eingerechnet.[6]

---

5 *Löser*, In: Singer/Theyssen (Hrsg.) Alkohol und Alkoholfolgekrankheiten, 1999, 436.

6 *Milto*, Prävalenz von Alkoholkonsum bei Schwangeren in Berlin, 2015, S. 13. Die Rechnung ist freilich sehr grob, da viele Frauen durchaus durch die Schwangerschaft und entsprechende vorhandene Kenntnisse oder Aufklärung ihren Alkoholkonsum einstellen. Auch wäre noch zu bestimmen, ob Alkoholkranke nicht signifikant weniger Kinder gebären als der Durchschnitt der Frauen. Für weitere statistische Daten mit noch höher eingeschätzter Prävalenz und überraschenden Ergebnissen was den Bildungsstand der werdenden Mütter anbelangt – je höher das Bildungsniveau, desto mehr wird in der Schwangerschaft getrunken, vgl. http://www.dhs.de/fileadmin/user_upload/pdf/Factsheets/Alkohol_in_der_Schwangerschaft.pdf.

I Das Fetale Alkoholsyndrom FAS

Das Fetale Alkoholsyndrom (FAS), auch Alkoholembryopathie (AE) genannt, bezeichnet die vorgeburtlich entstandene Schädigung eines Kindes durch von der schwangeren Mutter aufgenommenen Alkohol.[7] Damit wird die Schädigung verschiedener Organe zusammengefasst, die nach außen vor allem durch Minderwuchs und neurokognitive Defizite deutlich werden. Weitere körperliche Besonderheiten treten ebenfalls als Anzeiger für das Syndrom hinzu. FAS bei einem Kind kann mit der größten Sicherheit angenommen werden, wenn eine Kombination aus körperlichen und geistigen Malfunktionen vorliegt.[8] Die die geistigen Defizite treten aber erst spät in den Vordergrund, wenn auch von Kindern höhere kognitive Leistungen in Schule und Ausbildung erwartet werden. Das logische, schlussfolgernde und kombinatorische Denken ist nicht auf dem normalen Stand, die Ausdrucksfähigkeit beim Sprechen, die Beobachtungs- und Wahrnehmungsfähigkeiten sowie die Gedächtnisleistungen sind eingeschränkt. Die Kinder sind unkonzentriert und hyperaktiv. Das Sozialverhalten weicht ebenfalls negativ vom Normalen ab, die Kinder sind nervös, ungehemmt, distanzlos und handeln nicht zielgerecht.[9] Vor allem solche neurologischen Defizite entwickeln sich bis in die Adoleszenz hinein und belieben ein Leben lang bestehen.[10]

Im Hinblick auf eine mögliche strafrechtliche Verantwortung für die Schädigung ist dieser lange Zeitraum zwischen Verursachung und Zuordnung des Schadens zur Alkoholisierung ein Problem im Hinblick auf den erforderlichen Kausalitätsnachweis und Verjährungsfragen. Obwohl Restunsicherheiten im Hinblick auf die Kausalität von Alkoholkonsum für den im Einzelfall bleiben, ist damit das später noch zu erörternde Beweisproblem bereits beschrieben und ein Stück weit entschärft. Dass die Schäden erst deutlich werden, bzw. die Malfunktion sich erst im jungen-erwachsenen Alter entwickelt, ist ein erster Hinweis auf eine Parallele „Weiterfresserschaden“.[11]

---

7 *Spohr*, Das Fetale Alkoholsyndrom, S. 10 ff.

8 *Spohr*, Das Fetale Alkoholsyndrom, S. 10 ff.

9 *Church/Kaltenbach*, Alcoholism Clincal & Experimental Research 21, 1997, 495 ff.; *Löser*, Therapheutische Umschau 57 (4), 2000, 1 ff.

10 Die Darstellung der gesamten Gesundheitsschäden habe ich primär aus der aktuellen und instruktiven humanmedizinischen Dissertation von *Milto*, Prävalenz von Alkoholkonsum bei Schwangeren in Berlin, 2015, S. 13 ff. und dem Standardwerk von *Spohr*, Das Fetale Alkoholsyndrom, 2014, S. 10 ff.; 22 ff. übernommen.

11 *Katzenmeier*, Produkthaftung und Gewährleistung des Herstellers teilmangelhafter Sachen, NJW 1997, 486.

II Fetale Alkoholeffekte – FAE

Ist die Organbildung beim Kind zum Zeitpunkt des Alkoholkonsums bereits abgeschlossen, entstehen meist keine oder nur geringe körperliche Fehlbildungen. Eine Schädigung des zentralen Nervensystems (ZNS), mitunter einhergehend mit kognitiven und verhaltensbezogenen Störungen, kann dennoch vorliegen. Mit den Schäden gehen aber nur durch geringfügige äußere Erkennungsmerkmale einher. Für diese in der Symptomatik abgeschwächte, aber in den Auswirkungen für das Kind dadurch nicht pauschal „leichtere" Form des FAS wird der Ausdruck Fetale Alkoholeffekte (FAE) genutzt.[12] Ist eine solche hirnorganische Minderentwicklung nachgewiesen, läge zumindest der Erfolg einer Gesundheitsschädigung vor. Insoweit ist der Kausalitätsbeweis schwieriger zu führen, denn wie lässt sich nachweisen, dass das Kind ohne Alkoholexposition wirklich ein besser funktionierendes Gehirn als unter dem Einfluss des Giftes ausgebildet hätte? So wird es schwierig etwa einen IQ von 90 auf den Alkoholkonsum der Mutter zurückzuführen und den hypothetischen IQ ohne Alkoholvergiftung des Kindes im Mutterleib auf 100 IQ Punkte zu schätzen. FAE wird daher in wenigen Fällen mit der für eine strafrechtliche Verurteilung notwendigen Rechtssicherheit nachweisbar sein.[13] Man wird evtl. Zeugen für einen Alkoholabusus der Mutter finden, aber das interne humanbiologische Geschehen bleibt für die Mutter selbst und für die Augen außenstehender verschlossen. Es lassen sich hier höchstens Fälle denken, in denen der behandelnde Arzt u.U. mehrfach als schädlich bekannte BAK-Werte während der Schwangerschaft festgestellt und gleichzeitig Entwicklungsstörungen des Nasciturus festgestellt hat. Dies dürfte aber praktisch eine krasse Ausnahme sein und selbst dann bleiben Fragen offen, da Koinzidenz nicht immer Kausalität bedeuten muss. Im Zivilrecht möglich Regeln der Beweislastumkehr[14] lassen sich nicht auf das Strafrecht übertragen, weil hier der in In-dubio-pro-reo-Grundsatz Derartiges verhindert. Körperverletzung ist kein (konkretes) Gefährdungsdelikt. Folglich

---

12 *Katzenmeier*, Produkthaftung und Gewährleistung des Herstellers teilmangelhafter Sachen, NJW 1997, 486.

13 Zum generellen Beweisproblem bei FAS/FAE vertieft noch unten D. I.

14 Vgl. zum Geburtsschaden bei grobem Behandlungsfehler und unterbliebener Befunderhebung BGH NJW 1989, 2449; OLG-Frankfurt NJW-RR 1993, 159; aber OLG Karlsruhe Beschluss vom 13.6.2003, 7 W 20/03, dass in einer Entscheidung zur streitigen Kausalität einer Medikamentengabe während der Schwangerschaft auf die Behinderung des Kindes keine Beweiserleichterung annahm und den Kausalzusammenhang als nicht bewiesen ablehnte.

wird FAE kaum eine rechtspraktische Rolle spielen können. Entscheidend ist die Frage der Sanktionierung beweisbarer FAS-Schäden.

C Strafbarkeit der Verursachung von FAS der *lege lata*?

I Lösungsversuche durch die Rspr. und Dämpfer durch BGH und BVerfG - Ende der Diskussion?

Seit den Entscheidungen des BGH und des BVerfG aus den 1980er Jahren gilt das Problem der Schädigung ungeborenen Lebens als weitgehend geklärt. Die damalige Diskussion sei aber nicht unterschlagen, sondern kurz zusammengefasst, um sie wiederzubeleben. Die zivilrechtliche Rspr. hat Schadenersatzansprüche von bereits im Mutterleib geschädigten Personen (über eine Schädigung der natürlichen Mutter-Kind-Einheit) anerkannt.[15] Allein der Beschluss des LG Aachen zum Contergan-Fall[16] schloss sich der Sache nach der älteren zivilrechtlichen Rechtsprechung an und ging von einer tatbestandsmäßigen Körperverletzung durch die pränatal von den Müttern eingenommenen Medikamente aus, die als besonders gut verträglich für Schwangere angepriesen wurden. Das Kind bestehe bereits in natürlicher Betrachtungsweise, wenn es auch noch nicht rechtlich existiere.[17] Angeklagt waren in diesem Prozess konsequent Angestellte des Medikamentenherstellers und nicht die gutgläubigen Mütter. In der Literatur wurde der Beschluss mehrheitlich aus logischen und systematischen Gründen scharf kritisiert. *Schröder/Maiwald*, *Lackner/Kühl*[18], *Lüttger*[19], *Kaufmann*[20],

---

15 BGHZ 8, 243 - Syphilisurteil; OLG Koblenz, Urteil v. 28.01.1988 - 5 U 1261/85.

16 LG Aachen JZ 1971, 507 - Conterganurteil.

17 Diese Entscheidung liegt - wenn auch mit gutem Ziel - methodisch nahe am „konkreten Ordnungsdenkens" Carl Schmitts (Schmitt, DR 4 (1934), 225 f.): Sein- und Sollenssphäre verschwimmen, die natürliche Betrachtung (das Kind ist durch die Handlung Dritter krank) gibt den Vorschriften (§ 823 I BGB oder § 223 I StGB) den Takt vor und ordnet so Verhalten. Ohne dass es eines komplizierten demokratischen Transkriptionsprozesses bedürfte, wird das natürlich-normale zur (normativ verbindlichen) Norm. Man kann sich bei aller wohlfeilen Kritik an diesem rabulistischen Konzept fragen, ob dogmatische Winkelzüge, die das gleiche Ergebnis erzielen, wirklich methodisch über alle Kritik erhaben sind, wenn doch so oder so ein eindeutiges gesetzgeberisches Konzept oder ein klares semantisch-logisches Gefüge ausgehebelt werden kann. Ob das indes bei der Konstruktion eines strafrechtlichen „Weiterfresserschadens" der Fall ist, wird sich am Ende dieses Betrags zeigen.

18 *Lackner/Kühl*, StGB, 28. Aufl. 2014, § 223 Rn. 2.

19 *Lüttger*, JR 1971, 133 (139).

20 *Kaufmann*, JZ 1971, 569.

Roxin[21] und *Ostendorf*[22], *u.a.*[23] sehen allerdings auch die Folge der Beschädigung der Leibesfrucht für den geborenen Menschen nicht als Körperverletzung an.[24] *Wessels/Hettinger* halten den Ausschluss der strafbaren Leibesverletzung, wie sie noch vom LG Aachen angenommen wurde, seit der Grundsatzentscheidung des BGH aus dem Jahre 1983 für unhaltbar.[25] Das LG Aachen beziehe sich einseitig auf das Gutachten Maurachs und nehme das überzeugende Gegengutachten in seinem Urteil nicht einmal zu Kenntnis.[26]

Schließlich lehnte der BGH in einem weiteren Medikamentenprozess die Strafbarkeit wegen fahrlässiger Tötung durch Einwirkung auf den Nasciturus ab.[27] Auch das BVerfG hat entschieden, dass eine fahrlässige Tötung am ungeborenen Kind nicht stattfinden kann.[28] Die zivilrechtliche Rechtsprechung schwenkte dann im Wesentlichen[29] ebenfalls auf die Linie die vor allem gesetzessystematische Begründung des BGH und des BVerfG um: Strafbar bzw. deliktisch sei nur die vorsätzliche Abtreibung, nicht die fahrlässige. In der Konsequenz dieser jüngeren Entscheidungen liegt es, erst recht eine fahrlässige oder vorsätzliche Körperverletzung außerhalb des § 218 StGB zu verneinen, wenn schon eine vorsätzliche Tötung nur so und eine fahrlässige gar nicht bestraft werden darf. Doch der Reihe nach. Vor dem systematischen Argument stehen logische Probleme, deren Unlösbarkeit bereits jede weitere Auslegung obsolet machen würde.

---

21 *Roxin*, JA 1981, 542 (548).

22 *Ostendorf*, JuS 1982, 200.

23 *Eser/Sternberg-Lieben*, in: Schönke/Schröder, StGB, 29. Aufl. 2014, Vorb. zu § 211 ff. Rn. 15; *Rössner/Wenkel*, in: Dölling/Duttge/Rössner, Gesamtes Strafrecht, 3. Auflage 2013, Vorb. zu § 211 ff. Rn. 3.

24 *Maurach/Schröder/Maiwald*, Strafrecht BT 1, 10. Aufl. 2009, § 8 Rn. 6 und § 5 Rn. 27.

25 *Wessels/Hettinger*, Strafrecht BT 1, 39. Aufl. 2015, § 1 Rn. 15f.; *Hirsch*, JR 1985, 336; *Lüttger*, NStZ 1983, 481; *Neumann*, in: NK-StGB, 4. Auflage 2013, Vorb. zu §§ 211ff. Rn. 14.

26 *Bruns*, in: FS-Heinitz, 1972, 323.

27 BGHSt 31, 348 – Schmerzmittel gegen Wehen.

28 BVerfGE 88, 203, und zwar da keine entsprechende Strafnorm bestehe, nicht etwa, weil die Grundrechte der Mutter unüberwindlich entgegenstünden. Das BVerfG hat sogar darauf hingewiesen, dass der Gesetzgeber eventuell bestehende Schutzlücken füllen könne – freilich ging es konkret um die Strafbarkeit Dritter.

29 Kreativ war insoweit noch die Idee der zivilrechtlichen Rspr., die Verletzung des Nasciturus als Verletzung der Mutter zu werten, die eine natürliche Einheit mit dem Kind bilde. Eine Ansicht, die sich im Folgenden nicht durchsetzen konnte.

II Logisches Problem 1 – Handlung zu einem Zeitpunkt in dem das Tatobjekt noch nicht existiert

Man könnte bereits darum die Möglichkeit einer Körperverletzung verneinen, weil zum Handlungszeitpunkt ein Mensch noch nicht bestand. Die Aussage, ein Tatobjekt müsse bereits zum Handlungszeitpunkt bestehen, ist aber nicht logisch zwingend.

1 Kausalität

Ein mögliches Dogma dieser Art ist auf einer rein tatsächlichen Ebene falsch. Der Täter kann ein Wesen töten oder eine Sache auch dann zerstören, wenn es im Handlungszeitpunkt noch nicht existiert. Wer eine Zeitbombe auf einem Areal unterirdisch deponiert, auf dem später eine Fabrik, ein Haus oder Ähnliches gebaut werden soll, der zerstört das Bauwerk mit dieser Handlung, wenn die Zeitbombe erst Monate oder Jahre später explodiert und das zwischenzeitlich errichtete Haus zerstört. Solange bei Körperverletzung als klassischem Erfolgsdelikt grundsätzlich auch gestreckte Kausalverläufe zwischen Handlung und Erfolg vermitteln können, ist das eigentlich unproblematisch.

2 Objektive Zurechnung

Dass der Erfolg im Sinne einer naturwissenschaftlichen Äquivalenztheorie auf die Handlung als Ursache zurückzuführen ist, wird man kaum falsifizieren können. Leicht Problemtisch ist hier nur, dass das Wortverständnis bei final-determinierten Verben von den typischen Konstellationen ausgeht, in denen der Erfolg unmittelbar durch die Handlung bewirkt wird und sich das Geschehen auch raumzeitlich verdichtet. Dennoch versteht man in der Umgangssprache auch das Anstoßen gestreckter Kausalverläufe als „töten“, „beschädigen“ etc. Allerdings nimmt diese Zurechnung sowohl in der Formalsprache als auch in der strafrechtlichen Dogmatik ab, je weiter die Distanz zwischen Handlung vom Erfolg ist, sei es zeitlich, räumlich oder vor allem je mehr andere Personen oder nicht menschliche Naturereignisse vermittelnd an die erste Ursache anknüpfen. Die Frage der Zurechnung ist aber kein besonderes Problem der Handlung vor Entstehung des Tatobjekts, sondern ein generelles Problem gestreckter Kausalverläufe. Exemplarisch sei hier der Phantastische Fall „Der Apotheker von Laubuseschbach“ genannt, in dem ein misanthropischer Apotheker einen Tollkirschensamen an einer Parkbank säht, damit dereinst ein Liebespärchen sich dort versehentlich vergiftet, wie es Jahre später auch geschieht.[30] Ob das Pärchen schon geboren war, geht m.E. am Problem solcher Fälle vorbei. Die Strafbarkeit scheitert vielmehr an der objektiven Zurechnung wegen fehlender Risikoerhöhung aus ex ante Sicht (atypischer Kausalverlauf) oder eigenverantwortlicher Selbstgefährdung des Opfers. Eine anerkannte Fallgruppe des Zurechnungsabbruchs liegt allerdings bei der Handlung vor Tatobjektentstehung weder vor, noch besteht m.E. eine parallel zu den bisher anerkannten Fallgruppen der objektiven Zurechnung – auch unter die vergleichsweise offene Überformel von der Verwirklichung des durch den Verursacher gesetzten unerlaubten Risikos lässt sich die Konstellation schlecht integrieren. Denn warum sollte der Erfolg in Zeitbombenfällen keine Verwirklichung des durch den Täter gesetzten Risikos sein? Man muss und wird generell nicht mit Zeitbomben rechnen, lässt sich also nicht freiverantwortlich auf Gefahren ein, es verwirklicht sich kein allgemeines oder gar erlaubtes sozialadäquates Lebensrisiko. Erst recht ist es weder ein selbst gewähltes Risiko im Mutterleib durch Alkohol vergiftet zu werden noch ein allgemeines Lebensrisiko, dass einen wie eine Behinderung durch eine Mutation infolge von energiereicher kosmischer Strahlung nur zufällig trifft.

Wer eine Zeitbombe installiert, die das ungeborene Kind 5 Jahre später verletzen soll, begeht eine Körperverletzung. Weder muss die Handlung zu einem Zeitpunkt stattfinden, indem das Tatobjekt lebt oder existiert, noch muss ein bestimmter Zeitrahmen eingehalten werden. Auch das insoweit von Maurach im Gutachten zum Contergan-Fall bemühte Beispiel des einstürzenden Hauses lässt sich keineswegs als unrealistische Gedankenspielerei abtun. Im Fall der einstürzenden Eissporthalle in Bad Reichenhall sind Ingenieure verurteilt worden, die die Halle mehrere Jahre vor dem Unglück und mehr als 30 Jahre nach dem bereits problematischen Bau unzureichend geprüft haben, ohne dass die Opfer des Einsturzes, darunter einige Kinder, zum Handlungszeitpunkt existiert haben müssten.[31] Bei den pränatalen Schädigungsfällen ist ebenfalls nicht entscheidend, dass Handlungs- und Entstehungszeitpunkt des Tatobjekts auseinanderfallen. Dass das Tatobjekt zum Handlungszeitpunkt bestehen muss, ist weder eine logische noch eine kriminalpolitische „Notwendigkeit". Weder

---

30 *Hall*, Verrückte Strafrechtsfälle, 3. Aufl. 1985, 38 ff.

31 BGH NJW 2010, 1087 m. Anm. *Kühl* – Der BGH hat hier im Übrigen zunächst Nebentäterschaft zwischen den Ingenieuren und der Stadt nahegelegt (vgl. auch dazu *Stübinger*, ZiS-Online, 2011, 602. Ein Ergebnis das Gerhard Wolfs Idee der Nebentäterschaft entspricht), dann aber die Entscheidung des LG akzeptiert, dass nur ein Statiker im strafrechtlichen Sinne „Schuld" trägt, http://www.augsburger-allgemeine.de/bayern/Urteil-bestaetigt-Augsburger-Bauingenieur-schuld-an-Einsturz-id22502916.html).

aus spezial- noch aus generalpräventiven Erwägungen spricht etwas dafür, den Täter zu privilegieren, der ein Objekt schädigt, dass es zum Handlungszeitpunkt noch nicht gibt. Selbst wenn man darüber kontempliert, dass die Entstehung des Objekts etwas Zukünftiges ist und daher schwerlich in den Vorsatz aufnehmbar und erst recht nicht im Rahmen der Fahrlässigkeit erkannt werden kann ist das mit der Systematik des Gesetzes nicht zu vereinbaren, nach der auch der Versuch am völlig untauglichen Tatobjekt bestraft werden kann, vgl. § 23 III StGB.

Die Fallgruppe der Zeitbombenfälle lässt sich zudem weder über Instrumentarium aus dem Werkzeugkasten der objektiven Zurechnung bei gestreckten Kausalverläufen lösen noch gibt es einen Anlass dazu, diese Fallgruppe „neu" als Zurechnungsabbruch aufzunehmen.

III Logisches Problem 2 – Der Erfolg ist am Tatobjekt bereits eingetreten, derselbe Erfolg kann nicht nochmals eintreten

Ein logisches Problem läge indes vor, wenn man das FAS-Kind als von Anfang an krank behandeln würde. Wenn das Wesen bereits geschädigt zur Welt kommt und erst dann Mensch ist, lässt sich das nun entstehende logische Problem – wie kann etwas an derselben Krankheit krank werden, die es schon hat? – einkreisen. Es fehlt an der Koinzidenz von Erfolgseintritt und Bestand des Tatobjekts. Für dieses Problem bestehen zwei Lösungsmöglichkeiten. Entweder muss das Tatobjekt doch bereits im Erfolgszeitpunkt bestanden haben oder der Schadenserfolg muss erst nach der Geburt eingetreten sein.

1 Lösung durch eine Vorverlagerung des rechtlichen Menschwerdungszeitpunkts – Kontinuität zwischen ungeborenem und geborenem Kind

Die Strafkammer der LG Aachen hat gestützt auf das damalige Gutachten von Maurach, das genannte Problem durch eine natürliche Betrachtungsweise bzw. die Vorverlagerung des rechtlichen Menschwerdungszeitpunkts überwunden.

„Dem logischen Erfordernis der vorherigen Unverletztheit werde genügt, wenn ein unverletzter Vorzustand im natürlichen Sinn bestanden hat, sei es auch nur, wie hier, in vortatbestandlicher Zeit; der Erfolg (!) werde jedenfalls am Handlungsobjekt „Mensch" verursacht."

Dem wurde überwiegend kritisch begegnet,[32] die Gegengutachten von *Kaufmann* und *Lüttger* seien nicht gewürdigt worden, die zu Recht eine Möglichkeit

32 *Bruns*, in: FS-Heinitz, 1972, 322 ff. m.w.N.

der Vorverletzung vereinten. Materiell rechtlich werde die Sperrwirkung des § 218 umgangen. Dies sei systematisch so gestaltet, dass „... die gesetzliche Zäsur zwischen Embryo und Mensch, d.h. hier zwischen Handlung und Erfolg, keineswegs übersprungen werden kann, [...]"

Besonders im Zivilrecht wird aber noch vertreten, dass das ungeborene Kind quasi bereits ein „Anwartschaftsrecht" an sich selbst habe, [33] damit wäre es nur konsequent eine qualitative Gleichheit zwischen Anwartschaft und Vollrecht anzunehmen und so auch bereits ein natürlich und rechtlich identisches Objekt vor und nach der Geburt hätte. So weit will man aber nicht gehen und betrachtet die Anwartschaftslösung nur für die weniger wichtigen Vermögensrechte des Nasciturus/Kindes.

2 Lösung durch eine „Zweieinigkeit" von Mutter und ungeborenem Kind vor der Geburt – Körperverletzung der Mutter durch Dritte möglich

Ein anderer Versuch, diesen fast verlorenen Posten zu verteidigen, unternahm die zivilrechtliche Rspr. indem Mutter und Kind vor der Geburt als Einheit betrachtet wurden und so über eine Konstruktion der Verletzung der Mutter bei Schädigung des Nasciturus eine deliktische Angriffsmöglichkeit zu schaffen. Dies hätte den Charme die die Mutter zu entlasten. Nur für Dritte würde eine Schadensersatzpflicht begründet. Auch für die Pönalisierungsdiskussion wäre diese Auffassung erwägenswert, bestehen doch ähnliche kriminalpolitische Begehrlichkeiten, Dritte – etwa Ärzte, Medikamentenhersteller – zu bestrafen und Mütter straffrei zu belassen. Diese Lösungsmöglichkeit hat nicht nur wegen der wiederholten Versuche der Rspr. diesen Gedanken zu verwenden, sondern auch in Kontext der dogmatischen Überlegungen der h.L. einiges Gewicht. Die Frage, ob bei rechtswidrigen menschlichen Angriffen auf den Embryo § 32 StGB oder § 35 StGB eingreifen können, bejaht die h.L., weil Gefahren für das ungeborene Leben zugleich Gefahren für die körperliche Integrität der Mutter darstellen, sodass zu ihren Gunsten § 35 eingreifen kann.[34] Dies erscheint nicht ganz kohärent zur Überzeugung, dass eine tatbestandliche Körperverletzung in den

33 *Roller*, die Rechtsfähigkeit des Nasciturus, Berlin 2013.

34 *Kindhäuser/Neumann/Paeffgen*, Strafgesetzbuch, StGB § 35 Rn. 14; LK-*Zieschang*, § 35 Rn 12; *Roxin* AT I, § 22 Rn. 24, geht jedenfalls bei Angriffen auf den Embryo von Nothilfe bei Verteidigung durch Dritte und der Möglichkeit des Berufens auf § 35 für die Schwangere aus, ohne dies in Tiefe an dieser Stelle dogmatisch zu begründen – möglich wäre, dass er von einer praktischen „Durchgangsverletzung" der Schwangeren ausgeht, was jedenfalls bei ungewollter Zuführung von Alkohol plausibel wäre und Mutter und Embryo nicht zwingend in eine Rechtsgutseinheit fassen müsste.

Fällen, in denen sich der Schaden nach der Geburt äußert oder entwickelt, bei der (auch unmittelbar schädigenden) physischen Einwirkung auf den Nasciturus zu verneinen sein soll.[35]

Für die Frage der Schädigung gerade durch eine von der Mutter gewollte Selbstalkoholisierung kommt diese Ansicht aber zu keinem anderen Ergebnis als die h.M., da die Mutter sich insoweit nur selbst schädigen würde.[36]

3 Lösung durch eine Verlagerung des Schadenserfolgs in die Zeit nach der Geburt

Definiert man nicht den Menschwerdezeitpunkt nach vorn oder hebt die Teilung von Mutter und Kind auf, sondern bewertet man das geborene Wesen als gesund, ist die logische Problematik ebenfalls erledigt. Damit dies überzeugend gelingt, müssten aber tatsächlich Unterschiede zwischen dem FAS im Geburtszeitpunkt und dem FAS im späteren Leben vorliegen. Dazu sei an dieser Stelle die Zivilrechtliche Konstruktion des „Weiterfresserschadens“ erläutert, die dazu beitragen kann.

a) Weiterfresserschaden im Zivilrecht

In Anbetracht der Folgen für die betroffenen Kinder mag es zynisch erscheinen, eine dogmatische Konstruktion aus dem Zivilrecht als Vergleichsmaterial zugrunde zu legen, bei der es um elektrotechnische Platinen, Schalter oder mechanische Produkte geht. Ich denke aber, dass diese Fallgruppe, wenn überhaupt, dann jedenfalls nur zugunsten der Betroffenen ins Strafrecht übertragen werden kann.

aa) Begründung durch die Rechtsprechung

Das Grundkonzept des „Weiterfresserschadens“[37] entwickelte der BGH im „Schwimmerschalter-Fall“[38], – BGH Urteil vom 24.11.1976: Das Unternehmen

35 So aber statt vieler *Maurach/Schroeder/Maiwald*, § 24 § 5 IV Rn. 27.

36 Obwohl zu dem Prinzip einer „Zweieinigkeit“ philosophisch noch interessantes zu diskutieren wäre, sei dieser Ansicht vorerst nicht weiter nachgegangen.

37 Z.B. BGHZ 86, 256 – Gaszug; BGH NJW 1990, 908 – Weinkorken; BGHZ 117, 183 – Kondesatorfall; *Schlechtriem*, Der sogenannte Weiterfresserschaden – ein Alptraum der deutschen Rechtsdogmatik?, FS-Hyung Boe Kim, 1995, 281 ff.; *Katzenmeier*, Produkthaftung und Gewährleistung des Herstellers teilmangelhafter Sachen, NJW 1997, S. 486 f.

38 BGHZ 67, 359.

D stellte Blechrelaisgehäuse her, wobei in der betroffenen Industrieanlage auch eine Ölabscheideanlage eingesetzt wird. Diese wurde von der Beklagten an D verkauft. Die Ölabscheideanlage wurde durch Heizdrähte beheizt, die durch einen Schwimmerschalter abgeschaltet werden, wenn der Flüssigkeitspegel absank. Dieser Schwimmerschalter versagte wegen eines Konstruktions- oder Fabrikationsfehlers, sodass die Anlage abbrannte. Die Versicherung der D regulierte den Schaden und verlangt nun aus übergegangenem Recht (§ 67 VVG) von der Beklagten Schadensersatz u.a. für die Reparaturkosten an der Ölabscheideanlage.

Der BGH entschied, die Anlage sei nicht von vornherein insgesamt fehlerhaft erworben worden, sodass sich im Abbrennen der Anlage allein der Unwert ihres Mangels manifestierte und damit eine Verletzung des Eigentums von D ausscheide. Es entspreche zwar der höchstrichterlichen Rechtsprechung, dass bei der Errichtung von Bauwerken der Einsatz von fehlerhaftem Baumaterial zur Fehlerhaftigkeit des Weiteren Gebäudes führt, sodass der Grundstückseigentümer kein fehlerfreies Eigentum erwirbt. „Wesentlich ist in diesen Fällen, dass der Mangel der übereigneten Sache von vornherein insgesamt anhaftete, diese damit für den Eigentümer von Anfang an schlechthin unbrauchbar war und sich der Mangel mit dem geltend gemachten Schaden deckt". In solchen Fällen scheidet eine Verletzung fremden Eigentums „bereits begrifflich" aus.[39] Im „Schwimmerschalter-Fall" habe der Verkäufer der Industrieanlage dies im Ganzen fehlerfrei übereignet, nur ein funktionell abgegrenzter Bestandteil sei fehlerhaft gewesen. Dessen Versagen zerstörte dann die übrige Anlage, sodass es zu einer Eigentumsverletzung der D gekommen sei. Entscheidend sei der Umstand, dass die Gefahrenursache im Schalter für die übrige Anlage sich erst nach dem Eigentumsübergang auswirkte und das übrige mangelfreie Eigentum an der Anlage verletzte.

bb) Einzelne Dinge, ihre Zusammenfügung und dadurch entstehende Emergenz

Gerade in den Weiterfresser-Fällen besteht eine eigentlich zum Gebrauch taugliche Sache, die erst im Verlauf ihrer Verwendung durch ein schadhaftes Teil in ihrer Gesamtheit Schaden nimmt. Der Witz des Weiterfresserschadens besteht darin, dass das Ganze nicht mehr, sondern anders ist als die Summe seiner Teile. Der Fachbegriff für diese Ausprägung neuer Eigenschaften durch Zusammensetzen verschiedener Dinge ist Emergenz. Die Gesamtheit der Sache, die durch

39 BGHZ 67, 359, 364.

den Weiterfressermangel geschädigt wird, führt zu einer – freilich nur menschengemachten – Emergenz. Ein Auto kann gefahren werden, seine Einzelteile nicht. Der zivilrechtliche Weiterfresserschaden erfasst das Problem, dass durch ein anfänglich fehlerhaftes Teil der Sachgesamtheit eine Emergenzstörung auftritt – das Auto mit dem fehlerhaften Teil kann nicht mehr verlässlich fahren – während anfänglich doch eine funktionale Emergenz gegeben war – das Auto konnte fahren. Analog können die mittelbaren Folgeschäden an der Gesamtheit der Sache – das Auto wird etwa wegen fehlhaften Gaszuges gegen ein Gartentor gefahren und an der Karosserie beschädigt – als spätere Emergenzstörung bei anfänglich isoliertem „Mangelkeim" aufgefasst werden.[40]

Das Problem liegt hier nicht darin, dass Handlung (Verbauen des schadhaften Einzelteils) und Erfolg (Ermergenzstörung) auseinanderfallen, sondern dass in einer objektiven ex ante Bewertung die Sachgesamtheit bereits einen Mangel hatte, obwohl sie anfänglich bestimmungsgemäß funktional war. Der Grund ist m.E. auch hier nicht sachlicher oder logischer Art. Man kann die Sachgesamtheit auch als anfänglich „heil" bezeichnen und erst dann, wenn sich der Fehler auf die Emergenz auswirkt, als geschädigt. „Beschädigt" oder „heil" sind Wörter, deren Begriff stark normativen Einschlag hat. Entscheidend ist also die willkürliche Absteckung der Bedeutung, die Logik folgt dem nach. Definiere ich die Sachgesamtheit mit dem schadhaften Teil als „heil", tritt mit dem späteren Emergenzschaden kein logisches Problem auf – eine anfänglich unbeschädigte Sache wurde geschädigt. Das Problem ist dann kein logisches, sondern eines der Begriffsfestlegung.

Die wirtschaftliche Verkehrsanschauung widerspricht dieser Festlegung auch nicht wirklich. Kann der Mangel des Einzelteils leichterhand und kostengünstig beseitigt werden, senkt der anfängliche Mangel den Wert der Sache nicht wesentlich. Man *kann* also unter Anknüpfung an wirtschaftliche Betrachtungsweisen die Sache willkürlich als mangelfrei bezeichnen. Dauert es nur lang genug, bis sich das Einzelteil auf die Emergenz auswirkt oder ist dessen „Haltbarkeitsdatum" einfach gut bekannt, tun wir das intuitiv. Niemand würde ein Auto als mangelhaft bezeichnen, nur weil der Zahnriemen nach 100.000 km gewechselt werden muss. Diese Argumentation trifft auf sämtliche Verschleißteile zu, und zwar auch dann, wenn es bessere Alternativen gibt (Steuerkette statt Zahnriemen). Einzuwenden bliebe, dass gerade die Heimlichkeit des Weiterfresserschadens durch ein defektes Einzelteil auf einer Metaebene doch zu einer bereits anfänglichen radikalen wirtschaftlichen Abwertung einer Sache führen. Stellen

40 Vgl. BGHZ 86, 256 – Gaszugfall.

Sie sich vor, Sie würden ein Auto kaufen, von dem sie wüssten, dass es außerhalb des normalen Verschleißes, einen Totalschaden erleiden wird. Sie wüssten aber weder wann das der Fall seine würde, noch durch welche Ursache. Letztere wäre auch nicht auffindbar, würde sich dann aber zu gegebener Zeit mit dem Auftritt des Totalschadens melden. Wie viel wären Sie bereit für dieses Auto zu zahlen?

So überzeugend die rhetorische Frage am Ende dann sein mag, es sollte doch deutlich sein, dass eine andere Festlegung als die, dass mit einem „Schadenskeim" bereits der entwickelnde Schaden identisch ist, ebenfalls möglich ist, man kann durch weitere Festlegungen, etwa die Isolierbarkeit oder Reparierbarkeit des fehlerhaften Teils noch weiter eingrenzen, doch die in den letzten Jahren weiterentwickelte genaue Dogmatik des zivilrechtlichen Weiterfresserschadens[41] soll hier nicht das zentrale Thema sein. Entscheidend ist zum einen als (willkürliche aber innerhalb der Lehre, die den Weiterfresserschaden überhaupt anerkennt unstrittige) Grundvoraussetzung, dass der Emergenzschaden noch nicht eingetreten ist und das darüber hinaus über die Schlagworte der Isolierbarkeit,[42] Stoffungleichheit[43], über den Gegensatz von Integritäts- und Äquivalenzinteresse[44] weitere Eingrenzungen erfolgen können.

Diese Normalkonstellation des Weiterfresserschadens betrifft zwar sich erst später auf die Emergenz auswirkende Ursachen, doch treten sie nicht erst bei oder innerhalb einer natürlichen Entwicklung der Gesamtsache auf. Die Sache ist und bleibt mit dem ersten Zusammenbau „fertig" im Sinne der Herstellung von Emergenz. Das ist aber nicht der Fall, wenn sich die Sache erst im Laufe der Zeit – analog zu einem Lebewesen – entwickeln würde. Man könnte hier entweder an Produktionsmaschinen oder an im weitesten Sinne gegenständliche Computerprogramme denken, die jeweils neues Schaffen, das bei ihrem Erwerb noch nicht vorliegt.

Wenn eine Werkzeugmaschine fehlerhafte Teile herstellt, hat sie aber bereits anfänglich nach der klassischen Definition einen Mangel, der sich nur später im Gebrauch zeigt, im Gegensatz zum Weiterfresserschaden ist keine anfänglich bestehende Emergenz verloren gegangen. Gleiches dürfte für Computerprogramme gelten. Nur wenn es sich um künstliche Intelligenz (KI) handelt, könnte man von einem anfänglich unbeschädigten Programm ausgehen, das sich nach und nach durch eine angelegte Fehlprogrammierung in die falsche Richtung entwickelt. Soll das Programm zur Spracherkennung und -eingabe

41 Vgl. dazu MüKoBGB/*Wagner*, 7. Aufl. 2017, BGB § 823 Rn. 248–250.
42 *Brönneke*, in: Brönneke/Wechsler, Obsoleszenz interdisziplinär, 183 (195 ff.).
43 BGHZ 86, 256 (258 ff.).
44 *Foerste*, NJW 1994, 909 (910).

etwa aus dem Sprechverhalten des Anwenders eigentlich immer besser dessen Eingaben umsetzen, „lernt" das Programm aber nur einen Programmierfehler nicht richtig, ist es zwar anfänglich im Unterschied zur fehlerhaften Werkzeugmaschine in einem Zustand, der für normale Anwendungen geeignet ist bzw. erwartet wird (auch die richtig programmierte KI-Software würde anfänglich viele Erkennungsfehler produzieren). Erst später tritt die Software entweder auf der Stelle oder entwickelt die Software durch Fehlerkennungen etwa immer konfusere Erkennungsmuster, die keine sinnvolle Nutzung mehr zulassen. Auch hier könnte man aber die anfängliche Fehlprogrammierung dingfest machen und die Software als anfänglich voll mangelhaft werten. Anders als bei klassischen Weiterfresserschäden ist es auch nicht intuitiv einleuchtend, dass nur das kleine Stück schadhaften Codes isolierbar wäre. Dennoch bliebe auch hier ein definitorischer Spielraum, zumindest in dem Fall, dass Emergenz bereits ausgebildet war und sich das Programm von diesem Punkt an leistungsmäßig verschlechtert. Aber auch in der Praxis häufig vorkommende Schäden an Gebäuden, die durch den Einbau schadhafter Materialien oder die Verwendung mangelhaften Baugrundes werden als Fallgruppe des Weiterfresserschadens diskutiert.[45]

b) Weiterfresserschaden bei der Entwicklung von Lebewesen im Strafrecht?

Die Entwicklung eines tierischen (inkl. menschlichen) Lebewesen erscheint ähnlich zum Bau eines Gebäudes oder der automatischen Fortentwicklung eines Computerprogramms, ist aber doch ein kaum analog zu setzender Sonderfall. Von einem anfänglichen Zustand der Hilflosigkeit und Unfertigkeit über einem Zustand der potentiellen Selbstständigkeit bis zur greisenhaften Hinfälligkeit und dem Tod.

aa) Kleinräumige bzw. „kurzzeitige" Folgen

Kleinräumiger (also für den Zeitraum unmittelbar vor und nach der Geburt) beeinträchtigt würde es auch ausreichen, wenn die Alkoholisierung des Wesens in der Geburt zu weiteren Schäden des emergenten Systems nach der Geburt führt (Weiterfresserschaden, Einfluss auf das Integritätsinteresse). Angenommen, das geborene Kind hat eine bestimmte Konzentration Alkohol im Blut, dann schädigt dieser Alkohol mit jeder weiteren Pumpbewegung des Herzens weitere Zellen des Systems Mensch. So werden etwa Leber und Niere fortlaufend weiter geschädigt, auch die Kopfschmerzen durch Abbauprodukte des Alkohols setzen erst im Verlauf des Abbauprozesses ein. Kurz der Schaden am Organismus

45 MüKoBGB/*Wagner* BGB § 823 Rn. 260–262.

vertieft sich oder tritt überhaupt erst ein, auch wenn sich der Alkohol bereits im Blut befand. Da dieser fremde Blutbestandteil durchaus vom so definierten natürlichen System Mensch getrennt wird, ist das eine tatsächliche Grundlage auf der in Parallele zu Sachschäden von einer Art „Weiterfresserschaden" ausgegangen werden kann. Ähnlich läge der Fall bei einem fehlbetankten Diesel-Auto, dass erst bei der Fahrt mit dem Benzin geschädigt wird. In beiden Fällen wird die Emergenz erst beeinträchtigt (Auto kann wegen Motorschadens nicht mehr fahren, Kind erleide Leberschaden, Organismus ist krank oder zumindest kränker als zuvor). Im Eingangsfall wäre damit eine Schädigung des Kindes durch die Mutter im Sinne eines strafrechtlichen „Weiterfresserschadens" logisch möglich.

bb) FAS als Spätfolge

Schwieriger ist es nur, wenn man nicht die akuten Vergiftungsfolgen betrachtet, sondern FAS als einheitliche Krankheit. Hier könnte man einerseits argumentieren, dass wer FAS hat, es nicht nochmals bekommen könne. Andererseits manifestiert sich FAS erst bzw. anders im Laufe der Entwicklung des betroffenen Menschen. Die körperlichen und als deren neurologischer Ausdruck, geistigen, Einbußen „wachsen" im Laufe des Lebens „mit". Das anfänglich bereits geschädigte Gehirn ist Jahre später nicht mehr dasselbe, sondern hat durch Zellerneuerung und Wachstum eine andere Gestalt erlangt. Das Sprechen, Rechnen oder Anspruchsvolle motorische Koordination wäre auch einem gesunden Kind mit einem Monat nicht möglich. Führt FAS zu einer Fehl- oder Minderentwicklung kommt es gar nicht erst oder verzögert oder zumindest zu vom normal leistungsmäßig negativ abweichenden neuen Emergenzstufen. Das Kind hat noch keine Lese-Rechenschwäche, diese bildet sich erst aus, wenn entsprechende normative Erwartungen bestehen (Schule, Kindergarten, Elternhaus). Sieht man FAS also nicht als monolithischen Block, der entweder da ist oder nicht, sondern definiert man einzelne Entwicklungsdefizite als Krankheit, besteht auch kein logisches Problem mehr, diese Mängel als erst dem lebenden Menschen zugefügt oder widerfahren zu definieren. Dass diese Mängel bereits bei der Geburt angelegt waren, würde daran nichts ändern, da die Anlage gerade nicht mit der Ausprägung gleichgesetzt würde, sondern man Anlage (noch nicht Krankheit) und Ausprägung (Krankheit) als zwei unterschiedliche Qualitäten betrachten würde. Hier frisst sich der Schaden zwar nicht in eine eigentlich unbeschädigte sich nicht entwickelnde Sache weiter hinein, doch ist das Entwicklungsdefizit aufgrund der durch pränatale Alkoholexposition im kindlichen Körper angelegten Schädigung ähnlich weiterfressend. Sie frisst sich durch die Entwicklung des Kindes, hält sie auf, bringt sie aus der Bahn. Bestimmt man hier den

Mangelzustand zwischen einem Vergleich von Ist- und Sollentwicklungsstand, kann man jeden neuen fehlerhaften oder nicht erfolgten Emergenzschritt als neuen Mangel werden. Damit wäre ein Mensch und kein ungeborenes Wesen geschädigt. Das Kind würde Dyskalkulie, Minderwuchs, Herzprobleme, ADHS etc. bekommen, es hätte diese pathologischen Zustände nicht schon mit der Geburt, da sie erst in bestimmten Altersstufen als Vergleich von Ist- und Soll definiert werden.

Das logische Problem wäre damit auf eine andere Weise und vielleicht für die Alkoholisierungsfälle passender gelöst, als durch die Vorverlagerung des Begins menschlichen Lebens über eine „natürliche“ Betrachtungsweise nach Manier des LG Aachen. Aber auch bei der vorgeführten Operation handelt es sich um eine sophistische Überlegung die nicht zwingend ist. Entscheidend ist vielmehr die systematische, historische und teleologische Auslegung des Körperverletzungstatbestandes im Zusammenhang mit den Tötungsdelikten und § 218 StGB.

IV Systematische Auslegung der §§ 223, 229, 212, 222, 218 ff. StGB

Insbesondere fahrlässige Behandlungsfehler seien daher – wie der Mensch damit auch postnatal dastehen möge – nicht von §§ 222, 229 StGB erfasst. *Roxin* führte dazu aus, dass die von § 229 StGB n.F. verlangte „andere Person“ schon zum Zeitpunkt der Schädigungshandlung vorliegen müsse, da es im anderen Fall zu einer Aushöhlung der §§ 218 ff. durch § 222 StGB kommen würde. Weiterhin stützt er die Nichtanwendung auf den „Zweck des Gesetzes“, welcher unterlaufen werden würde, da beim Vergleich der straflosen Abtreibung nach §§ 218 ff. StGB und der, im Falle der Anwendung eintretenden, strafbaren Schädigung nach § 229 StGB ein Wertungswiderspruch entstehen würde. Der denkbaren Ansicht, welcher der Schädigung ein höheres Gewicht zukommen lassen würde, als der Tötung, fehle es wohl an Anhaltspunkten für diese Auslegung des „Willens des Gesetzgebers“. Es laufe bei einer Anwendung der Vorschriften also auf eine verbotene Analogie zulasten des Täters hinaus.[46] Des Weiteren sei sogar eine Strafbarkeitslücke zumindest im Contergan-Fall nicht vorhanden, da das damalige AMG entsprechenden Schutz geboten habe.[47]

Ein (konkretes) Gefährdungsdelikt für Alkoholmissbrauch (§ 323a StGB erfasst den Fall nicht) und eine entsprechende Spezialvorschrift analog zu § 316

46 *Roxin*, JA 1981, 548 f.

47 *Bruns*, in: FS-Heinitz, 1972, 324 f.

StGB (z.B.: „Eine Schwangere, die während der Schwangerschaft Alkohol zu sich nimmt, wird mit … bestraft. Im Fall der Fahrlässigkeit ist die Strafe …“.[48]) fehlt.

Der Großteil der heutigen Literatur spricht sich gegen eine Anwendung der Vorschriften der Körperverletzungsdelikte aus. Die Gründe dafür sind nur teilweise logischer, sondern im Wesentlichen systematischer (§ 218 StGB) und letztlich ethisch konsequentialistischer Natur (Umgehung der Wertung des § 218 StGB mit ethisch nicht akzeptablen Ergebnissen zulasten der Schwangeren).

V Historische Auslegung

Ein Hauptargument der modernen Rspr. und Literatur gegen eine Strafbarkeit in den Fällen der Schädigung des Nasciturus außerhalb der klassischen Abtreibungen ist, dass der Gesetzgeber die fahrlässige Schädigung der Leibesfrucht aus wohlerwogenen Gründen straflos lassen wollte.

1 Der zynische Vorwurf fahrlässiger Abtreibung im Falle einer Fehlgeburt

Die Erstreckung der normalen Körperverletzungs- und Tötungstatbestände auf die Schädigung ungeborenen Lebens sieht sich dem Vorwurf ausgesetzt, dass damit konsequent auch eine fahrlässige Abtreibung bestraft werden müsse. Die habe bereits der historische Gesetzgeber gesehen und bewusst auf einen solchen Spezialtatbestand verzichtet und eine extensive Auslegung der Delikte gegen Leib- und Leben insoweit abgelehnt.

Die noch im Codex Juris Bavarica Criminalis und in der Constitutio Criminalis Theresiana vorgesehene fahrlässige Abtreibung[49] wurde in § 181 I des preußischen StGB abgeschafft. Dort findet sich nur noch Bestrafung wegen vorsätzlicher Abtreibung findet:

Die Begründung gegen die Strafbarkeit der fahrlässigen Abtreibung war damals „*in Ermangelung jeder Charakterisierung der Handlungen dieselbe einer völlig willkürlichen, und zu schikanösen Ansprüchen führenden, Ausdehnung fähig sei, und …. [die]… Vorschriften über Körperverletzung genügten.*“[50]

---

48 Ob eine solche Strafvorschrift sinnvoll ist, ist fraglich. Sie dürfte unter Präventionsgesichtspunkten aber zielführender als eine Strafe für die vollendete Körperverletzung sein. Dazu später unter D. II.

49 *Maurach/Schroeder/Maiwald*, Strafrecht BT/1, 10. Aufl. 2009, § 5, Rn. 1; *Tepperwien*, Pränatale Einwirkungen als Tötung oder Körperverletzung?, 116.

50 *Goltdammer*, Materialien zum preuß. StGB, 391. Vgl. auch http://www.lawww.de/Library/218/A.html#FN26.

§§ 181, 182 preuß. StGB war die Vorgänger- und Vorlagenregelung des § 218 im RGStGB[51] und daher spricht einiges dafür, dass diese Erwägungen ernst zu nehmen sind. Die Gegenauffassung wäre dann obsolet, weil damit eine fahrlässige Abtreibung durch die Hintertür eingeführt würde, die vom historischen Gesetzgeber nicht gewollt war. Das systematische Argument – § 218 regele die Fälle der Einwirkungen auf den werdenden Menschen – ist damit auch inhaltlich durch eine subjektiv historische Auslegung unterfüttert. *Tepperwien* hat sich in Ihrer Dissertation anlässlich der Conterganfälle ausführlich die Frage der Strafbarkeit der pränatalen Schädigung als Tötung oder Körperverletzung befasst und in diese Richtung argumentiert.[52]

2 *Änderung der Voraussetzungen durch technische und gesellschaftliche Entwicklungen?*

Die damaligen Voraussetzungen können sich jedoch geändert haben. So ist mit der Abschaffung des § 217 StGB a.F. auch bereits ein Pfeiler der systematischen Auslegung wegen veränderter Rahmenbedingungen weggebrochen.[53] Bis in den 1970er Jahren ging man davon aus, dass ungeborene Kinder und gerade Geborene keinen Schmerz empfinden würden. Dies ließ sich jedoch nicht halten. Durch den Fortschritt der Bewusstseinsforschung herausfinden, dass Kinder ab einem Alter von fünf Monaten ein Bewusstsein haben können, sich selbst zu erkennen, aber ein Schmerzempfinden bereits bestehen kann, bevor das Kind

---

51 *Maurach/Schroeder/Maiwald*, Strafrecht BT/1, 10. Aufl. 2009, § 5 Rn. 1.

52 *Tepperwien*, Pränatale Einwirkungen als Tötung oder Körperverletzung?.

53 Begründung zur Abschaffung des § 217 in BTDrs 13/8587: „Der Tatbestand der Kindestötung spielt in der strafrechtlichen Praxis nur eine sehr untergeordnete Rolle. In den alten Bundesländern waren in den Jahren 1986 bis 1994 jährlich zwischen einem und zwölf Strafverfahren mit jeweils zwischen einer Verurteilung und zehn Verurteilungen zu verzeichnen. Die nicht durch die Strafverfolgungsstatistik erfasste Tötung eines Kindes durch die eheliche Mutter wird in der Praxis eine ähnlich untergeordnete Bedeutung haben. § 217 ist nicht mehr zeitgemäß. Die psychische Ausnahmesituation einer Mutter, die ihr eheliches oder nichteheliches Kind in oder gleich nach der Geburt tötet, kann durch die Anwendung des § 213 StGB Berücksichtigung finden. Mit der Aufhebung des § 217 StGB wird zugleich die allgemein kritisierte Beschränkung des Tatbestandes auf die Tötung nichtehelicher Kinder beseitigt." Die Streichung des Tatbestandes war umstritten, eine Gegenmeinung versuchte einzig die Streichung des Merkmals „nichtehelichen" zu bewirken.

geboren ist.[54] Selbst Erinnerungsfähigkeit bezüglich des Schmerzes soll teilweise bestehen. Die mangelnde Langzeiterinnerung eines Kindes an Schmerz oder Leid im späteren Leben setzt aber erst voll mit ca. zwei Jahren ein. Weder die Leidensempfindlichkeit- noch die Erinnerungsfähigkeit oder das Selbstbewusstsein sind demnach zwingende natürliche Grenzen für die Möglichkeit einer Körperverletzung. Dass eine Schädigung des Kindes einen Tag vor der Geburt straflos und einen Tag danach strafbar ist, wird also normativ und weitgehend unabhängig von dem (nur indirekt) feststellbaren subjektiven Erleben des Kindes, sondern angelehnt an den objektiv eindeutig feststellbaren Geburtsvorgang entschieden. M.E. ist die Entscheidung für einen späten Beginn der Schädigungsmöglichkeit trotz neuer Forschungen zur Leidensmöglichkeit Ungeborener noch vom gesetzgeberischen Willen gedeckt, da die Möglichkeit oder Unmöglichkeit des Schmerzempfindens ebenso wenig eine tragende Überlegung bei der Zurückhaltung gegenüber der Bestrafung werdender Mütter war, wie die Konstruktion eines „Weiterfresserschadens" im Strafrecht. Letzteres war zwar so dogmatisch damals noch nicht entwickelt, aber der Sache nach ist die Möglichkeit der Entwicklung pränataler Schäden zu weiteren körperlichen Entwicklungsdefiziten bzw. Lebenseinbußen nach der Geburt keine Neuigkeit.

Entscheidend ist vielmehr, ob der Gedanke, der Unbestimmtheit der verbotenen Handlung und der Schikane zulasten der Schwangeren immer noch zutrifft. Immer noch droht bei einer weitgehend lückenlosen Strafbarkeit eine Pönalisierung der betroffenen Frauen. Zwar haben sich die medizinischen Bedingungen geändert und die Diagnostik ist wesentlich verbessert, sodass heute sicherer herausgefunden werden kann, was Ursache einer Schädigung des sich fehlerhaft entwickelnden Kindes ist. Aber dennoch ist schon deshalb, weil nicht jede Schwangerschaft intensiv von ärztlicher Diagnostik begleitet wird, noch längst nicht jede Unsicherheit verschwunden. Und selbst wenn man die Gründe sehr gut erforschen kann, bleibt die Frage, ob man Mütter insoweit jede Unachtsamkeit vorwerden will und wo man bei definitorisch wenig festen Tatbeständen wie §§ 222, 229, 223 I StGB ggf. die Grenze zieht.

---

54 https://www.welt.de/gesundheit/article140798874/Schon-Ungeborene-koennen-Schmerz-empfinden.html; http://www.tagesspiegel.de/wissen/medizin-narkose-fuer-neugeborene-eine-revolution/10210520.html.

a) *Fahrlässigkeitsmaßstab – Beschränkung durch Sozialadäquanz/ Erlaubtes Risiko*

So müsste man eigentlich bei jeder Fehlgeburt die Frage gestellt werden, ob diese nicht vermeidbar gewesen wäre. Gesetzt den Fall, dass die Fehlgeburt durch eine Unterleibsinfektion verursacht wurde, könnte die Staatsanwaltschaft fragen, ob die die Frau ihre Intimhygiene vernachlässigt hat. Diese Folgen können also auch heute noch eintreten. Anders als bei äußeren Körperverletzungen findet die Schwangerschaft gleichsam im Verborgenen statt. Warum es zu Schäden kommt, ist viel weniger offenbar als bei eher handgreiflichen Körperverletzungen, die in der Welt außerhalb der Mutter stattfindend. Man könnte dem aber entgegenwirken, in dem man den Fahrlässigkeitsmaßstab vergegenwärtigt: Orientiert man sich an einer objektiv vernünftigen Durchschnittsperson und zusätzlich am Maßstab der Fahrlässigkeitsschuld (also einer Anpassung des Maßstabs bei Minderfähigkeiten), schwächt sich das Argument ab.

Man kann dieser Gefahr auch auf der Ebene der objektiven Zurechnung begegnen, indem man einen sehr extensiven Raum des erlauben Risikos bzw. der Sozialadäquanz für die Schwangere schafft. Die Sorgfaltspflichtverletzung wäre erst dann anzunehmen, wenn das Verhalten einer Schwangeren in deutlich die Gefahr für eine postnatale Schädigung des späteren Kindes erhöht. Das wird der Sache nach zu einer Anhebung des Fahrlässigkeitsmaßstabs auf Leichtfertigkeit über den Umweg des weiten erlaubten Risikos führen. Für Frauen in der Schwangerschaft ist eben erst dies und jenes Verhalten unsorgfältig bzw. ist einiges sozialadäquat/erlaubtes Risiko. So könnte man das unerwünscht schikanöse Ergebnis vermeiden, dass Mütter geschädigter Kinder unter Generalverdacht gestellt würden. Diese Auslegung der Sozialadäquanz wird durch die Urteile des BVerfG zum Schwangerschaftsabbruch in Hinsicht auf die Mutter sogar bestärkt, indem auf die besondere Konstellation der kollidierenden Grundrechte bei der Mutter und dem Nasciturus explizit hingewiesen wurde.[55] Die Sozialadäquanz würde dementsprechend aber nicht für Ärzte gelten, für die ein ganz normaler Maßstab wie auch bei der Behandlung bereits geborener Patienten gilt, z.B. für Ärzte, die Mütter nicht energisch genug vom Alkoholkonsum abraten, würde dann eine Strafbarkeit in Betracht kommen, obwohl diese der unmittelbaren „Täterin“ fehlen würde.

---

55 BVerfGE 39, 1; BVerfGE 88, 203.

b) Strafzumessung

Die Folgen der erschwerten Lebensumstände für das Kind sind unter anderem eine verspätete oder nicht wirklich mögliche Selbstständigkeit. Sie treffen auch die Mutter, die ein mehr an Sorge für das Kind tragen muss. Dies könnte über § 60 StGB, ein Absehen von Strafe, aufgefangen werden. Die Mutter wäre dadurch aber der Gnade des Gerichts ausgeliefert.

c) Prozessuale Entlastungsmöglichkeit

Weiterhin wäre zu betrachten, unter welchen Voraussetzungen eine Strafverfolgung gegen die Mütter prozessual überhaupt möglich wäre. Die befürchtete Pönalisierung der Frauen, welche ein behindertes Kind gebären, ist zunächst naheliegend, aber durch die Einbeziehung der prozessualen Voraussetzungen doch etwas abzuschwächen. In Fällen alkoholisierter Schwangeren würde, bei der Annahme einer möglichen (fahrlässigen) Körperverletzung, nicht unter allen Umständen postwendend von Amts wegen ermittelt werden. Die einfache (fahrlässige) Körperverletzung stellt ein sog. relatives Antragsdelikt dar. D.h. ein Ermittlungsverfahren wird nur bei „besonderen öffentlichen Interesse" oder beim Strafantrag des Berechtigten gem. § 77 StGB eingeleitet. Die Einschätzung des „besonderen öffentlichen Interesses" könnte in der Praxis für diese Fälle zurückhaltend gehandhabt werden. Der Strafantrag kann gem. § 77 I StGB vom Verletzten oder gem. § 77 III StGB, aufgrund der Geschäftsunfähigkeit eines gerade geborenen Menschen, vom gesetzlichen Vertreter bzw. Sorgeberechtigten gestellt werden. Selbstverständlich könnte nun entgegnet werden, dass zB im Ausgangsfall der Vater als Sorgeberechtigter des geschädigten Kindes Strafantrag gegen die „trinkende" Mutter stellt und somit die Gefahr der Pönalisierung der Mutter besteht. Diese Gefahr besteht jedoch bei allen Strafantragsdelikten, weshalb für den Schutz vor unrechtmäßig eingeleiteten Ermittlungsmaßnahmen der Straftatbestand der falschen Verdächtigung § 164 StGB bereitsteht. Eine Gefahr der Pönalisierung, wie sie in der Vergangenheit noch als große Gefahr angenommen wurde, ist heute nicht verschwunden, wäre aber über materielle und prozessuale Nachbesserungen weitgehend eindämmbar.

VI Zwischenergebnis

Aus meinen vorstehenden Überlegungen folgt mit der Anwendung der allgemeinen Lehren des Strafrechts eine Körperverletzung der betroffenen FAS-Kinder bejaht werden kann. Dogmatisch ist eine Körperverletzung des geborenen Kindes mit der Idee eines „Weiterfresserschadens" ohne Verletzung des Analogieverbots möglich. Historische uns systematische Auslegung sprechen zwar tendenziell gegen ein solches Verständnis, lassen aber wegen geänderter gesellschaftlicher, rechtlicher und medizinischer Verhältnisse noch einen Spielraum für teleologische Auslegung. Mir erscheint dieser Spielraum aber so eng und die Gefahr eine eigene Wertung als gesetzgeberischen Willen zu verkaufen als so groß, dass de *lege lata* ein eindeutiges Auslegungsergebnis konstatiert werden muss: Die Strafbarkeit ist zwar mit entsprechenden Winkelzügen über die Idee des „Weiterfresserschadens“ so konstruierbar, dass der Gesetzeswortlaut nicht überschritten würde, doch spricht der aus der Historie und der Systematik des Gesetzes erkennbare Wille des Gesetzgebers eindeutig gegen eine solche Auslegung. Eine Strafbarkeit kann daher nur über eine von mir aus methodischen Gründen abgelehnte, den Gesetzgeber unzulässig vertretende objektiv-teleologische Auslegung[56] oder de *lege ferenda* eingeführt werden.

Ein sinnvolles „Abfallprodukt“, der Möglichkeit die Figur des „Weiterfresserschaden“ auf das Strafrecht zu übertragen, wäre de *lege lata* nur eine entsprechende Auslegung des Sachbeschädigungstatbestandes, der nicht mit den systematischen und historischen Gegenargumenten belastet ist.

D Kriminalpolitische Notwendigkeit die Lücke zu schließen?

I Beweisprobleme

Neben möglichen materiellrechtlichen Einwänden liegt ein praktisches Scheitern der Konstruktion einer pränatalen Körperverletzung an der Beweisfrage nahe.

Ein Grundproblem liegt darin, dass das gesunde Kind als Vergleichsobjekt fehlt. Wird ein Kind verletzt, etwa durch einen Messerstich oder einer Vergiftung, kann man anhand des vorher-nachher Zustandes des konkreten Kindes eine negative Abweichung leicht feststellen. Diese Betrachtung scheint aber auf den ersten Blick ausgeschlossen bei Kindern, die bereits geschädigt ins Leben außerhalb des Mutterleibs treten.

Für das frühembryonale Stadium liegen häufig keine oder zumindest keine belastbaren Daten vor – ein verrauschtes Ultraschallbild sagt nicht viel aus

56 Im Falle eines eindeutig veralteten, quasi aus der Zeit gefallenen Gesetzes, einer bewussten Überantwortung der Problemlösung an Rspr. Lehre oder dem Auftauchen neuer Fallgruppen an die der historische Gesetzgeber weder gedacht hat, noch an die zu denken er Anlass hatte und die nun aber entgegen der generelle Wertung des modernen Gesetzgebers an vergleichbaren Stellen zufällig unter den Wortlaut fallen, mag eine objektiv-teleologische Auslegung bzw. teleologische Reduktion vertretbar sein. Ein solcher Fall liegt bei dem viel diskutierten Problem pränatal verursachter Schäden geborener Kinder aber nicht vor.

und eine Fruchtwasseranalyse ist für Mutter und Kind wegen der Punktierung der Fruchtblase riskant. Wie kann man also beweisen, dass das Kind vor dem Alkoholkonsum der Mutter noch nicht geschädigt war. Man kann nur eine Art Wahrscheinlichkeitsbeweis antreten und vom normalen Verlauf der Dinge und Erfahrungswerten ausgehen. Nach normalem Verlauf der Dinge war das ungeborene Kind zuvor gesund (normaler Verlauf der Dinge) und wurde durch den Alkohol und nicht durch alternative Umstände geschädigt (Erfahrungswerte).

Man könnte argumentieren, dass damit die Kausalität nicht im Sinne des § 261 StPO zur Überzeugung des Gerichts feststellbar ist. Das Problem plakativ über den Ausruf: „Das kann man doch gar nicht nachweisen!" zu erledigen, ist aber zu kurz gedacht. Nur weil grundsätzlich alternative medizinische Erklärungen möglich sind, kann das Gericht dennoch – und sei es aufgrund von Indizien – von der Kausalität überzeugt sein.[57] Beispielhaft für die Beweiswürdigung hinsichtlich medizinischer Kausalität sei der folgendes Urteilsauszug: *„Das läßt besorgen, daß das LG dabei nicht bedacht hat, daß ein bestimmter Ursachenzusammenhang wegen mehrerer denkbarer Ursachen zwar medizinisch-naturwissenschaftlich möglicherweise nicht positiv festgestellt, aber gleichwohl von dem Tatrichter angenommen werden kann. Denn dessen Überzeugungsbildung darf sich nicht auf rein theoretische Möglichkeiten gründen. Vielmehr ist Voraussetzung dafür, daß sich der Tatrichter vom Vorliegen eines bestimmten Sachverhalts überzeugt, nicht eine absolute, das Gegenteil denknotwendig ausschließende und damit nicht anzuzweifelnde Gewißheit, sondern ein nach der Lebenserfahrung ausreichendes Maß an Sicherheit, das vernünftige Zweifel nicht aufkommen läßt. Außer Betracht zu bleiben haben Zweifel, die sich lediglich auf die Annahme einer bloß gedanklichen, abstrakt theoretischen Möglichkeit gründen […]".*[58]

Dem BGH ging es in dem zitierten Auszug um die Kausalität eines schweren körperlichen Angriffs auf einen Taxifahrer, der eine so schwere Herzkrankheit hatte, dass jederzeit auch ohne Einwirkung Dritter mit seinem Ableben ernsthaft gerechnet werden musste, aber nahelag, dass die akute Herzattacke durch den Überfall ausgelöst wurde. Zwar ist die Kausalkette im Vergleich zu den Fällen der offensichtliche Alkohol geschädigten FAS-Kindern kurz, doch dürfte der objektive Anlass zu Zweifeln ungefähr so groß sein, wie im entschiedenen Fall.

---

57 Vgl. zu einer Übersicht über den Stand der Beweiswürdigung in der Rspr. des BGH *Miebach*, NStZ-RR 2015, 297.

58 NStZ-RR 1998, 102; vgl. auch BGHRStPO § 261 Beweiswürdigung 5, m.w.N.

Auch können feststehende Indizientatsachen ausreichend für eine Überzeugungsfindung des Gerichts sein,[59] sodass die Feststellung des Alkoholkonsums zur Zeit Schwangerschaft ausreichend sein kann, wenn die alternativen Sachverhalte nur theoretische Möglichkeiten sind.

Wenn die Rspr. den Wirkstoffgehalt von nicht mehr vorhandenen BTM auf dem Schätzwege beweisen kann, dürfte das Problem des Kausalitätsnachweises bei klassischem FAS jedenfalls lösbar sein und zwar dürfte in der Regel festgestellt werden können, dass Alkoholkonsum der Mutter kausal war. Komplizierter ist die Frage, ob insoweit Vorsatz oder zumindest Fahrlässigkeit nachgewiesen werden kann. Letzteres wird in der Regel ebenfalls möglich sein, wenn die Schwangerschaft dem Umfeld der Mutter bekannt war. Die Kenntnisse, dass Alkohol für ungeborene Kinder schädlich ist, sind weithin bekannt, sodass von einer Sorgfaltswidrigkeit ausgegangen werden darf, wenn nicht Sonderfälle zunächst sehr schwer erkennbarer Schwangerschaften vorliegen. Ist einmal geklärt, dass eine alkoholbedingte Schädigung ohne vernünftigen Zweifel in der Schwangerschaft stattgefunden haben muss, liegt die Täterschaft der Mutter auf der Hand. Anders als in Contergan-Fällen, in denen die werdende Mütter auf die Ungefährlichkeit des Medikaments vertrauen durften, ist dieser Ausweg bei Alkohol weitgehend versperrt. Zur Beweisproblematik ist allgemein zu sagen, dass bei Alltagskriminalität leichterhand auf den Vorsatz geschlossen oder bestimmte Beteiligungsformen angenommen werden, obwohl die Wahrscheinlichkeit alternativer Sachverhalte im rein statistischen Vergleich der Häufigkeit richtiger Treffer beim Schluss der FAS-Symptomatik auf Alkoholkonsum der Mutter während der Schwangerschaft wesentlich höher sein dürfte.

Weit schwieriger ist der Nachweis eines FES-Syndroms, also der milderen Variante der Alkohol bedingten Störung. Ist etwa keine Kombination der inneren und äußeren Merkmale klar erkennbar, weil nicht alle Äußeren Merkmale zutage treten oder überhaupt nur eine Beeinträchtigung kognitiver oder motorischer Fähigkeiten erfolgt, ist es schwer bis unmöglich dies eindeutig auf Alkohol zurückzuführen. Der Nachweis, dass ein junger Erwachsener ohne den Alkoholkonsum seiner Mutter während der Schwangerschaft nun 19 Jahre später 10 IQ-Punkte mehr haben würde oder mehr motorisches Talent zum Fußballspiel mitbringen oder ihm gerade diese 5% an geistiger und körperlicher Leistungskraft fehlen um seinen Traumberuf als Lokführer oder Pilotin zu ergreifen lässt sich kaum führen. Selbst wenn man in diesen Fällen Alkoholkonsum der Mutter

59 BGH NStZ-RR 2013, 75 (77); BGH bei Cierniak/Zimmermann NStZ-RR 2011, 227 Nr. 53; BGH NJW 2005, 2322 (2326).

für den fraglichen Zeitpunkt feststellen könnte, bleibt unklar, ob sich zum Beispiel in einer ADHS-Störung die pränatale Schädigung im Sinne der obigen „Weiterfresser-Theorie" manifestiert oder ob sich das ADHS unabhängig davon entwickelt hat oder ob gar keine pränatale Schädigung vorlag. Auch Letzteres kann plausibel sein, Drogen- bzw. Alkoholmissbrauch kann aber gerade eine Folge von ADHS sein, das wiederum zu erheblichem Maße genetisch vorgeprägt ist,[60] also ebenso gut genetisch ererbt wie durch Alkoholintoxikation verursacht sein kann.[61]

II Strafe für die Mutter und Kind?

Der Gesetzgeber bestraft in einigen Vorschriften diejenigen, die Kinder schützen müssen und diese Sorge vernachlässigen, besonders hart, vgl. §§ 221, 255 StGB. Hier hat der Gesetzgeber auch gerade an Kinder als Schutzbefohlene und deren Eltern gedacht. Der Gesetzgeber geht also davon aus, dass es grundsätzlich im Sinne der anerkannten Strafzwecke ist, Eltern zu bestrafen, die ihre Kinder schädigen. Grundsätzlich wird die Bestrafung auch der Kindsmutter also nicht als sinnlos angesehen. Allerdings könnten in FAS-Fällen Besonderheiten vorliegen, die eine Bestrafung als nicht opportun erscheinen lassen.

1 Mitbestrafung des FAS-Kindes als Kollateralschaden

Ein gewichtigerer Einwand gegen eine Strafbarkeit ergibt sich m.E. aus der strukturellen Abhängigkeit des Opfers vom Täter: Die Mutter, die ein FAS-krankes Kind hat, ist mit vielfachen Problemen in der Sorge um ihr Kind konfrontiert, vor die Mütter gesunder Kinder nicht gestellt sind. Wenn eine FAS-Mutter – die zudem oft alkoholabhängig sein dürfte – nun mit einer Geld- oder gar Haftstrafe überzogen wird, ist dem Schutz des Kindes, um dessen Rechtsgüter es gerade geht, nicht geholfen. Werden der Mutter finanzielle Mittel genommen, ist auch das Kind betroffen, für das die Mutter entsprechend weniger ausgeben kann. Es erscheint mir insoweit praktisch unmöglich zu verhindern, dass die Interessen des FAS-Kindes in Mitleidenschaft gezogen werden. Dass die Mutter nur an sich spart und das Kind ohne Einschränkung behandelt, ist weder realistisch noch nachprüfbar. Eine Haftstrafe trifft das Kind in der Regel noch stärker, da dem Kind die Mutter entzogen wird und der Strafmakel auf das Kind abfärbt. Ihm würden also Steine statt Brot gegeben. Das konservative Instrumentarium des

60 *Müller/Candrian/Kropotov*, ADHS – Neurodiagnostik in der Praxis, 2011, 120.

61 Zur Überschneidung von FASD und ADHS, vgl. *Mukherjee*, Klinische Praxis, 2016, Nr. 1, S. 4 ff.

Strafrechts bietet also in Bezug auf den konkreten Opferschutz nur völlig ungeeignete Werkzeuge an.

2 Spezialprävention gegen die Mutter weitgehend sinnlos

Eine spezialpräventive Betrachtung der Täterin ist nur isoliert vom bisher geschädigten FAS-Kind sinnvoll. Man kann darauf hoffen, dass sich die Mutter die Strafe eine Lehre sein lasse wird und bei der nächsten Schwangerschaft, beim nächsten Kind aufpasst und keinen Alkohol trinkt, also die Rückfallgefahr sinkt. Dagegen spricht, dass eine werdende Mutter, die ahnt, dass sie nach der Geburt bestraft werden würde, das potentielle FASD-Kind abtreiben könnte, um der Strafe zu entgehen. Das bliebe außerhalb der Grenzen des § 218 StGB (die mögliche Problematik des Versuchs des § 223 StGB einmal ausgeklammert) sanktionslos. Frauen in dieses Dilemma zu bringen, erscheint bereits ethisch inakzeptabel.

Der spezialpräventive Effekt ist im Falle der Geburt hier durch die Erkrankung des vorhandenen Kindes überlagert. Die betroffene Mutter ist insoweit volkstümlich gesprochen „genug gestraft“. Der durch sie angerichtete Schaden ist ihr durch die Anwesenheit des kranken Kindes und ihre Sorgeverpflichtungen stets augenscheinlich. Das Schicksal der Minderentwicklung des eigenen Kindes und der wegen der gesellschaftlichen Verflechtungen (Kindergarten, Schule) normalerweise bei Gelegenheit erfolgende Vergleich mit anderen gleichaltrigen Kindern dürfte sein Übriges beitragen das Leid der Mutter des FAS-Kindes zu mehren. Eine spezialpräventive Begründung schießt also wegen der bereits besehenen negativen Folgen der Tat für die Mutter über das Ziel hinaus. Nimmt man die beschriebenen sekundären Effekte der Strafe für das Kind hinzu, ist Spezialprävention in diesem Fällen nicht sinnvoll.

Die Problematik besteht häufig in der Alkohol- oder auch Medikamenten- bzw. Drogensucht der Mutter. Für diese Fälle gibt es im Strafrecht, außer der Geld- und Freiheitsstrafen, noch weitere Möglichkeiten auf die Täterin einzuwirken. Eine Möglichkeit für alkoholsüchtige Mütter wie im Anfangsfall wäre die Unterbringung in einer Entziehungsanstalt gem. § 64 StGB (ggf. i.V.m. § 35 BtMG).

Im Falle der Unanwendbarkeit der § 64 StGB gäbe es des Weiteren die Möglichkeit der Zurückstellung der Strafvollstreckung zugunsten einer Entzugsbehandlung des § 35 BtMG bei drogen- bzw. medikamentenabhängigen Müttern. Auch insoweit ist das Strafrecht aber nicht unbedingt das geeignete Vehikel, um das Kind vor der Mutter zu schützen. Ein gestuftes Präventives Vorgehen ist nach geltender Gesetzeslage möglich und kann mit wenigen Änderungen und Ergänzungen (etwa auf dem Verordnungswege) verbessert werden. Neben einer eingriffslosen generellen Aufklärungskampagne könnte man Diskothekenbesitzer und Kneipiers verpflichten entsprechende Flyer und Poster auszulegen und ähnlich wie bei Zigarettenpackungen großflächige und explizite Warnhinweise auf Alkoholflaschen zur Pflicht für die Hersteller machen, den Alkoholverkauf an Schwangere verbieten etc. In weiteren Stufen wären Maßnahmen nach Gefahrenabwehrrecht bzw. Führsorgerecht unter Belastung der Freiheit der werdenden Mutter sinnvoller als eine nachträgliche Strafe, um frühzeitig einzugreifen – etwas betreutes Wohnen der Familie nach § 19 SGB VIII oder eine Mutter-/Vater-Kind-Maßnahme nach § 24 SGB V. In schwersten Fällen der Alkoholsucht sind auch Maßnahmen der Zwangsunterbringung nach §§ 1906, 1931b BGB oder dem PsychKG zu erwägen, dies wäre jedenfalls sinnvoller als eine nachträgliche Reaktion. Eine repressive Unterbringung könnte höchstens für die nächste Schwangerschaft wirksam werden.

3 *Generalprävention*

Nach den vorstehenden Erwägungen bleiben allein generalpräventive Gründe für eine Strafbarkeit der Mutter übrig. Die von der Strafe betroffenen Mütter würden dann aber nur als Exempel für andere Schwangere bestraft, die in ähnlichen Situationen versucht sein sollten Alkohol zu trinken. Diese anderen würden – so jedenfalls die Theorie – durch die Folgen für das eigene Leben abgeschreckt. Diese Argumentation hat zwar als Extrapolation von Erfahrungswerten und Alltagswerten vor allem aus dem Bereich der Ordnungswidrigkeiten einiges für sich: Wer weiß, dass andere Raser mit Geldbußen belegt werden, wird sich eher an die Verkehrsregeln halten, als derjenige der davon ausgehen kann, dass es sich um leere Drohungen handelt. Ich gebe aber zu bedenken, dass dieses Konzept nicht überstrapaziert wird, wenn man es pauschal überträgt. Oft sind mit dergleichen Beispielen tatsächlich nur die Ordnung betreffende Regeln gemeint, die keinen einsichtigen Sicherheitsgewinn bringen. Auf Landstraßen ist etwa vor scharfen Kurven auch nicht immer ein extra Tempolimit ausgewiesen. Diese Wegführung bringt trägt die Gefährlichkeit erkennbar in sich (dass auch das zu schnelle Fahren in Kurven verkehrsordnungswidrig u.U. nach § 315c StGB strafbar ist, steht auf einem anderen Blatt). Die erkennbare Eigen- und Fremdgefährdung dürfte in großen Teilen die Effekte der Strafdrohung zumindest so überlagern, dass in der Praxis kaum zu ermitteln ist, wie große die Abschreckungswirkung wirklich ist. Ungleich eindringlicher ist der dem eigenen Kind durch Alkoholkonsum drohende Schaden. Dass jemand, der bewusst das eigene Kind schweren Behinderungen aussetzt und dem diese Folgen im Wesentlichen im Sinne eines billigenden Inkaufnehmens egal sind, sich durch zukünftige Straferwartungen wesentlich beeinflussen lässt, ist doch lebensfremd. Selbst wenn man generalpräventiv einen geringen Nutzen einer Bestrafung der Tätermütter feststellen würde, bestünde das Problem, dass diese im Wesentlichen als Strafobjekt für andere dienen. Die Strafe stände also im Konflikt mit dem staatlichen Achtungsanspruch der Menschenwürde, dem nach h.M. vor allem die kantsche Objektformel zugrunde liegt. Insoweit könnte man nur bei den diversen aufweichenden normativen Interpretationen dieser Formel Zuflucht nehmen (Täterin hätte wissen können und müssen, dass sie bestraft werden würde, ihre Entscheidungsfreiheit wird also berücksichtigt).

III Strafe für Dritte

Fälle können vorkommen, bei denen Andere, wie Partner, Ärzte, Familienangehörige und Freunde als Täter in Betracht kommen. Falsche Beratungen der Schwangeren können ebenso wie Medikationsfehler zur Täterschaft Dritter führen. Bei jungen Schwangeren kann die Beeinflussung durch gleichaltrige oder insbesondere ältere Freunde für Letztere eine mittelbare Täterschaft darstellen, wenn sie bewusst eine strukturelle Unterlegenheit der Schwangeren ausnutzen.

Beispiel: Der 19-jährige Freund F animiert die Schwangere S zu dauernden Trinkgelagen. F weiß nicht, dass diese Handlungen dem Kind schaden, F nimmt dies aber billigend in Kauf. Selbst wenn man der Mutter eine fahrlässige Begehung nach § 229 StGB nachweist, ist trotzdem wegen des Animierens vom Freund mindestens von einer eigenen Strafbarkeit nach § 229 StGB, aber wahrscheinlicher von einer mittelbaren Täterschaft, auszugehen.

Für ärztliche Beratungen und Verschreibungen ist zwar nur in Ausnahmefällen an Verschreibungen oder Empfehlungen alkoholhaltigen Medikamenten zu denken (etwa Präparate zur Erkältungslinderung, wie Hustensäfte, die teilweise erhebliche Alkoholkonzentrationen haben). Das Thema der FAS-Kinder lässt sich jedoch auch auf durch Medikamente geschädigte Kinder ausdehnen,

Beispiel: Der junge Arzt A verschreibt der Schwangeren S ein kortisonhaltiges Medikament, infolgedessen Einnahme das Kind eine Kiefer-Gaumen-Fehlbildung erleidet. A weiß nichts von dieser Nebenwirkung, hätte diese aber als approbierter Allgemeinmediziner kennen können und müssen. In diesem Fall handelt es sich bei der S weder um eine vorsätzliche noch eine objektiv sorgfaltswidrige Handlung, weswegen eine Strafbarkeit ausscheidet. Der Arzt A wäre jedoch aufgrund der objektiven Sorgfaltspflichtverletzung (kennen können und müssen) nach § 229 StGB strafbar. Für diese Klientel bietet sich durchaus ein abstrakter Gefährdungstatbestand an, der denjenigen bestraft, der einer Schwangeren bestimmte, für das werdende Kind gefährliche Stoffe verabreicht oder anbietet.

E Ergebnis

Die Tötung des Nasciturus ist in den § 218 ff. StGB eindeutig abschließend geregelt. Davon zu trennen ist jedoch die Frage der materiell rechtlichen Strafbarkeit der bloßen Schädigung des ungeborenen Lebens, welche, auch ohne die vermutete Verletzung des Analogieverbotes[62], die Missachtung der vom BVerfG aufgestellten Grundsätze[63] oder die Verkennung der Systematik der §§ 218 ff. StGB[64] *möglich* ist. Konstruktiv dogmatisch ist dies über die Übertragung des „Weiterfresserschaden" möglich, ohne Rücksicht auf die zivilrechtliche Rechtsprechung (aufgrund der Verschiedenheit der Güterzuordnungen), ein passender Begriff für das aufgeworfene Problem. Das geborene Kind wird, aufgrund der Verletzungen, welches es als Nasciturus erfahren hat, „mit dem Erfolg" eines Körperverletzungsdeliktes geboren. Probleme aufseiten der Handlung, der objektiven Zurechnung oder des Vorsatzes können, mithilfe der allgemeinen Lehren des Strafrechts gelöst werden, um zu einer Strafbarkeit zu gelangen.

Das BVerfG formuliert zwar: „Die Schutzpflicht des Staates [...] gebietet dem Staat auch, sich schützend und fördernd vor dieses Leben zu stellen."[65]. Es räumt dem Gesetzgeber andererseits großzügige Einschätzungsprärogative bei der Festlegung von Straftatbeständen ein. Selbst generalpräventiv bestehen nur vage Hoffnungen auf einen Nutzen, die selbst unter Zugrundelegung der permissiven Ansicht des BVerfG zumindest ein strittiger Grenzfall sein dürften. Das BVerfG erinnert in der zweiten Entscheidung zum Schwangerschaftsabbruch im Hinblick auf die Strafbarkeit der Mutter an die Funktion des Strafrechts als *ultima ratio.*[66] Dahinter steht einmal die emanzipatorische Erwägung des Selbstbestimmungsrechts der Mutter mit all den Gegenargumenten, die sich auch in der Abtreibungsdebatte finden. Hinzu kommt hier freilich, dass das geschädigte Kind nicht verschwunden ist, sondern durchaus Bewusstsein seiner Schädigung und der Verursachung dessen durch die Mutter haben kann – nicht nur die

62 Vgl. BVerfGE 88, 203, 346 (Abweichende Meinung der Richter Vizepräsident Mahrenholz und Sommer).
63 Insbesondere der konkurrierenden Grundrechte, vgl. BVerfGE 39, 1.
64 BGHSt 31, 348.
65 BVerfGE 88, 203, 251.
66 BVerfGE 88, 203, 258.

Gesellschaft kann hier also einen Vorwurf erheben, sondern konkret Geschädigte. Dennoch ist für die FAS-Mütter selbst eine strafrechtliche Sanktionierung mit dem herkömmlichen Instrumentarium im Hinblick auf spezialpräventive Zwecke ungeeignet, da die Beziehung zwischen Mutter und Kind so nur zusätzlich belastet wird. Eine Strafbarkeit für werdende Mütter und insbesondere für Dritte mag durch ein entsprechendes abstraktes Gefährdungsdelikt und den damit verbundenen Abschreckungseffekt durch den Gesetzgeber geschaffen werden. Verfassungswidrig wäre eine solche Präventionspönalisierung nicht. Vorzugswürdig wäre aber jedenfalls für die werdenden Mütter eine Anwendung rein präventiver Hilfsmaßnahmen nach dem bereits bestehenden gesetzlichen Instrumentarium und Aufklärungskampagnen. *De lege lata* ist für den „Weiterfresserschaden“ im Strafrecht – außerhalb der Sachbeschädigung – kein Raum.

Thomas Crofts*

Strafrechtliche Verantwortlichkeit von Minderjährigen in Australien

Abstract: This chapter explores the age of criminal responsibility in Australia. It begins by explaining the importance of the age of criminal responsibility as a gateway to the criminal justice system. It then traces the historical developments that led to all Australian jurisdictions having a minimum age of criminal responsibility of 10 and a rebuttable presumption of doli incapax operating from the age of 10 until the child's fourteenth birthday. It then examines recent debates in Australia about whether the age of criminal responsibility and rebuttable presumption of doli incapax should be changed, including the recommendation by the United Nations Committee on the Rights of the Child that all states should adopt a minimum age of criminal responsibility of at least 12, but preferably higher. The article concludes by arguing that unless the minimum age of criminal responsibility to 14 or 16 there are good reasons to retain the presumption of doli incapax.

Keywords: Evolutionary Theory of Law; Cultural Evolution; Modeling and Simulation

A Einführung

Altersgrenzen und Methoden zur Feststellung strafrechtlicher Verantwortlichkeit von Minderjährigen variieren erheblich zwischen verschiedenen Rechtsordnungen. Zwar lassen sich gewisse kolonialhistorisch bedingte Gemeinsamkeiten erkennen – so haben England und Länder, deren Rechtssysteme primär vom englischen Common Law geprägt wurden (darunter Australien, Indien, Malaysia, Neuseeland, Singapur und Südafrika), traditionell niedrigere Strafmündigkeitsschwellen als Länder wie Deutschland und Frankreich, die dem römisch-germanischen Rechtskreis angehören[1] – der direkte Vergleich zwischen einzelnen Rechtsordnungen fällt jedoch schwer. Grund dafür ist zum einen,

---

* Professor and Director of the Sydney Institute of Criminology, Sydney Law School, The University of Sydney. Ich danke Stephanie Classmann Mag. iur. (HHU) LL.M. (USyd) und Associate Professor Dr Normann Witzleb LL.B. (Murd) für die Übertragung des Beitrages ins Deutsche.

1 See Cipriani, *Children's Rights and the Minimum Age of Criminal Responsibility: A Global Perspective*, 2009 (71–76).

dass Strafmündigkeitsregelungen nicht zwingend ausschließlich an das Alter des Täters anknüpfen. Absolute Altersuntergrenzen[2] werden häufig durch Ausnahmeregelungen für bestimmte Straftatbestände aufgeweicht,[3] oder durch Grenzbereiche zur flexiblen Feststellung der individuellen Reife des Minderjährigen ergänzt[4] bzw. vollständig ersetzt.[5] Diese unterschiedlichen Ansätze spiegeln divergierende Auffassungen von der Natur und Tragweite strafrechtlicher Verantwortlichkeit wider, und setzen sich auch in den jeweiligen Verfahrensordnungen fort. Einige Länder mit vergleichsweise niedrigen Strafmündigkeitsgrenzen sehen beispielsweise bis zu einem bestimmten Mindestalter von der Strafverfolgung gänzlich ab[6] oder weisen entsprechende Verfahren der speziellen Zuständigkeit von Jugendgerichten zu. Auch sanktionsrechtlich bestehen teilweise gravierende Unterschiede. Diverse Rechtsordnungen etwa sehen bis zu einer gewissen Altersgrenze (die von der materiellen Strafmündigkeitsgrenze abweichen kann) allein die Verhängung jugendspezifischer Maßnahmen ohne Strafcharakter vor.[7]

In Anbetracht dieser Schwierigkeiten erscheint es notwendig und sinnvoll, der Erörterung des australischen Ansatzes einige grundlegende Anmerkungen zum Begriff und zur Bedeutung der Strafmündigkeit voranzustellen. Ein Vergleich mit der Situation in England und Wales, vor und nach der Abschaffung der *doli*

2 Z.B. England und Wales, Children and Young Persons Act 1933, S. 50 (i.d.F. des Children and Young Persons Act 1963, S. 16(1)).

3 Z.B. Irland, Children Act 2001, S. 52(1) and S. 52(2) (i.d.F. des Criminal Justice Act 2006, S. 129). Zudem können Kinder unter 14 Jahren in Irland nicht ohne Zustimmung des Director of Public Prosecutions strafrechtlich verfolgt werden (S. 52(4)).

4 Z.B. – wie im Folgenden diskutiert – in allen Teilrechtsordnungen Autralien, siehe etwa Criminal Code of Western Australia, S. 29. Ebenso in Deutschland, § 19 StGB und § 3 JGG.

5 Z.B., Frankreich, Code Pénal, Article 122-8.

6 So gilt in Schottland eine Strafmündigkeitsgrenze von acht Lebensjahren, zudem können Kinder unter 12 Jahren nicht und Kinder zwischen 12 und 16 Jahren nur mit Zustimmung des Lord Advocate strafrechtlich verfolgt werden, siehe Criminal Procedure (Scotland) Act 1995, S. 41 und S. 41A (i.d.F. des Criminal Justice and Licensing (Scotland) Act 2010, S. 52).

7 Z.B., Frankreich, Code Pénal, Article 122-8: „Les mineurs capables de discernement sont pénalement responsables des crimes, délits ou contraventions dont ils ont été reconnus coupables, dans des conditions fixées par une loi particulière qui détermine les mesures de protection, d'assistance, de surveillance et d'éducation dont ils peuvent faire l'objet. Cette loi détermine également les sanctions éducatives qui peuvent être prononcées à l'encontre des mineurs de dix à dix-huit ans ainsi que les peines auxquelles peuvent être condamnés les mineurs de treize à dix-huit ans, en tenant compte de l'atténuation de responsabilité dont ils bénéficient en raison de leur âge.“

incapax Vermutung im Jahr 1998,[8] wird sodann den erforderlichen Hintergrund für die anschließende Diskussion der aktuellen Rechtslage in Australien liefern und verdeutlichen, dass – ungeachtetet des gemeinsamen Ursprungs – eine stark autonome Entwicklung der Strafmündigkeitsdogmatik in den verschiedenen australischen Teilrechtsordnungen zu beobachten ist. Verschiedentlich wurde geltend gemacht, dass das Übereinkommen der Vereinten Nationen über die Rechte des Kindes eine Anhebung der absoluten Altersuntergrenze strafrechtlicher Verantwortlichkeit erfordere. Es wird gezeigt werden, dass entsprechende Regelungen richtigerweise nur dann in einem höheren Schutzniveau resultieren, wenn auch die *doli incapax* Vermutung aufrechterhalten bleibt.

B Bedeutung des Alters strafrechtlicher Verantwortung

Das Alter strafrechtlicher Verantwortung kann auf verschiedene Weise aufgefasst werden.[9] Nach einem Verständnis ist damit das Alter gemeint, ab dem Kinder strafverfahrensrechtlich wie Erwachsene behandelt werden können. Damit ist das Alter angesprochen, in dem Kinder nicht länger des Schutzes durch Jugendgerichte und besonderer Verfahrensregeln bedürfen. Es kann damit auch das Alter gemeint sein, in dem Jugendliche genau wie Erwachsense bestraft werden können, also sie nicht mehr besonderen Schutz vor der vollen Härte des Strafrechts verdienen oder durch erziehungsrechtliche Maßnahmen erreicht werden können. Diese Auffassung des Alters strafrechtlicher Verantwortung hat wenig, wenn überhaupt etwas, mit der Einsichtsfähigkeit des individuellen Kindes zu tun, sondern beruht stattdessen auf der Eignung bestimmter Verfahrensweisen und Maßnahmen gegen Kinder im Allgemeinen.

Eine andere Auffassung des Alters strafrechtlicher Verantwortung bezieht sich auf die Natur des Strafrechts und die Schuldfähigkeit. Sie basiert auf der Vorstellung, dass eine Person nur dann strafrechtlich zur Verantwortung gezogen werden soll, wenn sie bestimmte Einsichts- und Handlungsfähigkeiten besitzt.[10] Strafrechtliche Verantwortlichkeit setzt nach dieser Auffassung ein kognitives Element voraus, also die Fähigkeit, die Bedeutung von Recht als gemeinschaftlich gesetzten Regeln zur Verhaltenssteuerung zu verstehen und sie

8 Die widerlegliche doli incapax (Strafunmündigkeits-)Vermutung wurde aufgehoben durch Crime and Disorder Act 1998, S. 34.

9 Siehe z.B. Scottish Law Commission, *Report on Age of Criminal Responsibility*, 2002 (Scot Law Com No 185).

10 Hale, *The History of the Pleas of the Crown*, Vol. 1, 1736 (Nachdruck, 1971) (14–15).

mit dem eigenen Handeln und dessen Konsequenzen in Beziehung zu setzen.[11] Des Weiteren sei ein voluntatives Element erforderlich, also die Fähigkeit, sein eigenes Verhalten zu steuern und damit die Fähigkeit, sich rechtstreu zu verhalten.[12] Bei Erwachsenen wird unterstellt, dass sie diese Fähigkeiten besitzen, weshalb sie grundsätzlich für ihre Verhalten strafrechtlich verantwortlich sind. Wenn diese Fähigkeiten ausnahmsweise fehlen oder beeinträchtigt sind, zum Beispiel bei geistiger Behinderung oder Bewusstseinsstörungen, schließt das Gesetz die Strafbarkeit aus oder vermindert sie. Dagegen sind Kinder erst dabei, diese Fähigkeiten zu entwickeln, und fehlende oder geminderte Fähigkeiten sind keine Ausnahme von der Regel, sondern ein Zustand, „den wir alle vor dem Erwachsenwerden und der Erlangung der Reife durchlaufen".[13] Diese Auffassung bezieht das Alter strafrechtlicher Verantwortlichkeit auf den Zeitpunkt, ab dem das Kind die für die strafrechtliche Verantwortung erforderliche Fähigkeiten erworben hat und daher richtigerweise für strafbares Verhalten verurteilt werden und strafrechtlichen Sanktionen unterliegen kann.

Zum Teil wird die Auffassung vertreten, dass es wichtiger sei, die Fragen der für Kinder und Jugendliche eingerichteten besonderen Verfahren und der angemessenen Sanktionen zu erörtern als das Alter strafrechtlicher Verantwortlichkeit im letzteren Sinne. Die Independent Commission on Youth Crime and Antisocial Behaviour im Vereinigten Königreich sprach sich beispielsweise nicht für eine Anhebung des Strafmündigkeitsalters in England und Wales aus, weil es der Ansicht war, dass auch im Strafverfahren „wohlfahrtsorientierte Prinzipien angewendet werden und Kinder schützenden und erzieherischen Maßnahmen zugeführt werden können".[14] Eine solche Sichtweise ist jedoch insofern problematisch, als auch wohlfahrtsorientierte Maßnahmen innerhalb des Jugendstrafrechts und -verfahrens noch immer Teil des strafrechtlichen Systems sind.

11 Für das englische Recht stand die Einsichtsfähigkeit im Vordergrund. Siehe näher Crofts, *The Criminal Responsibility of Children and Young Persons*, 2002; Elliott 'Criminal Responsibility and Children: A New Defence Required to Acknowledge the Absence of Capacity and Choice' (2011) 75 *Journal of Criminal Law* 289–308.

12 Hart, *Punishment and Responsibility*, 1968 (218); Lacey, 'In Search of the Responsible Subject: History, Philosophy and Criminal Law Theory' (2001) 64 *Modern Law Review* 350 (353).

13 Bridge LJ in *R v Camplin* [1978] 1 All ER 1236 (1241).

14 Independent Commission on Youth Crime and Antisocial Behaviour, *Time for a fresh start*, 2010, (14), http://www.police-foundation.org.uk/uploads/catalogerfiles/independent-commission-on-youth-crime-and-antisocial-behaviour/fresh_start.pdf, abgerufen am 4. November 2017.

Sie können auch strafrechtlich von Bedeutung sein, wenn sie zum Beispiel im Wiederholungsfalle nicht mehr zur Verfügung stehen oder bei der Frage der strafrechtlichen Verfolgung späterer Taten berücksichtigt werden. Wenn Bedingungen von Diversions- oder Wiedergutmachungsmaßnahmen nicht eingehalten werden, kann auch die Tat mitunter auch wieder zum Anknüpfungspunkt punitiver Sanktionen werden.

Obwohl es von kritischer Bedeutung ist, wie die Strafjustiz und ihre Sanktionsmöglichkeiten für jugendliche Täter modifiziert werden, um deren Strafverhalten und Bedürfnissen gerecht zu werden, so bleibt es doch entscheidend, dass das Strafrecht als System individueller Verantwortlichkeit für schuldhaftes Verhalten angelegt ist.[15] Das Strafverfahren kann Kinder und Jugendliche schwer belasten, und das Stigma des Strafverfahrens kann erwiesenermaßen kontraproduktive Ergebnisse zeitigen.[16] Dies macht es besonders wichtig, der fundamentalen Frage nachzugehen, bis zu welchem Alter die Vermutung angebracht ist, dass Kindern die strafrechtlich erforderliche Einsichtsfähigkeit fehlt und sie daher wegen fehlender Schuld strafrechtlich nicht zur Verantwortung gezogen werden sollen. Der nächste Teil des Beitrages wird die Entwicklung des Alters strafrechtlicher Verantwortung im Common Law nachzeichnen.

C Die Altersgrenzen strafrechtlicher Verantwortlichkeit im englischen Common Law

Das Common Law in England und anderen Rechtsordnungen sah bis zum 20. Jahrhundert generell eine Zweiteilung der Schuldunfähigkeitsvermutung für Minderjährige vor. Kinder unter sieben Jahren galten als absolut strafunmündig; zwischen dem siebten und dem vollendeten 14. Lebensjahr war die Vermutung der Schuldunfähigkeit (sogenannte *doli incapax* Vermutung) durch den Beweis widerleglich, dass das Kind zum Tatzeitpunkt trotz seines jungen Alters fähig war, das Unrecht der Tat einzusehen und nach dieser Einsicht zu handeln. Im Vergleich mit Ländern, die dem römisch-germanischen Rechtskreis angehören – und Deutschland im Besonderen – erscheint gerade die untere Altersgrenze außergewöhnlich niedrig. Es lohnt sich daher, einen kurzen Blick auf die Entwicklung des Common Law in diesem Bereich zu werfen.

---

15 Siehe näher dazu, z.B. Freeman, *The Rights and Wrongs of Children* (Frances Pinter 1983) 81–86.

16 Siehe z.B. The Centre for Social Justice *Rules of Engagement: Changing the heart of youth justice*, 2012, http://www.centreforsocialjustice.org.uk/library/rules-engagement-changing-heart-youth-justice, abgerufen am 4. November 2017.

Schon seit frühester Zeit war es üblich, Kinder und Jugendliche, die straffällig geworden waren, anders zu behandeln als erwachsene Straftäter. Zu Zeiten König Ine (688–725) etwa konnten Kinder erst ab einem Alter von zehn Jahren für Diebstahl zur Verantwortung gezogen werden.[17] Unter König Athelstan (925–935) lag die Altersgrenze sogar bei zwölf Jahren und setzte voraus, dass der Wert der gestohlenen Sache acht Pennies überstieg.[18] Ausnahmen galten jedoch für Fälle, in denen das Kind Widerstand leistete oder versuchte zu fliehen, und dadurch einem Erwachsenen vergleichbares Verständnis für das begangene Unrecht zeigte.[19] König Athelstan legte in den *Judicia civitatis Lundoniae* später fest, dass Unter-15-Jährige, sofern sie sich nach der Tat widerstandslos ergaben, nicht hingerichtet werden sollten.[20]

Der Umstand, dass Kinder, anknüpfend an ihr Nachtatverhalten, auch unterhalb der Grenze von zwölf Jahren bestraft werden konnten, lässt erhebliche Zweifel an Blackstones Feststellung aufkommen, dass „im alten angelsächsischen Recht das Alter von zwölf Jahren als frühester Zeitpunkt der Strafmündigkeit galt".[21] Kinder wurden, wie gesehen, durchaus im Einzelfall nach ihrer individuellen Reife bestraft; die Altersgrenze hatte nur generelle Schutzfunktion. Auffällig ist zudem, dass sie, gerade mit Blick auf die moderne *doli incapax* Vermutung, vergleichsweise hoch angesetzt wurde. Erklären lässt sich dies vor allem mit der sehr pragmatischen Herangehensweise zur Feststellung der Strafmündigkeit. Walker weist darauf hin, dass sich die Untersuchung wohl regelmäßig in einem Test der intellektuellen Fähigkeiten des Kindes erschöpfte – z.B. die Fähigkeit bis zwölf zu zählen[22] – statt speziell auf

17 Laws of King Ine 7.2, enthalten in Sanders (Hrsg.), *Juvenile Offenders for a Thousand Years: Selected Readings from Anglo-Saxon Times to 1900*, 1970 (3). Es heißt darin, dass die Frau und Kinder eines Haushaltsvorstandes versklavt werden konnten, wenn sie Kenntnis eines von ihm begangenen Diebstahls hatten. Ein Kind konnte ab dem zehnten Lebensjahr der Mitwisserschaft schuldig sein.

18 Laws of King Aethelstan (Council of Greatanlea) enthalten in Sanders (Hrsg.), *Juvenile Offenders for a Thousand Years: Selected Readings from Anglo-Saxon Times to 1900*, 1970 (3). Siehe auch Thorpe (Hrsg.), *Ancient Law and Institute of England,* 1840 (85).

19 Laws of King Aethelstan (Council of Greatanlea), a.a.O.

20 Laws of King Aethelstan (Judicia civitatis Lundoniae 12, 1), a.a.O. (3–4).

21 Blackstone, *Commentaries on the Laws of England*, Buch IV, Kap. 2, 1769 (übersetzt durch den Autor). Weitergehend siehe Crofts, *The Criminal Responsibility of Children and Young Persons*, 2002.

22 Walker, 'Childhood and Madness: history and theory', in: Morris and Giller (Hrsg.), *Providing Criminal Justice for Children*, 1983 (23).

den Beleg der Unrechtseinsicht vergleichbar der eines Erwachsenen zu zielen.[23]

Die Absenkung der Strafmündigkeitsschwellen im Common Law schreibt Walker vorwiegend dem Einfluss des römisch-kanonischen Rechts zu:

> It was not until the law had come firmly under the influence of the Continental Church, and thus of Roman Law, that the age of seven is mentioned. This as the age at which both Roman Law and the Church assumed that a child begins to know good from evil.[24]

Dies erscheint grundsätzlich zutreffend. Vor allem durch Beiträge von Autoren wie Glanvill[25] and Bracton[26] gewann das römische Recht im 12. und 13. Jahrhundert verstärkt Einfluss auf das Common Law,[27] und auch die Altersgrenze von sieben Jahren kommt in dieser Zeit erstmals auf. In einer Entscheidung aus 1313–1314 etwa stellte Spigurnel J fest, dass ein Kind unter sieben Jahren nicht für ein von ihm begangenes Tötungsdelikt bestraft werden kann, weil ihm die erforderliche Unterscheidungsfähigkeit zwischen Gut und Böse fehlt; Kinder über sieben Jahre hingegen seien in der Lage, Unrecht zu erkennen.[28] Anders als von Walker angedeutet, ist die Erwähnung der sieben Jahre allerdings nicht per se als Absenkung der Grenzen strafrechtlicher Verantwortlichkeit zu verstehen. Sie stellt vielmehr eine richterliche Konkretisierung des Alters der absoluten Strafunmündigkeit dar; Kinder und Jugendliche über sieben Jahre galten im Einklang mit der modernen *doli incapax* Vermutung auch weiterhin als schuldunfähig, sofern nicht im Einzelfall deutliche Anzeichen für eine hinreichende Unrechtseinsicht bestanden.

Es lässt sich daher festhalten, dass die Strafunmündigkeit Minderjähriger im Common Law seit jeher bis zu einem gewissen Alter widerleglich vermutet und erst aufgrund des Einflusses des römischen Rechts durch eine absolute Untergrenze von sieben Jahren ergänzt wurde. Die Obergrenze der bedingten

---

23 Nigel Walker, a.a.O.

24 Nigel Walker, a.a.O.

25 Glanvill, *Tractatus de legibus et consuetudinibus regni Angliae* (Treatise on the laws and customs of the Kingdom of England), ca 1180–1190.

26 Bracton, *De Legibus et Consuetudinibus Angliae* (On the Laws and Customs of England), ca. 1235.

27 Siehe Scrutton, *The Influence of the Roman Law on the Law of England*, 1885, (74–121, in Bezug auf Bracton insbesondere 106–112). Nach Scrutton gab es zwei Perioden, in denen das römische Recht das englische Recht beeinflusste, mit einer Zäsur durch die Ankunft des Vacarius in England in 1143, der um 1149 Vorlesungen zum römischen Recht in Oxford hielt.

28 The Eyre of Kent, 6 & 7 Edward II (1313–1314), *Selden Society* XXIV 109.

Strafunmündigkeit, d.h. der Zeitpunkt, ab dem die Schuldfähigkeit des Minderjährigen nicht mehr von einer positiven Beurteilung hinreichender Unrechtseinsicht zum Tatzeitpunkt abhing, war für lange Zeit unsicher. Insbesondere frühe Entscheidungen treffen z.T. keinerlei Aussagen zu einer bestimmten Altersobergrenze; andere variieren zwischen zwölf und 14 Jahren.[29] Kean führt dies maßgeblich auf den Umstand zurück, dass die Feststellung des Alters und des individuellen Reifegrades des Minderjährigen im Einzelfall durch den Richter erfolgte:

> In all probability it was well understood that in his early years a child was too young to be punished at all, and that later, and until the age of puberty, special *dolus* had to be proven; whether a child was old enough to be convicted or not, and whether he was of the age of puberty or not, were questions of fact to be decided by the judge in each case.[30]

Urteile ab Beginn des 17. Jahrhunderts lassen eine klare Festlegung der Altersobergrenze auf 14 Jahre erkennen. Kean verweist insofern auf Cokes Kommentierung zum englischen Recht, und zur Schuldunfähigkeitsvermutung im Besonderen, die wohlmöglich auch in der Praxis der Gerichte deutlichen Anklang fand.[31] Entscheidend ist jedoch, dass das Common Law zu diesem Zeitpunkt und in genau dieser Form, d.h. mit einer absoluten Strafunmündigkeitsschwelle von sieben Jahren und einer im Einzelfall widerleglichen Vermutung der Schuldunfähigkeit bis zum vollendeten 14. Lebensjahr, nach Australien kam.

D Der Hintergrund zum australischen Recht

Die britische Krone betrachtete Australien bei Beginn der Kolonialisierung im Jahr 1788 formal als *terra nullius*,[32] d.h. als Niemandsland, das weder „erobert" noch „abgetreten", sondern „besiedelt" wurde. Diese Unterscheidung war von ganz erheblicher rechtlicher Relevanz. Das Common Law Englands, wie es zum

---

29 Während Michael Dalton's *Countrey Justice* in der Auflage von 1619 keine Altersobergrenze für den Schutz vor Strafe bei Kindern ohne Unrechtseinsicht nennt, heißt es in der Auflage von 1682, dass dieser Schutz mit dem Alter von 14 Jahren nicht mehr besteht: Michael Dalton, *Countrey Justice* (1682), 350. Ähnlich nennt die erste Auflage von William Lambard's *Eirenarhca* von 1581 keine Altersobergrenze (218), aber in der dritten Auflage wird 12 Lebensjahre erwähnt: Lambard, *Eirenarhca*, 1588 (234–5).

30 Kean, 'The History of the Criminal Liability of Children' (1937) 53 *Law Quarterly Review* 364 (368).

31 Kean, a.a.O. (369).

32 Die *terra nullius* Doktrin wurde vom High Court of Australia in *Mabo (No. 2) v Queensland* (1992) 175 CLR 1 verworfen.

Zeitpunkt der Inbesitznahme der Ostküste galt, wurde auch in den neugegründeten Kolonien unmittelbar anwendbares Recht, oder zumindest insoweit wie es die gesellschaftlichen und wirtschaftlichen Strukturen vor Ort zuließen und erforderten. Blackstone erklärte den Prozess als natur- oder staatsrechtliche Notwendigkeit:

> For it hath been held, that if an uninhabited country be discovered and planted by English subjects, all the English laws then in being, which are the birthright of every subject, are immediately in force there. But this must be understood with very many and very great restrictions. Such colonists carry with them only so much of the English law, as is applicable to their own situation and the condition of an infant colony. [33]

Mit der grundsätzlichen Übernahme des englischen Rechts ging freilich auch die Übernahme des Strafrechts und damit der soeben erörterten Strafmündigkeitsgrenzen in den verschiedenen Kolonien Australiens einher. Nach Gründung des australischen Bundes im Jahr 1901 verblieb die Gesetzgebungskompetenz in diesem Bereich bei den Bundesstaaten und Territorien.[34] Diese behielten die absolute Altersuntergrenze von sieben Jahren zunächst bei, hoben sie aber bis zum Ende des 20. Jahrhunderts – und im Ergebnis einheitlich – auf zehn Jahre an. Einzelne Teilrechtsordnungen folgten dabei auch in der Zwischenzeit weiter den Entwicklungen in England und Wales. So wurde die dortige (erste) Anhebung des Mindestalters von sieben auf acht Jahre in 1933[35] auch in New South Wales (1939),[36] South Australia (1941),[37] und Victoria (1949)[38] umgesetzt. Die weitere Anhebung auf zehn Jahre erfolgte in England und Wales bereits im Jahr 1963,[39] wurde in Australien aber überwiegend erst in den späten 1980er und frühen 1990er Jahren übernommen (New South Wales im Jahre 1987,[40] Western Australia 1988,[41] Victoria

---

33 Blackstone, *Commentaries of the Laws of England*, Buch I, Kap. 4, 1765 (106–8).

34 Die australische Verfassung von 1901 (Commonwealth of Australia Constitution Act) weist dem Bund die Gesetzgebungsbefugnis für die in S. 51 genannten Materien zu.

35 Children and Young Persons Act 1933, S. 50.

36 Child Welfare Act 1939 (NSW), S. 126.

37 Juvenile Courts Act 1941 (SA), S. 23.

38 Crimes Act 1949 (Vic), S. 9.

39 Children and Young Persons Act 1933, S. 50 (i.d.F. des Children and Young Persons Act 1963, S. 16(1)). Die Bestimmung in Children and Young Persons Act 1969, S. 4, nach der das Alter der strafrechtlichen Verfolgung für alle Delikte außer Mord auf 14 Lebensjahre angehoben werden konnte, trat nie in Kraft und wurde später aufgehoben.

40 Children (Criminal Proceedings) Act 1987, S. 5.

41 Criminal Code (WA), S. 29 erster Abs. (i.d.F. des Acts Amendment (Children's Court) Act 1988, S. 44).

1989[42] and South Australia 1993[43]). Queensland dagegen hob die Grenze bereits 1976 auf zehn Jahre an;[44] Tasmanien und das Australian Capital Territory zogen erst zur Jahrhundertwende nach.[45]

Die Altersobergrenze von 14 Jahren, bis zu der die Schuldunfähigkeit widerleglich vermutet wird (*doli incapax* Vermutung), ist dagegen bis heute in nahezu allen Teilrechtsordnungen in ihrer ursprünglichen Form beibehalten worden.[46] Mit Blick darauf, dass England und Wales die *doli incapax* Vermutung bereits vor nunmehr zwanzig Jahren durch den *Crime and Disorder Act 1998* abgeschafft haben,[47] erscheint dies überraschend. Wie gesehen, hatten die australischen Teilrechtsordnungen entsprechende Änderungen dort grundsätzlich – obgleich verzögert – als Anlass auch für eigene Reformen gesehen. Im Nachfolgenden sollen daher die aktuelle Rechtslage und die Beweggründe für die Beibehaltung der *doli incapax* Vermutung genauer beleuchtet werden. Während es gerade in den späten 1990er und frühen 2000er Jahren durchaus Bestrebungen nach einer Absenkung des strafrechtlichen Schutzniveaus für Minderjährige gab, hat sich die Debatte in den vergangenen Jahren auf die Notwendigkeit einer Erhöhung der absoluten Altersuntergrenze konzentriert. Letzteres führt freilich im Ergebnis nur dann zu einem besseren Schutz, wenn auch die *doli incapax* Vermutung ihrem Wesen nach erhalten bleibt.

---

42 Children and Young Persons Act 1989 (Vic), S. 127.

43 Young Offenders Act 1993 (SA), S. 5.

44 Criminal Code Amendment Act 1976 (Qld), S. 19.

45 Criminal Code (Tas), S. 18(1); Criminal Code 2002 (ACT), S. 25.

46 Nur in Queensland wurde die Altersgrenze 1976 auf 15 Jahre heraufgesetzt (Criminal Code Amendment Act 1976, S. 19), dann aber 1997 wieder auf 14 Jahre gesenkt (Criminal Law Amendment Act 1997, S. 12).

47 Seitdem wird ein Kind in England und Wales an seinem zehnten Geburtstag voll strafmündig, nachdem es noch einen Tag zuvor voll strafunmündig war. Es ist ungeklärt, ob trotz Abschaffung der *doli incapax* Vermutung ein Verteidigungsgrund der *doli incapax* weiter Bestandteil des common law ist, siehe Walker 'The End of an Old Song' (1999) 149 *New Law Journal* 64; *DPP v P* [2007] EWHC 946 (Admin); *R v T* [2008] EWCA Crim 815; Wortley, 'Hello Doli… Or is it Goodbye?' [2007] *Journal of Mental Health Law* 234; Crofts, 'Taking the Age of Criminal Responsibility Seriously in England' (2009) 17 *European Journal of Crime, Criminal Law and Criminal Justice* 267.

E Die Grenzen strafrechtlicher Verantwortlichkeit im australischen Recht

Ungeachtet der Tatsache, dass die Gesetzgebungskompetenz für das Strafrecht bei den einzelnen Bundesstaaten und Territorien zukommt, liegen die Grenzen strafrechtlicher Verantwortlichkeit seit 2000 einheitlich bei zehn (absolute Strafunmündigkeit) und 14 Jahren (bedingte Strafunmündigkeit). Für die Zeitspanne bedingter Strafunmündigkeit greift entweder die *doli incapax* Vermutung des Common Law oder eine äquivalente gesetzliche Regelung. Die Strafgesetzbücher in Queensland und Western Australia etwa sehen in section 29 vor, dass Täter unter 14 Jahren nur dann strafrechtlich zur Verantwortung gezogen werden können, wenn ihnen positiv nachgewiesen kann, dass sie zum Tatzeitpunkt über die erforderliche Unrechtseinsicht verfügten:

> A person under the age of 14 years is not criminally responsible for an act or omission, unless it is proved that at the time of doing the act or making the omission he had capacity to know that he ought not to do the act or make the omission.[48]

Um die Vermutung erfolgreich zu widerlegen - sowohl nach den Grundsätzen des Common Law als auch nach Maßgabe der Kodifikationen - muss der Beweis geführt werden, dass der Minderjährige verstand, dass die Tathandlung nicht nur ungezogen oder spitzbübisch („naughty or mischievous“) ist, sondern ernsthaftes Unrecht darstellt.[49] Die Beweislast liegt bei der Staatsanwaltschaft;[50] das Gericht bzw. die Geschworenen müssen ohne vernünftigen Zweifel von der Unrechtseinsicht und sonstigen Schuld des Angeklagten überzeugt werden, um eine Verurteilung zu erwirken.[51] Während es in England und Wales immer wieder Diskussionen darüber gab, ob das moralische oder rein strafrechtliche Unrecht der Tat den richtigen Bezugspunkt für die Einsichtsfähigkeit des Minderjährigen

---

48 Criminal Code of Queensland, S. 29(2), Criminal Code of Western Australia, S. 29 zweiter Abs. Vergleichbare Regelungen enthalten der Criminal Code of the Northern Territory, S. 38(2); Criminal Code of Tasmania, S. 18(2), Criminal Code of the Australian Capital Territory, S. 26 und der Criminal Code of the Commonwealth, S. 7.2.

49 *R v JA* [2007] ACTSC 51.

50 Zum Beweis heißt es schon im 18. Jahrhundert bei Hale: 'It is necessary that very strong and pregnant evidence ought to be to convict one of that age, and to make it appear he understood what he did', Hale, *The History of the Pleas of the Crown*, Vol 1, 1736 (Nachdruck, 1971), 27. Siehe auch *C v. DPP* (1996) AC 1 at 38; *RP v. R* [2015] NSWCCA 215 at [4].

51 *C v DPP* [1996] AC 1 at 38; [1995] 2 All ER 43 at 62; *RP v R* [2015] NSWCCA 215 at [4].

darstellt,[52] haben die australischen Gerichte durchgehend einen Gleichlauf mit der Schuldunfähigkeit wegen geistiger Störung hergestellt.[53] Inhalt des Unrechtsbewusstseins ist danach nicht, dass der Täter den Widerspruch seines Handelns zur Strafrechtsordnung kennt; es ist die Einsicht, dass es den Rechtsvorstellungen „vernünftiger Menschen“ zuwiderläuft.[54] Die beschränkte Erkenntnis, dass Erwachsene das Verhalten missbilligen würden, genügt nicht.[55]

Bisweilen wird die *doli incapax* Vermutung irrtümlich als Entschuldigungsgrund verstanden, der nur geprüft werden muss, wenn die Verteidigung die Strafmündigkeit des Minderjährigen vor Gericht infrage stellt. Tatsächlich aber hat der Vertreter der Anklage die Vermutung in jedem einzelnen Fall von Amts wegen ohne jeden vernünftigen Zweifel zu widerlegen.[56]

F Diskussion

Sowohl die absolute Strafunmündigkeitsgrenze von zehn Jahren als auch die widerlegliche *doli incapax* Vermutung für Minderjährige bis zum vollendeten 14. Lebensjahr haben in Australien deutliche Kritik erfahren. Forderungen nach einer Anhebung des Mindestalters werden nicht selten von Zweifeln an der hinreichenden Wirksamkeit und auch an der Angemessenheit der Anerkennung einer Zeitspanne bedingter Strafunmündigkeit flankiert.

I Das Mindestalter strafrechtlicher Verantwortlichkeit

Im Jahr 1997 veröffentlichten die Australian Law Reform Commission (ALRC) und die Equal Opportunity Commission (EOC) den Bericht „Seen and Heard“, in dem zur Festlegung einer einheitlichen (absoluten) Strafunmündigkeitsgrenze in allen australischen Teilrechtsordnungen aufgerufen wurde. Die angestrebte Rechtsvereinheitlichung sollte eine gleichmäßigere Anwendung des Strafrechts in Australien sicherstellen; Minderjährige sollten nicht mehr länger für dasselbe Verhalten allein wegen ihres Alters in einem Bundesstaat verurteilt

---

52 *C v DPP* [1995] 2 All ER 43 at 57; see also Williams, *Criminal Law, The General Part*, 2. Aufl. 1961 (817–818); Crofts, *The Criminal Responsibility of Children and Young Persons*, 2002; McDiarmid, 'An Age of Complexity: Children and Criminal Responsibility in Law' (2013) 13 *Youth Justice* 145–160.

53 *R v M* (1977) 16 SASR 589.

54 *R v M* (1977) 16 SASR 589; *R v Whitty* (1993) 66 A Crim R 462; *R v JA* [2007] ACTSC 51 [82]; *RH v DPP (NSW)* [2013] NSWSC 520 [17]–[19].

55 *R v M* (1977) 16 SASR 589 (591).

56 *C v DPP* [1996] AC 1 (38); [1995] 2 All ER 43 (62); *RP v R* [2015] NSWCCA 215 [4].

und bestraft werden, während sie in einem anderen völlig straffrei ausgingen.[57] Da die meisten Teilrechtsordnungen – wie oben beschrieben – das Mindestalter, im Einklang mit anderen Common Law Ländern, bereits entsprechend angehoben hatten, wurde eine allgemeine Grenze von zehn Jahren empfohlen.[58] Die Umsetzung dieser Empfehlung erfolgte in Tasmanien und dem Australian Capital Territory im Jahre 2000.

Bemerkenswerterweise hatte der Ausschuss der Vereinten Nationen für die Rechte des Kindes (UN-Ausschuss) zu diesem Zeitpunkt bereits Bedenken hinsichtlich des niedrigen Mindestalters im Vereinigten Königreich geäußert und auch Australien nach etwaigen Absichten zur Erhöhung desselben gefragt.[59] Angesichts dessen erscheint es überraschend, dass die ALRC und die EOC gleichwohl eine Grenze von zehn Jahren vorschlugen.[60] Diese Empfehlung war schon vor ihrer Umsetzung vom UN-Ausschuss explizit als zu niedrig bezeichnet worden[61] und das niedrige Schutzalter ist seitdem – auch im Falle von anderen Rechtsordnungen[62] – wiederholt deutlich verurteilt worden.[63] Das Übereinkommen über

---

57 Australian Law Reform Commission and Human Rights and Equal Opportunity Commission, *Seen and heard: Priority for children in the legal process* (Report No. 84), 1997 [18.16].

58 Australian Law Reform Commission und Human Rights and Equal Opportunity Commission, a.a.O. [18.13], [18.16].

59 UN Committee on the Rights of the Child, *Report of the Committee on the Rights of the Child: Sixth to Eleventh Sessions* UN New York 1996, 73, 76 und Brief der australischen Regierung an den Ausschuss der Vereinten Nationen für die Rechte des Kindes vom 10. Februar 1997.

60 Australian Law Reform Commission und Human Rights and Equal Opportunity Commission, a.a.O. [18.15] mit Verweis auf UN Committee, a.a.O.

61 United Nations, *Committee on the Rights of the Child: Concluding observations of the Committee on the Rights of the Child: Australia* (1997) (UN Doc CRC/C/15/Add. 79), [29], http://hrlibrary.umn.edu/crc/australia1997.html abgerufen am 4. November 2017.

62 In einer Stellungnahme zu einem Gesetzentwurf, in dem das Mindestalter in Südafrika von sieben auf zehn Jahre heraufgesetzt werden sollte, gab der UN-Ausschuss zu bedenken, dass 'a legal minimum age of 10 years is still a relatively low age for criminal responsibility' United Nations, *Concluding observations of the Committee on the Rights of the Child, South Africa*, 2000 (UN Doc CRC/C/15/Add.122) [17], http://hrlibrary.umn.edu/crc/southafrica2000.html abgerufen am 4. Juli 2016.

63 United Nations, *Committee on the Rights of the Child: Concluding observations: Australia* (2005) (UN Doc CRC/C/15/Add.268) [74a], http://tbinternet.ohchr.org/_layouts/treatybodyexternal/Download.aspx?symbolno=CRC%2fC%2f15%2fAdd.268&Lang=en, abgerufen am 4. Juli 2016; United Nations, *Committee on the Rights of the*

die Rechte des Kindes (UN-Kinderrechtskonvention) enthält jedoch selbst keine präzisen Vorgaben für die Grenzen strafrechtlicher Verantwortlichkeit; die Vertragsstaaten werden lediglich aufgefordert, „ein Mindestalter [festzulegen], das ein Kind erreicht haben muss, um als strafmündig angesehen zu werden."[64] Die Rahmenbestimmungen der Vereinten Nationen für die Jugendgerichtsbarkeit (Beijing-Regeln) fordern allerdings, „das entsprechende Alter nicht zu niedrig anzusetzen, da hierbei die sittliche und geistige Reife des Jugendlichen berücksichtigt werden muss."[65] Im Kommentar zu dieser Regel wird weiter angemerkt, dass „[i]m allgemeinen … ein enger Zusammenhang zwischen dem Begriff der Verantwortlichkeit für strafbares oder verbrecherisches Verhalten und anderen sozialen Rechten und Pflichten (z.B. Ehefähigkeit, Volljährigkeit nach bürgerlichem Recht etc.)" besteht. [66]

Ab 2007 plädierte der UN-Ausschuss für den Erlass allgemeiner Richtlinien zur Strafmündigkeit Minderjähriger; die Altersgrenzen in den verschiedenen Vertragsstaaten variierten schlicht zu stark – sie lagen teils bei nur sieben oder acht Jahren, während andere Länder erst ab 14 oder gar 16 auf die Mittel des Strafrechts zurückgriffen.[67] Die Empfehlung für ein international anwendbares und angemessenes Mindestalter lag bei zwölf Jahren, es sollte aber nach Möglichkeit langfristig auf 14 oder 16 Jahre angehoben werden.[68] Kinder, die mit dem Strafrecht in Konflikt geraten, könnten so im Einklang mit Artikel 40 Abs. 3b der UN-Kinderrechtskonvention ohne ein gerichtliches Verfahren alternativen Maßnahmen zugeführt werden.[69] Zudem würde das Mindestalter strafrechtlicher Verantwortlichkeit den Beijing-Regeln entsprechend näher an sonstige soziale Rechte und Pflichten herangeführt.

Seit dieser Zeit wurden in ganz Australien vermehrt Rufe nach einer Anhebung der absoluten Strafunmündigkeitsgrenze auf zwölf Jahre laut. Eines der

---

Child: Concluding observations: Australia (2012) (UN Doc CRC/C/AUS/CO/4) [84(a)], http://hrlibrary.umn.edu/crc/australia2012.html abgerufen am 4. Juli 2016.

64 Artikel 40.3, Übereinkommen der Vereinten Nationen über die Rechte des Kindes.

65 Regel 4.1, Rahmenbestimmungen der Vereinten Nationen für die Jugendgerichtsbarkeit („Beijing-Regeln"), A/RES/40/33, http://www.refworld.org/docid/3b00f2203c.html, abgerufen am 4. November 2017.

66 Kommentar zur Regel 4.1.

67 United Nations, *Committee on the Rights of the Child: General Comment No 10 (2007): Children's Rights in Juvenile Justice*, 44th sess, UN Doc CRC/C/GC/10 (25. April 2007) [30], http://www2.ohchr.org/english/bodies/crc/docs/CRC.C.GC.10.pdf, abgerufen am 4. November 2017.

68 A.a.O., [32].

69 A.a.O., [33].

jüngeren Beispiele ist ein Bericht der Menschenrechtsorganisation Amnesty International, der 2015 unter dem Titel 'A Brighter Tomorrow: Keeping Indigenous Kids in the Community and out of Detention in Australia' veröffentlicht wurde. Darin forderte die Organisation die australische Bundesregierung dazu auf, Australiens internationale Verpflichtungen unter der UN-Kinderrechtskonvention erfüllen und die Überrepräsentation indigener Minderjähriger in den Strafvollzugsanstalten zu bekämpfen. Nach Angaben des Berichtes ist die Haftrate indigener Kinder und Jugendlicher 26 Mal so hoch als die Jugendlicher anderer Bevölkerungsgruppen.[70] Während Minderjähriger in Australien generell relativ selten inhaftiert werden (durchschnittlich 975 Kinder und Jugendliche zwischen zehn und 17 Jahren im Jahr 2012–13)[71], ist der Anteil der Kinder indigener Abstammung dramatisch hoch. Obwohl nur etwas mehr als 5% aller Kinder zwischen zehn und 17 Jahren dieser Bevölkerungsgruppe angehören, stellten Aboriginals and Torres Straits Islanders im Jahr 2012–2013 bei der jüngsten Gruppe, den 10- und 11-Jährigen, über 60% aller Inhaftierten.[72] Der Bericht argumentiert, dass eine bundesweite gesetzliche Anhebung der absoluten Strafunmündigkeitsgrenze auf zwölf Jahre diesem Umstand wirksam Abhilfe schaffen würde.[73] Commission into the Protection and Detention of Children in the Northern Territory (2017), Empfehlung 27.1, https://childdetentionnt.royalcommission.gov.au/Pages/Report.aspx, abgerufen am 29. August 2018.

---

70 Amnesty International, *A Brighter Tomorrow: Keeping Indigenous Kids in the Community and out of Detention in Australia* (2015) (5), http://www.amnesty.org.au/images/uploads/aus/A_brighter_future_ National_report.pdf, abgerufen am 4. November 2017, unter Verweis auf Australian Institute of Health and Welfare, *Youth Detention Population in Australia*, Juvenile Justice Series No 16, 2014, http://www.aihw.gov.au/WorkArea/DownloadAsset.aspx?id=60129549675, abgerufen am 4. November 2017.

71 Australian Institute of Health and Welfare, *Youth Justice in Australia 2012–13*, Bulletin 120, Cat no AUS 179, 2014 (5), http://www.aihw.gov.au/WorkArea/DownloadAsset.aspx?id=60129546897, abgerufen am 4. November 2017.

72 Amnesty International, *A Brighter Tomorrow: Keeping Indigenous Kids in the Community and out of Detention in Australia*, 2015 (5).

73 Der australische Bund hat zwar keine Gesetzgebungskompetenz über das allgemeine Strafrecht, aber könnte sich auf die Kompetenz für 'auswärtige Angelegenheiten' in S. 51 (xxix) der australischen Verfassung von 1901 stützen, um internationale Verpflichtungen zu erfüllen. Allerdings ist es sehr unwahrscheinlich, dass die australische Bundesregierung sich derart über einzelstaatliches Recht hinwegsetzen würde. Näher diskutiert in Crofts, 'A Brighter Tomorrow: Raise the Age of Criminal Responsibility' (2015) 27 *Current Issues in Criminal Justice* 123.

II Das Alter bedingter Strafunmündigkeit und die *doli incapax* Vermutung

Nicht unerheblicher Kritik - besonders in jüngerer Zeit[74] - zum Trotz, ist die *doli incapax* Vermutung ein fester Bestandteil des australischen Strafrechts geblieben. Zweifel an ihrer Rechtfertigung und Notwendigkeit kamen regelmäßig insbesondere dann auf, wenn Fälle Jugendlicher, die schwere Straftaten begangen hatten, bekannt wurden oder zu Wahlkampfzeiten mit dem populären Versprechen geworben wurde, Jugendkriminalität zukünftig härter zu bekämpfen. So ist die Abschaffung der *doli incapax* Vermutung auch in England und Wales sehr eng mit dem berühmten Bulger-Fall verbunden;[75] in New South Wales gab es ähnliche Forderungen 1999, als ein 10-Jähriger ein 6-jähriges Kind, Corey Davis, in einen Fluss stieß und wegen fahrlässiger Tötung verfolgt wurde. Die Generalstaatsanwaltschaft von New South Wales veröffentlichte anschließend ein Diskussionspapier mit diversen Vorschlägen zur Reform der *doli incapax* Vermutung.[76] Noch im selben Jahr wurde ein Gesetzentwurf in das Parlament Queenslands eingebracht, der die Beweislast der *doli incapax* Vermutung insoweit umkehren wollte, als dass die Anklage nur im Falle der Erhebung der Strafunmündigkeit als Verteidigungsgrund den positiven Beweis der Unrechtseinsicht führen muss.[77] Einige Jahre später sah ein Gesetzentwurf in Western Australia vor, § 29 des Strafgesetzbuches in der Weise abzuändern, dass Ersttäter einer Beratungspflicht zum Thema strafrechtlicher Verantwortlichkeit und Verfolgung unterliegen würden.

---

74 Kritik an der Vermutung wurde allerdings auch schon in früherer Zeit geübt: siehe etwa Stephens, *A History of the Criminal law of England*, vol. 2, 1883 (98) (die Vermutung is 'practically inoperative, or at all events operates seldom and capriciously'); Williams, 'The Criminal Responsibility of Children', [1954] *Criminal Law Review* 493–500 (493) (die *doli incapax* Vermutung sei angesichts des Wandels im Jugendstrafrecht 'obsolete'). 1960 empfahl das Ingelby Committee die Abschaffung der Vermutung, weil sie zweifelhaften Wert für Kinder habe: Home Office, *Report of the Committee on Children and Young Persons*, Cmnd 1191, 1960 [94]; ähnlich Law Commission, *Commentary on the Draft Criminal Code*, Law Commission No 143, 1985 [11.22]. Die Vermutung wurde auch in der Rechtsprechung mehrfach kritisiert: *C v DPP* [1995] 1 Cr App R 118 bezeichnete sie als nicht länger Teil englischen Rechts, dagegen allerdings das House of Lords, z.B. *JBH and JH v O'Connell* [1981] Crim LR 632 und *A v DPP* [1992] Crim LR 34.

75 Siehe z.B. Freeman, 'The James Bulger tragedy: Childish Innocence and the Construction of Guilt' in Anne McGillivary (Hrsg.), *Governing Childhood*, 1997 (123).

76 New South Wales Attorney-General's Department, Criminal Law Review Division, *A review of the law on the age of criminal responsibility of children: discussion paper*, 2000.

77 Criminal Code Amendment Bill 1999 (Qld).

Dies ging damit einher, dass sich Täter unter 14 Jahren, die wiederholt straffällig würden, in Bezug auf die neue Tat nicht mehr auf die *doli incapax* Vermutung berufen könnten.[78] Reformbestrebungen wurden auch in der Richterschaft deutlich; Lerve DCJ aus New South Wales etwa forderte die *doli incapax* Vermutung entweder vollständig abzuschaffen, auf die Altersspanne zwischen zehn und zwölf Jahren zu begrenzen, oder durch eine gesetzliche Regelung zur Beweislast zu ergänzen, die der Staatsanwaltschaft erlauben würde, die Unrechtseinsicht formal durch eine vorangegangene Verurteilung zu belegen.[79]

Diese und ähnliche Reformvorschläge basierten überwiegend auf der Behauptung, dass Kinder sich heutzutage schneller entwickeln und damit auch früher den Mitteln der Strafverfolgung ausgesetzt werden können und sollten; eine wissenschaftliche Fundierung dieser These ist jedoch ausgeblieben. Während der *doli incapax* Debatte im Parlament Queenslands etwa hieß es:

> I believe it would be a difficult task to find a child aged 10 to 14 years who does not know the difference between right and wrong according to what the community would find reasonable, especially in a time when it is clear that the incidences of children, sometimes younger than 10, being involved in serious crime are definitely on the increase.[80]

In Western Australia wurden die geplanten Änderungen ebenfalls mit der Aussage untermauert, dass „die Mehrheit der Kinder in dieser Altersgruppe ein vernünftiges Verständnis davon hat, was Recht und Unrecht ist".[81]

Ein weiteres gängiges Argument für die Abschaffung der doli incapax Vermutung ist, dass sie junge Straftäter über Gebühr schützt und der gerechten Strafverfolgung entzieht. Im Vorfeld der Parlamentswahlen in New South Wales in 2007, beispielsweise, versprach der damalige Oppositionsführer der Liberalen Partei, im Falle seines Wahlerfolges die Obergrenze der bedingten Strafunmündigkeit herabzusetzen, da aus seiner Sicht die Grenze von 14 Jahren „ein erhebliches Hindernis für die Überwachung und Ahndung strafrechtlich relevanten Verhaltens junger Kinder darstellt".[82] Die Eignung des Strafrechts wurde maßgeblich auf die Annahme gestützt, dass es im Vergleich mit früheren Zeiten weit weniger harsch im Umgang mit (jungen) Straftätern geworden und somit der Schutz der *doli incapax* Vermutung nicht länger erforderlich sei.[83]

---

78 Criminal Code Amendment Bill No 3 2003 (WA).

79 *R v GW* [2015] NSWDC 52 [41]–[46].

80 Queensland, *Hansard,* Legislative Assembly, 18 August 1999, 3179 (Jack Paff).

81 Western Australia, *Hansard,* Legislative Assembly, 3 December 2003, 14088 (Ross Ainsworth) (vom Autor übersetzt).

82 Siehe Debnam, zitiert nach Benson, *Daily Telegraph*, Sydney, 2. März 2007.

83 Siehe z.B. Home Office *Tackling Youth Crime: A Consultation Paper*, 1997.

Befürworter höherer Strafmündigkeitsschwellen behaupten natürlich das genaue Gegenteil; die *doli incapax* Vermutung führe tatsächlich sogar zu einer Absenkung des Schutzniveaus für minderjährige Straftäter. Die ALRC and die EOC etwa stellten heraus, dass der Beweis der Unrechtseinsicht häufig nur dann gelingt, wenn auf Vernehmungsmaterial des Angeklagten zurückgegriffen werden kann, das nach allgemeinen Beweisregeln einem Verwertungsverbot unterliegen würde:

> … it is often difficult to determine whether a child knew that the relevant act was wrong unless he or she states this during police interview or in court. Therefore, to rebut the presumption, the prosecution has sometimes been permitted to lead highly prejudicial evidence that would ordinarily be inadmissible. In these circumstances, the principle may not protect children but be to their disadvantage.[84]

Gleichwohl plädierten die ALRC und die EOC für eine Beibehaltung der Vermutung, verbunden mit der Empfehlung, sie in allen Teilrechtsordnungen gesetzlich zu verankern.[85] Bedenken in Bezug auf ihre Wirksamkeit bleiben dennoch bestehen – gerade auch mit Blick darauf, dass sie in der Praxis relativ einfach zu widerlegen scheint.[86] Während einer Parlamentsdebatte über einen Gesetzentwurf zur Änderung des Strafgesetzbuches in Queensland äußerte der damalige Justizminister im Jahre 2000 die Ansicht, dass „es nicht den Hauch eines Beweises dafür gibt, dass [die *doli incapax* Vermutung] auch nur im Ansatz hinderlich für die Strafverfolgung Minderjähriger ist".[87] Einige Praktiker stellten weiter heraus, dass „es keine Statistiken darüber gibt, wie oft die *doli incapax* Vermutung vor Gerichten in New South Wales verhandelt wird, mit oder ohne Erfolg".[88] In Victoria wurden Bedenken geltend gemacht, dass sowohl in städtischen als auch in ländlichen Gegenden manche Praktiker noch nicht einmal hinreichend mit den Prinzipien der Vermutung vertraut

---

84 Australian Law Reform Commission und Human Rights and Equal Opportunity Commission, *Seen and heard: Priority for children in the legal process* (Report No. 84), 1997, [18.20].

85 A.a.O., Empfehlung 195.

86 Siehe z.B. West, 'Immature age and criminal responsibility' (1998) 19 *Queensland Lawyer* 56; Groves, 'Are you old enough?' (1996) *Law Institute of Victoria Journal* 41; Queensland, *Hansard*, Legislative Assembly, 4 October 2000, 3452 (Matthew Foley, Attorney-General and Minister for Justice and Minister for the Arts).

87 Queensland, *Hansard*, a.a.O. 3453 (Matthey Foley, Attorney-General and Minister for Justice and Minister for the Arts) (vom Autor übersetzt).

88 Association of Child Welfare Agencies, *Newsletter*, February 2000.

seien.[89] Diese Erwägungen taugen allesamt richtigerweise nicht als Argumente für eine notwendige Abschaffung der bedingten Strafunmündigkeit. Stattdessen belegen sie vielmehr, dass die *doli incapax* Vermutung nicht einheitlich angewendet wird und dass ihre Widerlegung sowie die erforderlichen und zulässigen Beweismittel der verstärkten Aufklärung bedürfen.

Der UN-Ausschuss hat das Prinzip der bedingten Strafunmündigkeit ebenfalls kritisiert. Es führe zu Verwirrung und könne überdies zur Folge haben, dass Minderjährige aufgrund variierender Beweisgrundlagen zur Feststellung der erforderlichen Unrechtseinsicht ungleich behandelt würden. Dies erscheint einleuchtend mit Blick darauf, dass die Widerlegung der *doli incapax* Vermutung noch nicht einmal zwingend einen Sachverständigenbeweis (etwa durch einen Psychiater) voraussetzt.[90] Im Ergebnis werde daher vor allem im Bereich schwerer Straftaten häufig nur die absolute – und bedenklich niedrige – Altersuntergrenze konsequent durchgesetzt. Eine einheitliche Strafmündigkeitsschwelle von zwölf Jahren (und bestenfalls höher) sei folglich klar zu bevorzugen. Dieses Argument, viel mehr als der Gedanke, dass die Vermutung unnötigen oder ungerechtfertigten Schutz gewährt, stellt die größte Bedrohung für den Beibehalt der *doli incapax* Vermutung dar. Die Vermutung ist zwar nicht gänzlich unproblematisch, sowohl in ihren Voraussetzungen als auch in ihrer Anwendung, gute Gründe für ihre Beibehaltung gibt es aber dennoch.

Das erste Argument ist praktischer Natur. Im Nachgang zur Empfehlung des UN-Ausschusses, die absolute Altersuntergrenze strafrechtlicher Verantwortlichkeit bei frühestens zwölf Jahren anzusetzen, haben diverse Common Law Rechtsordnungen nicht nur entsprechende Änderungen in Bezug auf die absolute Strafunmündigkeit vorgenommen, sondern auch das Konzept der bedingten Strafunmündigkeit abgeschafft (siehe etwa die Regelungen in Kanada, Irland und Uganda). Dieser Schritt bietet zwar größeren, da absoluten,[91] Schutz für 10- und 11-Jährige, löst aber zugleich den zumindest potentiellen Schutz für 12- und 13-Jährige vollständig auf. Es ist durchaus vertretbar, dass kein Kind unter zwölf

---

89 Schetzer, Director and Principal Solicitor, National Children's and Youth Law Centre, Sachverständigenaussage vor dem Victorian Parliament Law Reform Committee, Inquiry into Legal Services in Rural Victoria, Wodonga, 13. Juni 2000.

90 United Nations, *Committee on the Rights of the Child (2007) General Comment No 10 (2007): Children's Rights in Juvenile Justice*, 44th sess, UN Doc CRC/C/GC/10 (25. April 2007), [30].

91 Allerdings ist anzumerken, dass der Schutz von 10- und 11-Jährigen in Irland nicht absolut ist, da bei bestimmten schweren Delikten auch jüngere Täter strafrechtlich verfolgt werden können.

Jahren jemals der Strafverfolgung ausgesetzt werden sollte; das heißt aber nicht, dass alle Kinder und Jugendlichen mit Vollendung des zwölften Lebensjahres automatisch die erforderliche Unrechtseinsicht besitzen. Neuere Untersuchungen zeigen zwar, dass jüngere Kinder generell fähig sind, in abstrakten Kontexten Urteile über richtig und falsch zu treffen. Eine australische Studie etwa suggeriert, dass Kinder schon im Alter von acht Jahren genauso gut dazu in der Lage sind, das Unrecht strafrechtlich relevanten Verhaltens zu erkennen und von bloß ungezogenem Handeln zu unterscheiden wie 12- oder 16-Jährige[92]. Andererseits ist seit Langem bekannt, dass nicht alle Kinder dieses abstrakte Bewusstsein in eine entsprechende Steuerungsfähigkeit umsetzen können. Newton und Bussey beschreiben dies wie folgt:[93]

> even though children and adolescents may possess this knowledge [of right and wrong] at younger ages they can be hindered from making intelligent decisions through the influence of psychosocial factors involved in criminal decision making. That is, developmental differences on psychosocial factors such as self-efficacy beliefs can influence children to make poor judgments in relation to delinquent behavior and undermine their knowledge of right and wrong.[94]

Forschung in diesem Bereich belegt zudem zunehmend, dass junge Menschen psychisch und sozial weniger Reife besitzen als Erwachsene und dies ihre Entscheidungskompetenz gerade in antisozialen Situationen in besonderer Weise beeinflusst.[95] Insbesondere in der Pubertät neigen junge Menschen zu impulsivem, sensationslustigem Verhalten, ohne die Konsequenzen desselben richtig

92 Wagland und Bussey 'Appreciating the wrongfulness of criminal conduct: Implications for the age of criminal responsibility' (2015) 20 *Legal and Criminological Psychology* 13.

93 Newton und Bussey, 'The Age of Reason: An Examination of Psychosocial Factors Involved in Delinquent Behaviour' (2012) 17 *Legal and Criminological Psychology* 75.

94 A.a.O. (85).

95 Cauffman und Steinberg, '(Im)maturity of Judgment in Adolescence: Why Adolescents May Be Less Culpable than Adults' (2000) 18 *Behavioral Sciences & the Law* 741 (759). Siehe z.B. auch Fried und Dickon Reppucci, 'Criminal Decision Making: the Development of Adolescent Judgment, Criminal Responsibility, and Culpability' (2001) 25 *Law and Human Behavior* 45; Steinberg und Scott, 'Less Guilty by Reason of Adolescence: Developmental Immaturity, Diminished Responsibility, and the Juvenile Death Penalty' (2003) 58 *American Psychologist* 1009; Monahan, Steinberg und Cauffman, 'Affiliation with Antisocial Peers, Susceptibility to Peer Influence, and Antisocial Behavior During the Transition to Adulthood' (2009) 45 *Developmental Psychology* 1520.

abschätzen und beurteilen zu können.[96] Ein Bericht des Sentencing Advisory Council Victoria zur Strafzumessung junger Täter beschrieb die hirnphysiologische Entwicklung Heranwachsender und ihre Konsequenzen wie folgt:

> The frontal lobe, which governs reasoning, planning and organisation, is the last part of the brain to develop. This is likely to contribute to adolescents' lack of impulse control, although their attraction to risk and the high value they place on the immediate rewards flowing from risky behaviour, as well as their heavy 'discounting' of the future costs of this behaviour, also contribute. Adolescents are very vulnerable to peer pressure (which in turn can strongly affect their risk-taking behaviour), in part due to the importance they place on peers and in part due to neurological and hormonal changes. Scott and Steinberg conclude that although adolescents have roughly the same ability as adults to employ logical reasoning in making decisions by early to mid adolescence, adolescents have far less experience using these skills.[97]

Diese Reifeentwicklung vollzieht sich freilich weder kontinuierlich noch mit stets gleichbleibender Geschwindigkeit;[98] es ist daher schwierig allgemein verbindliche Aussagen über die Fähigkeiten junger Menschen zu treffen und entsprechende Altersgrenzen festzulegen. Aber genau dieser Gedanke bildet den Kern der Rechtfertigung der *doli incapax* Vermutung: Sie stellt einen Kompromiss zwischen dem Konzept strafrechtlicher Verantwortlichkeit und der Wirklichkeit der geistigen und sittlichen Entwicklung junger Menschen dar – sie ist ein systemimmanenter Schutzmechanismus, der eine „graduelle Überführung" in die Strafmündigkeit ermöglicht.[99]

---

96 The Centre for Social Justice, *Rules of Engagement: Changing the heart of youth justice*, 2012 (201), http://www.centreforsocialjustice.org.uk/UserStorage/pdf/Pdf%20reports/CSJ_Youth_Justice_Full_Report.pdf, abgerufen am 4. November 2017. Weiterhin ist nachgewiesen, dass Kindesmissbrauch oder Vernachlässigung die 'Hirnentwicklung beeinträchtigen [kann], mit der Folge von Angststörungen, Impulsivität, geringer Emotionskontrolle, Hyperaktivität, geringerer Fähigkeit zur Problemlösung und vermindertem Empathievermögen' (202).

97 Sentencing Advisory Council Victoria, *Sentencing Children and Young People in Victoria*, 2012, http://www.sentencingcouncil.vic.gov.au/sites/default/files/publication-documents/Sentencing%20Children%20 and%20Young%20People%20in%20Victoria.pdf, abgerufen am 4. November 2017.

98 Siehe z.B. Cauffman und Laurence Steinberg, '(Im)maturity of Judgment in Adolescence: Why Adolescents May Be Less Culpable than Adults' (2000) 18 *Behavioral Sciences & the Law* 741.

99 Australian Law Reform Commission und Human Rights and Equal Opportunity Commission, *Seen and heard: Priority for children in the legal process* (Report No. 84), 1997, [18.20].

Die *doli incapax* Vermutung ist damit ein wichtiger Ausdruck des Verhältnismäßigkeitsgrundsatzes, der die Strafverfolgung insbesondere junger Täter nur als *ultima ratio* gebietet. Bei konsequenter Anwendung hält sie Polizei, Staatsanwaltschaft und Gerichte davon ab, junge Täter auf der Grundlage einer bloß unterstellten Unrechtseinsicht mit den Mitteln des Strafrechts zu belasten, und zwingt stattdessen zu einer sorgfältigen Prüfung im Einzelfall. Dieser Ansatz harmoniert auch mit den erörterten Strafmündigkeitsprinzipien der UN-Kinderrechtskonvention: „Die Vertragsstaaten bemühen sich, den Erlass von Gesetzen sowie die Schaffung von Verfahren, Behörden und Einrichtungen zu fördern, die besonders für Kinder, die einer Verletzung der Strafgesetze verdächtigt, beschuldigt oder überführt werden, gelten oder zuständig sind; insbesondere ... treffen sie, soweit dies angemessen und wünschenswert ist, Maßnahmen, um den Fall ohne ein gerichtliches Verfahren zu regeln...".[100] Befürworter einer Abschwächung bzw. Abschaffung der *doli incapax* Vermutung unterschätzen bzw. übersehen gänzlich die Gefahren und den einschneidenden Effekt, den die Verfolgung und Bestrafung junger Täter auch in modernen Strafrechtssystemen mit sich bringt. Die Erwägungen sind häufig von einer Sicht des Strafvollzugs als therapeutische Einrichtung geleitet, deren primäres Ziel die Besserung des minderjährigen Insassen ist – wie Cummins AJA zutreffend mit Blick auf die schwindende Vorbildfunktion Englands in dieser Frage anmerkte, entspricht dies allerdings nur der halben Wahrheit.[101]

G Zusammenfassung

Das Prinzip der Strafmündigkeit fungiert als materiellrechtlicher und prozessualer Gatekeeper[102] zum Strafrechtssystem. Rechtsordnungen, die straffällig gewordene Kinder und Jugendliche den allgemeinen Verfahrens- und Sanktionsgrundsätzen unterwerfen, sollten die Altersgrenzen nach Maßgabe der vorhandenen Unrechtseinsicht festlegen. Australien, wie viele andere Länder, die durch das britische Common Law geprägt wurden, ist dem traditionellen Ansatz zweier separater Altersgrenzen treu geblieben. Wie in England und Wales gelten Kinder bis zehn Jahre als absolut strafunmündig. Bis zur Vollendung des 14. Lebensjahres gilt sodann eine widerlegliche Schuldunfähigkeitsvermutung (*doli incapax*). Diese Regelung hat gerade in den vergangenen Jahren immer wieder,

---

100 Artikel 40(3)(b) Übereinkommen der Vereinten Nationen über die Rechte des Kindes.

101 *R v ALH* [2003] VSCA 129.

102 Daneben fungieren die Polizei und Staatsanwaltschaft natürlich ebenfalls als Gatekeeper, wenn sie ihr Ermessen in der Strafverfolgung ausüben.

und zum Teil heftige, Kritik erfahren. Ihrer Abschaffung in England und Wales im Jahr 1998 zum Trotz wurde sie in Australien jedoch durchgängig beibehalten.

Mit Blick auf die absolute Strafunmündigkeit besteht auf internationaler Ebene mittlerweile nicht unerheblicher Druck zur Anhebung der Altersgrenze auf mindestens zwölf Jahre. Diverse Common Law Länder sind dieser Forderung des UN-Ausschusses bereits nachgekommen, und auch in Australien erscheint eine entsprechende Erhöhung, ggf. sogar auf 14 oder 16 Jahre, wünschenswert. Die Mittel der Strafverfolgung haben schwerste persönliche und soziale Folgen für Kinder und Jugendliche und sollten nach Möglichkeit erst bei Wirkungslosigkeit milderer Maßnahmen eingesetzt werden. Neuere wissenschaftliche Studien belegen zudem, dass während der Pubertät die erforderliche Unrechtseinsicht und Steuerungsfähigkeit noch nicht vollständig entwickelt ist. Gerade mit Blick auf die wachsende Überrepräsentation indigener Jungstraftäter in australischen Vollzugsanstalten erscheint es zwingend, diese Erkenntnisse ernst zu nehmen und das Mindestalter entsprechend anzuheben.

Eine weit verbreitete Unzufriedenheit mit der Anwendung und Wirkungsweise der *doli incapax* Vermutung hat zudem Rufe nach einer Abschaffung des Prinzips der bedingten Strafunmündigkeit laut werden lassen. Dies könnte jedoch insgesamt zu einer Absenkung des Schutzniveaus für bestimmte Altersgruppen führen. Im Gegensatz zu England und Wales haben viele Common Law Länder zwar neben der Abschaffung der *doli incapax* Vermutung auch eine Erhöhung der absoluten Strafmündigkeitsschwelle auf zwölf Jahre umgesetzt, diese löst aber den potentiellen Schutz für 12- und 13-Jährige effektiv auf. Der UN-Ausschuss hat empfohlen, das Mindestalter im Einklang mit dem Anknüpfungspunkt für andere soziale Rechte und Pflichten auf 14 oder 16 Jahre anzuheben. Solange und sofern sich die Regierungen und Parlamente dazu (noch) nicht bereit erklären, besteht somit weiterhin Bedarf für die *doli incapax* Vermutung.

Dieter Dölling

Strafjustiz im Spannungsverhältnis zwischen Zwang und Dialog

Abstract: Criminal justice indicates the exercise of constraint. But besides the exercise of constraint, criminal justice stands for a double function which is completed by a communicative aspect, the dialog. The second aspect, the double function, the dialog, can be found in the constitution plus in various sub-constitutional institutes which can be found in various areas of criminal justice.

Keywords: Criminal justice, Dialog, exercise of constraint

Das Werk des verehrten Jubilars erstreckt sich u.a. auf das materielle Strafrecht[1], das Strafprozessrecht[2] und das Jugendstrafrecht[3]. In dem vorliegenden Beitrag soll deshalb ein Thema behandelt werden, das diese drei Bereiche betrifft. Es geht um das Spannungsverhältnis zwischen Zwang und Dialog, das sowohl im allgemeinen Strafrecht als auch im Jugendstrafrecht eine erhebliche Rolle spielt.

Strafjustiz ist Ausübung von Zwang. Das Strafrecht muss auch gegen den Willen des Beschuldigten und gegebenenfalls anderer Personen durchgesetzt werden. Dies ist zum Erhalt der Rechtsordnung und des friedlichen Zusammenlebens erforderlich, mag dies auch teilweise mit erheblichen Härten für die betroffenen Personen verbunden sein.[4] Es geht hierbei nicht um moralischen Hochmut oder um unbewusste Triebableitung gegen Sündenböcke,[5] sondern um eine bittere gesellschaftliche Notwendigkeit. Nicht wenige Menschen sind

---

1 Vgl. etwa *Wolf* Gestufte Täterschaft – Zur Lehre vom „Täter hinter dem Täter", FS F. C. Schroeder, 2006, S. 415 ff.; *ders.* Die Strafbarkeit der rechtswidrigen Verwendung öffentlicher Mittel, 1998.

2 Siehe insb. *Wolf* Das System des Rechts der Strafverteidigung. Die Struktur der gesetzlichen Regelung und ihre Bedeutung für die Praxis, 2000.

3 Vgl. *Wolf* Strafe und Erziehung nach dem Jugendgerichtsgesetz, 1984.

4 Siehe zu den Straftheorien *Jescheck/Weigend* Lehrbuch des Strafrechts Allg. Teil, 5. Aufl. 1996, S. 60 ff.; *Maurach/Zipf* Strafrecht Allg. Teil Teilbd. 1, 8. Aufl. 1992, S. 64 ff.; *Roxin* Strafrecht Allg. Teil Bd. I, 4. Aufl. 2006, S. 64 ff.; zur Aufgabe des Strafverfahrens, das materielle Strafrecht durchzusetzen, vgl. BVerfGE 133, S. 168 (199); *Beulke* Strafprozessrecht, 13. Aufl. 2016, S. 3; *Dölling* FS Beulke, 2015, S. 679 (682).

5 Zur tiefenpsychologischen Sündenbocktheorie siehe *Kaiser* Kriminologie, 3. Aufl. 1996, S. 272 ff.

bereit, zur Durchsetzung ihrer Interessen oder vermeintlicher Ideale andere Menschen oder die Allgemeinheit massiv zu schädigen. Um diese Rechtsbrüche in Grenzen zu halten, bedarf es des Drucks in Richtung auf konformes Verhalten auch durch Androhung und Durchsetzung von Strafe.

Das Strafrecht ist nicht das einzige und nicht das wichtigste Mittel zur Herstellung von Normkonformität. Diese dürfte vielmehr vor allem durch moralische Orientierungen und ihre Vermittlungen in der Sozialisation, informelle Sozialkontrolle, die Vermittlung sozialer Kompetenzen und die Eröffnung realistischer Chancen zur legalen Bedürfnisbefriedigung erreicht werden.[6] Das Strafrecht dürfte aber ein unverzichtbarer Teil der sozialen Kontrolle sein, indem es moralische Orientierungen abstützt und durch Androhung und Durchsetzung von Strafübeln auf diejenigen einwirkt, die moralisch weniger ansprechbar sind. Werden schwere Straftaten begangen, dürfte zudem aus Gründen der Gerechtigkeit ein Verzicht auf Strafe kaum vermittelbar sein.[7] Da Strafrecht Ausübung von Zwang ist, bedarf es der rechtsstaatlichen Einhegung. Es ist außerdem gleichmäßig und effektiv durchzusetzen, insbesondere auch gegenüber sozial Mächtigen. Es hat daher seinen guten Sinn, wenn das Bundesverfassungsgericht den Verfassungswert der wirksamen Strafverfolgung betont.[8]

Es wäre allerdings zu eng, wenn man in der Strafrechtspflege nur eine Zwangsausübung sehen würde. Bei den Strafgesetzen handelt es sich nicht nur um Übelandrohungen, sondern mit den Strafgesetzen wird der Gesellschaft auch kommuniziert, dass es sich bei dem durch die Straftat verletzten Interesse um ein wichtiges Rechtsgut handelt und dass das deliktische Verhalten sozialethisch verwerflich ist. Hierdurch soll auf die Wertorientierungen der Bevölkerung eingewirkt werden. Ähnliches gilt für das Strafurteil. Es hat auch die Funktion, gegenüber der Gesellschaft die Geltung der durch den Normbruch infrage gestellten Norm zu bekräftigen, den Unrechtsgehalt der Tat zu markieren und dadurch zur Stabilisierung von Rechtsbewusstsein und Normtreue der Bevölkerung beizutragen. Bei den Strafgesetzen und den Strafurteilen geht es also auch um die Kommunikation mit der Bevölkerung. Hierbei spielen die Medien als

---

6 Zur Bedeutung der Sozialisation vgl. *Kaiser* (Fn. 5), S. 198 ff., zur Relevanz der informellen Sozialkontrolle *ders.*, S. 222 ff.

7 Vgl. *Dölling* in Kröber/Dölling/Leygraf/Saß (Hrsg.), Handbuch der Forensischen Psychiatrie Bd. 1, 2007, S. 18.

8 Siehe BVerfGE 133, S. 168 (199 f.).

Mediatoren eine wichtige Rolle, die sie verantwortungsbewusst wahrnehmen müssen.[9]

Kommunikative Aspekte sind weiterhin und insbesondere im Verhältnis der am Strafverfahren beteiligten Personen relevant und können sich hier zum Dialog verdichten. Wird das Verhältnis der Strafjustiz zum Beschuldigten[10] in den Blick genommen, so darf der Beschuldigte nicht nur als ein Objekt der Aburteilung betrachtet werden. Er muss vielmehr als eigenverantwortliches Subjekt anerkannt werden. Der Beschuldigte muss seine Sichtweise von der Tat und ihren Ursachen und seine Vorstellungen darüber, wie es mit ihm weitergehen soll, in das Verfahren einbringen können und die Strafjustiz muss sich damit auseinandersetzen. Dies ergibt sich aus dem Anspruch des Beschuldigten auf rechtliches Gehör gemäß § 103 Abs. 1 GG und ist außerdem geboten, um eine fundierte Entscheidung über die Tat- und Rechtsfolgenfrage treffen zu können.

Der Beschuldigte hat das Recht, sich nicht zur Sache zu äußern (vgl. § 136 Abs. 1 S. 2 StPO). Schweigt er, ist dies zu respektieren und muss auf der Grundlage der sonst zur Verfügung stehenden Erkenntnismöglichkeiten eine Entscheidung getroffen werden. Nimmt er aber zur Sache Stellung, kommt es darauf an, seine Sichtweise möglichst gut zu verstehen. Leugnet er die Tat, ist seine Täterschaft zu klären. Gesteht er die Tat, ist ihm Gelegenheit zu geben, seine Sichtweise von der Tat zu schildern. Wie hat er das Tatgeschehen erlebt? Welche waren aus seiner Sicht die Motive, die zu der Tat geführt haben? Welche persönlichen Probleme stehen möglicherweise hinter der Tat? Fühlte sich der Täter bei der Tat psychischem oder sozialem Druck ausgesetzt? Welche Bedeutung hat die Tat für das Leben des Täters? Wie beurteilt er seine gegenwärtige Lebenssituation? Wie sieht der Täter seine Zukunft? Diese Fragen hat der Richter mit dem Beschuldigten zu erörtern. Die Erörterung setzt die Fähigkeit des Richters voraus, in den Dialog mit dem Beschuldigten einzutreten.

Eine wichtige Vermittlungsfunktion kommt insoweit dem Verteidiger des Beschuldigten zu.[11] Er hat im vertraulichen Gespräch mit dem Beschuldigten dessen Sichtweise der Tat und dessen Vorstellungen über das Prozessergebnis abzuklären, den Beschuldigten zu beraten und auf dieser Grundlage eine angemessene Verteidigungsstrategie zu entwickeln. Insoweit muss der Verteidiger

---

9 Zur Problematik von Fernsehübertragungen aus Gerichtsverhandlungen vgl. *Wolf* NJW 1994, 681 ff.; ZRP 1994, 187 ff.; JR 1997, 441 ff.

10 Aus Gründen der leichteren Lesbarkeit wird bei der Bezeichnung von Personen die männliche Form verwendet. Diese Bezeichnung schließt Frauen in der jeweiligen Rolle oder Funktion mit ein.

11 Zur Rechtsstellung des Verteidigers vgl. *Wolf* (Fn. 2).

mit dem Beschuldigten in einen Dialog treten, der es ihm ermöglicht, die Interessen des Beschuldigten im Verfahren bestmöglich zu vertreten. Handelt es sich bei dem Täter um einen Menschen mit psychischen Beeinträchtigungen, wird es für das Gericht nicht einfach sein, die subjektive Seite der Tat angemessen zu erfassen. Hier kann die Forensische Psychiatrie helfen, denn der Psychiater ist Experte für das Ermitteln und Verstehen subjektiver Aspekte menschlichen Verhaltens.[12] Der Psychiater fungiert insoweit gewissermaßen als Dolmetscher zwischen Beschuldigtem und Richter. Die Grundlagen für diese Vermittlungsleistung werden im Gespräch zwischen forensischem Psychiater und Beschuldigtem gelegt. Ist der Beschuldigte nach Belehrung über seine Rechtsstellung bereit, sich zu öffnen, kann der Psychiater in der Auseinandersetzung mit dem Beschuldigten dessen Sichtweisen rekonstruieren und die anschließend dem Gericht vermitteln. Diese Ausführungen gelten entsprechend für forensische Psychologen.

Die Sichtweise des Beschuldigten ist im Verfahren mit anderen Sichtweisen zu konfrontieren. So mag das Opfer die Tat ganz anders erlebt haben als der Täter. Es kann angemessen sein, dem Beschuldigten zu verdeutlichen, dass er den Blick verschlossen hat vor dem, was seine Tat bei anderen Menschen angerichtet hat, und dass er sich Neutralisierungsstrategien zurechtgelegt hat, um das begangene Unrecht und seine Verantwortung dafür zu leugnen oder zu minimieren.[13] Auch durch die Tat verletzte Interessen der Allgemeinheit sind dem Beschuldigten vor Augen zu führen. Darüber muss die Auseinandersetzung mit dem Beschuldigten geführt werden, und in geeigneten Konstellationen kann eine solche Auseinandersetzung zu einem von allen Beteiligten als konstruktiv empfundenen Ergebnis führen.

Es geht hierbei nicht darum, billige Kompromisse im Sinne eines „Deals“ mit dem Beschuldigten zu schließen. Die Maßstäbe des materiellen und des prozessualen Rechts sind nicht verhandelbar. Es kommt vielmehr darauf an, den Beschuldigten als Beteiligten im Prozess der Wahrheitsfindung ernst zu nehmen und ihm nicht nur im Wege des Machtanspruchs, sondern auch mit dem Bemühen gegenüberzutreten, ihn von der Notwendigkeit der Respektierung des Rechts zu überzeugen. Strafjustiz ist mehr als eine bloße „Übelszufügungsmaschine“.

Insoweit ergeben sich dialogische Strukturen im Verhältnis zwischen Richter und Beschuldigtem, Verteidiger und Beschuldigtem und forensischem Psychiater

---

12 Siehe *Kröber* Forensische Psychiatrie, Psychologie, Kriminologie 2015, 98 (102).

13 Zu den Neutralisierungstechniken siehe *Meier* Kriminologie, 5. Aufl. 2016, S. 63 f.

und Beschuldigtem. Um fachliche Dialoge handelt es sich in den Verhältnissen zwischen Richter und Verteidiger, Richter und psychiatrischem Gutachter und Verteidiger und psychiatrischem Gutachter, wobei der Dialog zwischen Juristen und Psychiatern die beiderseitige Kompetenz zum interdisziplinären Gespräch voraussetzt. Dialoge im Strafverfahren sind nicht völlig ergebnisoffen. Sie erfolgen vielmehr im Rahmen der Vorgaben des materiellen Strafrechts und des Strafprozessrechts. Es dient aber den Zielen des Strafrechts und des Strafprozessrechts, die bestehenden Möglichkeiten zum Dialog zu nutzen. Das Machtgefälle in den strafprozessualen Dialogstrukturen darf nicht verkannt werden. Es handelt sich nicht um herrschaftsfreie Dialoge. Sinnvoll sind sie gleichwohl.

Insbesondere für das Finden einer spezialpräventiv geeigneten Rechtsfolge ist es sinnvoll, die Sanktionsentscheidung möglichst in einem Dialog mit den Verfahrensbeteiligten zu erarbeiten. Der die Tat gestehende Beschuldigte sollte für das Ziel der Rückkehr in die Legalität gewonnen werden. Es ist mit ihm und den anderen Verfahrensbeteiligten zu erörtern, welche Zukunftsperspektiven für den Beschuldigten bestehen und mit welcher Sanktion am besten erreicht werden kann, dass er in Zukunft ein Leben ohne Straftaten führen wird. Hierbei ist dem Beschuldigten gegebenenfalls auch zu verdeutlichen, dass im Interesse der Rückfallverhinderung einschneidende Sanktionen erforderlich sind und dass er erhebliche Anstrengungen unternehmen muss, um das Ziel eines straffreien Lebens zu erreichen. Dem Beschuldigten sind auch die Notwendigkeiten eines gerechten Schuldausgleichs und einer unter dem Gesichtspunkt der Generalprävention angemessenen Sanktionsentscheidung vor Augen zu führen. Ein solches Vorgehen erhöht die Chance, dass der Beschuldigte die Sanktion akzeptiert, und dies verbessert die Resozialisierungsaussichten. Gut geeignet ist hierfür eine zweigeteilte Hauptverhandlung, in der nach dem Schuldspruch in einem gesonderten Abschnitt über die Rechtsfolge verhandelt wird.[14]

Man mag einwenden, Dialoge brauchten ihre Zeit und das beeinträchtige die Prozessökonomie. Diese darf aber im Recht nicht im Vordergrund stehen. Vielmehr geht es vorrangig darum, eine sachgerechte Entscheidung zu finden.

Besondere Anforderungen für eine dialogische Verfahrensgestaltung bestehen im Jugendstrafverfahren. Hier müssen die Richter, Staatsanwälte und Verteidiger über die Kenntnisse und Fähigkeiten verfügen, die erforderlich sind, um mit den jugendlichen Beschuldigten das Gespräch führen zu können, deren Verhalten zu verstehen und ihnen die strafrechtlichen Reaktionsnotwendigkeiten zu verdeutlichen. Entsprechend den Anforderungen des § 37 JGG müssen

14 Vgl. *Dölling* Die Zweiteilung der Hauptverhandlung, 1978.

die Jugendrichter und Jugendstaatsanwälte daher erzieherisch befähigt und in der Jugenderziehung erfahren sein.[15] Auch die im Jugendstrafverfahren tätigen Verteidiger müssen über die Fähigkeit zum Dialog mit jungen Menschen verfügen. Wichtige Hilfen bei dem Dialog zwischen Justiz und jungen Beschuldigten kann die in § 38 JGG geregelte Jugendgerichtshilfe leisten.[16]

Dialogische Strukturen treten allerdings in bestimmten Verfahrenssituationen zurück. Das ist etwa der Fall, wenn der Beschuldigte auf Konfliktkurs geht und die Legitimität des Gerichts nicht anerkennt. Dann muss der Konflikt ausgetragen werden, der Zwangscharakter des Strafrechts und die Notwendigkeit seiner Durchsetzung treten in den Vordergrund. Das bedeutet allerdings nicht, dass damit die Brücken für den Dialog für alle Zeiten abgebrochen sind. Es mag sich zu einem späteren Zeitpunkt, etwa im Verlauf des Strafvollzugs, die Chance für einen Dialog eröffnen. Es bedarf daher eines kontinuierlichen Dialogangebots vonseiten der Strafjustiz.

Damit wird der Blick über die Hauptverhandlung hinaus auf die Ausgestaltung des Sanktionsvollzugs gelenkt. Auch hier sind dialogische Elemente wichtig. Das gilt zum Beispiel für das Verhältnis des Bewährungshelfers zu seinem Probanden. Hier sollte angestrebt werden, dass der Bewährungshelfer im Dialog mit dem Probanden eine Analyse der Situation des Probanden und seiner kriminogenen Problematik erarbeitet und darauf aufbauend mit ihm die für das Erreichen des Ziels der Legalbewährung notwendigen Schritte vereinbart.[17] Ist der Verurteilte zum Dialog nicht bereit, sollten die Bemühungen darauf gerichtet sein, die Dialogbereitschaft zu wecken und zu fördern. Ein fachlicher Dialog sollte zwischen dem Bewährungshelfer und dem Richter stattfinden, der über die Ausgestaltung der Bewährung und über den Widerruf der Strafaussetzung bzw. den Erlass der Strafe zu entscheiden hat.

Eine ähnliche Konstellation besteht im Vollzug der Freiheitsstrafe und im Maßregelvollzug. Am Beginn hat die sorgfältige Analyse der Situation des Verurteilten zu stehen, auf deren Grundlage das Behandlungsprogramm zu konzipieren ist. Situationsanalyse und Entwicklung des Behandlungsprogramms sollten hierbei – soweit möglich – im Dialog mit dem Verurteilten erfolgen.

---

15 Zur Problematik der Umsetzung der Vorschrift in der Praxis siehe *Schaffstein/Beulke/Swoboda* Jugendstrafrecht, 15. Aufl. 2014, S. 213 f.; *Streng* Jugendstrafrecht, 4. Aufl. 2016, S. 58 f.; jeweils m.w.N.

16 Zu Aufgaben und Rechtsstellung der Jugendgerichtshilfe vgl. *Schaffstein/Beulke/Swoboda* (Fn. 15), S. 243 ff.; *Streng* (Fn. 15), S. 60 ff.

17 Zu Qualitätsstandards für die Arbeit der Bewährungshilfe siehe *Dölling* FS Rössner, 2015, S. 75 ff.

In den Strafvollzugsgesetzen ist daher geregelt, dass die Gefangenen an ihrer Behandlung und an der Erreichung des Vollzugsziels mitwirken und ihre Bereitschaft hierzu zu wecken und zu fördern ist (vgl. etwa § 3 Abs. 1 Justizvollzugsgesetzbuch III Baden-Württemberg). In einem fachlichen Dialog stehen die Vollzugsbediensteten untereinander und mit dem Vollstreckungsgericht.

Grundgesetz und Strafrecht betrachten den Menschen als verantwortliche Person.[18] Im materiellen Strafrecht kommt dies darin zum Ausdruck, dass der erwachsene Mensch – von psychischen Ausnahmesituationen abgesehen – als schuldfähig und damit als für begangene Delikte verantwortlich angesehen wird.[19] Im Strafverfahren schlägt sich dies darin nieder, dass der Beschuldigte die Stellung eines Prozesssubjekts hat.[20] Diese Subjektstellung ist auch im Sanktionsvollzug zu achten. Damit ist die Annahme nicht vereinbar, im Vollzug müssten bestimmte Behandlungsprogramme nur „abgespult" werden, damit die Legalbewährung als Ergebnis herauskommt. Dieser Annahme scheint ein „Maschinenmodell" zugrunde zu liegen. Danach ist der Verurteilte eine defekte kleine Maschine, die in eine große Maschine – den Vollzug – hineingeschoben wird. Die große Maschine stellt fest, welche Schraube bei der kleinen Maschine locker ist, zieht die Schraube fest, und die nun wieder funktionsfähige kleine Maschine wird aus der großen Maschine wieder hinausgeschoben. Ein solches Vorgehen wird der Subjektstellung des Verurteilten nicht gerecht. Sie verlangt eine als wechselseitige Auseinandersetzung mit dem Verurteilten gestaltete Behandlung, die diesen als Person ernst nimmt und respektiert. Lehnt er die Behandlung ab, ist das zu akzeptieren, das Dialogangebot aber aufrechtzuerhalten.

Es erscheint im Übrigen zweifelhaft, ob es möglich ist, bei massiv in Kriminalität verstrickten Menschen allein mit einem psychologischen Trainingsprogramm dauerhaft ein Leben in sozialer Verantwortung ohne Straftaten zu erreichen. Vielmehr dürfte es auch erforderlich sein, mit dem Täter auf der Grundlage einer umfassenden Analyse seiner Lebenssituation erreichbare Lebensziele und eine realistische Lebensplanung zu entwickeln und diese Schritt für Schritt umzusetzen.[21] Eine solche Herangehensweise lässt sich nicht

---

18 Zum Menschenbild des Grundgesetzes, das den Menschen als eigenverantwortliche Person versteht, vgl. BVerfGE 45, S. 187 (227 f.); 49, S. 286 (298); 115, S. 118, 153; BVerfG NJW 2017, S. 611 (619 f.).

19 Zur Regelung der Schuldfähigkeit siehe *Jescheck/Weigend* (Fn. 4), S. 430 ff.; *Maurach/Zipf* (Fn. 4), S. 480 ff.; *Roxin* (Fn. 4), S. 881 ff.

20 *Beulke* (Fn. 4), S. 2 f: *Roxin/Schünemann* Strafverfahrensrecht, 28. Aufl. 2014, S. 106.

21 Zum „Good-Lives"-Modell als Ergänzung des „Risikomanagements" bei der Straftäterbehandlung siehe *Göbbels/Ward/Willis* Forensische Psychiatrie, Psychologie, Kriminologie 2013, 122 ff.

„automatisch-technisch“ umsetzen, sondern verlangt die zwischenmenschliche Begegnung.

Hiermit hängt ein weiteres Problem zusammen, das sich durch das Maschinenmodell verdeutlichen lässt. Die große Maschine kann jeder bedienen, der die Bedienungsanleitung kennt – vielleicht könnte das auch ein Computer sein. Ein angemessener Umgang mit Verurteilten stellt aber bestimmte Anforderungen an die Persönlichkeit der Behandler. Behandlungstechnische Kenntnisse und Fertigkeiten reichen hierfür nicht. Zur Dialogfähigkeit mit schwierigen Persönlichkeiten wie intensiv straffälligen Tätern gehört auch persönliche Reife. Dies ist bei der Personalauswahl im Vollzug zu berücksichtigen. Die Person des Therapeuten ist ein zentraler Faktor für den Erfolg der Therapie. Im Jugendstrafvollzug müssen die Mitarbeiter über Kenntnisse und Fähigkeiten für den Umgang mit jungen Menschen verfügen. Daher sieht etwa § 3 Abs. 3 Justizvollzugsgesetzbuch I Baden-Württemberg vor, dass mit der Erziehung junger Gefangener nur betraut werden soll, wer für die Erziehungsaufgabe des Jugendstrafvollzugs geeignet und ausgebildet ist.

Dialogfähig muss die Strafjustiz nicht nur gegenüber dem Täter, sondern auch gegenüber dem Opfer sein. Opfer haben bestimmte Erwartungen an das Strafverfahren, etwas dass festgestellt wird, dass die Täter ihnen Unrecht angetan haben.[22] Das Strafverfahren muss daher auch dem Opfer Gelegenheit geben, seine Sichtweise von der Tat einzubringen. § 69 Abs. 2 S. 2 StPO sieht daher vor, dass Zeugen, die durch die Straftat verletzt sind, Gelegenheit zu geben ist, sich zu den Auswirkungen, die die Tat auf sie hatte, zu äußern. Außerdem kann die Sichtweise des Opfers unter den Voraussetzungen des § 395 StPO mit der Nebenklage geltend gemacht werden. Das Gericht muss sich mit der Sichtweide des Opfers auseinandersetzen und – soweit den Opfererwartungen nicht Rechnung getragen werden kann – dies dem Opfer erläutern, um auch beim Opfer möglichst Akzeptanz für die gerichtliche Entscheidung zu erreichen. Auch das Opfer ist hierbei als Subjekt zu verstehen und nicht bloß als passives Objekt, das allein im Hinblick auf seine psychosoziale Betreuungsbedürftigkeit in den Blick kommt und zwecks Ersparung von Belastungen besser nicht in der Hauptverhandlung auftritt.

Wünschenswert kann es sein, dass ein Dialog nicht nur zwischen Richter und Täter und Richter und Opfer zustande kommt, sondern auch zwischen Täter und Opfer. Dies ist die Konstellation des Täter-Opfer-Ausgleichs.[23] Ist das Opfer

---

22 Vgl. *Dölling* in Anderheiden/Keil/Kirste/Schaefer (Hrsg.), Verfassungsvoraussetzungen. Gedächtnisschrift für Winfried Brugger, 2013, S. 649 (659).

23 Siehe dazu *Dölling u.a.* Täter-Opfer-Ausgleich in Deutschland, 1998.

zu einem Gespräch mit dem Täter im Beisein eines Vermittlers bereit – was die freie Entscheidung des Opfers ist – so können in einem solchen Gespräch Täter und Opfer einander ihre Sichtweisen von der Tat und den Tatfolgen darlegen und versuchen, einen Tatausgleich zu vereinbaren, der etwa in einer Entschuldigung und in Wiedergutmachungsleistungen des Täters bestehen kann. Dies kann dazu beitragen, dass dem Täter das von ihm verursachte Unrecht deutlich wird und Neutralisierungstechniken entgegengewirkt wird. Dem Opfer kann es den Umgang mit der Tat und die Erlangung von Wiedergutmachung erleichtern. Es ist sachgerecht, ernsthafte Bemühungen des Täters um einen ausgleichenden Dialog mit dem Opfer bei der Rechtsfolgenentscheidung zu seinen Gunsten zu berücksichtigen. In leichteren Fällen kann der Täter-Opfer-Ausgleich zu einer Einstellung des Strafverfahrens führen (vgl. § 153a Abs. 1 S. 2 Nr. 5 StPO, § 45 Abs. 2 S. 2, Abs. 3 i.V.m. § 10 Abs. 1 S. 3 Nr. 7, § 47 Abs. 1 Nr. 2 und 3 JGG), in gravierenden Fällen kann aufgrund eines Täter-Opfer-Ausgleichs eine Strafmilderung angezeigt sein (siehe § 46a StGB, der unter bestimmten Voraussetzungen auch ein Absehen von Strafe ermöglicht). Das JGG sieht den Täter-Opfer-Ausgleich in § 10 Abs. 1 S. 3 Nr. 7 auch als Hauptsanktion vor, die vom Jugendgericht verhängt werden kann.

Wer über dialogische Elemente im Strafverfahren spricht, läuft Gefahr, als weltfremder Idealist abgetan zu werden. Hier wird jedoch nicht verkannt, dass es im Strafverfahren primär um Rechtsdurchsetzung geht, die häufig auch im Konflikt und gegen den Willen von Betroffenen erfolgen muss. Die Chancen, im Strafverfahren eine Entscheidung zu finden, die von allen Beteiligten akzeptiert werden kann, werden jedoch erhöht, wenn die Möglichkeiten zum Dialog im Strafverfahren genutzt werden, mag dieser Dialog auch durch die Funktionen des Strafverfahrens und die Interessenlagen der Beteiligten begrenzt sein. Die „Kunst" der Strafrechtspflege besteht darin, die Tat zurückzuweisen und den Täter zu integrieren.[24] Wie aber sollte die Integration des Täters gelingen, wenn nicht im Dialog mit ihm?

---

24 *Dölling* JZ 1992, S. 493 (499).

Gunnar Duttge

Vom Sinn des Gutachtenstils

Abstract: The legal valuation of a situation under existing norms is elementary part of legal work. The technique of subsumption provides the means to a rational evaluation. As discipline-specific adaption of the Aristotelian Syllogisms it will be examined in the following article. Starting with an assessment of the current state of jurisprudence and the demands toward the way of subsumption, the author then proceeds to examine ways to further rationalize the way of finding a well-founded legal opinion.

Keywords: Abduktion, Analogie, Falltypus, Normtypus, Rechtsdidaktik, Spezifikation, hermeneutische Spirale, Syllogismus, Vorverständnis

A. Das Ideal einer rationalen Rechtsanwendung

Bekanntlich steht und fällt die Überzeugungskraft juristischer Entscheidungen kraft jener ihnen zugedachten „Objektivität" mit der Rationalität ihres Entstehungsprozesses: Nur wenn es sich tatsächlich um „Erkenntnisse" als Resultat juristischer Reflexion handelt, die von hinreichend Rechtskundigen mittels einer rationalen Methode[1] gewonnen wurden, in einem konsistenten Begründungszusammenhang stehen und „überprüfbar" sind,[2] können sie eine (vorläufige) „Richtigkeit" für sich in Anspruch nehmen. Aufgabe der Rechtswissenschaft ist es sodann, eben diese argumentative Überzeugungskraft kritisch zu beleuchten und dabei die guten von den schlechten Gründen zu scheiden. Ganz in diesem Sinne findet sich in den noch heute mehr denn je aktuellen Überlegungen des *Jubilars* zu den „nicht genutzten Chancen der Rechtsinformatik" ein eindrucksvolles Plädoyer zur Gesetzesbindung und Rationalität jedweder Rechtsanwendung: „Der [...] Zwang zu Genauigkeit, Vollständigkeit und Widerspruchsfreiheit und der Ausschluss jeder willkürlichen Entscheidung im Einzelfall sind Grundvoraussetzungen für eine Anerkennung der Jurisprudenz als Wissenschaft"[3].

---

1 *Arth. Kaufmann*, Rechtsphilosophie, 2. Aufl. 1997, 66.

2 *Neumann*, in: Hassemer/Neumann/Saliger (Hrsg.), Einführung in die Rechtsphilosophie und Rechtstheorie der Gegenwart, 9. Aufl. 2016, 351 (354): „Die Präzisierung des Begriffs im Sinne eines jeden rational nachprüfbaren Verfahrens [...] verweist auf eine wesentliche Voraussetzung wissenschaftlicher Tätigkeit: die rationale Überprüfbarkeit der aufgestellten Behauptungen".

3 *Wolf*, in: GS-Meurer, 2002, 665 (682).

Diese der juristischen Methodik zugedachte Aufgabe eines „Qualitätsmanagements“[4] zwecks Abwehr von Dezisionismus, Macht und Willkür wird seit jeher im Kern durch den Gutachtenstil garantiert gesehen: Er stelle sicher, dass – noch einmal in den Worten des *Jubilars* – „die gesuchte Antwort auf die Rechtsfrage Schritt für Schritt aus der Anwendung eines bestimmten Gesetzes auf die Einzelfalltatsachen abgeleitet (Subsumtion)“ wird.[5] Glaubt man jedoch den Darlegungen eines namhaften, für offene Worte bekannten (vormaligen) Bundesrichters, so hat diese im juristischen Studium gelehrte methodische Grundhaltung offenbar in der Rechtspraxis keine reale Bedeutung: Vielmehr werden danach „die Ergebnisse […] jedenfalls nicht vordringlich aus wissenschaftlichen Argumentationen *entwickelt*, sondern mit ihnen *unterfüttert*, soweit eine der sog. Theorien das Ergebnis trägt“[6]. In der Tat springt ins Auge, dass etwa die Judikate des Bundesgerichtshofs zwar durchaus vielfach auf wissenschaftliche Publikationen und dort entfaltete Argumente Bezug nehmen, allerdings vorwiegend auf solche, die ganz auf der Linie der selbst präferierten Rechtsauffassung liegen, während gegenläufige Positionen zwar durchaus punktuell mit „a.A.“ gekennzeichnet, jedoch eher selten in der Sache erfasst und in kritischer Auseinandersetzung in den eigenen Argumentationsgang einbezogen werden. Es soll auch schon vorgekommen sein, dass Wissenschaftler sich mit ihrem Beitrag in einem Kontext zitiert fanden, der den zentralen Aussagen jenes Beitrages diametral zuwiderlief.[7] Die Bezugnahme auf das fundamentale Analogieverbot (Art. 103 II GG, § 1 StGB) tritt nur in relativ wenigen und infolgedessen stets aufsehenerregenden Entscheidungen mit seiner dann zwangsläufig die Rechtsfolge determinierenden (strafbarkeitseinschränkenden) Wirkung zutage, und soweit dies einmal geschieht, lässt sich nicht erkennen, was die hier begegnende Rechtsfrage von anderen qualitativ unterscheidet, in denen das Analogieverbot

---

4 *Duttge*, in: Koriath/Krack/Radtke/Jehle (Hrsg.), Grundfragen des Strafrechts, Rechtsphilosophie und Reform der Juristenausbildung, 2010, 31 (38).

5 *Wolf*, JuS 1996, 30.

6 *Fischer*, in: FS-Hamm, 2008, 63 (66).

7 In diesem Sinne eine Erfahrung auch des Verf. dieses Beitrages: In JZ 1996, 556 ff. plädierte er für die Notwendigkeit einer gesetzlichen Autorisierung des Einsatzes sog. V-Personen; im „Hörfallen“-Beschluss des Großen Strafsenates fand er sich zu der Aussage zitiert, dass im Lichte des Rechtsstaatsprinzips und des fair-trial-Grundsatzes zwar Bedenken gegen die verdeckte Veranlassung zu selbstbelastenden Äußerungen bestünden, dies aber nicht „von vornherein zur Unzulässigkeit des Vorgehens der Ermittlungsbehörden“ führe (BGHSt 42, 139, 157).

entweder gar nicht angesprochen oder seine Relevanz – da angeblich „noch gewahrt" – zurückgewiesen wird.[8]

Wenn sich damit der *instrumentelle*, vom bereits „vor-methodisch" festgelegten Ergebnis geprägte Gebrauch juristischer Argumente als gängige Praxis darstellen sollte, lässt sich dies auf zweierlei Weise deuten: Entweder arbeitet die justizielle Praxis methodenblind und verlässt sich bei ihrem Judizieren per Fallvergleich[9] unreflektiert allein auf ihr Rechtsgefühl – damit würde aber nicht bloß die notorische Unzuverlässigkeit einer solcherart „intuitiven Rechtserkenntnis"[10] ignoriert, sondern blieben die eigentlichen Entscheidungsgründe versteckt ungeachtet des für ein rechtsstaatliches Judizieren unverzichtbaren Transparenzerfordernisses bzgl. der tatsächlich entscheidungserheblichen Aspekte: Denn mit einer nur im Ergebnis als befriedigend erlebten Entscheidung kann man sich – wie bereits *Engisch* betonte – schlecht zufriedengeben, wenn und solange Rechtseinheit, Rechtsgleichheit, Rechtssicherheit noch als unverzichtbare Zielsetzungen fortgelten sollen.[11] Oder aber – dies die zweite Deutungsmöglichkeit – es erweist sich die mit dem sog. Gutachtenstil behauptete Methodik nur als „Rationalitätsmäntelchen", das für die eigentliche Rechtsgewinnung im jeweils konkreten Fall nichts (Entscheidendes) beizutragen vermag – was die Rechtspraxis dann im Unterschied zu hoffnungslosen Rechtsidealisten schon seit Langem erkannt hätte. Aufhorchen lässt dabei, dass aus der Perspektive der Rechtsdidaktik neuerdings die Reduktion des Gutachtenstils auf den Kern seiner fallanalytischen Funktion gefordert wird,[12] weil zahlreiche Kandidaten der Ersten Staatsprüfung – wie erfahrene Prüfer wissen – häufig nicht etwa am fehlenden, sondern umgekehrt am übermäßigen Gebrauch fern jedweder juristischen Relevanz scheitern.[13] Es besteht vor diesem Hintergrund also dringender Anlass,

---

8 Zur „bemerkenswerten Unsicherheit oder Flexibilität" im Umgang mit der in Sprache gefassten Ausdrucksform des jeweiligen Gesetzesbegriffs in der jüngsten Rechtsprechung des BGH: *Duttge*, in: FS-Krey, 2010, 39 ff.

9 *Fischer*, in: FS-Hamm, 2008, 63 (66): „Methode der Entscheidungsfindung in der Rechtspraxis ist die Analogie …".

10 *Kriele*, in: Lampe (Hrsg.), Das sogenannte Rechtgefühl, 1984, 23 (24).

11 *Engisch*, Wahrheit und Richtigkeit im Juristischen Denken, 1963, auch abgedr. in: ders., Beiträge zur Rechtstheorie, 1984, 286 (295).

12 Siehe *Lagodny/Mansdörfer/Putzke*, ZJS 2014, 157 ff.

13 Die von *Lagodny* mit Recht als Leitziel des juristischen Studiums erkorene „Begründungskompetenz" (in: Warto/Zumbach/Lagodny/Astleitner [Hrsg.], Rechtsdidaktik – Pflicht oder Kür?, 2017, 51 [59 ff.]) wäre daher um eine – mindestens ebenso bedeutsame – „Problemerkenntniskompetenz" zu erweitern.

den Sinn der gutachterlichen Methode mitsamt der in ihr enthaltenen „Rationalitätsklippen“ im Denk- und Begründungsgang näher zu untersuchen.

B. Das Subsumtionsmodell als logikbasierter Rahmen

Üblicherweise wird der Gutachtenstil bis heute im Kern als Adaption des der tradierten Logik seit Aristoteles entstammenden Syllogismus verstanden: Danach handelt es sich um ein denklogisches Schlussverfahren, das „aus zwei kategorischen (das heißt unbedingt gültigen) Urteilen einfachster Struktur ein Urteil derselben Art erschließt; dabei kommt der in den beiden Prämissen (Obersatz, Untersatz)[14] je einmal auftretende [...] Mittelbegriff in der Schlussfolgerung (Konklusion), die die beiden anderen Begriffe enthält [...], nicht mehr vor“[15]. Das klassische, viel zitierte Anwendungsbeispiel lautet: (1): Alle Menschen sind sterblich (Obersatz); (2) Sokrates ist ein Mensch (Untersatz); (3) Sokrates ist sterblich (Konklusion).[16] Die zwingende Folgerichtigkeit des deduktiv abgeleiteten Ergebnisses (notwendiger Zusammenhang) begründet die – vorgebliche – Rationalität auch des Rechtsanwendungsprozesses, der sich von anderen Anwendungsfeldern allein durch Bezugnahme der hier relevanten Obersätze auf Rechtsbegriffe in deren vorgängigen Interpretation nach Maßgabe der bekannten Auslegungscanones unterscheidet.

Nun ist es keineswegs so, dass Rechtstheorie und juristische Methodenlehre bis heute einmütig daran festhielten, dass mit diesem Justizsyllogismus – der sog. Subsumtion – bereits das Wesentliche oder gar allein Maßgebliche der Rechtsanwendung bezeichnet sei. Ganz im Gegenteil finden sich längst prinzipielle Alternativen zur klassischen Logik präsentiert, die dem Rechtsfindungsprozess im jeweiligen Einzelfall adäquater sein sollen – von der intuitionistischen zur dialogischen Logik,[17] von der Fuzzy-[18] zu einer „parakonsistenten Logik“[19]. Diese Vorschläge gewinnen ihre Überzeugungskraft nicht zuletzt daraus, dass die real stattfindende Rechtsfindung ganz wesentlich (auch) von einem

14 Die wegen der unterschiedlichen Reichweite ihres Aussagegehalts – All- bzw. singuläre Aussage – auch als „Praemissa maior“ und „Praemissa minor“ bezeichnet werden, s. *Joerden*, Logik im Recht, 3. Aufl. 2018, S. 287, 295.

15 *Arth. Kaufmann*, Das Verfahren der Rechtsgewinnung. Eine rationale Analyse, 1999, S. 44 f.

16 Statt vieler z.B. *Adomeit/Hähnchen*, Rechtstheorie für Studenten, 6. Aufl. 2012, Rn. 47.

17 Knapper Überblick m.w.N. bei *Neumann* (o. Fn. 2), 287 f.

18 Vor allem *Philipps*, in: FS-Jahr, 1993, 169 ff.

19 *Neumann*, in: FS-Philipps, 2005, 117 ff.

(spezifisch rechtlichen) Vorverständnis und von (spezifisch rechtlichen) Argumenten abhängt und sein jeweiliges Resultat nicht im eigentlichen Sinne *eindeutig* „wahr" oder „falsch", sondern nur (nach Maximen der geltenden rechtlichen Wertungen) „vertretbar" oder „unvertretbar" sein kann.[20] Dass im letztgenannten Sinne somit der Satz vom ausgeschlossenen Dritten – jedenfalls in seiner strengen Fassung – nicht zugrunde gelegt wird, sondern mehrere „gleichermaßen vertretbare" Ergebnisse denkbar sind, nötigt jedoch allenfalls – je nach konkretem Standort des Unschärfemomentums[21] – zu einer Modifikation und noch nicht zu einer vollständigen Preisgabe des Subsumtionsmodells. Dass eine solche Verabschiedung bis heute weithin nicht goutiert wird, resultiert jedoch weniger aus der Überzeugung von einer umfassenden Erklärungskraft des juristischen Syllogismus, sondern mehr aus der Sorge vor einer ansonsten eröffneten „Libertinage", die womöglich gar auf das fundamentale Prinzip der Widerspruchsfreiheit verzichten wollte und „mit dem Anspruch, innerhalb (irgend) eines rationalen Kalküls zu operieren, nicht vereinbar ist"[22]. Zudem ruft die Explikation der im juristischen Obersatz formulierten Allaussage die Gesetzesbindung in Erinnerung mit ihrem Anspruch auf Gleichbehandlung aller in diesem Lichte vergleichbaren Fälle.[23]

Das ändert allerdings nichts daran, dass der Gutachtenstil als solcher bei weitem nicht schon die Willkürfreiheit des Rechtsfindungsprozesses garantiert und in seinem logischen Kern – im Rahmen des deduktiven Schlussverfahrens – auch gar nicht geeignet ist, neue Erkenntnisse zu begründen. Denn insoweit handelt es sich um einen rein analytischen Schluss, der für sich überhaupt nichts positiv zu begründen vermag, sondern lediglich logisch fehlerhafte Behauptungen erkennen lässt. Er bildet deshalb lediglich einen die Rechtsanwendung strukturierenden Rahmen,[24] der jene beiden materiell folgenreichen Einflussfaktoren nur formal in Bezug nimmt, aber in keiner Weise anleitet: die auf den konkreten Sachverhalt bezogene Kennzeichnung der – insofern sachverhaltsrelevanten – Rechtssätze (Obersätze) und die wert-, d.h. im juristischen

---

20 Dazu näher *Schuhr*, JZ 2008, 603 ff.; treffend *Reimer*, in: ders. (Hrsg.), Juristische Methodenlehre aus dem Geist der Praxis?, 2016, 11 (19): „Methodenlehre ist Überzeugungslehre, kein Rechtsalgorithmus".

21 Hinge es ausschließlich mit der – vom Vorverständnis geprägten – Auswahl der „richtigen" Obersätze zusammen, bliebe das Subsumtionsmodell als solches davon gänzlich unberührt.

22 *Neumann*, in: FS-Philipps, 2005, 117 (123).

23 Vgl. z.B. *Koch/Rüßmann*, Juristische Begründungslehre, 1982, 112 ff.

24 Wie hier bereits *Pavčnik*, Juristisches Verstehen und Entscheiden, 1993, 103 f.

Kontext rechtsbezogene Kennzeichnung des insoweit relevanten Sachverhaltsausschnittes. Das mit *Engisch'* berühmtem Bild vom „Hin- und Herwandern des Blickes“[25] angesprochene methodologische Problem ist somit ein doppeltes, und erst dessen erfolgreiche Bewältigung macht die eigentliche juristische Leistung aus – in den Worten des slowenischen Rechtstheoretikers *Marijan Pavčnik*: „Das Wandern zwischen dem Normativen und dem Faktischen […] bedeutet, dass man das Normative nur im Hinblick auf das Faktische verstehen und […] auch das Faktische nicht ohne Bedachtnahme auf den normativen Ausgangspunkt der Entscheidung werten kann – hinter dem scheinbaren Automatismus steht das Werten des Normativen im Hinblick auf das Faktische und des Faktischen im Hinblick auf das Normative“[26]. Was juristisch relevant ist und was nicht, ergibt sich nicht aus dem Sachverhalt selbst, sondern erst aus seiner Relation zu bestehenden Rechtsnormen, die sich ihrerseits aber erst anhand der Summe einschlägiger Fälle praktisch erfassen lassen.[27]

Damit aber noch nicht genug: Die wechselseitige „Annäherung“ von Rechts- und Tatsachenwelt besteht nicht bloß zu Beginn, bei der Auswahl und Festlegung des jeweiligen Ober- und Untersatzes, sondern setzt sich prozesshaft bis zur Subsumtion fort – ohne dass sich aus der Einsicht in deren syllogistischer Natur oder allgemein in den cartesianischen Charakter[28] der gutachterlichen Methode etwas darüber ergäbe, wie das für die jeweilige Rechtsfolge ausschlaggebende Überschreiten der beiden „Welten“ und „weltenübergreifende“ Vergleichen in einem nicht-irrationalen Modus konkret erfolgen soll. Damit wird der juristische Syllogismus für die Rechtsfindung keineswegs entbehrlich; nur liegt die letztendliche juristische Begründungsaufgabe jenseits seiner selbst und wird auch durch die formale Kennzeichnung der gutachterlichen Prüfungsschritte nicht einmal ansatzweise erfasst.[29] Solange die akademische Lehre und selbst eine inzwischen im Aufbruch befindliche Rechtsdidaktik[30] sich hierauf beschränken, wird die wegweisende Aufklärung des für das Ideal einer rationalen Rechtsanwendung entscheidenden

25 *Engisch*, Logische Studien zur Gesetzesanwendung, 3. Aufl. 1963, 15.

26 *Pavčnik* (o. Fn. 24), 103.

27 Zutr. *Meder*, Mißverstehen und Verstehen, 2004, 193.

28 Näher *Stuckenberg*, FS-Frisch, 2013, 165 (182 ff.).

29 Wie hier auch *Joerden* (o. Fn. 14), 296 f.; *Arth. Kaufmann* (o. Fn. 15), 3 f. (jeweils m.w.N.).

30 Beispielhaft für solche Beschränkung auf die formalen Parameter ohne irgendeine Aufklärung der im Kern unverzichtbaren „Annäherung“ von Ober- und Untersatz und rationalen Handhabung des letztendlichen Entscheidungsprozesses – bemerkenswerterweise im Namen eines „Zentrums für juristisches Lernen“ – *Czerny*, Der Gutachtenstil (Juristische Methode), abrufbar: https://www.youtube.com/watch?v=wxGvEYDjQqc [Zugriff am 1.10.2017].

Zwischenstückes im Erkenntnisgang verfehlt. Es braucht dann auch niemanden verwundern, wenn eine halbwegs nachvollziehbare Subsumtion jenseits apodiktischer ad-hoc-Behauptungen („Also hat A im Sinne des § 211 StGB heimtückisch gehandelt") selbst in Examensarbeiten eher die seltene Ausnahme ist.

C. Jenseits des Syllogismus: Raum der Irrationalität?

Trifft es also zu, dass die bei der Rechtsfindung im Einzelfall eigentlich zu leistende Form des (Rechts-)Denkens nicht diejenige ist, die der Gutachtenstil und der ihm inhärente Syllogismus abbilden,[31] so fragt sich natürlich umgehend, warum die beiden als entscheidungswesentlich identifizierten Parameter – das zur Bildung des jeweiligen Ober- und Untersatzes maßgebliche (rechtliche) Vorverständnis sowie das „Annäherungsverfahren" von Sollenssatz und Lebenssachverhalt bis hin zum letztendlichen Entscheidungsakt – bislang nicht ebenso rational aufgeklärt sind (und sodann in der akademischen Lehre auch entsprechend vermittelt werden). Soweit hierauf geantwortet wird, dass der Rechtsanwendungsprozess eben „nicht durchweg in rationalen logischen Schlüssen verläuft", weil „manches unsicher, nicht rational und in diesem Sinne nicht wissenschaftlich" sei, befriedigt das selbst dann nicht sonderlich, wenn noch hinzugefügt wird, dass immerhin das Nichtrationale rational analysiert werden müsse.[32] Offenbar steht diese – soweit ersichtlich – gängige Haltung immer noch unter dem Eindruck der *Kant*schen Erkenntnistheorie, wonach die Anschauung des zu beurteilenden Einzelnen einzig sinnlich möglich sei und deshalb hierfür auch keine Verstandesregeln formuliert werden können, was für die Subsumtion des Einzelfalles unter einen allgemeinen Begriff nurmehr auf die individuelle praktische Urteilskraft hoffen lasse.[33] Hiergegen spricht jedoch die heutige erkenntnistheoretische Einsicht, dass auch die mit dem Einzelfall bezeichnete „Wirklichkeit" dem Betrachter nur in Begriffen und nicht als solche (gleichsam unvermittelt) zugänglich ist, sodass es in der Subsumtion in Wahrheit nicht etwa um die Bezugnahme des Sachverhaltes „in natura" zu einem (Rechts-)Begriff,

---

31 Sehr dezidiert *Bung*, in: Gabriel/Gröschner (Hrsg.), Subsumtion, 2012, 215: bloße Darstellungstechnik.

32 *Arth. Kaufmann* (o. Fn. 15), 8; s.a. *Stuckenberg*, FS-Frisch, 2013, 165 (176): „Anwendung von Regeln hat eine unausweichlich irrationale Natur".

33 *Kant*, Logik, Elementarlehre, Akademie-Ausgabe Bd. 9, 91; *ders.*, Kritik der reinen Vernunft, 2. Aufl. 1787, B 170 ff.; näher *Schröder*, Wissenschaftstheorie und Lehre der „praktischen Jurisprudenz" auf deutschen Universitäten an der Wende zum 19. Jahrhundert, 1979, 176 ff.

sondern vielmehr um eine Aussage darüber geht, ob „ein bestimmter Begriff einen anderen erfüllt, d.h. ein Spezialfall dieses anderen Begriffes ist“[34]. Infolgedessen lässt es sich auch hier mitnichten prinzipiell ausschließen, Verstandesregeln für die Verfahrensweise der Fallentscheidung zu entdecken bzw. als Standard zu setzen.

Anders scheint es hingegen mit dem Auffinden der sachverhaltsrelevanten Ober- und Untersätze zu liegen – eine Aufgabe, die evident nur jenem gelingen kann, der eben über ein hinreichendes Maß an Rechtskenntnis und intellektueller Urteilskraft mit Blick auf den konkreten Sachverhalt verfügt und deshalb eine Ähnlichkeit mit bereits ergangenen Fallentscheidungen erkennt. Eben dies wird mit dem sog. „Vorverständnis“[35] – gemeint nicht als vorurteilsbeladene Irrationale beim jeweiligen Urteiler, sondern nach Maßgabe der „vom Gesetz offenbar vorgesehenen Lösungstendenz“[36] beim institutionell eingebundenen und entsprechend sozialisierten Rechtskundigen (z.B. Richter)[37] – bezeichnet, das die Hermeneutik freilich nur als solches zu beschreiben, nicht aber rational zu erklären vermag: Danach kann stets nur dasjenige verstanden werden, was bereits – wenn auch auf einer weniger reflektierten Ebene (was die „hermeneutische Spirale“ begründet)[38] – bereits vorverstanden ist. Mit *Gadamer*: „Wer einen Text verstehen will, vollzieht immer ein Entwerfen; er wirft sich einen Sinn des Ganzen voraus, sobald sich ein erster Sinn im Text zeigt. Ein solcher zeigt sich wiederum nur, weil man den Text schon mit gewissen Erwartungen auf einen bestimmten Sinn hin liest. Im Ausarbeiten eines solchen Vorentwurfs, der freilich beständig von dem her revidiert wird, was sich bei weiterem Eindringen in den Sinn ergibt, besteht das Verstehen dessen, was dasteht“[39]. *Arthur Kaufmann* spricht deshalb von einem „Wiedererkennen von irgendwie schon Bekanntem“[40];

---

34 *Puppe*, Kleine Schule des juristischen Denkens, 2008, 49.

35 Genau genommen handelt es sich um ein doppeltes: zum einen das durch die Norm (bei der Strukturierung des Sachverhaltes), zum anderen das durch den Fall (bei der Bestimmung des Obersatzes) ausgelöste Vorverstehen, zutr. *Hager*, Rechtsmethoden in Europa, 2009, 290; letzteres bezeichnet *Hollerbach* (in: Staatslexikon der Görres-Gesellschaft, Bd. 4, 7. Auflage 1988, Sp. 751 [757 f.]) als Fall-Hermeneutik“.

36 *Esser*, Vorverständnis und Methodenwahl in der Rechtsfindung, 1972, 118.

37 Zutreffend betont von *Strauch*, Methodenlehre des gerichtlichen Erkenntnisverfahrens, 2017, 114.

38 Rechtstheoretisch: *Hassemer*, Tatbestand und Typus. Untersuchungen zur strafrechtlichen Hermeneutik, 1968, 104 ff.; philosophisch: *Gadamer*, in: Schönherr-Mann (Hrsg.), Hermeneutik als Ethik, 2004, 33 ff.

39 *Gadamer*, Wahrheit und Methode, 2. Aufl. 1965, 251 und 261.

40 *Arth. Kaufmann*, FS-Peters, 1974, 295 (302).

die moderne Rechtstheorie beschreibt dies näher als kognitionspsychologischen Akt des „Erkennens von vermittelnden Interpretationsmustern"[41].

Ein entscheidendes Stück weiter führt jedoch die Einsicht in den „analogischen Charakter" jedweder menschlichen Erkenntnis und somit denknotwendig auch des Rechts: So wie ganz allgemein denkendes Orientieren durch Prüfung von Ähnlichkeiten anhand der bestehenden begrifflichen Kategorien vonstatten geht,[42] wird auch die Rechtserkenntnis – nicht nur für den konkreten Einzelfall, sondern per saldo auch im Ganzen – im Wege des Vergleichs der Fälle bzw. Falltypen angestoßen und vorangetrieben: „Gefunden wird der Rechtsspruch [...] durch Gleichsetzung (oder Ungleichsetzung) des zu entscheidenden Falles mit den vom Gesetz bzw. von der Rechtsordnung zweifelsfrei gemeinten Fällen"[43] – und eine solche „Gleichsetzung" kann nicht anders als im Wege einer Analogie erfolgen,[44] weil diese ihrer Struktur nach das weniger Bekannte mit dem Bekannten in eine zusammenfügende Relation bringt. Dass dies stets nur in Bezug auf ein normatives tertium comparationis, d.h. ein Gesetz oder eine Rechtsregel, geschehen kann, hat *Arthur Kaufmann* überzeugend nachgewiesen;[45] er geht aber davon aus, dass – ganz im Sinne der pragmatisch verfahrenden Rechtspraxis – der Analogieschluss auch die Rechts*entscheidung* am Ende hinreichend beschreibt: „Kern des Rechtsgewinnungsverfahrens ist die Analogie [...] Das Novum kommt von dem Rechtsanwendenden, der Fall und Norm nach Maßgabe des Vergleichspunktes als vergleichbar bzw. als nicht vergleichbar erkennt und sie darum als gleich oder ungleich behandelt. Diese Gleich- oder Ungleichsetzung ist ein schöpferischer Akt [...], den Vergleichspunkt zu bestimmen kein reiner Erkenntnisakt, sondern auch eine Dezision, und diese hat mit Macht zu tun"[46].

Vom unbefriedigenden Ergebnis einmal abgesehen, das auf dieser Basis doch der Subjektivität und Beliebigkeit ohne klar definierte Grenzen Raum eröffnet, wird damit jedoch ein wesentliches Momentum übersehen: Analogien dienen nurmehr der Entdeckung bzw. Entwicklung von Hypothesen; eben dies

---

41 Näher *Strauch* (o. Fn. 37), 529 ff., 561 ff.

42 Grundlegend aus kognitionspsychologischer Perspektive zuletzt *Hofstadter/Sander*, Die Analogie. Das Herz des Denkens, 2014.

43 *Arth. Kaufmann* (o. Fn. 15), 77.

44 So explizit *Larenz/Canaris*, Methodenlehre der Rechtswissenschaft, 6. Aufl. 1991, 275.

45 Vgl. *Arth. Kaufmann* (o. Fn. 15), 25: „Was bei einem Fall das Wesentliche ist, ist nicht ohne Hinblick auf die in Betracht kommende Norm zu beantworten. Vergleiche ohne Norm: das wäre Zufall, Willkür, Orientierungslosigkeit".

46 *Arth. Kaufmann* (o. Fn. 15), 74 f., 78.

begründet ihren Charakter als „Motor" menschlichen Denkens und vorantastenden Sich-Orientierens. Der Analogieschluss als solcher verfügt jedoch über kein Kriterium, ob die gezogene Relation auch tatsächlich zutreffend ist. Er bildet nicht mehr als eine Offerte, die dem eigentlichen Entscheidungsakt vorgelagert ist. Dies erhellen die neueren Einsichten (auch bei *Kaufmann* selbst), wonach es sich bei dem Verfahren, welches von einer konkreten Tatsache (einem Fall) ausgeht und nach einer Regel sucht, um damit einen anderen Fall beurteilen zu können, in der modernen Logik um eine Abduktion handelt: Die hierdurch ins Blickfeld geratenden Konklusionen lassen sich jedoch nur als Möglichkeiten und niemals als feststehende Erkenntnisse formulieren;[47] es handelt sich um eine „experimentelle Methode"[48], die nurmehr Hypothesen generiert, die erst auf andere Weise verifiziert werden müssen. Treffend hat *Kaufmann* daher in einer aktuelleren Erörterung des Problems formuliert: „Die Analogie arbeitet mit Hypothesen, die Abduktion findet Hypothesen"[49]. Wie *Joerden* sehr zu Recht verdeutlicht hat, ist diese Einsicht für die Rechtsanwendung durchaus von erheblicher Bedeutung, weil auch das juristische Denken immer auf Hypothesen angewiesen ist: Diese finden sich jedoch nicht am Ende, sondern zu Beginn des gutachterlichen Verfahrens, wo „regelmäßig zunächst eine (indirekte) Frage (Hypothese) gestellt [wird], die der Bearbeiter dann zu beantworten sucht"[50]. Und an dieser Stelle bewirkt die abduktive Strategie neben der Innovation zugleich eine arbeitsökonomische „Selektion", weil die „instinktiv näherliegende Hypothese bei der Prüfung bevorzugt werden soll"[51].

D. Zur rationalen Struktur des Entscheidungsakts und seiner Wegbereitung

Aus dem Vorstehenden ergibt sich nahtlos die Folgefrage, wie sich nach rechtskundiger Hypothesenbildung letztendlich die nötige Sicherheit gewinnen lässt, dass der entscheidungsbedürftige Fall (Sachverhaltsausschnitt) auch tatsächlich von der betreffenden (Rechts-)Regel erfasst wird, d.h. unter diese zu

---

47 So insbes. *Alexy*, in: ARSP-Beiheft Nr. 100 (2005), 47 (59); *L. Schulz*, in: GS-Tammelo, 2009, 169 (172 f.); *Wittmann*, in: Philipps/Bengez (Hrsg.), Von der Spezifikation zum Schluss, 2013, 135 (136 ff.).

48 *L. Schulz*, in: Brugger/Neumann/Kirste (Hrsg.), Rechtsphilosophie im 21. Jahrhundert, 2008, 286 (291).

49 *Arth. Kaufmann*/v. d. *Pfordten*, in: Hassemer/Neumann/Saliger (o. Fn. 2), 120.

50 *Joerden* (o. Fn. 14), 300.

51 *Wirth*, Zeitschrift für Semiotik 1995, 405 (407).

subsumieren ist. Zumeist findet sich die hier in Rede stehende Verfahrensweise mit dem schillernden Begriff der „Konkretisierung“ beschrieben: Danach müsse der im Lichte des zu beurteilenden Sachverhalts als potentiell relevant identifizierte Rechtssatz „möglichst nahe an den zu entscheidenden Fall herangeführt werden“[52], ehe – nach „behutsamer Annäherung“ auch des konkreten Falles an das „konkretisierte Gesetz“ im Wege seiner Abstrahierung zu einem „Falltyp“[53] – ab einem ungewissen Punkt[54] in wohlbegründeter (argumentationsfundierter)[55] „wertender Synthese“[56] der ausschlaggebende „Sprung“[57] durch ein Sich-Entscheiden unvermeidlich wird. Dies macht allerdings unübersehbar, dass die erhoffte Rationalität des Vorgehens in mindestens zweierlei Hinsicht unsicher bleibt: bei der näheren Handhabung solcher „Konkretisierung“ und beim „aktiv-gestaltenden Akt“, mit dem eine hinreichende „Entsprechung“ von Norm und Fall(-typ)[58] letztendlich festgestellt oder zurückgewiesen wird.

Das letztgenannte Rätsel verliert jedoch seine vorgebliche Unergründlichkeit, wenn man sich von der tradierten Auffassung löst, dass hier tatsächlich eine Art Brückenbildung über eine tiefe „Kluft“[59] zwischen den beiden an sich streng geschiedenen „Welten“ von Sein und Sollen (etwa nach Maßgabe eines komplexen „Kohärenz“-Modells)[60] stattfinde. Gewiss beinhaltet im Ausgangspunkt das Gesetz oder die Rechtsregel einen normativen Typus, während der konkrete Fall in all seinen – auch ganz und gar rechtsirrelevanten – Facetten der gesellschaftlichen Wirklichkeit entstammt.[61] Jedoch gehört der für die Rechtsfindung maßgebliche, mithin subsumtionsfähige „Sachverhalt“ nicht mehr dieser realen

52 *Braun*, Deduktion und Invention, 2016, 30.

53 *Braun* (o. Fn. 52), 33 f.

54 Trefflich krit. *Esser* (o. Fn. 36), 79: Damit aus dem „Hin- und Herwandern des Blickes“ keine „Wanderung ohne Ende“ werde, bedarf es Kriterien, „die das Einpendeln auf eine bestimmte Subsumtion erlauben“.

55 Hier ist somit das Eintrittstor für juristische Argumente nach Maßgabe der juristischen Argumentationslehre, s. dazu insbes. *Alexy*, Theorie der juristischen Argumentation, 2. Aufl. 1991, 283 ff.: „externe Rechtfertigung“.

56 *Pavčnik* (o. Fn. 24), 20 und 93 ff.

57 *Peczenik*, On Law and Reason, 1989, 114 ff. und 130 ff.; s. auch *Klatt*, in: Brockmäller/Hilgendorf (Hrsg.), Rechtsphilosophie im 20. Jahrhundert – 100 Jahre Archiv für Rechts- und Sozialphilosophie, ARSP-Beiheft Nr. 116 (2009), 187 (193): „individueller Norm-Sprung“.

58 *Arth. Kaufmann*, Rechtstheorie 17 (1986), 257 (264).

59 *Alexy* (o. Fn. 55), 282.

60 So aber *Strauch* (o. Fn. 37), 621 ff.

61 *Pavčnik* (o. Fn. 24), 101.

Lebenswelt an, sondern ist – vielleicht auch erst nach einigen „umständlichen Erkenntnisakten und Schlussfolgerungen“[62] – das Ergebnis eines „Zuschneidens“[63] jenes „Roh-Sachverhalts“[64] mit Blick auf den in Frage stehenden Rechtssatz: „Der Sachverhalt [...] ist dem Beurteiler nicht von vornherein gegeben, sondern er muss von ihm in Hinblick auf die ihm bekannt gewordenen Fakten einerseits, deren mögliche rechtliche Bedeutung andererseits erst gebildet werden“[65]. Infolgedessen stellt sich der Sachverhalt aufgrund seiner normativen Prägung als „Verbindungsstück“[66] zwischen den beiden voneinander separierten Sphären dar, in welchem die Tatsachen der Lebenswelt zu einem rechtsrelevanten „Falltypus“[67] überformt sind, damit sie sich auf diese Weise mit dem „Normtypus“[68] überhaupt vergleichen und diesem ggf. „zuordnen“[69] lassen. Die Inverhältnissetzung von Fall- und Normtypus sucht sodann, anders als dies teilweise angenommen wird, nicht nach einer „Deckungsgleichheit“[70] bzw. „Identität“[71], was je nach Anwendungsspektrum (Extension) der betreffenden Rechtsregel meist ausgeschlossen sein dürfte: Bezieht sich doch der Normtypus in aller Regel auf eine Mehr- oder gar Vielzahl von (im vorstehenden Sinne typisierten) Sachverhalten. In Wahrheit besteht die Aufgabe vielmehr darin, den Falltypus als Teilmenge des Normtypus auszuweisen, was sich mit *Puppe*[72] auch als (durch Sprachzeichen determiniertes, d.h. begriffliches) Spezialitätsverhältnis beschreiben lässt.

Hierin liegt der Sinn des typisch juristischen „Zergliederns“ von rechtlichen Oberbegriffen nicht nur in horizontaler (durch Bildung einer sich aus mehreren Teilstücken zusammensetzenden Gesamtdefinition), sondern vor allem auch in vertikaler Richtung, um auf den jeweils benötigten „Mittelbegriff“[73] zu stoßen, der die eigentliche Subsumtion (im Wege der begriffslogischen Deduktion)

62 *Engisch*, Einführung in das juristische Denken, 8. Aufl. 1983 (Nachdruck 1989), 53.
63 *Schluep*, Einladung zur Rechtstheorie, 2006, Rn. 2977; s. auch *Röhl*, Allgemeine Rechtslehre, 1994, § 18 III: „Konstitution des Sachverhalts“.
64 *Arth. Kaufmann*, JZ 1975, 337 (339): bloße „Rohmaterialien“; *Pavčnik* (o. Fn. 24), 152: „grober Grundstoff“.
65 *Larenz/Canaris* (o. Fn. 44), 278.
66 *Jabloner*, ZÖR 71 (2016), 199 (203).
67 *Braun* (o. Fn. 52), 33 f.
68 Zu diesem näher *Duttge*, in: Jahrbuch für Recht und Ethik Bd. 11 (2003), 103 ff.
69 *Zippelius*, Juristische Methodenlehre, 8. Aufl. 2003, § 16 II.
70 *Braun* (o. Fn. 52), 35.
71 Wie hier zweifelnd *Pavčnik* (o. Fn. 24), 100 f.
72 Oben Fn. 34.
73 Oben Fn. 15.

ermöglicht. Soweit hingegen in der juristischen Methodenlehre mitunter (und neuerdings wohl vermehrt) gelehrt wird, dass der Vorgang der Normanwendung denklogisch als Problem einer umfassenden „Abwägung" zu begreifen sei,[74] betrifft dies nicht den Subsumtions- und damit Entscheidungsakt selbst, sondern allenfalls – und dabei eine Vielzahl von Folgefragen in Bezug auf das erst rationalitätsbegründende Abwägungsprogramm aufwerfend – allein die wertbezogene Herstellung des Normtypus. Eher verunklarend, da diese beiden Bereiche nicht hinreichend separierend, ist es daher, wenn die „Normanwendung" im Ganzen als „Prozess" vorgestellt wird, in dem sich Subsumtion und Abwägung verzahnen"[75]. Unabhängig davon bleibt aber noch immer klärungsbedürftig, wie der produktive Vorgang der „Konkretisierung" einer Rechtsregel zu einem Normtypus rational rekonstruierbar ist. Gewiss bildet die geltende Rechtsordnung und insbesondere das ausgewählte, auf den konkreten Sachverhalt potentiell anwendbare Gesetz nach Maßgabe seiner Auslegung den Rahmen einer solchen Konkretisierung; in der Aufklärung der hierfür relevanten Auslegungskriterien liegt traditionell der Schwerpunkt der juristischen Methodenlehre. Nur ist damit noch nicht der Anspruch eingelöst, dass die Annäherung der Rechtsregel zwecks Ermöglichung des Subsumtionsschlusses eben nicht rein normativ, sondern justament „mit Bezug auf die vorhandene Lebenswirklichkeit"[76] (besser: das Gesamt an Sachverhalten bzw. Falltypen) erfolgen muss. Der slowenische Rechtstheoretiker *Marijan Pavčnik* spricht deshalb von der „faktischen Normativität" (d.h. einer auf das Faktische hin gerichteten Normativität), die sich mit der „normativen Faktizität" (d.h. dem auf das Normative hin „zugeschnittenem" Sachverhalt) treffe.[77] Dass der bloße Verweis auf eine hier eben zu bewerkstelligende „Konkretisierung" nicht wesentlich weiterhilft, sollte seit *Engisch*'s fundamentaler Studie über die „Idee der Konkretisierung in Recht und Rechtswissenschaft unserer Zeit"[78] nicht mehr ernstlich zu bezweifeln sein.

An diesem Punkt gilt es nun zu betonen, dass die allein binnenjuristische Befassung es bisher sträflich versäumt hat, den Blick zu weiten und auf jene

---

74 In diesem Sinne jedoch aktuell ein interdisziplinäres Forschungsprojekt des IZEW Tübingen, http://www.uni-tuebingen.de/einrichtungen/zentrale-einrichtungen/internationales-zentrum-fuer-ethik-in-den-wissenschaften/forschung/ethik-und-bildung/das-problem-der-anwendung-in-der-sog-angewandten-ethik.html.

75 *Strauch* (o. Fn. 37), 636.

76 *Zippelius* (o. Fn. 69), § 16 II.

77 *Pavčnik* (o. Fn. 24), 161.

78 2. Aufl. 1968, mit umfassenden Belegen und zahlreichen Beispielen zur Vieldeutigkeit des Begriffes.

anderen normativen Fachdisziplinen zu richten, die mit eben demselben Normanwendungs- und Konkretisierungsproblem konfrontiert sind.[79] Soweit die strukturellen Gemeinsamkeiten reichen, lässt sich doch ohne Weiteres voneinander lernen – und es ist dabei keineswegs von vornherein ausgeschlossen, dass dies nicht bloß im Wege der „Einbahnstraße" allein qua Export von Erkenntnissen der juristischen Methodenlehre, sondern auch in der Gegenrichtung zugunsten eines besseren Verständnisses der *Rechts*anwendung bzw. -findung geschieht. In der heutigen Moderne liegt eine mutmaßlich aussichtsreiche interdisziplinäre Fühlungnahme insbesondere in Richtung der „angewandten Ethiken"[80] nahe und fällt in diesem Bereich vor allem die intensive methodologische Debatte innerhalb der Medizin- und Bioethik ins Auge: Auf Basis der hier inzwischen auch in Deutschland weithin akzeptierten „Prinzipienethik" von *Beauchamp* und *Childress*[81] kreist diese um den Zentralbegriff der „Spezifizierung", dem dezidiert die Aufgabe zugeschrieben wird, im Unterschied zu einem „intuitiven Abwägen" auf diskursiv-rationale Weise in einem reflexiv angelegten Prozess fortlaufender „Anpassung"[82] der abstrakten Prinzipien (Normen) an die konkrete Lebenswelt deren schrittweise „kreative" Anreicherung mit Inhalten und Gewichtung einzelner Aspekte zu bewirken, wodurch sich immer schärfer erkennen lasse, was das jeweilige Prinzip bzw. die jeweilige Norm für die jeweiligen Einzelfälle bedeute. „Wohlüberlegte Urteile" sollen dies erreichen, „die ihrerseits abhängig sind von Charakter, moralischer Einsicht sowie einem Bewusstsein für persönliche Verantwortung und Integrität" des Urteilenden.[83] Die Rationalität solcher Entscheidungsfindung werde gesichert durch das Erfordernis der Kohärenz, die ähnlich dem *Rawl*schen „Überlegungsgleichgewicht"[84] allgemeine Überzeugungen, Regeln und Prinzipien verschiedenster Abstraktionshöhe sowie relevante Hintergrundtheorien so lange dialektisch ineinander spiegeln und miteinander ausbalancieren lässt, bis in Ansehung des Einzelfalls eine begründete Entscheidung getroffen werden kann.

---

79 Dies ist der verdienstvolle Ausgangspunkt des bereits erwähnten interdisziplinären Forschungsprojekts des IZEW Tübingen (o. Fn. 74).

80 Überblick zu den hier begegnenden Spezialbereichen: *Nida-Rümelin* (Hrsg.), Angewandte Ethik, 1996.

81 Näher *Beauchamp/Childress*, Principles of Biomedical Ethics, 6. Aufl. 2009.

82 *Beauchamp*, in: Rauprich/Steger (Hrsg.), Prinzipienethik in der Biomedizin, 2005, 48 (54): „Prinzipien werden weniger angewandt als vielmehr expliziert und für spezielle Aufgaben passend gemacht".

83 *Beauchamp* (o. Fn. 82), 48 (51).

84 *Rawls*, Eine Theorie der Gerechtigkeit, 1975, 68 ff.

Es ist hier nicht der Ort, tiefer in diese medizinphilosophisch-methodologische Debatte einzutauchen und näher auszubreiten. Denn es ist auch so deutlich zu erkennen, dass sich eine nähere analytische Befassung aller Wahrscheinlichkeit nach lohnen würde, zumal die „Spezifizierung" nicht zuletzt auch verspricht, trotz stabiler, konstanter Ausgangsbasis im Normprogramm hinsichtlich des einbezogenen Anwendungsfeldes der Norm flexibel, revidierbar und diskursiv zugänglich zu sein[85] – d.h. ganz und gar auch der fortschreitenden *Rechts*entwicklung im Zuge von Rechtsprechung und Rechtswissenschaft durch Neuentdeckung weiterer Anwendungsfälle gerecht würde. In ihrem Anspruch, die kontextspezifische „Anreicherung" der ursprünglichen Norm zugunsten einer diese repräsentierenden „Norm mittlerer Ebene" *im Wege eines methodisch vordefinierten Verfahrens* und nicht etwa willkürlich-intuitiv zu bewerkstelligen (auch wenn die Urteilskraft des Urteilenden natürlich niemals verzichtbar ist), deckt sich vollständig mit dem methodologischen Ideal einer „rationalen Rechtsanwendung". In der Bioethik wird die Methode der Spezifizierung (also in ihrer rationalen Explikation fern einer nur metaphorischen Redeweise) schon seit Längerem als „the most significant contribution to bioethical theory"[86] aufgefasst; dann könnten sich – in Umkehrung der bislang (nur selten) unternommenen vergleichenden Betrachtung der methodologischen Probleme von der Warte des Rechts ausgehend zugunsten der angewandten (Medizin-)Ethik[87] – durchaus auch „Lerneffekte" für die Weiterentwicklung der juristischen Methodik zeitigen.

E. Perspektiven

Schon heute aber ist der Stand der Erkenntnisse ein ganz anderer, als es die üblichen Darstellungen in Studienliteratur und modernen Medien[88] – mitunter eher eine Karikatur des Eigentlichen – vermuten lassen. Schon den Studierenden muss sich der Eindruck aufdrängen, dass „das Eigentümliche des Umgangs mit dem Recht [...] im Subsumtionsschema gar nicht zum Ausdruck" kommt, dass dies mithin „nicht alles gewesen sein kann"[89]. Was Studierende aus diesem

85 *Richardson*, in: Rauprich/Steger (o. Fn. 82), 252 (265 ff.); die Resultate können damit natürlich keinen Anspruch auf exklusive Geltung erheben, zutr. *Clausen*, ebd., 378 (395).

86 *DeGrazia*, Journal of Medicine and Philosophy 17 (1992), 511 (524).

87 Soweit ersichtlich aus rechtswissenschaftlicher Sicht bislang einzig: *Paulo*, in: Rauprich/Jox/Marckmann (Hrsg.), Vom Konflikt zur Lösung, 2016, 29 ff.

88 Siehe o. Fn. 30.

89 *Bung*, in: Gabriel/Gröschner (Hrsg.), Subsumtion, 2012, 215.

Befund lernen (und später als Rechtspraktiker in die Tat umsetzen und ggf. als hochrangige Richter unbefangen publizieren[90]), ist eher die Beliebigkeit des Entscheidens ganz nach „Bauchgefühl", freilich mit der Obliegenheit, eben dies durch Einkleidung in ein pseudorationales „Schema" – von allen als Gutachtenstil benannt – so gut wie möglich zu verhüllen. Es ist höchste Zeit für eine Selbstvergewisserung und entsprechende Vermittlung darüber, was eine rationale Rechtsanwendung im Einzelnen impliziert. Die interdisziplinäre Herausforderung erschöpft sich also nicht etwa in der weiteren rechtstheoretischen Forschung (s.o.), sondern ebenso in der Vermittlungsaufgabe – sofern sich die heutige Rechtsdidaktik endlich darauf einließe, bei aller Vorliebe für moderne Technik und „schöne Bildchen" auch die Substanz des zu vermittelnden Gegenstandes ernstzunehmen. Die aufscheinende Perspektive einer „Rechtswissenschaft, die auf transdisziplinär zu klärenden Grundfragen aufbaut"[91] und dabei die modernen technischen Möglichkeiten detailliert auf ihre Nutzbarmachung hin prüft – das wäre ein Weg, wie er dem *Jubilar* sicherlich gut gefallen würde.

---

90 Siehe o. Fn. 6; präzise Kritik am defizitären Methodenverständnis der Justiz bei *Rüthers*, JZ 2006, 53 ff. („bei uns hat jeder Fall seine Methode"); siehe auch *Hassemer*, in: Reimer (o. Fn. 20), 37 (60 f.).

91 http://www.prof_wolf.de/grundfragen/.

Jörg Eisele

Reformbedürftigkeit des Schriftenbegriffs im StGB

Abstract: As a result of the increasing use of modern information technologies, Eisele analyses the new law (§ 11 para. 3 StGB) in the German Criminal Code, which equates stored sound, images and other data to writings (scripture). Abolishing legal differences in this way is problematic because the concept of "scripture" presupposes an embodiment of the content which is not obvious for electronic data which may be cached only for short terms. In particular for criminal offences of §§ 184d para. 1, 130 para. 2 No. 2 StGB (pornography and hate crimes), there may be ambiguities and gaps. After a critical examination of the "Specific distribution concept" developed by the Federal Court and its impact on offences such as §§ 184b, 184c StGB (distribution of youth pornography), the author suggests solutions. Thus, either the general § 11 para. 3 StGB or the special penal norms of the criminal code can be amended and supplemented.

Keywords: Schriftenbegriff, Datenspeicher, Verbreitungsbegriff, Telemedien, Informations- und Kommunikationstechnologie

A. Einleitung

Der Jubilar gehört zu dem kleinen Kreis strafrechtlicher Kollegen, die sich vertieft mit wissenschaftlichen Fragen der Rechtsinformatik beschäftigen. Betrachtet man das materielle Strafrecht, so bereiten hier aufgrund des immer weiter fortschreitenden technischen Wandels gerade die informationstechnischen Bezüge erhebliche Schwierigkeiten. Im Zuge der rasanten Fortentwicklung von Computern und des Internets hat der Gesetzgeber im Jahr 1997 mit dem Informations- und Kommunikationsdienste-Gesetz (IuKDG)[1] in § 11 III StGB eine Gleichstellung von „Schrift" und „Datenspeicher" eingefügt, um so künftige Entwicklungen im Bereich der Informations- und Kommunikationstechnik (IuK-Technik) bei der Auslegung des Schriftenbegriffs berücksichtigen zu können.[2] Im Zuge des 49. Strafrechtsänderungsgesetzes[3] hat nun der

---

1 BGBl. I 1997, S. 1870.

2 BT-Drs. 13/7385, S. 17, 36.

3 49. Gesetz zur Änderung des Strafgesetzbuches – Umsetzung europäischer Vorgaben zum Sexualstrafrecht, BGBl. I 2015, S. 10; dazu auch *Eisele*, Schriftliche Stellungnahme zur Sachverständigenanhörung im Ausschuss für Recht und Verbraucherschutz des

Bundesrat im Jahr 2015 erneut Klärungsbedarf gesehen und – freilich noch ohne Erfolg – angeregt, § 11 III StGB zu ergänzen, „indem den Schriften neben Datenspeichern auch Daten selbst i.S.d. § 202a StGB gleichgestellt werden".[4]

Ob es einer solchen Reform wirklich bedarf, soll im Folgenden näher untersucht werden. Dabei soll zunächst der Schriftenbegriff des § 11 III StGB analysiert werden (B.), um bestehende Lücken und Unklarheiten herauszuarbeiten (C.). In diesem Zusammenhang ist dann auch auf die zentralen Vorschriften des Besonderen Teils des StGB zu blicken, die auf § 11 III StGB verweisen. Auf dieser Grundlage sollen schließlich verschiedene Lösungsmodelle erörtert und bewertet werden (D.).

B. Schriftenbegriff

I. Gesetzgeberische Gleichstellung

Nach § 11 III StGB stehen den Schriften Ton- und Bildträger, Datenspeicher, Abbildungen und andere Darstellungen in denjenigen Vorschriften gleich, die auf diesen Absatz verweisen. Solche Verweisungen finden sich im StGB in ganz unterschiedlichem Zusammenhang. Zu nennen sind § 6 Nr. 6, § 74d,[5] § 80a, § 86 II, § 86a I Nr. 1, § 90 I, § 90a I, § 90b I, § 111 I, § 130 II Nr. 1, V, § 131 I, § 140 Nr. 2, § 165 I, § 166 I, II, § 176 IV Nr. 3, § 176a III, § 184 I, § 184a, § 184b I, § 184c I, § 186, § 187, § 188, § 200, § 219a I StGB. In § 11 III StGB ist der Oberbegriff die („andere") „Darstellung"; er wird durch die Ton- und Bildträger usw. exemplifiziert.[6] Aufgrund der Gleichstellung mit den Schriften als körperlichen Gegenständen ist nach zutreffender h.M. auch bei „Darstellungen" eine Verkörperung erforderlich.[7] „Darstellung" ist demnach jedes körperliche Gebilde von gewisser Dauer, das sinnlich wahrnehmbar ist und eine Vorstellung oder einen Gedanken ausdrückt.[8]

Deutschen Bundestages vom 10.10.2014, https://www.bundestag.de/bundestag/ausschuesse18/a06/anhoerungen/Archiv/stellungnahmen_inhalt/338838, abgerufen am 15.8.2018.

4 Zu solchen Forderungen auch BR-Drs. 422/1/14, S. 1 f.

5 Zur Einziehung der auf einem Speichermedium gespeicherten Daten und den damit verbundenen Fragen vgl. BGH NJW 2013, 3458.

6 BT-Drs. 13/7385, S. 36; *Eser/Hecker*, in: Schönke/Schröder, 29. Aufl. 2014, § 11 Rn. 68; *Hilgendorf*, in: LK, 12. Aufl. 2006 ff., § 11 Rn. 125.

7 Vgl. *Eisele*, RdJB 2013, 212 (214); *Eser/Hecker*, in: Schönke/Schröder (Fn. 6), § 11 Rn. 6.

8 BT-Drs. 13/7385, S. 36.

II. Trennung zwischen Speichermedium und Inhalt

Schon diese vom Gesetzgeber zugrunde gelegte Definition bringt deutlich zum Ausdruck, dass zwischen dem körperlichen Gebilde als Trägermedium und der Vorstellung bzw. dem Gedanken als Inhalt zu unterscheiden ist. Der für computertechnische Vorgänge relevante Begriff des Datenspeichers soll klarstellen, dass auch elektromagnetische, optische, chemische und sonstige Datenspeicher, die gedankliche Inhalte verkörpern, welche nur unter Zuhilfenahme technischer Geräte – wie bei der Anzeige auf dem Bildschirm – wahrnehmbar werden, erfasst sind.[9] Zu Recht wird in der Gesetzesbegründung darauf hingewiesen, dass solche Datenspeicher unabhängig vom Gerät, das zur Wahrnehmbarmachung eingesetzt wird, in vergleichbarer Weise zur Wiedergabe rechtswidriger Inhalte verwendet werden können und daher in das strafrechtliche System einzubeziehen sind. Datenspeicher sollen neben Magnetbändern, Festplatten oder CD-R vor allem Arbeitsspeicher von Rechnern sein.[10] Hingegen sollen Inhalte nicht erfasst werden, „die unmittelbar in Echtzeit oder echtzeitentsprechend übermittelt werden", wobei hiermit verbundene kurzfristige Zwischenspeicherungen „z.B. im Telekommunikationsnetz" noch nicht zu einer hinreichenden Verkörperung führen sollen. Daraus folgt ganz allgemein, dass – entsprechend der eben genannten Unterscheidung von körperlichen Gebilden einerseits sowie Vorstellungen und Gedanken andererseits – Daten, Dateien oder Inhalte, die nicht perpetuiert sind, ausgeklammert bleiben. Da auch die „Abbildung" nur ein Beispiel für den Oberbegriff der Darstellung ist, gilt hier nichts Anderes. Aus diesem Grund überzeugt es im Hinblick auf die Entstehungsgeschichte und den systematischen Zusammenhang nicht, wenn es für (kinder-)pornografische Schriften in Form von Bildmaterial nicht auf eine Perpetuierung auf dem Rechner ankommen soll.[11] Hält man eine Erweiterung des Schriftenbegriffs für erforderlich, um moderner IuK-Technologie gerecht zu werden, bedarf es einer ausdrücklichen gesetzgeberischen Regelung.

C. Unklarheiten und Lücken beim Schriftenbegriff

Die vorstehenden Ausführungen machen deutlich, dass Dreh- und Angelpunkt des Schriftenbegriffs und damit auch des Datenspeichers das Kriterium einer nicht nur kurzzeitigen Perpetuierung ist. Im Folgenden ist nun anhand von drei

9 BT-Drs. 13/7385, S. 36.

10 BT-Drs. 13/7385, S. 36.

11 So aber *Hörnle,* in: MüKo-StGB, 3. Aufl. 2017, § 184 Rn. 19 und § 184b Rn. 14, 22.

zentralen Problemkreisen zu erörtern, ob diese Unterscheidung zu sachgerechten Ergebnissen führt oder ob damit nur zufällige Ergebnisse verbunden sind, die allein von der IT-Architektur des Systems abhängen.

I. Verbreiten von Schriften

Eine große Bedeutung kommt Tatbeständen zu, die wie §§ 130 ff., 184 ff. StGB ein Verbreiten von Schriften i.S.d. § 11 III StGB mit bestimmtem Inhalt pönalisieren. Schon die amtliche Überschrift des § 184 StGB „Verbreitung pornografischer Schriften" legt hier nahe, dass die Schrift selbst verbreitet werden muss. Unter Verbreiten ist dabei eine Tätigkeit zu verstehen, die darauf gerichtet ist, die Schrift ihrer körperlichen Substanz nach durch Weitergabe einem größeren Personenkreis zugänglich zu machen.[12] Bei Printmedien setzt dies voraus, dass die gedruckte Schrift körperlich verbreitet wird; das Vorlesen aus einem Buch oder das Vorführen von Bildern oder Filmen als bloßes Verbreiten des Inhalts genügen also nicht.

Freilich hat sich die Verbreitung pornografischer Schriften usw. weitgehend von den traditionellen Vertriebswegen (z.B. Zeitschriftenhandel, Videofilme usw.) auf moderne Kommunikationsmittel verlagert, sodass der Abruf via Computer und Mobiltelefon inzwischen im Vordergrund steht. Eine körperliche Verbreitung liegt insoweit nur vor, wenn die Weitergabe von Datenträgern wie Rechnern, externen Festplatten, USB-Sticks, CD-R, DVD usw. mit entsprechendem Inhalt erfolgt. Dies stellt freilich nicht den Regelfall dar. Bei einer Verbreitung via Internet oder E-Mail mag zwar vor dem Verbreiten eine Schrift i.S.d. § 11 III StGB vorliegen, weil die Daten auf dem Computersystem des Absenders gespeichert und damit hinreichend perpetuiert sind. Jedoch wird dann nicht der Datenspeicher des Ausgangsrechners verbreitet, sondern lediglich die Daten und damit der Inhalt.

1. *Spezifischer Verbreitungsbegriff*

Die Rechtsprechung[13] hat zur Schließung dieser Lücke bekanntlich mit einem Kunstgriff einen „spezifischen Verbreitungsbegriff" kreiert, der auf eine Speicherung der übertragenen Datei verzichten möchte. Zur Begründung wird darauf hingewiesen, dass der Gesetzgeber mit dem IuKDG elektronische Arbeitsspeicher in den Schriftenbegriff des § 11 III StGB einbezogen habe, sodass die

12 BGHSt 18, 63 ff.; BGH NJW 1999, 1979 (1980); *Eisele,* in: Schönke/Schröder (Fn. 6), § 184 b Rn. 3a.

13 BGHSt 47, 55 (58 f.).

übertragene Datei nicht dauerhaft gespeichert werden müsse. Folglich genüge es, wenn die Datei beim Empfänger im „flüchtigen“ Arbeitsspeicher angekommen sei. Dabei spiele es keine Rolle, ob die Verbreitung im Wege des Uploads durch den Anbieter oder im Wege des Downloads durch den Nutzer geschehe. Dies überzeugt freilich wenig, weil damit die bewusste Entscheidung des Gesetzgebers bei § 11 III StGB umgangen wird.[14] Denn die Einbeziehung von Arbeitsspeichern in den Schriftenbegriff sollte gerade nicht zur Preisgabe des Erfordernisses einer körperlichen Weitergabe und damit der Aufgabe der Unterscheidung von Datenspeicher und Inhalt führen. Dass der Gesetzgeber vielmehr von einem engen Verbreitungsbegriff ausgegangen ist, zeigt sich auch daran, dass er die Tathandlungen des § 86 I StGB explizit um das öffentliche Zugänglichmachen in Datenspeichern durch das IuKDG ausgedehnt hat.[15]

Hinzukommt, dass bei den meisten Tatbeständen mit einer Verneinung des Verbreitungsbegriffs keine entscheidenden Strafbarkeitslücken verbunden sind, da neben dem Verbreiten zugleich ein Zugänglichmachen von Schriften unter Strafe gestellt ist (vgl. nur §§ 130 II, 130a, 131 I Nr. 1 und Nr. 2, 184a I Nr. 1, 184b Nr. 1, 184c Nr. 1 StGB). Das Zugänglichmachen lässt insoweit die bloße Zugriffsmöglichkeit auf den Inhalt durch die Allgemeinheit über alle modernen Kommunikationsmittel genügen, sodass die Inhalte nicht übermittelt werden müssen.[16] Es setzt weder eine Übermittlung des Inhalts noch eine unmittelbare Zugriffsmöglichkeit auf Datenträger oder Datei voraus, sodass anders als beim Verbreiten auch die Kenntnisnahme von pornografischen Inhalten – etwa durch Vorspielen von Filmen oder Zeigen pornografischer Darstellungen auf dem Computerbildschirm – erfasst wird.[17] Ebenso genügt die Zugriffsmöglichkeit via Hyperlink[18] oder das Ablegen von Dateien auf einem Rechner, wenn in Internettauschbörsen sodann Nutzer mithilfe eines spezifischen Programms der Tauschbörse ohne weitere Freigabe darauf zugreifen können. Letztlich gilt Entsprechendes für die Ausstrahlung von Filmen in Fernsehkanälen via Kabel, Satellit oder Internet (Live-Streaming, Webcasting, Near-Video-On-Demand-Verfahren).[19]

---

14 Zur Kritik *Eisele*, Computer- und Medienstrafrecht, 2013, Kap. 6 Rn. 36 ff.; *Hilgendorf/Valerius*, Computer- und Internetstrafrecht, 2. Aufl. 2012, Rn. 301 ff.

15 Dazu BT-Drs. 13/7385, S. 36; *Lindemann/Wachsmuth*, JR 2002, 206 (208); *Eisele*, in: Schönke/Schröder (Fn. 6), § 184 b Rn. 5.

16 BGHSt 47, 55 (60); *Hörnle*, in: MüKo-StGB (Fn. 11), § 184b Rn. 24.

17 *Beisel/Heinrich*, NJW, 1996, 491 (495); *Mitsch*, Medienstrafrecht, 2012, § 3 Rn. 25; *Eisele*, in: Schönke/Schröder (Fn. 6), § 184 Rn. 7 ff.

18 BGH StraFo 2012, 195 (196).

19 BT-Drs. 16/3078, S. 13; *Eisele*, RdJB 2013, 212 (215 f.); *Hörnle*, in: MüKo-StGB (Fn. 11), § 184d Rn. 24.

2. Lösung im Rahmen des 49. StrÄG

Die hier vertretene Sichtweise wird durch das Gesetzgebungsverfahren zum 49. StrÄG bestätigt. Dort hat der Gesetzgeber die Tathandlung des Verbreitens in § 184d I 1, § 130 II Nr. 2 StGB durch die Tathandlung des Zugänglichmachens ersetzt, um die eben angesprochenen Probleme auszuräumen. Die hierzu angestellten Erwägungen überzeugen: „Die Übertragung von Informationen mittels Rundfunk und Telemedien unterscheidet sich von derjenigen mittels ‚klassischer' Schriften dadurch, dass Inhalte ohne das Trägermedium übertragen werden. Ein Datenspeicher ist zwar ein körperlicher Gegenstand, der verbreitet, weitergegeben, gegenständlich zugänglich gemacht und besessen werden kann. Aber sein Inhalt kann eben auch anderen Personen zugänglich gemacht werden, ohne dass diesen das Trägermedium gegenständlich zugänglich ist. Zwar hat die Rechtsprechung dafür Lösungen entwickelt (siehe oben). Gleichwohl sind einfachere und klarere Regelungen möglich. Der Gesetzentwurf schlägt deshalb vor, in den genannten Fällen nicht mehr auf die Verbreitung oder das Zugänglichmachen bzw. den Besitz der Schrift und ihr nach § 11 Absatz 3 StGB gleichstehender Medien abzustellen, sondern auf das Zugänglichmachen von Inhalten durch Rundfunk oder Telemedien."[20]

II. Besitzverschaffungs- und Besitzdelikte

Der vom BGH entwickelte spezifische Verbreitungsbegriff vermag zudem Schwierigkeiten bei den Besitzverschaffungs- und Besitzdelikten der §§ 184b, 184c StGB nicht zu lösen. Denn hier kommt es nicht auf die Verbreitung der Datei an, sondern auf die Besitzverschaffung bzw. den Besitz auf Empfängerseite. Dies zeigt auch ein Vergleich mit den Tathandlungen des Verbreitens und des Zugänglichmachens: Das Zugänglichmachen lässt eine Speicherung auf dem Rechner des Absenders genügen, wenn hierauf eine Zugriffsmöglichkeit besteht. Das Verbreiten setzt – in Parallele zu traditionellen Schriften – die Verbreitung des Datenspeichers voraus, wobei der BGH dies freilich durch den spezifischen Verbreitungsbegriff modifiziert. Die Besitzverschaffung bzw. der Besitz verlangt hingegen eine Speicherung auf Empfängerseite.

1. Anforderungen an den Besitz

Voraussetzung für den Besitz ist die mit dem Innehaben und Aufrechterhalten eines tatsächlichen Herrschaftsverhältnisses gegebene Möglichkeit, die Schrift

20 BT-Drs. 18/2601, S. 16, ferner S. 24 und 33.

sich und anderen zugänglich zu machen; die tatsächliche Sachherrschaft muss dabei vom Besitzwillen getragen sein.[21] Das erforderliche Herrschaftsverhältnis muss auf eine gewisse Dauer, d.h. eine Perpetuierung gerichtet sein.[22] Ausreichend soll es hierfür sein, die Daten in einem Cache-Speicher so zu speichern, dass sie auch nach Abschalten des Geräts zur Verfügung stehen.[23] Ob hierfür das temporäre Gelangen in den Arbeitsspeicher ausreicht und damit das bloße Surfen, also der Aufruf von Webseiten, erfasst wird, ist seit Langem umstritten.[24] Da – wie eben gezeigt – der Besitz auf Empfängerseite von der Verbreitung auf Absenderseite zu trennen ist, kann jedenfalls allein aus dem (ohnehin zweifelhaften) spezifischen Verbreitungsbegriff ein solcher Schluss gerade nicht gezogen werden.[25] Andererseits überzeugt auch der Einwand nicht, dass das bloße Betrachten von kinder- und jugendpornografischen Schriften ebenso wenig strafwürdig sei wie das Betrachten gedruckter Abbildungen. Denn das Surfen im Internet kann gerade nicht mit dem bloßen Betrachten von kinderpornografischen Druckschriften gleichgestellt werden. So hat der Nutzer beim Surfen immerhin die Sachherrschaft über das technische Gerät; zudem ruft er die Seiten auf, kann diese jederzeit speichern und besitzt damit zumindest die Handlungsherrschaft.[26] Beim Betrachten pornografischer Druckschriften, die in eigenen Händen gehalten werden, wäre dann aber bereits ein Besitz anzunehmen. Die Parallele zwischen „online"- und „offline"-Betrachtung trägt damit allenfalls, wenn man unterstellt, dass dem Betrachter das einschlägige pornografische Material vom Besitzer eines anderen EDV-Geräts vorgeführt wird, was nicht besonders praxisrelevant erscheint. Selbst wenn man für die Besitzstrafbarkeit beim Surfen das Gelangen in den Arbeitsspeicher genügen lässt, kommen in solchen Fällen ganz praktische Probleme hinzu. Denn insoweit kann – ggf. in dubio pro reo – der für den Besitz notwendige Besitzwille bzw. der Vorsatz zu

21 BT-Drs. 12/3001, S. 5; OLG Hamburg StraFo2009, 165 f.; zu § 29 Abs. 1 Nr. 3 BtMG BGHSt 30, 277 (279).

22 *Eisele*, in: Schönke/Schröder (Fn. 6), § 184b Rn. 15a m.w.N.

23 BGH NStZ 2007, 95; OLG Hamburg NJW 2010, 1893 (1894); *Mitsch*, Medienstrafrecht (Fn. 17), § 3 Rn. 35.

24 Näher BT-Drs. 18/2601, S. 24. Bejahend etwa die jüngere Rechtsprechung BGHSt 58, 197 (199 f.); OLG Hamburg NJW 2010, 1893 (1897); vgl. aber auch *Gercke*, CR 2010, 798 (801); *Hörnle*, in: MüKo-StGB (Fn. 11), § 184b Rn. 38; *Lackner/Kühl*, StGB, 29. Aufl. 2018, § 184b Rn. 7.

25 Vgl. aber BGHSt 58, 197 (199 f.).

26 Siehe auch *Gercke/Brunst*, Praxishandbuch Internetstrafrecht, 2010, Rn. 330.

verneinen sein, wenn sich der Nutzer gar nicht bewusst ist, dass die Dateien in den Arbeitsspeicher seines Rechners gelangen.[27]

2. Lösung im Rahmen des 49. StrÄG

Freilich muss man sehen, dass sich solche Probleme von vornherein nicht über die Erweiterung des Schriftenbegriffs in § 11 III StGB lösen lassen. Denn das Problem liegt nicht bei der Frage, ob eine Schrift vorliegt – diese mag durchaus dauerhaft auf einem Datenspeicher abgelegt sein –, sondern vielmehr bei der Frage, ob diese Schrift in den Besitz des Empfängers gelangt. Deshalb hat der Gesetzgeber mit dem 49. StrÄG zu Recht eine bereichsspezifische Lösung für solche Fragen der Besitzstrafbarkeit gesucht. In § 184d StGB wird nunmehr neben dem Zugänglichmachen von pornografischen Inhalten durch Rundfunk und Telemedien (Abs. 1) auch das Unternehmen des Abrufs von Inhalten mittels Telemedien, vor allem das Aufrufen einer Internetseite, erfasst (Abs. 2), sodass es auf eine nachfolgende Verkörperung nicht mehr ankommt.[28] Kinderpornografische Inhalte werden abgerufen, „wenn der Nutzer die Übertragung der Daten durch Telemedien veranlasst und sich dadurch die Möglichkeit der Kenntnisnahme von ihrem Inhalt verschafft".[29] Mit dem Begriff des Inhalts ist im Übrigen nichts anderes gemeint als „Information" i.S.d. § 1 S. 1 Nr. 3 TMG. Diese Lösung überzeugt im Ausgangspunkt auch im Hinblick auf die Richtlinie 2011/93/EU des Europäischen Parlaments und des Rates zur Bekämpfung des sexuellen Missbrauchs und der sexuellen Ausbeutung von Kindern sowie der Kinderpornografie und zur Aufhebung des Rahmenbeschlusses 2004/68/JI[30], die in Art. 5 III vorsieht, dass von den Mitgliedstaaten der bewusste Zugriff auf Kinderpornografie mittels Informations- und Kommunikationstechnologie pönalisiert werden muss. Sie differenziert dabei ausdrücklich zwischen Erwerb und Besitz von Kinderpornografie einerseits (Art. 5 II) und dem bewussten Zugriff darauf mittels Informations- und Kommunikationstechnologie andererseits (Art. 5 III).

---

27 BGH StraFo 2012, 195 (197); *Harms* NStZ 2003, 646 (650); *Mitsch*, Medienstrafrecht (Fn. 17), § 3 Rn. 35; vgl. aber OLG Hamburg NJW 2010, 1893 (1894).

28 Hierzu BT-Drs. 18/2601, S. 34.

29 BT-Drs. 18/2601, S. 34.

30 ABl. EU 2011 L 335, S. 1; vgl. ferner Art. 21 I lit. c des Übereinkommens Nr. 201 des Europarates zum Schutz von Kindern vor sexueller Ausbeutung und sexuellem Missbrauch.

Zu kritisieren ist an dieser Regelung jedoch, dass sie in Grenzbereichen Unklarheiten bzw. Lücken bestehen lässt. Anstatt auf Schriften und anstatt auf Informations- und Kommunikationstechnologie i.S.d. der Richtlinie wird hier auf Telemedien abgestellt. Nach § 1 I TMG sind Telemedien „alle elektronischen Informations- und Kommunikationsdienste, soweit sie nicht Telekommunikationsdienste nach § 3 Nr. 24 des Telekommunikationsgesetzes, die ganz in der Übertragung von Signalen über Telekommunikationsnetze bestehen, telekommunikationsgestützte Dienste nach § 3 Nr. 25 des Telekommunikationsgesetzes oder Rundfunk nach § 2 des Rundfunkstaatsvertrages sind". Dementsprechend werden Inhalte ausgeschlossen, die – wie z.B. Internettelefonie (VoIP) – in Echtzeit oder echtzeitentsprechend übermittelt werden und daher als Telekommunikation zu qualifizieren sind.[31] Damit findet sich hier dieselbe Lücke, die auch der Begriff des Datenspeichers bei Übermittlungen in Echtzeit oder echtzeitentsprechend lässt.[32]

III. Einwirken durch Schriften oder mittels Informations- oder Kommunikationstechnologie

§ 176 IV Nr. 3 StGB regelt das sog. Cybergrooming. Im Vorfeld des sexuellen Missbrauchs von Kindern ist demnach strafbar, wer auf ein Kind mittels Schriften i.S.d. § 11 III StGB oder mittels Informations- oder Kommunikationstechnologie einwirkt, um das Kind zu bestimmten sexuellen Handlungen zu bringen oder um eine Tat nach § 184b I Nr. 3, III StGB zu begehen. Ursprünglich erfasste die Vorschrift nur die Einwirkung mit Schriften i.S.d. § 11 III StGB. Über den dort enthaltenen Begriff des Datenspeichers wird die Einwirkung mit Inhalten auf Datenträgern inklusive Arbeitsspeichern erfasst. Daher ist der Tatbestand bereits dann verwirklicht, wenn unter Verwendung des Arbeitsspeichers in Chatrooms Nachrichten[33] oder via Internet E-Mails versendet werden.

1. *Einwirken mit Schriften*

In der Literatur wird gegen die Konstruktion des Tatbestandes zunächst eingewendet, dass die Daten erst nach dem Versenden wieder beim Empfänger

---

31 BT-Drs. 13/7385, S. 36; BT-Drs. 18/2601, S. 28; hierzu auch *Hilgendorf/Valerius*, Computer- und Internetstrafrecht (Fn. 14), Rn. 173; *Eisele*, in: Schönke/Schröder (Fn. 6), § 184 Rn. 73.

32 Siehe schon oben B.

33 BT-Drs. 15/350, S. 17 f. Auch bei Live-Chats werden die Daten regelmäßig zumindest vorübergehend gespeichert.

in Form eines Datenspeichers vorhanden seien. Es werde also nicht mit dem Datenspeicher selbst, d.h. der Schrift i.S.d. § 11 III StGB, eingewirkt, sondern lediglich mit den Inhalten, die dann erst später in den Datenspeicher beim Empfänger gelangen.[34] Demnach sollen sich ähnliche Fragen wie beim spezifischen Verbreitungsbegriff bei §§ 184 ff. StGB stellen. Diese Parallele, die dazu führen würde, dass § 176 IV Nr. 3 StGB von vornherein weitgehend leerliefe, weil in diesen Fällen regelmäßig nicht der Datenspeicher übermittelt wird, überzeugt allerdings nicht. Denn anders als das Verbreiten setzt das Einwirken gerade keine körperliche Übergabe der Schrift voraus. Es genügt vielmehr, dass diese Wirkungen beim Kind entfaltet und dieses daher von dem niedergelegten Inhalt Kenntnis nimmt.[35] Es bleibt aber ein weiteres Problem: Denn auch hier führt der Schriftenbegriff, der an eine Perpetuierung der Inhalte anknüpft, zu ungereimten Ergebnissen, wenn die entsprechenden Inhalte gar nicht oder nicht vor der Einwirkung gespeichert werden. So bleibt insbesondere die Einwirkung mittels Internettelefonie (VoIP) in Echtzeit ausgeklammert,[36] was vom Gesetzgeber offenbar nicht hinreichend bedacht wurde.

2. Lösung im Rahmen des 49. StrÄG

Auch dieser letztgenannten Kritik hat sich der Gesetzgeber mit dem 49. StrÄG angenommen. So wurde § 176 IV Nr. 3 StGB (und auch § 176 IV Nr. 4) um den Begriff „Informations- und Kommunikationstechnologie" ergänzt, der zugleich der Umsetzung von Art. 6 I der Richtlinie 2011/93/EU[37] sowie Artikel 23 der Lanzarote-Konvention[38] dient. Diese weiten Begriffe werden in den europäischen Rechtsakten nicht weiter definiert und beziehen die gesamte IuK-Technologie ein, ohne dass es auf eine Datenspeicherung ankäme. Damit soll ganz bewusst auch eine Informationsübertragung über reine Datenleitungen, wie etwa Telefonleitungen, erfasst werden, „selbst wenn es hierbei beim Informationsempfänger zu keinen – auch nur flüchtigen ‚unkörperlichen' – Zwischenspeicherungen

---

34 *Gercke*, CR 2010, 798 (802); *Gercke/Brunst*, Praxishandbuch Internetstrafrecht (Fn. 26), Rn. 360.

35 *Eisele*, RdJB 2013, 212 (223).

36 *Duttge/Hörnle/Renzikowski*, NJW 2004, 1065 (1067 f.); *Gercke/Brunst*, Praxishandbuch Internetstrafrecht (Fn. 26), Rn. 360.

37 Richtlinie 2011/93/EU zur Bekämpfung des sexuellen Missbrauchs und der sexuellen Ausbeutung von Kindern sowie der Kinderpornografie und zur Aufhebung des Rahmenbeschlusses 2004/68/JI, ABl. EU 2011, L 335, 1.

38 Übereinkommen Nr. 201 des Europarates zum Schutz von Kindern vor sexueller Ausbeutung und sexuellem Missbrauch.

kommt". Der Begriff „Informations- und Kommunikationstechnologie" ist damit auch weiter als der Begriff der Telemedien, der nach den Grundsätzen des § 1 I TMG gerade die Telekommunikation ausklammert.[39]

D. Mögliche Lösungsansätze

Die angesprochenen Schwierigkeiten lassen sich möglicherweise einerseits durch eine Erweiterung des § 11 III StGB lösen, was letztlich zu einer einheitlichen Lösung für alle auf diese Norm verweisenden Tatbestände führen würde. Andererseits könnten sich – entsprechend der Vorgehensweise im 49. StrÄG – für einzelne Delikte bereichspezifische Lösungen finden lassen. Daher ist im Folgenden auf verschiedene denkbare Lösungsmodelle einzugehen.

I. Änderungen bei § 11 III StGB

1. Verwendung des Begriffs „Informations- und Kommunikationstechnologie"

Wie eben dargestellt,[40] ist der Begriff „Informations- und Kommunikationstechnologie", der in den europäischen Rechtsakten nicht näher eingegrenzt wird, sehr weit. Anders als Datenspeicher und Telemedien erfasst er auch Telekommunikation und Echtzeitübertragungen, sodass er grundsätzlich zur Problemlösung geeignet erscheint. Allerdings lässt er sich nicht oder nur schwer in den Schriftenbegriff des § 11 III StGB integrieren. Denn der Schriftenbegriff regelt dort nur den Gegenstand, auf den die Tathandlungen der einzelnen Delikte (Verbreiten usw.) Bezug nehmen. Verbreitet wird demnach die Schrift, der Datenspeicher usw. Hingegen stellen die Informations- und Kommunikationstechnologie, aber auch Telemedien und Rundfunk die Mittel der Verbreitung der Inhalte dar. Selbst verbreitet werden diese aber gerade nicht. Ebenso kann es beim Herstellen, Beziehen, Liefern usw. von kinder- oder jugendpornografischen Schriften i.S.d. §§ 184b I Nr. 4, 184c I Nr. 4 StGB von vorneherein nicht um die Herstellung usw. dieser Technologien gehen, sondern ebenfalls nur um die kinder- bzw. jugendpornografischen Inhalte.

---

39 BT-Drs. 18/2601, S. 28; dazu auch oben II.2.

40 Siehe C. III.

da Inhalte ausgeschlossen sind, die – wie Internettelefonie (VoIP) – in Echtzeit oder „echtzeitentsprechend“ übermittelt werden. Zugleich bietet eine solche Lösung die Gewähr, dass europäische Rechtsakte mit entsprechenden Vorgaben hinreichend umgesetzt werden.

2. Ersetzung bzw. Ergänzung der Tathandlung des Verbreitens

Im Übrigen wäre zu prüfen, ob nicht anstelle bzw. in Ergänzung zum Verbreiten von Schriften an ein Zugänglichmachen angeknüpft wird, weil durch die Pönalisierung der bloßen Zugriffsmöglichkeit auf den Ausgangsrechner letztlich die Problematik eines spezifischen Verbreitungsbegriffs vermieden werden kann.[47] Entsprechendes Vorbild wäre die Modifikation bei § 184d I 1 und § 130 II Nr. 2 StGB durch das 49. StrÄG.[48]

E. Schluss

Die vorstehenden Ausführungen haben gezeigt, dass der Schriftenbegriff und seine Gleichstellung in § 11 III StGB im Hinblick auf moderne Kommunikationsmittel nicht mehr zeitgemäß sind. Vor allem das Erfordernis der Perpetuierung des Inhalts führt zu zahlreichen Ungereimtheiten. Letztlich hängt die Lösung mitunter von der zufälligen technischen Ausgestaltung im Einzelfall ab. Der Gesetzgeber sollte daher den Mut haben, § 11 III StGB um den Datenbegriff zu ergänzen und somit auf eine Perpetuierung zu verzichten. Entscheidend für die Pönalisierung kann nicht die Art und Weise der Perpetuierung der Schrift sein; vielmehr müssen letztlich die inkriminierten Inhalte ausschlaggebend sein. Möchte man eine solche „große Lösung“, die eine Abstimmung mit den jeweiligen Tathandlungen derjenigen Delikte erfordert, die auf den Schriftenbegriff des § 11 III StGB verweisen,[49] nicht, so sollten zumindest bereichsspezifische Modifikationen vorgenommen werden. Hierzu könnte der Begriff der Telemedien durch den Begriff der Informations- und Kommunikationstechnologie ersetzt und auf ein Zugänglichmachen anstelle des Verbreitens abgestellt werden.

---

47 Dazu oben C.I.

48 Dazu oben C.I.2.

49 Dazu oben B.

Dirk Fabricius

Die Realität des Rechts im Kontext einer evolutionären Theorie – eine Skizze und drei Vignetten

Abstract: Philosophy of law is a conservative discipline, which refused admission of psychologic ideas or concepts of evolutionary theory to date. Already the application of causae by Aristoteles makes it doubtful whether modern philosophy of law as isolated work with legal rules while fading out general requirements of human live fulfils itself. If science has the purpose of describing and explaining, philosophy of law must explain why law exists, how it works and use-oriented how legal circumstances are created. An evidence-based logical evolution theory provides missing parts of explanation from the outside into the philosophy of law, by connecting the mental and biological level. Using a consequent assumption of cultural evolution, borders of explaining the reality of law expand, instead of the limited way of philosophy of law to date allowed. Technically, subcomponents of an evolutionary law theory could be tested in the future using computer-based modelling.

Keywords: Evolutionary Theory of Law; Cultural Evolution; Modeling and Simulation

A Einleitung

„Rechtsphilosophie – ein Irrweg!". Dem Wolf/Wolfschen[1] Aus- und Aufruf trete ich vollumfänglich bei, auch den meisten ihrer Argumente. Der evolutionstheoretische Weg freilich verläuft anders als der Wolfsche. Er führt u.a. zu dem Vorschlag, die Rechtsinformatik[2] zu einer computergestützt modellierenden und simulierenden Rechtswissenschaft zu machen.

Darwins Dangerous Idea: Dennett (1995)[3] zeigt, dass eine evolutionäre Sicht bisherige Vorstellungen und Theorien mehr als antastet, zu Neu- und Umbauten drängt. Kriminal-, Rechtswissenschaft allgemein, Psychologie und ja, selbst Philosophie sind nicht „unnatürlich" genug, um unberührt zu bleiben.[4] Darwins Theorie hat keinen ernst zu nehmenden Konkurrenten. Die Implikationen für

1 Wolf/Wolf, Rechtsphilosophie – ein Irrweg!, 2002 (folgend zitiert als Wolf/Wolf). Da Sohn und Vater die Beiträge des anderen ausweislich der Einleitung unterzeichnet haben, nehme ich das Buch als Ganzes.

2 Ebd., S. 83.

3 dt. Dennett, Darwins gefährliches Erbe, 1997.

4 Schon Mayr, Die Entwicklung der biologischen Gedankenwelt, 1984.

die Kriminalwissenschaft herauszuarbeiten heißt auch, in die ‚Grundlagenfächer' auszureiten.[5]

Realität des Rechts? Beantwortet man „Wie wirklich ist die Wirklichkeit?"[6] mit „nicht wirklich", ist man schon am Ende. Was sagt man mit *Recht ist real,* so vieldeutig wie „Recht" ist?

Evolutionär entstehen Realitäten - auch der Mensch - ohne vorgängige Konstruktion. „Mensch" bezeichnet eine geno- wie phänotypisch variationsreiche und wandelbare Spezies. Eine schöpferische Konstruktion sähe - z.B. hinsichtlich eines optimalen Skeletts für Zweibeinigkeit und Gebären - anders aus.[7] Recht als gegeben vorausgesetzt: Ursprünglich gab es keines. Evolviert ist es niemals sicher richtig (nur richtiger als das Vorherige) und sehr wahrscheinlich und im Einzelnen unvoraussagbar veränderlich und imperfekt.[8]

B Evolutionstheorie und Rechtsphilosophie: eine Skizze

Eine Rechtsphilosophie/-Theorie *sollte* beschreiben, erklären und eine Basis für Techniken bieten. Beschreiben sollte sie, was Recht ist, woraus es besteht, warum es Recht gibt und wie es funktioniert. Technisch: wie man es und rechtliche Verhältnisse schafft. Was die Fährnisse auf dem Weg sind. Dazu muss sie Erkenntnisse der Rechts- und auch anderer Wissenschaften aufnehmen und „holistisch" reflektieren.[9] Die reale Rechtsphilosophie ist ein Irrweg, führt sie doch weder zu einer guten Rechtswissenschaft, noch trägt sie viel bei, reales Recht bzw. rechtliche Verhältnisse zu schaffen.[10]

---

5 Fabricius, Kriminalwissenschaft - Grundlagen und Grundfragen (3 Bde.), 2011 (zit. als Fabricius Bd.).

6 Watzlawick, Wie wirklich ist die Wirklichkeit, 1976. Zum (radikalen) Konstruktivismus Fabricius I, 51 ff.

7 Anders als Wolf/Wolf, 97 annehmen, ändern sich „Arten und Gattungen". Dieser verbreitete Essentialismus wird mit Darwins Theorie über den Haufen geworfen (Mayr a.a.O., 36).

8 Alexander, The Biology of Moral Systems, 1987, 17.

9 Anders Wolf/Wolf, 69 ff.

10 Naucke/Harzer 2005, S. VI (zit. Naucke/Harzer) beschränken den Auftrag auf Lehre vom richtigen Recht, von Gerechtigkeit. Das gehört nach meinem Verständnis dazu, ist aber zu wenig.

I Vom Irrwege abkommen

Der Irrweg der Rechtsphilosophie ist mit Irrtümern gepflastert. Wer vom Irrweg abkommt, irrt nicht. Allerdings verbleiben mehr Irr- als richtige Wege. Der hier vorgeschlagene ist weniger irrig als bislang beschrittene, behaupte ich. Die Pflasterung gibt den Weg vor und verspricht, glatt voranzukommen. Real jedoch wackeln gebrochene, scharfkantige Steine. Eine nicht abschließende Sammlung meiner brüchigen Pflastersteine:

- Ewige Rechtsidee, allem Materiellen vorausgehend
- Ursprüngliche gut/böse Unterscheidung. Der Mensch ist böse
- Kein Übergang von Sein zum Sollen, nirgends. ‚Normativ' steht im Gegensatz zu ‚deskriptiv' und ‚analytisch'
- Idealisierter Begriff vom Allgemeinwohl
- Metaphysisches ist nicht empirisch. (Wertfreiheit der [Rechts-]Wissenschaft)
- Metaphysische Grundlagen des Rechts
- Ursprüngliches Ziel des Rechts
- Natur ist geistlos
- Vordemokratisch, in der 2. Aufklärung befangen – vor Darwin, Freud und Bourdieu
- Im Naturzustand ist der Mensch asozial
- Kulturell ist unnatürlich
- Individualität steht am Anfang

II Biologische Evolutionstheorie: evidenzbasiert

Eine Evolutionstheorie kennt Variation, Reproduktion/Vererbung und unterschiedlichen Fortpflanzungserfolg – Selektion. Darwins Theorie ist biologisch. Variation ist Folge genetischer Mutation, vererbt werden in den Genen geschriebene Informationen. Selektion ist Resultat unterschiedlich erfolgreicher Reproduktion.[11] Die Information in den Genen ergibt Baupläne und leitet zum Bau von Proteinen an. Auch Verhaltensprogramme kann sie enthalten. Tierische Artefakte wie Ameisenhügel, Biberdämme, Bienentänze z.B. entstehen aufgrund solcher Programme.

Alternativen zu einer evolutionären Theorie sind intelligente Konstruktion oder Vererbung erworbener Eigenschaften (Lamarck). Einer Schöpfungs-Theorie

11 Individuen reproduzieren und Gene replizieren – das ist zu unterscheiden (Szathmáry, Phil. Trans. R. Soc. B 361 2006, 1761–1776).

für die Entstehung der Arten wie auch der Lamarckschen fehlen Belege, während die für eine evolutionäre Theorie zahlreich und stark sind.[12] Zum Kern der Evolutionstheorie gehört, dass es einen Replikator gibt, und dass jede Replikation Anweisungen für den Bau eines Phänotyps enthält. Dessen durch Lernen und Entwicklung erworbene Merkmale ändern nicht die Replikations-Anweisungen.

III Kulturelle Evolution und ihre theoretischen Grundannahmen

Ich gehe von kultureller Evolution aus.[13] Kultur im evolutionstheoretischen Rahmen heißt:
Programme, Anleitungen,

- wie Gegenstände, Produkte, Werkzeuge zu gebrauchen und herzustellen sind,
- wie man Menschen begegnet und mit ihnen verkehrt (Routinen, Rituale, Tanz, Schauspiel, bei Hofe richtig zu benehmen),
- die – durch individuelles Lernen – kopiert und auf diese Weise tradiert werden.

Variation entsteht durch Veränderung und Schöpfung neuer Ideen, neuer Meme bzw. Memkomplexe – Rezepte, Handlungsanweisungen.[14] Der konstruktive Anteil ist höher. Variationen von Konstruktionen, Bauplänen, Programmen entspringen oft finalen Überlegungen und sind nicht, wie Mutationen, zufällig.

Meme und Memkomplexe replizieren, indem sie von Gehirn zu Gehirn „springen", sich dort einnisten und Denken und Handeln anleiten.[15] Oft konkurrieren sie, einige schaffen den Sprung nicht oder nur selten. So sterben sie mit ihren immer seltener werdenden Trägern aus. Dabei können sich manche der Memkomplexe verändern und in der veränderten Form tradiert werden – lamarckistisch sozusagen. Doch wie auch in der biologischen Evolution besteht eine Tendenz zur größeren „Kopiertreue".[16]

---

12 Dawkins, The God Delusion, 2006.

13 Fabricius I, Kap. 9. Ursprünglich stammt das Konzept der kulturellen Evolution mit „Mem" als Replikator von Dawkins, Das egoistische Gen (erg. Neuaufl.), 1994, 304 ff.; Deacon, Incomplete Nature. How Mind Emerged From Matter, 2011; Dennett, From Bacteria To Bach And Back. The Evolution Of Minds, 2017. Schurz, Evolution in Natur und Kultur. Eine Einführung in die verallgemeinerte Evolutionstheorie, 2010.

14 Blackmore, Die Macht der Meme oder Die Evolution von Kultur und Geist, 2000.

15 Vgl. Bonner, The Evolution of Culture in Animals, 1980, 158 ff.

16 Blackmore, Die Macht der Meme oder Die Evolution von Kultur und Geist, 2000, 337 ff.

C Recht: Gibt es das? Was ist es und was tut es?

I Recht, Rot und Einhorn: Einkreisung

Was die Realität angeht, nehme ich an, dass es

- Bakterien gibt, aber keine Einhörner;
- Bakterien gegeben hat, längst bevor jemand eine Vorstellung von Bakterien hatte[17],
- Einhornvorstellungen gegeben hat und gibt. Was reale Einhörner nicht garantiert[18];
- nicht immer Bakterien gegeben hat und dass, obwohl Bakterien sicher schon und vermutlich auch länger existieren als Menschen, sie keine Ewigkeitsgarantie haben.

Dass alle von Recht reden garantiert nicht, dass es Recht gibt. Und: Recht mag es gegeben haben, bevor jemand es benannt hat, sogar, bevor es Sprache gab.

Hinsichtlich *abstrakter Gegenstände* sind „ontische Entscheidungen" zu treffen.[19] Vorstellungen und Programme haben oft physische Wirkungen. Vorstellungen können in Bewegung übersetzt werden (für Gelähmte eine große Hilfe) und ein Programm kann z.B. einen Drucker in Gang setzen und bestimmen, was gedruckt wird. Das spricht dafür, Vorstellungen und Programme als real anzusehen, obwohl sie sinnlich nicht wahrnehmbar sind.

Unrechtsgesetz setzt voraus, dass nicht jedes Gesetz Rechtscharakter hat. Dass Verträge unrecht sein können, bezweifeln auch Rechtspositivisten nicht. Gebot, Sitte, Brauch und Gewohnheit – häufig genannte Rechtsquellen[20] – sind erst recht nicht des Verdachts enthoben, unrecht zu sein. Nicht zu vergessen gesellschaftliche Verhältnisse. *Recht* dient hier als Adjektiv oder Attribut. ‚Unrichtiges Recht'[21] in einem solchen Zusammenhang ist wie ‚falsches Gold': *falsches Gold* ist kein Gold. Ich spreche daher von *Als-Ob-Recht*. Unrichtiges wäre *unrechtes Recht*: dann dient ‚Recht' als Sammelbegriff für die genannten Gegenstände – Gesetze, Bräuche etc. Es verträgt den unbestimmten Artikel und den

17 Dawkins, The Magic of Reality, 2012, 95 weist darauf hin, dass keine der religiösen Schöpfungsgeschichten Bakterien (und auch sonst das Allerkleinste) nicht erwähnt, während das Erscheinungsbild des Großen (Himmel, Sterne, Erde) immer vorkomme. Was nicht gerade für den Offenbarungscharakter spricht.

18 Quine, Von einem logischen Standpunkt, 1953, 9–27.

19 Quine, Wort und Objekt, 1976, 402 ff.

20 Hofmann, Gebot, Vertrag, Sitte, 1993.

21 Vgl. z.B. Naucke/Harzer, Rz. 257.

Plural: eines seiner Rechte war unrecht. Das ‚recht' im Unrecht hingegen verträgt beides nicht. ‚Rechtlichkeit' wäre ein passender Terminus.[22] Oder: Gerechtigkeit. Allerdings zögere ich, von ‚rechtlich' auf ‚Rechtlichkeit' überzugehen, suggeriert das doch die Existenz eines abstrakten Gegenstandes. [23]

Rot und Recht – farbenblind und rechtsblind. Die Farbe ist keine substantielle Eigenschaft farbiger Gegenstände. Manche ziehen daraus den Schluss, es gebe keine Farben.[24] Der Wert des Goldes ist mit der chemischen Analyse nicht zu bestimmen, nur die Echtheit.

Statisch können Bauwerke sein, ohne dass ein Statiker sie berechnet hat. Analog dazu können Verhältnisse, gesellschaftliche Beziehungen, *rechtlich* sein, ohne dass es *Recht* geben müsste. Aber ohne *Recht* kann man die Rechtlichkeit der Verhältnisse nicht erkennen. Ultraviolett und Infrarot, Bakterien und Schwarze Löcher: von Natur aus sehen wir manches nicht, oder allgemeiner, erkennen vieles nicht.

Verhältnisse können rechtlich sein, ohne dass man Recht gebraucht hätte. Die Rose ist ohne Pinsel und Farbe rot. Aber wenn das Rot verblasst und selten wird, sind Pinsel und Farbe nützlich. Gut zu haben ist auch jemand, der damit umgehen kann. Wenn Unrecht rechtliche Verhältnisse schwächer und seltener macht, können (u.a.) Gesetze, Gerichte und Juristen Pinsel, Farbe und Maler vertreten. Freilich, wie die Farbe und die Mittel, sie aufzubringen gegenstandsadäquat sein müssen, was intensive Forschung und Entwicklung voraussetzen kann, und der Maler in ihrem Gebrauch kundig, wird auch die Entwicklung von Recht, Gesetzgebern, Gerichten und Juristen entsprechend anspruchsvoll sein. Nicht zu erwarten ist, dass eine Vorstellung von Röte oder von Rechtlichen Verhältnissen genügt. „Recht" ist gleichsam ein Werkzeugkasten (oder Schweizer Messer).[25] Gesetze, Verträge gehören dazu wie Gerichte und Gerichtsvollzieher. Und Menschen, Recht kennen und bereit sind, es zu respektieren: Rechtsbewusstsein.

---

22 S. Quine, Wort und Objekt, 1976, 173 ff.

23 Quine, Wort und Objekt, 1976, 212 ff., 216.

24 Rot viele Konnotationen und ist unter den Farben in ihren emotionalen Wirkungen noch einmal hervorgehoben. Ungerechtigkeit hat wohl ebensolche Kraft. Wie man das in „Künstliches Leben" einbauen könnte, reflektiert O'Regan, in: Lungarella/Iida/Bongard (Hg.), 50 Years of Artificial Intelligence, 2007, 332–346, 336.

25 Vgl. Dennett, Darwins Dangerous Idea, 1995, 478.

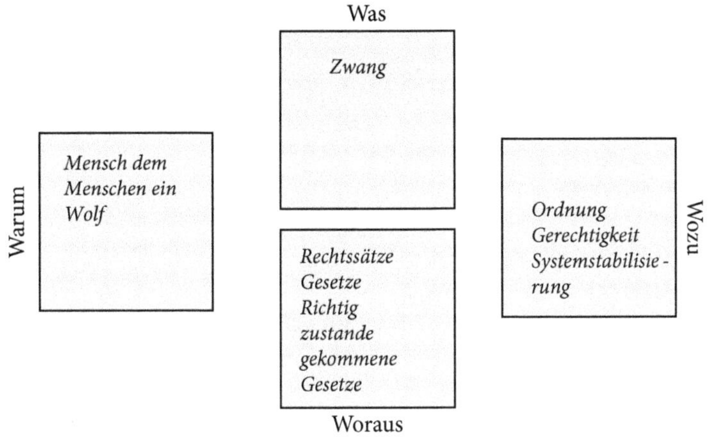

Abb. 1: causae 1

II Causae des Aristoteles – ‚Funktion, Prozedur, Mechanismus'

Aristoteles sah „Ursache" mehrdimensional. Causae: formalis – was; materialis – woraus; efficiens – wodurch und finalis – wozu.[26] Die erste der folgenden Abbildungen zeigt, was die hegemoniale Rechtsphilosophie, die zweite, was die hier vorgeschlagene evolutionäre Rechtswissenschaft im Kontrast dazu anführt.

Sieht man diese Causae im Zusammenhang, so wird die Unvollständigkeit der Rechtsphilosophie anschaulich: wenn man die fortdauernd aggressiv-boshafte Menschennatur mittels Recht effektiv mit Zwang zähmen und legitimierungsfähige Gesetze dazu schaffen will, braucht man Gesetzgeber und Zwangsinstitutionen, um Ordnung und/oder Gerechtigkeit effektiv herzustellen. *Recht* als Sammlung von Rechtssätzen isoliert zu beschreiben ist ähnlich sinnvoll wie *Sehen* als Sammlung der Prozeduren, die die Impulse des Sehnerven in innere Bilder und Vorstellungen transformieren, ohne Rücksicht auf Auge, Neuronen und neuronale Informationsverarbeitung; oder *Handelsschifffahrt* nur mit Blick auf Schiffe und nicht auf Häfen, Schauerleute, Leuchttürme und Handelsrouten.[27]

26 Auch greifen darauf zurück: Wolf/Wolf, 84. S.a. Dörner/Bartl/Gerdes, Die Mechanik des Seelenwagens, 2002, 37 ff.

27 Gregory, Mind In Science. A History of Explanations In Psychology and Physics, 1981, 83.

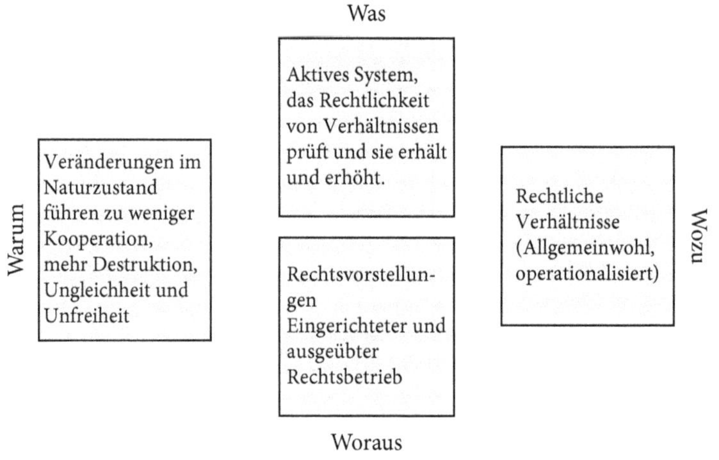

Abb. 2: causae 2. Naucke/Harzer, Rz. 239 ff.; Kunz/Mona, Rechtsphilosophie, Rechtstheorie, Rechtssoziologie, 1. Aufl. 2006, 86, 92, 94 (zit. Kunz/Mona) zu Rechtspositivismus, insbesondere zur Befehlstheorie [Bentham, Austin] und zur reinen Rechtslehre.

Auch eine Betrachtung des Gens vom physisch-biochemischen Kontext isoliert ergibt wenig Sinn.[28]

Die Trias *Funktion, Prozedur, Mechanismus*[29] lenkt ähnlich wie die causae die Begriffs- oder Konzeptentwicklung für lebende oder maschinelle Gegenstände dahin, Geist und Materie nicht zu isolieren.

Zu den einzelnen Causae.

Bei der Causa finalis *(Zweck des Rechts)* ist – über Aristoteles hinausgehend – Zweck und Ziel zu unterscheiden.[30] *Ziel* ist ein beschriebener oder erkannter *Zweck.*[31] In der evolutionären Perspektive lautet die Zweck-Frage: „Wie hat dieses Merkmal zum Fortpflanzungserfolg beigetragen?"[32] Dieser Zweck muss in dem

28 Deacon, Incomplete Nature, 2011.

29 Gregory, a.a.O., 4.

30 Sein teleologischer Naturbegriff (Kunz/Mona, 58) legt einen Idealismus nahe, weil das Telos vorab vorhanden sein müsste. Vgl. Deacon, Incomplete Nature, 2011, Kap. 1; Dennett 2017, Kap. 3.

31 Bischof, Das Rätsel Ödipus, 2. Aufl.1989, 181; Mayr, Evolution und die Vielfalt des Lebens, 1979, 216, der zwischen teleologisch und teleonomisch unterscheidet.

32 Nesse/Williams, Warum wir krank werden. Die Antworten der Evolutionsmedizin, 1997, 34.

Lebewesen oder der Maschine präsent, aber nicht repräsentiert, deklariert sein. Der Zweck evolviert gemeinsam mit den Organen und Programmen, mittels derer der Zweck erfüllt wird. Er existiert nicht vorgängig als abstrakte Idee.[33]

Den Vorschlag Rechtlichkeit = „Allgemeinwohl (operationalisiert)" führe ich unten aus.[34]

Causa materialis: *Woraus Recht gemacht ist.*

Recht ist aus Vorstellungen gemacht, von erwünschten, zukünftigen Verhältnissen, die den Rechtlichkeits-Test bestanden haben (Soll-Werte).

Rechtsvorstellungen können wir nach dem Vorstehenden betrachten als

- Beschreibungen rechtlicher Verhältnisse,
- Konstruktionen von Normen, Gesetzen, Institutionen und Akteuren, die rechtliche Verhältnisse schaffen
- Konstruktionen von Rechtlichkeit-Prüfständen. Man vergleicht die realen Verhältnisse mit den Rechtsvorstellungen. Reduziert man Recht auf die *realisierten Rechtsverhältnisse* kann man nicht mehr abbilden, wie effektiv das Rechtssystem seine Funktion erfüllt.[35]

Rechtsrealisation heißt, rechtliche Verhältnisse zu schaffen.

Um die causa efficiens *(Warum gibt es Recht)* zu erkennen, muss man die tradierte Vorstellung vom Naturzustand und der boshaften Menschennatur wegstoßen. Zudem ist die Geschichte von Kultur und Gesellschaft auch als eine zunehmender Konflikte, Destruktivität, Unfreiheit und Ungleichheit zu erzählen. Diese bieten Anlass und Grund für die Entwicklung von Recht, welche sich der kulturellen Werkzeuge bedienen kann.

1. Im Naturzustand helfen Adaptionen[36], d.h. soziale Gefühle und angeborene Verhaltensprogramme, Führungs-, Verteilungsprobleme und Konflikte zu lösen und für Versöhnung und Wiedergutmachung nach Verletzung und Schädigung zu sorgen.
   Die *Natur des Menschen* passte ihn einer Welt mit *natürlichen Sachen* an. Je mehr kulturell erzeugte „unnatürliche" Sachen und andere Gegenstände

---

33 Anders aber Wolf/Wolf, 25.

34 ‚Feindesliebe' und ‚Neidfreiheit' waren schon für Sokrates und Aristoteles – unter anderem Namen – Gerechtigkeitskriterien; Weber-Schäfer, in: Münkler/Llanque (Hg.), Konzeptionen der Gerechtigkeit, 1999, 43–53, 57.

35 Sen, Ökonomie für den Menschen. Wege zu Gerechtigkeit und Solidarität in der Marktwirtschaft, 2000, 277.

36 Zur Adaptation: Tooby/Cosmides, in: Barkow/Cosmides/Tooby (Hg.), The Adapted Mind, 1992, 19–136, 53.

in der Umwelt vorkamen und schließlich dominant wurden, desto weniger passte die Natur des Menschen. Seine evolvierte Lernfähigkeit ermöglichte ihm, kulturelle Adaptationen zu entwickeln und zu tradieren, um sich an eine kulturelle Umwelt anzupassen. *Natürliches Rechtsempfinden*[37] ist eine contradictio in adjecto, weil wesentliche Gegenstände dieses Empfindens – Eigentum, Hierarchie, Markt, Tauschwert – unnatürlich sind, entsprechendes Empfinden also nicht biologisch evolviert sein kann.[38] Entsprechendes gilt für Naturrecht.

2. Umweltveränderungen drängen die Menschen, sich zu Gesellschaften zusammenzuschließen, mit vielen, vielen Individuen auf engem Raum. Nun reichen spontane Gefühle, Intuitionen und angeborene Verhaltensprogramme nicht mehr. Sie sind auf diese neue Umgebung nicht angepasst, weil sie ‚nepotistisch' und gruppenbezogen sind. Das führt zu einer „zerbrechlichen" Sozialität und Kooperation.
3. Daraus entsteht ein Druck, die natürlichen Sozialitäts-Werkzeuge durch kulturelle zu ergänzen bzw. sie umzuformen.

Causa formalis

Recht ist danach ein aktives System, das eine rechtliche gesellschaftliche Ordnung und einen rechtlichen gesellschaftlichen Verkehr (nach innen und außen) herstellt und nachhaltig stabilisiert. Außerdem eignet sich Recht zu prüfen, ob und wieweit Verhältnisse rechtlich sind.[39] In dem Ausmaß, in dem die Rechts-Vorstellungen der Realität entsprechen, ist das Urteil „rechtlich" über Verhältnisse begründet.[40]

III Recht und Rechtlichkeit

Realität des Rechts[41] ist danach die systemische Gesamtheit von instantiierten Institutionen, Vorstellungen und Prozeduren. Der „eingerichtete und ausgeübte Rechtsbetrieb" sozusagen. Rechtswissenschaft untersucht diese Realität. Bei

37 Kunz/Mona, Rechtsphilosophie, Rechtstheorie, Rechtssoziologie, 1. Aufl., 2006, 35 ff..

38 Zur Darstellung des Spiels mit Natur der Sache und des Menschen, Kunz/Mona 50; Naucke/Harzer, Rz. 112 ff.

39 S.a. Kunz/Mona 12 ff.

40 Insofern stimme ich mit Wolf/Wolf, 99 f. überein. Anders als sie sehe ich Recht nicht als „Gesamtheit der rechtlichen Verhältnisse", sondern als Mittel, sich rechtliche Verhältnisse vorzustellen, zu erkennen und herzustellen. Ähnlich sehen Kunz/Mona, 131 den Rechtsrealismus.

41 Kunz/Mona, S. 5 ff. sprechen von Faktizität.

genauerem Zusehen verhält es sich mit der Rechtswissenschaft wie mit der Biologie: so wie es fünf Arten gibt, einen Frosch zu sehen[42], gibt es mindestens fünf Arten[43], Recht zu sehen. Eine saubere Trennung in abgeschottete Teildisziplinen ist inadäquat.

Rechtsvorstellungen treten historisch erst spät auf (wenngleich viel früher als Bakterienvorstellungen). Aber es wäre vorschnell, daraus zu schließen, dass vorher immer Unrecht gewesen sei. Im Naturzustand war Rechtlichkeit relativ stark ausgeprägt. Nur konnte das niemand erkennen.

D Rechnergestützes Modellieren und Simulieren von Recht

Wie kann man die evolutionäre Rechtstheorie testen? *Recht* im hier vorgestellten Sinn ist ein komplexes System, seinerseits eingebettet in ein solches: *Gesellschaft*. Weder analytische Modelle noch solche der empirischen Sozialforschung sind möglich oder sinnvoll. Methoden der Modellierung, insbesondere solche, die sich simulieren lassen, sind die richtige Wahl[44]; auch wenn man konkurrierende Gesetzesentwürfe testen will, da man langfristige Wirkungen vorhersehen möchte. Ein allgemeines testbares Modell einer Evolution des Rechts kann erst entwickelt werden, wenn viele kleinere spezifische Modelle entwickelt und geprüft sind. Im Folgenden stelle ich einige in der Tradition der System-Dynamics stehende qualitative Modelle vor, die nicht simulierbar sind.[45] Das bedürfte der Quantifizierung.

I Ahnen des Rechts. Geselligkeit im Naturzustand

Die natürliche vorkulturelle menschliche Psyche ist mit einer Reihe prä- und protorechtlichen Adaptationen ausgestattet (Faktor „Menschnatur (UeA)"). UeA steht für „Umgebung der evolutionären Anpassung". Diese Adaptationen und die „Versorgungslage" der UeA halten Destruktion, Unfreiheit und Ungleichheit niedrig. Das heißt, die Verhältnisse sind relativ rechtlich, ohne dass es des Rechts bedürfte.

---

42 Rose, Darwins gefährliche Erben, 2000, 25 ff.: physiologisch, verhaltensbiologisch, entwicklungsbiologisch, evolutionär, molekularbiologisch.

43 Logisch-systematisch, ökonomisch, soziologisch, psychologisch, sozialpsychologisch, politisch z.B. gibt schon 6.

44 Fabricius, Köln Z Soziol (68) 2016, 565–571; Fabricius/Kahle, ZDRW 2015, 1–19.

45 Hier können nur wenige Ausschnitte gezeigt werden. Die Modelle finden sich in www.KnowWhy.Net unter *df133 Naturzustände und Menschennatur*, *df213 Rechtsevolution*, *df210 Abwanderung und Widerspruch*, *df017 Kollaps* und *df192 Neid*.

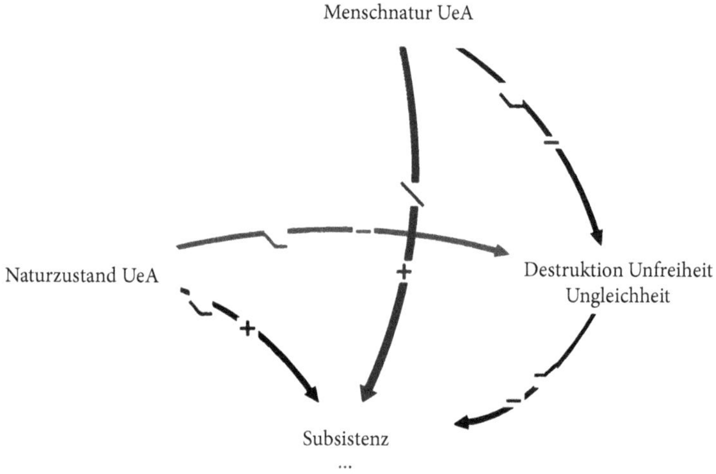

Abb. 3: Naturzustand: rechtlich. Legende: Ein Pfeil bedeutet: Veränderungen im Startfaktor führen zu Steigerung (+) oder Absenkung (-) im Zielfaktor. Je dicker der Pfeil, je stärker der Einfluss. Querbalken bedeuten Verzögerung.

Wut, Schmerz und Panik reagieren auf individuellen Freiheitsverlust, individuelle Verletzung bzw. Verlust der Bezugsgruppe. Mit Panik reagiert man auf Mutterverlust. Sie tritt aber auch auf, wenn Artgenossen überhaupt abwesend sind. Neid reagiert auf Ungleichheit oder Ungleichverteilung.[46]

Lächerlichmachen der Mächtigen bzw. derjenigen, die gerne mächtiger wären, scheint in den frühen Formen der Vergesellschaftung ein wirksames Mittel gegen eine Hierarchisierung gewesen zu sein, ein psychosozialer Abwehrmechanismus, der in Form von Majestätsbeleidigung und Blasphemie, Karikatur, Satire, Kabarett und Ironie fortlebt.

Für eine moralische Funktion bedürfen sie einer Verallgemeinerung, die über Mitleid, Sympathie (im Ausgangspunkt Empathie) geleistet wird. Bereits bei Schimpansen gibt es kooperatives Jagen, Konfliktregulierung, Versöhnungsverhalten und Verteilungsprozeduren – und den *Sex gegen Fleisch*-Handel. Moralische Intuitionen, Gewissensbildung sind interkulturell gleichsinnig zu beobachten – das spricht für einen genetischen Hintergrund.[47] Bei etlichen

46 Neidfreiheit ist ein wesentliches Kriterium für eine gerechte Verteilung – Brams/Taylor, Fair Division, 1996.

47 Hauser, Moral Minds: How Nature Designed Our Universal Sense of Right and Wrong, 2006.

Vogelarten gibt es Individuen, die – kurzfristig altruistisch – Warnrufe ausstoßen, die Evolution der Kooperation lässt sich binnen- und zwischenartig beobachten.[48]

Bereits im „Naturzustand" zeigen sich viele Adaptationen, hingegen kein einheitliches moralisches Richtigkeitsgefühl, das mit dem „Rechtssinn" identisch sein könnte.[49]

II Umgebung der evolutionären Anpassung und ihre Veränderung

Die „Umgebung der evolutionären Anpassung" war die der Jäger-und Sammlerzeit. Sie bot genügend Früchte zu sammeln, genügend Fleisch – Kadaver[50] oder Wild – zu erbeuten, ohne dass man Landwirtschaft, Viehzucht und Sesshaftigkeit brauchte.[51] Die genannten Adaptationen sind auf Gruppen bis maximal 150 Individuen „kalibriert". Übersteigt die Zahl der Individuen in einer Gesellungseinheit diese Zahl oder treffen sie mit anderen Gruppen aufeinander, helfen diese Adaptationen schlechter, sich anzupassen. Ein Klimawandel führte dazu, dass es weniger Früchte und weniger Fleisch gab, sodass Jagen und Sammeln nicht mehr genügten (Naturzustand karg). Das regte an, Viehzucht und Ackerbau zu entwickeln, in einem langen Prozess, der „neolithischen Revolution" (Kulturzustand a). Der Übergang zur Produktion ging einher mit einer Sammlung in fruchtbaren Regionen – prominent das Zweistromland. Gesellschaften mit hoher Bevölkerungsdichte entstanden; Gesellschaften stießen aufeinander. Man kennt nun nicht mehr alle Individuen persönlich. Beim Austausch bedarf es „abstrakten Vertrauens". Mit anderen Gruppen aufeinanderzutreffen ist problematisch wegen der Tendenz, die Fremden als Nicht-Menschen anzusehen. Intergesellschaftliche Kontakte, in der Entwicklung des Handels und der territorialen Grenzziehung, sind daher besonders konfliktträchtig, weil sie in doppelter Hinsicht außerhalb der biologisch involvierten Adaptationen liegen.

Wächst die Produktion, wächst auch die Arbeitsteilung. Die verteilten Kräfte galt es zu koordinieren und zu dirigieren – der Direktor wird geboren. Die Entwicklung von Handwerken erforderte Handel, dafür Märkte. Auch gab es mehr

48 Zahavi/Zahavi, Signale der Verständigung. Das Handicap-Prinzip, 1998.

49 Vgl. aber Kunz/Mona, 35.

50 Reichholf, Warum wir siegen wollen. Der sportliche Ehrgeiz als Triebkraft in der Evolution des Menschen, 2001.

51 Humphrey, The Social Function of Intellect, in: Byrne; Whiten (Hg.), Machiavellian Intelligence. Social Expertise and the Evolution of Intellect in Monkeys, Apes and Humans, 1988, 13–26,13.

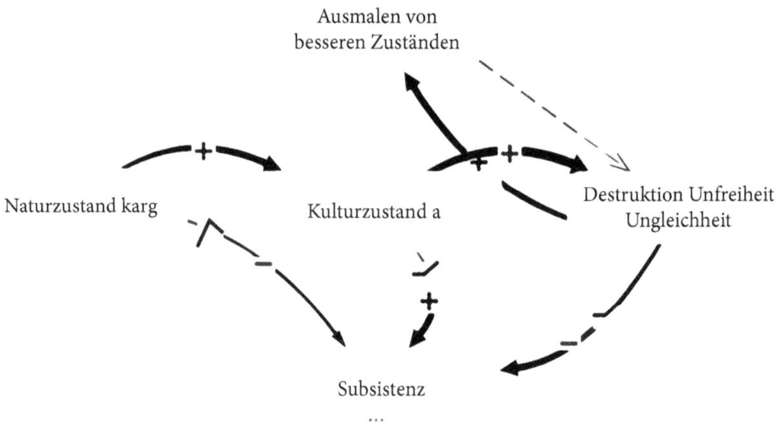

Abb. 4: Mehr Unrecht in der frühen Kultur

Gegenstände, die man gerne ausschließlich besitzen wollte, und ein Bedürfnis des Handels, klare Zuordnungen und Verfügungsberechtigung zu haben.

Vermehrte Innen- und Außen-Konflikte verlangen nach Sicherheitskräften. Diese sind auch nützlich Herrschaftsbeziehungen zu etablieren und zu stabilisieren. Das wurde auch nötig, weil Herrschende, Macht- und Habgier entwickelnd, ihre Position zur Ausbeutung und Freiheitsbeschränkung der Unterworfenen und Untergebenen benutzten.

Patriarchat und Sklaverei wurden möglich, die Entwicklung von Eigentum, Vertrag, Erbschaft, „Recht der Leistungsstörungen" und auch Deliktsrecht wurde zum Erfordernis, um die erweiterte Produktion und den Handel weniger störungsträchtig und damit billiger zu machen.

Im *Kulturzustand a* nehmen mithin Destruktion usw. zu. Das regt an sich bessere Zustände auszumalen und Mittel und Wege zu ersinnen, den gegenwärtigen Zustand zum gewünschten zu transformieren.

Die Vorstellung, Machtpositionen zu überwinden, mindestens Mächtige zu kontrollieren und zu zähmen, kommt erst nach Jahrtausenden von Sklaverei, Kasten- und Stände-, der „leges absolutus"-Vorstellungen, die sich als Recht, kompatibel mit einer gerechten Ordnung ausgaben.[52] Menschenrechte, Demokratie und Rechtsstaat (als Zähmung der

52 Neubacher, Kriminologische Grundlagen einer internationalen Strafgerichtsbarkeit, 2005, 259 ff. Auch in der Mathematik kommen die großen Fortschritte

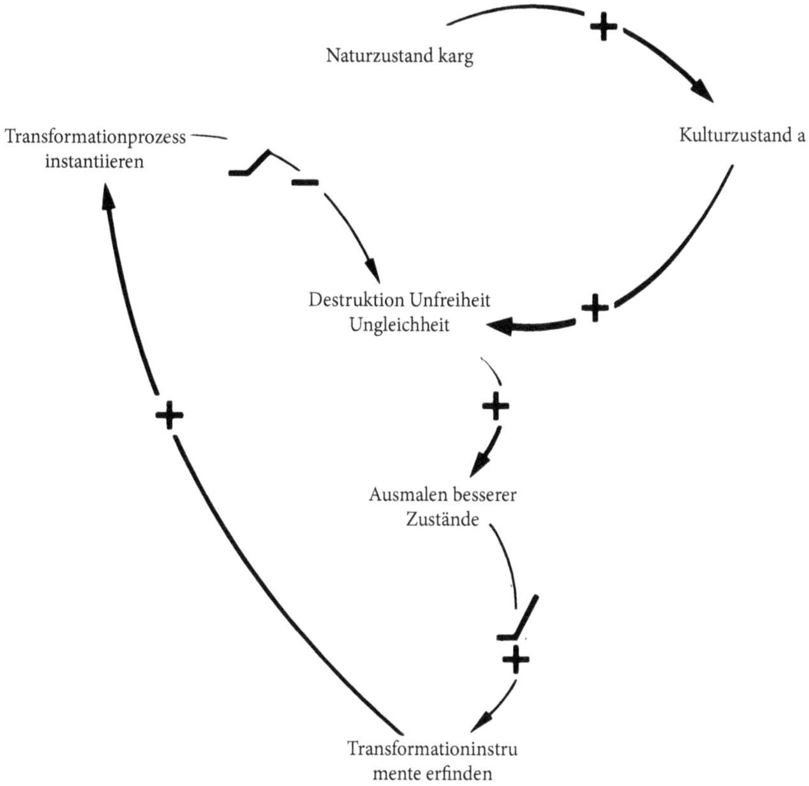

Abb. 5: Beginn von Recht

Staatsgewalt)[53] entwickeln sich als Konzepte im Absolutismus.[54] Die fortwährende Kriegführung, die extreme, wohlorganisierte Ausbeutung und die schlechte „Wirtschaftsführung" brachten Elend, Krankheit und Tod über Länder und Jahrhunderte.[55] Ungestillter Freiheitsdurst, Hunger, vielfach verletzte Unversehrtheit - körperlich und seelisch - stifteten zu Aufruhr und

(Infinitesimalrechnung z.B.) erst spät; Fabricius II, 200 ff. Zur Entwicklung von Staat und Juristen Bourdieu, Über den Staat, 2012.

53 Baurmann, Der Markt der Tugend: Recht und Moral in der liberalen Gesellschaft, 1996.

54 Auch hier gab es zahlreiche Vorläufer und frühere Ansätze.

55 Kennedy, Aufstieg und Fall der großen Mächte. Ökonomischer Wandel und militärischer Konflikt von 1500 bis 2000, 1991.

Die Individuen seien Teil des Allgemeinen und dürften, übersteige der Nutzen für das Allgemeine nur den Schaden am Individuum, aufgeopfert werden. Erzwungene Aufopferung zu verbieten zwingt jedoch nicht, Allgemeinwohl als Soll-Wert für Recht fallen zu lassen. Vielmehr gilt es, Allgemeinwohl als aggregiertes individuelles Wohl zu konzeptualisieren.[59]

Das wiederum erfordert wiederum erhebliche Modellierungsmühen, insbesondere die Entwicklung simulierter Modelle ist aufwendig, zum anderen muss man sich der Hoffnung auf unanfechtbare Wahrheit begeben und sich mit Näherungen, Wahrscheinlichkeiten, Limes zufriedengeben. *Allgemeinwohl* wird als Indexwert mit unterschiedlichen und unterschiedlich gewichteten Teilkomponenten zu modellieren sein.

IV Drei Vignetten

1 Auge um Auge

Warum die Evolution des Rechtssatzes „Auge um Auge" modellieren? Das Image dieses Satzes ist historisch und notorisch schlecht – doch ganz zu Unrecht.[60] Er konkurrierte mit dem normativen Satz „Auge um 2 Augen". Zudem wurde er nicht wörtlich als Aufruf verstanden, dem Schläger ein Auge auszuschlagen. Vielmehr galt *Auge* als Maßeinheit: der Satz war Aufruf oder Verpflichtung, auf Rache zu verzichten, aber nicht auf Wiedergutmachung bzw. Schadensersatz. Einige 1000 Jahre später konnte Axelrod die Weisheit dieses Rechtssatzes beweisen. Er beschreibt, dass in einem Turnier von Computerprogrammen, die auf egoistische Nutzenmaximierung durch Austausch ausgerichtet waren, das Programm „Auge um Auge" bzw. „Tit for Tat" (TfT) gewann. Dies betrog in der 1. Runde nie, wurde es aber betrogen, schlug es zurück (betrog), wenn es auf denselben „Geschäftspartner" traf, kehrte aber zur Kooperation zurück, wenn dieser nicht abermals betrog. Tat er das aber, verweigerte TfT zukünftig jede Zusammenarbeit. Axelrod zeigte, dass Rache teuer ist, zudem Reich-Werden durch Äquivalenzstörung Kooperation behindert und dadurch langfristig selbstschädigend wirkt. Der Gegenschlag von TfT ist also eine soziale Tat.[61]

Axelrod konnte TfT als *evolutionär stabile Strategie* (ESS) belegen. Bei einer gewissen Schwelle von TfT-Spielern in einer Population verschwinden zunächst

59 Ausführlich Fabricius II, 117 ff.; s.a. df 064 u. df 173 auf Knowwhy.net.

60 Otto, Recht/Rechtswesen im Alten Orient und Alten Testament, in: Müller, (Hg.), Theologische Realenzyklopädie Bd. XXVIII 1997, 197–209.

61 Axelrod löste zahlreiche weitere Forschungen aus, die seine Ergebnisse im Kern bestätigten; s. umf. Nowak, Super Cooperators, 2011; Fabricius I, 260 ff.

die Schafe (die nicht zurückschlagen können oder wollen). Sie sind leichte Beute der Wölfe (häufig und listenreich betrügend). Sind die Schafe ausgerottet, sterben die Wölfe aus, weil keiner mehr mit ihnen zusammenarbeitet und ihnen die Beute ausgeht. TfT-Spieler haben aus den ersten Begegnungen gelernt und werden daher nur geschädigt, aber nicht ruiniert (gefressen). Außerdem haben sie Aussicht auf Schadensersatz. Nachdem TfT in einer Population dominiert, kann es nicht mehr von einwandernden Wölfen (oder Neugeborenen mit Wolfs-Natur) unterwandert werden.

Bestätigt wurde in Folgeuntersuchungen auch, dass Rache ebenso wie einfach „die andere Wange hinhalten" weder die individuelle Nutzenmaximierung langfristig fördern noch einer sozialen, kooperativen Umgebung dienlich sind.

2 *Den Fremden nicht ausplündern, erschlagen noch betrügen*

Den Grund, nicht von Nächsten- oder Feindes*liebe* zu sprechen, nenne ich später.

Man kann diese Gebote als innen- und außenpolitische Variante eines Rechtssatzes betrachten, dem spontanen Gruppenzentrismus entgegentretend, den Fremden nicht als Feind oder als Nicht-Mensch zu betrachten, ihn nicht zur Beute zu machen. Denn Plünderung, Raub, Mord und Ausbeutung sind die Folge, was schon für sich eine Friedensstörung mit sich bringt, die noch dadurch verstärkt wird, dass es zur Gegenwehr der Angegriffenen kommt, zum Krieg, zum Bürgerkrieg. Jedenfalls der Landfrieden ist gestört. Das ist nicht nur unmittelbar verlustträchtig, sondern hemmt auch den Handel, das Entstehen von Märkten und damit auch eine arbeitsteilige Produktion, die nur mit zugelieferten Produkten möglich ist. Werden Gemeinschaften zu Gesellschaften, die zudem unmittelbar aneinander angrenzen, muss man lernen mit Menschen, die einem nicht vertraut sind, sozial umzugehen.[62]

3 *Abwanderung, Widerspruch und Loyalität*

Hirschman liefert die Vorlage für ein Modell, das die politische Dimension von Gesellschaft einbringt und mit der wirtschaftlichen (Markt wie Produktion) in Verbindung bringt. Er zeigt, dass alle Organisationen am besten nachhaltig funktionieren, wenn sie Abwanderung und Widerspruch zulassen bzw. pflegen. Während die Kunden regelmäßig abwandern, wenn sie unzufrieden sind, ist Abwandern bei Staaten und Institutionen nicht oder nur kaum möglich. Wenn

62 Das treibt an, universalisierbare, pfadunabhängige Resultate wie in der Mathematik zu entwickeln (Maffettone, Psyche (59) 2005, 629–662, 649).

Letztere den Widerspruch unterdrücken, verlieren sie an Schwung und Entwicklungsfähigkeit und unterminieren die Loyalität ihrer Bürger bzw. Akteure. Aber auch Marktteilnehmer sind gut beraten, den Widerspruch der Kunden zu pflegen. So können sie Abwanderung eher vermeiden und zugleich Loyalität (Kundenbindung) erhöhen.

E Ist Recht eine ESS? Fährnisse

Wo die Produktivkräfte wachsen, wachsen Mord- und Manipulationswerkzeuge auch. Diese melancholische Variante des bekannten Hölderlin-Verses[63] rührt daher, dass die Distanz zwischen *als Recht Erkanntem* und *als Recht Realisiertem* schmerzlich ist. Sie ist auch zwischen *als Recht Anerkanntem* und *Realisiertem* groß. Menschenrechte sind vielfach anerkannt, Menschenrechtsverletzungen sind endemisch. Ein geheucheltes Anerkenntnis ist als *eine Verneigung des Lasters vor der Tugend*[64] nicht gering zu schätzen – aber nur im Übergang.

Die Neoklassik in der Ökonomie predigt kurzsichtigen Egoismus eines bindungslosen (asozialen) Individuums, leugnet hartnäckig die massiven Einflüsse auf die Präferenzbildung, während man in der wirtschaftlichen und politischen Praxis breitflächig wissenschaftlich ausgetüftelte Manipulationstechniken einsetzt. Das dementiert nicht nur die Präferenzautonomie, sondern auch die affektive Karenz der Wissenschaft und zeigt moralisches Desengagement. Rechtsaktivitäten unter Berufung auf die Freiheit der Marktwirtschaft hier zu unterlassen heißt, die Unfreiheit der „Verbraucher" und Wähler infolge von Manipulation zu ignorieren.

Die Rechtswissenschaft übernimmt die neoklassischen Konzepte[65] oder antwortet mit einem eher hilflosen moralischen Appell.[66] Dabei unterstellt sie, dass moralisches Handeln altruistisch sei, selbstaufopfernd am Ende.[67] Die Predigten,

---

63 „Wo aber Gefahr ist, wächst / Das Rettende auch" – Patmos (1803), 1. Strophe, Vers 3/4; https://de.wikipedia.org/wiki/Patmos_(Hölderlin)#Verse_1.E2.80.934 (23.04.2017).

64 Reemtsma, in: Böllinger/Lautmann (Hg.) Strafe für Mord und Folter im Regierungsauftrag?, 1993, 57–68, 65.

65 Vgl. z.B. Mansdörfer, Zur Theorie des Wirtschaftsstrafrechts, 1. Aufl., 2011.

66 Das zeigt Rosa, in: Münkler/Llanque (Hg.), Konzeptionen der Gerechtigkeit. 1999, 395–423, 397, 406. Solange Menschenrechte nicht als einem Gemeinwohl dienend, das dem Wohl des Einzelnen nicht entgegengesetzt ist, begriffen werden, wird die Spaltung zwischen Bekenntnis bzw. Predigt und Praxis erhalten. Die Weigerung, sie i.S. eines Utilitarismus zweiter Ebene zu rekonstruieren, trägt dazu bei, ihre faktische Geltung zu verhindern.

67 Altruismus ist kein individuell und sozial tragfähiges Prinzip (Fabricius I, 149 ff; 244 ff.) Indirekter reziproker Altruismus ist von aufgeklärten, weitsichtigen, klugen Egoismus

zwischen Recht und Gesetz sei nicht zu unterscheiden, Gerechtigkeit sei kein Thema der Wissenschaft, belegen, dass Einsicht ins Recht auch unter den Juristen bemerkenswert schwach entwickelt ist.

Religion umgekehrt verlangt, Gefühle (nicht) zu haben.[68] Nächsten- und Feindesliebe sind Gebote, die unmöglich zu erfüllen sind – Achtung und Respekt vor dem Fremden, das Verbot auszuplündern, zu betrügen und umzubringen hingegen schon. Liebe lässt sich nicht willentlich erzeugen. Unmöglich, dem Gebot Genüge zu tun, außer im Himmel. Der Sterbliche auf Erden sündigt unausweichlich. Er kann dem Fegefeuer oder der Hölle nicht entkommen. Es sei denn, er liefere sich mit Haut und Haaren den Stellvertretern Christi auf Erden bzw. den Verwaltern aller Religionen aus.

Auch das 10. Gebot – „du sollst nicht begehren …" verwickelt den Sterblichen in die Sünde, denn Begehren lässt sich ebenso wenig willentlich an- oder abschalten wie die Liebe.[69] Derselben unterschwelligen Logik folgen alle Todsünden: sie zielen auf Gefühle und Motive, die sich der willentlichen Kontrolle entziehen.

Die weltlichen Erben der Religionen, die Juristen, sind in dieser Hinsicht kaum aufgeklärter (oder nicht weniger verblendet), wie man aus der Debatte um „niedrige Beweggründe", die sich mit größter Hartnäckigkeit im Gesetz halten, ebenso wie aus der Debatte um die sogenannten Hass-Verbrechen erschließen kann. Ein Interesse an rechtlichen Verhältnissen unterstellt, sind alle die genannten Konstruktionen unvernünftig, kontraproduktiv. Ein Interesse an Herrschaft und Ausbeutung unterstellt, sind sie hingegen vernünftig, weil sie als (Un-) Recht etwas im Kern überzeugendes predigen, untergründig aber dementieren.

Das fällt in die Strategie des *Als-ob-Rechts*, die mit entfalteter Manipulation und Herrschaftstechniken immer besser verfolgt werden kann.[70] Sie setzt voraus, ein variables Minimum an Recht tatsächlich herzustellen und Rechtlichkeit im

---

(Lessenich, Neben uns die Sintflut. Die Externalisierungsgesellschaft und ihr Preis, 2016, 188) nicht zu unterscheiden: der investiert im eigenen langfristigen Interesse in eine soziale, kooperative, vertrauensvolle Umgebung.

68 Fünf der sieben Todsünden sind Affekte. Gier und Habgier als triebhafte Steigerung des „Such-Systems" (Panksepp) sind aber gleichermaßen willentlich weder an- noch abzuschalten. Vgl. Fonagy/Gergely/Jurist, Affect Regulation, Mentalization, and the Development of the Self, 2004, 65.

69 Abgesehen davon, dass das 10. Gebot das Eigentum an der Frau und die Sklaverei voraussetzt.

70 Kulturell erworbener Glauben – „warum können Menschen durch Mythos und Ritual so leicht dahin gebracht werden, Dinge zu tun, die ihre inklusive Fitneß nicht erhöhen." (Maynard Smith/Szathmáry, The Origins of Life, 1999, 132).

Allgemeinen zu versprechen. Manipulation zielt darauf, die Distanz zwischen Versprechen und Erfüllung in der Vorstellung der Rechtsunterworfenen zu verhüllen. Je besser die Manipulationstechniken, desto bessere Hüllen lassen sich fabrizieren und desto größer kann die Distanz werden. Mögen die Rechtsunterworfenen auch noch ein Unbehagen verspüren, sie können dessen Gründe nicht erkennen und nicht artikulieren: Man denke an Brexit, Trump und Pegida. Das schafft die Basis für den Untergang von Rechtsstaat und Demokratie, aber auch für einen ungebremsten Klimawandel. Ignoranz ist keine Tugend, sondern kann entscheidend zu einem Kollaps[71] beitragen. Die immer „effektiveren Waffen" und militärischen Techniken vervielfachen die destruktiven Kräfte. Die Legitimation zu ihrem Einsatz verschafft man sich mit Lügen und Propaganda.

Nein, *Recht* ist keine ESS, weil es von *Als-ob-Recht* partiell unterwandert werden kann. Letzteres allerdings ist auch keine ESS, weil sie eine partiell wirksame Recht-Strategie braucht, um genügend Verführungskraft zu entwickeln.

Wenn eine soziale Ordnung, die individuelle Variabilität im Handeln und Denken als Voraussetzung von Innovation, Entwicklung der Produktivkräfte, der gesellschaftlichen Verhältnisse garantiert, die kooperatives Handeln stützt, die aufgezwungene Aufopferung verhütet, nicht als nachhaltig wirksam für Anpassungsfähigkeit, Wohlstand und Wohlfahrt eingesehen wird, wächst das als Recht Erkannte nicht zu Einsicht oder Rechtsbewusstsein.

Modellierung und die Entwicklung von simulationsfähigen Modellen können eine evolutionäre Rechtstheorie nicht im strengen Sinne beweisen, die Plausibilität aber erhöhen und dazu anregen, rechtshistorische Rekonstruktionen entsprechend anzulegen, d.h. als Test von im Ausgangspunkt spekulativen Modellen. Stimmt die simulierte Entwicklung mit der historisch rekonstruierbaren überein, ist das ein gewichtiges Indiz für die Richtigkeit der Theorie hinter dem Modell.

---

71 Diamond, Kollaps, 2005.

Kirsten Graalmann-Scheerer

Die elektronische Akte in Strafsachen*

Abstract: This article shows why the introduction of an electronically managed file in criminal procedure is necessary. The article deals with the problems associated with the introduction of electronic files. The pros and cons of electronic files are highlighted. A draft law of the federal Government of 17.8.2016 on the introduction of electronic files in criminal proceedings and the further promotion of electronic legal transactions is discussed in detail and concerns which exist in the case of lawyers and criminal justice are resented.

Keywords: electronic files, criminal procedure, electronic legal transactions

A Notwendigkeit

In den letzten zwei Jahrzehnten hat sich die elektronische Dokumentenerstellung, -übermittlung und -speicherung in fast allen Bereichen der privaten, privatwirtschaftlichen und auch öffentlichen Kommunikation durchgesetzt. Lediglich die Justiz und hier insbesondere die Strafjustiz haben sich nur sehr zögerlich auf die neue technische Entwicklung eingelassen. Schon die Ausstattung der Arbeitsplätze von Richtern, Staatsanwälten und der Serviceeinheiten ist in den einzelnen Bundesländern ganz unterschiedlich verlaufen. Während die großen Flächenländer relativ schnell die einzelnen Arbeitsplätze mit der erforderlichen Hardware ausgestattet, (zentrale) IT-Stellen eingerichtet und mit Dienstleistern Verträge zur Systembetreuung abgeschlossen haben, ist diese Entwicklung in einzelnen Stadtstaaten und vor allem in den Haushaltsnotlageländern nur langsam vorangekommen. Die föderale Struktur hat eine einheitliche IT-Architektur in der Strafjustiz verhindert. Einzelne Länder haben zunächst mit selbst entwickelten Fachverfahren gearbeitet. Letztlich haben sich in den Ländern zwei etwa gleich große Verbünde für Fachverfahren, nämlich MESTA und web.sta, herausgebildet, deren Fachverfahren in den Staatsanwaltschaften verwendet werden. Bei den Strafgerichten hingegen werden unterschiedliche Fachverfahren verwandt. Die beiden staatsanwaltschaftlichen Verbünde, in denen jeweils Vertreter der Staatsanwaltschaften und Justizministerien der Länder vertreten sind, befassen sich vornehmlich mit Fragen der Weiterentwicklung und Anpassung

* Der Beitrag hat den Stand 28.2.2017. Durch das Gesetz zur Einführung der elektronischen Akte vom 5.7.2017 wurden die §§ 32, 32a, 32b, 32c, 32d und 32f StPO in die Strafprozessordnung eingefügt (BGBl. I S. 2208). § 41a StPO wurde aufgehoben.

an gesetzliche Regelungen und/oder praktische Erfordernisse und Bedürfnisse. Die Entwicklung der Anpassung der Fachverfahren wird dann regelmäßig ausgeschrieben und an einen privaten Dienstleister vergeben. Seit fast zwei Jahrzehnten entstehen so in den Ländern für die Weiterentwicklung von MESTA und web.sta letztlich doppelte Entwicklungskosten. Eine schon unter Haushaltsgesichtspunkten anstrebenswerte Zusammenführung der beiden Verbünde ist bislang nicht erfolgt und auch seitens der Landesjustizverwaltungen nicht angestrebt worden. Die Rechnungshöfe der Länder haben sich soweit ersichtlich bislang dieser Thematik noch nicht gewidmet. Daneben ist in der Strafjustiz insgesamt die Diskussion um die Einführung der elektronischen Akte nicht mit der an sich gebotenen Nachhaltigkeit und Begeisterung geführt worden.

Die strukturellen Veränderungen im Strafverfahren gebieten es jedoch, sich über die Fachverfahren hinaus mit den rechtlichen und technischen Voraussetzungen für die Einführung der elektronischen Akte endlich nachhaltig zu beschäftigen. Eine Abkehr von der papierbasierten hin zur elektronischen Akte ist dringend erforderlich. Zurzeit werden bereits viele Dokumente von der Polizei auf elektronischem Weg an die Staatsanwaltschaft übermittelt. Ferner erstellen die Staatsanwältinnen und Staatsanwälte unter Nutzung der auf ihren PC zur Verfügung gestellten Schreibsoftware oder Spracherkennungsprogramme schon jetzt elektronische Dokumente, von denen dann ein Papierausdruck zu den in Papierform geführten Akten genommen wird. In Umfangverfahren werden die Akten seit Jahren in vielen Staatsanwaltschaften eingescannt und stehen damit neben der Papierform auch in elektronischer Form zur Verfügung. Gearbeitet wird jedoch immer noch in der Papierakte. Diese Doppelstrukturen sind zum einen kostenaufwendig und binden zum anderen Personalressourcen, die bundesweit in der Strafjustiz durch Einsparmaßnahmen stetig knapper werden.

Eine Einführung der elektronischen Akte hat gegenüber der papierbasierten Akte eine Vielzahl von Vorteilen. Die Kommunikation zwischen Staatsanwaltschaft, Gericht und Verfahrensbeteiligten wird beschleunigt. Akten und Dokumente werden schneller übermittelt. Die Akten sind kontinuierlich verfügbar. Die Anlage von Doppelakten wird entbehrlich. Mehrere Bearbeiter der Akten führenden Stelle können zeitgleich auf die Akte zugreifen. Es wird eine ortsungebundene Aktenbearbeitung ermöglicht. Die Auswertung, Darstellung und Verarbeitung des Akteninhalts werden vor allem in Umfangverfahren verbessert. Die Recherchemöglichkeiten in der Akte werden besser. Die Erstellung von Statistiken sowie die Verwaltung von Daten werden vereinfacht und beschleunigt. Archiv-, Personal-, Porto- und sonstige Versandkosten können reduziert werden. An der Einführung der elektronischen Akte führt mithin kein Weg mehr vorbei.

B Probleme im Zusammenhang mit der Einführung der elektronischen Akte im Strafverfahren

Seit über fünf Jahren wird die Einführung der elektronischen Akte im Strafverfahren auf ministerieller Ebene diskutiert. Der Diskussionsentwurf 2012 und der Referentenentwurf 2014 (Stand: 24.9.2014) haben schließlich zu dem Gesetzentwurf der Bundesregierung vom 17.8.2016 geführt.[1] Damit ist beabsichtigt, eine gesetzliche Grundlage für die elektronische Aktenführung im Strafverfahren zu schaffen. Für eine Übergangszeit bis zum 31.12.2025 soll die elektronische Aktenführung lediglich eine Option sein.[2] Ab dem 1.1.2026 sollen neu anzulegende Akten verpflichtend nur noch elektronisch angelegt werden.[3] Eine verpflichtende Einführung der elektronischen Aktenführung in den übrigen Verfahrensordnungen der ordentlichen Gerichtsbarkeit und der Fachgerichtsbarkeiten, in denen schon jetzt eine solche optional möglich ist, soll gesonderten Gesetzgebungsvorhaben vorbehalten bleiben.[4] Der Gesetzentwurf der Bundesregierung beschränkt sich ebenso wie schon der Diskussionsentwurf und der Referentenentwurf auf rechtliche Vorgaben. Eine Regelung technischer und organisatorischer Detailfragen sieht der Gesetzentwurf bewusst nicht vor,[5] sondern will diese für die Praxis entscheidenden Fragen ergänzenden Ausführungsregelungen vorbehalten.

Nach dem Gesetzentwurf der Bundesregierung soll für den einzelnen Bürger kein Erfüllungsaufwand bestehen. Auch für die Rechtsanwaltschaft wird ein solcher nicht gesehen, weil sie bereits aufgrund der mit dem Gesetz zur Förderung des elektronischen Rechtsverkehrs mit den Gerichten eingeführten Nutzungspflichten zur Einrichtung und Vorhaltung einer entsprechenden Infrastruktur verpflichtet ist.[6] Hingegen stellt sich der Erfüllungsaufwand für die Strafjustiz als immens dar. Die Kosten beruhen zum einen auf einer flächendeckenden Schaffung der erforderlichen IT-Infrastruktur und zum anderen auf den erforderlichen Anpassungen der in der Strafjustiz verwandten Fachverfahren. In welcher Höhe in den Ländern für die Einführung der elektronischen Akte in Strafsachen Kosten entstehen werden, lässt sich derzeit nicht annähernd verlässlich abschätzen, denn der Entwicklungsstand der IT-Infrastruktur ist in den einzelnen

1 BT-Drs. 18/9416.
2 BT-Drs. 18/9416, S. 32.
3 BT-Drs. 18/9416, S. 32.
4 BT-Drs. 18/9416, S. 32.
5 BT-Drs. 18/9416, S. 2.
6 BT-Drs. 18/9416, S. 36.

Ländern sehr unterschiedlich. Bis zur flächendeckenden Einführung der elektronischen Akte wird auf jeden Fall ein erhöhter Druck- und Scanaufwand durch Medienbrüche anfallen. Nach einer „Grobkalkulation des Verbesserungs- und Investitionsbedarfs für die Einführung des elektronischen Rechtsverkehrs und der elektronischen Akte", die im Auftrag der Bund-Länder-Kommission für Informationstechnik in der Justiz im März 2014 erstellt wurde,[7] ergeben sich ein Gesamtinvestitionsbedarf von etwa 320 Millionen Euro sowie eine Erhöhung der laufenden Kosten von bundesweit 57,8 Millionen Euro jährlich, die sich stetig durch Voranschreiten der technischen Entwicklung erhöhen werden. Es ist nicht zu erwarten, dass der Investitionsbedarf und die laufenden jährlichen Kosten in den kommenden zehn Jahren stabil bleiben werden. Während der Bund mit einem Gesamtinvestitionsbedarf von knapp 7 Millionen Euro und jährlichen laufenden Kosten von etwa 1,1 Millionen Euro nach der Grobkalkulation finanziell eher gering belastet sein wird, sieht dies in den Ländern ganz anders aus. Der erforderliche Investitionsbedarf in den Ländern und die laufenden Kosten lassen angesichts der sehr unterschiedlichen wirtschaftlichen Leistungsfähigkeit befürchten, dass die Einführung der elektronischen Akte in Strafsachen in den Ländern und auch den einzelnen Verbünden der Fachverfahren nicht synchron verlaufen wird.[8] Die Grobkalkulation dürfte schon bei Verkündung des Gesetzes zur Einführung der elektronischen Akte in Strafsachen im Bundesgesetzblatt überholt sein. Wie bei allen Großvorhaben wird wohl von ganz erheblich höheren Kosten vor allem für die Länder auszugehen sein.

Der Gesetzentwurf der Bundesregierung vom 17.8.2016[9] sieht im Vierten Abschnitt des Ersten Buchs der Strafprozessordnung in den neu zu schaffenden §§ 32 bis 32f StPO Regelungen zur Aktenführung und Kommunikation im Verfahren vor, die für das gesamte Strafverfahren von der Einleitung des Ermittlungsverfahrens bis zum Abschluss der Strafvollstreckung gelten sollen. In einem neuen Abschnitt des Achten Buchs sollen der Schutz personenbezogener Daten in einer elektronischen Akte sowie die Verwendung personenbezogener Daten aus elektronischen Akten in den neu einzufügenden §§ 496 bis 499 StPO geregelt werden. Die übrigen Änderungen sollen bereichsspezifisch geregelt werden (z.B. § 244 V, § 249 I, § 256, § 325 I StPO-E).

Im Rahmen dieses Beitrags sollen Regelungen des Gesetzentwurfs der Bundesregierung über die elektronische Aktenführung (§ 32, § 32e StPO-E), den

---

7 BT-Drs. 18/9416, S. 38 f.

8 Zu den Investitionskosten und den laufenden Kosten vgl. Übersicht in BT-Drs. 18/9416, S. 38.

9 BT-Drs. 18/9416.

elektronische Rechtsverkehr mit Behörden und Gerichten (§ 32a StPO- E), die Erstellung strafverfolgungsbehördlicher und gerichtlicher elektronischer Dokumente (§ 32b StPO-E), die Pflicht zur elektronischen Übermittlung (§ 32d StPO-E) und die Form der Gewährung von Akteneinsicht (§ 32f StPO-E) näher betrachtet und auf ihre Praxistauglichkeit hin untersucht werden.

I Elektronische Aktenführung und Übertragung von Dokumenten zu Aktenführungszwecken (§ 32, § 32e StPO-E)

Im Gegensatz zu dem Diskussionsentwurf 2012 und dem Referentenentwurf 2014 geht der Gesetzentwurf der Bundesregierung realistischerweise davon aus, dass die Einführung der elektronischen Akte im Strafverfahren nicht so ganz zeitnah zu realisieren sein wird. § 32 StPO-E als Rechtsgrundlage für die elektronische Akte sieht in Abs. I S. 1 daher zunächst einmal eine fakultative elektronische Aktenführung vor. Die Bundesregierung und die Landesregierungen bestimmen nach § 32 I S. 2 StPO-E für ihren Bereich durch Rechtsverordnung den Zeitpunkt, ab dem die Akten elektronisch geführt werden. Das bedeutet jedoch nicht, dass zu dem festzulegenden Zeitpunkt auch alle schon anhängigen Verfahren ab sofort elektronisch geführt werden müssen. Vielmehr gilt die elektronische Aktenführung nur für künftige Verfahren. Es wird mithin eine Übergangsphase im Strafverfahren geben, in der vor allem die Akten schon länger anhängiger Verfahren noch in der herkömmlichen Papierform und Akten neu eingehender Verfahren in elektronischer Form geführt werden. Eine Parallelität zwischen der Papierform und der elektronischen Form im selben Verfahren ist nicht zulässig. § 32 I S. 3 StPO-E ermöglicht es den Ländern, durch Rechtsverordnung die Einführung der elektronischen Akte auf einzelne Gerichte oder Strafverfolgungsbehörden oder auch sogar auf allgemein bestimmte Verfahren zu beschränken und sogar in Papierform geführte Akten in dieser Form weiterzuführen. Damit wird den Ländern ermöglicht, Pilotierungen in einzelnen geeigneten Geschäftsbereichen durchzuführen. Da mit der Einführung der elektronischen Akte in der Strafjustiz Reibungsverluste einhergehen werden, ist es sinnvoll, Pilotierungen in überschaubaren Projekten mit IT-interessierten Bediensteten vorzunehmen und nicht zu versuchen, die elektronische Akte in einem Geschäftsbereich sogleich flächendeckend einzuführen.

Unvermeidlich wird es aufgrund der föderalen Struktur sein, dass der Stand der Einführung der elektronischen Akte in den Ländern unterschiedlich sein wird. Vor allem bei der Abgabe eines Ermittlungsverfahrens aus Gründen der örtlichen Unzuständigkeit, bei staatsanwaltschaftlichen oder richterlichen Vernehmungen in anderen Bezirken oder auch bei der Abgabe der Vollstreckung kann der unterschiedliche Stand der Einführung der elektronischen Akte Probleme bereiten. Ob § 32 III StPO-E insoweit tatsächlich die absehbaren Probleme zu lösen vermag, erscheint durchaus zweifelhaft. Nach § 32 III S. 1 StPO-E bestimmt die Bundesregierung durch Rechtsverordnung mit Zustimmung des Bundesrats die für die Übermittlung elektronischer Akten zwischen den Strafverfolgungsbehörden und Gerichten geltenden Standards und kann die Ermächtigung durch Rechtsverordnung ohne Zustimmung des Bundesrats auf die zuständigen Bundesministerien übertragen. Durch bundeseinheitliche Standards, die in der Rechtsverordnung im Einzelnen geregelt werden sollen, soll sichergestellt werden, dass ein Austausch von Akten zwischen Gerichten und Staatsanwaltschaften im gesamten Bundesgebiet auch über Ländergrenzen hinweg ohne Schwierigkeiten und vor allem ohne Medienbrüche wie der Umwandlung von der elektronischen Akte in die Papierakte und umgekehrt möglich ist.[10] Fraglich ist jedoch, ob es in angemessener Zeit gelingen wird, diese Standards so präzise zu definieren, dass sie mit der bereits in den Ländern vorhandenen IT-Architektur, insbesondere auch den polizeilichen IT-Systemen, kompatibel sind.

Akten bestehen aus einer Vielzahl von einzelnen Dokumenten, die von völlig unterschiedlichen Behörden, Privatpersonen, Rechtsanwälten, Strafverfolgungsbehörden, Gerichten und sonstigen Stellen eingereicht werden. Da der Umsetzungsstand bei der Einführung der elektronischen Akte in den Ländern unterschiedlich sein wird, ist es erforderlich, die Übertragung von Dokumenten zu Aktenführungszwecken zu regeln. Nach § 32e StPO-E müssen („… sind…") Dokumente, die nicht der Form entsprechen, in der die Akte geführt wird (Ausgangsdokument), in die entsprechende Form übertragen werden. Die Umwandlungspflicht umfasst drei verschiedene Fallkonstellationen. Auch nach der Einführung der elektronischen Akte muss die Möglichkeit eröffnet bleiben, Dokumente in Papierform zu der elektronischen Akte zu reichen. Ansonsten würde für Teile der Bevölkerung, vor allem für Privatpersonen, die aus wirtschaftlichen Gründen nicht über die für die Teilnahme am elektronischen Rechtsverkehr erforderliche Hardware verfügen oder die aufgrund mangelnder Kenntnisse im Umgang mit modernen Kommunikationsmitteln nicht dazu in der Lage sind, der Zugang zu Staatsanwaltschaft und Gericht erheblich beeinträchtigt und damit auch der Anspruch auf das rechtliche Gehör (Art. 103 I GG) in jeder Lage des Verfahrens eingeschränkt werden. Dokumente, die nach Einführung der elektronischen Akte in Papierform eingehen, müssen daher aufgrund der Umwandlungspflicht aus § 32e I StPO-E in die elektronische Form

10 BT-Drs. 18/9416, S. 44.

übertragen werden. Umgekehrt ist aber auch die Konstellation denkbar, dass in einzelnen Ländern noch bis zur verpflichtenden Einführung der elektronischen Akte zum 1.1.2026 (Art. 2 Nr. 1 Buchst. a des Gesetzentwurfs der Bundesregierung zur Einführung der elektronischen Akte in Strafsachen und zur weiteren Förderung des elektronischen Rechtsverkehrs)[11] Akten in Papierform geführt werden und elektronisch eingereichte Dokumente dann in Papierform ausgedruckt werden müssen. Ferner müssen solche elektronisch eingereichten Dokumente, die nicht dem durch die Rechtsverordnung nach § 32 II S. 1 StPO-E geforderten Dateiformat entsprechen, in das festgeschriebene Datei-Format umgewandelt werden.

Für die Staatsanwaltschaften und Strafgerichte bedeutet die Umwandlungspflicht nach § 32e StPO-E einen nicht unerheblichen logistischen Aufwand. Insbesondere das in Strafverfahren nicht anwaltlich vertretene Klientel, allen voran Querulanten, werden bei der Umwandlung von Ausgangsdokumenten Personalressourcen binden.

II Elektronischer Rechtsverkehr mit Strafverfolgungsbehörden und Gerichten (§ 32a StPO-E)

Die Vorschrift des § 32a StPO-E regelt die Einreichung elektronischer Dokumente bei den Strafverfolgungsbehörden und Gericht. Sie umfasst nicht die justizinterne Kommunikation und auch nicht eine externe Kommunikation zwischen der Strafverfolgungsbehörde und dem Gericht mit externen Verfahrensbeteiligten, sondern beschränkt sich ausschließlich auf die Einreichung von Dokumenten durch übrige Verfahrensbeteiligte oder Dritte bei den Strafverfolgungsbehörden und Gerichten. Angesichts der Vielzahl schon jetzt vorhandener Dateiformate bedarf es klarer Vorgaben, denn die Strafjustiz wird nicht die technischen Voraussetzungen für jedwede Dateiformate schaffen können.

Nach § 32a II S. 1 StPO-E muss das eingereichte elektronische Dokument für die Bearbeitung durch die Strafverfolgungsbehörden und Gerichte geeignet sein. Die Bundesregierung bestimmt daher durch Rechtsverordnung mit Zustimmung
… für die Übermittlung und Bearbeitung geeigneten technischen
…änder werden sich daher auf einen einheitlichen
…n Dateiformaten verständigen müssen.

§ 41a

…a Rn. 4.

Soweit Dokumente einem Schriftformerfordernis unterliegen,[12] gelten nach § 32a III StPO-E zusätzliche Anforderungen. Derartige Dokumente müssen wie bisher schon nach § 41a StPO entweder mit einer qualifizierten elektronischen Signatur nach dem Signaturgesetz versehen sein, um die notwendige Sicherheit des elektronischen Rechtsverkehrs zu gewährleisten oder über einen sicheren Übermittlungsweg übermittelt worden sein. § 32a III StPO-E regelt damit ausschließlich prozessuale Formerfordernisse.[13] Der Absender eines Dokuments hat eigenverantwortlich zu prüfen, ob und inwieweit er in der elektronischen Kommunikation mit Behörden und Gerichten zusätzlichen Verpflichtungen unterliegt.[14] Das Redaktionsversehen des Gesetzgebers, nach § 41a StPO den nach § 26 I EGGVG der Schriftform unterliegenden Antrag auf gerichtliche Entscheidung nach § 23 EGGVG vom elektronischen Rechtsverkehr mit den Gerichten und Staatsanwaltschaften auszunehmen,[15] soll korrigiert werden.

In § 32a IV StPO-E ist eine abschließende Aufzählung der als sicher angesehenen Übermittlungswege vorgesehen, die nach § 32a III StPO-E eine Alternative zu dem mit einer qualifizierten Signatur übermittelten Dokument darstellen.[16] Als sichere Übermittlungswege werden nach § 32a IV StPO-E der Postfach- und Versanddienst eines De-Mail-Kontos (§ 32a IV Nr. 1 StPO-E), das elektronische Anwaltspostfach nach § 31a BRAO oder sonstigen, auf gesetzlichen Grundlagen errichteten elektronischen Postfächern (§ 32a IV Nr. 2 StPO-E), der Übermittlungsweg zwischen einem nach Durchführung eines Identifizierungsverfahrens eingerichteten Postfach einer Behörde oder einer juristischen Person des öffentlichen Rechts und der elektronischen Poststelle des Gerichts (§ 32a IV Nr. 3 StPO-E) sowie bundeseinheitliche Übermittlungswege, die nach dem Gebot der Technologieoffenheit[17] durch eine Rechtsverordnung der Bundesregierung mit Zustimmung des Bundesrats festgelegt werden und bei denen die Authentizität und Integrität der Daten und die Barrierefreiheit gewährleistet sind (§ 32a IV Nr. 4 StPO-E), angesehen.

§ 32a V StPO-E regelt den Zeitpunkt des Eingangs eines elektronischen Dokuments. Eingegangen ist es, wenn es auf der für den Empfang bestimmten Einrichtung der Behörde oder des Gerichts gespeichert worden ist. Die Nachricht

12 Vgl. hierzu *Graalmann-Scheerer*, in: Löwe/Rosenberg, StPO, 27. Aufl. 2016, Rn. 3 ff.

13 BT-Drs. 18/9416, S. 45.

14 BT-Drs. 18/9416, S. 45.

15 *Graalmann-Scheerer*, in: Löwe/Rosenberg, StPO, 27. Aufl. 2016, § 4

16 BT-Drs. 18/9416, S. 46.

17 BT-Drs. 18/9416, S. 47.

über den Eingang ist grundsätzlich wegen des Grundsatzes der Aktenvollständigkeit und auch zur Vermeidung von Wiedereinsetzungsproblemen bei Fristversäumnis zu den elektronischen Akten zu nehmen. Nach § 32a V S. 2 StPO-E ist dem Absender eine automatisierte Bestätigung über den Zeitpunkt des Eingangs zu erteilen.

Die Einführung der elektronischen Akte im Strafverfahren wird vor allem in der Anfangszeit zu Problemen bei der Einreichung elektronischer Dokumente führen. Da der Zugang zu Gericht und zu den Behörden nicht in unverhältnismäßiger Weise für den Bürger und Rechtsanwälte erschwert werden darf,[18] sieht § 32a VI StPO-E vor, dass die Nichtbeachtung von Formatvorgaben bei der Einreichung von elektronischen Dokumenten bei einer unverzüglichen Korrektur nicht zum Rechtsverlust des betreffenden Verfahrensbeteiligten führt. Dem Absender muss eine Mitteilung gemacht werden, wenn das von ihm verwendete Dateiformat nicht zur Bearbeitung geeignet ist. Diese Mitteilung muss auf jeden Fall zu den Akten genommen werden, und zwar nicht nur, wenn es sich bei dem eingereichten elektronischen Dokument um ein solches handelt, das zur Wahrung einer gesetzlichen Frist fristgerecht eingehen musste. Reicht der Absender sodann unverzüglich, also ohne schuldhaftes Zögern, das elektronische Dokument in einer für die Bearbeitung durch die Behörde oder das Gericht geeigneten Form nach, muss er zudem glaubhaft machen, dass das nunmehr eingereichte Dokument mit dem zuerst eingereichten Dokument inhaltlich übereinstimmt. Bei fristgebundenen elektronischen Dokumenten und bei amtlichem Verschulden werden bei Fristversäumnis die zur Wiedereinsetzung in den vorigen Stand von der Rechtsprechung entwickelten Grundsätze[19] zur Übermittlung per Telefax zugrunde zu legen sein.[20]

III Erstellung und Übermittlung strafverfolgungsbehördlicher und gerichtlicher elektronischer Dokumente; Verordnungsermächtigung

Die Anforderungen an die Erstellung und Übermittlung strafverfolgungsbehördlicher und gerichtlicher elektronischer Dokumente sind in § 32b StPO-E geregelt. Die Anforderungen sind zwingend (Muss-Vorschrift), denn sie dienen der Sicherstellung von Authentizität und Integrität. Alle originär von den Strafverfolgungsbehörden und Gerichten erstellten Dokumente müssen mindestens

18 BVerfG NJW 2005, 814, 815.
19 *Graalmann-Scheerer*, in: Löwe/Rosenberg, StPO, 27. Aufl. 2016, § 44 Rn. 55.
20 BT-Drs. 18/9416, S. 48.

eine einfache elektronische Signatur, die den Namen oder ein zuzuordnendes Namenskürzel enthält, haben. Die Dienstbezeichnung oder die Bezeichnung der Behörde bzw. des Gerichts sind zwar gesetzlich nicht vorgeschrieben, aber sinnvoll. Sie können nämlich Auskunft darüber geben, ob die unterzeichnende Person überhaupt berufen war, eine bestimmte prozessuale Handlung vorzunehmen (z.B. Zustellungsanordnung nach § 36 I S. 1 StPO). „Verantwortende Person" im Sinne von § 32b I S. 1 StPO-E ist diejenige Person, die inhaltlich für das Dokument verantwortlich ist.[21] Unter dem Begriff der „Strafverfolgungsbehörde" ist nicht nur die Staatsanwaltschaft zu verstehen, sondern alle Behörden, denen Strafverfolgung obliegt, mithin z.B. auch die Polizei, der Zoll, die Steuerfahndung und Steuerstrafsachenstellen. Dokumente, die schriftlich abzufassen, zu unterschreiben oder zu unterzeichnen sind, müssen mit einer qualifizierten elektronischen Signatur aller verantwortenden Personen versehen sein (§ 32b I S. 2 StPO-E). Hierunter fallen z.B. Vernehmungsniederschriften, der Vermerk über den Abschluss der Ermittlungen (§ 169a StPO i.V.m. Nr. 109 III RiStBV),[22] die Anklageschrift (§ 200 StPO),[23] staatsanwaltschaftliche und gerichtliche Entscheidungen, Rechtsmitteleinlegungs- und -begründungsschriften. Der Anwendungsbereich ist dabei nicht auf solche Dokumente beschränkt, die einem Schriftform-, Unterschrifts- oder Unterzeichnungserfordernis unterliegen, sondern gilt auch für insoweit von der Rechtsprechung entwickelte Fallkonstellationen.[24] Eine Nichtbeachtung einer erforderlichen qualifizierten elektronischen Signatur bei einem Schriftform-, Unterschrifts- oder Unterzeichnungserfordernis löst diejenigen Rechtsfolgen aus, die nach geltendem Recht das Fehlen oder Mängel bei formgebundenen Schriftstücken zur Folge hat. Ein formgebundenes Rechtsmittel wie etwa die Beschwerde, Berufung und Revision erweist sich dann als unzulässig, weil nicht formgerecht eingelegt oder bei Begründungszwang wie bei der Revision als unzulässig, weil nicht formgerecht begründet.

§ 32b II StPO-E regelt den Zeitpunkt, zu dem ein elektronisches Dokument „zu den Akten gebracht" ist. Ein elektronisches Dokument ist im Zeitpunkt der Speicherung in der betreffenden elektronischen Akte zu den Akten gebracht. Dafür ist ein bewusstes und gewolltes Einfügen des elektronischen Dokuments an den im jeweiligen elektronischen Aktensystem vorgegebenen

---

21 BT-Drs. 18/9416, S. 48.

22 *Erb*, in: Löwe-Rosenberg, StPO, 26. Aufl. 2008, § 169a Rn. 5; *Griesbaum*, in: Karlsruher Kommentar, StPO, 7. Aufl. 2013, § 169a Rn. 2.

23 *Stuckenberg*, in: Löwe-Rosenberg, StPO, 26. Aufl. 2008, § 200 Rn. 75.

24 BT-Drs. 18/9416, S. 48.

logischen Speicherort erforderlich.[25] Eine fristgerechte Ablage auf dem eigenen Dienstrechner reicht zur Fristwahrung nicht aus. Das gilt gleichermaßen für die Speicherung an einem sonstigen anderen Speicherort oder auf einem anderen Speichermedium. Vor allem für die Urteilsabsetzungsfrist nach § 275 StPO hat diese Vorschrift große Bedeutung und wird der gerichtlichen Praxis Probleme bereiten. Es kommt in der gerichtlichen Praxis nicht selten vor, dass nach langer Hauptverhandlung ein Urteil erst unmittelbar vor Ablauf der Urteilsabsetzungsfrist außerhalb der Geschäftszeiten zu den Akten gebracht wird, denn nach geltendem Recht ist ein Urteil dann zu den Akten gebracht, wenn die endgültige vollständige schriftliche Urteilsfassung mit allen erforderlichen Unterschriften „auf den Weg zur Geschäftsstelle gebracht ist“.[26] Die Übermittlung eines Urteils als Datei vom Dienstrechner des Richters auf den Dienstrechner der Geschäftsstelle reicht nach der vorgesehenen Regelung zur Fristwahrung nach § 275 StPO nicht aus.

Eine elektronische Aktenführung macht nur dann Sinn, wenn dies vollumfänglich geschieht und sie für jedwede Kommunikation zwischen den Strafverfolgungsbehörden und Gerichten gilt. § 32b III S. 1 StPO-E enthält insoweit jedoch bewusst[27] nur eine halbherzige Lösung, soweit dort lediglich für die Anklageschrift, den Antrag auf Erlass eines Strafbefehls außerhalb der Hauptverhandlung, die Berufung und ihre Begründung, die Revision und ihre Begründung sowie die Revisionsgegenerklärung eine Übermittlung zwischen Strafverfolgungsbehörde, hier also Staatsanwaltschaft, und den Gerichten zwingend vorschreibt. Das Argument, dass aus technischen Gründen z.B. wegen Fehlens von Datenverarbeitungsgeräten[28] eine vollumfängliche Verpflichtung zur elektronischen Aktenführung nicht erfolgen soll, verfängt nicht. Ähnlich verhält es sich mit der Erteilung von – beglaubigten – Abschriften, die nach § 32b IV StPO als elektronisches Dokument oder in Papierform erteilt werden können. Ausfertigungen (z.B. § 114d II S. 2, § 275 IV StPO) sollen bei einer elektronischen Aktenführung in der Strafprozessordnung nicht mehr vorgesehen werden.

Die für die staatsanwaltschaftliche und gerichtliche Praxis wesentlichen Details für die Erstellung elektronischer Dokumente und deren Übermittlung zwischen Strafverfolgungsbehörden und Gerichten geltenden Standards sollen durch Rechtsverordnung mit Zustimmung des Bundesrats (§ 32b V S. 1 StPO-E) geregelt werden. Genau dort setzen aber die Probleme an. Dass es hier angesichts

25 BT-Drs. 18/9416, S. 49.
26 *Greger*, in: Karlsruher Kommentar, StPO, 7. Aufl. 2013, § 275 Rn. 40 m.w.N.
27 BT-Drs. 18/9416, S. 49.
28 BT-Drs. 18/9416, S. 49.

der völlig unterschiedlichen IT-Architektur in den Ländern und beim Bund zu zeitnahen rechtlichen und vor allem technischen Lösungen kommen wird, ist nicht zu erwarten.

IV Pflicht zur Einreichung elektronischer Dokumente

In einer Soll-Vorschrift schreibt § 32d S. 1 StPO-E vor, dass Verteidiger und Rechtsanwälte den Strafverfolgungsbehörden und Gerichten Schriftsätze und deren Anlagen sowie schriftlich einzureichende Anträge und Erklärungen als elektronisches Dokument übermitteln sollen. In § 32d S. 2 StPO-E werden in einem Katalog diejenigen Dokumente abschließend aufgezählt, die obligatorisch als elektronisches Dokument einzureichen sind (Muss-Vorschrift). Die Berufungseinlegungs- und -begründungsschrift, die Revisionseinlegungs- und -begründungsschrift, die Revisionsgegenerklärung, die Privatklage und die Anschlusserklärung bei der Nebenklage müssen als elektronisches Dokument übermittelt werden. Eine Übermittlung in Papierform ist ausnahmsweise dann zulässig, wenn eine elektronische Übermittlung aus technischen Gründen (z.B. Serverausfall) nicht möglich ist.[29] Allerdings ist der Verteidiger oder Rechtsanwalt verpflichtet, die vorübergehende Unmöglichkeit der elektronischen Einreichung schon bei der Ersatzeinreichung in Papierform oder unverzüglich danach glaubhaft zu machen und auf Anforderung ein elektronisches Dokument nachzureichen. Wiedereinsetzungsprobleme sind hier in der Praxis absehbar.

V Form der Gewährung von Akteneinsicht

Die Akteneinsicht als Konkretisierung des rechtlichen Gehörs im Strafverfahren wird mit der Einführung der elektronischen Akte die justizielle Praxis vor besondere Herausforderungen stellen. Wie schon der Referentenentwurf 2014 sieht nunmehr auch der Regierungsentwurf vor, dass Akteneinsicht in der Regel durch Bereithalten des Inhalts der elektronischen Akte zum Abruf erfolgt (§ 32f I S. 1 StPO-E). Es bedarf mithin grundsätzlich eines Antrags des zur Akteneinsicht Berechtigten. Das sind vor allem der Verteidiger (§ 147 I S. 1–3 StPO), der nicht verteidigte Beschuldigte (§ 147 IV StPO-E),[30] der Privatkläger (§ 385 III StPO-E), der Nebenkläger und Verletzte (§ 406 StPO), der Einziehungsbeteiligte, bußgeldbeteiligte juristische Personen oder Personenvereinigungen (§ 444 II S. 2 StPO), Justizbehörden und andere öffentliche Stellen (§ 474 I StPO),

29 BT-Drs. 18/9416, S. 51.
30 EGMR NStZ 1998, 429.

Privatpersonen oder sonstige Stellen (§ 475 II StPO), Hochschulen, Forschungseinrichtungen und öffentliche Stellen (§ 476 I S. 1 StPO), im Straf- oder Maßregelvollzug befindliche Personen (§ 120 StVollzG, § 147 IV StPO-E).

Die Regelform der Akteneinsicht wird mit der Einführung der elektronischen Akte elektronisch erfolgen. Allerdings setzt dies aufseiten des Antragstellers eine entsprechende Hard- und Software voraus. Nach dem Regierungsentwurf dürfen untergesetzliche Vorschriften, die die Verwendung von Kommunikationstechnik durch Gefangene oder Untergebrachte untersagen, nicht angewandt werden, sofern und soweit sie eine Wahrnehmung des Akteneinsichtsrechts beeinträchtigen.[31] Nur auf einen besonderen Antrag wird die Akteneinsicht durch Einsichtnahme in die elektronische Akte in den Diensträumen gewährt (§ 32f I S. 2 StPO-E). Strafverfolgungsbehörden und Gerichte werden daher entsprechende Vorkehrungen rechtzeitig zu treffen haben, um insbesondere nicht verteidigten Beschuldigten und anwaltlich nicht vertretenen Verletzten, Strafgefangenen und Untergebrachten eine Einsicht in die elektronischen Akte zu ermöglichen. Einen Akteneinsichtsanspruch in Echtzeit werden die vorgesehenen gesetzlichen Regelungen nicht gewähren.[32] Nur auf einen besonders zu begründenden Antrag wird abweichend vom Regelfall ein Aktenausdruck oder ein Datenträger mit dem Inhalt der elektronischen Akte übermittelt. Der Antragsteller muss insoweit ein berechtigtes Interesse darlegen (§ 32f I S. 3 StPO-E). Die Entscheidung über einen Antrag nach § 32f I S. 3 StPO-E ist unanfechtbar (§ 32f I S. 4 StPO-E). Eine – in der Regel wohl eher wenig aussichtsreiche – Dienstaufsichtsbeschwerde ist jedoch stets gegeben. Die Akteneinsicht durch Bereitstellen des Inhalts einer elektronischen Akte zum Abruf wird kostenfrei sein. Lediglich für die Versendung von Papierakten wird – wie schon nach geltendem Recht – eine nach allen Kostengesetzen einheitliche Pauschale von 12 Euro erhoben werden.

Ob die datenschutzrechtliche Verwendungsbeschränkung in § 32f IV StPO-E, wonach Personen, denen Akteneinsicht gewährt wird, Akten, Dokumente, Ausdrucke oder Abschriften weder ganz oder teilweise öffentlich verbreiten noch Dritten zu verfahrensfremden Zwecken übermitteln oder zugänglich machen dürfen, in der Praxis zu einer tatsächlichen Sicherung des Datenschutzes führen wird, dürfte eher zweifelhaft sein. Daran wird bei realistischer Betrachtung auch der obligatorische Hinweis auf die Zweckbindung wohl nichts ändern (§ 32f IV S. 4 StPO-E). Die Sicherstellung des Datenschutzes bei der Akteneinsicht in eine elektronischen Akte stellt eine besondere Herausforderung dar, deren Standards

31 BT-Drs. 18/9416, S. 56.
32 BT-Drs. 18/9416, S. 57.

die Bundesregierung aber erst noch in einer Rechtsverordnung mit Zustimmung des Bundesrats zu regeln beabsichtigt (§ 32f V S. 1 StPO-E).

C Bedenken der Praxis

Die Einführung der elektronischen Akte im Strafverfahren stellt für die an diesem Verfahren Beteiligten eine sehr große Herausforderung dar. Nicht alle sehen der Einführung der elektronischen Akte zuversichtlich entgegen. Sowohl in der Rechtsanwaltschaft als auch in der Strafjustiz bestehen zum Teil ganz erhebliche Bedenken und Vorbehalte.

I Rechtsanwaltschaft

Schon im Beteiligungsverfahren zu dem Diskussionsentwurf 2012 hat sich die Bundesrechtsanwaltskammer eingehend mit dem Gesetzesvorhaben befasst und sechs allgemeine Hauptforderung zur Sicherung der Verfahrensrechte des Beschuldigten aufgestellt. Die Umgrenzungs- und Beweisfunktion der Akte, der Grundsatz der Aktenklarheit, Aktenwahrheit und Aktenvollständigkeit, der Unmittelbarkeitsgrundsatz und das Recht auf informationelle Selbstbestimmung müssen gewahrt werden. Das Recht des Beschuldigten auf Information und effektive Verteidigung aus Art. 6 Abs. III EMRK darf nicht beschränkt werden. Der Beschuldigte muss auch bei einer elektronisch geführten Akte Prozesshandlungen selbstständig vornehmen und Rechtsmittel oder Rechtsbehelfe einlegen können. Seitens der Rechtsanwaltschaft wurde gefordert, dass in Konkretisierung der Hauptforderungen an Übermittlungsfehler des Verteidigers bei der Nutzung des elektronischen Übermittlungssystems keine nachteiligen Rechtsfolgen geknüpft werden dürfen. Es wird befürchtet, dass die vorgesehenen technischen Rahmenbedingungen zu große Interpretationsspielräume eröffnen und Detailregelungen den Rechtsverordnungen der Bundesregierung und den Landesregierungen vorbehalten bleiben. Es besteht Sorge hinsichtlich eines unterschiedlichen Datenschutzniveaus.[33]

Die Strafrechtsausschüsse des Deutschen Anwaltsvereins und der Bundesrechtsanwaltskammer haben zu dem Referentenentwurf 2014 ähnlich kritisch Stellung genommen. Zu dem Gesetzentwurf der Bundesregierung vom 17.8.2016[34] liegen derzeit noch keine Stellungnahmen der Rechtsanwaltschaft vor. In seiner Sitzung vom 22.9.2016 hat der Deutsche Bundestag in der Ersten

---

33 Im Einzelnen *Graalmann-Scheerer*, in: Löwe/Rosenberg, StPO, 27. Aufl. 2016, Vor § 33 Rn. 28 ff.

34 BT-Drs. 18/9416.

Beratung die Überweisung an den Ausschuss für Recht und Verbraucherschutz, den Innenausschuss und den Ausschuss Digitale Agenda beschlossen. Stellungnahmen dieser Ausschüsse liegen noch nicht vor und sind wohl auch aufgrund des bevorstehenden Endes der Legislaturperiode nicht mehr zu erwarten.

II Strafjustiz

Die Notwendigkeit einer Einführung der elektronischen Akte im Strafverfahren wird von der Strafjustiz nicht grundsätzlich infrage gestellt. In den Ländern werden überwiegend eine frühe Pilotierungsphase sowie eine längere Einführungsphase mit einer durch Rechtsverordnung der Bundesregierung und der Landesregierungen zu regelnden Opt-in- und Opt-out-Regelung bis 2026 angestrebt. Angesichts der völlig unterschiedlichen IT-Architektur in der Strafjustiz in den Ländern wird die Schaffung von Schnittstellen zwischen allen Polizeidienststellen des Bundes und in den Ländern sowie im Bereich der Finanzverwaltung bei den Zollbehörden und der Steuerfahndung, den Steuerstrafsachenstellen und den Staatsanwaltschaften und Gerichten aller Länder und des Bundes eine besondere Herausforderung darstellen. Die nicht belastbar abzuschätzenden Kosten für eine flächendeckende Einführung der elektronischen Akte, die durch zusätzliche Hard- und Software sowie durch ständigen Einsatz von Personalressourcen für Schulungen des gesamten Personals in der Strafjustiz entstehen werden, werden zu zurzeit nicht absehbaren Haushaltsrisiken vor allem in den Ländern führen.

Sehr kritisch werden die Form und das Verfahren bei der Akteneinsicht gesehen. Vor allem in der staatsanwaltschaftlichen Praxis stoßen die beabsichtigte Regelung der Akteneinsicht in die elektronische Akte für unverteidigte Beschuldigte sowie nicht anwaltlich vertretene Verletzte und Privatkläger zu Unrecht auf Kritik. Teilweise wird sogar die Gesetzgebungskompetenz des Bundes in Zweifel gezogen. Seitens einzelner Verbände wird auf die tiefgreifenden Veränderungen in den Arbeitsabläufen von Richtern und Staatsanwälten und auf arbeitsmedizinische Erkenntnisse hingewiesen.[35]

D Ausblick

Die Einführung der elektronischen Akte im Strafverfahren ist nur noch eine Frage der Zeit und sie ist trotz aller zu erwartenden Umsetzungsprobleme dringend erforderlich.

---

35 Zu den Aufgaben von Richtern im Zusammenhang mit der Einführung der elektronischen Akte *Gogger*, DRiZ 2016, 420 ff.

Eine Vielzahl von rechtlichen, technischen und organisatorischen Detailfragen wird noch zwischen dem Bund und den Ländern zu regeln sein. Die föderale Struktur trägt bei der Umsetzung nicht gerade zur Beschleunigung bei. Derweil laufen in etlichen Bezirken justizintern schon Pilotierungen auf der Grundlage des geltenden Rechts. Insgesamt ist leider zu befürchten, dass die Chance für eine einheitliche IT-Architektur in der Strafjustiz nicht genutzt werden wird und Reibungsverluste in der Praxis wohl nicht zu vermeiden sein werden. Und dennoch: die Einführung der elektronischen Akte in der Strafjustiz ist alternativlos.

Walter Gropp

Der unvermeidbare Erlaubnistatumstandsirrtum – ein Rechtfertigungsgrund sui generis!*
– zugleich Überlegungen zum „erlaubten Risiko“ –

Abstract: A helper thinks by mistake that another person is attacked and punches the putative attacker. The person who is being attacked by the helper kills him using a knife. Based on the so called "cry for help" case, legal justification in case of defence based on a misinterpretation of facts which, had they been true, would have been grounds of justification is being discussed. The idea of a dogmatic classification as an exception is coming up. Analogies to citizen's arrest as described in § 127 StPO (German Penal Procedure Code) are drafted and the importance of binding law to reality is being highlighted. Finally, there is clean solution using § 34 StGB (German Criminal Code).

Keywords: Mistaken perception of the factual conditions required for a claim of justfication; unavoidably mistaken perception; justification of risk

A. Der Hilferuf-Fall

Im Hilferuf-Fall[1] hatte L *unvermeidbar* irrtümlich angenommen, dass Frau P von ihrem Ehemann P mit einem Messer angegriffen werde. Deshalb ging L mit den Fäusten auf Herrn P los, der vor ihm zurückwich und die linke Hand schützend vor seinen Kopf hielt. Mit der rechten Hand machte P zunächst ungezielte Abwehrbewegungen, mit denen er L oberflächlich Schnittverletzungen zufügte. Als L weiterhin versuchte, P mit Faustschlägen zu treffen, stieß P zweimal das Messer in L´s Oberkörper. L sank zusammen und verstarb kurze Zeit später.

Der Hilferuf-Fall wirft die Frage auf, ob Herrn P gegen die Faustschläge des L ein Notwehrrecht zustand. Dies würde voraussetzen, dass ein rechtswidriger

---

* Frau Wiss. Mitarb. *Désirée Mehl* danke ich für tatkräftige Mithilfe bei der Zusammenstellung des Materials und für wertvolle wissenschaftliche Gespräche.

1 BSG B9 VG 1/98 R = BSGE 84, 54 = JZ 2000, 96 mit Anm. *Roxin* JZ 2000, 99 f.; vgl. auch *Gropp*, Strafrecht AT, 4. Aufl. 2015, § 5 RN 138 ff., *Gropp* in: Gropp/Küpper/Mitsch (Hrsg.), Fallsammlung zum Strafrecht, 2. Aufl. 2012, Fall 6 sowie *Simon* JuS 2001, 639 ff.

Angriff des L vorgelegen hätte. Das entscheidende Gericht nahm dies an. *Weil L* aber – für P erkennbar – einen rechtswidrigen Angriff des P nur irrig angenommen habe, sei das Notwehrrecht mangels Gebotenheit der Verteidigung eingeschränkt und P zu einer tödlichen Trutzwehr nicht berechtigt gewesen.[2] Jedoch wird auch erwogen,[3] ein Verhalten wie das des L für rechtmäßig zu erachten, wenn der Irrtum unvermeidbar ist.[4] „Notwehr scheidet auch dort aus, wo ein Handeln, ohne dass ihm ein Eingriffsrecht zur Seite stünde, lediglich die im Verkehr erforderliche Sorgfalt nicht verletzt", liest man bei *Roxin*,[5] und „auch wer ohne objektive Sorgfaltspflichtverletzung [irrtümlich][6] die Voraussetzungen der Notwehr annimmt, handelt nicht rechtswidrig".[7]

Während man mit den „Theorien" um die Behandlung des auf Fahrlässigkeit beruhenden Erlaubnistatumstandsirrtums Bibliotheken füllen könnte,[8] stehen die Probleme um die Unvermeidbarkeit des Erlaubnistatumstandsirrtums, d.h. die Frage, ob ein unvermeidbarer Erlaubnistatumstandsirrtum rechtfertigende Wirkung hat, kaum auf der Tagesordnung. Ich habe diese Frage kürzlich bejaht[9] und einen *Rechtfertigungsgrund* „unvermeidbarer Erlaubnistatumstandsirrtum" als Konkretisierung des *„erlaubten Risikos"* vorgeschlagen, eine Konstruktion, die im Bereich der mutmaßlichen Einwilligung geläufig ist.[10] Im Folgenden sei der – zugegebenermaßen gewagte – Versuch unternommen, dies näher zu begründen.

Dieser Versuch sei – verbunden mit den herzlichsten Glück- und Segenswünschen – *Gerhard Wolf* dargebracht, dem ich erstmals in Göttingen begegnet bin und dessen Aufgeschlossenheit für neue Gedanken ich in höchstem Maße schätze.

Die Konstruktion des „unvermeidbaren Erlaubnistatumstandsirrtums" sei in folgenden Schritten angegangen: der Formulierung eines Sachgrundes für eine

---

2 So das BSG JZ 2000, 96 (97).

3 Vgl. *Hirsch* FS Dreher, S. 211 ff.; *Perron* in: Schönke/Schröder, 29. Aufl. 2014, § 32 RN 21; *Roxin*, Strafrecht AT 1 (AT 1), 4. Aufl. 2006, § 14 RN 112; *Simon*, JuS 2001, 639 (652 links); *Sinn* GA 2003, 96 ff., 103 ff.; *Sinn* FS Roxin 2011, 673 (678 f.).

4 Vgl. *Roxin*, JZ 2000, 99 m.w.N.

5 *Roxin*, AT 1, § 15 RN 14.

6 Eingefügt vom Verfasser.

7 *Roxin*, AT 1, § 15 RN 15.

8 Näher *B. Heinrich*, Strafrecht AT, 4. Aufl. 2014, § 31 RN 1128 ff.; *Gropp*, AT, § 13 RN 193 ff.

9 *Gropp*, AT, § 5 RN 144.

10 Vgl. AT § 5 RN 41, 370 ff.

Straffreiheit und der Sondierung eines Spielraums für eine neue dogmatische Begründung (B), einem Blick auf bereits „etablierte" und als Konkretisierung des erlaubten Risikos anerkannte Rechtfertigungsgründe (C) und einem Vergleich des „unvermeidbaren Erlaubnistatumstandsirrtum" mit ihnen (D). Ganz am Ende geht es dann um die Frage, welche Befugnis der unvermeidbare Erlaubnistatumstandsirrtum als Rechtfertigungsgrund verleiht (E).

B. Der Sachgrund für eine Straffreiheit bei unvermeidbarem Erlaubnistatumstandsirrtum und der Spielraum für eine neue dogmatische Begründung

Die Konstruktion eines Rechtfertigungsgrundes „unvermeidbarer Erlaubnistatumstandsirrtum" als Konkretisierung des Rechtfertigungsprinzips „erlaubtes Risiko" bedarf angesichts der Natur des erlaubten Risikos als *Formalbegriff*, „der erst noch seinen Inhalt bekommen muss durch die Gründe, die zur Erlaubnis des Risikos führen",[11] einer besonderen Legitimation. In der Tat finden sich im Strafrecht zahlreiche und heterogene Anhaltspunkte – „anerkannte Gefährdungserlaubnisse"[12] –, bei denen ein riskantes Verhalten als rechtskonform, als „erlaubt", erachtet wird: Durchführung riskanter Rettungshandlungen, riskante Abwehrhandlungen in Notwehrsituationen, Hinnahme von Betriebsgefahren im Straßenverkehr. *Maiwald* hat diese Fallgruppen herausgearbeitet,[13] um deutlich zu machen, dass das erlaubte Risiko zwar als Erklärungsmuster dienen kann, dass die Sachgründe für das Erlaubtsein aber ganz unterschiedlich und dem Prinzip vorgelagert sind und dass die überkommene Dogmatik bereits jetzt Möglichkeiten hat, diese Sachgründe – etwa im Rahmen des rechtfertigenden Notstandes – zu berücksichtigen.[14] Es wäre angesichts dieser Komplexität vermessen, hier „das erlaubte Risiko" aufarbeiten zu wollen. Es kann aber der Versuch unternommen werden, aus den vielen Erscheinungsformen jedenfalls eine herauszuarbeiten, die sich als Rechtfertigungsgrund sui generis beschreiben lassen könnte.

---

11 *Maiwald* FS Jescheck, 403 (409).
12 *Maiwald* FS Jescheck, 403 (411).
13 FS Jescheck 403 (411 ff.).
14 FS Jescheck 403 (419).

I. Die sachliche Begründung der Straffreiheit dessen, der unvermeidbar die tatsächlichen Voraussetzungen eines Rechtfertigungsgrundes irrig annimmt

Unvermeidbarkeit eines Erlaubnistatumstandsirrtums bedeutet, dass niemand, weder ein gewissenhafter Beobachter in der Person des Handelnden noch der Handelnde selbst, das Fehlen der tatsächlichen Voraussetzungen des jeweiligen Rechtfertigungsgrundes erkennen kann. Dem Handelnden ist es deshalb zum Zeitpunkt der Tatbegehung *unmöglich*, seinen Irrtum zu erkennen und sein Verhalten danach auszurichten.

Unmögliches kann das Recht normtheoretisch aber nicht verlangen. Deshalb wird erwogen, den im unvermeidbaren Erlaubnistatumstandsirrtum Handelnden – im Prinzip – folgendermaßen zu rechtfertigen:[15] Wer unvermeidbar irrtümlich die tatsächlichen Voraussetzungen eines Rechtfertigungsgrundes annimmt, z.B. einer Notwehr oder eines Notstandes, der könne eben jenen Rechtfertigungsgrund für sich in Anspruch nehmen. Das Gegebensein z.B. einer Notwehr- oder Notstandslage sei *ex ante* nach der (unvermeidbar irrigen) Vorstellung des Täters zu bestimmen. Denn im Unterschied zum ex post entscheidenden Richter als Adressat von *Bewertungsnormen* könne sich der Täter als Adressat von *Bestimmungsnormen* zum Zeitpunkt der Tat – ex ante – nur nach dem richten, was für ihn hic et nunc als richtig oder als falsch erkennbar ist. Wer unvermeidbar in Putativnotwehr handele, dem stehe ein Notwehrrecht *wirklich* zur Seite. Er verwirkliche keinen rechtswidrigen Angriff gegen den Betroffenen. Der Betroffene müsse diesen Eingriff freilich dennoch nicht erdulden, sondern er könne ihn als „Gefahr" im Sinne des rechtfertigenden Notstandes abwenden.[16]

Damit ist der sachliche Grund für die Straffreiheit dessen gefunden, der einem unvermeidbar irrtümlich angenommenen Erlaubnistatbestand entsprechend handelt: „Wer sich verhält, wie es von *ihm* als einem – sprichwörtlich vor-bildlichen – gewissenhaften und besonnenen Teilnehmer des jeweiligen Verkehrskreises" (...) erwartet werden kann, gibt keinen Anlass zur Verhaltensmissbilligung – denn er hat sich für keine Verhaltensalternative entschieden, für die er sich von Rechts wegen nicht hätte entscheiden *sollen*, mag auch aus

---

15 *Frisch*, Vorsatz und Risiko, 1983, 424 f.; *Freund* GA 1991, 387 (391), umfassend und kritisch zum Ganzen: *Graul* JuS 1995, 1049 ff.; *Kaufmann* FS Welzel, 393 (400 ff.); *Rudolphi*, in: GS-Kaufmann, 371 (382 ff.); *Stratenwerth*, AT, 6. Auflage 2011, § 9 RN 67.

16 Vgl. *Freund* GA 1991, 387 (406 f.); kritisch *Valdagua*, in: Bausteine des europäischen Strafrechts: Coimbra-Symposium für Claus Roxin (Coimbra-Symposium), 1995, 229 ff.; umfassend zum Ganzen *Graul* JuS 1995, 1049 ff.

anderer Perspektive bereits im Entscheidungszeitraum absehbar gewesen sein, dass das Verhalten nachteilige Folgen für andere zeitigen werde. Solche Folgen mögen Anlass für einen Schadensausgleich ex post geben, sind aber nicht als Konsequenzen eines gerade mit Rücksicht darauf rechtlich zu missbilligenden (Entscheidungs-)Verhaltens zu begreifen."[17]

Dieser ex-ante-Ansatz, aufgebaut auf dem Sachgrund der Unmöglichkeit normgerechten Verhaltens, würde einen speziellen Rechtfertigungsgrund „unvermeidbarer Erlaubnistatumstandsirrtum" überflüssig machen, weil der jeweilige Rechtfertigungsgrund (modifiziert) selbst einschlägig wäre. Allerdings bestehen gegen einen solchen ex-ante-Ansatz – zumindest in der Konstruktion – Bedenken:

II. Komponenten eines eigenständigen Rechtfertigungsgrundes „unvermeidbarer Erlaubnistatumstandsirrtum"[18]

Die Rechtssätze in den Strafvorschriften *bestimmen* den potentiellen Täter, bei Strafe verbotene Handlungen zu unterlassen (Begehungsdelikte) und – ausnahmsweise – bei Strafe gebotene Handlungen vorzunehmen (echte/unechte Unterlassungsdelikte). Der Richter hat dann darüber zu befinden bzw. zu *bewerten*, ob der Täter zum Zeitpunkt der Tat diesen Bestimmungsnormen entsprechend gehandelt hat.

Im Unterschied zu den Strafvorschriften sind Rechtfertigungsgründe *Erlaubnis*sätze, deren Rechtsfolge darin besteht, dass der Täter im Falle ihres Vorliegens einen straftatbestandsmäßigen Sachverhalt ausnahmsweise verwirklichen *darf*. Rechtfertigungsgründe *bestimmen* den Täter *nicht*. Es ist *erlaubt*, Notwehr zu üben, man ist aber *nicht verpflichtet*, Notwehr zu üben. Wer einen gegenwärtigen rechtswidrigen Angriff eines anderen nicht abwehrt, sondern erträgt, unterlässt deshalb nicht rechtswidrig. Auch einen gegenwärtigen rechtswidrigen Angriff gegen einen Dritten darf man nur abwehren, wenn dies im Sinne des Angegriffenen liegt (Nothilfe). Eine *Verpflichtung* zur Nothilfe ergibt sich hingegen nicht aus § 32 StGB, sondern aus den speziellen Voraussetzungen der echten oder unechten Unterlassungsstraftaten als Bestimmungsnormen. Aber auch wenn man die Rechtfertigungsgründe als Erlaubnissätze versteht, bleibt

---

17 *Freund* GA 1991, 387 (404); vgl. auch *Mitsch* JuS 1992, 289 (291).

18 In diese Richtung auch *Munoz Conde*, in: Coimbra-Symposium, 213 (224), allerdings unter der Voraussetzung, dass „der subjektive Glaube {des Irrenden} objektiviert und über einen gerichtlichen Normierungsprozess in eine juristische Realität umgewandelt wird."; a.A.: *Warda*, in: FS Lange, 119 (132).

dennoch das Argument des ex-ante-Ansatzes bestehen, dass die Rechtsordnung vom Normadressaten auch im Bereich der Rechtfertigungsgründe zum Zeitpunkt des Handelns nichts Unmögliches – das Vermeiden des Unvermeidbaren – verlangen kann.

Es ist somit nicht die Rechtfertigung des im unvermeidbaren Erlaubnistatumstandsirrtum Handelnden als solche, was am ex-ante-Ansatz Zweifel weckt, sondern die Ersetzung des unvermeidbar vorgestellten rechtfertigenden Sachverhalts durch eben denselben Sachverhalt. Wer dem unvermeidbar die tatsächlichen Voraussetzungen eines Rechtfertigungsgrundes irrig Annehmenden eben *diesen* Rechtfertigungsgrund zubilligt, hebt das Recht aus den Angeln der Realität. Das für *alle* geltende Recht orientiert sich dann nicht mehr an dem, *was ist*, sondern an dem, was der Täter sich *vorstellt*. Jedoch bleibt auch eine Wirklichkeit, die zum Zeitpunkt der Tat niemand erkennen kann, Wirklichkeit und als solche Orientierungspunkt für das Recht.[19] Andernfalls würde dem Recht seine *Wirklichkeitsbindung* genommen. Die h.M. lehnt daher zu Recht die ex-ante-Beurteilung ab.[20]

Dies bedeutet zunächst, dass auch unvermeidbare Irrtümer als *Irrtümer* akzeptiert werden müssen. Wer aus Putativ-Notwehr oder im Putativ-Notstand handelt, handelt nicht aus Notwehr oder im Notstand. *In welcher Weise* diese Irrtümer Beachtung verdienen, ist eine andere Frage. Der Unvermeidbarkeit rechtfertigende Wirkung beizumessen, scheint dabei sachgerecht, weil es bereits Rechtfertigungsgründe gibt, die ausdrücklich gerade auch dann gelten, wenn der Täter ohne Verletzung einer Sorgfaltspflicht und damit unvermeidbar irrig die tatsächlichen Voraussetzungen einer Rechtfertigungslage annimmt (s.u. D). Die ratio des jeweiligen Rechtfertigungsgrundes in Verbindung mit der Tatsache, dass das Recht nichts Unmögliches verlangen kann, wäre dann der sachliche Grund für die Rechtfertigung des unvermeidbar Irrenden.

Die Kritik an dem normtheoretischen Ansatz beschränkt sich damit darauf, dass das unvermeidbar irrtümlich Angenommene unter Verstoß gegen die Wirklichkeitsbindung des Rechts zur wirklichen Rechtfertigungsgrundlage gemacht und der Irrtum als solcher damit ausgelöscht wird. Wenn man dies korrigiert, erhält man die Komponenten für die gesuchte Rechtfertigung: Die unvermeidbar irrige Annahme (das nach *Freund vor-bildliche Verhalten*) zusammen mit dem *Anschein einer typischen Rechtfertigungslage*. Dies sind die Komponenten

---

19 Vgl. *Munoz Conde*, in: Coimbra-Symposium, 213 (216, 225); *Armin Kaufmann* FS Welzel, 393 (400); *Graul* JuS 1995, 1049 (1050 m.w.N.).

20 Vgl. *Graul* JuS 1995, 1049 (1050 m.w.N.).

einer *Rechtfertigung sui generis*, die dogmatisch *zwischen* der *Rechtfertigung durch jenen Rechtfertigungsgrund*, welcher den Gegenstand des Irrtums bildet (z.B. Nothilfe oder Notstandshilfe), einzuordnen ist und dem rechtswidrigen Verhalten in Form eines *vermeidbaren Erlaubnistatumstandsirrtums.*

Das Besondere an dieser Rechtfertigung liegt darin, dass sie ein tatbestandsmäßiges Handeln, von dem zum Zeitpunkt der Tat niemand weiß, ob es die tatsächlichen Voraussetzungen eines Rechtfertigungsgrundes erfüllt, *auch auf die Gefahr*, d.h. das *Risiko hin*, rechtfertigt, dass sich die bewusste (wie etwa bei der mutmaßlichen Einwilligung) oder unbewusste Einschätzung des Handelnden zur Zeit der Tat (wie etwa im Hilferuf-Fall) ex post als inhaltlich falsch herausstellt. Solche Rechtfertigungsgründe sind schon jetzt anerkannt, es ist nur nicht hinreichend ins Bewusstsein gerückt, dass auch der unvermeidbare Erlaubnistatumstandsirrtum zu dieser Gruppe gehört. Dies soll jetzt unter C und D geschehen.

C. Etablierte Rechtfertigungsgründe nach dem Prinzip des erlaubten Risikos

I. Die vorläufige Festnahme nach § 127 I StPO

Als Rechtfertigungsgrund bezüglich Körperverletzung, Freiheitsberaubung und Nötigung (§§ 223, 239, 240 StGB) ist nach dem Prinzip des erlaubten Risikos die vorläufige Festnahme nach § 127 I StPO anerkannt.[21] Sie setzt voraus, dass der Täter auf frischer Tat betroffen oder verfolgt wird und dass ein Festnahmegrund vorliegt.

Was die *Tat des Festgenommenen* anbelangt, verlangt die h.M. gemäß dem Wortlaut und im Interesse des Festgenommenen zu Recht, dass diese wirklich vorliegen muss und nicht nur ein dringender Tatverdacht genügt.[22] Insoweit weist § 127 I StPO keine risikoorientierte Struktur auf. Eine irrige Annahme dahin gehend folgt den Regeln des Erlaubnistatumstandsirrtums.

Anders ist dies hinsichtlich des Festnahmegrundes „*Fluchtverdacht*". Denn „Verdacht" bedeutet, dass auch Sachverhalte eine Festnahme rechtfertigen können, bei denen sich ex post herausstellt, dass der Festgenommene zum Zeitpunkt der Festnahme nicht die Absicht hatte, zu fliehen. In diesem Sinne ist Fluchtverdacht gegeben, „wenn nach dem erkennbaren Verhalten des Täters vernünftigerweise davon ausgegangen werden kann, dass dieser sich dem Strafverfahren

---

21 *Beulke*, Strafprozessrecht, 13. Aufl. 2016, RN 234 ff.

22 *Beulke*, Strafprozessrecht RN 235.

entziehen werde, wenn er nicht alsbald festgenommen wird."[23] Umgekehrt formuliert ist der Rechtfertigungsgrund § 127 I StPO auch dann gegeben, wenn der Festnehmende unvermeidbar irrig davon ausgeht, dass der Festgenommene sich dem Strafverfahren entziehen werde, wenn er nicht alsbald festgenommen wird. Der Sachgrund für die Rechtfertigung auch im Falle des Irrtums liegt im Schutz des Festnehmenden vor Repressalien,[24] d.h. in seinem vorbildlichen Verhalten. Ohne diesen Schutz könnte man ein Einschreiten gegen auf frischer Tat Betroffene nicht erwarten.

Einen Verstoß gegen die oben (B II) angemahnte Wirklichkeitsbindung des Rechts stellt § 127 I StPO nicht dar, weil das Gesetz gerade so formuliert ist, dass das rechtfertigende Element „Verdacht" auch dann zum Zeitpunkt der Handlung objektiv gegeben ist, wenn sich der Verdacht später als unbegründet erweist. Der Festnehmende darf den Täter somit festnehmen selbst auf die Gefahr hin, dass seine und die Prognose eines gewissenhaft handelnden Jedermann, der Festgenommene werde sich dem Strafverfahren sonst entziehen, falsch ist. § 127 I StPO *erlaubt* das Eingehen dieses *Risikos,* wenn der Mangel der Fluchtbereitschaft *nicht erkennbar,* wenn der *Irrtum* über die wahre Sachlage *unvermeidbar ist.* Ein Erlaubnistatumstandsirrtum ist das nicht, weil auch die unvermeidbar irrtümliche Annahme der Fluchtbereitschaft einen Verdacht als tatsächliche Voraussetzung des Rechtfertigungsgrundes begründet.

Für den Fall einer falschen Prognose hinsichtlich der Fluchtbereitschaft stellt § 127 I StPO eine gesetzliche Konkretisierung des Rechtfertigungsprinzips „erlaubtes Risiko" im Falle eines unvermeidbaren Irrtums über die Fluchtbereitschaft dar, der ein unvermeidbarer Erlaubnistatumstandsirrtum wäre, wenn § 127 I StPO nicht an den Flucht*verdacht*, sondern an die Flucht*bereitschaft* anknüpfen würde.

II. Die mutmaßliche Einwilligung

Der ungeschriebene Rechtfertigungsgrund[25] der mutmaßlichen Einwilligung ist – von den Bagatellfällen des mangelnden Interesses abgesehen – eine Geschäftsführung ohne Auftrag, bei der der Täter das Interesse wahrnimmt, welches dem mutmaßlichen Willen des Berechtigten entspricht.[26] Eine mutmaßliche

23 *Beulke,* Strafprozessrecht RN 236.

24 *Böhm/Werner,* in: MüKoStPO, 1. Aufl. 2014, § 127 RN 10; *Krauß*, in: BeckOK-StPO, 27. Ed. 1.1.2017, § 127 RN 3.

25 *Rudolphi* GS Kaufmann, 371 (382); *Roxin* FS Welzel, 447 (448 f.).

26 Vgl. *Kühl,* in: Lackner/Kühl-StGB, 28. Auflage 2014, Vor § 32 RN 19; *Otto,* GK AT, 7. Aufl. 2004, § 8 RN 129, 131.

Einwilligung kommt nur infrage, wenn eine aktuelle Einwilligung nicht zu erhalten ist (*Subsidiarität* der mutmaßlichen Einwilligung).

Die mutmaßliche Einwilligung beschreibt zwei unterschiedliche Situationen:

- der Täter geht nach einer gewissenhaften Prüfung zutreffend davon aus, dass der vom Eingriff Betroffene zum Zeitpunkt der Tat in den Eingriff einwilligen würde, so man ihn nur fragen könnte.
- der Täter geht trotz einer gewissenhaften Prüfung irrtümlich davon aus, dass der vom Eingriff Betroffene zum Zeitpunkt der Tat in den Eingriff einwilligen würde, so man ihn nur fragen könnte.

Auch in der ersten Fallgruppe handelt der Täter riskant, weil der Wille des Betroffenen zum Zeitpunkt seines Handelns nicht erkennbar ist. Weil der wirkliche Wille des Betroffenen und die Mutmaßung des Täters übereinstimmen, spielt die erste. Fallgruppe der mutmaßlichen Einwilligung in der Diskussion keine Rolle und soll hier vernachlässigt werden.

Mehr Ertrag verspricht die zweite Fallgruppe. Denn die mutmaßliche Einwilligung beschreibt hier eine Situation, in welcher der Handelnde einem Irrtum unterliegt, der dann nicht auf Fahrlässigkeit beruht, unvermeidbar ist, wenn weder ein gewissenhafter Durchschnittsbeobachter noch der u.U. über Sonderwissen verfügende individuelle Täter den Irrtum vermeiden kann.

Der Sachgrund für die Straffreiheit der mutmaßlichen Einwilligung ist das auf einer gewissenhaften Prüfung beruhende Bemühen des Täters, im Sinne des Rechtsgutsträgers zu handeln.[27]

Aufgrund dieser sorgfältigen Prüfung, *darf* der Täter entsprechend dem mutmaßlichen Willen des Betroffenen handeln, selbst auf die Gefahr hin, dass sein Handeln dem wirklichen Willen des Berechtigten nicht entspricht. Wie im Falle des Irrtums über die Fluchtbereitschaft des auf frischer Tat Betroffenen bei § 127 I StPO hätte sich der Täter auch hier zum Zeitpunkt seines Handelns bezüglich des Willens des Betroffenen *geirrt*. Insofern ist die mutmaßliche Einwilligung eine spezielle *Irrtumsregelung*, die einen Irrtum über den zum Tatzeitpunkt nicht erkennbaren wirklichen Willen des Betroffenen für die Rechtfertigung unbeachtlich, d.h. unschädlich erklärt, wenn der Irrtum unvermeidbar ist. Die mutmaßliche Einwilligung ist deshalb ein Rechtfertigungsgrund aus erlaubtem Risiko.[28]

27 Vgl. *Lenckner/Sternberg-Lieben* in: Schönke/Schröder, Vor §§ 32 ff. RN 56, 58; *Mitsch* ZJS 2012, 38 (41 f.).

28 *Roxin* FS Welzel, 447 (453).

Wie zu § 127 I StPO lautet auch hier unser Ergebnis: Für den Fall der unvermeidbar irrigen Annahme des Täters, dass der vom Eingriff Betroffene zum Zeitpunkt der Tat in den Eingriff einwilligen würde, ist die mutmaßliche Einwilligung ein Rechtfertigungsgrund als gewohnheitsrechtliche Konkretisierung des Rechtfertigungsprinzips „erlaubtes Risiko". Und wie bei § 127 I StPO liegt darin kein Verstoß gegen die Wirklichkeitsbindung des Rechts, weil das rechtfertigende Element der „Mutmaßung" auch bei unvermeidbaren Fehlvorstellungen des Täters objektiv gegeben ist.

D. Der „unvermeidbare Erlaubnistatumstandsirrtum" als Konkretisierung des Rechtfertigungsprinzips „erlaubtes Risiko"

Sowohl § 127 I StPO als auch die mutmaßliche Einwilligung sind eindrucksvolle Beispiele dafür, dass sich Rechtfertigungsgründe als Konkretisierung des erlaubten Risikos formulieren lassen, wenn u.a. folgende Voraussetzungen vorliegen:

- Es gibt einen plausiblen *Sachgrund* für die Straffreiheit der Risikoeingehung.
- Der wahre Sachverhalt lässt sich nicht feststellen, nach der erkennbaren Sachlage aber besteht *Handlungsbedarf*.
- Die Lösung des Falles kann durch *überkommene rechtliche Modelle* wie insbesondere den Erlaubnistatumstandsirrtum (noch) *nicht befriedigend* erfolgen.

Der *Sachgrund* für die Straffreiheit des unvermeidbaren Erlaubnistatumstandsirrtums liegt – wie erwähnt – im vorbildlichen Verhalten des Täters angesichts einer unaufklärbaren Rechtfertigungslage: Mehr als das Menschenmögliche kann nicht verlangt werden. Wie bei der mutmaßlichen Einwilligung will sich auch der Täter im unvermeidbaren Erlaubnistatumstandsirrtum vorbildlich verhalten. Er will entsprechend dem unwiderleglichen äußeren Anschein Nothilfe leisten, bei Putativ-Notstand eine Gefahr vom Erhaltungsinteresse abwenden.

Was bei der irrtümlich gemutmaßten Einwilligung das Nichterkennen trotz sorgfältiger Prüfung ist, ist beim unvermeidbaren Erlaubnistatumstandsirrtum dessen *Unvermeidbarkeit*. Denn falls aufgrund einer sorgfältigen Prüfung die wahre Sachlage erkennbar wäre, wäre der Irrtum nicht unvermeidbar. Ebenso wie bei der mutmaßlichen Einwilligung unterliegt auch der Täter beim unvermeidbaren Erlaubnistatumstandsirrtum je nach bezogenem Rechtfertigungsgrund (z.B. Gegenwärtigkeit von Angriff oder Notstandslage) einem *Entscheidungszwang*.

Schließlich enthält die überkommene Rechtfertigungsdogmatik beim unvermeidbaren Erlaubnistatumstandsirrtum *keine unumstrittenen Lösungsansätze*.

Schon bezüglich der Interpretation von Rechtfertigungselementen ex ante oder ex post besteht keine Einigkeit.[29]. Gäbe es den ungeschriebenen Rechtfertigungsgrund der mutmaßlichen Einwilligung nicht, müsste man ihn erfinden. Gäbe es § 127 I StPO nicht, müsste man sich auch hier Wege einfallen lassen, um den Festnehmenden bei unvermeidbar irrig angenommener Fluchtgeneigtheit zu schützen.

Gerade die Parallelen zwischen mutmaßlicher Einwilligung und dem unvermeidbaren Erlaubnistatumstandsirrtum sind so unverkennbar, dass ein durchschlagender Grund, jenen Irrtum anders zu behandeln als die mutmaßliche Einwilligung, nicht erkennbar ist. Es ist deswegen sachgerecht, auch den unvermeidbaren Erlaubnistatumstandsirrtum ebenso wie die mutmaßliche Einwilligung als Rechtfertigungsgrund zu verstehen.

Diese Sichtweise hat Auswirkungen auf die Beurteilung von Rechtfertigungslagen ex ante oder ex post (h.M.). Denn die Lehre vom unvermeidbaren Erlaubnistatumstandsirrtum als Rechtfertigungsgrund hat zur Folge, dass das Vorliegen der tatsächlichen Voraussetzungen von Rechtfertigungsgründen weiterhin und zu Recht einheitlich ex post beurteilt werden kann: Nur der wirkliche Angriff ist ein Angriff, nur die wirkliche Gefahr eine Gefahr. Irrtümer insoweit sind Erlaubnistatumstandsirrtümer, die bei objektiver und individueller Unvermeidbarkeit rechtfertigen.

E. Schlichte Handlungsbefugnis oder/und Eingriffsrecht mit Duldungspflicht?

Es bleibt die Frage nach der Reichweite der Rechtfertigung durch einen unvermeidbaren Erlaubnistatumstandsirrtum als Erscheinungsform des erlaubten Risikos. Notwehr rechtfertigt eine *erforderliche Verteidigung*, der rechtfertigende Notstand einen *Eingriff* gegen den Träger des Eingriffsgutes zur Abwendung einer Gefahr bei Wahrnehmung des *überwiegenden Interesses*. Was rechtfertigt der unvermeidbare Erlaubnistatumstandsirrtum?

Verbreitet ist insoweit die Sprachregelung von der schlichten Handlungsbefugnis.[30] Auch ich verwende sie im Zusammenhang mit der Wahrnehmung berechtigter Interessen (§ 193 StGB).[31] *Maiwald* gibt die Erklärung, dass in Fällen des erlaubten Risikos zwar kein Handlungsunrecht (*Freund*: „vor-bildliches

29 Vgl. *Freund* GA 1991, 387 (407 ff.); *Frisch*, Vorsatz und Risiko, S. 424 f.
30 *Maiwald* FS Jescheck, 403 ff.; *Graul* JuS 1995, 1049 (1052).
31 *Gropp* AT § 5 RN 409.

Verhalten“[32]), wohl aber ein Erfolgsunrecht gegeben sei, was einer Befugnis zum Eingriff des Irrenden und einer Pflicht des Betroffenen zur Duldung eines Eingriffs entgegenstehe.[33] Notwehr gegen den in unvermeidbarer Putativ-Notwehr Handelnden soll (wenn überhaupt, dann) allerdings nur eingeschränkt möglich sein (so im Hilfe-Ruf-Fall auch das BSG[34]).

Versuchen wir das Terrain der Möglichkeiten abzustecken:

Der *unvermeidbar Irrende* kann jedenfalls nicht uneingeschränkt auf den irrtümlich angenommenen Rechtfertigungsgrund zurückgreifen, denn dies würde die Vorstellung des Irrenden und die Wirklichkeit gleich setzen und gegen die Wirklichkeitsbindung des Rechts verstoßen. Der Irrende handelt somit weder in Nothilfe noch in Notstandshilfe noch aus sonst einem *vorgestellten* rechtfertigenden Sachverhalt, sondern rechtmäßig im Rahmen der wirklich gegebenen tatsächlichen Voraussetzungen des Rechtfertigungsgrundes „unvermeidbarer Erlaubnistatumstandsirrtums“. Wegen dieser Rechtfertigung *sui generis* ist das Handeln des Irrenden *kein rechtswidriger* Angriff im Sinne des § 32 StGB.

Deshalb steht dem *Betroffenen* kein Notwehrrecht gegen den unvermeidbar Irrenden zu. Vielmehr bildet der Irrende nach ganz überwiegender Auffassung[35] und zu Recht eine *Gefahr* für den Betroffenen. Die Befugnisse des Betroffenen im Rahmen der Abwehr von Gefahren mittels eines straftatbestandsmäßigen Handelns (hier wäre insbesondere an Körperverletzungen zu denken) regelt § 34 StGB unter Einbeziehung der Maßstäbe des defensiven Notstandes nach § 228 BGB, weil die Gefahr gerade vom Träger des Eingriffsgutes ausgeht.[36]

Da der Begriff der Gefahr Rechtmäßigkeitskategorien nicht kennt, spielen die Faktoren „Handlungs-/personales“ oder „Erfolgs-/Sachverhalts-Unrecht“ des Irrenden keine Rolle mehr. Obwohl L durch die Faustschläge einen Sachverhaltsun*wert* verwirklicht, fehlt es infolge der Rechtfertigung durch den Rechtfertigungsgrund „unvermeidbarer Erlaubnistatumstandsirrtums“ an einem Sachverhaltsun*recht*. Über Eingriffsrechte- und Duldungspflichten im Rechtsverhältnis Irrender/Betroffener entscheiden dann die Regeln des defensiven Notstandes innerhalb von § 34 StGB.

32 *Freund* GA 1991, 387 (404).

33 *Maiwald* FS Jescheck, 403 (423 f.); vgl. auch *Schlehofer*, in: MüKo-StGB, 3. Auflage 2017, Vor § 32 RN 89.

34 BSG JZ 2000, 96 (98) links.

35 *Lenckner/Sternberg-Lieben* in: Schönke/Schröder, Vor §§ 32 ff. RN 21; *Gropp* AT § 5 RN 160; *Roxin* AT 1 § 14 RN 112.

36 Vgl. die Nachweise bei *Graul* JuS 1995, 1049 (1053).

Das Recht, die durch den Irrenden drohende Gefahr abzuwehren, setzt nach § 34 StGB insbesondere voraus:

- eine *gegenwärtige Gefahr* für ein Rechtsgut;
- *Nichtabwendbarkeit der Gefahr auf andere Weise* (ultima ratio);
- *keine Unverhältnismäßigkeit* zwischen dem Schaden des Irrenden und der Gefahr für den Betroffenen (Gedanke des § 228 BGB).[37]

Innerhalb des Bereiches dieser Kriterien ist der Betroffene nicht verpflichtet, Eingriffe des Irrenden zu dulden und der Irrende nicht berechtigt, in Rechtsgüter des Betroffenen einzugreifen. Im Hilferuf-Fall bedeutet dies Folgendes:

1. Zunächst müsste der Betroffene P versuchen, den Irrtum des L aufzuklären und so die Gefahr „auf andere Weise“ abzuwenden. Gelingt dies, würde das Handeln des L zum rechtswidrigen Angriff nach § 32 StGB, weil der Rechtfertigungsgrund „unvermeidbarer Erlaubnistatumstandsirrtum“ nicht mehr gegeben ist. Dasselbe gilt, wenn L seinen Irrtum fahrlässig nicht erkennt, denn schon dann ist sein Irrtum nicht mehr unvermeidbar.
2. Solange die Aufklärung (z.B. aus Zeitgründen) nicht gelingt, müsste P ausweichen und so die Gefahr „anders abwenden“.
3. Ist eine nicht anders Abwendbarkeit nicht gegeben, hat der Betroffene P (und haben Dritte für P) das *Recht*, die von L ausgehende Gefahr auch durch straftatbestandsmäßiges Verhalten abzuwenden. Insoweit besteht einerseits keine Duldungspflicht des P und insoweit verleiht der Rechtfertigungsgrund „unvermeidbarer Erlaubnistatumstandsirrtum“ andererseits dem L in der Tat kein Eingriffsrecht gegen den Betroffenen. Eine tödliche Gefahr durch L dürfte P sogar durch Tötung des L abwenden. „Wird jemand im Defensivnotstand an Leben und Gesundheit bedroht, so wird man nicht verlangen können, dass er den Tod […] auf sich nimmt. Der Gefährdete ist also nach § 34 [StGB] gerechtfertigt, wenn er den Gefahrverursacher schwer verletzt oder äußerstenfalls sogar tötet.“[38]
   Jedoch sind die Möglichkeiten des Betroffenen P auch im defensiven Notstand nicht unbegrenzt, denn:
4. Eine *Duldungspflicht des Betroffenen* P und ein entsprechendes *Eingriffsrecht des Irrenden* L besteht dann, wenn der Schaden bei L außer Verhältnis zur drohenden Gefahr bei P steht. Steht nur eine *tödliche* Abwehr gegen den irrenden L zur Verfügung und kann der Betroffene P auch nicht ausweichen,

---

37 Vgl. auch *Graul* JuS 1995, 1049 (1053).
38 *Roxin* AT 1 § 16 RN 78.

so müsste P *Faustschläge* des L ertragen. L hat dann ein Eingriffsrecht, nicht nur eine schlichte Handlungsbefugnis. P hat das „Pech", dass er dem äußeren Anschein nach unvermeidbar als Aggressor erscheint. Dieses Ergebnis mag überraschen, aber es ist (sach)gerecht, was sich am Hilferuf-Fall beispielhaft demonstrieren lässt:

Wenn niemand erkennen kann, dass P seine Frau gar nicht angreift, sondern man aufgrund des äußeren Anscheins (Messer, Hilferuf) vielmehr von einem solchen Angriff ausgehen muss, dann *erwartet* man von L, dass er in dieser Situation Frau P hilft, und dann ist es sachgerecht, das Verhalten des Irrenden als Ausdruck eines allgemeinen Lebensrisikos auch zu rechtfertigen. Die gerechte „Risikoverteilung" nach den Maßstäben des Defensivnotstandes erfolgt dann in der Weise, dass L trotz seines ritterlichen Einschreitens infolge seines Irrtums zwar Körperverletzungen ertragen muss, dass er sich aber nicht töten lassen muss, solange er nicht selbst eine tödliche Gefahr darstellt. Erst dann wenn L mit lebensgefährlichen Mitteln gegen P vorgehen würde, darf P seinerseits tödliche Mittel einsetzen. Denn umbringen lassen muss sich P von dem irrenden L nicht.

Im Hilferuf-Fall hat der unvermeidbar irrende L den P mit Fäusten *rechtmäßig* attackiert. P durfte die von L ausgehende Gefahr im Rahmen des defensiven Notstandes abwehren. Eine tödliche Gefahrenabwehr durch P ist indessen auch durch defensiven Notstand (§ 34 StGB i.V.m. dem Gedanken aus § 228 BGB) nicht mehr gedeckt. P hat *rechtswidrig* gehandelt und das Gericht hat – im Ergebnis – richtig entschieden.

Horst Hammen

Aktienoptionen im scheidungsbedingten Zugewinnausgleich (Anfangsvermögen)

Abstract: Stock options are a special challenge regarding equalization of accrued gains in case of a divorce, especially while determining original assets. Fortune and immaterial objects are not a superimposable quantity. Legal based expectations and rights where some requirements do not exist yet must be separated. Even a factually right must not be a pecuniary advantage, it depends if and wherefore the factual right can be enforced, if it is transferable now or in the future, whether it is disposable or personally. Finally, an accurate determination of the value of stock options is problematic.

Keywords: Stock options, equalization of accrued gains, original assets

1. Einführung

Nicht zuletzt und ganz besonders seit der Finanzmarktkrise sind variable Manager- und Mitarbeitervergütungen in aller Munde. Solche variablen Vergütungen werden meist in der Form realer oder fiktiver Optionen auf Aktien desjenigen Unternehmens gewährt, in dem der Mitarbeiter tätig ist. In einer ersten Reaktion auf die Finanzmarktkrise hat der Gesetzgeber mit dem Gesetz zur Angemessenheit der Vorstandsvergütung vom 31.7.2009[1] variable Vergütungsbestandteile, u.a. Aktienoptionen, auf langfristige Verhaltensanreize zur nachhaltigen Unternehmensentwicklung ausgerichtet (§§ 87 I, 193 II Nr. 4 AktG n.F.).[2] Im Juli 2010 ist das Gesetz über die aufsichtsrechtlichen Anforderungen an die Vergütungssysteme von Kreditinstituten und Versicherungsunternehmen ergangen,[3] mit dem im Kreditwesengesetz aufsichtsrechtliche Anforderungen an angemessene Vergütungssysteme, insbesondere an variable Vergütungsbestandteile im Banken- und Versicherungssektor verankert worden sind (vgl. § 25 a I 3 Nr. 6, V KWG). Aber auch in der jüngeren Vergangenheit gab es mannigfaltige Diskussionen um die Vergütung der Tätigkeit von Führungskräften mit Aktienoptionen. Im Jahre 2004 hat der BGH entschieden, Aktienoptionsprogramme für Aufsichtsratsmitglieder seien gesellschaftsrechtlich unzulässig, weil

1 BGBl. I, S. 2509.

2 BT-Drs. 16/12278, S. 5.

3 Vom 21.7.2010, BGBl. I, S. 950.

die Vorschrift in § 192 II Nr. 3 AktG, in der es um die Beschaffung von Aktien für Mitarbeiter geht, die ihnen aus Aktienoptionsprogrammen zustehende Optionen ausüben, nur von Arbeitnehmern und Mitgliedern der „Geschäftsführung" spreche.[4] Zudem wird seit Jahren die kapitalmarktrechtliche Frage diskutiert, ob und unter welchen Voraussetzungen Mitarbeiter eines börsennotierten Unternehmens, die Insiderinformationen haben (vgl. Art. 7 MAR (EU) Nr. 596/2014), an Aktienoptionsprogrammen für Mitarbeiter teilnehmen oder Optionen aus solchen Programmen ausüben dürfen.[5] Angesichts dieses Befundes ist es erstaunlich, dass Aktienoptionen – obschon Tausende von Mitarbeitern und Managern deutscher börsennotierter Unternehmen, die ja auch vor dem Scheitern einer Ehe nicht gefeit sind, solche Optionen halten – in der familienrechtlichen Diskussion, insbesondere bei der Ermittlung des Zugewinnausgleichs, bislang fast keine Rolle gespielt haben.[6]

Als ein Beispiel für die zugewinnrechtlichen Rechtsfragen bei Aktienoptionen sei folgender Fall geschildert:[7] Ein zu diesem Zeitpunkt lediger Mitarbeiter eines damals noch nicht börsennotierten Unternehmens erhielt im September 1997 Optionen („Stock Options") auf Aktien dieses in der Rechtsform der Aktiengesellschaft organisierten Unternehmens gegen Zahlung eines vergleichsweise kleineren Betrags. Etwa die Hälfte dieser Optionen unterlag einer Ausübungssperre während einer bis zum Januar 1999 dauernden Wartefrist (sog. Lock-up-Periode). Danach sollte bis zur Erreichung der Gesamtzahl der eingeräumten Optionen monatlich eine gleichbleibende Menge von Optionen zur Ausübung zugeteilt werden. Die Optionen waren nicht übertragbar, aber vererbbar. Diese Optionen hat der betreffende Mitarbeiter beginnend Ende 1999 überwiegend im Jahre 2000 sämtlich ausgeübt und dabei infolge des Börsenhypes am Neuen Markt einen beträchtlichen Gewinn erzielt. Im Mai 1998 heiratete er. Im Juli 1998 unternahm besagtes Unternehmen seinen Börsengang an den Neuen Markt der Gruppe Deutsche Börse. Der Emissionskurs betrug umgerechnet 51 Euro. Der erste Börsenpreis wurde am selben Tag mit umgerechnet 132 Euro festgestellt. Ende 2010 wurde der Scheidungsantrag gestellt (vgl. § 1384 BGB). Da der Gewinn aus der Ausübung der Optionen zu dieser Zeit zu einem erheblichen

4 BGHZ 158, 122 (126).

5 Vgl. *Assmann/Schneider*, WpHG, 6. Aufl. 2012, § 14 Rn. 172 ff.; *Hammen*, in: Bankrecht und Bankpraxis, Insiderrecht/Compliance, 7/683, 7/732; *Klasen* AG 2006, 24 ff.; *v. Dryander/Schröder* WM 2007, 534 ff.; *Widder* WM 2010, 1882 ff.

6 Vgl. *Kogel* FamRZ 2007, 950. Ferner *Zacher* AnwBl. 2015, 765 (770); *Brudermüller*, in: Palandt, 76. Aufl. 2017, § 1376 Rn. 89.

7 Die vorliegende Abhandlung geht auf eine Anfrage aus der Rechtspraxis zurück.

Teil wertmäßig noch vorhanden war, stellte sich die für die Bemessung des Zugewinns des Ehemanns (vgl. § 1373 BGB)[8] und damit für die Berechnung der Ausgleichsforderung der Ehefrau (vgl. § 1378 I BGB) wesentliche Frage, ob und mit welchem Wert die im Zeitpunkt des Eintritts des gesetzlichen Güterstandes im Mai 1998 („Stichtag", vgl. § 1376 I BGB) dem Ehemann zustehenden Aktienoptionen in seinem Anfangsvermögen (§ 1374 I BGB) anzusetzen waren.

2. Begriff der Option

In der einzigen ausführlicheren literarischen Stellungnahme zur Rolle von Aktienoptionen im Zugewinnausgleich wird das Optionsrecht als Recht definiert, durch einseitige Erklärung einen Vertrag zustande zu bringen. In der Regel ergebe sich das Optionsrecht – so wird gesagt – aus einem aufschiebend bedingten Vertrag, der durch die Optionserklärung unbedingt werde.[9] Der dieser Beschreibung zugrunde liegenden Einheitstheorie steht die heute mehrheitlich vertretene Gestaltungstheorie gegenüber.[10] Nach der letztgenannten Theorie ist der Optionsvertrag ein selbstständiger Vertrag vorbereitender Natur zwischen dem Optionsnehmer und dem Stillhalter, der dem Optionsnehmer das Recht gibt, durch einseitige Gestaltungserklärung ein Schuldverhältnis mit dem Stillhalter, meist ein Kaufverhältnis herbeizuführen. Das aus dem Optionsvertrag entstehende Recht ist ein selbstständiges Gestaltungsrecht.[11] Diese Optionen kommen in der Rechtspraxis in verschiedenen Formen vor. Aktienoptionsrechte sind nicht immer auf den Abschluss echter Kaufverträge über Aktien (§§ 433, 453 BGB) ausgerichtet. Vielmehr werden solche Rechte häufiger auch als virtuelle Optionen gestaltet, bei welchen dem Mitarbeiter am Ende des Mitarbeiteroptionsprogramms der Differenzgewinn zwischen dem Basispreis und dem aktuellen Börsenkurs ausgezahlt wird.[12] Für das Recht des Zugewinnausgleichs sind diese Unterschiede zweitrangig, weil durch den Optionsvertrag in jedem Fall eine Position entsteht, die der Einpassung in dieses Recht bedarf. Im Folgenden wird auf den Prototypen der Aktienoptionen, die vorgenannten Optionsrechte, abgestellt, die auf den Abschluss echter Kaufverträge über Aktien ausgerichtet sind.

---

8 Steuerrechtliche Fragen bleiben ausgeklammert, vgl. hierzu BFH DStR 2010, 2453; *Kogel* FamRZ 2007, 950 (951).

9 *Kogel* FamRZ 2007, 950.

10 *Casper*, Der Optionsvertrag, 2005, 47.

11 *Casper*, Der Optionsvertrag, 48; *Hammen* ZIP 1987, 151 (155).

12 Vgl. *Casper*, Der Optionsvertrag, 398.

3. Methode der Untersuchung

Vorab ist hervorzuheben, dass das weitere Schicksal der Aktienoptionen im Vermögen des betreffenden Ehegatten während des Bestehens der Zugewinngemeinschaft, insbesondere der Umstand, dass er sie später durch Ausübung gewinnbringend realisiert hat, für die Untersuchung ohne Bedeutung ist. Die Gegenstände des Anfangs- und des Endvermögens müssen nämlich keineswegs identisch sein. Ob Vermögensstücke des Endvermögens bereits bei Beginn des Güterstandes vorhanden waren, oder umgekehrt, ob Vermögensgegenstände des Anfangsvermögens noch dem Endvermögen angehören, ist unerheblich.[13] Wesentlich ist lediglich, ob und wie sie oder ihre Surrogate sich – was jeweils getrennt zu beleuchten ist – wertmäßig auf das Anfangs- oder das Endvermögen auswirken. Weder § 1374 BGB (Anfangsvermögen) noch § 1375 BGB (Endvermögen) erfasst das Vermögen als gegenständliche Einheit, sondern bildet nur eine Rechnungsgröße, die jeweils mit dem End- oder Anfangsvermögen verglichen wird.[14]

Hiernach ist in einem ersten Schritt zu fragen, ob Aktienoptionsrechte, die einem Ehegatten vor Schließung der Ehe eingeräumt worden sind, zu seinem Anfangsvermögen gehören (vgl. § 1374 I BGB) (unten 5. – 11.). In einem zweiten Schritt ist dann zu prüfen, unter welchen rechtlichen Rahmenbedingungen die Ermittlung des Werts der Aktienoptionen gemäß § 1376 I BGB zu erfolgen hat (unten 12.). In einem dritten Schritt kann schließlich eine konkrete Wertermittlung anhand der vorstehend angesprochenen Vorgaben erfolgen.

4. Unerheblichkeit der Herkunft eines Vermögensgegenstandes

Da Aktienoptionen im Zugewinnausgleich offensichtlich weitreichend terra incognita sind,[15] ist es unverzichtbar, sie vom Allgemeinen zum Besonderen voranschreitend in die Systematik der §§ 1373 ff. BGB einzupassen. Dabei kann zunächst festgestellt werden, dass ein Optionsrecht, auch wenn es keinen Bezug zur ehelichen Lebensgemeinschaft aufweist, geeignet sein kann, in das Anfangs- oder Endvermögen eines der Ehegatten zu fallen. Der Gesetzgeber hat nämlich eine schematische, Gesichtspunkte der Einzelfallgerechtigkeit zurücktreten lassende Regelung des Zugewinnausgleichs gewählt, die jenseits der Ausnahmevorschrift in § 1374 II BGB (Erbe, Schenkung) die Ehegatten an allem,

13 Soergel/*H. Lange*, BGB, Bd. 7, 12. Aufl. 1988, § 1375 Rn. 2.

14 Soergel/Kappler/*Kappler*, BGB, Bd. 17/1, 13. Aufl. 2013, § 1374 Rn. 2, § 1375 Rn. 2.

15 So richtig *Kogel* FamRZ 2007, 950.

was sie während der Ehe erworben haben, ohne Rücksicht auf seine Herkunft bei scheidungsbedingter Auflösung des Güterstands wertmäßig gleichen Anteil haben lässt.[16] Deshalb hat der BGH beispielsweise einen Lottogewinn[17] oder mit Schmerzensgeld erworbene Wertpapiere[18] ohne Weiteres in das Endvermögen fallen lassen.[19] Ist dem so, dann muss ein Vermögensgegenstand auch ungeachtet seiner Herkunft aus einem Rechtsverhältnis, das schon vor Beginn der ehelichen Lebensgemeinschaft und unabhängig von ihr bestanden hat, zum Anfangsvermögen gezählt werden können.

5. Vermögen und immaterielle Gegenstände

Soll eine Position dem Anfangsvermögen angehören können, muss sie, das ist die allgemeinste Anforderung, wie es § 1374 BGB sagt, dem „Vermögen" zuzählbar sein. Sie darf also kein immaterieller Gegenstand (Nichtvermögensgegenstand) sein. Hierzu ist eine Erläuterung geboten. Vorstehend wurde beschrieben, dass Anfangs- oder Endvermögen bei der Ermittlung des Zugewinns lediglich Rechnungsgrößen bilden. Dies bedeutet freilich keineswegs, dass das gegenständliche Vermögen der Ehegatten für die Bestimmung von Anfangs- oder Endvermögen bedeutungslos wäre. Ein abstraktes Vermögen eines Menschen als eine reine Rechengröße gibt es nämlich nicht. Vielmehr ist jedes Vermögen aus den einzelnen Vermögensgegenständen – und zwar einschließlich der sog. immateriellen Vermögensgegenstände (vgl. § 266 II HGB) – einer Person zusammengesetzt, ohne die sie kein Vermögen hat. Diese Vermögensgegenstände sind es deshalb auch, die die Grundlage für die Ermittlung des Wertes von Anfangs- oder Endvermögen bilden. Hierauf beruht die Regelung in § 1377 II 3 BGB, nach welcher jeder Ehegatte „den Wert der Vermögensgegenstände" durch Sachverständige feststellen lassen kann. Aus den Vorschriften über das im Wege einer Vermutungsregel (§ 1377 III BGB) für die Ermittlung des Zugewinns bedeutsame Verzeichnis des Anfangsvermögens und über das Verzeichnis des Endvermögens ist sodann, da in diesen Vorschriften nur von „Vermögensgegenständen" die Rede

16 BGH NJW 1981, 1836.

17 BGH FamRZ 1977, 124.

18 BGH NJW 1981, 1836.

19 Auch bei der Reform des Zugewinnausgleichs durch das am 1.9.2009 in Kraft getretene „Gesetz zur Änderung des Zugewinnausgleichs- und Vormundschaftsrechts" (BGBl. I, S. 1696) hat der Gesetzgeber davon abgesehen, solche Wertzuwächse vom Ausgleich auszunehmen, die nicht auf einem gemeinschaftlichen Verursachungsbeitrag beruhen (*Keller/von Schrenck* JA 2010, 287 (288) mit Fn. 13).

ist (§§ 1377 II 3, 1379 I 2 BGB), ableitbar, dass immaterielle Gegenstände (Nichtvermögensgegenstände) nicht zum (Anfangs-)Vermögen gehören können.

Als Vermögen begreift man die Gesamtheit der dinglichen Gegenstände (Dinge), über die ein Mensch verfügen kann.[20] Abzugrenzen sind die Dinge, die das Vermögen eines Menschen ausmachen, von Nichtvermögensgegenständen rechtlicher Art, wie den personenrechtlichen Verhältnissen, etwa eine Ehe, und nichtrechtlicher Art, wie die Arbeitskraft, Ansehen. Vertrauen und Kredit u.ä.[21] Zu den dinglichen Gegenständen, die sich dadurch auszeichnen, dass sie beherrschbar sind,[22] gehören die Aktienoptionen. Eine Aktienoption ist, nämlich durch Vertrag, herstellbar, inhaltlich nach Belieben ausgestaltbar, jedenfalls im Grundsatz übertragbar (§§ 398, 413 BGB),[23] ferner ausübbar und beendbar, gehört also zum umherrschten Bereich der Person, der sie zusteht. Dass eine Aktienoption keine Sache, kein körperlicher Gegenstand ist (vgl. § 90 BGB), schadet dieser Einordnung nicht, weil zum Vermögen einer Person, auch zum Anfangs- oder Endvermögen,[24] auch unkörperliche Gegenstände[25] wie Patente, Marken, Urheberrechte, Forderungen und dergleichen gerechnet werden können.[26]

An dem Umstand, dass die Aktienoption nicht zu den Nichtvermögensgegenständen rechtlicher Art, insbesondere den personenrechtlichen Verhältnissen gehört, ändert es auch nichts, dass eine solche Option, soweit bei ihrer Ausübung nicht bloß ein Barausgleich verlangt werden kann, auf den Erwerb von Aktien, also von Mitgliedschaften in einer Aktiengesellschaft gerichtet ist. Zwar wird – angreifbar – vertreten, dass Mitgliedschaften in Gesellschaften zum Teil personenrechtlichen Charakter besäßen.[27] Soweit indes solche Mitgliedschaften auch

---

20 *Ernst Wolf*, Lehrbuch des Schuldrechts, Erster Band, Allgemeiner Teil, 1978, § 2 D., 99.

21 Enneccerus/Nipperdey, Allgemeiner Teil des Bürgerlichen Rechts, 1. Halbband, 15. Aufl. 1953, § 131 II, 842.

22 Vgl. *Ernst Wolf*, Lehrbuch des Schuldrechts, Allgemeiner Teil, § 2 D., 99.

23 Allgemein zur Übertragung von Gestaltungsrechten *Steinbeck*, Die Übertragbarkeit von Gestaltungsrechten, 1994.

24 Vgl. die Diskussion um das Urheberrecht im Zugewinnausgleich bei *Finger* GRUR 1989, 881.

25 Dass der Begriff des Gegenstands nicht auf Sachen begrenzt ist, zeigen die Bestimmungen in §§ 90 („nur körperliche Gegenstände"), 535 (Miet„sache"), 581 (verpachteter „Gegenstand") BGB. Zum Begriff des Gegenstands vgl. *Ernst Wolf*, Allgemeiner Teil des bürgerlichen Rechts, 3. Aufl. 1982, § 2 H. I., 164 f.; *ders.*, Lehrbuch des Sachenrechts, 2. Aufl. 1979, § 1 B. I., 10.

26 *Ernst Wolf*, Lehrbuch des Schuldrechts, Allgemeiner Teil, § 2 D., 100.

27 Soergel/*H. Lange*, BGB, Bd. 7, 12. Aufl. 1988, § 1374 Rn. 7; weitere Nachweise bei *Hadding*, in: FS-Reinhardt, 1972, 249 (251, 253). Gegen schuldrechtlich-personenrechtliche

vermögensrechtliche Elemente enthalten, wie es bei der Mitgliedschaft in einer Kapitalgesellschaft, z.B. einer Aktiengesellschaft, unzweifelhaft der Fall ist, steht einer Zurechnung der Mitgliedschaft – und damit auch einer Erwerbsberechtigung hierauf – zum (Anfangs- oder End-)Vermögen nichts im Wege.[28]

Der vorstehend eingeführte Begriff der Vermögensgegenstände als beherrschbarer Dinge weckt Assoziationen mit der Bestimmung der absoluten Rechte als Herrschaftsrechte.[29] Nun ist indes die Aktienoption kein absolutes Recht. Das ergibt sich aus Folgendem: Rechtliche Positionen sind entweder relativer oder absoluter Art. Nach verbreiteter Auffassung soll die Mitgliedschaft in einer Gesellschaft Gegenstand eines absoluten Rechts sein.[30] Diese Eigenschaft überträgt sich freilich auf die Option als ein Recht, Aktien zu erwerben, nicht. Vielmehr handelt es sich hierbei um eine – etwa dem Aktienkauf (§§ 433, 453 BGB) ähnliche – der Mitgliedschaft vorgelagerte Rechtsbeziehung, die nur zwischen dem Optionsnehmer und dem Stillhalter, also nicht absolut, d.h. gegen jedermann, mithin lediglich relativ wirkt. Auch dieser Umstand lässt die Option freilich nicht aus der Schar der dem Anfangs- oder Endvermögen anrechenbaren Vermögensgegenstände herausfallen. Zwar bilden die absoluten Rechtspositionen, allen voran das Eigentum an den den Ehegatten gehörenden Sachen, in der Rechtspraxis die größte Gruppe berücksichtigungsfähiger Vermögensgegenstände. Anerkannt ist indes, dass auch Forderungen (relative Rechte) bei der Ermittlung des Anfangsvermögens angesetzt werden können.[31] Also muss dies auch für Aktienoptionen gelten.

6. Rechtliches Vermögen und wirtschaftliches Vermögen

Der Begriff Vermögen lässt sich in zwei Artbegriffe, denjenigen des Vermögens im rechtlichen Sinne und denjenigen des Vermögens im wirtschaftlichen Sinne,

---

Mischverhältnisse im Allgemeinen *Ernst Wolf*, Allgemeiner Teil des bürgerlichen Rechts, § 5 B., 255; *ders.*, Das Arbeitsverhältnis – Personenrechtliches Gemeinschaftsverhältnis oder Schuldverhältnis?, 1970, 39, und gegen die Auffassung, die Gesellschaft sei auch eine personenrechtliche Gemeinschaft *Ernst Wolf*, Lehrbuch des Schuldrechts, Allgemeiner Teil, § 17 A., 266.

28 Soergel/*H. Lange*, BGB, § 1374 Rn. 7.

29 Gegen die Vorstellung, (absolute) Rechte seien Herrschaftsrechte *Ernst Wolf*, Allgemeiner Teil des bürgerlichen Rechts, § 2 D. 124; *ders.*, Lehrbuch des Schuldrechts, Zweiter Band, Besonderer Teil, 1978, § 20 B., 511 f.

30 BGH NJW 1990, 2877; *Habersack*, Die Mitgliedschaft – subjektives und „sonstiges" Recht, 1996; ablehnend *Hadding*, in: FS-Kellermann, 1991, S. 91 (102, 105).

31 Staudinger/*Thiele*, BGB, Bd. 4, §§ 1363–1563, Neubearb. 2007, § 1374 Rn. 8.

untergliedern. Ein Vermögen im rechtlichen Sinne ist die Gesamtheit der vermögensrechtlichen Verhältnisse einer Person. Vermögen im wirtschaftlichen Sinne sind andere verfügbare Dinge wie z.B. Erwerbschancen und Marktanteile.[32] Wirtschaftliche Vermögensverhältnisse sind, eben weil sie keine rechtlichen sind, von tatsächlicher Art. Rein tatsächliche Positionen, wie etwa die Überlassung von Wohnraum ohne Rechtsbindungswillen, oder solche, die auf einer sittlichen Verpflichtung eines anderen beruhen (z.B. ein Aussteuerversprechen), werden nun aber von Rechtsprechung und Schrifttum nicht zum Anfangs- oder Endvermögen gerechnet, obgleich z.B. eine gefälligkeitshalber erfolgende Wohnraumüberlassung für den Empfänger von wirtschaftlicher Bedeutung ist, weil es ihm hierdurch ermöglicht wird, etwaige Mietzinsen einzusparen.[33] Auf das Anfangsvermögen anrechenbar werden solche wirtschaftlichen Vermögenspositionen nur, wenn sie – im Beispielsfall mittels eines Leihvertrags[34] – rechtlich verfestigt worden sind.

Die Aktienoptionen zählen zu den rechtlich verfestigten Vermögensgegenständen. Sie werden durch Rechtsgeschäft, also durch einen auf die Herbeiführung von Rechtswirkungen gerichteten willensaktlichen Tatbestand in die Sphäre des Rechts gestellt. Aus diesem Willensakt erwächst dem Optionsnehmer ein subjektives Recht, nämlich ein Gestaltungsrecht, das ihm die Befugnis verleiht, mittels einer einseitigen rechtsgeschäftlichen Erklärung ein Kaufverhältnis mit dem Stillhalter zu bewirken und durch Glattstellung des Kaufs mit einem Erlös, der die für den Erhalt der Option gezahlte Optionsprämie übersteigt, einen Gewinn zu erzielen.

7. Rechtlich begründete Erwartungen und bloße Erwerbsaussichten

Das Problem der rechtlichen Verfestigung einer Vermögensposition muss nun noch unter einem weiteren Aspekt beleuchtet werden. Nicht selten sind

32 *Ernst Wolf*, Lehrbuch des Schuldrechts, Allgemeiner Teil, § 2 D., 99 ff.

33 OLG München FamRZ 1998, 825 re. Sp. mit zustimmender Anmerkung von *K. Schröder* FamRZ 1998, 826, der darauf hinweist, dass der Besitz an der Wohnung zwar Dritten gegenüber rechtlich geschützt ist, gleichwohl ein in das Anfangsvermögen einzustellender Vermögenswert nur vorliegt, wenn mit der Besitzübergabe auch ein Recht zum Besitz gegenüber dem Übergeber begründet worden ist. Zur sittlichen Verbindlichkeit *Brudermüller*, in: Palandt, § 1376 Rn. 63; a.A. OLG Frankfurt FamRZ 1990, 998.

34 OLG München FamRZ 1998, 825 li. Sp.

Gegenstände nicht einfach von einem Moment zum nächsten in ihrer Endgestalt vorhanden, sondern sie entwickeln sich sukzessive. Von den in Entwicklung begriffenen Gegenständen gehören nur diejenigen zum Anfangs- oder Endvermögen i.S.d. §§ 1373 ff. BGB, die zu einer gesicherten Anwartschaft oder einer vergleichbaren Rechtsposition erstarkt sind, nicht hingegen bloße Erwerbsaussichten.[35] Ein Beispiel für solche bloßen Erwerbsaussichten sind Erberwartungen.[36] Die Gerichte begründen die fehlende Berücksichtigungsfähigkeit solcher Erwartungen mit dem Argument, derjenige, der die Erwartung hege, habe noch keine gesicherte Rechtsposition, weil der Erblasser über sein Vermögen frei verfügen könne.[37]

Nun hegt auch derjenige, der eine Aktienoption hält, zunächst lediglich eine Erwartung, hier: eine Gewinnerwartung. Freilich ist diese Erwartung von ganz anderer Beschaffenheit als eine bloße Erberwartung, die demjenigen, der die Erwartung hegt, keine Ansprüche oder Rechte anderer Art verleiht. Denn der Optionsnehmer hat eine gesicherte Rechtsposition - nämlich ein Gestaltungsrecht - inne, die durch den Optionsvertrag mit dem Stillhalter begründet wird und die wegen der vertraglichen Bindung des Stillhalters dem Optionsinhaber nicht mehr durch den Stillhalter entzogen werden kann.[38] Insoweit gleicht die Aktienoption der Nacherbschaft, die der BGH mit der Begründung zum (End-) Vermögen gerechnet hat, der Nacherbe erwerbe mehr als die Aussicht, künftig Erbe zu werden. Vielmehr erlange er eine unentziehbare und unbeschränkbare Rechtsstellung, die ihm in Bezug auf die Erbschaft zahlreiche einzelne Rechte gewähre. Dieses Anwartschaftsrecht stelle mithin schon vor dem Nacherbfall einen gegenwärtigen Vermögenswert in der Hand des Nacherben dar.[39] Deshalb besitzt der Optionsinhaber eine rechtlich begründete Erwartung.

8. Tatbestandliche Begründung eines Rechts

Nun macht die Eigenschaft einer vermögensrechtlichen Rechtsposition, ihrem Inhaber ein unentziehbares Recht zu verleihen, diese Position, obgleich sie schon rechtlich verfestigt ist, noch nicht automatisch zum Vermögensgegenstand i.S.v. §§ 1373 ff. BGB. Vielmehr ist erforderlich, dass diese Rechtsposition eine gewisse weitere Verdichtung erfahren hat. Als ein Beispiel für diese

35 Soergel/Kappler/*Kappler*, BGB, Bd. 17/1, 13. Aufl. 2013, § 1374 Rn. 13.
36 *Brudermüller*, in: Palandt, § 1376 Rn. 80.
37 OLG Köln FamRZ 1983, 71.
38 *Casper*, Der Optionsvertrag, 103.
39 BGH NJW 1983, 2244 (2245 f.).

Verdichtungsproblematik mag die Entscheidung BGH NJW 1977, 949 dienen. Dort ging es um die Frage, ob ein Ausgleichsanspruch aus § 89 b HGB, der einem Handelsvertreter, welcher in einem ungekündigten Handelsvertreterverhältnis steht, am Ende dieses Verhältnisses gegen den Unternehmer zusteht, zum Endvermögen gezählt werden kann. Ein solcher Anspruch ist in einer Rechtsbeziehung angelegt (§ 89 b I 1 HGB: „Vertragsverhältnis") und es kann dem Handelsvertreter dieser Anspruch auch nicht vom Unternehmer einseitig entzogen werden.[40] Gleichwohl hat der BGH die vorstehend gestellte Frage verneint, weil es ungewiss sei, ob dieser Anspruch in späterer Zeit einmal zum Tragen kommen werde.[41] Hiernach reicht das Angelegtsein eines Rechts in einem vertraglichen Verhältnis, also die Möglichkeit seiner künftigen Entstehung nicht aus. Vielmehr kommt es auf die Gewissheit an, dass das Recht unter Vorliegen bestimmter tatbestandlicher Voraussetzungen – beim Anspruch aus § 89 b HGB: Beendigung des Vertragsverhältnisses u.a. – mit einem bestimmten Inhalt entsteht.

Diese Gewissheit ist bei einer Aktienoption selbst dann vorhanden, wenn die Haltedauer noch nicht abgelaufen ist. Denn welchen Inhalt dieses Recht hat, steht schon bei seiner tatbestandlichen Begründung durch den Optionsvertrag fest. Unerheblich ist es dabei, dass die Höhe des Anspruchs, der gegebenenfalls entsteht, wenn eine virtuelle Option ausgeübt wird, bei ihrer Begründung noch ungewiss ist. Das Optionsrecht ist vielmehr ein von diesem Anspruch verselbstständigtes Recht mit dem tatbestandlich klar umgrenzten Inhalt eines Gestaltungsrechts, nämlich des Rechts, bei Ablauf der Haltedauer ein Kaufverhältnis entstehen zu lassen.

9. Geltendmachbarkeit eines Rechts

Nicht selten können Aktienoptionen, die einem Mitarbeiter eingeräumt worden sind, nicht sofort, sondern erst nach Ablauf einer Haltedauer (sog. Lock-up-Periode) ausgeübt werden (vgl. auch § 193 II Nr. 4 AktG). Sie sind dann aufschiebend befristet.[42] Deshalb können sie auch nicht sofort geltend gemacht werden. Dieses steht ihrer Zurechnung zum Anfangsvermögen freilich nicht entgegen. Denn eine fehlende Geltendmachbarkeit hindert generell eine solche Zurechnung nicht. Das folgt aus der Rechtsprechung zur Anrechenbarkeit von Forderungen, die noch nicht fällig sind. Fälligkeit einer Forderung bedeutet, dass der Gläubiger das ihrem Inhalt Entsprechende als jetzt zu Erbringendes rechtens

40 Schluss aus § 89 b IV 1 HGB.

41 BGH NJW 1977, 949, 950.

42 *Casper*, Der Optionsvertrag, 405.

verlangen kann.[43] Nach der Rechtsprechung des BGH können „Rechte" – gemeint war eine Forderung – auch dann im Anfangsvermögen berücksichtigt werden, wenn sie noch nicht fällig, aber doch wenigstens nach wirtschaftlichen Maßstäben bewertbar sind.[44] Diese Rechtsprechung lässt sich auf Aktienoptionsrechte mühelos übertragen. Zwar passt hier der Begriff der Fälligkeit nicht, weil dieser Begriff nur die Forderbarkeit meint. In dem Begriff der Forderbarkeit steckt indes der allgemeinere Begriff der Geltendmachbarkeit mit drin und dieser Begriff passt auch auf das aus einer Aktienoption entspringende Gestaltungsrecht. Da – wie noch zu zeigen sein wird – Aktienoptionsrechte, auch wenn eine Haltedauer noch nicht abgelaufen ist, wirtschaftlich bewertbar sind, steht ihre während der Haltedauer fehlende Geltendmachbarkeit einer Zurechnung zum Anfangsvermögen nicht im Weg.

10. Gegenwärtige und zukünftige Rechte

Unter 6. ist dargelegt worden, dass Aktienoptionen Erwartungen verkörpern, nämlich die Erwartung, es werde sich der Kurs des zugrunde liegenden Wertpapiers so entwickeln, dass sich die Ausübung der Option lohne. Erwartungen sind stets auf etwas Zukünftiges gerichtet. Das ist auch bei einer Aktienoption nicht anders. Damit ist die Frage aufgeworfen, ob Aktienoptionen den von der Rechtsprechung für zukünftige Forderungen aufgestellten Regeln unterstellt werden müssen. Der BGH nimmt Forderungen vom Endvermögen aus, wenn sie zwar in einer vor dem Ende des Güterstands vorhandenen Dauerrechtsbeziehung, beispielsweise in einem Arbeits- oder Mietverhältnis rechtlich begründet sind, aber auf Zeiträume entfallen, die nach dem Ende des Güterstands liegen. Solche Einkünfte begreift der BGH als noch nicht zum Ende des Güterstands vorhandene, sondern eben erst zukünftige.[45] Das Gericht grenzt dabei derartige zukünftige Forderungen und hierauf erfolgende zukünftige Leistungen von am Stichtag bereits im Voraus gezahlten Entgelten und Abfindungen für zukünftige Leistungen, also für zukünftige Zeiträume, ab.[46]

Die Gewährung von Aktienoptionen an einen Mitarbeiter bildet stets eine erfolgsabhängige Vergütung der von dem Mitarbeiter geleisteten Arbeit.[47] Diese Vergütung wird keineswegs sukzessive auf bestimmte Zeitabschnitte bezogen

---

43 *Ernst Wolf*, Lehrbuch des Schuldrechts, Allgemeiner Teil, § 5 A., 279.
44 BGH NJW 2001, 439 f.
45 BGH NJW 1982, 279 (280); NJW 1982, 1982; NJW 2003, 3339.
46 BGH NJW 1982, 279 (280); *Brudermüller*, in: Palandt, § 1376 Rn. 64.
47 Ausführlich *Casper*, Der Optionsvertrag, 391 ff.

geleistet, sondern „in einem Stück“ im Zeitpunkt des Abschlusses des Optionsvertrags. Dabei entsteht die Rechtsposition, das Recht auf Bezug von Aktien, des Mitarbeiters - auch wenn sie erst zu einem späteren Zeitpunkt geltendmachbar ist - als Gestaltungsrecht mit dem Abschluss des Optionsvertrags sofort. Deshalb sind die einem Mitarbeiter vor einer Eheschließung gewährten Optionsrechte keine zukünftigen, sondern im Zeitpunkt der Eheschließung gegenwärtig gewiss vorhandene Rechte im Gegensatz zu zukünftigen Ansprüchen, deren Entstehung ungewiss ist. Ungewiss ist bei solchen Optionen lediglich, ob sich ihre zukünftige Ausübung wirtschaftlich lohnt. Dies ist aber keine Frage der Anrechenbarkeit derartiger Vermögensgegenstände auf das Anfangsvermögen, sondern lediglich eine Frage ihrer Bewertung, wobei Schwierigkeiten einer gegebenenfalls erforderlichen Berechnung oder Schätzung es nicht rechtfertigen, eine Position außer Ansatz zu lassen.[48] Deshalb unterfallen einem Mitarbeiter eingeräumte Aktienoptionen der Rechtsprechung über die fehlende Anrechenbarkeit zukünftiger Forderungen nicht.

Nun ist allerdings noch zu gewichten, dass Aktienoptionen, die Mitarbeitern gewährt werden, allesamt im Zeitpunkt ihrer Gewährung vollständig und rechtswirksam entstehen, häufig aber nach den Regularien der Optionsvergabe rechnerisch auf den Zeitraum bis zum Ablauf einer Lock-up-Periode ausgerichtet sind. Sie unterliegen nämlich regelmäßig einem Rücknahmerecht des Stillhalters für den Fall, dass das Beschäftigungsverhältnis des Optionsnehmers vor dem Ende der Lock-up-Periode endet, wobei das Rücknahmerecht der Höhe nach auf diejenige Teilmenge von Optionen beschränkt ist, die rechnerisch auf den Zeitraum zwischen dem Ausscheiden des Mitarbeiters und dem Ablauf der Lock-up-Periode entfällt (Verfallsklausel).[49] Mithin stecken in solchen Aktienoptionen auch Vergütungsbestandteile für - vom Zeitpunkt der Einräumung der Option aus betrachtet - zukünftig zu erbringende Arbeitsleistungen. Auch dieser Umstand lässt die Optionen nicht zu auf das Anfangsvermögen unanrechenbaren Vermögensgegenständen werden. Denn es ist wie gesagt anerkannt, dass im Voraus entrichtetes Entgelt für zukünftig zu erbringende Leistungen auf das End- oder Anfangsvermögen anzurechnen ist.[50] Hieran ändert es nichts, dass diese Optionen, auch wenn sie zunächst allesamt rechtsgültig gewährt worden sind, bei vorzeitiger Beendigung des Arbeitsverhältnisses durch Ausübung des vorgenannten Rücknahmerechts wenigstens teilweise wieder entzogen werden

48 BGH NJW 2001, 439.

49 *Casper*, Der Optionsvertrag, 406.

50 BGH NJW 1982, 279 (280); *Brudermüller*, in: Palandt, § 1376 Rn. 64.

können. Dieses Rücknahmerecht lässt im Rahmen von Mitarbeiterprogrammen gewährte Aktienoptionen auflösend bedingt eingeräumten Rechten ähnlich sein.[51] Bedingte Rechte sind nun aber von der Anrechnung auf das Anfangsvermögen keineswegs ausgenommen. Vielmehr bezieht der BGH solche Rechte als in einer Reihe mit den unter 8. bereits abgehandelten, noch nicht fälligen Forderungen stehend ohne Weiteres in das Anfangsvermögen mit ein.[52]

11. Übertragbarkeit/Veräußerbarkeit und Höchstpersönlichkeit eines Rechts

Nicht selten ist die Übertragbarkeit der einem Mitarbeiter eingeräumten Optionen[53] in den Vertragsbedingungen der Mitarbeiterprogramme ausgeschlossen. Fehlende Übertragbarkeit hat in den verschiedenen Gebieten des deutschen Rechts ganz unterschiedliche Konsequenzen. Steuerrechtlich betrachtet stellt die Einräumung eines unübertragbaren Optionsrechts keinen steuerbaren Zufluss eines geldwerten Vorteils dar, weil – so wird gesagt – der Optionsinhaber zum Zeitpunkt der Einräumung der Option lediglich eine Chance zu einem preisgünstigen Vermögenserwerb erhalte.[54] Im Recht des Zugewinnausgleichs ist die Rechtslage genau umgekehrt. Nicht übertragbare,[55] ja sogar nicht vererbliche Rechte[56] fallen ohne Weiteres in das Anfangs- oder Endvermögen, soweit sie objektiv bewertbar sind. Aktienoptionen aus Mitarbeiterprogrammen sind objektiv bewertbar. Dies folgt beispielsweise aus dem Umstand, dass der Mitarbeiter, soweit ihm dies durch die Optionsbedingungen nicht verboten ist, den inneren Wert der Option durch Abschluss eines Hedge-Geschäfts vorzeitig realisieren kann.[57] Folglich steht der Umstand, dass die aus einem Mitarbeiterprogramm erworbenen Optionen zwar nicht übertragbar – aber nach den Vertragsbedingungen dieser Programme doch immerhin meist vererbbar[58] – sind, angesichts ihrer unbestreitbaren Bewertbarkeit (vgl. unten 12) ihrer Zurechnung zum Anfangsvermögen nicht entgegen.

---

51 Vgl. *Kogel* FamRZ 2007, 950; ferner *Casper*, Der Optionsvertrag, 117.
52 BGH NJW 2001, 439.
53 Zur Übertragung von Optionsrechten durch Abtretung im Allgemeinen vgl. *Casper*, Der Optionsvertrag, 184 ff.
54 BFH BStBl. II 1972, 596; NV 1986, 306.
55 Vgl. BGH FamRZ 1992, 411 (413).
56 Vgl. BGH NJW 1987, 321 (322).
57 Vgl. *Casper*, Der Optionsvertrag, 412.
58 Zur Vererbbarkeit von Optionsrechten vgl. *Casper*, Der Optionsvertrag, 200.

Im Bürgerlichen Recht gibt es nicht bloß den rechtsgeschäftlichen Ausschluss einer Übertragbarkeit von Rechten gemäß § 399 Alt. 2 BGB. Vielmehr gibt es die Unabtretbarkeit auch bei höchstpersönlichen Ansprüchen, wobei die Unübertragbarkeit teils in dem Inhalt des betreffenden Anspruchs angelegt ist, teils im Gesetz ausdrücklich angeordnet ist bzw. war. In die erstgenannte Gruppe fällt beispielsweise der Anspruch auf Unterlassung von Ehrverletzungen.[59] Zur zweitgenannten Gruppe gehörten der Anspruch auf Schmerzensgeld aus § 847 BGB a.F.[60] und der Anspruch auf Kranzgeld gemäß § 1300 BGB a.F. Nach gewichtiger Meinung im Schrifttum[61] zählen solche höchstpersönlichen Rechte nur dann zum Anfangsvermögen eines Ehegatten, wenn dieser sie geltend macht.[62] Da die im Rahmen von Mitarbeiterprogrammen gewährten Optionsrechte als unübertragbare erfolgsabhängige Vergütung für Arbeitsleistungen gewährt werden und es höchstpersönliche nicht abtretbare Rechte, beispielsweise den Anspruch auf Urlaub bzw. Urlaubsabgeltung,[63] auch im Arbeitsrecht gibt, besteht Anlass zu der Frage, ob solche Aktienoptionen wegen Höchstpersönlichkeit von einer Zuzählung zum Anfangsvermögen ausgenommen werden müssen.[64]

Diese Frage ist zu verneinen, weil die Mitarbeitern gewährten Optionen ungeachtet ihrer fehlenden Übertragbarkeit keine höchstpersönlichen Rechte sind. Die Höchstpersönlichkeit des vorstehend angeführten Anspruchs auf Urlaub bzw. Urlaubsabgeltung, um bei dem Beispiel aus dem Arbeitsrecht zu bleiben, ist in seinem Zweck begründet, den urlaubsberechtigten Arbeitnehmer in die Lage zu versetzen, Freizeit (Urlaub) zur Erholung zu nutzen, ohne dass er seine Lebenshaltung einzuschränken braucht.[65] Deshalb soll auch die Urlaubsabgeltung kein während der Urlaubszeit fortgezahltes Arbeitsentgelt, sondern eine zweckgebundene soziale Leistung besonderer Art sein.[66] Dasselbe gilt für den Abgeltungsanspruch für nicht gewährten Urlaub.[67]

Von solcher Beschaffenheit sind Optionsrechte für Mitarbeiter nicht. Zwar werden solche Rechte den Mitarbeitern gewährt, um ihnen Anreize für erhöhte

---

59 *Grünberg*, in: Palandt, § 399 Rn. 6.
60 Vgl. *Hammen* VersR 1989, 1121.
61 Soergel/*H. Lange*, BGB, Bd. 7, 12. Aufl. 1988, § 1374 Rn. 7.
62 A.A. wohl BGH NJW 1981, 1836 (1837).
63 BAG AP § 611 BGB (Urlaubsrecht) Nr. 3, 7, 17, 42.
64 *Kogel* FamRZ 2007, 950. Von einer Höchstpersönlichkeit im weiteren Sinne spricht *Casper*, Der Optionsvertrag, 193.
65 BAG AP § 611 BGB (Urlaubsrecht) Nr. 7.
66 BAG AP § 611 BGB (Urlaubsrecht) Nr. 17.
67 BAG AP § 611 BGB (Urlaubsrecht) Nr. 42.

Arbeitsanstrengungen zu geben. Sie bilden indes lediglich ein Arbeitsentgelt eigener Art (variable Vergütung), dem wie jedem Anspruch auf den üblichen regelmäßigen Arbeitslohn nichts Höchstpersönliches anhaftet. Diese Feststellung wird durch den Umstand befestigt, dass es höchstpersönlichen Rechten eigen ist, nicht vererbbar zu sein,[68] wohingegen die Optionsrechte aus Mitarbeiterprogrammen gewöhnlich ausdrücklich vererblich gestellt werden.

Mithin ergibt die Einpassung von Aktienoptionen aus Mitarbeiterprogrammen in das System der §§ 1373 ff. BGB, dass solche Optionen dem Anfangsvermögen eines Mitarbeiters zugerechnet werden können.

12. Ermittlung des Werts der Aktienoptionen am Stichtag

Nach § 1376 I BGB wird der Berechnung des Anfangsvermögens derjenige Wert zugrunde gelegt, den das beim Eintritt des Güterstands vorhandene Vermögen in diesem Zeitpunkt hatte. Anzusetzen ist der Verkehrswert, also der bei einer Veräußerung am Stichtag voraussichtlich erzielbare Veräußerungspreis.[69] So sind etwa börsennotierte Aktien mit dem Börsenkurs am Stichtag anzusetzen, wobei dieser Wert auch bei einem nachträglichen Kurseinbruch maßgeblich bleibt.[70] Nicht selten werden nicht nur die Wertpapiere, auf deren Kursentwicklung Optionen bezogen sind, an den Sekundärmärkten gehandelt, sondern auch die Aktienoptionen selbst. Dann bildet der an diesen Märkten am Stichtag gefundene Preis den Wert, mit dem die Option im Anfangsvermögen anzusetzen ist. Diese Form der Wertermittlung versagt indes bei Optionen aus Mitarbeiterprogrammen, für die es keinen Sekundärmarkt gibt.[71] Abgestellt werden kann dann aber auch nicht auf eine Berechnung, die ausschließlich auf dem Wert der Aktien am Stichtag aufbaut, die den Basiswert der Option bilden. Selbst wenn man einen Marktpreis für diese Aktien ermitteln könnte – was man aber nicht kann, wenn die Aktien am Stichtag noch nicht börsennotiert gewesen sind -, dürfte auf diesen Preis nicht abgestellt werden. Denn der Preis von Optionen folgt eigenen Marktgesetzen, die mit der Preisentwicklung der zugrunde liegenden Wertpapiere nur locker verknüpft sind. Das fußt darauf, dass eine Option stets eine bestimmte Laufzeit hat, also nicht bloß das Recht verkörpert, die betreffenden

---

68 Vgl. § 847 I 2 BGB a.F. (*Hammen* VersR 1989, 1121), § 1300 II BGB a.F.; BAG AP § 611 BGB (Urlaubsrecht) Nr. 7.

69 BGH FamRZ 1991, 43; vgl. *Brudermüller*, in: Palandt, § 1376 Rn. 35.

70 BGH FamRZ 2012, 1479; *Brudermüller*, in: Palandt, § 1376 Rn. 76.

71 *Zacher* AnwBl. 2015, 765 (770).

Aktien jetzt sofort mit ihrem derzeitigen Wert, sondern während oder am Ende der Laufzeit mit einem gegebenenfalls höheren Wert zu beziehen.[72]

Das ist der Grund, warum selbst Optionen „out of the money“ einen Marktwert haben. Von einer solchen Option spricht man, wenn (bei einer Kaufoption) der Kurs des Wertpapiers, auf das sich die Option bezieht, unter dem vereinbarten Basispreis liegt. Wenn es während der Laufzeit der Option bei diesem Kurs bleibt, erleidet der Optionsnehmer einen Totalverlust der von ihm für die Option gezahlten Optionsprämie. Dieses Verlustrisiko ist indes begrenzt, wenn für Optionen ein Sekundärmarkt besteht. Denn es kann der Optionsnehmer seine Option an einem solchen Markt - wenn auch mit Verlust - bis zum Auslauftermin selbst dann noch verkaufen, wenn der Kurs des Wertpapiers unter dem vereinbarten Basispreis liegt. Es gibt nämlich auf solchen Märkten immer Marktteilnehmer, die bereit sind, für die während der Restlaufzeit noch bestehende, wenngleich verringerte Gewinnchance ein - selbstredend geringeres - Entgelt zu zahlen.[73]

Der Wert der einem Mitarbeiter gewährten Aktienoptionen am Stichtag setzt sich mithin aus dem an diesem Tag durch eine hypothetische Ausübung der Optionen erzielbaren Vermögenszuwachs in Höhe des Werts der betreffenden Aktien zuzüglich des Werts der Chance eines Wertzuwachses dieser Wertpapiere zum Ende der Laufzeit der Optionen zusammen. Die Dinge liegen hier so ähnlich wie bei der Bewertung von Unternehmen. Nach der Rechtsprechung des BGH können bei der Ermittlung des Werts eines Unternehmens seine nach dem Stichtag erfolgte Entwicklung, also zukünftige Chancen und Risiken berücksichtigt werden, wenn sie schon am Stichtag im Ansatz erkennbar, d.h. bewertbar gewesen sind.[74] Hiernach sind die Chancen, die aus den einem Mitarbeiter gewährten Aktienoptionen erwachsen, seinem Anfangsvermögen anzurechnen. Denn die Optionen geben dem Mitarbeiter zwar das Recht, Aktien seines Unternehmens zu erwerben, aber weil sie durchweg mit einer Haltefrist verbunden sind, regelmäßig keinesfalls schon zum Zeitpunkt der Überlassung dieser Optionen, zum Stichtag, zum Zeitpunkt des Börsengangs des Unternehmens oder zu irgendeinem anderen Zeitpunkt bis zum Ende der Lock-up-Periode. So lange muss er sie, will er durch ihre Ausübung Geld verdienen, halten und so lange hat

72 Dieser im Anfangsvermögen anzusetzende Wert ist von einer nach der Begründung des Güterstandes eintretenden realen Wertsteigerung von Gegenständen des Anfangsvermögens, die das Anfangsvermögen nicht erhöht (*Keller/von Schrenck* JA 2010, 287, 288 Fn. 13), scharf zu unterscheiden.

73 *Hammen* WuB I G 4.-8.87.

74 BGH NJW 1982, 2497.

er die Chance, durch Kursanstiege der Aktien zusätzliche Gewinne zu erzielen. Der Wert dieser Chance am Stichtag lässt sich mit den Mitteln der Betriebswirtschaft berechnen. Diese Berechnung nimmt der Ökonom vor.

Arthur Hartmann

Das neue Recht der Einziehung

Abstract: The asset forfeiture law has been codified for the first time in the StGB (German criminal code) in 1975 as a general legal institution. Aftermath this institute eked out till the late nineties, although there was a change form the net system to a gross system. The law from the 13.4.2017 which reforms penologic asset recovery especially ensures more easy and effective collection. The reform, which brings a basic structural change, especially on jurisdiction of the BVerfG (German constitutional court) and of the EGMR (European Court of Human Rights), must be evaluated too equivalent penalties.

Keywords: Strafe, Abstandsgebot, EMRK, Bruttoprinzip, Einziehung, Verfall, Strafzwecke, Kondiktionsrecht, Prävention, Generalpräventio, Spezialprävention, Tatproportionalität, erweiterte Einziehung, EU-Grundrechtecharta, Beweiswürdigung, Beweisanforderungen, erweiterter Verfall, Rechtsnatur der Strafte

A Einleitung

Zu ehren gilt es einen Rechtswissenschaftler, der ein weites Spektrum strafrechtlicher, strafprozessrechtlicher und insbesondere auch darüber hinausreichender Themen bearbeitet. Gerhard Wolf hat sich u.a. für Rechtsphilosophie und Rechtsinformatik nicht nur interessiert, sondern dazu auch wesentliche Beiträge verfasst. Seine Dissertation galt der Strafe und Erziehung nach dem Jugendstrafrecht[1], weitere Schwerpunkte seiner Arbeit behandeln Kernfragen des Straf- und Strafprozessrechtes, Themen des Wirtschaftsstrafrechtes, der Rechtsvergleichung, der Methodenlehre sowie der Rechts- und Hochschulpolitik. Nicht übergangen seien schließlich strafrechtsvergleichende und kriminologische Beiträge, die insbesondere Deutschland und Polen betreffen. Beiträge, die sich dezidiert mit der Einziehung von Taterträgen, Tatmitteln und Tatprodukten befassen, konnten der Verfasser dem Schriftenverzeichnis nicht entnehmen. Dennoch schöpfe ich aus dem weiten Spektrum der Interessen von Gerhard Wolf die Hoffnung, dass ihm dieser Beitrag in seiner Festschrift nicht unpassend erscheinen wird.

B Historie der Einziehung

Dass der Täter die Erträge aus seiner Straftat nicht soll behalten dürfen, erscheint evident und kaum einer weiteren Begründung bedürftig. Dennoch wurde der

1 *Wolf*, Strafe und Erziehung nach dem Jugendgerichtsgesetz, 1984.

Verfall von Taterträgen an den Staat als allgemeines, für das gesamte Strafrecht geltendes Rechtsfolgeninstitut erst durch das Zweite Strafrechtsreformgesetz[2] mit Wirkung zum 1. Januar 1975 gesetzlich verankert.[3] Zuvor war der Verfall von Taterträgen lediglich für einzelne Delikte geregelt. Allerdings wurde mit dem zweiten Strafrechtsreformgesetz auch das Tagessatzsystem für die Geldstrafe (§ 40 StGB) eingeführt und dadurch die zuvor bestehende Möglichkeit ausgeschlossen, den Umfang der Taterträge bei der Bemessung der Geldstrafe zu berücksichtigen.[4] Die Rechtspraxis hat sich nur zögerlich auf das neue System eingelassen. Der Verfall fand trotz der zwingenden Regelung des § 73 StGB zunächst kaum Anwendung.[5] Die einschlägigen Regelungen wurden als kompliziert und wenig effektiv empfunden. Letzteres hing u.a. damit zusammen, dass nach dem sog. „Nettoprinzip" Taterträge nur insoweit eingezogen werden durften, als ihnen keine Aufwendungen für die Tat gegenüberstanden, was ggf. zusätzliche Beweisaufnahmen hinsichtlich einer tatbezogenen „Einnahmen- und Ausgabenrechnung" erforderlich machte. Dennoch bewirkte der Übergang zum sog. „Bruttoprinzip" im Jahre 1992[6] zunächst keinen wesentlichen Bedeutungszuwachs des Verfalls, obwohl nun Aufwendungen für die Tatbegehung nicht mehr in Abzug gebracht werden konnten und damit im Strafprozess auch nicht mehr verhandelt werden mussten. Darüber hinaus versuchte der Gesetzgeber im selben Jahr durch die Einführung des sogenannten erweiterten Verfalls in § 73d a.F. StGB das Problem zu bewältigen, dass bei Ermittlungen gegen professionelle Täter nicht selten hohe Vermögenswerte sichtbar werden, deren Zuordnung zu konkreten Einzeltaten aber nicht gelingt.[7] In erster Linie ist es dem Juristen im Polizeidienst, Dr. Johann Podolsky zuzuschreiben, dass der Verfall aus seinem Schattendasein getreten ist.

---

2 BGBl. I, S. 717, vom 4.7.1969.

3 *Joecks*, MK-StGB, 3. Aufl. 2016, Vorb. § 73 Rn. 6 ff., 9.

4 Vgl. hierzu die aktuell gültige Fassung von § 17 IV OWiG: *Die Geldbuße soll den wirtschaftlichen Vorteil, den der Täter aus der Ordnungswidrigkeit gezogen hat, übersteigen. Reicht das gesetzliche Höchstmaß hierzu nicht aus, so kann es überschritten werden.*

5 *Achenbach*, Vermögensrechtlicher Opferschutz im strafprozessualen Vorverfahren, 1985, S. 7–22; *Katholnigg*, JR 1994, 353; *Rönnau*, Die Vermögensabschöpfung in der Praxis, 2 Aufl., 2015 Rn. 2.

6 Gesetz zur Änderung des Außenwirtschaftsgesetzes, des Strafgesetzbuches und anderer Gesetze (AWGÄndG7/StGBuaÄndG), BGBl. I, S. 372 vom 28.2.1992; zur Gesetzgebungshistorie *Katholnigg*, JR 1994, 353 ff.

7 Gesetz zur Bekämpfung des illegalen Rauschgifthandels und anderer Erscheinungsformen der Organisierten Kriminalität (OrgKG) BGBl. I, S. 1302, vom 15.7.1992; BT-Drs. 12/989, S. 23; hierzu *Katholnigg*, JR 1994, 353 ff.

Im Vorwort zur ersten Auflage seines Leitfadens, der 2003 aus der bereits langjährig durchgeführten Schulung von Finanzermittlerinnen und -ermittlern der Polizei entstanden ist, fasst er die Situation wie folgt zusammen: „Dabei zeigt sich, dass das geltende Recht praktikable und durchgreifende Möglichkeiten zur Vermögensabschöpfung bietet … Die Vorschriften existieren größtenteils seit den 70er-Jahren, führten in der justiziellen Anwendung jedoch eher ein Schattendasein: Nennenswerte Vermögensvorteile wurden Kriminellen nicht entzogen, gezielte und systematische Abschöpfungsmaßnahmen fanden nicht statt. … Seit 1997 wurden die gesicherten Vermögenswerte jedes Jahr nahezu verdoppelt und überschritten bereits im Jahr 2000 die dreistellige Millionen-Grenze".[8] Im Vorwort zur fünften Auflage von 2012 kann Podolsky resümieren: „Seit nahezu 17 Jahren finden in der justiziellen und polizeilichen Praxis die strafrechtlichen Vorschriften der Vermögensabschöpfung (§§ 73 bis 76a StGB) sowie die vorläufigen Sicherungsmaßnahmen (§§ 111b bis 111o StPO) Anwendung. Es hat sich in Deutschland bewährt, Polizeibeamte für dieses Aufgabenfeld besonders zu beschulen und sie für das neue Tätigkeitsfeld freizustellen".[9]

Zwar ist es nachvollziehbar, dass Gerichte nur Vermögenswerte einziehen können, die zuvor ermittelt und gesichert wurden, dennoch bleibt ein gewisses Erstaunen darüber, dass ein Rechtsinstitut, das seitens der Staatsanwaltschaften und Gerichte als sog. „legislatorisches Monstrum"[10] lange Zeit gemieden, schließlich von der Polizei umgesetzt und effektuiert wurde.

In der seither einsetzenden und von Jahr zu Jahr ausgeweiteten Praxis zeigte sich, dass im seinerzeit gültigen Recht Fälle nicht zufriedenstellend geregelt waren, in denen der Verletzte seinen aus der Tat erwachsenen Anspruch auf Rückgabe entzogener Vermögenswerte nicht oder nicht rechtzeitig geltend machte. Denn die Vorschrift des § 73 I S. 2 StGB a.F. verhinderte den Verfall deliktisch erlangter Vermögenswerte an den Staat, soweit einem Verletzten aus der Tat ein zivilrechtlicher Anspruch erwachsen war, dessen Erfüllung dem Täter oder Teilnehmer den Wert des aus der Tat Erlangten entziehen würde. Machte der Verletzte seinen Anspruch nicht geltend, mussten die bereits beschlagnahmten oder arrestierten inkriminierten Vermögenswerte an den Täter zurückgegeben werden. Das Gesetz zur Stärkung der Rückgewinnungshilfe und der

8 *Podolsky/Brenner*, Vermögensabschöpfung im Straf- und Ordnungswidrigkeitenverfahren, 2012, 5 f.

9 *Podolsky/Brenner*, Vermögensabschöpfung im Straf- und Ordnungswidrigkeitenverfahren 2012, 6.

10 Achenbach, Vermögensrechtlicher Opferschutz im strafprozessualen Vorverfahren, 1985, 7 (11).

Vermögensabschöpfung bei Straftaten (VermAbG)[11] führte deshalb für solche Fälle einen „Auffangrechtserwerb“ des Staates (§ 111i StPO) ein, der freilich als ein äußerst kompliziertes und langwieriges Verfahren bewertet wurde.[12]

Der Koalitionsvertrag für die 18. Legislaturperiode sieht aufgrund dieser und weiterer Anwendungsprobleme vor:

> *Das Recht der Vermögensabschöpfung werden wir vereinfachen, die vorläufige Sicherstellung von Vermögenswerten erleichtern und eine nachträgliche Vermögensabschöpfung ermöglichen. Wir regeln, dass bei Vermögen unklarer Herkunft verfassungskonform eine Beweislastumkehr gilt, sodass der legale Erwerb der Vermögenswerte nachgewiesen werden muss.*[13]

Dazu hat die Bundesregierung im September 2016 einen 113 Seiten langen Entwurf für eine umfassende Neuregelung der strafrechtlichen Vermögensabschöpfung vorgelegt.[14] Auf dieser Grundlage hat der Deutsche Bundestag am 13.4.2017 das Gesetz zur Reform der strafrechtlichen Vermögensabschöpfung beschlossen, das gem. seines Artikels 8 am 1.7.2017 in Kraft getreten ist.[15]

C Ziele der Neuregelung und deren Umsetzung

Zur Terminologie ist zunächst darauf hinzuweisen, dass das neue Recht den Begriff „Verfall“ (§ 73 a.F. StGB) durch den Begriff „Einziehung von Taterträgen“ (§ 73 n.F. StGB) ersetzt hat. § 74 StGB regelt weiterhin die Einziehung von Tatprodukten, Tatmitteln und Tatobjekten. Dadurch soll die deutsche Terminologie an die im Recht der Europäischen Union gebräuchliche Begrifflichkeit angeglichen werden, die insoweit den Terminus „confiscation“ verwendet, um Missverständnissen im internationalen Rechtsverkehr vorzubeugen.[16]

Als Ziele der umfassenden Neuregelung nennt der Entwurf[17],

- die Einziehung und insbesondere die Opferentschädigung einfacher und effektiver zu regeln,
- das sog. „Bruttoprinzip“ zu konkretisieren,

11 BGBl. I, S. 2350, vom 24.10.2006.

12 *Rönnau,* Die Vermögensabschöpfung in der Praxis, 2. Aufl. 2015, Rn. 287.

13 *Merkel et al.,* Deutschlands Zukunft gestalten, 2013, 101.

14 BT-Drs. 18/9595.

15 BGBl. I, S. 872–894, vom 21.4.2017.

16 BT-Drs. 18/9595, S. 2.

17 BT-Drs. 18/9595, S. 1.

- den Anwendungsbereich der erweiterten Einziehung, der bislang auf gewerbs- und bandenmäßige Delikte beschränkt war, auf alle rechtswidrigen Straftaten auszudehnen (§ 73d a.F. und § 73a n.F. StGB),
- die selbstständige Anordnung der Einziehung zu erweitern, sie insbesondere auch in Fällen zu ermöglichen, in denen eine bestimmte Person aus rechtlichen Gründen wie z.B. einem Strafklageverbrauch nicht verfolgt werden kann (§ 76a I StGB) oder bei denen Vermögen unklarer Herkunft im Rahmen von Ermittlungen sichergestellt wurde, die Katalogtaten aus den Bereichen Terrorismus und organisierte Kriminalität betreffen (§ 76a IV StGB),
- Ermöglichung der Abschöpfung nachträglich entdeckten Vermögens durch Streichen der nach altem Recht gem. § 73c I S. 2 StGB a.F. bestehenden Entreicherungseinrede,
- Umsetzung der Richtlinie 2014/42/EU[18].

I Vermögenseinziehung, -verwertung und Opferentschädigung

Kernstück der Reform ist die grundlegende Neuregelung der Opferentschädigung durch Streichung des § 73 I S. 2 StGB a.F., der als „Totengräber des Verfalls“[19] bezeichnet wurde, da er den Verfall sperrte, wenn einem Tatopfer aufgrund der Tat ein Ersatzanspruch gegen den Täter zustand. Die Strafverfolgungsbehörden konnten deshalb im Rahmen vorläufiger Sicherstellung von Vermögenswerten nur sog. „Rückgewinnungshilfe“ leisten. Aus den sichergestellten Vermögenswerten konnten die Opfer auf der Grundlage der Titel, die sie gegen den Täter erstritten hatten, nach dem Prioritätsprinzip befriedigt werden, was in sog. Mangelfällen, wenn die sichergestellte Vermögensmasse nicht zur Befriedigung aller Ansprüche ausreichte, zu sog. „Windhundrennen“ führte. Im Verhältnis zum Insolvenzrecht ergaben sich schwierige Rechtsfragen. Soweit das oder die Opfer ihre Ansprüche nicht geltend machten, musste ein sog. staatlicher „Auffangrechtserwerb“ nach der komplexen Vorschrift des § 100i a.F. StPO durchgeführt werden.

Demgegenüber sieht die Neuregelung die Einziehung aller durch die Tat erlangten Vermögensvorteile zugunsten des Staates vor (§§ 73, 75 StGB). Ist der durch die Tat erlangte Gegenstand noch vorhanden, kann er nach § 111n

18 Richtlinie 2014/42/EU des Europäischen Parlaments und des Rates v. 3.4.2014 über die Sicherstellung und Einziehung von Tatwerkzeugen und Erträgen aus Straftaten in der Europäischen Union (ABl. L 127 vom 29.4.2014, S. 39; L 138 v. 13.5.2014, S. 114 – im Folgenden: Richtlinie 2014/42/EU).

19 *Eberbach*, NStZ 1987, 486, 491; *Meyer*, ZStW 2015, 241, 254; BT-Drs. 18/9595, S. 2, 45 f.

StPO bereits im Ermittlungsverfahren an den Geschädigten zurückgegeben werden, wenn dessen Berechtigung offenkundig ist, andernfalls wird er im Urteil eingezogen und an den Geschädigten zurückübertragen. Ist der ursprünglich erlangte Gegenstand nicht mehr vorhanden, ordnet das Gericht die Einziehung eines Geldbetrages an, der dessen Wert entspricht. Nach Rechtskraft werden die sichergestellten Vermögensgegenstände verwertet und der Erlös wird an den oder die Verletzten ausgekehrt. Reicht der Erlös nicht aus, um die aufgrund der Tat entstandenen Ansprüche der Verletzten zu befriedigen, werden diese in dem für die Zahlungsunfähigkeit eines Schuldners vorgesehenen Verfahren der Insolvenzordnung entschädigt. Durch das in den §§ 111i, 111n, 459g – 459o StPO neu geregelte Verfahren soll die Opferentschädigung vereinfacht, im Mangelfall alle Verletzten gleichbehandelt und die sog. „Windhundrennen" vermieden werden. Da für dieses vom Hauptverfahren abgetrennte Entschädigungsverfahren weitgehend die Rechtspfleger zuständig sind (§§ 22, 31 RPflG in neuer Fassung), soll eine Entlastung für Gerichte und Staatsanwaltschaften ermöglicht werden, die das erwartete höhere Aufkommen an Abschöpfungsfällen kompensiert.

In seiner grundlegenden Struktur beruht die gesetzliche Regelung damit auf drei Schichten:

- Der vorläufigen Sicherstellung von Vermögenswerten, die insbesondere im Ermittlungsverfahren erfolgt (§§ 111b ff. StPO),
- der Einziehung der sichergestellten Vermögenswerte durch Urteil (§ 75 StGB), nach Maßgabe der §§ 73 ff. StGB
- und einem nachfolgenden Verfahren zur Verwertung der sichergestellten Vermögenswerte und zur Entschädigung der Tatopfer (§§ 459g ff. StPO).

Durch diese neue Struktur werden die Vermögenseinziehung, -verwertung und Opferentschädigung einerseits und die Feststellung der Schuld und Zumessung der Strafe andererseits voneinander getrennt, was sowohl aus praktischen als auch aus konzeptionellen Gründen grundsätzlich zu begrüßen ist.[20]

II Konkretisierung des Bruttoprinzips und Strafcharakter der Maßnahmen

Das im Jahre 1992 eingeführte „Bruttoprinzip"[21] der Einziehung bzw. des Verfalls, das die Berücksichtigung von Aufwendungen ausschließt, die mit der Straftat in

20 BT-Drs. 18/9595, S. 2.

21 Gesetz zur Änderung des Außenwirtschaftsgesetzes, des Strafgesetzbuches und anderer Gesetze (AWGÄndG7/StGBuaÄndG), BGBl. I, S. 372, vom 28.2.1992.

Zusammenhang stehen, bestach zunächst durch seinen einfachen Berechnungsmodus. Für die Betroffenen konnten die der Einziehung unterliegenden Beträge allerdings deutlich über die bei ihnen verbliebenen Taterträge hinausgehen und bei verschiedenen Fallkonstellationen eine wirtschaftlich strangulierende Wirkung entfalten, wobei die Härteklausel des § 73c a.F. StGB insoweit eine Begrenzung und Korrektur vorsah.[22] Dennoch bewertete eine verbreitete Auffassung in der Literatur den Verfall nach bisheriger Rechtslage als strafäquivalente Maßnahme, weil dem Täter bewusst und gewollt mehr genommen werde, als er durch die Tat erlangt habe, und damit ein kriminalpräventiver Zweck verfolgt werde.[23] Denn wenn die Rechtsprechung den „Präventionszweck" des Bruttoprinzips gerade darin sehe, zu verhindern, dass der Betroffene lediglich die Abschöpfung des Nettogewinns zu befürchten hätte[24], ihm also über seine Entreicherung hinaus ein zusätzliches Übel in Form nutzloser Aufwendungen auferlegt werden soll, dann handele es sich dabei um offensichtlich pönale Aspekte.[25]

Das Bundesverfassungsgericht hat sich in seiner Entscheidung zum erweiterten Verfall (§ 73d a.F. StGB) ausführlich in einer mehrstufigen Prüfung mit der Rechtsnatur des Verfalls und seiner Abgrenzung zur Strafe und zu strafähnlichen Sanktionen befasst.[26] Diese Entscheidung gilt grundsätzlich auch für die nunmehr als Einziehung und erweiterte Einziehung bezeichneten Vorschriften der §§73 und 73a StGB n.F. Diese vier Maßnahmen werden deshalb für die weitere Untersuchung als die „hier zu prüfenden bzw. untersuchenden Maßnahmen" zusammengefasst. Soweit sich aus der Neufassung, insbesondere der Konkretisierung des Bruttoprinzips neue Bewertungsgesichtspunkte ergeben, wird dies gesondert dargestellt.

Zunächst hat das Bundesverfassungsgericht Strafe als Auferlegung eines Rechtsnachteils wegen einer schuldhaft begangenen rechtswidrigen Tat definiert,[27] wobei dem Schuldgrundsatz auch Sanktionen unterliegen, die wie eine Strafe wirken.[28] Als Strafe seien insoweit Maßnahmen zu bewerten, die neben

---

22 BVerfGE 110, 1 (25; Rn. 92); BGHSt 47, 369.

23 *Herzog,* NK-StGB, 5. Aufl. 2017, § 73 Rn. 12 ff., 14 m.w.N.; *Joecks,* MK-StGB, 3. Aufl. 2016, § 73 Rn. 13 m.w.N., jedoch davon abweichender eigener Stellungnahme in Rn. 15 -17; zum kriminalpräventiven Zweck BGHSt 47, 369 (374 ff.).

24 BGHSt 51, 65 (66); 52, 227, (248).

25 *Eser,* Schönke/Schröder-StGB, 29. Aufl. 2014, Vor. §§ 73 ff., Rn. 19 m.w.N.; *Hölscher,* HK-GS, 4. Aufl. 2017, § 73 StGB Rn. 4 a.E.

26 BVerfGE 110, 1–33.

27 BVerfGE 110, 1 (13 f.; Rn. 58).

28 BVerfGE 110, 1 (13; Rn. 59); 22, 125 (131); 27, 36 (40 ff.); 35, 311 (320); 74, 358 (375 f.).

ihrer Aufgabe abzuschrecken und zu resozialisieren eine angemessene Antwort auf strafrechtlich verbotenes Verhalten darstellten.[29] Mit der Strafe werde ein rechtswidriges sozial-ethisches Fehlverhalten vergolten. Das dem Täter auferlegte Strafübel solle den schuldhaften Normverstoß ausgleichen; es sei Ausdruck vergeltender Gerechtigkeit.[30]

Freilich ist es aufgrund dieser Definition von Strafe durchaus nicht evident, ob die hier zu untersuchenden Maßnahmen als strafähnliche oder strafäquivalente Sanktionen dem Schuldgrundsatz unterfallen oder nicht. Insoweit hat das Bundesverfassungsgericht zur Prüfung der Rechtsnatur des Verfalls und des erweiterten Verfalls seine o.g. Definition anhand der nachfolgenden Kriterien konkretisiert. Das Gericht beginnt seine Prüfung mit *dem Wortlaut, der systematischen Stellung im Gesetz und der Entstehungsgeschichte* der einschlägigen Vorschriften. Insoweit stellt das Gericht fest, dass Verfall und erweiterter Verfall bzw. nunmehr Einziehung und erweiterte Einziehung vom Gesetz als Maßnahmen und nicht als Strafen bezeichnet werden und im Strafgesetzbuch auch systematisch so eingeordnet seien. Dies entspräche auch dem in der Entstehungsgeschichte dokumentierten Willen des Gesetzgebers,[31] sodass Wortlaut, systematische Stellung und Entstehungsgeschichte keinen Anlass geben, die hier zu untersuchenden Maßnahmen als Strafen zu bewerten.

Als weiteres Kriterium zieht das Gericht den *(Haupt-)Zweck* der Maßnahmen heran und stellt fest, dass diese nicht in der Zufügung eines Übels, sondern in der Beseitigung eines Vorteils liegen, dessen Verbleib den Täter zu weiteren Taten verlocken könne. Die Maßnahmen hätten damit einen präventiven, jedoch keinen repressiven Charakter. Der Gesetzgeber habe sie als selbstständige, kondiktionsähnliche, nicht-pönale Maßnahmen neben die Strafe gestellt. Dabei sei zu berücksichtigen, dass der Gesetzgeber weitgehend frei darüber entscheiden könne, ob und auf welche Weise er rechtswidrig erlangte wirtschaftliche Vorteile entziehen will.[32]

Im folgenden Schritt prüft das Bundesverfassungsgericht, ob sich aus den *weiteren Zwecken* der zu untersuchenden Maßnahmen ein zumindest strafähnlicher Charakter ergibt. Als weitere Zwecke identifiziert das Gericht eine „vermögensordnende Aufgabe", und eine Störungsbeseitigung bzw. Gefahrenabwehr.[33]

---

29 Vgl. BVerfGE 21, 378, (383); 21, 391 (404); 22, 125, (132); 45, 187, (253 f.); 95, 96, (140).

30 Vgl. BVerfGE 9, 167, (171); 22, 49 (79 f.); 95, 96 (140); 96, 10 (25).

31 BVerfGE 110, 1 (14 f.; Rn. 60–63).

32 BVerfGE 110, 1 (15 f.; Rn. 63–65).

33 BVerfGE 110, 1 (16 ff.; Rn. 66 ff.).

Die *vermögensordnende Aufgabe* der Maßnahmen sei darin begründet, dass das Bürgerliche Recht deliktischen Vermögensänderungen zwar die zivilrechtliche Wirksamkeit versagen, damit aber nicht verhindern könne, dass ein Straftäter durch die Begehung rechtswidriger Taten faktische Vermögensvorteile erlange. Letztere würden durch die hier zu untersuchenden Maßnahmen korrigiert.[34]

Der Zweck der *Störungsbeseitigung* ergebe sich daraus, dass der Gesetzgeber den deliktischen Vermögenserwerb als eine korrekturbedürftige Störung der Rechtsordnung bewerte, die die Strafgerichte im Wege der Gewinnabschöpfung beseitigen sollen. Das Bundesverfassungsgericht schließt sich dieser Bewertung an und zieht eine Parallele zum Gefahrenabwehrrecht. Hier wie dort gehe es nicht darum, ein normwidriges Verhalten öffentlich zu missbilligen und zu sühnen, sondern darum, die Fortdauer einer bereits eingetretenen Störung der Rechtsordnung zu verhindern. Die durch die Maßnahmen des Verfalls und des erweiterten Verfalls bezweckte Störungsbeseitigung habe deshalb keinen Strafcharakter. Sie werde nicht angeordnet, um dem Betroffenen die Begehung der Herkunftstat vorzuhalten und über sie ein sozialethisches Unwerturteil zu sprechen, sondern sie ziele darauf, einen rechtswidrigen Zustand für die Zukunft zu beseitigen. Die Entziehung deliktisch erlangten Vermögens sei nicht Ausdruck vergeltender, sondern ordnender Gerechtigkeit.[35]

Mit der Entziehung deliktisch erlangten Vermögens verbinde der Gesetzgeber darüber hinaus einen *generalpräventiven Zweck* i.S. der *Integrationsprävention*. Dabei gehe es nicht um die Abschreckung potentieller Täter (sog. negative Generalprävention) und nicht nur um eine Reduzierung des Anreizes für gewinnorientierte Straftaten. Vielmehr soll durch die Entziehung des deliktisch erlangten Vermögens die Unverbrüchlichkeit und Gerechtigkeit der Rechtsordnung erwiesen und die Rechtstreue der Bevölkerung durch Beseitigung

34 BVerfGE 110, 1 (16 f.; Rn. 67, 70). Das Bundesverfassungsgericht berücksichtigt zwar die Kritik von *Wesslau*, StV 1991, 226 (232 f.), derzufolge der Sicherungszweck von Verfall und erweitertem Verfall vom Gesetzgeber zwar intendiert gewesen sei (BT-Drs. 11/6623, S. 7 und 12/989, S. 1), aber im Gesetz keinen Ausdruck gefunden habe, sieht den vermögensordnenden Charakter und seine präventive Zielsetzung im Gesetz jedoch hinreichend klar zum Ausdruck gebracht. Nach der Neuformulierung des § 73 StGB, die den vermögensordnenden, quasi-kondiktorischen Charakter der Vorschrift im Gesetz durch die Verwendung der Formulierung „durch eine rechtswidrige Tat … erlangt“ anstelle von „aus ihr etwas erlangt“ noch eindeutiger betont (BT-Drs. 18/9525, S. 55), erscheint die genannte Kritik für die Neuregelung nicht mehr bedeutsam.

35 BVerfGE 110, 1 (16 ff., 18; Rn. 67 ff., 71).

rechtswidriger Zustände gestärkt werden.[36] Diese Zwecksetzung sei kein Spezifikum strafrechtlicher Vorschriften, sondern decke sich mit einem alle Rechtsgebiete übergreifenden Grundsatz, wonach eine mit der Rechtsordnung nicht übereinstimmende Vermögenslage auszugleichen sei.[37]

Schließlich wendet sich das Bundesverfassungsgericht gegen die Auffassung[38], Verfall und erweiterter Verfall seien nach *Einführung des Bruttoprinzips* nur noch der Form nach Maßnahmen, dem Inhalt nach dagegen tatvergeltende Zufügung eines Übels, weil das Gesetz nunmehr dem deliktisch bereicherten Täter – über die bloße Gewinnabschöpfung hinaus – eine wirtschaftliche Einbuße zumute.[39] Vielmehr belaste auch die *zivilrechtliche Kondiktion* den Bösgläubigen mit einem wirtschaftlichen Verlustrisiko (§ 818 VI, § 819 BGB) und schütze allein den gutgläubigen Bereicherungsschuldner vor Vermögenseinbußen (§ 818 III BGB).[40] In Ergänzung dazu enthalte § 817 S. 2 BGB den Rechtsgedanken, dass Vermögen, das in ein verbotenes Geschäft investiert wurde, in vollem Umfang verloren sei.[41] Mit seinem Bezug auf das zivilrechtliche Kondiktionsrecht und insbesondere § 817 S. 2 BGB habe der Gesetzgeber bei Einführung des Bruttoprinzips lediglich Risikozuweisungen des Zivilrechts übernommen, jedoch keine neue pönale Rechtsfolge geschaffen.[42]

Auf der Grundlage der hier in ihren wesentlichen Stufen dargestellten Prüfung kommt das Bundesverfassungsgericht zu der rechtlichen *Gesamtbewertung*, dass Verfall und erweiterter Verfall (§§ 73 und 73d StGB a.F.) keine dem Schuldgrundsatz unterliegenden strafähnlichen Maßnahmen seien. Somit verstoße der erweiterte Verfall nach § 73d StGB a.F. auch nach Einführung des Bruttoprinzips nicht gegen die *Unschuldsvermutung*.[43]

---

36 BVerfGE 110, 1 (18 f.; Rn. 72 ff., 75).

37 BVerfGE 110, 1 (20 f.; Rn. 72 ff., 76); BVerfGE 22, 125 (132); BGHSt 47, 369 (373 ff.) jeweils m.w.N.

38 BVerfGE 110, 1 (22; Rn. 77).

39 So *Eser*, Schönke/Schröder, StGB, 29. Aufl. 2014, Vorb. § 73 Rn. 19, § 73d Rn. 2; *Fischer*, StGB, 64. Aufl., 2017, § 73 Rn. 3, § 73d Rn. 6 f.; *Herzog*, NK-StGB, 5. Aufl. 2017, § 73 Rn. 13 f.; § 73d 1 ff.; jew. m.w.N.; a.A. BGH, NStZ 1995, 491; *Schmidt*, LK-StGB, 12. Aufl. 2007, § 73d Rn. 4, § 73 Rn. 8; *Katholnigg*, JR 1994, 353 (354); *Baumann/Weber/Mitsch/Eisele*, Strafrecht, Allgemeiner Teil, 12. Aufl., 2016, 716; *Goos*, wistra 2001, 313 (315); siehe auch die Stellungnahmen von *Joecks*, MK-StGB, 3. Aufl. 2016, § 73 Rn. 15–17.

40 BVerfGE 110, 1 (22; Rn. 77 f.); BGHZ 53, 144 (147 f.); 55, 128, (135); 57, 137 (146 ff.).

41 BVerfGE 110, 1 (22; Rn. 79); BGHZ 44, 1 (6); *Canaris* in: FS-Steindorff, 519 (523 ff.).

42 BVerfGE 110, 1 (22; Rn. 80); BT-Drs. 12/1134, S. 12.

43 BVerfGE 110, 1 (22 ff.; Rn. 81 ff).

Diese Leitentscheidung des Bundesverfassungsgerichtes erging allerdings vor dem Urteil des Europäischen Gerichtshofs für Menschenrechte (im Folgenden EGMR), das die Konventionswidrigkeit der Regelungen zur sog. nachträglichen Sicherungsverwahrung feststellte, da es diese entgegen früherer Judikate deutscher Gerichte einschließlich des Bundesverfassungsgerichtes[44] als *Strafe i.S. Art. 7 der Europäischen Menschenrechtskonvention* (im Folgenden EMRK) wertete.[45] Diese Entscheidung des EGMR hat auch Bedeutung für die Frage, ob die hier diskutierten Maßnahmen Verfall und erweiterter Verfall bzw. nach der aktuellen gesetzlichen Terminologie Einziehung und erweiterte Einziehung als Strafen zu werten sind. Denn nach ständiger Rechtsprechung des Bundesverfassungsgerichtes steht die EMRK zwar innerstaatlich im Rang unter dem Grundgesetz. Die Bestimmungen des Grundgesetzes sind aber völkerrechtsfreundlich auszulegen und deshalb dienen der Konventionstext und die Rechtsprechung des EGMR auf der Ebene des Verfassungsrechts als Auslegungshilfen für die Bestimmung von Inhalt und Reichweite von Grundrechten und rechtsstaatlichen Grundsätzen des Grundgesetzes.[46] Die Entscheidung des EGMR erging zwar nicht unmittelbar zu den hier zu untersuchenden Maßnahmen, jedoch weisen die Maßnahmen der Besserung und Sicherung (§ 61 ff. StGB), zu denen die entscheidungsgegenständliche Sicherungsverwahrung (§ 66 ff. StGB) gehört, zahlreiche Gemeinsamkeiten mit den hier zu untersuchenden Maßnahmen auf. Beide Maßnahmenarten sind mögliche Rechtsfolgen einer Straftat, die im dritten Abschnitt des Allgemeinen Teils des Strafgesetzbuchs geregelt sind, dort jedoch nicht als Strafen oder Nebenstrafen, sondern als Maßnahmen eigener Art charakterisiert werden. Beide Maßnahmenarten setzen eine rechtswidrige, aber keine schuldhafte Straftat für ihre Verhängung voraus. Beide Maßnahmenarten verfolgen nach der Intention des Gesetzgebers keine repressive, sondern eine präventive Zielsetzung, die freilich mit erheblichen Grundrechtseingriffen durchgesetzt werden kann. Der EGMR geht in seiner Rechtsprechung davon aus, dass der Begriff der „Strafe" in Art. 7 I EGMR autonom auszulegen ist,[47] und deshalb durch eine Charakterisierung im deutschen Strafgesetzbuch nicht präjudiziert wird. Dies ist auch für die hier zu untersuchenden Maßnahmen

---

44 BVerfGE 109, 133 = NJW 2004, 739.

45 EGMR (V. Sektion), Urteil vom 17. 12. 2009 - Az. 19359/04 M./Deutschland; NJW 2010, 2495.

46 BVerfGE 74, 358 (370) = NJW 1987, 2427; BVerfG NJW 2011, 1931 (1935 Rn. 86 ff.).

47 EGMR NJW 2010, 2495 (2497 Rn. 120).

bedeutsam und die Kriterien des EGMR sind somit auch für die hier zu untersuchenden Maßnahmen relevant.[48]

Hinsichtlich der Sicherungsverwahrung entschied das Bundesverfassungsgericht, dass die völkerrechtsfreundliche Auslegung keine schematische Parallelisierung der Aussagen des Grundgesetzes mit denen der EMRK erfordere,[49] woraus sich die Möglichkeit ergebe, die Entscheidung des EGMR in die Schuldstrafrechtsdogmatik des Bundesverfassungsgerichtes einzupassen.[50] Das Bundesverfassungsgericht hat auf der Grundlage der o.g. Rechtsprechung des EGMR das *Abstandsgebot* entwickelt, dieses sodann aus dem Schuldprinzip hergeleitet und ihm damit über die konkrete Fragestellung hinaus allgemeine Bedeutung für die Abgrenzung von Kriminalstrafen und anderen Maßnahmen mit möglicherweise strafähnlichem Charakter verliehen. Daraus ergibt sich nach hier vertretener Auffassung, dass auch die zu untersuchenden Maßnahmen ebenso wie die Sicherungsverwahrung in deutlichem Abstand zum Vollzug von Kriminalstrafen ausgestaltet werden müssen, um nicht als Kriminalstrafen bewertet zu werden.[51]

Trotz dieser Rechtsprechung des Bundesverfassungsgerichts erscheint es sinnvoll und erforderlich, den möglichen Strafcharakter der hier zu untersuchenden Maßnahmen unmittelbar anhand der Kriterien des EGMR zu prüfen, da es letztlich auf die Bewertung der hier zu untersuchenden Maßnahmen auf der Grundlage des Art. 7 I EMRK ankommt, wie die Entscheidung des EGMR zur nachträglichen Sicherungsverwahrung gezeigt hat.

Wie schon dargestellt legt der EGMR den Begriff „Strafe" in Art. 7 I EMRK autonom aus.[52] Zwar berücksichtigt der EGMR im Rahmen der *Prüfung des Art. 7 EMRK* die Einstufung einer Maßnahme nach dem jeweiligen nationalen Recht, er sieht sich an diese Einstufung jedoch nicht gebunden. Vielmehr prüft er darüber hinaus das Verfahren, in dem eine Maßnahme verhängt wurde und vollzogen wird, die Art und den Zweck der Maßnahme, die Eingriffsintensität der Maßnahme und schließlich die tatsächliche Anwendung und Ausgestaltung

48 Insoweit ist auch auf die Entscheidungen Welch/Vereinigtes Königreich (Urteil v. 9.2.1995, Az. 17440/90, Serie A, Bd. 307, S. 14 Nr. 32) und Van der Velden/Niederlande (Urteil v. 31.7.2012, Az. 21203/10, Slg. 2006-XV) hinzuweisen, in denen der EGMR eine britische „confiscation order" und eine niederländische Einziehungsentscheidung als Strafen i.S. des Art. 7 I EGMR wertete.

49 BVerfGE 111, 307 (323 ff.) = NJW 2004, 3407.

50 BVerfG NJW 2011, 1931 (1936 Rn. 91 ff.).

51 BVerfG NJW 2011, 1931 (1936 Rn. 97, 101).

52 EGMR NJW 2010, 2495 (2497 Rn. 120).

der Maßnahme in der Rechtspraxis.[53] Insoweit muss der Unterschied zwischen einer Straftat und einer Maßnahme ohne Strafcharakter auf konkret feststellbaren Merkmalen beruhen, die sich auch in der Rechtspraxis deutlich erkennen und nachweisen lassen.[54]

Prüft man anhand dieser Kriterien, ob es sich bei den hier untersuchten Maßnahmen um Strafen i.S. des Art. 7 I EMRK handelt, so zeigt sich zunächst, dass sowohl Kriminalstrafen wie die hier zu untersuchenden Maßnahmen von Strafgerichten verhängt werden. Auch können die genannten Maßnahmen nur gegen Personen angeordnet werden, die wegen einer Straftat verurteilt werden und nur im Zusammenhang mit dieser Verurteilung.[55] Im Unterschied zur Verhängung einer Strafe muss bei den hier zu untersuchenden Maßnahmen die Anlasstat nur rechtswidrig, jedoch nicht schuldhaft begangen werden. Dieser Unterschied hat den EGMR allerdings nicht davon abgehalten, die Sicherungsverwahrung, die ebenfalls nur eine rechtswidrige, aber keine schuldhafte Anlasstat voraussetzt, als Strafe i.S. Art. 7 I EMRK zu bewerten.

Hinsichtlich des *Zwecks der Maßnahmen* hat der EGMR zwar anerkannt, dass die Strafen nach der Intention des deutschen Gesetzgebers hauptsächlich Strafzwecken dienen, während die Sicherungsverwahrung wie die hier in Rede stehenden Maßnahmen in erster Linie auf die Vorbeugung abzielen.[56] Allerdings hat der EGMR im Unterschied zum Bundesverfassungsgericht dieser gesetzgeberischen Intention keine entscheidende Bedeutung beigemessen, nachdem er feststellte, dass sich die Zwecke von Sicherungsverwahrung und Strafe überschneiden und sich insbesondere unter Berücksichtigung der Rechtspraxis keine deutlichen Unterschiede ergaben.[57]

Dies lässt sich auf das Verhältnis von Strafe und den hier zu untersuchenden Maßnahmen übertragen. Es mag zwar sein, dass der Gesetzgeber mit den hier in Rede stehenden Maßnahmen insbesondere einen integrationspräventiven Zweck intendiert hat, dieser wird aber auch mit Kriminalstrafen verfolgt.[58]

---

53 EGMR NJW 2010, 2495 (2498 Rn. 120 und 2499 Rn. 128 ff.).

54 EGMR NJW 2010, 2495 (2498 Rn. 120 und 2499 Rn. 127 ff.).

55 Hierzu im Hinblick auf die Sicherungsverwahrung EGMR NJW 2010, 2495 (2499 Rn. 128) und im Hinblick auf eine britische „confiscation order" Welch/Vereinigtes Königreich Urteil v. 9.2.1995, Az. 17440/90, Serie A, Bd. 307, S. 14 Nr. 29).

56 EGMR NJW 2010, 2495 (2498 Rn. 125 und 2499 Rn. 130).

57 EGMR NJW 2010, 2495 (2498 Rn. 120, 125 und 2499 Rn. 130).

58 *Miebach/Maier*, MüKo-StGB, 3. Aufl. 2016, § 46 Rn. 38 ff., 42, 47; *Stree/Kinzig*, Schönke/Schröder-StGB, 29. Aufl. 2014, § 46 Rn. 3–5a; *Rössner/Kempfer*, HK-GS 4. Aufl., 2017, § 46 Rn. 17.

Darüber hinaus entfaltet ein nach dem Bruttoprinzip berechneter Verfall, der weit über den Verbrechensgewinn hinausgeht, faktisch eine abschreckende Wirkung und wird in der Lebensrealität als Strafe empfunden werden. Deshalb ergibt sich wie bei der Sicherungsverwahrung auch aus dem Zweck der Maßnahmen *kein signifikanter Unterschied*, der der Charakterisierung der hier zu prüfenden Maßnahmen als „Strafe" i.S. des Art. 7 EMRK nach der Rechtsprechung des EGMR im Wege stünde.

Hinsichtlich der *Schwere bzw. Eingriffsintensität der Sanktion* stellte der EGMR fest, dass die Sicherungsverwahrung im Einzelfall die Dauer der ausgeurteilten Freiheitsstrafe deutlich übersteigen kann.[59] Entsprechendes ergibt eine nähere Prüfung für die hier untersuchten Maßnahmen in Bezug auf die dem Täter entzogenen Vermögenswerte. Die Geldstrafe wird nach dem Tagessatzsystem berechnet. Die Höchstzahl der Tagesätze begrenzt § 40 I S. 2 StGB auf 360 bzw. § 54 II S. 2 StGB auf 720 Tagessätze bei der Bildung einer Gesamtstrafe. Ein Tagessatz wird gem. § 40 II S. 3 StGB auf mindestens einen und höchstens dreißigtausend Euro festgesetzt, wobei gem. § 40 II S. 2 StGB das Nettoeinkommen des Täters maßgebend ist, während die Grundlage der hier zu untersuchenden Maßnahmen der Bruttoertrag einer Tat ist, der das Nettoeinkommen im Einzelfall deutlich übersteigen kann.[60] Allerdings ist die Schwere einer Sanktion oder Maßnahme *für den EGMR kein entscheidendes Kriterium* bei der Prüfung des Strafcharakters einer Maßnahme. Denn viele Maßnahmen präventiver Art, die keinen Strafcharakter haben, legitimieren schwerwiegende Eingriffe in die Rechte der betroffenen Personen.[61] Somit ergibt sich entgegen einer in der deutschen Literatur verbreiteten Auffassung[62] der Strafcharakter einer Maßnahme nach der Rechtsprechung des EGMR nicht schon aus ihrer Eingriffsintensität. Dass nach dem Bruttoprinzip dem Betroffenen deutlich mehr als der Verbrechensgewinn entzogen werden kann, ist demnach für sich genommen bedeutungslos für die Frage, ob die hier untersuchten Maßnahmen als Strafen einzustufen sind.

Das bisher Gesagte ermöglicht mithin noch keine klare Bewertung des Charakters der hier in Rede stehenden Maßnahmen. Damit hängt die Bewertung von der *konkreten Praxis der Verhängung und Ausgestaltung der Maßnahmen* ab. Insoweit bestand vor der Neuregelung des Rechts der strafrechtlichen Vermögensabschöpfung eine bedeutende Kontroverse unter den Senaten des

---

59 EGMR NJW 2010, 2495 (2499 Rn. 132).

60 Hierzu *Hartmann*, HK-GS, 4. Aufl., 2017, § 40 Rn. 4 ff.

61 EGMR NJW 2010, 2495 (2498 Rn. 120 und 2499 Rn. 132).

62 *Eser*, Schönke/Schröder-StGB, 29. Aufl. 2014, Vor. §§ 73 ff., Rn. 19 m.w.N.;

Bundesgerichtshofes über die Auslegung des Bruttoprinzips, die für die Bewertung entscheidende Bedeutung haben könnte.

Der *1. Strafsenat* wendete das *Bruttoprinzip* umfassend an. Nach seiner Auffassung unterlag im Falle eines Kaufvertrages, der aufgrund irreführender, strafbarer Werbung (§ 16 I UWG) zustande kam, der Kaufpreis nach dem Bruttoprinzip im vollem Umfang dem Verfall, ohne dass der Wert der gelieferten Waren zu berücksichtigen war.[63] Unbillige Ergebnisse sollten nicht über die einschränkende Auslegung des Bruttoprinzips, sondern nur über die Härtefallklausel des § 73c I StGB a.F. korrigiert werden.[64] Dagegen umfasst das nach § 73 a.F. StGB aus der Tat erlangte „Etwas" nach der Rechtsprechung des *5. Strafsenats* lediglich den wirtschaftlichen Wert des Vorteils. Dieser sollte zunächst festgestellt werden und zwar nach Maßgabe des strafrechtlich verbotenen Verhaltens. Beim unerlaubten Handel mit Betäubungsmitteln unterlag nach dieser Auffassung der gesamte daraus erzielte Erlös dem Verfall, weil solche Geschäfte insgesamt verboten sind. Ist das Geschäft als solches legal und z.B. nur die Auftragserlangung aufgrund einer Bestechung „strafrechtlich bemakelt", so unterlag nach Auffassung des 5. Strafsenats auch nur der durch den „bemakelten" Teil erlangte Vorteil dem Verfall, im Beispiel ist das der wirtschaftliche Wert des Vertrages, der dem Gewinn entspricht.[65]

Damit entspricht die Rechtsprechung des 5. Strafsenats zum Bruttoprinzip des Verfalls der einschränkenden *Auslegung des § 817 S. 2 BGB durch die Zivilgerichte.* Diese lässt trotz der Sperre des § 817 S. 2 BGB unter dem Gesichtspunkt des sog. „Unmittelbarkeitsprinzips" eine Rückgewähr von Leistungen zu, die *an sich nicht zu beanstanden,* aber in ein *gesetzes- oder sittenwidriges Gesamtverhalten* eingebettet sind.[66] Eine Rückforderung erbrachter Leistungen ist demnach durch § 817 S. 2 BGB – nur – bei solchen Leistungen ausgeschlossen, die für sich gesehen gegen das Gesetz oder gegen die guten Sitten verstoßen oder „unmittelbar" der Erfüllung einer Forderung aus einem sittenwidrigen Geschäft dienen.[67] Der überzeugende Grund für diese zivilrechtliche Regelung besteht nach aktueller Auffassung darin, dass der Gesetzgeber für gesetzes- oder sittenwidrige Leistungen einen adversen ökonomischen Anreiz mit der Botschaft setzt: „Wer sich

63 BGHSt 52, 227 = NStZ 2009, 275 (277) Rn. 97 ff. m. Anm. Brammsen.

64 BGHSt 47, 369 = NJW 2002, 3339 (3340) Rn. 33.

65 BGHSt 50, 299–318, Rn. 49–41 = NJW 2006, 952 „Kölner Müllskandal"; hiergegen BGH NStZ, 2009, 275 (278 ff.) Rn. 108 ff.

66 *Schwab,* MüKo-BGB, 7. Aufl. 2017, § 817 Rn. 43.

67 So bereits RGZ 67, 321 (325); zur weiteren Rechtsprechung siehe *Schwab,* MüKo-BGB, 7. Aufl. 2017, § 817 Rn. 44 ff.

an gesetzes- oder sittenwidrigen Transaktionen beteiligt, muss wissen, dass seine Leistung selbst dann unwiederbringlich und ersatzlos verloren ist, wenn im Rahmen solcher Transaktionen Störungen auftreten"; dadurch sollen gesetzes- und sittenwidrige Transaktionen im Ansatz verhindert werden.[68] Der Gesetzgeber verfolge nicht das Ziel, den Rechtsunterworfenen zu sanktionieren, sondern ihn von jeder Beteiligung an gesetzes- oder sittenwidrigen Transaktionen durch die Androhung abzuschrecken, dass das Geleistete im Konfliktfall verloren ist. Das Bereicherungsrecht sei offen für derartige eigenständige rechtsökonomische Steuerungsimpulse, deren Ziel nicht in einer Sanktionierung liege.[69]

Verhaltenssteuerung durch Risikoverteilungen ist dem Recht außerhalb des Strafrechts generell nicht fremd. So wird hinsichtlich der Bemessung des Schmerzensgeldes vertreten, dass sich die Entschädigung nicht auf symbolische Beträge beschränken dürfe, sondern der Höhe nach eine abschreckende Wirkung entfalten müsse.[70] Dieser Gedanke prägt die Rechtsprechung vor allem bei der Verletzung des allgemeinen Persönlichkeitsrechts durch Massenmedien[71] und wird insbesondere auf die Überlegung gestützt, den Anspruch auf Entschädigung des Verletzten unmittelbar aus den Art. 1 I und 2 I GG abzuleiten, die somit ebenfalls für präventive Steuerungsimpulse offen sind.[72]

Darin liegt auch ein Kerngedanke der hier untersuchten Maßnahmen, die dieses Prinzip – jetzt Bruttoprinzip genannt – für strafrechtswidrige Vermögensverschiebungen fortführen: Leistungen, die für verbotene Geschäfte aufgewendet wurden, können nicht in Abzug gebracht werden, wenn die Erträge aus der Tat entzogen werden. Begrenzt man diese Rückgewährsperre auf den Kern der strafrechtswidrigen Leistungen, so bedarf es wie im Zivilrecht keiner *Härteklausel*, sondern die Härte eines Gesamtverlustes aus dem strafrechtswidrigen Verhalten ist genau in Höhe dieser Leistungen auch gewollt und gerechtfertigt. Die *Proportionalität* zwischen der Höhe des Verlustes und der kriminellen Handlung muss nicht durch externe Überlegungen nachträglich

---

68 *Schwab*, MüKo-BGB, 7. Aufl. 2017, § 817 Rn. 10 m.w.N. zum Diskussionsstand; in der Kondiktionssperre, die den Leistenden nach § 817 S. 2 BGB trifft, wenn ihm ein Gesetzesverstoß oder ein Verstoß gegen die guten Sitten zur Last fällt, sah die Rechtsprechung in Zivilsachen zunächst eine – freilich zivilrechtliche – Strafe für die Betätigung einer verwerflichen Gesinnung, zur alten Rechtsprechung siehe RGZ 105, 270 (271 f.); BGHZ 39, 87 (91).

69 *Schwab*, MK-BGB, Bd. 6, 7. Aufl. 2017, § 817 Rn. 10, 12, 13.

70 *Oetker*, MK-BGB, Bd. 2, 7. Aufl. 2017, § 253 Rn. 14 m.w.N.

71 BGHZ 128, 1 (15).

72 *Oetker*, MK-BGB, Bd. 2, 7. Aufl. 2017, § 253 Rn. 14 m.w.N.

hergestellt werden, sondern ist dem Verhalten immanent: Wer hohe Summen in illegale Handlungen investiert, wird hohe Verluste erleiden. Der Verlust krimineller Investitionen ist kein zusätzliches Übel, das nachträglich von staatlicher Seite auferlegt wird und deshalb tat- und täterproportional ausgestaltet werden muss, sondern ergibt sich unmittelbar aus dem Verhalten des Täters. Freilich bleibt wie im Zivilrecht die Schwierigkeit, die strafrechtswidrigen Leistungen von jenen zu scheiden, die zwar in ein gesetzwidriges Gesamtverhalten eingebettet, als solche aber nicht bemakelt sind.[73] Die bereits verfügbare Rechtsprechung der Strafgerichte[74] und der Zivilgerichte[75] zeigt allerdings, dass diese Schwierigkeit bewältigt werden kann.

Im Gegensatz dazu rückt die Rechtsprechung des 1. Strafsenats, die übermäßige Verfallsbeträge erst im Rahmen der *Härtefallklausel des § 73c I a.F. StGB* korrigiert, die Verhängung und Ausgestaltung des Verfalls zumindest in die Nähe einer *Strafzumessungsentscheidung*. Wie § 46 StGB soll auch § 73c StGB dem Übermaßverbot dadurch Rechnung tragen, dass unter Einbeziehung zahlreicher Einzelgesichtspunkte ein insgesamt angemessenes, tat- und täterproportionales Ergebnis erzielt wird.[76] Deshalb genügt im Rahmen der primär zu prüfenden Entreicherungsklausel des § 73c I S. 2 StGB a.F. eine Entreicherung als solche noch nicht, sondern das Absehen vom Verfall erfordert zusätzliche konkrete Gründe und wertende Überlegungen, die eine Verfallsanordnung als ungerecht und unverhältnismäßig erscheinen lassen.[77] Das Absehen von einem Verfall soll z.B. bei einer Zuwendung des Erlangten an eine gemeinnützige Einrichtung in Betracht kommen[78], während das „Verprassen" der erlangten Mittel dagegen

---

73 *Schwab*, MüKo-BGB, 7. Aufl. 2017, § 817 Rn. 23.

74 BGH v. 21.3.2002 – 5 StR 138/01 – BGHSt 47, 260 (Rn. 39); v. 2.12.2005 – 5 StR 119/05 – BGHSt 50, 299 (Rn. 49–41); v. 27.1. 2010 – 5 StR 224/09 – NJW 2010, 882 (Rn. 30); darüber hinaus hat sich der 3. Strafsenat dem 5. Strafsenat angeschlossen: BGH v. 19.1.2012 – 3 StR 343/11 – BGHSt 57, 79 (Rn. 13–16); v. 27.11.2013 – 3 StR 5/13 – BGHSt 59, 80 (Rn. 29).

75 *Schwab*, MüKo-BGB, 7. Aufl. 2017, § 817 Rn. 22 ff. m.w.N.; siehe z.B. BGH NJW 1997, 2314 (2315); NJW 2006, 45 (46); NJW-RR 2009, 345 f.; NJW 2009, 984 zu Schneeballsystemen und Schenkkreisen; BGH NJW 2015, 2406 Rn. 14 ff.; BGHZ 201, 1 Rn. 17 ff. = NJW 2014, 1805 zur selbstständigen Schwarzarbeit.

76 Zu § 46 StGB siehe BVerfGE 50, 125 (133); *Miebach/Maier*, MüKo-StGB, 3. Aufl. 2016, § 46 Rn. 19; zu § 73c StGB a.F. BGHSt 47, 369 (376) = NStZ 2003, 37 (39 Rn. 14); BGH NJW 2006, 2500 (2501 Rn. 19, 23); *Herzog*, NK-StGB, 5. Aufl. 2017, § 73c Rn. 3a.

77 BGH NStZ 2000, 589 (590).

78 *Eser*, Schönke-Schröder-StGB, 29 Aufl. 2014, § 73c Rn. 2; *Herzog*, NK-StGB, 4. Aufl. 2013, § 73c Rn. 3; OLG Hamm NJW 1973, 716 (719).

spricht.[79] Härtefälle nach § 73c I S. 1 StGB a.F. sollen u.a. anzunehmen sein, wenn sich der Täter unverhältnismäßig lange in Untersuchungshaft befand[80] oder die Verpflichtung zur Zahlung des dem Verfall unterliegenden Vermögenswertes die Resozialisierung des Angeklagten erschweren würde.[81] Um einen Härtefall i.S. des § 73c StGB a.F. begründen zu können, müssen andererseits die Auswirkungen der Maßnahme im konkreten Einzelfall außer Verhältnis zu dem vom Gesetzgeber damit angestrebten Zweck stehen[82] und das ist seit Einführung des Bruttoprinzips insbesondere die Prävention.[83] Generell soll eine unbillige Härte wiederum anzunehmen sein, wenn eine Anordnung des Verfalls außer Verhältnis zum Unrechtsgehalt und zur Gesamtsanktion für die Tat stünde.[84] Auch wenn § 73c StGB nicht undifferenziert im Sinne einer Quasi-Zurechnungsnorm verwendet werden soll[85], zeigen die genannten Gesichtspunkte die Nähe zu den Strafzumessungskriterien des § 46 StGB doch sehr deutlich. Dies gilt sowohl für die genannten Einzelkriterien, unter denen das auch nach § 46 I S. 2 StGB zu berücksichtigende Resozialisierungsprinzip besonders ins Auge fällt, als auch für die Struktur der Entscheidung, die eine Berücksichtigung zahlreicher Einzelaspekte erfordert, die im konkreten Fall im Widerstreit stehen können. Letzteres gilt im Rahmen des § 46 StGB wie des § 73c StGB für das Nachtatverhalten („verprassen") einerseits und die Resozialisierung andererseits, aber auch hinsichtlich der Aspekte der Spezialprävention (Resozialisierung) und der Generalprävention (Bruttoprinzip/Integrationsprävention).[86]

Prüft man die Frage, ob Verfall und erweiterter Verfall Strafen bzw. strafäquivalente Sanktionen sind i.S. des EGMR anhand der konkreten Praxis seiner Verhängung und Ausgestaltung, so spricht mit Blick auf die Rechtsprechung des 1. Strafsenates viel für einen Strafcharakter. Folgt man dagegen der Auffassung des 5. Strafsenats, so bestehen zwischen einer Strafe und einer

---

79 BGH NStZ-RR 2005, 104 (105); *Eser,* Schönke-Schröder-StGB, 29 Aufl. 2014, § 73c Rn. 4.

80 *Herzog*, NK-StGB, 4. Aufl. 2013, § 73c Rn. 3.

81 BGH NStZ-RR 03, 75; *Herzog,* NK-StGB, 5. Aufl. 2017, § 73c Rn. 5 m.w.N.; anders BGH wistra 2015, 270 (272).

82 BGH wistra 2004, 465 (466).

83 BGHSt 47, 369 (Rn. 9).

84 *Herzog*, NK-StGB, 5. Aufl. 2017, § 73c Rn. 3a.

85 *Fischer*, StGB, 64. Aufl., 2017, § 46 Rn. 1 ff.; § 73c Rn. 2.

86 Vgl. zu § 46 StGB *Miebach/Maier*, MüKo-StGB, 3. Aufl. 2016, § 46 Rn. 1 ff. 39, 47; *Stree/Kinzig*, Schönke/Schröder-StGB, 29. Aufl. 2014, § 46 Rn. 5 ff.; *Rössner/Kempfer*, HK-GS 4. Aufl., 2017, § 46 Rn. 17.

Verfallsanordnung klare und signifikante Unterschiede. Dabei ist zu berücksichtigen, dass den EGMR in der Entscheidungen Welch vs. Vereinigtes Königreich (Urteil v. 9.2.1995, Az. 17440/90, Serie A, Bd. 307, S. 14 Nr. 32[87]) nicht die Einziehung von Taterträgen als solche dazu veranlasste, eine britische „confiscation order" als Strafe i.S. des Art. 7 I EMRK zu bewerten, sondern die Vermischung der Kriterien, die bei der Verhängung und Ausgestaltung der Bestrafung und der Einziehung zur Anwendung kamen.

Die Kontroverse unter den Strafsenaten veranlasste den Gesetzgeber zu einer *Neuregelung*, die im Wesentlichen die Rechtsprechung des 5. Strafsenats aufgegriffen und in den neu gefassten §§ 73 und 73a StGB konkretisiert hat. Zunächst umfasst die Einziehung nach § 73 I StGB alles, was ein Täter oder Teilnehmer durch eine rechtswidrige Tat oder für sie erlangt hat. § 73 StGB a.F. lautete „... für die Tat oder aus ihr etwas erlangt, ...". Mit der Formulierung „durch eine rechtswidrige Tat" anstelle von „für die Tat oder aus ihr" sollen die Vorgaben von Artikel 2 Nummer 1 und Artikel 4 Absatz 1 der Richtlinie 2014/42/EU umgesetzt werden, wonach nicht nur „direkt", sondern auch „indirekt" durch eine Straftat erlangte wirtschaftliche Vorteile einzuziehen sind.[88]

Der Wert des durch die Tat Erlangten ist in einem zweiten Schritt nun nach § 73d I StGB zu bestimmen. Satz 1 des § 73d StGB sieht vor, dass Aufwendungen des Täters, Teilnehmers oder eines anderen Einziehungsbetroffenen abzuziehen sind. Dies gilt nach Satz 2 allerdings nicht für Aufwendungen, die für die Begehung oder Vorbereitung der Tat eingesetzt wurden, soweit es sich nicht um Leistungen zur Erfüllung einer Verbindlichkeit gegenüber dem Verletzten der Tat handelt.[89] Beispielshaft nennt der Regierungsentwurf die aufgewendeten Beschaffungskosten für verbotene Betäubungsmittelgeschäfte, die nicht abzugsfähig sind, während der Wert von Konfektionskleidung, die betrügerisch als Einzelanfertigung eines renommierten Designers verkauft wurde, bei der Bestimmung des Wertes des Erlangten abgezogen werden darf.[90]

Fälle, in denen die Einziehung nach dem neu gefassten Bruttoprinzip eine unbillige Wirkung entfaltet, sind dadurch wie bei § 817 S. 2 BGB von vorneherein ausgeschlossen, sodass der Gesetzgeber die Härteklausel des § 73c StGB a.F., die der nachträglichen Herstellung einer tat- und täterbezogenen Proportionalität

87 Online verfügbar unter http://hudoc.echr.coe.int/eng?i=001-57927; letzter Zugriff 16.7.2017.

88 BT-Drs. 18/9525, S. 47, 55.

89 BT-Drs. 18/9525, S. 55.

90 BT-Drs. 18/9525, S. 55.

diente, streichen konnte.[91] Dies bekräftigt den eindeutig kondiktionsähnlichen Charakter der Neufassung, der die Einziehung klar und in einer der o.g. Rechtsprechung des EGMR und dem Abstandsgebot des Bundesverfassungsgerichtes genügenden Weise von einer Strafe oder strafähnlichen Sanktion unterscheidet. *Damit hat der Gesetzgeber das Bruttoprinzip in einer Weise konkretisiert, die die Einziehung und die erweiterte Einziehung deutlich von Strafen und strafähnlichen Sanktionen unterscheidet.*

D Kritik an der Neuregelung

Die umfangreichen und hier nur auszugsweise vorgestellten neuen Regelungen haben – naturgemäß – erhebliche Kritik ausgelöst.[92] Allerdings kann ein strafäquivalenter Charakter der Einziehung und erweiterten Einziehung (§§ 73, 73a StGB n.F.) nur unter Ausblendung der Rechtsprechung des Bundesverfassungsgerichtes und des EGMR und insbesondere nur unter Verkürzung der umfassenden und hier dargelegten und erweiterten Argumentation behauptet werden. Damit sind Kritikpunkte, die sich auf eine Verletzung des Schuldprinzips, der Unschuldsvermutung oder spezifisch strafrechtlicher Beweismaßstäbe

91 BT-Drs. 18/9595, S. 55.

92 Vgl. etwa die Stellungnahmen von *Bittmann* NZWiSt 2016, 131; *Gebauer* ZRP 2016, 101; *Köllner/Cyrus/Mück* NZI 2016, 329; *Löffelmann*, recht+politik, Ausgabe 6/2016, 1; *Meißner/Schütrumpf*, Stellungnahme der Strafverteidigervereinigungen zum Entwurf eines Gesetzes zur strafrechtlichen Vermögensabschöpfung, Materialheft des 41. Strafverteidigertages, 2017, 129; *dies.*, (Ergänzende) Stellungnahme zum Entwurf eines Gesetzes zur strafrechtlichen Vermögensabschöpfung (Gesetzentwurf der Bundesregierung), Materialheft des 41. Strafverteidigertages, 2017, 148; abrufbar unter http://www.strafverteidigervereinigungen.de/Material/Stellungnahmen/StVVn_SN_Vermoegensabschoepfung_31052016.pdf, zuletzt aufgerufen am 30.7.2017; *Emmert*, NZWiSt 2016, 44; *Möhrenschlager*, wistra 2016, 5, XI ff. (Bericht aus der Gesetzgebung); *Rönnau/Begemeier*, NZWiSt 2016, 260; *Trüg*, NJW 217, 1913; *Schneiderhahn*, Stellungnahmen des Deutschen Richterbundes zum Referenten- und Gesetzentwurf zur Reform der strafrechtlichen Vermögensabschöpfung https://www.bundestag.de/blob/480278/d42feb5f8112db8741eba417855da329/drb_schneiderhan-data.pdf und http://www.drb.de/stellungnahmen/2016/vermoegensabschoepfung.html zuletzt aufgerufen am 30.07.2017; Stellungnahme des DAV Nr. 30/2016, https://www.bmjv.de/SharedDocs/Gesetzgebungsverfahren/Stellungnahmen/2016/Downloads/06152016_Stellungnahme_DAV_RefE_Reform_Vermoegensabschoepfung.pdf?__blob=publicationFile&v=6 zuletzt aufgerufen am 30.07.2017. Zur Sachverständigenanhörung im Bundestag vgl. https://www.bundestag.de/ausschuesse/ausschuesse18/a06/anhoerungen/Archiv/vermoegensabschoepfung/476704 zuletzt aufgerufen am 30.07.2017.

berufen,[93] hinsichtlich der neu gefassten §§ 73, 73a StGB nicht tragfähig. Auch für die Würdigung des neuen § 76a StGB (selbstständige Einziehung) ist die Bewertung der Einziehung als nicht strafäquivalente Maßnahme bedeutsam. Als Prüfungsmaßstab verbleiben insoweit Art. 14 GG und Art. 17 EU-Grundrechtecharta (GRCh).

Eine detaillierte Auseinandersetzung mit der umfangreichen Kritik würde den Rahmen dieses Beitrages überschreiten. Der Verfasser greift deshalb zwei Kritikpunkte heraus, von denen er hofft, dass sie das Interesse des zu ehrenden Kollegen finden.

Rönnau und Begemeier kritisieren unter Rückgriff auf die Entstehungsgeschichte des § 73d StGB a.F. (erweiterter Verfall), dass der Gesetzgeber bei § 73a StGB n.F. (erweiterte Einziehung) auf eine qualifizierte Anlasstat verzichtet habe und (nunmehr) jede rechtswidrige Straftat eine erweiterte Einziehung ermögliche.[94] Damit würde dieses Abschöpfungsinstrument von einer gegenüber dem normalen Verfall subsidiären Ausnahme zum Normalfall und könne in jedem Strafurteil angeordnet werden. Diese Regelung sei aus (mindestens) zwei Gründen kritisch zu hinterfragen.

I Mittelbare Beweisführung und deren Ausweitung

Die bereits von § 73d StGB a.F. ermöglichte mittelbare Beweisführung erfahre durch die Erweiterung des Anwendungsbereichs des neuen § 73a StGB eine bedenkliche Ausweitung.[95] Sofern (irgend-)eine rechtswidrige Tat begangen wurde, hat das Gericht gemäß § 73a I S. 1 StGB die Einziehung von Gegenständen des Täters oder Teilnehmers auch dann anzuordnen, wenn diese Gegenstände durch andere rechtswidrige Taten oder für sie erlangt worden sind,[96] ohne dass diese anderen Taten konkret festgestellt werden müssen.[97]

Der Gesetzgeber rechtfertigt diese Ausweitung der erweiterten Einziehung mit der *Richtlinie 2014/42/EU*, die eine Beibehaltung der bisherigen Beschränkung des „erweiterten Verfalls“ auf gewerbs- oder bandenmäßige Begehungsweisen nicht weiter zulasse. Die Richtlinie enthält einen Katalog weiterer Delikte,

93 Vgl. *Eser*, Schönke-Schröder-StGB, 29. Aufl., 2014, § 73d Rn. 2 m.w.N.; *Fischer*, StGB, 64. Aufl., 2017, § 73d Rn. 4 f. m.w.N.; vgl. auch *Rönnau/Begemeier*, NZWiSt 2016, 260 (261) m.w.N.

94 *Rönnau/Begemeier*, NZWiSt 2016, 260 (262).

95 *Rönnau/Begemeier*, NZWiSt 2016, 260 (262).

96 BT-Drs. 18/9525, S. 3.

97 BGHSt. 40, 371 = NJW 1995, 40; *Rönnau*, Vermögensabschöpfung in der Praxis, 2. Aufl., 2015, Rn. 400 m.w.N.

die als Anlasstaten für den erweiterten Verfall bzw. die erweiterte Einziehung vorgesehen werden müssen.[98] Die Neufassung der erweiterten Einziehung geht freilich über den Mindestumsetzungsbedarf der Richtlinie hinaus. Der Gesetzgeber rechtfertigt dies damit, dass die vermögensordnende und störungsbeseitigende Wirkung des erweiterten Verfalls zur Wahrung des Normvertrauens der Bevölkerung z.B. auch im Falle eines einfachen Diebstahls erforderlich sei.[99]

Der Gesetzgeber beruft sich insoweit zu Recht auf die Argumentation des Bundesverfassungsgerichts. Dieses hat darüber hinaus nach umfangreicher Prüfung entschieden, dass der erweiterte Verfall nach § 73d StGB a.F. in der Auslegung des Bundesgerichtshofs nicht gegen die Eigentumsgarantie des Art. 14 I GG verstößt.[100] Das Bundesverfassungsgericht bezieht sich insoweit auf einen *Beschluss des 4. Strafsenats*, der die Auffassung vertritt, dass die Grundrechte des Angeklagten verletzt seien, wenn aufgrund einer Verdachtslage, und sei der Verdacht noch so dringend, sachlich endgültige strafrechtliche Maßnahmen getroffen würden.[101] Für die den Schuldspruch tragenden Feststellungen sei in der Rechtsprechung anerkannt, dass selbst ein sehr hohes Maß an Wahrscheinlichkeit die notwendige tatrichterliche Überzeugung nicht ersetzen könne. Nichts anderes könne für die Feststellungen gelten, die die Anordnung des erweiterten Verfalls tragen. Die Anordnung des erweiterten Verfalls komme nur in Betracht, wenn der Tatrichter aufgrund erschöpfender Beweiserhebung und -würdigung die uneingeschränkte Überzeugung gewonnen habe, dass der Angeklagte die von der Anordnung erfassten Gegenstände aus rechtswidrigen Taten erlangt hat, ohne dass diese selbst im Einzelnen festgestellt werden müssten.[102]

In der Literatur stößt diese Rechtsprechung überwiegend auf Ablehnung, da das Beweismaß der vollen richterlichen Überzeugung einerseits und die Zulässigkeit einer „mittelbaren Beweisführung" andererseits unvereinbar und in sich widersprüchlich seien.[103]

In der Tat ist kaum nachvollziehbar, wie ein Tatrichter von der Begehung einer im Einzelnen nicht festgestellten Straftat eine Überzeugung gewinnen soll,

---

98 BT-Drs. 18/9525, S. 48, 57 f.; zum Umsetzungsbedarf im Einzelnen S. 63–65.

99 BT-Drs. 18/9525, S. 65 unter Verweis auf BVerfGE 110, 1 (29, Rn. 103).

100 BVerfGE 110, 1 (23–33, Rn. 86–115).

101 BGHSt 40, 371 = NJW 1995, 470.

102 BGHSt 40, 371 = NJW 1995, 470.

103 *Rönnau/Begemeier,* NZWiSt 2016, 260 (262) m.w.N.; *Fischer,* StGB, 64. Aufl. 2017, § 73d Rn. 6; *Eser*-Schönke-Schröder-StGB, 29. Aufl. 2014, § 73d Rn. 2; *Joecks,* MüKo-StGB, 3. Aufl., 2016, § 73d Rn. 15 ff. m.w.N.; *Weßlau,* Aktuelles Verfassungsrecht und Strafverteidigung, 1996, 141 (143); *Herzog,* JR 2004, 494 (495, 497);

die nicht nur ein Wahrscheinlichkeitsurteil darstelle, sondern die Gewissheit erreiche, die zu einem Schuldspruch und damit zu einer Verurteilung – hinsichtlich einer unbekannten Tat – ausreiche.

Tatsächlich schränkt der 4. Senat seine Auffassung selbst dahin gehend ein, dass an die Überzeugungsbildung keine überspannten Anforderungen gestellt werden dürfen.[104]

Das Bundesverfassungsgericht hat den Beschluss des 4. Strafsenats zwar aufgegriffen, die Beweisanforderungen aber in entscheidenden Punkten anders formuliert:

> *„Nach der vom Bundesgerichtshof im Ausgangsverfahren vertretenen Auffassung ist die Annahme der deliktischen Herkunft eines Gegenstands nur dann im Sinne des § 73d Abs. 1 Satz 1 StGB gerechtfertigt, wenn sich der Tatrichter durch Ausschöpfung der vorhandenen Beweismittel von ihr überzeugt hat. Für eine solche Überzeugungsbildung verlangt der Bundesgerichtshof keine Feststellungen über konkrete Herkunftstaten. Auch sei der Tatrichter nicht gehindert, sondern gehalten, die nachgewiesenen Anlasstaten in seine Überzeugungsbildung einzubeziehen, selbst wenn aus ihnen kein Gewinn erzielt worden sei. Insgesamt dürften die Anforderungen an den Herkunftsnachweis nicht überspannt werden (BGHSt 40, 371 ff.).“*[105]

Das Bundesverfassungsgericht verlangt demnach weder eine „*erschöpfende* Beweiserhebung und -würdigung, noch eine „*uneingeschränkte* Überzeugung“. Vielmehr mildert es die Formulierungen des 4. Strafsenats insoweit deutlich ab und greift die weiteren einschränkenden Formulierungen des 4. Strafsenats explizit auf.

Eine solche *einschränkende Interpretation der restriktiven Rechtsprechung des 4. Strafsenats* vermeidet einerseits die innere Widersprüchlichkeit des Judikats und fügt sich andererseits in die ansonsten klare Unterscheidung von erweitertem Verfall und Strafe durch das Bundesverfassungsgericht, die konterkariert würden, wenn die Anforderungen an den Nachweis einer Straftat und einer vermögensordnenden Maßnahme identisch wären. Diese einschränkende Interpretation der restriktiven Rechtsprechung des 4. Strafsenats ist auch deshalb naheliegend, weil das Bundesverfassungsgericht die eingangs des Beschlusses des 4. Strafsenats genannten Bedenken hinsichtlich der Verfassungswidrigkeit des erweiterten Verfalls nicht teilt. Auch hat der 4. Strafsenat in seinem Beschluss lediglich Bedenken, die in der Literatur vertreten werden, zitiert und ersichtlich seiner Entscheidung zugrunde gelegt, ohne ihre Stichhaltigkeit selbst geprüft zu

---

104 BGHSt 40, 371 = NJW 1995, 470.

105 BVerfGE 110, 1 (25 f.; Rn. 93).

haben. Die im oben zitierten Koalitionsvertrag[106] vereinbarte Beweislastumkehr wäre freilich auf der Grundlage der Entscheidung des Bundesverfassungsgerichtes nicht zu rechtfertigen.

II Verzicht auf eine qualifizierte Anlasstat bei der erweiterten Einziehung

Das zweite Monitum von Rönnau und Begemeier betrifft die Anwendbarkeit der erweiterten Einziehung nach § 73a StGB bei allen Straftaten. Die von organisierten Tätergruppen ausgehende Gefahr für das Gemeinwohl und die in diesem Zusammenhang auftretenden Schwierigkeiten, verdächtiges Vermögen mit konkreten Straftaten zu verknüpfen, seien in der bisherigen Diskussion die Hauptargumente gewesen, um die Angemessenheit der Inhalts- und Schrankenbestimmung im Hinblick auf Art. 14 I S. 2 GG zu begründen. Der historische Gesetzgeber habe die gegenüber dem „normalen" Verfall eingriffsintensivere Rechtsfigur aus diesen Gründen eingeführt.[107] Auch das Bundesverfassungsgericht habe dieses Ziel betont.[108]

Hinsichtlich der Intentionen des historischen Gesetzgebers bei der Einführung des § 73d StGB a.F. ist Rönnau und Begemeier zuzustimmen; die Darstellung der *Zielsetzung des Bundesverfassungsgerichts* fordert allerdings Widerspruch heraus. Denn der zitierte Abschnitt der Entscheidung des Bundesverfassungsgerichtes betrifft nicht die Frage, ob ein erweiterter Verfall im Hinblick auf Art. 14 GG nur dann verfassungsrechtlich zu rechtfertigen ist, wenn sich die Maßnahme gegen Täter aus dem Bereich der organisierten Kriminalität richtet. Vielmehr prüft das Bundesverfassungsgericht im zitierten Abschnitt, ob ein Verstoß gegen Art. 3 I GG vorliegt, weil § 73d StGB a.F. die erleichterte Abschöpfung von Deliktsgewinnen auf bestimmte, dem „organisierten Verbrechen" zugerechnete Tätergruppen beschränkte. Das Bundesverfassungsgericht räumt insoweit ein, dass der Gesetzgeber mit der Regelung des § 73d StGB a.F. sachlich hinreichend gerechtfertigte Ziele verfolgt habe, und beanstandet deshalb diese Einschränkung des Anwendungsbereichs von § 73d StGB a.F. nicht.[109] Daraus kann aber nicht der Umkehrschluss gezogen werden, der erweiterte Verfall sei nur mit dieser Einschränkung verfassungskonform. Vielmehr ist dem Gesetzgeber der Neufassung darin zuzustimmen, dass das Bundesverfassungsgericht die Zulässigkeit

106 *Merkel et al.*, Deutschlands Zukunft gestalten, 2013, 101.
107 BT-Drs. 12/989, S. 1, 23.
108 *Rönnau/Begemeier*, NZWiSt 2016, 260 (262) unter Verweis auf BVerfGE 110, 1 (32).
109 BVerfGE 110, 1 (32; Rn. 113–115).

des erweiterten Verfalls und seinen Rechtscharakter aus der vermögensordnenden und störungsbeseitigenden Wirkung herleitet und diese Ordnungsfunktion zur Wahrung des Normvertrauens der Bevölkerung als erforderlich erachtet.[110] In diese Auffassung fügt es sich, wenn der Gesetzgeber den Anwendungsbereich des erweiterten Verfalls ausdehnt, weil eklatante und die Allgemeinheit beunruhigende Störungen der Vermögensordnung auch von Einzeltätern ausgehen können, die sich wegen eines einfachen Diebstahls oder Betruges verantworten müssen.[111] Das Bundesverfassungsgericht zitiert zur Charakterisierung des erweiterten Verfalls eine Entscheidung des EGMR, die die zollrechtliche Beschlagnahme von Goldmünzen betraf und keine Hinweise auf organisierte Kriminalität enthält.[112] Die Entscheidung des EGMR betraf die Rechtsnatur des einfachen Verfalls, das Bundesverfassungsgericht zieht daraus jedoch den Schluss: „Die Unschuldsvermutung steht einer Anordnung des erweiterten Verfalls ohne gesetzlichen Schuldnachweis daher nicht entgegen".[113] Es wäre sehr verwunderlich, wenn das Bundesverfassungsgericht für diese entscheidungserhebliche Feststellung mit einem Fallbeispiel argumentieren würde, in dem eine Anwendung des erweiterten Verfalls verfassungswidrig wäre.

In dem von Rönnau und Begemeier zitierten Abschnitt prüft das Bundesverfassungsgericht schließlich, ob die *Typisierung der „organisierten Kriminalität"* durch das Merkmal der banden- oder gewerbsmäßigen Tatbegehung die Grenzen des dem Gesetzgeber vom Grundgesetz zugebilligten Beurteilungsspielraums wahrt und bejaht diese Frage.[114] Die Fragestellung ist freilich alles andere als trivial, sondern steht im Zentrum der kriminologisch-kriminalistischen Debatte um den Begriff und die Phänomenologie der „organisierten Kriminalität". Diese stand seit den 1970er Jahren bis etwa zum Ende des letzten Jahrhunderts im Zeichen des Versuchs, Bandenkriminalität von der organisierten Kriminalität abzugrenzen.[115] Forschungsbefunde verdichteten sich freilich

110 BVerfGE 110, 1 (29, Rn. 103).

111 BT-Drs. 18/9525, S. 65 unter Verweis auf BVerfGE 110, 1 (29, Rn. 103).

112 BVerfGE 110, 1 (23; Rn. 85) unter Verweis auf EGMR v. 24.10.1986 – Nr. 14/1984/86/133 – EuGRZ 1988, 513 (519).

113 BVerfGE 110, 1 (23; Rn. 85).

114 BVerfGE 110, 1 (33; Rn. 115) unter Verweis auf BVerfGE 8, 71 (80); 30, 292 (317).

115 Hinsichtlich des Beginns der Debatte um die Abgrenzung von organisierter Kriminalität und Bandenkriminalität vgl. etwa: *Heinrich*, Kriminalistik, 1975, 292–296; *Kollmar*, Kriminalistik, 1974, 1–7; *Straß*, Kriminalistik, 1975, 145–151; vgl. hierzu auch die Beiträge in BKA (Hrsg.): Organisiertes Verbrechen – Arbeitstagung des Bundeskriminalamtes, Wiesbaden vom 21. bis 25. Oktober 1974, Wiesbaden 1975. In der Lehrbuchliteratur befassten sich mit der Abgrenzung von organisierter Kriminalität

dahin gehend, dass die genuin deutsche Form der organisierten Kriminalität als Netzwerkkriminalität strukturiert ist, wobei in die Gesamtstruktur größere und kleinere, feste und fluide Gruppierungen, Einzeltäter und schließlich auch Großgruppen eingebettet sind, die sowohl kooperieren als auch konkurrieren.[116] Banden sind nur ein Teil dieser Gesamtstruktur. Diese unübersichtliche und fluide Gesamtstruktur ermöglicht es den Beteiligten, ihre Assoziations- und Organisationsstrukturen sowohl vor den Strafverfolgungsbehörden als auch vor anderen Täterkreisen diffus erscheinen zu lassen und dienen so als funktionales Äquivalent für die Abschottung hierarchisch aufgebauter mafioser Organisationen.[117]

Diese Schwierigkeiten werden potenziert durch die *Entwicklung der Informationstechnologie.* Man unterscheidet derzeit idealtypisch Kriminelle, die die Informationstechnologie nutzen, um klassische Formen der Kriminalität dadurch zu erleichtern und Cyber-Kriminelle, deren Kriminalität sich vollständig im Internet bzw. im sog. „Cyberspace" abspielt, wie etwa der „Diebstahl" virtueller Währungen oder der illegale Verkauf von Software aller Art. In welchen Strukturen sich Kriminelle im „Cyberspace" organisieren, ist derzeit weitgehend spekulativ. Es zeichnet sich allerdings ab, dass Kommunikationsräume, die durch Verschlüsselungstechnologien geschützt sind, sog. „Darknets", die klassischen Assoziationsstrukturen verändern und eine Art „Marktplatz" für möglicherweise kurzfristige Kooperationen entstanden ist, in dem illegale Güter und Dienstleistungen gehandelt werden. Insgesamt muss man davon ausgehen, dass sich wie in der legalen Welt neue Rollen, Positionen und Assoziationsformen entwickeln wie etwa diejenige von Administratoren illegaler (sozialer) Netzwerke.[118]

Im Hinblick auf die hier relevante Fragestellung ergibt sich daraus, dass organisierte Kriminalität durch den *Bandenbegriff* nur unzureichend abgebildet wird und nachhaltige Kooperationsbeziehungen unter Kriminellen sich durchaus

---

und Bandenkriminalität: *Eisenberg*, Kriminologie, Lehrbuch, 4. Aufl. 1995, 1126 ff., 1136 Rz. 29; *Göppinger/Bock/Böhm*, Kriminologie, Lehrbuch, 5. Aufl., 1997, 552; *Kaiser*, Kriminologie, Lehrbuch, 3. Aufl., 1996, 411 f.; *Schneider*, Kriminologie, Lehrbuch, 1987, 630; *Schwind*, Kriminologie, 9. Aufl., 1998, 557 ff., 588.

116 *Kerner*, Professionelles und organisiertes Verbrechen 1973; *Rebscher/Vahlenkamp*, Organisierte Kriminalität in der Bundesrepublik Deutschland, 1988; *Weschke/K. Heine-Heiß*, Organisierte Kriminalität als Netzstrukturkriminalität, 1990; *Sieber/Bögel*, Logistik der Organisierten Kriminalität, 1993.

117 Wegen dieser Phänomenologie wird hier „organisierte Kriminalität" mit kleinem „o" geschrieben.

118 Vgl. zum Ganzen *von Lampe*, Organized Crime, 2016, 323–333.

nicht (nur) in manifesten Bandenstrukturen ausprägen. Insofern hat der Gesetzgeber auch unter dem Gesichtspunkt der Phänomenologie der organisierten Kriminalität und ihrer möglichen aktuellen Entwicklung gut daran getan, hinsichtlich der erweiterten Einziehung (§ 73a StGB) auf den Nachweis einer bandenmäßig begangenen Anlasstat zu verzichten.

Felix Herzog

Gnade oder Recht für die Tötung von Haustyrannen? Einige Anmerkungen

> Der französische Präsident François Hollande hat die wegen Mordes an ihrem gewalttätigen Ehemann verurteilte Jacqueline Sauvage begnadigt. Die Frau, als "Schwarze Witwe" bekannt, komme sofort frei, teilte der Élysée-Palast mit. Sauvage hatte ihren Mann nach 47 Jahren im September 2012 mit drei Schüssen in den Rücken getötet. Sie und ihre drei Töchter berichteten, der Mann habe sie jahrelang misshandelt. Der Fall löste in Frankreich heftige Diskussionen aus, Sauvage wurde zu einem Symbol für Opfer von häuslicher Gewalt. Gegen ihre Verurteilung zu zehn Jahren Haft protestierten Politiker, Künstler und Frauenorganisationen. Die Begnadigung sei ein "sehr, sehr großes Glück", sagte ihre Tochter Carole Marot.
>
> *Süddeutsche Zeitung vom 28. Dezember 2016*

Abstract: Based on the fact a woman who has been convicted for murder in France was pardoned, juridical challenges are brought up dealing with domestic tyrants. Justification is the main problem. When the victim who suffered from domestic violence for mostly years kills the domestic tyrant, there is typically no present unlawful attack done by the tyrant. The expression permanent threat is coming up. As a result, it is suggested to acknowledge this constellation in the future.

Keywords: Haustyrannenfälle - sozialethische Einschränkungen des Notwehrrechts - Notwehr gegen Haustyrannei

I

Hinter den Türen von Wohnungen und Einfamilienhäusern – in Höxter, Offenbach, auf der Schwäbischen Alb, im Speckgürtel von München, in der Wesermarsch oder sonst wo – spielen sich Beziehungsdramen wie dieses ab:[1]

Simone lernte Manfred im Jahre 1983 kennen und freundete sich mit ihm an. Manfred war schon damals Mitglied einer Rockergruppe. Er wurde alsbald

---

1 nach den Feststellungen des Gerichts in BGH NStZ 2003, 482.

gegenüber Simone aus geringstem Anlass tätlich, indem er sie ohrfeigte. Gleichwohl heiratete Simone Manfred 1986. Nach der Geburt der ersten Tochter Jasmin versetzte er ihr auch Faustschläge ins Gesicht oder in die Magengegend und trat sie, wenn irgendetwas im täglichen Ablauf nicht seinen Vorstellungen entsprach oder Simone seinen »Befehlen« nicht mit der erwarteten Schnelligkeit nachkam. Als Simone schließlich mit der zweiten Tochter Tina schwanger war, nahm er hierauf keine Rücksicht und versetzte ihr auch jetzt Fußtritte und Faustschläge in den Bauchbereich. Die Gewalttätigkeiten nahmen schließlich solche Ausmaße an, dass Simone im Mai 1988 den Entschluss fasste, sich von ihrem Mann zu trennen. Sie begab sich in ein Frauenhaus. Nachdem Manfred Besserung gelobt hatte, kehrte Simone nach vier Wochen zu ihm zurück. Im Jahr 1993 kam es zu einem weiteren Übergriff, bei dem er sie so lange schlug, bis sie auf dem Boden liegen blieb. Danach trat er auf die am Boden liegende Simone mit seinen Springerstiefeln mehrfach ein; dabei erlitt sie eine Nierenquetschung. Ein anderes Mal stieß Manfred den Kopf von Simone mehrfach mit solcher Heftigkeit gegen eine Zimmerwand, dass diese großflächig mit Blut verschmiert wurde und Simone bewusstlos zu Boden fiel. Die Kinder wurden regelmäßig Zeugen dieses Geschehens. Am Tatabend entwickelte sich das Geschehen wie folgt: Manfred beschimpfte eine halbe Stunde lang Simone, bespuckte sie und schlug ihr so ins Gesicht, dass sie aus dem Mund blutete. Schließlich ging er zu Bett, während Simone wach blieb, weil sie die Kinder um 6:00 Uhr für die Schule fertigmachen musste. Gegen 9:00 Uhr stieß Simone beim Aufräumen in der Wohnung auf einen von Manfred illegal erworbenen, achtschüssigen Revolver »Double Action«. Simone hielt ihre Situation für vollkommen ausweglos. Sie glaubte, den sich steigernden Gewalttätigkeiten bald nicht mehr standhalten zu können, und befürchtete, dass die Tätlichkeiten auch gegen die Töchter schlimmere Ausmaße annehmen könnten. Sie sah die einzige Lösungsmöglichkeit darin, Manfred zu töten. Sie betrat das Schlafzimmer und feuerte aus einer Entfernung von rund 60 cm den Inhalt der gesamten Trommel des Revolvers in Sekundenschnelle auf den schlafenden Manfred ab. Manfred war sofort tot.

Dieser Fall hat großes Aufsehen in der Öffentlichkeit erregt und wird auch unter Fachleuten kontrovers diskutiert. Dazu muss man wissen, dass in solchen Fällen häufig die betroffenen Frauen (und auch Kinder) am Ende die Opfer sind und lebenslange körperliche und seelische Verletzungen von diesen Torturen davontragen. Trotz dieser nicht bestreitbaren Folgen wollen die meisten Juristen daran festhalten, dass in diesen Fällen für die Tötung des Haustyrannen eine Rechtfertigung durch Notwehr nicht in Betracht kommt, weil der schlafende Tyrann kein gegenwärtiger Angreifer ist.

In der Frankfurter Allgemeinen Sonntagszeitung ist im Februar 2017 eine sehr problemsensible Gerichtsreportage von Raquel Erdtmann (*Wut und furchtbarer Zorn,* FSZ Nr. 8 vom 26.2.2017, S. 11) über einen entsprechenden Strafprozess erschienen. Aus der wörtlichen Wiedergabe von Fragen und Dialogen der Gerichtspersonen ist eine Mischung von Entsetzen, Ratlosigkeit und Flucht in die Nüchternheit der Fachsprache zu diagnostizieren. Ähnlich verhält es sich, wenn man derartige Sachverhalte jungen Jurastudierenden als Ferienhausarbeit aufgibt – manche »klappern« den Fall entlang der Tatbestandsvoraussetzungen, Rechtfertigungs- und Entschuldigungsgründe strafrechtsdogmatisch herunter und gelangen kühl-sachlich zu einer Strafbarkeit der Frau wegen Mordes, andere sind sichtlich betroffen und »verheddern« sich mit anteilnehmenden Betrachtungen im Gestrüpp der Subsumtion. Auch in der öffentlichen Meinung ist in solchen Fällen eine große Bandbreite an Stellungnahmen zu vernehmen – an dem einen extremen Ende ist davon die Rede, dass es solche Männer »nicht anders verdient« haben, an dem anderen Ende werden solche Taten als »Selbstjustiz« verdammt, dazwischen wird viel über die Schutzmöglichkeiten für Frauen in unserer Gesellschaft geredet.

Sind solche Fälle dann nicht vielleicht – so wie es François Hollande offenbar gesehen hat – Anwendungsfälle für die Gnade als „Sicherheitsventil des Rechts“[2]? Verhält es sich so, dass die Gnade zuweilen als „leuchtender Strahl“ in den Bereich des Rechts einbricht und „die kühle Düsternis der Rechtswelt erst recht sichtbar macht“?[3] Lassen sich diese Fälle vielleicht gar nicht more geometrico mit den Regeln des Strafrechts lösen, ohne dass eine materielle Gerechtigkeit für die Täterinnen auf der Strecke bleibt?

In den folgenden Überlegungen soll skizziert werden, welchen Zugang tradierte Regeln der Strafrechtsdogmatik zu solchen Konstellationen eröffnen und an welchen Stellen in welche Richtung über diese Regeln hinaus gedacht werden müsste.

II

Das Problem nimmt seinen Ausgang davon, dass enge menschliche Verhältnisse nach unserem Rechtsverständnis sogenannte *Garantieverhältnisse* begründen.[4]: Gesetzlich geregelte enge Verbundenheit bedeutet, dass beispielsweise

---

2 Jhering, Der Zweck im Recht, 1. Bd., 4. Aufl., 1904, S. 331 ff.

3 Gustav Radbruch, Rechtsphilosophie (1932), Radbruch-GA Bd. 2, Heidelberg 1993, S. 412.

4 Vgl. statt aller nur Wessels/Beulke/Satzger, Strafrecht Allgemeiner Teil, 47. Auflage, Heidelberg 2017 Rn. 1008.

Ehegatten zum gegenseitigen Beistand verpflichtet sind oder Eltern für ihre Kinder bzw. große Kinder auch für ihre Eltern einzustehen haben. Dies versteht sich eigentlich schon aus unseren kulturellen und religiösen Traditionen und Normen, findet sich aber auch in einfachen und klaren Worten im Gesetz. So heißt es in:

§ 1618 a BGB: »Eltern und Kinder sind einander Beistand und Rücksicht schuldig«,
§ 1626 BGB: »Die Eltern haben die Pflicht und das Recht, für das minderjährige Kind zu sorgen (elterliche Sorge)«,
§ 1353 BGB: » Die Ehegatten sind einander zur ehelichen Lebensgemeinschaft verpflichtet; sie tragen füreinander Verantwortung«, und
§ 2 Lebenspartnerschaftsgesetz: »Die Lebenspartner sind einander zu Fürsorge und Unterstützung sowie zur gemeinsamen Lebensgestaltung verpflichtet. Sie tragen füreinander Verantwortung«.

Aus diesen Garantieverhältnissen werden weitreichende Folgen für das Notwehrrecht abgeleitet. Weil man ja einander »Rücksicht« schuldig ist und füreinander »Verantwortung trägt«, soll aus »sozialethischen Gründen« das Notwehrrecht gegenüber Angriffen des anderen Garanten eingeschränkt sein.[5] Dieser Gedanke bedeutet in der Konsequenz, dass ein Kind oder Partner vor der gewalttätigen Machtausübung desjenigen, der dem Betroffenen an sich Fürsorge schuldet, zunächst einmal zurückweichen muss und sich nur in äußerster Not zur Wehr setzen darf.

Angesichts der Entzauberung und der tief greifenden Veränderungen von tradierten Formen menschlichen Zusammenlebens und angesichts unseres Wissens darum, dass sich hinter der Fassade mancher Ehe und Elternschaft albtraumartige Verhältnisse von (sexueller) Gewalt verbergen können, kann eine rein formale Betrachtungsweise heute nicht mehr die Leitlinie dafür sein, ob von einer Beziehung weitreichende strafrechtliche Konsequenzen ausgehen. Vielmehr müssen Begriffe wie Beistand, Sorge, Rücksicht und Lebensgemeinschaft inhaltlich betrachtet werden. So können Ehepaare zwar getrennt leben, aber innerlich in tiefer Freundschaft verbunden sein; für große Nähe und Respekt ist nicht einmal Legalisierung erforderlich; umgekehrt kann gemeinsames legalisiertes Leben in Verachtung, ohne jede Gemeinsamkeit, ja sogar ohne jedes Gespräch und voller körperlicher Rohheit stattfinden. Kinder können zu Recht einen großen Abstand zu Eltern haben, deren Erziehungsmethoden durch

5 A.a.O., Rn. 519 f.

Gewalt gekennzeichnet sind, und haben keinen Anlass zu Respekt gegenüber solchen Eltern. Eine solche *Zerrüttung der Verbundenheit* bedeutet zwar nicht, dass auch das Gebot allgemeiner mitmenschlicher Solidarität aufgehoben ist, es fehlt aber dann der innere Grund dafür, den betroffenen Menschen kontrafaktisch aus dem Garantenverhältnis Beschränkungen aufzuerlegen, sich gegen Demütigungen und Gewalt durch diese Person zu wehren. Das Notwehrrecht kann gegenüber dem Partner/Vater nur eingeschränkt sein, wenn dieser sich an die wesentlichen Regeln von Mitmenschlichkeit und Respekt hält. In sogenannten *Haustyrannen-Fällen* sind die Verhältnisse weit davon entfernt.

III

Das Notwehrrecht kommt in den Haustyrannen-Fällen meist deswegen nicht zur Anwendung, weil die Tyrannen mit so roher Gewalt herrschen, dass eine Gegenwehr im Moment des rechtswidrigen Angriffs – sei dies nun ein Trommelfeuer von Schlägen oder eine Vergewaltigung unter Vorhaltens eines Messers – völlig aussichtslos, ja lebensgefährlich erscheint. In einer frühen Leitentscheidung aus dem Jahre 1926 hat das Reichsgericht eine solche Situation einmal so geschildert[6]:

Der Angeklagte hatte zum Schutze seiner selbst sowie von Mutter und Schwester seinen Vater erschossen. Dieser nach den Feststellungen des Tatgerichts „rohe, jähzornige und verkommene" Mann hatte in seiner Familie schon seit Langem gewütet. Als „mit der Zunahme einerseits seiner Gewalttätigkeit und Trunksucht, andererseits der Herzkrankheit der Mutter" die Lage sich „bis zur Unerträglichkeit gesteigert" hatte und mit den „wüsten Ausschreitungen" am Tage zuvor „ihren Höhepunkt" gefunden hatte, wusste der Sohn „in höchster Verängstigung keinen anderen Rat mehr" und griff zur Waffe. Dabei lag der letzte tätliche Angriff, den der Vater in Abwesenheit des Sohnes gegen Mutter und Schwester gerichtet hatte, schon etwa 20 Stunden zurück und der Vater selbst lag noch zu Bette und wollte einstweilen noch gar nicht aufstehen.

Für eine Anwendung des Notwehrrechts scheint an sich damit alles verloren. Zu lange liegt der Angriff zurück; ob die nächste Gewalttätigkeit unmittelbar bevorsteht, kann nicht festgestellt werden; als eine feststehende Doktrin des Notwehrrechts gilt, dass präventive Notwehr ausgeschlossen ist. [7]

Man müsste also betroffenen Familien raten, sich innerlich und durch das Bereithalten von entsprechenden Waffen an allen möglichen Stellen der

6 RGSt 60, 318.
7 Vgl. nur Wessels/Beulke/Satzger, a.a.O., Rn. 489.

Wohnung auf den Moment eines *gegenwärtigen* rechtswidrigen Angriffs vorzubereiten. Das ist psychisch und real schwer vorstellbar. Überdies sind überraschende Entscheidungen des BGH auch in einer solchen Konstellation nicht auszuschließen. In einem 2002 entschiedenen Haustyrannen-Fall, in dem sich die Ehefrau mit einem Messer bewaffnet und dem Mann im Moment des Übergriffs entgegengetreten war, gab der BGH zu bedenken: Wenn die Frau gewusst habe, dass der Anblick des Messers die Wut des Mannes steigern werde, so müsse geprüft werden, ob sie nicht verpflichtet gewesen sei, der zu erwartenden Notwehrsituation auszuweichen.[8] Damit befindet man sich wieder auf dem Terrain merkwürdig anmutender sozialethischer Einschränkungen des Notwehrrechts – nach dem Motto: trete einem Wüterich nicht mit den geeigneten Mitteln entgegen, wenn Du weißt, dass es ihn noch wütender machen wird.

Was also ließe sich noch zur Rechtfertigung der Tötung eines Haustyrannen vorbringen? Vielleicht macht es Sinn, bei der umgangssprachlichen Bezeichnung des Akteurs als Tyrannen anzuknüpfen und die gesamten Verhältnisse als Tyrannei in den Blick zu nehmen.

IV

Eine Tyrannei ist ein dauerhaftes Unternehmen, um die Herrschaft fest zu etablieren und jeden Widerstand im Keim zu unterdrücken. Ein Tyrann ist nicht nur ein zuweilen jähzorniger, ab und zu willkürlicher und gewalttätiger Herrscher, sondern seine Macht über die Menschen beruht darauf, dass jeder weiß, dass er jederzeit bereit ist, zur Gewalt zu greifen. Ein Tyrann lässt sich nicht von seinem Weg abbringen und ist stets dazu bereit, Menschen aus dem Weg zu räumen. Insofern kann man von der Tyrannei als einem Zustand sprechen, unter dem die betroffenen Menschen in steter Furcht leben. Wie lässt sich dies mit dem Angriff als Notwehrvoraussetzung verbinden?

Ein Angriff – so wird von manchen behauptet – sei schon sprachlich auf eine „akut zugespitzte, zeitlich eingegrenzte Konfliktlage" begrenzt. Einen „Dauerangriff" könne es nicht geben.[9] Das ist nicht realitätsgerecht und entspricht auch nicht der Sprachverwendung: Natürlich dauert der Angriff einer Armee auf ein Territorium an, solange die gegnerische Armee nicht geschlagen und die Besetzung nicht abgeschlossen ist; natürlich besteht die Freiheitsberaubung nicht nur in dem Einzelakt, der das Opfer seiner Freiheit beraubt, sondern dauert solange

8 BGH JZ 2003, 50 [51]

9 So z.B. SK-StGB-Günther (31. Lfg., 7. Aufl.) § 32 Rn. 66.

fort, wie das Opfer seine Freiheit nicht ausüben kann.[10] Daraus wird deutlich, dass schwere Rechtsverletzungen auch ein dauernder Zustand sein können, der sich wie ein Mosaik aus einer Vielzahl von kleinen Untaten bis hin zu schwersten Verletzungen zusammensetzt. Naturalistisch ein einzelnes Steinchen als den entscheidenden »Angriff« herauszupicken macht wenig Sinn, weil es das Gesamtbild ist, das die Menschen in Angst und Schrecken versetzt. Wenn man sich die Familientyrannen-Fälle vor Augen führt, ist es die Erinnerung an Ereignisse der vergangenen Jahre, das gegenwärtige Entsetzen über das was gerade geschieht und die Angst vor dem, was wohl noch kommen mag, was die Familie in Schach hält – häusliche Gewalt ist ein Szenario, nicht eine plötzliche Attacke. Insofern ist es bezeichnend für den juristischen Unwillen über eine Rechtfertigung nachzudenken, wenn in der eingangs zitierten Entscheidung des Reichsgerichts zunächst genau das Bild des Tyrannen skizziert wird, dann aber plötzlich darauf abgestellt wird, der letzte Angriff habe 20 Stunden zurückgelegen und der Tyrann mittlerweile im Bett gelegen. Wie die Verhältnisse tatsächlich zu beurteilen sind und wie sich dies für die Notwehrdogmatik fruchtbar machen lässt, hat der Schweizer Jurist Stefan Trechsel glänzend auf den Punkt gebracht:

„Regelmäßige physische Gewalt erstickt mit der Zeit jeden Willen und (fast) jede Kraft zum Widerstand. Sie löst psychische Angstzustände aus und stellt einen schweren, andauernden Angriff auf die psychische Integrität der Opfer dar. Dies ist auch die Absicht der Tyrannei – die Unterworfenen sollen jeden Gedanken an Widerstand aufgeben, sodass der Einsatz physischer Gewalt gar nicht mehr (immer) nötig ist. Die bloße Präsenz, ja Existenz des Tyrannen schüchtert wirksam ein – von Sonnenaufgang bis Sonnenuntergang".[11]

V

Offen bleibt nun noch die Frage nach den zulässigen Mitteln der Tyrannentötung. Das Gesetz spricht von der *erforderlichen* Verteidigung. Das erforderliche Verteidigungsmittel ist nach den allgemein anerkannten Regeln über die Grenzen der Verteidigung das relativ mildeste unter mehreren gleich geeigneten Mitteln zur Abwehr des Angriffs.[12] Diese Formel darf nicht zu der Annahme verführen, dass die Familienmitglieder nun in möglichst schonender Weise mit dem Haustyrannen umgehen müssten. Das *relativ mildeste Mittel* ist dasjenige,

---

10 Letzteres räumt immerhin auch Günther, a.a.O., ein; weiterführend für die Situation der „Haustyrannei" NK-StGB-Herzog (2. Aufl. 2005), § 32 Rn. 29 f.

11 Trechsel, KritV Sonderheft Winfried Hassemer zum 60. Geburtstag, 2000, 183 ff.

12 Fischer, StGB, 65. Auflage 2018, § 32 Rn. 30.

das den Angriff *sofort und endgültig* zum Stehen bringen kann, aber unter mehreren Abwehrmöglichkeiten grundsätzlich das minder einschneidende bildet.[13] Entscheidend ist – wie bei allen Konstellationen der Notwehr – die sogenannte Kampflage. Dabei muss Berücksichtigung finden, dass es hier nicht um eine akute, plötzliche aufflammende Konfrontation geht, sondern dass es sich ähnlich wie bei der Situation der Freiheitsberaubung um die Befreiung aus einer kontinuierlichen Lage der Rechtsverletzung geht. Für die Notwehr gegen Freiheitsberaubung ist es völlig unbestritten, dass das Opfer jeden Augenblick seiner Einsperrung nutzen kann (wie etwa eine Unaufmerksamkeit oder dessen Einschlafen), um den Täter auszuschalten und seine Freiheit wiederzuerlangen. In den Haustyrannen-Fällen scheint dies in bestimmten Fällen die entscheidende Klippe vor einer Rechtfertigung zu sein. Sie erinnern sich an den Eingangsfall: Wenn Simone aus 60 cm Entfernung die ganze Trommel des Revolvers (8 Kugeln) auf ihren schlafenden Mann leerschießt, um ein jahrelanges Martyrium zu beenden, dann fällt es natürlich sehr schwer, von einem »relativ milden Mittel« zu sprechen.

Wahrscheinlich fehlt uns Juristen das Einfühlungsvermögen in die Wirklichkeit des Lebens unter einem Haustyrannen, um die Explosion des inneren Dampfkessels, die zu derartigen Taten führt, nachempfinden zu können. Wir behelfen uns dann mit allerlei Überlegungen zur Schuld und angemessenen Strafe für eine solche Tat, die meist milde ausfällt. Ein mutiger Schritt wäre es, das Recht zur Tyrannentötung anzuerkennen. Als „Sicherheitsventil des Rechts" mag die Begnadigung in solchen Fällen helfen, wenn der Justiz der Mut hierzu fehlt.

13 Ebenda.

Matthias Jahn

Verteidigung lege artis*

Abstract: There is no written code of law for a "skillfull" defence in criminal procedures. It is rather based on rules and can be made accessible inductively using pathologic cases, mostly clarifying exceptions of the rules. An instructive historic case is the case against Marie Schneider, where her vindicator Fritz Friedmann used a unorthodox way of defence. On the deductive level, amongst other things the constitutionally fundamentals of criminal defence define the borders for what is permissible. Therefore, they are in an area of conflict with the rules of defence plus clients' interests and wishes.

Keywords: Criminal Defence, lege artis-rules

A. Von Klugheitsregeln und pathologischen Fällen

Mit *Gerhard Wolf* verbindet mich das robuste Band eines gemeinsamen Interesses an den wissenschaftlichen Grundlagen der Strafverteidigung. In der Kommentierung der einschlägigen Vorschriften im *Löwe/Rosenberg* begegnet uns seine lange unveröffentlichte Habilitationsschrift zum *System des Rechts der Strafverteidigung* unmittelbar seit ihrer Publikation ab der 25. Auflage des Jahres 2002, die *Klaus Lüderssen* noch allein verantwortet hatte. Seither hat sie dort ihren festen Platz[1]. Was liegt also näher, als *Gerhard Wolf* zu Ehren ein Stück zu unserem gemeinsamen Interessengebiet darzubieten? Die Arbeit an einem Text mit dem Fokus auf Fragen der »Verteidigung lege artis« war

---

* Der Beitrag geht auf einen Vortrag zurück, der – mit unterschiedlichen Schwerpunktsetzungen – auf den 8. Petersberger Tagen der Arbeitsgemeinschaft Strafrecht im Deutschen AnwaltVerein zum Generalthema »Fehlerquellen im Strafprozess – Ursachen und Lösungen« am 25.4.2015 (vgl. den Tagungsbericht von *Beukelmann*, AnwBl. 2015, 796) und auf dem Forum Anwaltsgeschichte des 67. Deutschen Anwaltstags am 3.6.2016 in Berlin gehalten wurde (die weiteren Forumsbeiträge sind in AnwBl. 2016, 866–892 abgedruckt). Ein Vorabdruck ist mit Genehmigung des Leiters des rechtswissenschaftlichen Lektorats des Peter Lang Verlags und der Herausgeber dieser Festschrift bereits im StraFo 5/2017, 177–182, erschienen; meine dort nachzulesende Danksagung für dieses freundliche Entgegenkommen gilt weiter.

1 Vgl. *Lüderssen/Jahn*, in: LR-StPO, 26. Aufl. 2007, Vor § 137 Rn. 33a, 68, 137, 157, 170 und passim.

allerdings gefahrgeneigt. Zwei denkbare Herangehensweisen zeichneten sich rasch ab:

- Will man als Autor seinerseits ganz und gar kunstgerecht vorgehen und auf 10 Manuskriptseiten mindestens 10 Klugheitsregeln in Erinnerung rufen – mit diesem Begriff umschreibe ich hier jene „nur durch Hinschauen und Nachmachen erlernbaren, aber für den Erfolg entscheidenden Strategien der Strafverteidigung im Gerichtssaal und außerhalb", die *Winfried Hassemer* als informelle Programme der Verteidigung bezeichnet hat[2] –, wirkt das Produkt schnell unangemessen belehrend. Dies gilt umso mehr, als meine eigene anwaltliche Hauptverhandlungserfahrung die Hürden der FAO gerade so eben nehmen dürfte[3]. *So* ging es also nicht.
- Schreibt man, im Anschluss an die eindrucksvollen Beispiele, die *Stephan Barton*[4] auf den 8. Petersberger Tagen der AG Strafrecht im DAV gegeben hat, *colorandi causa* über besonders lehrreiche pathologische Verteidigungsfehler, trifft man das Thema nicht exakt, weil es thematisch um die Kur gegen defizitär gebliebene Verteidigungsbemühungen gehen soll. Und wie so oft: Diejenigen, die man mit solcher Konzeption eigentlich erreichen müsste, lesen nicht unbedingt Festschriftenbeiträge. *So* ging es also auch nicht.

Ich behelfe mir deshalb ganz nach Art des Juristen und berichte über einen Fall.

I Marie Schneider

Nicht nur die Fakten der Strafsache *Marie Schneider* sind außergewöhnlich, sie sind auch außergewöhnlich gut dokumentiert[5]. Ich kann durchweg die

---

2 *Hassemer*, in: Formularbuch für den Strafverteidiger, 5. Aufl. 2010, I.A.2.; *ders.*, StV 1982, 377 (382); *ders.*, ZRP 1980, 326 (327).

3 § 5 I lit. f FAO verlangt bekanntlich u.a. 40 Hauptverhandlungstage vor dem Schöffengericht oder einem übergeordneten Gericht. Immerhin sind auch wenige Großverfahren ausreichend, wenn sie sich nur insgesamt über die genannte Zahl der Verhandlungstage erstrecken, s. *Vossebürger*, in: Feuerich/Weyland, BRAO/FAO, 9. Aufl. 2015, § 5 Rn. 46 a.E.

4 *Barton*, Verteidigerfehler und deren Korrektur, StraFo 2015, 315 (siehe Fn.*).

5 Alle Recherchen zu diesem Fall verdanke ich *David von Mayenburg*, der sich, obwohl Inhaber des Lehrstuhls der Goethe-Universität Frankfurt mit der Denomination »Neuere Rechtsgeschichte, Geschichte des Kirchenrechts und Zivilrecht«, seit jeher auch für strafrechtliche Themen besonders interessiert. Zum Ganzen *ders.*, Der besondere Fall: Das schreckliche Mädchen. Der Fall Marie Schneider und das Problem von Altersgrenzen im Recht – RGSt 15, 97, BRJ 1/2009, 75, http://www.bonner-rechtsjournal.de/fileadmin/pdf/Artikel/2009_01/BRJ_075_2009_Mayenburg.pdf. (abgerufen am

ungeschwärzten Namen der Beteiligten verwenden und verlässliche Angaben zu den Sachverhaltsdaten machen.

1 Ein „schreckliches Mädchen"

Die Gerichts-Zeitung berichtet unter der Überschrift „Eine zwölfjährige Mörderin" von dem Verfahren vor der *3. Strafkammer* des *LG Berlin* wie folgt:

> „Wenn man die Thatsachen, welche der nachfolgend zu schildernden Gerichtsverhandlung zu Grunde liegen, in einem gewöhnlichen Sensationsroman mit aller Raffiniertheit einer überschwenglichen Phantasie dargestellt lesen würde, möchten die Leser wahrscheinlich über die Unglaublichkeit und Unmöglichkeit des Geschilderten in Entrüstung geraten. Einen erschütternden, grauenerregenden Eindruck machte der Prozeß gegen die Marie Schneider auf jeden, welcher der Verhandlung beigewohnt hat. Kein menschliches Wesen, das ein fühlendes Herz in der Brust trägt, schien sich auf dem Anklageplatz zu befinden, sondern ein raubgieriges Tier in Gestalt eines Kindes."

Nachdem das Vorverständnis des anonym bleibenden Gerichtsreporters damit hinreichend deutlich geworden sein sollte, hier zunächst einige Informationen zu den persönlichen Verhältnissen der Angeklagten:

> „Sophie Charlotte Marie Schneider wurde zu Berlin geboren. Ihr Vater, ein Weber, ist seit 10 Jahren tot, ihre Mutter ernährt sich und ihre Kinder durch Maschinennähen. Eine ältere Schwester der Marie ist seit einiger Zeit gestorben. Ihre Erziehung scheint eine ziemlich verwahrloste gewesen zu sein. Ihre Mutter hatte sie einmal als ganz ‚verfressen' geschildert. Ebenso hat ihre Mutter beim Tode ihrer anderen Tochter zu einer Nachbarin in Gegenwart der Marie geäußert, ihr wäre lieber gewesen, die Marie wäre anstelle der Charlotte gestorben. Strafe hat Marie selten bekommen, auch nicht für Betrügereien, die sie öfter ausführte, indem sie sich von verschiedenen Personen auf Grund falscher Vorspiegelungen Geld verschaffte, das sie dann zum Kauf von Naschereien verwandte. Wenn Marie einmal von ihrer Mutter gezüchtigt werden sollte, hat sie den Stock ihrer Mutter entrissen und auf diese zugeschlagen, für die sie auch nicht die geringste Liebe empfand."[6]

Zum eigentlichen Tatgeschehen wissen wir folgendes[7]:

> „In letzterer Zeit lernte Marie die kleine, dreieinhalbjährige Margarete Dietrich kennen, und sie faßte den Entschluß, dem Kinde seine goldenen Ohrringe zu nehmen, dieselben zu versetzen und sich dafür Königskuchen zu kaufen"[8].

17.04.2017). Siehe des Weiteren *Weiler*, Giftmordwissen und Giftmörderinnen. Eine diskursgeschichtliche Studie, 1998, S. 206 ff. und die Neuedition klassischer Texte des Schriftstellers und Journalisten *Paul Lindau*, Kriminalfälle, 2016, S. 48 ff.

6 *O.N.*, Berliner Gerichts-Zeitung 35 (1886), S. 1.

7 Wie Fn. 6.

8 Wie Fn. 6.

Und dann war es soweit:

> „Am 7. Juni hatte sie aus einem Geschäft Arbeit für ihre Mutter zu holen. Auf dem Nachhausewege traf sie die Margarete Dietrich und nahm sie mit sich. Dann nahm sie das Kind zwei Stock hoch hinauf und öffnete das Flurfenster, schloß dasselbe jedoch wieder, als ein Herr die Treppe herabkam. Nachdem die Luft wieder rein war, machte Marie das Fenster wieder weit auf und setzte das arme Gretchen auf das Fensterbrett mit den Beinen seitwärts, damit das Kind sie nicht ansehen solle. Die Kleine unterdrückte ihr Weinen, als ihr die unholde Gespielin drohte, sie würde sie, wenn sie nicht still wäre, zum Fenster hinauswerfen. Das kleine, zitternde Wesen rührte sich nicht. Schnell hakte Marie die Ohrringe aus. Ihre Habsucht war befriedigt; nun galt es, ihr Opfer, das sie verraten konnte, beiseite zu schaffen, das heißt, mit vollbewußter Absicht zu ermorden. Ein kurzer Stoß, – die Mörderin hörte, wie das kleine Kind zuerst auf eine Laterne fiel und sich sodann auf dem Hofpflaster den Schädel zerschellte. Kaltblütig ging die Mörderin zur Mutter und verneinte gleichgültig deren Frage, ob sie, Marie, nicht wisse, wodurch die kleine Grete auf den Hof gestürzt sei. Bald jedoch führte die Spur auf sie als die Mörderin. Dem sie zuerst vernehmenden Wachtmeister leugnete sie anfangs gleichfalls die That, gestand diese aber sogleich ein, als jener ihr mit einer Ohrfeige drohte“[9].

2 *Eine schreckliche Verteidigung?*

Es dürfte sich die Frage erheben, was der Rechtsanwalt der *Marie Schneider* aus dem auf der Hand liegenden Verteidigungsansatz wegen der angedrohten Ohrfeige gemacht hat.

Was wird er wohl an verfahrensrechtlichen Beanstandungen unter Beachtung aller zeitlichen Widerspruchsobliegenheiten kunstfertig vorgetragen haben? Hat er die Angriffsrichtung eines Verstoßes gegen § 136a StPO wegen unzulässiger Drohung anlässlich der ersten polizeilichen Vernehmung auch deutlich hervortreten lassen, wie es ihm die überstrenge Revisionsrechtsprechung schon für die Hauptverhandlung aufgibt?[10] Ich kann es kurz machen: Das hat er nicht getan. Ein klarer Verstoß also gegen die *lex artis* der Strafverteidigung?

Sein Unterlassen lag nicht nur darin begründet, dass es die Vorschrift des § 136a StPO zum entscheidungserheblichen Zeitpunkt, wie man aufgrund der etwas manierierten Sprache des Originalwortlauts der Fallschilderung vielleicht schon vermuten konnte, noch überhaupt nicht gab[11]. In der Schilderung

---

9 Wie Fn. 6.

10 Siehe dazu etwa *meinen* Vortrag auf dem 27. DAV-Herbstkolloquium (StraFo 2011, 117 [122 f.] m.w.N.).

11 § 136 I StPO wurde bekanntlich erst zum 12.09.1950 (BGBl. I, S. 455) ins Werk gesetzt, vgl. zum historischen Kontext der Reaktion auf NS-Unrecht *Jahn*, JuS 2005, 1057.

des Sachverhaltes habe ich zudem auch immer wieder Informationen unterdrückt. Dazu gehört, dass *Marie Schneider* bereits vor weit mehr als 140 Jahren, am 1.05.1874, geboren wurde. Sie war zum Tatzeitpunkt also erst 12 Jahre alt – ein nach dem RStGB seinerzeit für die Strafmündigkeit noch grundsätzlich unschädlicher Umstand. Der zum Tatzeitpunkt geltende § 55 RStGB vom 15.05.1871 setzte die Altersgrenze der Strafmündigkeit auf 12 Jahre. Diese Strafmündigkeitsgrenze wurde erst durch das JGG vom 16.02.1923 auf- und die Strafmündigkeitsgrenze auf 14 Jahre angehoben[12].

Das strafprozessuale Schicksal von *Marie Schneider* wurde, den zeitlichen Zusammenhängen entsprechend, also auch nicht durch die ausgreifende Rechtsprechung zur Widerspruchslösung besiegelt, bis zu deren Erfindung noch mehr als ein Jahrhundert vergehen sollte – sie hat aber, das sei am Rande erwähnt, für kunstfertige und auch weniger kunstfertige Verteidigung gleichermaßen ihre Tücken: In dem im 42. Band der amtlichen Sammlung nachzulesenden Hamburger Branchentelefonbuchfall hat sie den Angeklagten immerhin eine lebenslange Freiheitsstrafe eingebracht[13].

Halten wir aber doch als erstes Zwischenergebnis fest: Auch im Oktober 1886 waren Beweisverbote für die Verteidigung vor einem Berliner Strafgericht bereits ein denkbar ergiebiges Thema[14]. Doch der Verteidiger hat im Strafprozess gegen *Marie* nicht nur *gar nichts* zu Verfahrensfragen vorgetragen. Er soll

12 Vgl. nur *Altenhain/Laue*, in: MüKo-StGB, 2. Aufl. 2013, § 1 JGG Rn. 3.

13 BGHSt 42, 15 (22). Die Formulierung im Haupttext ist – zugegeben – eine Zuspitzung. Die frühere Generalbundesanwältin *Monika Harms*, im Jahr 1996 noch Mitglied des zur Entscheidung berufenen *5. Strafsenats*, hat mich einmal auf einem Juristentag nach einer ähnlichen, gegen die Widerspruchslösung gerichteten Formulierung (in: Verhandlungen des 67. Deutschen Juristentages Erfurt 2008, Band II/2: Sitzungsberichte, 2009, S. L 79 [172–173]) klarstellend darauf hingewiesen, dass der Angeklagte *G.* sich das Lebenslang durch die Sicherung der Toreinfahrt während der vier Revolverschüsse auf das Tatopfer *Be.* eingebracht habe – aber das ist, liest man ergänzend BGHSt 42, 170 (174 f.), schon wieder ein anderes Thema. Umso erfreulicher nunmehr das für BGHSt vorgesehene Urteil des *2. Strafsenats* vom 6.10.2016, StraFo 2017, 103, dem *Sommer* in seiner Anmerkung das Potential zutraut, „den Weg (zu) ebnen für eine würdevolle Abarbeitung einer historischen Fehlleistung der Rechtsprechung: der sogenannten Widerspruchslösung" (zurückhaltender allerdings *Kudlich*, JA 2017, 390 [392 f.]). Der Vorschlag einer gesetzlichen Zustimmungslösung, die an ihre Stelle treten könnte, liegt jedenfalls auf dem Tisch, vgl. *Schlothauer/Jahn*, RuP 2012, 222 (223 ff.).

14 Zur einschlägigen Beweisverbots-Rechtsprechung des *Reichsgerichts* zusf. *Jahn*, Gutachten C zum 68. Deutschen Juristentag, Bd. I, 2008, S. C 21, 39.

vielmehr – ich zitiere wiederum die Berliner Gerichts-Zeitung[15] – über seine Mandantin im Schlussvortrag folgende Worte gefunden haben:

> „Man müsse in der Angeklagten eines der grauenvollsten Beispiele der moralischen Krankheit der Großstadt sehen; man habe es hier mit einer vollständigen Idiotin auf dem moralischen Gebiet zu thun."

Nun sollte man die Presseberichterstattung über den Inhalt einer Hauptverhandlung in Strafsachen stets mit einem gesunden Maß an Distanz und Skepsis zur Kenntnis nehmen – obwohl es bekanntlich auch dafür journalistische Kunstregeln gibt. Glücklicherweise ist das Plädoyer aber in einem literarischen Selbstzeugnis zumindest zu erahnen (damals waren Verteidiger übrigens fast noch mehr als heute schriftstellerisch tätig; und über welchen Gegenstand sie in allen Zeiten am liebsten geschrieben haben, weiß man). Unser Rechtsanwalt fand auch dort klare Worte über die ihm anvertraute Mandantin. Sie sei, so lesen wir im zweiten Jahrgang der Zeitschrift »Das Tribunal« auszugsweise[16],

> „ein elendes, verworfenes Menschenkind, bei allem Intellekt, ohne das beste, was die Natur dem Menschen zu geben vermöge, ohne einen Funken von Moral. Die Vertheidigung warnte davor, sich durch die Klugheit der Antworten in der Hauptverhandlung blenden zu lassen, welche das Produkt monatelangen Nachdenkens über die That, der zahlreichen Unterredungen mit allen möglichen Personen, aber kein Bild des seelischen Zustandes der Angeklagten zur Zeit der That selbst ergaben".

Es kam danach, wie es kommen musste: Das Berliner *Tatgericht* erkannte auf vollendeten Raubmord.

II Lehren

Denkt man sich jetzt vielleicht: Kein Wunder, dass in diesem sozialen Milieu ein überforderter Pflichtverteidiger nicht nur das Schlimmste hat geschehen lassen, sondern seine eigentliche Verteidigungsaufgabe mit den verbalen Injurien gegen seine Mandantin gröblich dementiert hat? Wurde er dadurch nicht zum Verurteilungsbegleiter, vielleicht sogar zum Verurteilungsgehilfen? Und wäre es am Ende nicht vielleicht im Rahmen der Fürsorgepflicht sogar die Aufgabe des Gerichts gewesen, gegen den pflichtvergessenen Verteidiger einzuschreiten?

Dächte man all dies – man läge falsch. Der Anwalt in unserer Sache war *Friedrich Karl Edmund – genannt Fritz – Friedmann*. Er war in der zweiten Hälfte des 19. Jahrhunderts eine derart berühmte Figur, dass er das Vorbild für den

15 Erneut wie Fn. 6.

16 *Fritz Friedmann*, Das Tribunal 2 (1886), S. 552 (559).

jüdischen Anwalt Dr. *Breslauer* in den *Buddenbrooks* abgab[17]. *Thomas Mann* beschreibt ihn mit den Worten „ein rechter Teufelsbraten, ... ein raffinierter Rechtsvirtuose"[18].

Nun mag man einzuwenden versuchen, dass auch berühmte Verteidigerpersönlichkeiten zuweilen nicht den Zugang zum Mandat finden. Doch seine innovative Verteidigungsstrategie in der Sache der *Marie Schneider* lief, vereinfacht gesagt, darauf hinaus, wegen moralischen Irreseins Schuldunfähigkeit aufgrund einer »krankhaften Störung der Geistesthätigkeit« (§ 51 RStGB) geltend zu machen. Inspiriert wurde er dazu ersichtlich durch eingehende Fachdiskussionen im psychowissenschaftlichen Schrifttum seiner Zeit[19]. Mit dieser interdisziplinären Verteidigungslinie reüssierte er zwar letztlich vor dem *Reichsgericht* nicht, führte aber im 15. Band die einzige mir bekannte Revisionsentscheidung in der amtlichen Sammlung RGSt mit einem englischen Kolumnentitel – *moral insanity* – und grundlegenden Ausführungen zum strafrechtlichen Krankheitsbegriff herbei[20]. Die heute eher gebräuchlichen Ausdrücke Soziopathie und Dissozialität dürften denselben Sachverhalt meinen[21].

Damit wurde *Marie Schneiders* Urteil zwar im Schuldspruch rechtskräftig. Das *Tatgericht* hatte aber aufgrund der Verteidigungsbemühungen *Friedmanns* im Strafausspruch bei einem damaligen Strafrahmen für eine kindliche Straftäterin von drei bis immerhin 15 Jahren (§ 57 Nr. 1 RStGB) trotz des erschreckenden Tatgeschehens nur acht Jahre ausgeworfen, die die Verurteilte, nach allem, was wir wissen, bis zuletzt absaß. Im Alter von 20 Jahren wurde sie entlassen und dann verliert sich ihre Spur im Straßengewirr Berlins.

Das war also im Ganzen eine Verteidigung, die sich in jeder Hinsicht das Prädikat *gelungen* verdient hat.

---

17 Was er in seinen Memoiren auch stolz notierte: *Friedmann*, Was ich erlebte!, Bd. 2 (1896–1909), 1909, S. 223.

18 Vgl. *Darmaun*, Thomas Mann, Deutschland und die Juden, 2003, S. 33.

19 Siehe *Galassi*, Kriminologie im Deutschen Kaiserreich: Geschichte einer gebrochenen Verwissenschaftlichung, 2004, S. 183 ff.

20 RGSt 15, 97 (97–100).

21 Vgl. *Schöch*, in: LK-StGB, 12. Aufl. 2007, § 20 Rn. 71 a.E. sowie bereits *A. Arndt*, NJW 1961, 1594.

B In welchem Umfang gibt es eine lex artis der Strafverteidigung?

I Der Grundsatz: Keine Regel ohne Ausnahme

Was lernen wir von *Fritz Friedmann*?

Zunächst einmal, dass es für eine *de lege artis* betriebene Verteidigung keine allgemeingültigen Rezepte gibt. Gelungene Performanzen von Strafverteidigung sind nicht standardisierbar[22]: Kein Grundsatz der Verfahrensklugheit ohne Ausnahme, keine Regel der Anwaltsvernunft ohne Durchbrechung. Das ist schon bei einem anderen freien Beruf – den Ärzten – anders. Die noch relativ junge Regelung in § 630a II BGB bestimmt seit dem 26.02.2013 ausdrücklich, dass die Behandlung nach den bestehenden, „allgemein anerkannten fachlichen Standards" zu erfolgen hat, soweit nicht etwas anderes vereinbart ist[23]. Die medizinrechtliche *lex artis* als eines von drei Elementen rechtmäßigen ärztlichen Eingreifens in das Selbstbestimmungsrecht des Patienten befindet sich zwar beständig im Fluss. Sie ist aber in weit größerem Umfang kanonisiert, auch wenn der Begriff „Kunstfehler" als *terminus technicus* im Schrifttum nur noch mit spitzen Fingern angefasst wird. Nach dem Doktoreid hatte der Arzt in Ausübung der Kunst nur das zu befolgen, »was Erfahrung und treue Beobachtung der Natur im Fortschreiten mit den Entdeckungen der Zeit« ihn lehrten. Heute überziehen sich die medizinischen Fachgebiete selbst mit einem immer engeren und angespannteren Netzwerk von Kunst- und Sorgfaltsregeln[24].

In der Strafverteidigung sind wir von einem solchen Zustand – unter dem Gesichtspunkt der Fremdkontrolle von Verteidigung möchte ich hinzufügen: zum Glück – noch weit entfernt. Was in der reichen Anwaltsliteratur ausgebreitet wird, ist also akkumuliertes Erfahrungswissen – nicht mehr, nicht weniger. Es kann schon aus rechtslogischen Gründen kein axiologisch geschlossenes System von Verfahrensstandards liefern. Das betrifft nicht nur außergewöhnliche Strafverfahren wie das eben beschriebene, sondern auch den Alltag des Verteidigens. Wenn es etwa im weitverbreiteten »Formularbuch für den

---

22 In der Sache vergleichbar *R. Hamm*, NJW 1990, 1467 (1468); *Hassemer*, in: Formularbuch (Fn. 2), I.B.1.d; aus empirischer Sicht auch *Kuntze-Kaufhold*, MschrKrim 86 (2003), 390 (402 f.).

23 *Spickhoff*, in: *ders.*, Medizinrecht, 2. Aufl. 2014, § 630a BGB Rn. 3.

24 Dies beklagt *Laufs*, in: *ders./Kern*, Handbuch des Arztrechts, 4. Aufl. 2010, § 6 Rn. 32. Zur Entwicklung der Verrechtlichung ausf. *Tag*, Der Körperverletzungstatbestand im Spannungsfeld zwischen Patientenautonomie und Lex artis, 2000, § 12 (S. 199 ff.).

Strafverteidiger« ultimativ heißt, „ohne (ständige) Akteneinsicht ist eine Strafverteidigung lege artis nicht möglich“[25], lernt man an anderer Stelle, dass im Einzelfall auch einmal ein Nachgeben gegenüber dem durch U-Haft erzeugten Geständnisdruck die zielführende Strategie sein kann[26]. Die Beispiele ließen sich mehren. Wegen der letztlich begrenzten Reichweite der Regeln können alle Handlungsanweisungen nicht mehr als erwägenswerte Ratschläge für den Normalfall sein; als solche haben sie aber schon aus didaktischen Gründen einen gewissen Wert und dienen der Qualitätssicherung von Verteidigung[27].

II Berufsfreiheit

Die für die heutige wissenschaftliche Durchdringung der Strafverteidigung spannende Fragestellung ist also nicht so sehr: *Welche* Kunstregeln existieren?, sondern vielmehr: *Warum* haben alle Regeln eine derart begrenzte Reichweite? Die Antwort liefert, wie so oft, ein Blick in das Grundgesetz – und damit ein zweiter historischer Exkurs, diesmal in die jüngere Rechtsgeschichte.

1 Die verfassungsrechtlichen Grundlagen der Strafverteidigung in Art. 12 GG im Spannungsfeld mit »Kunstregeln«

a) Bedeutung der Bastille-Beschlüsse des BVerfG: Schutz von Außenseiterpositionen

Die verfassungsrechtliche Stellung des Strafverteidigers ist seit dem Wegfall der früheren Richtlinien zur anwaltlichen Berufsausübung durch die bahnbrechenden, sog. Revolutions-Entscheidungen des *BVerfG* vom 14.7.1987[28] ein wichtiges Thema geworden[29]. Diese Entscheidungen läuteten bekanntlich den Wandel des überkommenen Standesrechts hin zu einem Recht der freien Berufe ein. Art. 12 I GG liefert dabei als „Hauptgrundrecht“[30] die individuell-verfassungsrechtlichen

25 *Ignor/Peters*, in: Formularbuch (Fn. 2), III.3.3.

26 *M. Amelung*, in: FG-Koch, 1989, S. 145 (147 f.); zustimmend *R. Hamm*, NJW 1990, 1467 (1468). Siehe auch *Soyer/Schumann*, in: FS-Fuchs, 2014, S. 539 (552 f.).

27 Siehe *Augustin*, Das Recht des Beschuldigten auf effektive Verteidigung. Eine Analyse des status quo sowie Vorschläge zur Qualitätssicherung, 2013, S. 332.

28 BVerfGE 76, 171 und 196.

29 Vgl. *Jahn*, in: 25 Jahre Bastille-Entscheidungen, (Hrsg.) *Gaier/Chr. Wolf*, 2015, S. 94 (100 ff.); *Hassemer*, StraFo 2004, 113; *Bernsmann*, StraFo 1999, 228 und *Rick*, Die verfassungsrechtliche Stellung des Rechtsanwalts, 1998, S. 57 ff.

30 *Mayen*, NJW 1995, 2317; vgl. auch BVerfGE 110, 226 (253); 113, 29 (48); *Jahn*, ZIS 2011, 453 (458); *Niemöller/Schuppert*, AöR 107 (1982), 389 (433). A.A. *Gössel*, ZStW

Vorgaben für die Tätigkeit des Anwalts als Strafverteidiger. Am Beispiel der Rechtssetzung durch Standesrichtlinien hat das *BVerfG* demonstriert, dass diese Form der Reglementierung besondere Gefahren für die Betroffenen und die Allgemeinheit mit sich bringen kann. Zum Nachteil auch der Außenseiter könne sie ein Übergewicht von Verbandsinteressen oder ein verengtes Standesdenken begünstigen, das notwendigen Veränderungen und Auflockerungen festgefügter Berufsbilder hinderlich sei[31].

b) Die „Präponderanz der autonomen Berufsbildkonstruktion" (Höfling)

Kunstregeln sind damit, jedenfalls soweit sie zu staatlichem Recht gerinnen, eine Bedrohung auch für das Innovationspotential von anwaltlichen – ich verwende hier ganz bewusst einen Begriff aus der Medizin[32] – »Außenseitermethoden«. Eine ängstliche Defensivmedizin wird zu Erstarrung führen, denn „die Außenseitermethode von gestern ist die Schulmedizin von heute, die Schulmedizin von heute ist der Behandlungsfehler von morgen"[33]. Nichts liegt meines Erachtens ferner als die Annahme, in der Strafverteidigung könnte es anders sein.

Deshalb unterliegt die durch den Grundsatz der freien Advokatur gekennzeichnete anwaltliche Berufsausübung unter der Herrschaft des Grundgesetzes der unreglementierten Selbstbestimmung des einzelnen Anwalts als Grundrechtsträger. Die deklaratorische Feststellung einer etwa vorhandenen *communis opinio* durch öffentliche Gewalt kann also nicht eine wirksam beschränkende Regelung i.S.d. Art. 12 GG sein, und zwar, wie wir aus den Julibeschlüssen des *BVerfG*[34] wissen, umso weniger, je mehr inhaltlich lediglich auf die Meinung angesehener und erfahrener Standesgenossen abgestellt wird.

Der Kölner Verfassungsrechtler *Wolfram Höfling* spricht deshalb mit einem leider etwas sperrigen, aber eben auch präzisen Wort von dem grundrechtlichen Schutz einer „Präponderanz der autonomen Berufsbildkonstruktion"[35]. Nicht eine *lex artis* ist deshalb im Ergebnis entscheidend für das verfassungsrechtliche Bild des freien Anwaltsberufs, sondern die Erwartungen des Mandanten: Die Qualität der anwaltlichen Dienstleistung, heißt es in der anwaltsrechtlichen

---

94 (1982), 5 (28); *A. Arndt*, NJW 1964, 2146 (2147) und zu diesem Zeitpunkt auch noch *Lüderssen*, in: Egon Müller-Symposium, 2000, S. 41 (45).

31 BVerfGE 76, 171 (185).

32 Siehe nur BGH, NJW 2011, 1088 m. Anm. *Jahn*, JuS 2011, 468 (469) – Zitronensaftfall.

33 *Katzenmeier*, in: *Laufs/Katzenmeier/Lipp*, Arztrecht, 7. Aufl. 2015, X.E.III.1.

34 Siehe nochmals (Fn. 28) BVerfGE 76, 171 (188).

35 *Höfling*, DVBl. 1987, 881 (886); aufgenommen u.a. von *Heinze*, NZA 1991, 329 (331); *Lüderssen/Jahn*, in: LR-StPO (Fn. 1), Vor § 137 Rn. 38.

Literatur zu Recht[36], bestimmt sich aus den Erwartungen des Mandanten an den angeforderten Rechtsrat und aus der Zufriedenheit mit der durchgeführten Beratung.

2 *Am konkreten Beispiel: Die Thesen zur Strafverteidigung des Strafrechtsausschusses der Bundesrechtsanwaltskammer*

Im Geleitwort zur ersten Auflage der Thesen zur Strafverteidigung des Strafrechtsausschusses der Bundesrechtsanwaltskammer (Strauda) macht *Peter Rieß* den Spagat deutlich, in dem sich diese Thesen bewegen, denn immerhin ist die BRAK eine Körperschaft des öffentlichen Rechts (§ 176 I BRAO). Die Ausrichtung, heißt es dort[37],

> „auf eine lege artis geführte Verteidigung zieht sich wie ein roter Faden durch eine Vielzahl der in den Thesen enthaltenen Ratschläge und Handlungsanweisungen. Sie bedeutet aber nicht …, dass der Verteidiger auf selbstbewusste Interessenwahrnehmung zu verzichten gehalten ist. Der Satz, dass Verteidigung Kampf sei, ist mit dem Anspruch auf Seriosität und Professionalität nicht nur nicht unvereinbar, er lässt sich aus ihm ableiten, freilich beschränkt auf Situationen, in denen dieser Kampf den Interessen des Mandanten dient".

Die hier explizit gemachte Zurückhaltung kontrastiert deutlich mit den ursprünglich vom Strauda verfolgten Plänen. Angezielt war eigentlich zunächst ein *codex moralis*, der das nach dem Wegfall der Standesrichtlinien entstandene Vakuum wohl eher in deren ursprünglicher Stoßrichtung hätte füllen sollen. Doch als Reaktion auf die allmählich erkannte volle Wirkkraft der Bastille-Entscheidungen des *BVerfG* war im Laufe der Diskussion selbst kein *codex iuris* mehr intendiert, der einer Sammlung von lege artis-Regeln wohl ziemlich nahe gekommen wäre. Es kristallisierten sich am Ende nicht einmal mehr »Leitsätze für den Strafverteidiger« heraus, sondern übrig blieb nur das verhaltene Thesenformat[38]. Sie wollten nurmehr, wie es in den Vorbemerkungen[39] heißt, Orientierungshilfe ohne Rechtsqualität sein, vor typischen Gefahren der Berufspraxis warnen und an die rechtliche Sensibilität und Aufmerksamkeit des Verteidigers appellieren. Diese unabhängigkeitswahrende Zielsetzung ist auch in der

---

36 *Streck*, AnwBl. 1996, 57 (62); ähnlich *Andreas Krämer*, NJW 1996, 2354 (2355) und *Haverkate*, JuS 1996, 478 (479). Zusf. bereits *Jahn*, in: *Gaier/Chr. Wolf* (Fn. 29), S. 94 (102 f.).

37 Thesen zur Strafverteidigung (1992), S. 2.

38 Zum Ganzen mit allen Nachw. *Jahn*, in: *Gaier/Chr. Wolf* (Fn. 29), S. 94 (114).

39 Thesen zur Strafverteidigung (Fn. 37), S. 21.

unlängst erschienenen zweiten Auflage der Thesen ausweislich des Vorworts[40] beibehalten worden. Dort heißt es nunmehr konkretisierend:

> „Gute Strafverteidigung will erlernt sein. Hierbei kann das Erfahrungswissen von Kolleginnen und Kollegen ebenso hilfreich sein wie die Vergewisserung der rechtlichen Grundlagen der Strafverteidigung und allgemeiner Praktiken. All dies ist mannigfach in die Thesen zur Strafverteidigung eingeflossen".

Soweit die BRAK-Thesen nur geronnenes Erfahrungswissen prägnant widerzuspiegeln versuchen, ist gegen ein solches, sozusagen teleologisch reduziertes Verständnis von *lex artis* nichts zu erinnern. Alles andere wäre mit dem Freiraum des Verteidigers nicht vereinbar. Diesen hebt die prominent platzierte, neue These 2 II jetzt gesondert hervor[41]:

> „Der Verteidiger ist unabhängig. Er gestaltet die Verteidigung im Einvernehmen mit seinem Mandanten frei, selbstbestimmt und unreglementiert, soweit die allgemeinen Gesetze und das Berufsrecht ihn nicht besonders verpflichten".

Daraus folgt nach der der These beigegebenen Begründung unter anderem, dass es die alleinige, nicht überprüf- oder gar sanktionierbare Entscheidung des Verteidigers ist,

> „wie oft und zu welchen Zeitpunkten er ... Akteneinsicht beantragt, mit dem Staatsanwalt in Kontakt tritt, Schriftsätze einreicht, Beweisanträge stellt oder in welchem Umfang er eigene Erkundigungen (Erhebungen) durchführt ... Es unterliegt auch allein seinem Entschluss, einzelne Maßnahmen wie z.B. die Befragung eines Zeugen ... selbst durchzuführen oder durch einen Dritten durchführen zu lassen, fachliche Fragen durch einen Sachverständigen untersuchen zu lassen oder derartige Erhebungen mit Hilfe von Anträgen an die Strafverfolgungsbehörde oder das Gericht zu veranlassen. Schließlich gehört es auch zum Freiraum des Verteidigers, Entlastungsbemühungen seines Mandanten oder Dritter lediglich hinzunehmen, ohne selbst anregend oder leitend aktiv zu werden. Auch die Auswertung der Ergebnisse solcher Bemühungen steht in seinem pflichtgemäßen Ermessen".

III Zivilrechtliche Haftung des Verteidigers

Aus dieser beredten Zurückhaltung bei der Formulierung von Handlungsimperativen ergeben sich auch Folgen für die praktisch wichtige Frage der zivilrechtlichen Haftung des Verteidigers. Aus Raumgründen kann ich diese nur andeuten.

---

40 *Ignor*, in: Thesen zur Strafverteidigung, 2. Aufl. 2015, S. V.

41 Ich erwähne der guten Ordnung halber, dass ich an der Formulierung dieser These als Gast des Strauda habe mitwirken dürfen, vgl. dazu bereits *meine* Frankfurter Antrittsvorlesung in StV 2014, 40 (45).

Eine verlässliche Kasuistik der zivilrechtlichen Pflichten für das Recht der Strafverteidigung steht, trotz einiger jüngerer monografischer Versuche, auch heute noch am Anfang; die Rechtsprechung ist disparat und teils veraltet. Generell gilt nach den bisherigen Ergebnissen dieser Debatte[42] auch für den Strafverteidiger der Grundsatz des gefahrlosesten und sichersten Weges zur Erreichung des für den Mandanten günstigsten Ziels.

Damit ist für den Einzelfall noch nicht viel gesagt. Aber klar ist immerhin geworden, dass sich die Berufsausübung des Verteidigers nicht im haftungsfreien Raum bewegt. Die Anerkennung und Ausbildung einer berufsspezifischen Verteidigerhaftung kann sicher dazu beitragen, basale Qualitätsstandards zu gewährleisten. Dass dies um der Rechte der Mandanten willen grundsätzlich wünschenswert ist, bedarf aus meiner Sicht keiner eingehenden Begründung. Es sollte allerdings die Signalwirkung der äußersten Zurückhaltung bei der Formulierung von Kunstregeln etwa vonseiten des Strauda auch weiterhin Beachtung bei den Zivilgerichten finden.

IV Vertrauen und Weisungen des Mandanten

Mit meinen beiden letzten Stichworten Vertrauen und Weisungen betreten wir noch einmal vermintes Gelände im Recht der Strafverteidigung.

Die Position der Vertragstheorie der Strafverteidigung ist, dass der zwischen Mandant und Verteidiger abgeschlossene Vertrag Grundlage für die rechtliche Beziehung zwischen Beschuldigtem und Verteidiger und des daraus hervorgehenden wechselseitigen Vertrauens ist[43]. Der Satz, dass die objektive Sorgfaltspflicht – ausgefüllt durch das Berufsrecht – die vertragliche Beziehung zum Mandanten bestimmt, löst indessen nicht das zentrale Problem, in welchem Maße sich der Verteidiger dabei vom Mandanten unabhängig fühlen darf. Zur objektiven Sorgfalt gehört, dass der Verteidiger die Weisungen des Mandanten jedenfalls aufmerksam beachtet, wenn auch nicht notwendig befolgt. Das ergibt sich bereits als Umkehrschluss aus § 665 BGB und der Aufgabe, den Mandanten

42 Ausf. dazu m.w.N. *Lüderssen/Jahn*, in: LR-StPO (Fn. 1), Vor § 137 Rn. 44 ff.

43 *Lüderssen/Jahn*, in: LR-StPO (Fn. 1), Vor § 137 Rn. 159; grdlg. *Lüderssen*, in: Egon Müller-Symposion (Fn. 30), S. 41 (51); krit. *Gerhard Wolf*, Das System des Rechts der Strafverteidigung, 2000, S. 59 ff. Die Sicht der Berufsträger auf die Sachfrage beschreiben *Tsambikakis*, in: MAH Strafverteidigung, 2. Aufl. 2014, § 2 Rn. 46 und *Schwenn*, Eine Frage des Vertrauens, Die Zeit Nr. 32 v. 17.07.2014, S. 5. Zusf. – auch zu anderen Akzentuierungen – *Wohlers*, ZStrR 2012, 55 (71).

i.S.v. § 1 III BORA und der daran angelehnten Strauda-These 1 II S. 2 vor Rechtsbeeinträchtigungen „zu bewahren".

Das ist im Lichte des Einvernehmensgebots wohl nur schwerlich gegen den unzweideutig entgegenstehenden Willen des Mandanten vorstellbar, will man die zivilrechtliche Bindung im Innenverhältnis nicht zugunsten einer paternalistischen Verteidigungskonzeption neutralisieren[44]. Damit sind Abweichungen von den Weisungen des Auftraggebers nur gestattet, wenn der Strafverteidiger den Umständen nach annehmen darf, dass jener die Abweichung bei Kenntnis der Sachlage billigen würde. An diesem Punkt ist erneut zu berücksichtigen, dass es keine *lex artis* gibt, auf die der Verteidiger bei der jetzt anstehenden Einzelfallentscheidung zurückgreifen könnte[45]. Und das ist auch gut so, weil die anstehenden Handlungsoptionen keine Generalisierungen vertragen. Jeder Fall liegt anders.

Fragen Sie einmal *Fritz Friedmann*!

---

44 Zum Vorstehenden ausf. *Lüderssen/Jahn*, in: LR-StPO (Fn. 1), Vor § 137 Rn. 50.

45 So bereits *Lüderssen/Jahn*, in: LR-StPO (Fn. 1), Vor § 137 Rn. 55.

Arnd Koch

„Das Volk" als Richter über NS-Verbrechen Die Urteilspraxis der bayerischen Schwurgerichte

Abstract: About 1949/1950 Bavaria treaded a special path organizing courts. Against the Emminger-Verordnung made in 1924 and against the common movement of judging delicts with deadly endings, jury courts as ordinary person courts decided about the question of guilt for one and a half year. Together with regular judges they determined legal consequences. The sentences, which mainly persisted NS-injustice, were trending mild. This situation was more and more criticized. After the period of Bavarian jury courts, the immediate interest prosecuting NS-injustice vanished in general.

Keywords: Jury Court Bavaria, Nazi crimes, criminal prosecution

A Einführung

In seiner an der Europa-Universität Viadrina gehaltenen Antrittsvorlesung ermahnte *Gerhard Wolf* den Strafrichter mit eindringlichen Worten zu unbedingtem Gesetzesgehorsam.[1] Bei der Beurteilung des Einzelfalls habe sich der Richter jeder eigenen Bewertung von Täter und Tat zu enthalten und ausschließlich das Gesetz anzuwenden.[2] Wer den Gesetzeswortlaut durch eigene Gerechtigkeitsvorstellungen oder Zweckmäßigkeitserwägungen überspiele, erfülle – so der *Jubilar* unmissverständlich – den Straftatbestand der Rechtsbeugung.[3] In der Rechtsprechung zur Aufarbeitung des NS-Unrechts finden sich, wie am Ende des Beitrags zu zeigen sein wird, zahlreiche Beispiele für von *Gerhard Wolf* angeprangerte, offenkundig interessengeleitete Auslegungen. Freilich fehlt im strafrechtlichen und historischen Schrifttum mit Blick auf die Nachkriegsjudikatur jede Differenzierung zwischen laien- und berufsrichterlichen Urteilen. Kaum bekannt ist, dass die Geschichte der Schwurgerichtsbarkeit in Deutschland nicht mit der sog. „Emminger-Verordnung" aus dem Jahre 1924 endete.[4] Vielmehr erlebte das traditionelle Schwurgericht, in dem zwölf Laien ohne Hinzuziehung

---

1 *G. Wolf*, JuS 1996, 189 ff.
2 *G. Wolf*, JuS 1996, 186 (195).
3 *G. Wolf*, JuS 1996, 186 (195).
4 RGBl. I, 15; hierzu *Vormbaum*, Die Lex Emminger vom 4. Januar 1924, 1988.

von Berufsrichtern über die Schuld des Angeklagten entscheiden, nach 1945 in Bayern eine Renaissance. Leitend für die Rechtsfindung in Schwurgerichten ist nicht die exakte Subsumtion unter gesetzliche Tatbestandsmerkmale, sondern die „*intime conviction*", der „gesunde Menschenverstand" des von juristischen Fachkenntnissen unverdorbenen Laien. Für *Gerhard Wolf* wird eine solche Judikatur einem methodologischen Schreckensszenario gleichkommen. Dennoch hofft der Verfasser, den *Jubilar* nicht als Leser eines rechtshistorischen Beitrags verloren zu haben. Urteilte doch allein im bayerischen Schwurgericht der Nachkriegszeit „das Volk" über NS-Täter. Die Spruchpraxis der Schwurgerichte gibt Hinweise auf die Haltung der Bevölkerung zur juristischen Vergangenheitsbewältigung; sie ist eine bislang unerschlossene Quelle zur Mentalitätsgeschichte der Nachkriegszeit.

B Die Wiedererrichtung des Schwurgerichts nach 1945 – ein bayerischer Sonderweg

I Die Renaissance des Schwurgerichts in Bayern

Seit dem späten 19. Jahrhundert hatte sich der überwiegende Teil der deutschen Rechtslehre gegen die Beibehaltung der Schwurgerichtsbarkeit ausgesprochen.[5] Das Institut galt als „Missbildung"[6] und „öde Missgeburt der französischen Revolutionsgesetzgebung"[7], die Geschworenen als „Sonntagsrichter"[8], ihre Urteile als „Orakelsprüche"[9]. Nach der Beseitigung der Schwurgerichte im Jahre 1924 verstummten Forderungen nach ihrer Wiedereinführung allmählich. Das Schwurgericht schien zu einer überlebten Antiquität des 19. Jahrhunderts geworden zu sein. Nach 1945 bestand unter den Regierungen der deutschen Länder Einigkeit, das Schöffengericht wiederherzustellen.[10] Ungeachtet aller Regelungsdivergenzen im Einzelnen, so etwa hinsichtlich des Auswahlverfahrens der

5 *Linkenheil*, Laienbeteiligung an der Strafjustiz. Relikt des bürgerlichen Emanzipationsprozesses oder Legitimation einer Rechtsprechung „im Namen des Volkes"?, 2003, 105 ff.; *Vormbaum* (Fn. 4), 109 ff.

6 *Binding*, Grundriß des Deutschen Strafprozesses, 5. Aufl. 1904, 102.

7 *Binding*, GS 1909, 2 f.

8 *Bennecke*, Lehrbuch des Deutschen Reichs-Strafprozeßrechts, 1895, 51 Fn. 5.

9 *Olshausen*, Gutachten zum 18. Deutschen Juristentag, Bd. 1, 1886, 267.

10 Gerichtsverfassungsrecht, 1948, 97 ff. Die „Verordnung über Maßnahmen auf dem Gebiete der Gerichtsverfassung und der Rechtspflege vom 1. September 1939 (RGBl. I, S. 1658) hatte der Laienbeteiligung ein Ende gesetzt, eine Ausnahme bildete allein der berüchtigte „Volksgerichtshof".

Schöffen oder des Zahlenverhältnisses von Berufs- und Laienrichtern, herrschte in einem Punkt Konsens: Zu einer Wiedererrichtung der Schwurgerichte sollte es nicht kommen. Die Rechtswissenschaft der Nachkriegszeit begrüßte einerseits die Etablierung von Schöffengerichten, andererseits lehnte sie die Wiederbelebung des Schwurgerichts strikt ab.[11] Zur Begründung rekapitulierte man die seit dem 19. Jahrhundert vertrauten Argumente: Es drohe eine „unnatürliche Zerreißung" der richterlichen Aufgaben:[12] Während Schwurgerichte zur getrennten Entscheidung der Schuld- und Straffrage nötigten, herrsche im Schöffengericht ein „organisches Miteinander" von Laien- und Berufsrichtern.[13] Gegen das Schwurgericht sprächen zudem die mangelnde Erfahrung der Laien,[14] die Umständlichkeit der Fragestellung sowie die Unmöglichkeit der Trennung zwischen Rechts- und Tatfragen. Hinzu trete die Gefahr von Fehlurteilen, zumal von unberechtigten Lossprechungen. Schließlich wurde auf die fehlende Begründungspflicht für schwurgerichtliche Urteile verwiesen, die notwendigerweise zu einer Beschneidung der Rechtsmittel führe.[15] Alles in allem schien sich in Deutschland die Frage nach einer Rückkehr zum Schwurgericht nach 1945 erledigt zu haben. Die Alliierten,[16] die deutschen Landesregierungen sowie die Rechtswissenschaft lehnten eine Wiederbelebung geschlossen ab. Umso größer war die Überraschung, als sich im Jahre 1947 in Bayern eine Renaissance des Schwurgerichts abzeichnete.

Die Wiedergeburt des Schwurgerichts in Bayern geht maßgeblich auf die Initiative des bayerischen SPD-Vorsitzenden und zeitweiligen Justizministers *Wilhelm Hoegner* zurück (1887–1980). *Hoegner* gelang es, das Schwurgericht gegen den Willen der CSU-Führung, gegen die Obstruktion und Hinhaltetaktik der bayerischen Regierung und gegen den nahezu geschlossenen Widerstand der Berufsrichter parlamentarisch durchzusetzen.[17] Stellvertretend für die dezidiert

11 Ausführliche Nachweise bei *A. Koch*, ZRG GA 122 (2005), 242 (246 Fn. 21). Das Reformpotential des Schwurgerichts auslotend *Schönke*, SJZ 1946, 64; *ders.*, SchwZStr 62 (1947), S. 70 ff.

12 *Kern*, Gerichtsverfassungsrecht, 1948, 103; *Peters*, Strafprozeß, 1952, 98.

13 So bereits *Schwarze*, Das deutsche Schwurgericht und dessen Reform, 1865, 7, 32 ff., 111 ff.

14 *Schmidt*, Lehrkommentar zur Strafprozeßordnung und zum Gerichtsverfassungsgesetz, Tl. 1, 1952, Rn. 448.

15 *Kern*, in: Der Konstanzer Juristentag, 1947, 148.

16 Die Alliierten hatten 1945 im Kontrollratsgesetz Nr. 4 angeordnet, dass sich die Ausgestaltung der deutschen Gerichtsbarkeit grundsätzlich an der Rechtslage von 1924 (d.h. nach der Emminger-Verordnung) zu orientieren habe.

17 Eingehend *A. Koch*, ZRG GA 122 (2005), 242 (247 ff.).

ablehnende Haltung der bayerischen Richterschaft steht die Stellungnahme von *Hermann Weinkauff* (1894–1981). Der seinerzeitige Präsident des Landgerichts Bamberg und spätere Präsident des Bundesgerichtshofs prophezeite „reine Gefühlsentscheidungen und glatte Fehlurteile". Das deutsche Volk – so *Weinkauff* – befinde sich in einem „Zustand weitgehender innerer Zerrüttung", die Voraussetzungen für ein reines Volksgericht seien nicht gegeben.[18] Dagegen betonte *Hoegner* im bayerischen Landtag die „politische Seite" des Schwurgerichts.[19] Die bisherigen Urteile gegen NS-Verbrecher hätten gezeigt, dass Berufsrichter vielfach formal-juristischem Denken verhaftet blieben.[20] Als Beleg diente *Hoegner* ein im Februar 1948 ergangenes Urteil des LG Weiden. Angeklagt waren die Beteiligten eines Standgerichts, das den Regensburger Domprediger *Dr. Meier* noch am 23. April 1945 wegen „Wehrkraftzersetzung" zum Tode verurteilt hatte. Das ausschließlich mit Berufsrichtern besetzte LG Weiden war zu milden Strafen bzw. Freisprüchen gelangt.[21] Ausgehend von diesem Aufsehen erregenden Urteil gab Hoegner der Erwartung Ausdruck, dass die Täter vor einem Schwurgericht nicht so „glimpflich davon gekommen wären"[22]. Seine in das Schwurgericht gesetzten Hoffnungen zur Demokratisierung der Justiz fasste *Hoegner* prägnant mit dem Satz zusammen: „Jedenfalls erwarten wir (…) vom Laienrichtertum, dass es der Volksfremdheit des Rechts, der Rechtsfremdheit des Volkes und der oft beklagten Weltfremdheit mancher Juristen entgegenwirkt"[23]. In namentlicher Abstimmung fand sich eine Mehrheit von 67 zu 49 Stimmen zugunsten der Wiedereinführung des traditionellen Schwurgerichts.[24] Am 1. April 1949, wenige Wochen vor Inkrafttreten des Grundgesetzes, nahmen

---

18 Stellungnahme von Hermann Weinkauff vom 3. Februar 1947, in: Bayerisches Staatsministerium der Justiz 3232 I/II, Heft 1, Bd. 1 (Schreiben Hoegners an Ehard vom 10. März 1947, mit Anlagen).

19 *Hoegner*, Vhdl. des Bayerischen Landtags, Stenographischer Bericht, 62. Sitzung vom 16. März 1948, 1105.

20 *Hoegner*, Vhdl. des Bayerischen Landtags, Stenographischer Bericht, 62. Sitzung vom 16. März 1948, 1104.

21 LG Weiden, Urt. v. 19.2.1948, in: Rüter (Hrsg.), Justiz und NS-Verbrechen. Sammlung deutscher Strafurteile wegen nationalsozialistischer Tötungsverbrechen, Bd. 2, 1969, 235–317.

22 *Hoegner*, Vhdl. des Bayerischen Landtags, Stenographischer Bericht, 62. Sitzung vom 16. März 1948, 1104.

23 *Hoegner*, Vhdl. des Bayerischen Landtags, Stenographischer Bericht, 62. Sitzung vom 16. März 1948, 1104.

24 Vhdl. des Bayerischen Landtags, Stenographischer Bericht, 24. Sitzung vom 16. Juli 1947, 795 f.

die bayerischen Schwurgerichte ihre Arbeit auf.[25] Die bald nach Gründung der Bundesrepublik einsetzenden Vorarbeiten zur Vereinheitlichung des Strafverfahrensrechts markieren zugleich den Anfang vom Ende des bayerischen Sonderwegs. Ohne auf ernsthaften Widerstand gestoßen zu sein, besiegelte das Inkrafttreten des „Gesetzes zur Wiederherstellung der Rechtseinheit" am 1. Oktober 1950 das Ende der bayerischen Schwurgerichtsbarkeit.[26]

II Schwurgerichtsverordnung

Die „Verordnung zur Wiedereinführung der Schwurgerichte vom 14. Juli 1948" wich trotz einiger Reformen nicht von der Grundstruktur des traditionellen Schwurgerichts ab.[27] Die Zuständigkeit der bayerischen Schwurgerichte erstreckte sich auf Delikte mit tödlichem Ausgang (§ 2 SchwGVO), insbesondere auf Mord, Totschlag, Kindstötung, Aussetzung mit Todesfolge und Körperverletzung mit Todesfolge. Anders als im Deutschen Reich bis 1924 war dem bayerischen Schwurgericht die Zuständigkeit über weitere Bereiche der Schwerkriminalität entzogen, so etwa für Vergewaltigung, Brandstiftung, Meineid oder Rechtsbeugung. Zur besonderen Feierlichkeit der Schwurgerichtssitzungen trug es bei, dass die Beeidigung der Geschworenen „in Gegenwart der Angeklagten, über die sie zu richten hatten, in öffentlicher Sitzung" erfolgte (§ 40 SchwGVO). Als Geschworene durften allein „ehrbare und unbescholtene Personen" berufen werden, die das 30. Lebensjahr bereits vollendet hatten.[28] Nach Abschluss der Beweisaufnahme formulierte der Vorsitzende Richter die entscheidungsrelevanten Tatfragen (§ 44 SchwGVO). Diese waren so zu stellen, dass sie sich von den Geschworenen mit „Ja" oder „Nein" beantworten ließen (§ 47 SchwGVO). Bevor sich die Geschworenen in ihr Beratungszimmer zurückzogen, belehrte sie der Vorsitzende – ohne eine eigene Beweiswürdigung vorzunehmen – über die „rechtlichen Gesichtspunkte, die sie bei Lösung der ihnen gestellten Aufgabe in Betracht zu ziehen haben" (§ 53 SchwGVO). Für eine Verurteilung genügte die einfache Mehrheit von sieben Stimmen. Waren die Berufsrichter einstimmig der Auffassung, dass sich die Geschworenen zum Nachteil des Angeklagten geirrt

---

25 Schwurgerichte wurden eingerichtet an den Landgerichten München I, Traunstein, Augsburg, Landshut, Amberg, Nürnberg, Würzburg, und Bayreuth, Bekanntmachung über die Wiedereinführung der Schwurgerichte vom 13. Dezember 1948, in: Bayerisches Justizministerialblatt vom 29. Dezember 1948, 77.

26 BGBl. I, 455.

27 Bayerisches Gesetz- und Verordnungsblatt, Nr. 23, 1948, 243 f.

28 § 8 II SchwGVO i.V.m. § 8 Verordnung Nr. 126 über die Wiedereinführung der Schöffengerichte vom 18. Februar 1947.

hatten, mussten sie die Sache zur erneuten Verhandlung an ein anderes Schwurgericht verweisen (§ 71 I SchwGVO). Die augenfälligste Neuerung gegenüber der bis 1924 geltenden Rechtslage stellt § 4 II SchwGVO dar: Den Geschworenen oblag zwar weiterhin die alleinige Entscheidung über die Schuldfrage, zusätzlich urteilten sie jedoch gemeinsam mit den Berufsrichtern über die Rechtsfolgen, d.h. über „die Bemessung der Strafe, die Anordnung einer Nebenstrafe oder Nebenfolge oder die Anordnung einer Maßregel der Sicherung und Besserung".

C Urteilspraxis in NS-Sachen

I Zeithistorischer Hintergrund

Die bayerischen Schwurgerichte nahmen ihre Arbeit zu einer Zeit auf, in der die westdeutschen Anstrengungen um eine strafrechtliche Aufarbeitung des NS-Unrechts ihren quantitativen Höhepunkt überschritten hatten. In der unmittelbaren Nachkriegszeit wurden von westdeutschen Justizorganen über 10.000 Ermittlungsverfahren eingeleitet, wobei es zu knapp 4000 rechtskräftigen Verurteilungen kam.[29] Nach Gründung der Bundesrepublik brach die Zahl der Ermittlungen und Verurteilungen regelrecht ein. Während westdeutsche Gerichte 1949 noch annähernd 1500 Personen wegen NS-Verbrechen rechtskräftig verurteilt hatten, halbierte sich diese Zahl im Folgejahr. Der Tiefpunkt mit lediglich 15 rechtskräftigen Verurteilungen war schließlich 1955 erreicht.[30] Erst Ende der 1950er Jahre kam es – unter den Verliererstaaten des Zweiten Weltkriegs beispiellos – zu einer „justizpolitischen Wende"[31] und damit einhergehend zu einem erneuten Anstieg der Ermittlungen. Als Gründe für das wiedererwachte Interesse an einer strafrechtlichen Vergangenheitsbewältigung sei stichwortartig verwiesen auf die Folgen der ostdeutschen „Braunbuchkampagne", den Eindruck des „Ulmer Einsatzgruppenprozesses" von 1958 und die im selben Jahr erfolgte Gründung der „Ludwigsburger Zentralen Stelle der Landesjustizverwaltungen zur Aufklärung nationalsozialistischer Verbrechen"[32].

29 *Eichmüller*, Keine Generalamnestie. Die strafrechtliche Verfolgung von NS-Verbrechen in der frühen Bundesrepublik, 2012, 225; instruktiv *ders.*, VfZ 2008, 621 ff.

30 *Eichmüller* (Fn. 29), 226.

31 *Eichmüller* (Fn. 29), 188.

32 *Eichmüller* (Fn. 29), 63, 188 ff.

II Bestandsaufnahme

Die strafrechtliche Aufarbeitung von NS-Unrecht nimmt innerhalb der Urteilstätigkeit der bayerischen Schwurgerichte einen prominenten Platz ein. Von 34 überlieferten Münchener Schwurgerichtsurteilen hatten 12 Verfahren NS-Unrecht zum Gegenstand, in Augsburg waren es von insgesamt 17 Urteilen sechs. Zwischen April 1949 und Oktober 1950 ergingen bayernweit – nach derzeitigem Kenntnisstand – 45 Schwurgerichtsurteile wegen NS-Verbrechen, wobei insgesamt 68 Personen vor Gericht standen. Unter den Angeklagten befanden sich lediglich zwei Frauen, die Denunziantin *Hilde Berthold* und der Auschwitz-Kapo *Philomena M.*[33] Die Mehrzahl der Urteile ist in der Sammlung von *C.F. Rüter* publiziert, andere Judikate blieben bislang unveröffentlicht und konnten in den Staatsarchiven ermittelt werden.[34] Einige der abgeurteilten Tatkomplexe sind fest im kollektiven Gedächtnis der Region verankert und rücken bis heute in den Brennpunkt erinnerungspolitischer Kontroversen. So wird im fränkischen Aub über die angemessene Form des Gedenkens an *Alfred Eck* gestritten, der in den letzten Kriegstagen mit den Amerikanern über die Übergabe eines vorgelagerten Dorfes verhandelte und hierbei die Position deutscher Verteidigungsstellungen preisgab. Ein improvisiertes Standgericht verurteilte Eck zum Tode durch den Strang, ordnete die öffentliche Hinrichtung auf dem Auber Marktplatz an und befahl aus Gründen der Abschreckung, den Leichnam drei Tage den Elementen preiszugeben.[35] Ähnliche Debatten werden im unterfränkischen Rieneck geführt, wo Ende März 1945 ein Volkssturmführer 13–17-jährigen Hitlerjungen die Erschießung russischer Kriegsgefangener befohlen hatte.[36] Zu den überregional bekanntesten der vor bayerischen Schwurgerichten verhandelten Verbrechen zählen indes die Euthanasie-Morde in der Heil- und Pflegeanstalt Kaufbeuren-Irsee[37], die Hinrichtung des Regensburger Dompredigers *Dr. Maier*[38], die versuchte Beseitigung des Ehemannes durch die Denunziantin

33 LG Würzburg, Urt. v. 6.2.1950, BayHStA, StMJ, NSG-Akten, Karton 8; LG München, Urt. v. 9.7.1949, StA München, Staatsanwaltschaften 17417.

34 Umfassende Nachweise mit Archivbelege bei *Koch*, ZNR 2016, 241 (252 ff.).

35 LG Würzburg, Urt. v. 14.11.1949, in: *C.F. Rüter* (Fn. 21), Lfd. Nr. 180.

36 LG Würzburg, Urt. v. 23.8.1950, in: *C.F. Rüter* (Fn. 21), Lfd. Nr. 232.

37 LG Augsburg, Urt. v. 30.7.1949, in: *C.F. Rüter* (Fn. 21), Lfd. Nr. 162; hierzu *Cranach/Schweizer-Martinschek*, in: Dieter (Hrsg.), Kaufbeuren unterm Hakenkreuz, 2015, 270 ff.

38 LG Amberg, Urt. v. 4.10.1949, in: *C.F. Rüter* (Fn. 21), Lfd. Nr. 171.

Hilde Berthold[39], die in der Münchener Gestapo-Zentrale verübten Folterungen und Morde[40] oder auch die beispiellose Menschenjagd der „Penzberger Mordnacht“, der noch Ende April 1945 in der oberbayerischen Bergarbeiterstadt 16 Menschen zum Opfer fielen.[41]

Die von bayerischen Schwurgerichten abgeurteilten Tatkomplexe unterscheiden sich in ihrer Verteilung deutlich von der westdeutschen „Gesamtbilanz“. In den Westzonen bzw. in der frühen Bundesrepublik entfielen 80 Prozent der Verurteilungen auf die drei Bereiche „Reichspogromnacht“ (47,6 Prozent), „Verbrechen an politischen Gegnern“ (20,8 Prozent) und „Denunziation“ (12,5 Prozent).[42] Es dominierten mithin Verbrechen mit „doppeltem Inlandsbezug“: Deutsche wurden innerhalb der Reichsgrenzen zu Opfern. Verfahren wegen Wehrmachtsverbrechen oder der Massenvernichtung im Osten blieben vergleichsweise selten. Aufgrund der Fokussierung auf Inlandsdelikte sprechen manche Historiker von einer „fehlgeleiteten Strafverfolgung“.[43] Ob diese Aussage in ihrer Pauschalität zutrifft, sei dahingestellt – bezogen auf die bayerische Schwurgerichtsbarkeit geht sie offenkundig fehl.[44] Ansonsten dominierende Tatkomplexe spielten vor bayerischen Schwurgerichten gänzlich untergeordnete Rollen. Verbrechen der Pogromnacht wurden in aller Regel als Landfriedensbruch oder Brandstiftung angeklagt, Denunziationen als Verbrechen gegen die Menschlichkeit oder Freiheitsberaubung, Gewalttaten gegen politische Gegner zumeist als Körperverletzung – und alle diese Delikte blieben der Zuständigkeit des bayerischen Schwurgerichts entzogen. Prozentual stark vertreten waren hingegen Endphaseverbrechen (28,9 Prozent), Verbrechen in Konzentrationslagern (28,9 Prozent), einschließlich sogenannter „Todesmärsche“, sowie Morde in den besetzten osteuropäischen Gebieten. Entsprechend hoch ist der Anteil ausländischer Tatorte und ausländischer Tatopfer. In 45 Prozent der Verfahren

39 LG Würzburg, Urt. v. 6.2.1950, in: BayHStA, StMJ-Akten, Karton 8. Hierzu *K. Sauerland*, in: Festschrift für Hartmut Schiedermaier, 2001, S. 55 ff.

40 Die Urteile finden sich, bis auf das Schwurgerichtsurteil, in *C.F. Rüter* (Fn. 21), Lfd. Nr. 404; hierzu *Eichmüller* (Fn. 29), 17 ff.

41 LG Augsburg, Urt. v. 17.4.1950, in: *C.F. Rüter* (Fn. 21), Lfd. Nr. 208. Zu der Prozessserie *Koch/Siebenhüter*, Rechtskultur 2014, S. 58 ff.

42 *Eichmüller*, VfZ 2008, 621 (636); vgl. auch die Grafiken von Eichmüller, in: *Raim*, Justiz zwischen Diktatur und Demokratie. Der Wiederaufbau der Justiz in den Westzonen unter alliierter Aufsicht und die Ahndung von NS-Verbrechen 1945–1949, 2013, 656 f.

43 *C.F. Rüter*, Deutschland-Archiv 2010, S. 213 ff.; aufgegriffen von *Bästlein*, ZfG 2016, 6.

44 Ein positives Fazit der frühen justiziellen Verfolgung von NS-Unrecht zieht *Raim* (Fn. 42), 1179 f.

waren die Opfer Ausländer, in knapp einem Drittel lag der Tatort außerhalb der Reichsgrenzen. Schauplätze der Verbrechen waren beispielsweise das Baltikum, polnische Ghettos, Galizien, Theresienstadt und Auschwitz. Verfahrensgegenstand waren erstmals – und bis zum Ulmer Prozess von 1958 letztmals – die Massenmorde der sogenannten „Einsatzgruppen“. Das Schwurgericht Würzburg legte die Mordtaten der Einsatzgruppen offen und gelangte gegen den Hauptangeklagten *Martin Weiß* wegen mehrfachen Mordes und Beihilfe zum Mord in 30.000 Fällen zu einer lebenslangen Zuchthausstrafe.[45]

III Strafhöhen

Wie aber urteilten die Schwurgerichte? Erfüllten sich die Erwartungen der Schwurgerichtsanhänger um *Wilhelm Hoegner* oder die Befürchtungen der Gegner, die vor unberechtigten Lossprechungen gewarnt hatten? Zugespitzt formuliert: Urteilte „das Volk“ strenger oder milder als Berufsrichter? Gegen die 69 Personen, die vor bayerischen Schwurgerichten wegen NS-Verbrechen angeklagt waren, ergingen folgende Urteile[46]: Am unteren Ende der Skala stehen 17 Freisprüche, drei Einstellungen nach dem Straffreiheitsgesetz von 1949[47] sowie zwölf Verurteilungen zu einer Haftstrafe von unter zwei Jahren Gefängnis. Wie zu zeigen sein wird, gelangten die Geschworenen gerade in Aufsehen erregenden Verfahren zu milden Urteilen oder Freisprüchen. Beispielhaft sei vorab verwiesen auf die geringe Haftstrafe für *Dr. Koob*, den Vorsitzenden eines Standgerichts, das im mainfränkischen Lohr einen Tag vor der Besetzung durch die Amerikaner einen Arzt zum Tode verurteilt hatte, der die Stadt kampflos übergeben wollte.[48] Mit einer milden Strafe kamen auch Wehrmachtssoldaten davon, die 1941 an russischen Kriegsgefangenen einen bestialischen Lynchmord („lebende Fackeln“) verübt hatten.[49] Das „Mittelfeld“ mit Haftstrafen zwischen zwei und zehn Jahren macht 27 Urteilssprüche aus. In diese Kategorie fallen die erwähnten Schwurgerichtsurteile wegen der Endphaseverbrechen in Aub und Rieneck

45 LG Würzburg, Urt. v. 3.2.1950, in: *C.F. Rüter* (Fn. 21), Lfd. Nr. 192. Zu Hintergründen *Eichmüller* (Fn. 29), 285 ff.

46 In zwei Verfahren ergingen nach erfolgreicher Einlegung von Rechtsmitteln erneute Schwurgerichtsurteile gegen die Angeklagten.

47 Hierzu allgemein *Eichmüller* (Fn. 29), 36 ff.

48 LG Würzburg, Urt. v. 10.8.1950, in: *C.F. Rüter* (Fn. 21), Lfd. Nr. 230. Zum „Fall Koob“: *Eichmüller* (Fn. 29), 283.

49 LG Bayreuth, Urt. v. 21.5.1950, aus: *Paulus*, Der Oberfränkische Schwurgerichtshof, 2004, 317 ff.

sowie das Urteil gegen den Auschwitz-Kapo *Philomena M.*[50] Am oberen Ende der Skala steht ein Todesurteil, ausgesprochen vom Schwurgericht München zwei Tage vor Inkrafttreten des Grundgesetzes und der Abschaffung der Todesstrafe durch Artikel 102 GG. Sechs Angeklagte wurden zu lebenslangen Zuchthausstrafen verurteilt, vier weitere zu 10–20-jährigen Zuchthausstrafen.[51] Die Todesstrafe richtete sich gegen *Max Rättig*, einen sogenannten „volksdeutschen Hilfspolizisten", der als „Schrecken von Tomaszów" wegen 52-fachen Mordes angeklagt war.[52] Das Bayerische Oberste Landesgericht wandelte den Urteilsspruch nach Erlass des Grundgesetzes in eine lebenslange Zuchthausstrafe um.[53] „Lebenslang" erhielten außerdem ein KZ-Kapo[54] und ein KZ-Blockältester[55] für unfassbar grausam-sadistische Tötungen von Mithäftlingen, der Gestapo-Chef einer galizischen Kleinstadt[56], ein Beteiligter an Judenmorden in Lemberg[57] sowie die beiden Führer einer in Wilna mordenden „Einsatzgruppe"[58].

Doch wie lassen sich die skizzierten Strafhöhen einordnen, insbesondere im Vergleich zu berufsrichterlichen Urteilen? Anhand der ausgewerteten Urteile lässt sich eines mit Sicherheit festhalten: *Hoegners* Erwartungen erfüllten sich nicht, die bayerischen Schwurgerichte urteilten keineswegs strenger

---

50 LG Würzburg, Urt. v. 14.11.1949, in: *C.F. Rüter* (Fn. 21), Lfd. Nr. 180: 2 ½ Jahre Gefängnis für den Stadtkommandanten von Aub; LG Würzburg, Urt. v. 23.8.1950, in: *C.F. Rüter* (Fn. 21), Lfd. Nr. 232: 5 Jahre Zuchthaus für den angeklagten Volkssturmführer; LG München, Urt. v. 9.7.1949, StA München, Staatsanwaltschaften 17417: 4 Jahre Gefängnis für Philomena M.

51 LG Amberg, Urt. 18.11.1949, in: *C.F. Rüter* (Fn. 21), Lfd. Nr. 181 (14 Jahre Zuchthaus für einen Aufseher im KZ Flossenbürg); LG Augsburg, Urt. 17.4.1950, in: *C.F. Rüter* (Fn. 21), Lfd. Nr. 208 (10 Jahre Zuchthaus gegen einen Beteiligten an der „Penzberger Mordnacht"); LG München, Urt. v. 24.8.1949, in: *C.F. Rüter* (Fn. 21), Lfd. Nr. 165 (versuchte Morde und Misshandlungen im Gefängnis von Lublin); LG Würzburg, Urt. v. 6.2.1950, BayHStA StMJ NSG Akten, Karton 8 (14 Jahre Zuchthaus gegen die Denunziantin Hilde Berthold).

52 LG München, Urt. v. 21.5.1949, in: *C.F. Rüter* (Fn. 21), Lfd. Nr. 514. Archivalien in: StA München Staatsanwaltschaften 30363/1. Zum Prozess knapp *Raim* (Fn. 42), 1156 f.

53 LG München, Urt. v. 19.10.1949, in: *C.F. Rüter* (Fn. 21), Lfd. Nr. 514. Das LG München sprach Rättig 1961 nach einem erfolgreichen Wiederaufnahmeverfahren aufgrund widersprüchlicher Aussagen der Hauptbelastungszeugen frei, in: *C.F. Rüter* (Fn. 21), Lfd. Nr. 514.

54 LG Augsburg, Urt. v. 28.6.1950, in: *C.F. Rüter* (Fn. 21), Lfd. Nr. 221.

55 LG Augsburg, Urt. v. 2.10.1950, in: *C.F. Rüter* (Fn. 21), Lfd. Nr. 246.

56 LG München, Urt. v. 13.7.1949, in: *C.F. Rüter* (Fn. 21), Lfd. Nr. 159.

57 LG München, Urt. v. 28.8.1949, in: *C.F. Rüter* (Fn. 21), Lfd. Nr. 166.

58 LG Würzburg, Urt. v. 3.2.1950, in: *C.F. Rüter* (Fn. 21), Lfd. Nr. 192.

als berufsrichterlich besetzte Strafkammern. Im Gegenteil, alles deutet darauf hin, dass Laien NS-Unrecht aufs Ganze gesehen und unter Zugrundelegung des Maßstabs der späten 1940er Jahre milder beurteilten als Strafkammern. Zur Untermauerung dieser These werden im Folgenden beispielhaft solche Urteile in den Blick genommen, welche die zeitgenössische öffentliche Wahrnehmung entscheidend prägten (1.), der Instanzenzug nach bzw. vor schwurgerichtlichen Urteilen analysiert (2.) sowie Prozessberichte von Verfahrensbeteiligten ausgewertet (3.).

1 Aufsehen erregende Urteile

Als prägend für die zeitgenössische Wahrnehmung erwies sich, dass Schwurgerichte gerade in Aufsehen erregenden Verfahren zu milden Urteilen oder Freisprüchen gelangten – und dies zu einer Zeit, in der Lossprechungen in NS-Prozessen noch öffentliche Proteste bis hin zu Massendemonstrationen auszulösen vermochten.[59] So kam der Direktor der Pflegeanstalt Kaufbeuren-Irsee, der Reformpsychiater *Valentin Faltlhauser*, vor dem Schwurgericht Augsburg mit einer dreijährigen Gefängnisstrafe davon, obwohl in seiner Anstalt Hunderte von Euthanasie-Tötungen verübt worden waren.[60] Im Verfahren um die „Penzberger Mordnacht" sprach dasselbe Gericht zwei von Vorinstanzen zum Tode verurteilte Angeklagte kurzerhand frei.[61] Nach Zeitungsberichten versammelten sich in Augsburg rund 20.000 Personen, um gegen das „Schandurteil" zu demonstrieren.[62] Die Kritik richtete sich auch gegen das Institut des Schwurgerichts, für dessen Beseitigung sich mehrere Redner starkmachten. Auch das Verfahren wegen der Ermordung des Regensburger Dompredigers *Dr. Maier* endete anders als von Hoegner im Bayerischen Landtag prophezeit. In der Neuverhandlung vor dem Schwurgericht Amberg verneinten die Geschworenen sämtliche der ihnen vorgelegten Fragen und sprachen die Angeklagten frei, darunter den Staatsanwalt und einen Beisitzer am damaligen Standgerichtsverfahren[63]. Das Urteil veranlasste den Regensburger Diözesanbischof *Dr. Buchberger* zu

59 Hierzu *Eichmüller*, in: *Osterloh/Vollnhals* (Hrsg), NS-Prozesse und deutsche Öffentlichkeit, 2011, 61.

60 LG Augsburg, Urt. v. 30.7.1949, in: *C.F. Rüter* (Fn. 21), Lfd. Nr. 162. Das Schwurgericht erkannte lediglich auf untergeordnete Teilnahmehandlungen („Anstiftung zur Beihilfe zum Mord").

61 LG Augsburg, Urt. v. 17.4.1950, in: *C.F. Rüter* (Fn. 21), Lfd. Nr. 208.

62 Schwäbische Landeszeitung, 19.4.1950, 5; näher *Koch/Siebenhüter*, Rechtskultur 2014, 62.

63 LG Amberg, Urt. v. 4.10.1949, in: *C.F. Rüter* (Fn. 21), Lfd. Nr. 171.

dem Ausspruch „Gott schütze uns vor einem solchen Recht“[64]. Der Münchener Weihbischof *Dr. Neuhäusler* sekundierte und erklärte gegenüber dem Staatsministerium der Justiz: „Unrecht kann und darf nicht durch Paragraphenjustiz zum Recht gestempelt werden“[65]. Ebenfalls mit einem Freispruch endete der Prozess gegen den Leiter der Münchener Gestapo, der in den Kellern des Wittelsbacher Palais zahllose osteuropäische Zwangsarbeiter quälen und exekutieren ließ.[66] Das Urteil löste Proteste aus und verstärkte die Zweifel an der Legitimität des Schwurgerichts. Das in Rosenheim erscheinende „Oberbayerische Volksblatt“ kommentierte: „Doch woher nimmt er (der bayerische Landtag, A.K.) eigentlich das Recht, sich über den Freispruch derart zu erregen? War er es nicht, der 1948 der bayerischen Justiz einen Zopf aufdrängte, auf den alle anderen westdeutschen Länder mit gutem Grund verzichteten? (…) Das bayerische Schwurgericht hat nur Nachteile; darum muß es so schnell wie möglich verschwinden“[67].

2 Instanzenzug

Ein weiteres Indiz für die relative Milde der Schwurgerichte folgt aus einem Blick auf den Instanzenzug. Kam es zu einer erfolgreichen Revision gegen vor dem 1. April 1949 ergangene berufsrichterliche Strafkammerurteile, so fiel das nach einer Neuverhandlung erlassene Schwurgerichtsurteil ausnahmslos milder aus. Beobachten lässt sich dies bei den erwähnten Schwurgerichtsurteilen gegen den Standgerichtsvorsitzenden *Dr. Koob*, gegen Beteiligte des Standgerichtsverfahrens gegen den Regensburger Domprediger *Dr. Maier* und gegen Angeklagte der „Penzberger Mordnacht“.[68] In einem weiteren Prozess sprach das Schwurgericht

64 Mittelbayerische Zeitung. Umschau Regensburg Stadt, 7.11.1949.

65 Schreiben von Dr. Johann Neuhäusler an das Bayerische Staatsministerium der Justiz v. 21.11.1949, in: BayHStA, StMJ NSG-Akten, Sammelakten 1093 II, Bd. 14; hier auch weitere Protestschreiben.

66 LG München, Urt. v. 22.3.1950, in: StA München Staatsanwaltschaften 17439/2; zur Urteilskritik *Eichmüller* (Fn. 29), 17 ff.

67 Oberbayerisches Volksblatt vom 28. März 1950, 1 („Kommentar Laienrichter“), in: StA München, Staatsanwaltschaften 17439/2.

68 LG Würzburg, Urt. v. 10.8.1950 („Fall Koob“), in: *C.F. Rüter* (Fn. 21), Lfd. Nr. 230: 1 Jahr und vier Monate Gefängnis gegenüber zuvor vom LG Aschaffenburg verhängten 2 Jahren und sieben Monaten. Das OLG Bamberg hatte in seinem Revisionsurteil eine Strafe wegen Totschlags nahegelegt. LG Amberg, Urt. v. 4.10.1949 (Todesurteil gegen Dr. Maier), in: *C.F. Rüter* (Fn. 21), Lfd. Nr. 171: Freispruch für den damaligen Ankläger im Standgerichtsverfahren, der vom LG Amberg noch zu vier Jahren Zuchthaus verurteilt worden war. Zur „Penzberger Mordnacht“: LG Augsburg, Urt. v. 17.4.1950, in: *C.F. Rüter* (Fn. 21), Lfd. Nr. 208.

Traunstein einen zuvor zu einer Zuchthausstrafe verurteilten ehemaligen SS-Standartenführer frei. Der Angeklagte hatte einem Kommandounternehmen angehört, das im Frühjahr 1933 einen nach Österreich geflohenen Regimegegner liquidiert hatte.[69] Die Umkehrung bestätigt den Befund: Nach erfolgreichen Revisionen gegen Schwurgerichtsurteile führten vor Strafkammern nach dem 1. Oktober 1950 durchgeführte Neuverhandlungen überwiegend – und gegen den Trend eines zu Beginn der fünfziger Jahre erlahmenden Verfolgungsinteresses – zu Verschärfungen des Urteilsspruchs.[70]

3 Prozessberichte

Ein anschauliches Bild von den Schwurgerichtsverhandlungen, bisweilen auch von der Überforderung der Geschworenen, vermitteln die archivierten Prozessberichte der beteiligten Richter und Staatsanwälte.[71] Adressaten der Schreiben waren das bayerische Staatsministerium der Justiz bzw. der Generalstaatsanwalt. Bei aller Vorsicht gegenüber den subjektiv gefärbten Einschätzungen der Juristen ist die Stoßrichtung eindeutig. Nahezu ausnahmslos entzündete sich die Kritik an der Milde der Geschworenensprüche. Die Laien wählten – so die Quintessenz – das „kleinere Übel“, um sich ihrer Verantwortung zu entziehen. Sie neigten einerseits zur sachwidrigen Ablehnung des Vorsatzes, andererseits zur vorschnellen Zubilligung mildernder Umstände. Zudem schreckten sie vor Verurteilungen zurück, wenn ihnen die angedrohte Mindeststrafe unangemessen

---

69 LG Traunstein, Urt. v. 22.11.1949, in: BayHStA, StMJ NSG-Akten, Karton 2, Sammelakten 1093 II, Bd. 11.

70 LG Bamberg, Urt. v. 18.1.1951, in: *C.F. Rüter* (Fn. 21), Lfd. Nr. 264 (7 Jahre Zuchthaus nach zuvor 4 Jahren Gefängnis); LG Nürnberg, Urt. v. 9.3.1951, in: BayHStA StMJ NSG-Akten, Karton 7 (4 ½ Jahre Gefängnis nach zuvor 3 ½ Jahren Gefängnis); LG München, Urt. v. 29.5.1950, in: *C.F. Rüter* (Fn. 21), Lfd. Nr. 404 („Fall Lebküchner“: 2 bzw 2 ½ Jahre Gefängnis nach Freisprüchen); LG Augsburg, Urt. v. 30.6.1951, in: *C.F. Rüter* (Fn. 21), Lfd. Nr. 287 („Penzberger Mordnacht“: 8 Jahre Zuchthaus nach zuvor 5 Jahren Gefängnis gegen den Hauptangeklagten). Die Milderungen betrafen zwei Angeklagte der „Penzberger Mordnacht“ sowie die Denunziantin Hilde Berthold, in: *C.F. Rüter* (Fn. 21), Lfd. Nr. 384 (Freispruch nach 14 Jahren Zuchthaus. Nach erneuter Aufhebung des Urteils durch den BGH verurteilte das LG Würzburg Hilde Berthold rechtskräftig zu 6 Jahren Zuchthaus). In zwei Fällen führte ein erfolgreiches Wiederaufnahmeverfahren zu einer Neuverhandlung und zu einer Strafmilderung: LG München, Urt. v. 26.1.1953, in: *C.F. Rüter* (Fn. 21), Lfd. Nr. 336 (6 Jahre Zuchthaus statt zuvor acht Jahre Zuchthaus); LG München, Urt. v. 29.6.1961, in: *C.F. Rüter* (Fn. 21), Lfd. Nr. 514 (Freispruch nach schwurgerichtlichem Todesurteil).

71 Hierzu *A. Koch*, ZRG GA 122 (2005), 242 (257 f.).

hoch erschien. Gerade in NS-Sachen blieben die Geschworenen hinter den Straferwartungen der Berufsjuristen zurück. Intern beklagten Staatsanwälte in sogenannten „politischen Verfahren“ „krasse Fehlurteile“ und konstatierten einen Vertrauensverlust der deutschen Justiz – so etwa anlässlich des milden Urteils gegen den Auschwitz-Kapo *Philomena M.*[72] Um die Überforderung der Laien zu veranschaulichen, berichtete der Münchener Oberstaatsanwalt *Neudeck* dem Justizministerium von folgender Szene aus dem Prozess gegen den ehemaligen Leiter der Münchener Gestapo. Der Angeklagte hatte sich zur Rechtfertigung der Exekutionen auf geheime Befehle aus dem Reichssicherheitshauptamt berufen. Am Ende des Prozesses, nach eingehender Rechtsbelehrung durch den Vorsitzenden, fragte einer der Geschworenen: „Herr Vorsitzender, jetzt sagen Sie uns nur noch: waren denn nun die Geheim-Verfügungen rechtswidrig oder nicht“? Dies zu entscheiden, so der Vorsitzende, „sei gerade Aufgabe des Geschworenen“[73]. Angesichts solcher Szenarien plädierten die Berichterstatter ausnahmslos für die Beseitigung des bayerischen Schwurgerichts, einem „bedauerliche(n) Missgriff und unverantwortliche(n) Rückschritt zum Nachteil der Gerechtigkeit“[74]. An seine Stelle sollte nach einhelliger Ansicht der Justizjuristen das Schöffengericht in Form der „Emminger-Verordnung“ treten.

D Ergebnis und Ausblick

Die bayerischen Schwurgerichte erfüllten die in sie gesetzten Erwartungen nicht. Die Laien urteilten in NS-Sachen keineswegs härter als Berufsrichter, sondern in der Tendenz milder – was hohe Strafen bei Exzesstaten nicht ausschloss. Die Geschworenen waren in aller Regel als „unbelastet“ eingestuft und keine früheren Mitglieder der NSDAP. In der relativen Milde der Schwurgerichtsurteile findet das Zurückschrecken der Laien vor den gravierenden Folgen eines Schuldspruchs seinen Ausdruck. Der Autor und Literaturnobelpreisträger *André Gide*, selbst für einige Zeit Mitglied eines Geschworenengerichts in der französischen Provinz, beschrieb das Verhalten der Laien wie folgt: „Was wird der Geschworene im Zweifelsfall tun? Er wird für schuldig votieren – und im selben Zug für mildernde Umstände, um die Verantwortung der Jury zu mildern (...). Sobald

72 Bericht des Oberstaatsanwalts am LG München an den Generalstaatsanwalt beim OLG, Bl. 21, in: StA München Staatsanwaltschaften 17417/1.

73 Bericht des Oberstaatsanwalts an das Bayerische Staatsministerium der Justiz, 13.6.1950, Bl. 2, in: BayHStA StMJ NSG Akten Karton 7, Sammelakten, Bd. 23.

74 Bericht des Oberstaatsanwalts über die erste Tagung des Schwurgerichts Augsburg vom 17. Juni 1949, 3, BayStMinJu 3232 II, Heft 5, Bd. 1.

eine selbst nur leichte Unschlüssigkeit vorliegt, neigt der Geschworene dazu, für mildernde Umstände zu stimmen, und zwar umso eher, je schwerwiegender das Verbrechen ist“[75].

Wenn bislang von der „relativen Milde“ der Schwurgerichtsurteile die Rede war, so bildete das Jahr 1949 den Maßstab, mithin der Höhepunkt der deutschen Bemühungen um eine strafrechtliche Selbstreinigung. Erweitert man hingegen die Perspektive und berücksichtigt die 1950er Jahre, so ergeben sich zwei bittere Pointen, eine wissenschaftsgeschichtliche und eine justizgeschichtliche. Zum Ersten: Gegen die Schwurgerichtsverfassung wurde stets die fehlende Begründung des Schuldspruchs ins Feld geführt. „Die Öffentlichkeit habe einen Anspruch darauf zu erfahren, welche tatsächlichen und rechtlichen Gesichtspunkte für die Entscheidung des Gerichts maßgebend waren“ – so der Augsburger Schwurgerichtsvorsitzende *Oppel* in einem Zeitungsartikel.[76] Nach Beseitigung der Schwurgerichte, in den 1950er Jahren, fehlte der Fachöffentlichkeit jedoch jegliches Interesse an einer kritischen Auseinandersetzung mit den nunmehr greifbaren, berufsrichterlich verfassten Urteilsgründen. Die Aufarbeitung von NS-Unrecht wurde – von ganz wenigen Ausnahmen abgesehen – weder im universitären Betrieb noch in Fachzeitschriften thematisiert.[77] Es bleibt der irritierende Befund, dass sich die Strafrechtswissenschaft über mehr als ein Jahrzehnt in Schweigen hüllte, während die Strafgerichte Rechtsfiguren fanden, ja erfanden, die die Aufarbeitung von NS-Unrecht erschwerten oder gänzlich unmöglich machten. Zum zweiten, zum justizgeschichtlichen Aspekt: Richter und Staatsanwälte wurden nicht müde, die aus ihrer Sicht zu geringen Strafhöhen der bayerischen Schwurgerichte zu beklagen. Doch schon ein Jahr nach Gründung der Bundesrepublik brachen die Ermittlungs- und Verurteilungszahlen in NS-Sachen deutschlandweit ein. Nicht der Gesetzgeber war hierfür verantwortlich, sondern maßgeblich die Justiz selbst. Und hier sei an die eingangs zitierte Mahnung *Gerhard Wolfs* erinnert: Die Gerichte erkannten zugunsten von Angeklagten auf – um nur einige Rechtsfiguren zu nennen – „fehlendes Unrechtsbewusstsein“, „Befehlsnotstand“ „Handeln auf Befehl“ oder „übergesetzlichen entschuldigenden Notstand“[78]. Für die Exkulpierung von NS-Justizverbrechen

75 *Gide*, Schwurgericht. Drei Bücher vom Verbrechen, 1997, 67.

76 *Oppel*, Schwäbische Landeszeitung, 26.4.1950, 3.

77 Erst zu Beginn der 1960er Jahre griff eine neue Generation von Rechtswissenschaftlern die Thematik auf. Vgl. etwa *H. Jäger*, MschrKrim 1962, 73 ff.; *Roxin*, GA 1963, 193 ff. Lehrreich hierzu die Beiträge in *Horstmann/Litzinger* (Hrsg.), An den Grenzen des Rechts. Gespräche mit Juristen über die Verfolgung von NS-Verbrechen, 2006.

78 *Koch/Siebenhüter*, Rechtskultur 2014, 58 (68 f.).

kreierte der Bundesgerichtshof eine Auslegung des Rechtsbeugungstatbestands, die selbst die Verurteilung von Richtern am Volksgerichtshof dauerhaft vereitelte.[79] Die Nichtahndung von NS-Unrecht ging im Wesentlichen auf scheinbar „rein dogmatische" richterliche Auslegungen zurück. Oder anders gewendet: Der Berufsrichter der 1950er Jahre war in der Rechtsanwendung weitaus flexibler und interessengeleiteter als es die viel gescholtenen bayerischen Geschworenen der Jahre 1949 und 1950 je waren.

79 Hierzu *A. Koch*, ZIS 2011, 470 ff.

Erik Kraatz

Zum Irrweg der mittelbaren Täterschaft kraft Organisationsherrschaft in Wirtschaftsunternehmen

Abstract: The analysis of the perpetration of an offence using an innocent agent in virtue of organisational structures according to § 25 StGB (German criminal code) deals with dogmatic beginnings from the nineteen sixties. The developed principles were used for the first time in the lawsuits dealing with criminal liability of marksmen on the Berlin Wall. The law relating to economic offences shows a tendency of extending these principles. Criticism in literature is clear. The pursuit of material justice blocks limiting dogmatic rules of the concept of perpetration in total, which neither the jurisdiction or the democratic legislator seem to be interested in developing.

Keywords: organizer of a crime, indirect offender, company

Anfang des Jahrtausends mahnte *Rogall*[1] nach eingehender Analyse der Rechtsprechung zur mittelbaren Täterschaft kraft organisatorischem Machtapparat, „über eine Neuformulierung der Täterschaftsregeln" nachzudenken. Eine Zuordnung dieser ursprünglich von *Roxin* in seinem Antrittsvortrag am 05.02.1963 in Hamburg[2] vor dem Hintergrund des Eichmann-Prozesses in Jerusalem entwickelten Rechtsfigur, die vom Bundesgerichtshof zur Aburteilung der Befehlsgeber der ehemaligen DDR im Hinblick auf die Tötungen an der innerdeutschen Grenze erstmals herangezogen wurde[3] und die bereits 1985 in Argentinien bei der Aburteilung der Generalsjunta[4] (und etwa 2009 beim Haftbefehl des Internationalen Strafgerichtshofs gegen den sudanesischen Präsidenten Al Bashir[5] oder bei der Verurteilung des peruanischen Ex-Präsidenten Fujimori[6] durch das

1 *Rogall*, in: FG-50 Jahre BGH, Bd. IV, 2000, 383 (428).

2 *Roxin*, GA 1963, 193 ff.

3 BGHSt. 40, 218 (236 f.); BGHSt. 45, 270 (296); vgl. jüngst zum NS-Unrecht BGH NJW 2017, 498 (499 f.).

4 Vgl. hierzu *Ambos*, GA 1998, 226 (238 f.).

5 Vgl. *Burghardt/Geneuss*, ZiS-Online 2009, 126 ff., http://www.zis-online.com/dat/artikel/2009_4_303.pdf, abgerufen am 18.7.2017.

6 Vgl. hierzu *Herzberg*, ZiS-Online 2009, 576 ff.; http://www.zis-online.com/dat/artikel/2009_11_372.pdf, abgerufen am 18.7.2017; *Roxin*, ZiS-Online 2009, 565 ff.,

Oberste peruanische Gericht) international angewandt wurde, in § 25 I Var. 2 StGB sei laut Rogall zwar plausibel, strapaziere aber die „traditionellen Grenzen der mittelbaren Täterschaft". Notwendig seien daher weitere wissenschaftliche Bemühungen, um diese Rechtsfigur weiter zu fundieren und in § 25 StGB bruchlos integrieren zu können.[7] Obgleich diese Rechtsfigur in der Rechtsprechung fortentwickelt wurde, um die in wirtschaftsstrafrechtlichen Fallgestaltungen zumeist im Mittelpunkt stehende Verantwortlichkeit der Führungskräfte in Wirtschaftsunternehmen erfassen zu können[8], und sich im Schrifttum[9] „in den letzten Jahren zum meist diskutierten Thema der gesamten Beteiligungslehre, wenn nicht des gesamten Allgemeinen Teils entwickelt"[10] hat, so beschränken sich hierbei die kritischen Auseinandersetzungen auf eine Vereinbarkeit mit der gängigen Täterschaftslehre.

Es war der hoch verehrte Jubilar, der – soweit ersichtlich – als Erster den Ruf nach einer Neuformulierung der Täterschaftsregeln vernommen hat. Aus Anlass einer Festschrift für *Friedrich-Christian Schroeder*, dessen Name untrennbar mit der Rechtsfigur des „Täters hinter dem Täter" verbunden ist[11], hat er in beeindruckender Klarheit herausgearbeitet, dass der Grund dafür, warum die Rechtsfigur des „Täters hinter dem Täter" „zu den am meisten umkämpften Fragen der Täterlehre"[12] gehöre, „im Fehlen der benötigten Grundlagen, insbesondere

---

http://www.zis-online.com/dat/artikel/2009_11_369.pdf, abgerufen am 18.7.2017; *ders.*, GA 2012, 395 (396 f.).

7 *Rogall* (o. Fn. 1), 383 (427 f.).

8 Vgl. grundlegend BGHSt. 43, 219 (231 f.); BGHSt. 48, 77 (89); BGHSt. 48, 331 (342 f.); BGHSt. 49, 147 (163 f.); BGH NStZ 1998, 568 (569); BGH JR 2004, 245 (246); BGH NStZ 2008, 89 f.

9 Vgl. nur *Abanto Vásquez*, in: FS-Roxin, 2011, 819 ff.; *Ambos*, GA 1998, 226 ff.; *ders.*, FS-Roxin, 2011, 837 ff.; *Brammsen/Apel*, ZJS-Online 2008, 256 ff., http://www.zjs-online.com/dat/artikel/2008_3_59.pdf, abgerufen am 18.7.2017; *Greco*, ZiS-Online 2011, 9 ff., http://www.zis-online.com/dat/artikel/2011_1_517.pdf, abgerufen am 18.7.2017; *Koch*, JuS 2008, 496 ff.; *Mittelsdorf*, ZiS-Online 2011, 123 ff., http://www.zis-online.com/dat/artikel/2011_3_536.pdf, abgerufen am 18.7.2017; *Muñoz Conde*, FS-Roxin, 2001, 609 ff.; *Nack*, GA 2006, 342 ff.; *Otto*, Jura 2001, 753 ff.; *Radtke*, GA 2006, 350 ff.; *Rissing-van-Saan*, FS-Tiedemann, 2008, 391 (403 f.); *Rotsch*, NStZ 2005, 13 ff.; *Roxin*, GA 2012, 395 ff.; *Rübenstahl*, HRR-Strafrecht 2003, 210 ff., http://www.hrr-strafrecht.de/hrr/archiv/03-10/hrr10-03.pdf, abgerufen am 18.7.2017; *Schlösser*, GA 2007, 161 ff.; *Schmucker*, StraFo 2010, 235 ff.; *Urban*, Mittelbare Täterschaft kraft Organisationsherrschaft, 2004; *Zaczyk*, GA 2006, 411 ff.; *Zieschang*, FS-Otto, 2007, 505 (514 f.).

10 *Schünemann*, in: LK-StGB, 12. Aufl., § 25 Rn. 125.

11 *F.-C. Schroeder*, Der Täter hinter dem Täter (1965).

12 *Roxin*, AT II, 2003, § 25 Rn. 61.

einer gesicherten Handlungs-, Kausalitäts- und Zurechnungslehre" liege.[13] Mit gerade einmal 12 Thesen hat er die gängige Dogmatik erschüttert und Eckpunkte für eine Neufundierung der Täterschaftslehre aufgezeigt. Auch wenn dem Jubilar nur darin beigepflichtet werden kann, dass „ein Festschrift-Beitrag [...] noch weniger als eine Dissertation geeignet" ist, „Grundfragen der Strafrechtslehre neu zu beantworten"[14], so kann zumindest aufgezeigt werden, wie sehr die herkömmliche Diskussion in festgefahrenen Formeln und bildhaften Umschreibungen (wie „Zentralgestalt" versus „Randfigur") verhaftet ist, anstatt sich primär mit den realen Bedingungen menschlichen Handelns (und Zusammenhandelns) auseinanderzusetzen. Hierfür eignet sich die intensiv geführte Auseinandersetzung um die Anwendbarkeit der Grundsätze der (rein) „normativen Tatherrschaft"[15] kraft faktischer Organisationsherrschaft auf den Leiter eines Wirtschaftsunternehmens, eine in Rechtsprechung und Teilen der Literatur längst zu einer festen Größe herangezogene (durchaus verlockende) „pragmatische Lösung"[16], „schwierige Sachverhalte, in denen die Annahme anderer Täterschaftsformen häufig schon aus Beweisgründen scheitern muss, auf bestechend einfache Art und Weise zu lösen"[17]:

I Grundlagen der Organisationsherrschaft

1 Roxins Lehre

Grundlage der von *Roxin* zur Erfassung von „Kollektivgeschehen", dem die auf Einzeltaten zugeschnittenen Grundsätzen der Täterschaft, Anstiftung und Beihilfe nicht gerecht werden könnten[18], entwickelten „Lehre von der Willensherrschaft kraft organisatorischer Machtapparate"[19] ist, dass ein „organisierter Machtapparat" aus Mitgliedern bestehe, von denen jeder aufgrund der streng hierarchischen Struktur zu einer anonymen, austauschbaren Figur würde, „ein in jedem Augenblick ersetzbares Rädchen im Getriebe des Machtapparates"[20], „bei dessen Ausfall sogleich ein anderer an seine Stelle tritt"[21]. Die Entschlussfreiheit

13 *Wolf*, FS-F.-C. Schroeder, 2006, 415.
14 *Wolf* (o. Fn. 13), 415 (416).
15 *Kudlich/Oglakcioglu*, Wirtschaftsstrafrecht, 2. Aufl. 2014, Rn. 108.
16 *Rotsch*, NStZ 2005, 13 (18).
17 *Rotsch*, JR 2004, 251.
18 *Roxin*, Täterschaft und Tatherrschaft, 9. Aufl. 2015, 242 ff.
19 Vgl. nur *Roxin*, GA 1963, 193 ff.; *ders.* (o. Fn. 18), S. 242 ff.
20 *Roxin*, GA 1963, 193 (201); *ders.*, in: LK-StGB, 11. Aufl., § 25 Rn. 128.
21 *Roxin* (o. Fn. 20), § 25 Rn. 128.

des Einzelnen, die normalerweise zu einer „unüberspringbaren Mauer" für den Hintermann werde und ihn in die „Randzone der Teilnahme abdrängt", entfalte diese gerade nicht; der Hintermann müsse nicht erst zu Mitteln der Täuschung oder Nötigung greifen, wenn eines der zahlreichen bei der Deliktsrealisierung mitwirkenden Organe sich entziehe, da sogleich ein anderer an seine Stelle trete, ohne dass die Durchführung des Gesamtplans dadurch beeinträchtigt werde.[22] Die gesamte Organisation entfalte so ein Eigenleben, „das vom wechselnden Bestande ihrer Mitglieder unabhängig" sei und somit „gleichsam ‚automatisch' " funktioniere.[23] Der Hintermann („Schreibtischtäter") sitze metaphorisch an den „Schalthebeln" und könne sich durch den im Rahmen der Machtorganisation verursachten „Anpassungsdruck" und die damit „erhöhte Tatgeneigtheit des unmittelbar Handelnden"[24] darauf verlassen, dass wenn er „auf den Knopf drückt und eine Tötungsaufforderung ausspricht", „der Apparat als solches den Vollzug gewährleistet"[25], dem Befehl also „Folge geleistet wird, ohne dass [der Hintermann] den Ausführenden auch nur zu kennen braucht"[26]. In diesem Sinne beherrsche er „mittels des Apparates" den Tatbestandserfolg[27], werde also aufgrund des „entscheidenden Faktors" der unbegrenzten Ersetzbarkeit (Fungibilität) des Ausführenden[28] zum mittelbaren Täter trotz voller Verantwortlichkeit des unmittelbar den Tatbestand erfüllenden Vordermannes.

Die hohe Bedeutung des Fungibilitätsgedankens bedinge hierbei, dass eine mittelbare Täterschaft einerseits zu verneinen sei, wenn ein Spezialist[29] die Tathandlung begehen müsse sowie – von erheblicher Bedeutung für ihren Anwendungsbereich – wenn der Apparat als ganzer nicht außerhalb der Rechtsordnung tätig werde. „Denn solange Leitung und Ausführungsorgane sich prinzipiell an eine von ihnen unabhängige Rechtsordnung gebunden halten, kann die Anordnung strafbarer Handlungen nicht herrschaftsbegründend wirken, weil die Gesetze den höheren Rangwert haben und im Normalfall die Durchführung rechtswidriger Befehle und damit die Willensmacht des Hintermannes ausschließen."[30] Erfolge die Aufforderung zu einer Straftat dagegen innerhalb eines

22 *Roxin*, GA 1963, 193 (200); *ders.* (o. Fn. 18), 245.
23 *Roxin*, GA 1963, 193 (200); *ders.* (o. Fn. 18), 245.
24 *Roxin*, GA 2012, 395 (396).
25 *Roxin* (o. Fn. 12), § 25 Rn. 105.
26 *Roxin* (o. Fn. 20), 245.
27 *Roxin*, FS-Grünwald, 1999, 549 (550).
28 *Roxin* (o. Fn. 12), § 25 Rn. 107; *ders.* (o. Fn. 20), § 25 Rn. 128; *ders.* (o. Fn. 18), 245.
29 So nun *Roxin* (o. Fn. 12), § 25 Rn. 118 auf die Einwände von *F.-C. Schroeder*, JR 1995, 178 und *Freund*, AT, 2. Aufl. 2009, § 10 Rn. 92 hin.
30 *Roxin*, GA 1963, 193 (204); *ders.* (o. Fn. 20), § 25 Rn. 128; *ders.* (o. Fn. 18), 249.

Rechtsstaates etwa vom Behördenleiter an einen Untergebenen, so könne dieses rechtswidrige Ansinnen die Organisation nicht in Bewegung setzen. Eine Befolgung stelle vielmehr „eine unter Umgehung seiner Funktionsweise zustande gekommene ‚Privatunternehmung'" dar, die dann auch vor den übrigen Amtsträgern verheimlicht werde.[31] Dies verenge den Anwendungsbereich auf jene Fälle, in denen die Staatsmacht selbst mithilfe der unterstehenden Personen Delikte begehe oder in denen Geheimorganisationen, Verbrecherbanden und ähnliche Zusammenschlüsse, wie etwa Al Capones „Murder Incorporated" handelten.[32]

2 Das Konzept der Rechtsprechung

Als derartigen „rechtswidrig handelnden Staatsapparat" sah der Bundesgerichtshof in seinem Grundsatzurteil gegen Mitglieder des Nationalen Vereidigungsrates der ehemaligen DDR aus dem Jahre 1994[33] die Deutsche Demokratische Republik und erkannte ausdrücklich eine mittelbare Täterschaft an. Bemerkenswert dabei war, dass der Bundesgerichtshof den besonderen (vermeidbaren) Verbotsirrtum des § 5 WStG[34] (Handeln auf Befehl) in den Mauerschützenprozessen zugunsten der Soldaten angenommen hatte[35] und so eine mittelbare Täterschaft unter Verweis auf die Konstellation im Katzenkönig-Fall – mittelbare Täterschaft bei einem vermeidbaren Verbotsirrtum des Vordermannes[36] – hätte lösen können, es aber nicht tat.[37] Er bemühte vielmehr in Ansätzen *Roxins* Kriterium der Fungibilität (wenngleich ohne das Kriterium der „Rechtsgelöstheit"), kombinierte dies mit *Schroeders*[38] Ansatz einer besonderen Tatgeneigtheit des Vordermannes[39] und verlangte, damit der Tatbeitrag des Hintermannes „nahezu automatisch" zur Tatbestandsverwirklichung führe und dieser ausnahmsweise mittelbarer Täter sein könne, dass „der Hintermann [, der die Tat des Vordermannes als eigene Tat wolle,] durch Organisationsstrukturen bestimmte Rahmenbedingungen ausnutzt, innerhalb derer sein Tatbeitrag regelhafte Abläufe auslöst", insbesondere bei „staatlichen, unternehmerischen oder geschäftsähnlichen

31 *Roxin*, GA 1963, 193 (204).
32 *Roxin*, GA 1963, 193 (206); *ders.* (o. Fn. 20), § 25 Rn. 129.
33 BGHSt. 40, 218 (236 f.); vgl. auch BGHSt. 45, 270 (296).
34 Vgl. *F.-C. Schroeder*, in: LK-StGB, 11. Aufl., § 17 Rn. 52.
35 BGHSt. 39, 1 (32 f.); BGHSt. 39, 168 (188 f.).
36 BGHSt. 35, 347 (352 ff.).
37 Hierauf weist insbesondere *F.-C. Schroeder*, JR 1995, 179 hin.
38 *F.-C. Schroeder* (o. Fn. 11), 151 ff.
39 BGHSt. 40, 218 (236).

Organisationsstrukturen und bei Befehlshierarchien“[40]. Die „Organisationsherrschaft“ erhielt so – wenn auch unter Setzung anderer Schwerpunkte als im Schrifttum – durch die Aufarbeitung des DDR-Unrechts seine praktische Bedeutung, wobei eine täterschaftliche Verantwortung für die tödlichen Schüsse an der innerdeutschen Grenze nach den Mitgliedern des Nationalen Verteidigungsrates der DDR[41] und des SED-Politbüros[42] entsprechend der Befehlskette von oben nach unten[43] auch angenommen wurde für Generäle[44] sowie einem Kommandeur eines Grenzregimentes[45]. Als maßgeblich wurde jeweils – wie *Rogall*[46] es zutreffend resümiert hat – die Einbindung der Beteiligten in eine Befehlshierarchie angesehen, innerhalb derer normalerweise die Ausführung eines Befehls erwartet werden könne, und damit „nicht die Individualität des Ausführenden, sondern seine Eigenschaft als Funktions- oder Rollenträger“.

II Kritik an den Grundsätzen der Organisationsherrschaft

Obwohl die Literatur dieser (vorwiegend) kriminalpolitischen Einsichten geschuldeten Konstruktion[47] in weiten Teilen (wenn auch mit unterschiedlicher Akzentuierung) gefolgt ist[48], hat es im Schrifttum doch auch immer wieder

40 BGHSt. 40, 218 (236).
41 BGHSt. 40, 218 ff.
42 BGHSt. 45, 270 ff.; BGHSt. 48, 77 ff.
43 *Schild*, in: NK-StGB, 5. Aufl. 2017, § 25 Rn. 41.
44 BGHSt. 44, 209 ff.
45 BGHSt. 42, 65 (69).
46 *Rogall* (o. Fn. 1), 383 (422).
47 *Roxin*, GA 1963, 193 (200); *Roxin* war u.a. auch wegen seiner Sichtweise gezwungen, dass eine Mittäterschaft nur bei wesentlicher Mitwirkungshandlung in der „deliktischen Kernzone“ möglich sei (so *Roxin* [o. Fn. 20], § 25 Rn. 181; *ders.* [o. Fn. 12], § 25 Rn. 198 f.; *ders.*, FS-Odersky, 1996, 489 [490]; zustimmend *Herzberg*, ZStW 99 [1987], 49 [58]; *Rudolphi*, FS-Bockelmann, 1979, 369 [372 ff.]), nicht dagegen – wie richtigerweise die überwiegende Sichtweise – auch durch die einem „Bandenchef“ in der Regel lediglich obliegende maßgebliche reine Planung im Vorbereitungsstadium (so zutreffend BGHSt. 33, 50 ff.; BGHSt. 37, 289 [292]; BGH NStZ-RR 2016, 334 f.; *Beulke*, JR 1980, 422 [424]; *Jakobs*, AT, 2. Aufl. 1991, 21/48; *Joecks*, in: MüKo-StGB, 3. Aufl. 2017, § 25 Rn. 202 f.; *Kudlich*, in: BeckOK-StGB, 34. Edition, Stand: 01.05.2017, § 25 Rn. 16; *Welzel*, Das Deutsche Strafrecht, 11. Aufl. 1969, 110).
48 Vgl. nur *Ambos*, GA 1998, 226 ff.; *Bottke*, Täterschaft und Gestaltungsherrschaft, 1992), 71 ff.; *Hünerfeld*, ZStW 99 (1987), 228 (244); *Joecks* (o. Fn. 47), § 25 Rn. 150 ff.; *Kühl*, AT, 8. Aufl. 2017, § 20 Rn. 73 ff.; *Lampe*, ZStW 106 (1994), 683 (743); *Murmann*, GA 1996, 269 (272 ff.)(mit Anleihen bei den Pflichtdelikten); *Radtke*, GA 2006, 350 (355 f.); *Rengier*, AT, 8. Aufl. 2016, § 43 Rn. 60 ff.; *Schlösser*, Soziale Tatherrschaft, 2004, 230 ff.

vielfältige Kritik von Autoren gegeben[49], die teils eine Mittäterschaft[50], teils eine reine Anstifterhaftung[51] bevorzugen:

1 Kritik an Roxins Modell

Kritisiert wird an *Roxins* Modell im Hinblick auf das Verantwortungsprinzip, dass der von *Roxin* mithilfe des Kriteriums der Fungibilität proklamierte Automatismus der Ausführung der Tat nicht zwangsläufig gegeben sei. Die Mauerschützen-Fälle hätten gezeigt, dass aufgrund der zeitlichen und räumlichen Begrenzung jeder konkreten Fluchtsituation konkret jeweils nur wenige Grenzsoldaten vor Ort gewesen seien und die Möglichkeit gehabt hätten, die Republikflucht (§ 213 StGB-DDR[52]) zu vereiteln. Nur wenige Sekunden hätten ihnen zugestanden, zu entscheiden, ob sie schießen oder nicht. Eine Auswechslung bei einer Weigerung wäre nicht in einer Weise möglich gewesen, dass hierdurch die Republikflucht noch hätte verhindert werden und die konkrete Tat damit zum Erfolg gebracht werden können. So gesehen habe der Grenzsoldat vor Ort das Geschehen beherrscht und für sich die Entscheidung für oder gegen die deliktische Tat getroffen.[53] *Roxin* hatte hierauf zwar erwidert, dass es nicht auf den

---

(mit der Konzeption einer „sozialen Tatherrschaft"); *F.-C. Schroeder*, JR 1995, 177 ff. (unter Betonung der Tatbereitschaft des Vordermannes); *Schünemann* (o. Fn. 10), § 25 Rn. 126 ff.; *Schumann*, Strafrechtliches Handlungsunrecht und das Prinzip der Selbstverantwortung der Anderen, 1986, 75 f.; *Wessels/Beulke/Satzger*, AT, 46. Aufl. 2016, Rn. 782.

49 Vgl. insbesondere *Frister*, AT, 7. Aufl. 2015, 27/40; *Jescheck/Weigend*, AT, 5. Aufl. 1996, 670; *Koch*, JuS 2008, 496 (497 f.); *Köhler*, AT, 1997, 510 f.; *Otto*, Jura 2001, 753 (755 ff.); *Renzikowski*, in: Maurach/Gössel/Zipf, AT 2, 8. Aufl. 2014, § 48 Rn. 66; *Rotsch*, ZStW 112 (2000), 518 (525 ff.); *ders.*, NStZ 2005, 13 ff.; *Schild* (o. Fn. 43), § 25 Rn. 39 ff.; *Schulz*, JuS 1997, 109 (111 f.); *Zieschang* (o. Fn. 9), 505 (508 f.).

50 So *Frister* (o. Fn. 49), 27/40; *Jakobs* (o. Fn. 47), 21/103; *ders.*, NStZ 1995, 26 (27); *Jescheck/Weigend* (o. Fn. 49), 670; *Krey/Nuys*, FS-Amelung, 2009, 203 (218 ff.); *Otto*, Jura 2001, 753 (758 f.); *Eisele*, in: Baumann/Weber/Mitsch/Eisele, AT, 12. Aufl. 2016, § 25 Rn. 150; hiergegen spricht, dass die Erteilung einer Anordnung und deren Ausführung in vertikal hierarchischen Organisationen schwerlich als arbeitsteilige Tatausführung auf Basis gemeinsamen Tatentschlusses angesehen werden kann: vgl. nur Heine/Weißer, in: Schönke/Schröder, 29. Aufl. 2014, § 25 Rn. 28; *Roxin*, GA 2012, 395 (404 f.); *Schmucker*, StraFo 2010, 235 (239).

51 So *Rotsch*, NStZ 1998, 491 (493); *ders.*, ZStW 112 (2000), 518 (525 ff.); *ders.*, NStZ 2005, 13 ff.; dagegen *Roxin*, GA 2012, 395 (403 f.); *Schünemann* (o. Fn. 10), § 25 Rn. 128.

52 GBl. DDR I 1975, S. 14.

53 Zu diesem Einwand der konkreten Tatsituation *Murmann*, GA 1996, 269 (273); *Otto*, Jura 2001, 753 (755); *Rotsch*, NStZ 1998, 491 (493); *ders.*, ZStW 112 (2000), 518

Einzelfall ankommen könne, sondern nur, dass der Machtapparat im Normalfall funktioniere.[54]

Bereits an anderer Stelle[55] wurde darauf hingewiesen, dass dieser Einwand *Roxins* zwar insoweit richtig ist, als auch bei der Verwendung einer Pistole oder eines Roboters zur Tötung die Maschine im Einzelfall scheitern und sich so nur eine Versuchsstrafbarkeit ergeben kann. Der Unterschied liegt aber darin, dass die Argumentation *Roxins* maßgeblich auf einem rein metaphorischen Vergleich einer Organisation mit einer „Maschine" beruht, einem „funktionierenden Machtmechanismus"[56], der die Tat ausführt und der nur beherrscht zu werden braucht. Der Mensch kann aber nie Teil eines „seelenlosen Apparats"[57] sein; die Organisation hört selbst bei strengster Hierarchie nie auf, ein Zusammenschluss denkender, in Konfliktsituationen unvorhersehbar handelnder Menschen zu sein.[58] Der Ausführende gestaltet grundsätzlich sein Ausführungshandlungsgeschehen selbst und trifft selbst in seiner eigenen Handlungsplanung die Entscheidung, ob er etwa in den Mauerschützenfällen auf den Flüchtenden schießt oder sich mit Warnschüssen begnügt. So gesehen mag sich durch die Einbindung des Vordermannes in einen hierarchischen Machtapparat und der konkreten Gefahr eigener erheblichen Sanktionen[59] im Falle einer Missachtung der Anordnung (für deren für den Ausführenden erwartbare Verhängung das Kriterium der Rechtsgelöstheit entgegen vereinzelter Kritik[60] durchaus eine gewisse Bedeutung zukommt) hohe Wahrscheinlichkeit und Erwartung für einen bestimmten Erfolg ergeben, niemals aber eine Sicherheit.[61] *Schünemann*[62] weist zwar zutreffend darauf hin, dass der Vordermann im Bewusstsein eigener jederzeitiger Fungibilität (und dem damit verbundenen „Gruppendruck")

(526 ff.); *ders.*, JR 2004, 248 (249); *ders.*, NStZ 2005, 13 (15 f.); *Stein*, Die strafrechtliche Beteiligungsformenlehre, 1988, 203.

54 *Roxin* (o. Fn. 12), § 25 Rn. 114.

55 *Kraatz*, Die fahrlässige Mittäterschaft, 2006, 308.

56 *Herzberg*, Täterschaft und Teilnahme, 1977, 42.

57 *Herzberg* (o. Fn. 56), 42.

58 Zu diesem Einwand auch *Murmann*, GA 1996, 269 (274).

59 Zutreffend *Joecks* (o. Fn. 47), § 25 Rn. 151 mit Verweis auf disziplinarische Konsequenzen im Falle „fahrlässigen" Vorbeischießens.

60 Vgl. nur *Brammsen/Apel*, ZJS-Online 2008, 256 (261), http://www.zjs-online.com/dat/artikel/2008_3_59.pdf, abgerufen am 18.7.2017.

61 Hierzu *Otto*, Jura 2001, 753 (756); *Rotsch*, NStZ 1998, 491 (493: Herrschaft werde reduziert auf die „Qualität der Sicherheit des Erfolgseintritts"); *ders.*, JR 2004, 248 (249); Weigend, Journal of International Crime Justice (JICJ) 9 (2011), 91 (103 f.).

62 *Schünemann* (o. Fn. 10), § 25 Rn. 127.

in der Regel in Anerkennung der Anweisungskompetenz des „Schreibtischtäters“ der Anweisung nicht entziehen wird, sodass der Anweisende sich in seiner Handlungsplanung der Tatausführung durch den Vordermann subjektiv sicher sei und er von einer „aktuellen [d.h. tatsächlich bestehenden] Herrschaft wegen der bloß hypothetischen Möglichkeit“, der Vordermann werde sich der Anordnung widersetzen, ausgehe. Gerade diese jederzeitige Fungibilität ist in der Regel jedoch nicht sichergestellt, wie die Mauerschützen-Problematik zeige, in deren Fällen teils alleine ein Grenzsoldat, allenfalls wenige Soldaten überhaupt in der Lage seien, eine konkrete Republikflucht zu verhindern, weil nur sie konkret anwesend seien. *Roxin* hat auf diese Kritik selbst eingeräumt, dass in jedem Einzelfall genau geprüft werden müsse, ob neben einer für die Organisationsherrschaft typischen vertikalen Entscheidungsstruktur auch die beliebige Austauschbarkeit des Tatmittlers tatsächlich vorgelegen habe.[63] Allenfalls wenn dieser Nachweis im Einzelfall bezogen auf die konkrete Handlungssituation, in der sich die ausführende Person befand, geführt werden könne, könnte man von einer subjektiven „Herrschaft“ (bildlich: einem vom „Schreibtischtäter“ erwartbaren „Automatismus“) sprechen. Im Regelfall wie in den von der Rechtsprechung behandelten Mauerschützen-Fällen ist ein derartiger Nachweis nicht zu führen, was dieser Konstruktion der Organisationsherrschaft jede praktische Bedeutung nimmt.

2 Kritik an Schroeders Kriterium der Tatgeneigtheit des Vordermannes

Schroeder hat in seiner Ausgestaltung der Organisationsherrschaft maßgeblich auf eine Tatgeneigtheit des Vordermannes abgestellt[64], einen festen und unbedingten Tatentschluss, den der Hintermann für seine Tatverwirklichung einsetze. Es ließe sich – um beispielhaft bei den Mauerschützen-Fällen zu bleiben – der Grenzsoldat vorstellen, der sich in seiner Ausbildung als fest in der DDR-Staatsideologie verankert und sich mit dem Wunsch, endlich selbst einen Republikflüchtling zu erwischen und belobigt zu werden, zum Dienst gemeldet hat. Deren Ausführung des Schießbefehls scheint für den Hintermann gleichfalls in jeden Fällen gesichert, in denen in der konkreten Handlungssituation lediglich der eine Soldat den Grenzübertritt zu verhindern in der Lage ist. Die erhöhte Tatgeneigtheit des Ausführenden, die *Roxin* als aus seinen drei „Basiselementen“ (vertikale Organisationsstruktur, Rechtsgelöstheit der Organisation

---

63 *Roxin* (o. Fn. 27), 549 (561).

64 *F.-C. Schroeder* (o. Fn. 11), 151 ff.

und Fungibilität des individuell Ausführenden) „abgeleitet“ ansieht[65], ändert jedoch wie die nachgewiesene Fungibilität im konkreten Einzelfall nichts daran, dass der Tatentschluss des Ausführenden zwar subjektiv vom „Schreibtischtäter“ antizipiert und bei seiner Handlungsplanung berücksichtigt werden kann, jedoch ein Tatentschluss des unmittelbar Handelnden verbleibt.[66] Hat der Ausführende im Einzelfall trotz jeder vorheriger Tatgeneigtheit und Motivation an der Tat ein eigenes Interesse an einem doch alternativen Geschehensablauf, etwa wenn der Grenzübertritt durch ein Familienmitglied von ihm erfolgt[67], so ist seine Verlässlichkeit trotz aller Tatgeneigtheit durchaus zweifelhaft. Dies zeigt die verbleibenden Unsicherheiten an einer Tatausführung im Einzelfall auch bei Zugrundelegung von *Schroeders* Konzeption.

3 Kritik am Merkmal regelhafter Abläufe

Die von der Rechtsprechung bemühte Tatherrschaft aufgrund regelhafter Abläufe, in die der Tatmittler eingebunden werde, verdeutlicht zwar noch besser als die Fungibilität oder die unbedingte Tatgeneigtheit, dass das täterschaftsbegründende Kriterium bei der Organisationsherrschaft in dem subjektiv vom Hintermann erwarteten kriminellen Verhalten des Vordermannes aufgrund der Setzung der Ablaufmechanismen liegen soll. Bei diesem Ansatz wird jedoch gleichfalls noch deutlicher, dass sich das gedachte Herrschaftselement auf die subjektive Erwartung des Hintermannes reduziert, der Vordermann werde sich an die vorgegebenen regelhaften Abläufe halten.[68]

4 Organisationsherrschaft als reine Verantwortungszuschreibung

Täterschaftsbegründend soll daher in sämtlichen Konzepten bei genauerem Hinsehen jeweils nicht eine Willensbeherrschung der Vornahme der tatbestandsmäßigen Handlung durch den Vordermann sein (wie etwa in den Fällen der mittelbaren Täterschaft kraft Irrtums- oder Nötigungsherrschaft), sondern vielmehr in der Möglichkeit des „Schreibtischtäters“, den Vordermann im Weigerungsfalle auszutauschen (Fungibilitätskriterium) und/oder durch das Androhen von Sanktionen im Weigerungsfalle bzw. eine hinreichende vorherige Indoktrinierung einen hinreichenden Tatanreiz zu schaffen. Sieht man diesen

---

65 *Roxin*, GA 2012, 395 (396).

66 So ausdrücklich *Otto*, Jura 2001, 753 (757 f.).

67 Beispiel nach *Brammsen/Apel*, ZJS-Online 2008, 256 (261), http://www.zjs-online.com/dat/artikel/2008_3_59.pdf, abgerufen am 18.7.2017.

68 So etwa die Kritik von *Otto*, Jura 2001, 753 (756).

Druck – zu Recht – als für einen mittelbare Täterschaft kraft Nötigungsherrschaft noch nicht ausreichend, weil die Schuld und damit die Verantwortlichkeit des Vordermannes nicht beseitigend an (was im Übrigen die Rechtsfigur der mittelbaren Täterschaft kraft Organisationsherrschaft überflüssig machen würde), auch um „die Grenzen zwischen Täterschaft und Anstiftung“ nicht „diffus“ verschwimmen zu lassen[69], so wird entgegen bisheriger Täterschaftsgrundsätze die von § 25 I Var. 2 BGB vorausgesetzte Herrschaft über die eigentliche Tathandlung des Tatmittlers scheinbar contra legem durch eine mittelbare (Mit-)Herrschaft bezogen auf den Taterfolg ersetzt, die *Rotsch* als „zweite Art höherstufiger Willensherrschaft“[70] bezeichnet hat.

Anstatt sich jedoch aus Anlass der vielfältigen Kritik näher mit dem Wesen einer „gestuften Täterschaft“ zu beschäftigen und damit auch mit der in den Modellen der Organisationsherrschaft durchschimmernden Frage, welche Bedeutung die vom „Schreibtischtäter“ subjektiv erfolgende Einplanung der erwarteten Ausführungshandlung des Vordermannes besitzt, bildet die ohne eine ausreichende dogmatische Fundierung erfolgende Annahme einer mittelbaren Täterschaft kraft Organisationsherrschaft in Rechtsprechung und Teilen der Literatur ein gutes Beispiel für die vom Jubilar im Bereich der Täterschaftslehre monierten methodischen Missstand, „anstelle von sachlichen Lösungen zu blumigen Umschreibungen“ zu greifen, „die sich beim Versuch einer Anwendung im Einzelfall schnell als unbrauchbar erweisen“[71]. Statt eines Nachweises faktisch-naturalistischer Tatherrschaft wird zumeist mit Metaphern eines vom Anweisenden beherrschten, aus hierarchisch unter ihm stehenden Menschen bestehenden Apparates, der quasi als Werkzeug für eigene Taten eingesetzt werde und deren Bedienknopf nur gedrückt werden müsse, eine in Wahrheit vorgenommene „normative [...] Verantwortlichkeitsherrschaft“[72] verdeckt, genauer: eine aufgrund der reinen Funktion in einer Organisation (wie Diktator, Mafia-Pate) erfolgende „normative [...] Verantwortungszuschreibung“[73]. Dies wird in der Rechtsprechung deutlich, wenn der Bundesgerichtshof im – im ersten Mauerschützen-Urteil argumentativ herangezogenen[74] – Katzenkönig-Urteil bei der Annahme einer mittelbaren Täterschaft trotz vermeidbaren Verbotsirrtum ausdrücklich einräumte, die Abgrenzung zwischen mittelbarer Täterschaft

69 *Otto*, Jura 2001, 753 (758).
70 *Rotsch*, NStZ 2005, 13 (16).
71 *Wolf* (o. Fn. 13), 415 (418).
72 Der Begriff stammt von *Rogall* (o. Fn. 1), 383 (423).
73 *Rogall* (o. Fn. 1), 383 (426 f.).
74 BGHSt. 40, 218 (235 f.).

und (bloßer) Anstiftung sei ein „offenes Wertungsproblem", „bei dem die Übergänge fließend sind"[75]. Die durch eine reine derartige Einzelfallwertung ohne hinreichend Benennung (verlässlicher) maßgeblicher Wertungskriterien und ihrer Gewichtung[76] zwangsläufig heraufbeschworene Beliebigkeit zeigt sich anschaulich darin, dass für tödliche Schüsse an der innerdeutschen Mauer in einem Urteil des Bundesgerichtshofs der Kommandeur eines DDR-Grenzregiments mit der „Aufgabe der Grenzsicherung" aufgrund von Befehlen an Angehörige seines Regiments als mittelbarer Täter angesehen wurde[77], während der Bundesgerichtshof in einem anderen Urteil[78] den „Kommandeur Grenzsicherung" in der „Vergatterung" von Grenzsoldaten trotz verbindlicher Vorgaben nur eine Aktualisierung des Schießbefehls und daher nur eine Beihilfe erblickte.[79] Im zweiten Urteil spreche gegen eine mittelbare Täterschaft die bereits zuvor an den Grenzsoldaten erfolgte „generelle Befehlserteilung" und damit bereits vorhandene latente Tatgeneigtheit, während der Bundesgerichtshof bezogen auf DDR-Generäle[80] in der Aktualisierung von Befehlen durch Jahresbefehle gerade eine mittelbare Täterschaft als begründet ansah. Diese Beliebigkeit mit dem Einfallstor rein rechtspolitisch motivierter Ergebnisorientierung im Einzelfall[81] könnte, bliebe man bei einer normativen Verantwortungszuschreibung je nach ausgeübter Funktion, einzig der Gesetzgeber mit seiner demokratischen Autorität beseitigen[82].

III Der Meinungsstand zur mittelbaren Täterschaft kraft Organisationsherrschaft in Wirtschaftsunternehmen

Vor diesem Hintergrund mehr als nachvollziehbar ist, dass die heutzutage praxisrelevantere Frage nach einer Übertragbarkeit der Grundsätze (welcher?) einer

---

75 BGHSt. 35, 347 (353).

76 Vgl. hierzu auch die Kritik von *Brammsen/Apel*, ZJS-Online 2008, 256 (261), http://www.zjs-online.com/dat/artikel/2008_3_59.pdf, abgerufen am 18.7.2017.

77 BGHSt. 42, 65 (69 f.).

78 BGHSt. 47, 100 ff.

79 Vgl. zu dieser Kritik bereits *Schild* (o. Fn. 43), § 25 Rn. 41.

80 BGHSt. 44, 204 ff.

81 Vgl. zu dieser Gefahr *Brammsen/Apel*, ZJS-Online 2008, 256 (261), http://www.zjs-online.com/dat/artikel/2008_3_59.pdf, abgerufen am 18.7.2017; *Schulz*, JuS 1997, 109 (111).

82 Ebenso *Schild* (o. Fn. 43), § 25 Rn. 44 mit der pessimistischen Einschätzung, die Rechtsprechung traue dem Gesetzgeber in der derzeitigen politischen Situation wohl eine derartige Grundsatzentscheidung nicht mehr zu.

mittelbaren Täterschaft kraft Organisationsherrschaft auf Wirtschaftsunternehmen, in denen die nachgeordneten Mitarbeiter (gleichfalls einem hierarchisch organisierten Unrechts-Staatsapparat) in einer hierarchischen Organisation eingebunden sind, die durch wechselnde Verantwortlichkeiten und standardisierte Abläufe der Organisationskultur geprägt sind[83], noch umstrittener ist:

1 Entwicklung der Rechtsprechung

Die Rechtsprechung hatte hier – unter Zustimmung von Teilen der Literatur[84] – aufgrund des maßgeblichen (normativen) Abstellens auf die (funktionsbedingte) Ausnutzung regelhafter Abläufe noch nie dogmatische Zweifel, die Rechtsfigur der Organisationsherrschaft auch auf nicht rechtsgelöste Wirtschaftsunternehmen oder geschäftsähnliche Organisationsstrukturen zu übertragen: So hatte der Bundesgerichtshof in seinem Grundsatzurteil BGHSt. 40, 218 ff. eine mittelbare Täterschaft auch bei „unternehmerischen oder geschäftsähnlichen Organisationsstrukturen", „in denen der räumliche, zeitliche und hierarchische Abstand zwischen der die Befehle verantwortenden Organisationsspitze und den unmittelbar Handelnden gegen arbeitsteilige Mittäterschaft spricht"[85], als möglich angesehen und in einem obiter dictum festgestellt: „Auch das Problem der Verantwortlichkeit beim Betrieb wirtschaftlicher Unternehmen lässt sich so lösen"[86]. Bereits in seiner Sterbehilfe-Entscheidung im gleichen Band[87] übertrug der Bundesgerichtshof diese Argumentation auf einen behandelnden Arzt, weil dieser seine Anordnungsbefugnis gegenüber dem Pflegepersonal in Anspruch nahm. Im Jahre 1997 erfolgte dann die Übertragung auf die bestellten sowie faktischen Geschäftsführer einer GmbH[88] (2010 nochmals bestätigt für den Geschäftsführer einer Vermögensverwaltungs-GmbH[89]), im Jahre 2000 auf einen Rechtsanwalt bezogen auf Handlungen seiner Kanzleimitarbeiter und freien Mitarbeiter[90], im Jahre 2004 auf den Leiter einer Tierarztpraxis mit

83 *Schmucker*, StraFo 2010, 235.

84 So etwa *Jung*, JuS 1995, 173 (174); *Kühl*, in: Lackner/Kühl, 28. Aufl. 2014, § 25 Rn. 29; Murmann, in: SSW-StGB, 3. Aufl. 2016, § 25 Rn. 28 unter Verwendung der Lehre von den Pflichtdelikten; Ransiek, in: NK-StGB, 5. Aufl. 2017, § 324 Rn. 56 ff.; *Rogall*, ZStW 98 (1986), 573 (617 f.).

85 BGHSt. 40, 218 (237); ebenso BGH NStZ 2008, 89 f.

86 BGHSt. 40, 218 (237).

87 BGHSt. 40, 257 (267 f.).

88 BGHSt. 43, 219 (231 f.); BGH NStZ 1998, 568 (569) – faktischer Geschäftsführer; bezogen auf den Einzelfall verneint in BGH NStZ 2008, 89 f.

89 BGH NStZ 2010, 103 f.

90 BGH NStZ 2000, 596 ff.

tierärztlicher Hausapotheke, deren Mitarbeiter verbotenerweise Medikamente veräußerten[91], ferner auf Gesellschafter, die durch Schulungen ihren Handelsvertretern Rahmendaten vorgaben und so an deren Betrugshandlungen mithaften sollten[92] und im auch in den Medien diskutierten „Bremer Vulkan“-Fall auf Vorstandsmitglieder des „Bremer Vulkan“-Werftenverbundes aufgrund ihrer Leitungsmacht im Konzern[93]. Hierbei wurden die in BGHSt. 40, 218 ff. noch aufgestellten Prinzipien immer weiter verschliffen und allein aus der Existenz von Organisationsstrukturen, die regelhafte Abläufe auslösen, eine hierarchische Unternehmensstruktur abgeleitet[94] (unabhängig von der Unternehmensgröße) sowie dann lediglich auf eine „Einbindung und Beteiligung“ des Hintermannes in die „Geschäftsvorgänge“ für ausreichend (und die Feststellung weiterer konkreter Einzelmaßnahmen des Hintermannes sogar ausdrücklich für entbehrlich) erklärt[95] oder dass der Tatmittler aufgrund seiner Arbeitnehmereigenschaft faktisch an die Anweisungen des Hintermannes gebunden sei[96]. Die Frage nach einer mittelbaren Täterschaft kraft Organisationsherrschaft hat sich damit immer weiter zu einem „offenen Wertungsproblem“[97] entwickelt, was den praktischen Vorteil mit sich bringt, unabhängig von der Gut- oder Bösgläubigkeit des unmittelbar Handelnden (und damit ohne teils höchstproblematische Beweisaufnahmen betreffend deren subjektiven Vorstellungsbildes) sowie unabhängig davon, ob es sich beim Hintermann um den Geschäftsleiter oder sonstigen Vorgesetzten mit Anordnungskompetenz handelt, eine (für gerecht empfundene) Täterschaft annehmen zu können.

Die Untergerichte übernahmen diese Rechtsprechung und verurteilten etwa einen Speditionsunternehmer, der seinen Betrieb derart organisierte, dass die bei ihm angestellten Fahrer regelmäßig die zulässigen Lenkzeiten überschritten und deswegen fahruntüchtig am Verkehr teilnahmen, wodurch es zu einem tödlichen Unfall kam[98].

---

91 BGH JR 2004, 245 (246).
92 BGHSt. 48, 331 (342 f.).
93 BGHSt. 49, 147 (163 f.).
94 Ebenso die Bewertung von *Rübenstahl*, HRR-Strafrecht 2003, 210 (217), http://www.hrr-strafrecht.de/hrr/archiv/03-10/hrr10-03.pdf, abgerufen am 18.7.2017.
95 BGHSt. 43, 219 (231 f.).
96 BGH JR 2004, 245 (246).
97 *Wittig*, Wirtschaftsstrafrecht, 4. Aufl. 2017, § 6 Rn. 112.
98 LG Nürnberg-Fürth NZV 2006, 433 mit Anm. *Wolf* (o. Fn. 13), 415 (416 ff.).

2 Kritik im Schrifttum

Diese „Ausdehnung“ der Rechtsfigur der Organisationsherrschaft ist im Schrifttum auf berechtigte Kritik gestoßen[99], wenngleich teils bezogen auf die ansonsten für verbindlich gehaltenen (selbst auf wackligem dogmatischen Boden stehenden) Täterschaftsgrundsätzen bzw. eigenen Ansätzen einer Organisationsherrschaft: So habe *Roxin* als „gedanklichem Vater“ der Organisationsherrschaft bewusst das zusätzliche Kriterium der „Rechtsgelöstheit“ eingeführt, um „die kriminelle Spreu (organisierte Kriminalität) vom legalen Weizen (Unternehmen!)“ zu trennen[100], da sich nur dann ein Gehorsamszwang und damit eine „nahezu automatische“ Ausführung der Anordnungen des Hintermannes begründen lasse.[101] In Wirtschaftsunternehmen erfolgten zwar teilweise organisierte Steuerhinterziehungen, Subventions- und Kapitalanlagebetrugstaten, Geldwäsche oder Insiderhandel[102], Wirtschaftsunternehmen seien aber nicht per se kriminell, sondern grundsätzlich darauf ausgelegt, auf legale Weise finanzielle Gewinne zu erwirtschaften[103]; mögliche Rechtsverstöße seien hierbei allenfalls Begleiterscheinungen, die kaum fester Bestandteil der Firmenpolitik seien, sondern Initiativen einzelner Mitarbeiter.[104] Zum anderen trete einem möglichen Zwang zur Ausführung der Weisungen die Rechtsordnung entgegen, die vom Mitarbeiter verlange, eine rechtswidrige Anweisung nicht zu befolgen. Dieser etwa für das Beamtenrecht in § 62 I 2 BBG festgeschriebene Grundsatz führe im Arbeitsrecht dazu, dass die beharrliche Weigerung der Ausführung einer Weisung des Arbeitgebers aufgrund seines Direktionsrechts dann nicht zu einer

99 Vgl. nur *Ambos*, GA 1998, 226 (239); *Bosch*, Organisationsverschulden in Unternehmen, 2002, 241 ff.; *Eidam*, in: Esser/Rübenstahl/Saliger/Tsambikakis, Wirtschaftsstrafrecht, 2017, § 25 StGB Rn. 6; *Heine/Weißer* (o. Fn. 50), § 25 Rn. 30; *Heinrich*, FS-Krey, 2010, S. 147 (154 ff.); *Joecks* (o. Fn. 47), § 25 Rn. 153 ff.; *Kudlich/Oglakcioglu* (o. Fn. 15), Rn. 110; *Muñoz Conde* (o. Fn. 9), 609 (624); *Otto*, FS F.-C. Schroeder (2006), 339 ff.; *ders.*, Jura 2001, 753 (759); *Rissing-van Saan* (o. Fn. 9), 391 (403 f.); *Rotsch*, NStZ 1998, 491 (493 f.); *Roxin* (o. Fn. 12), § 25 Rn. 129 ff.; *Rübenstahl*, HRR-Strafrecht 2003, 210 (213 ff.), http://www.hrr-strafrecht.de/hrr/archiv/03-10/hrr10-03.pdf, abgerufen am 18.7.2017; *Schmucker*, StraFo 2010, 235 (239 f.); *Schünemann*, FS-Roxin, 2011, 799 (803 ff.); *ders.* (o. Fn. 10), § 25 Rn. 130 ff.

100 *Ambos*, GA 1998, 226 (242), der dennoch für die Abschaffung dieses Kriteriums plädiert.

101 *Roxin* (o. Fn. 18), 249 ff.; *ders.*, GA 2012, 395 (409 f.).

102 Hierauf verweist *Muñoz Conde* (o. Fn. 9), 609 (621).

103 Hierauf wird etwa verwiesen von *Kudlich* (o. Fn. 47), § 25 Rn. 34.1.

104 *Ambos*, GA 1998, 226 (239).

Kündigung nach einer Abmahnung führen könne, wenn sich die Weisung nicht „im Rahmen der Gesetze" gehalten habe.[105] Werde der Arbeitnehmer bei einem Verstoß gegen die innerbetrieblichen regelhaften Abläufe notfalls von der Rechtsordnung aber sogar in Schutz genommen und erwarte die Rechtsordnung daher umgekehrt eine Widerstandsleistung (Rechtstreue) betriebsangehöriger Mitarbeiter gegen deliktische Anordnungen der Vorgesetzten[106], könne der allenfalls faktische innerbetriebliche Zwang durch Mobbing oder Kündigungsdrohung[107] und damit das bloße „Abhängigkeitsverhältnis" zwischen Arbeitgeber und Arbeitnehmer nicht das Ausmaß eines Zwangs annehmen, der es rechtfertige, die hierarchisch unterlegenen Unternehmensmitglieder (im Regelfall als austauschbar zu bezeichnen[108] und ihnen) bei voll verantwortlichem Handeln eine „Werkzeugeigenschaft" zuzuerkennen, sodass der Beitrag des Hintermannes (im Sinne der Rechtsprechung in BGHSt. 40, 218[109]) „nahezu automatisch" zur Tatbestandsverwirklichung führe und den Hintermann daher als mittelbaren Täter anzusehen, sondern aufgrund des „Überredens" allenfalls als Anstifter.[110] Zudem führe die vor allem in Großunternehmen bestehende stark funktionelle Differenzierung dazu, dass sich in Unternehmen komplexe Systeme mit starker vertikaler und horizontaler Ausbreitung ausbildeten, sodass dann die Führungsebene eher mit rein strategischen Unternehmensfragen als mit ganz konkreten

---

105 Vgl. nur *Hoffmann/Schulte*, in: Pielow, Beck'scher Online-Kommentar Gewerberecht, 38. Edition, Stand: 1.5.2017, § 106 GewO Rn. 117; *Kühn*, NZA 2015, 10 ff.; *Reichold*, in: Münchener Handbuch Arbeitsrecht, 3. Aufl. 2009, § 36 Rn. 25 und 29.

106 Vgl. nur *Brammsen/Apel*, ZJS-Online 2008, 256 (262), http://www.zjs-online.com/dat/artikel/2008_3_59.pdf, abgerufen am 18.7.2017; *Heine/Weißer* (o. Fn. 50), § 25 Rn. 30; *Joecks* (o. Fn. 47), § 25 Rn. 154; *Koch*, JuS 2008, 496 (498 f.).

107 Hierauf stellt jedoch *Rogall*, ZStW 98 (1986), 573 (616) ab; in diese Richtung auch *Schmucker*, StraFo 2010, 235 (239), da die Hemmschwelle etwa bei Vermögensdelikte geringer sei als bei der Tötung flüchtender Menschen.

108 Vgl. nur *Roxin* (o. Fn. 12), § 25 Rn. 130; *Schmucker*, StraFo 2010, 235 (237).

109 BGHSt. 40, 218 (236).

110 *Ambos*, GA 1998, 226 (239); *Brammsen/Apel*, ZJS-Online 2008, 256 (262), http://www.zjs-online.com/dat/artikel/2008_3_59.pdf, abgerufen am 18.07.2017; *Heine*, ZStrR 2001, 22 (29 f.); *Hoyer*, Die strafrechtliche Verantwortlichkeit innerhalb von Weisungsverhältnissen, 1998, 29; *Kudlich/Oglakcioglu* (o. Fn. 15), Rn. 110; *Langneff*, Die Beteiligtenstrafbarkeit von Hintermännern innerhalb von Organisationsstrukturen bei vollverantwortlich handelndem Werkzeug, 2000, 115; *Murmann*, GA 1996, 269 (280); *Rotsch*, ZStW 112 (2000), 518 (561); *Roxin*, JZ 1995, 49 (51); *ders.* (o. Fn. 12), § 25 Rn. 129 ff.; *ders.* (o. Fn. 18), 682 und 748 ff.; *Schmucker*, StraFo 2010, 235 (240); *Schünemann*, in: FG-50 Jahre BGH, Bd. IV, 2000, 621 (631); *ders.* (o. Fn. 10), § 25 Rn. 130.

Anordnungen beschäftigt und eine Organisationsherrschaft der Mitglieder der Führungsebene daher bereits aus diesem Grund mangels Anordnungs- und Vermeidungsmacht zweifelhaft sei.[111] Letztlich apostrophiere die Rechtsprechung in Wirtschaftsunternehmen aufgrund bestehender Funktion lediglich eine mittelbare Täterschaft, ohne dass dies durch konkrete Tatherrschaftsnachweise belegt werde, wodurch der Tatbestandsbezug verschwimme.[112]

IV Eckpunkte einer Neufundierung des Täterschaftsbegriffs

Der längst durch eine unübersichtliche Meinungsvielfalt[113] geprägte Diskussionsstand um die Anerkennung einer Rechtsfigur der mittelbaren Täterschaft kraft Organisationsherrschaft sowie (mit weiterer Meinungsvielfalt ausdifferenziert) deren Anwendbarkeit auf Anordnungen in Wirtschaftsunternehmen ist eine Folge einer normativen Täterschaftslehre, die sich zu sehr von naturalistischen Gegebenheiten entfernt hat. Auch wenn ein Festschrift-Beitrag nicht geeignet ist, eine gänzlich neue Fundierung des Täterschaftsbegriffs zu entwickeln, so sollen doch jedenfalls ansatzweise entsprechende Grundpfeiler in das Fundament geschlagen werden:

1 Der Täterbegriff aufgrund eines emotionsbedingt-finalen Handlungsbegriffs

§ 25 I StGB verlangt, dass der Täter „die Straftat" (Tatbestandsbezogenheit des Täterbegriffs!) „begeht". Nach § 8 StGB wird eine Straftat „zu der Zeit begangen, zu welcher der Täter [...] gehandelt hat [...]", sodass der Inhalt des Handlungsbegriffs die Reichweite strafrechtlicher (Täter-)Zurechnung begrenzt und so nicht umsonst zu einem der größten Zankäpfel der Strafrechtswissenschaft wurde.[114] Lehnt man die kausale Handlungslehre[115] ab, weil sie bestimmte Deliktsformen

111 Vgl. nur *Ambos*, GA 1998, 226 (239 f.); *Heine/Weißer* (o. Fn. 50), § 25 Rn. 30; *Kühl* (o. Fn. 48), § 20 Rn. 73c; *Mittelsdorf*, ZiS-Online 2011, 123 (124), http://www.zis-online.com/dat/artikel/2011_3_536.pdf, abgerufen am 18.7.2017; *Schulz*, JuS 1997, 109 (113).

112 Ebenso *Brammsen/Apel*, ZJS-Online 2008, 256 (262), http://www.zjs-online.com/dat/artikel/2008_3_59.pdf, abgerufen am 18.7.2017; *Heine/Weißer* (o. Fn. 50), § 25 Rn. 30; *Rissing-van Saan* (o. Fn. 9), 391 (403 f.).

113 *Fischer*, StGB, 64. Aufl. 2017, § 25 Rn. 15.

114 Vgl. hierzu *Gropp*, AT, 4. Aufl. 2015, § 3 Rn. 79 ff.; *Maihofer*, Der Handlungsbegriff im Verbrechenssystem, 1953.

115 Grundlegend *Beling*, Die Lehre vom Verbrechen, 1906, 17; *Liszt*, Lehrbuch des Deutschen Strafrechts, 10. Aufl. 1900, S. 102 ff.; *Spiegel*, DAR 1968, 283 f.

nicht zu erfassen vermag (z.B. Versuch) und es an einem Verbindungselement fehlt[116] und geht (entsprechend dem Verständnis bereits von Aristoteles[117]) von einem finalen Handlungsbegriff aus[118], d.h. einem „vom Ziel her gelenkten Wirken“[119], so ist „Täter“ derjenige, welcher durch zweckbewusste Lenkung des Kausalgeschehens auf den tatbestandsmäßigen Erfolg hin Herr über die Tatbestandsverwirklichung ist. Hierbei gilt es jedoch zu berücksichtigen, dass die Handlungslehre ein rein ontologisches Problem darstellt, dem in erster Linie eine dem Tatbestand vorgelagerte Figur der Realität verbunden ist, das Wesen des Menschen.[120] Nach dem heranzuziehenden neurologischen Handlungsmodell[121] nimmt – stark vereinfacht – der Mensch seine Umwelt über die Sinnesorgane wahr, deren Eindrücke zu den Zentren des limbischen Systems (insbesondere zur Amygdala, dem „Mandelkern“) und von dort zur ventralen Schleife projiziert werden, wo die Pläne, Wünsche und Motive festgelegt und ein Handlungsziel gefasst oder fallen gelassen wird, beeinflusst durch das limbische System, welches neben der Bewertungsinstanz im Cortex Zugriff auf die Gedächtnisinhalte besitzt. So kann das System Belohnungsereignisse registrieren und auf neue (verbunden mit einer Dopamin-Ausschüttung) drängen („Wahrnehmungen induzieren Handlungstendenzen“).[122] Parallel werden die Sinneseindrücke (über längere Bahnen und daher später) in andere Regionen des Cortex geleitet, der die Situation streng logisch durchdenkt. Deren Ergebnisse ergänzen die bereits zuvor im limbischen System getroffenen emotionalen Erkenntnisse und ausgearbeiteten Handlungsziele. Kommt es zu Widersprüchen, so wird die ventrale Schleife mehrfach durchlaufen (das Ergebnis also unter emotionaler und

---

116 Vgl. zur Kritik nur *Hohmann*, Personalität und strafrechtliche Zurechnung, 1993, 244 f.; *Jescheck/Weigend* (o. Fn. 49), 219 f.; *Kraatz* (o. Fn. 55), 162.

117 *Aristoteles*, Über die Seele, in: Sloterdijk (Hrsg.), Aristoteles, ausgewählt und vorgestellt von Annemarie Pieper, 1997, 49 (111): „Alles Begehren ist auf einen Zweck gerichtet, das wird zum Ausgangspunkt für das praktische Denken, und das letzte, wobei das praktische Denken in der Überlegung der Mittel halt macht, bildet dann den Ausgangspunkt für das Handeln.“

118 Zu deren Anhängern zählen beispielsweise *Hirsch*, ZStW 93 (1981), 831 ff.; *Küpper*, Grenzen der normativierenden Strafrechtsdogmatik, 1990, 44 ff.; *Niese*, Finalität, Vorsatz und Fahrlässigkeit, 1951, 19 ff.; *Stratenwerth*, FS-Welzel, 1974, 289 ff.; *Welzel* (o. Fn. 47), 34 f.

119 *Welzel* (o. Fn. 47), 33 f.

120 So bereits *Kraatz* (o. Fn. 55), 179.

121 Umfassend hierzu *Kraatz* (o. Fn. 55), 180 ff. mwN.

122 Vgl. nur *Roth*, Fühlen, Denken, Handeln. Wie das Gehirn unser Verhalten steuert, 2001, 246 und 412.

sachlicher Analyse mehrfach betrachtet), wobei mit steigender Bedeutung des „Problems“ das emotionale System gewinnt.[123] Die so getroffene „Entscheidung“ wird umgesetzt. Wird jede menschliche Handlung neben der Finalität charakterisiert durch einen solchen Informationsprozess im Vorfeld des Entschlusses in der ventralen Schleife, wie ihn bereits Weinberger[124] zu Recht in den Mittelpunkt stellte, so ist Handlung jede auf einem emotional-sachlichen Abwägungsvorgang beruhende (emotionsbedingt) finale Bewegung oder Nichtbewegung (sog. emotionsbedingt-finaler Handlungsbegriff).[125] Aufgrund dieses Handlungsbegriffs als Fundament des Strafrechts ist Täter, wer objektiv das tatbestandserfüllende Handlungsgeschehen gestaltet, also durch eine emotionsbedingt-finale Handlung beherrscht[126], hierdurch den Tatbestand eines Strafgesetzes verwirklicht und es so zu seinem „Werk“ macht.

2 Folgerungen für die mittelbare Täterschaft

Hiernach gestaltet der mittelbare Täter das Geschehen durch die Entwicklung eines Handlungsmodells, das er durch die Einwirkung auf den Vordermann verwirklicht und entscheidet damit – wie es bereits der Jubilar formulierte – „durch seine Tätigkeit über den tatbestandsmäßigen Erfolg“[127]. Bei strenger Betrachtung trifft dieser Ansatz zwar auch auf die Anstiftung zu: Der Anstifter hat einen Plan, den er dem unmittelbaren Täter unterbreitet und der von diesem realisiert wird. Der Unterschied liegt aber darin, dass der Angestiftete die Tat begeht, zu der er bestimmt worden ist, er also für sich das Geschehen so gestaltet, wie es dem noch zumeist groben Handlungsprojekt des Anstifters entspricht. Bei der mittelbaren Täterschaft dagegen plant der Hintermann das Handlungsgeschehen bis ins Detail genauso wie der Vordermann, der das Handlungsgeschehen für sich selbst aufwirft und hiernach die äußere Tätigkeit vollführt, die sich letztlich aber dennoch (aufgrund einer Einwirkung auf den Vordermann) als Realisierung des Handlungsprogramms des Hintermannes darstellt. Da die letztendlich erfolgende Tätigkeit beim Angestifteten wie beim „Werkzeug“ einer mittelbaren Täterschaft nach außen hin gleich sind, muss sich die Abweichung in den ersten Bereichen des Begehens durch Handlungsziel-Handlungsplanung-Bewegung/

---

123 Vgl. nur *Roth* (o. Fn. 122), 322 und 425; *ders.*, Das Gehirn und seine Wirklichkeit, 1997, 305.

124 *Weinberger*, FS-Klug, Bd. I, 1983, 199 ff.

125 So bereits *Kraatz* (o. Fn. 55), 186 ff.

126 *Kraatz* (o. Fn. 55), 195.

127 *Wolf* (o. Fn. 13), 415 (429).

Unterlassen finden, wie es dann auch die anerkannten Fallgruppen der Willens- und Wissensherrschaft[128] belegen: Zwingt der Hintermann den Vordermann zu einer bestimmten Tat, so wird dieser maßgeblich durch den Zwang motiviert, dem er nachgibt, nicht dem deliktischen Sinn, den der Hintermann verfolgt und der sich letztlich verwirklicht. Oder weiß der Hintermann mehr, so fehlen dem Vordermann Informationen für seine Handlungsplanung und er führt zu einem bestimmten anderen als dem deliktischen Zweck des Hintermannes die Handlung aus, nimmt also etwa eine für ihn fremde Sache weg im Glauben, es sei seine eigene. Jeweils ist der Hintermann überlegen und gestaltet durch seine Handlungsplanung und Einwirkung auf den Vordermann (durch Täuschung oder Zwang) das Handlungsgeschehen in eine bestimmte, von ihm anvisierte Richtung unter Nutzung des anderen Menschen zur Ausführung der nach seinem Handlungsplan notwendigen Tätigkeit.[129]

Ob eine derartige Handlungsprojektrealisierung des Hintermannes auch in Fällen organisierter Machtapparate vorliegt, ist die eigentliche Frage der mittelbaren Täterschaft – eine wie auch immer geartete automatische Funktionsweise des Tatablaufs spielt dagegen keine Rolle. Die Einwirkung des Hintermannes betrifft den Machtapparat und nicht den Ausführenden selbst, den er zumeist noch nicht einmal kennt. Die Tat wird also augenscheinlich „durch einen Apparat", nicht durch einen anderen begangen. Doch mittelbar wird so auch auf den Ausführenden der Anweisung als eingegliedertes Teil der Organisation eingewirkt und auf sein Verhalten steuernd Einfluss genommen. Obgleich der Vordermann entsprechend der Anweisung seine Handlung plant, weicht sein Handlungsprojekt in einem entscheidenden Aspekt vom Hintermann ab: in seinem Handlungssinn. Primäres Motiv ist etwa in den Mauerschützenfällen nicht nur der deliktische Sinn der Tat (etwa die Tötung eines Republikflüchtlings). Neben dieses Motiv tritt vielmehr zusätzlich ein bestimmter Zwang: In den Mauerschützen-Prozessen konnten zwar nie Fälle aufgetrieben werden, in denen konkrete Sanktionen gegen sich weigernde Soldaten ausgeübt wurden, sodass sich eine teilweise im Schrifttum vertretene Nötigungsherrschaft (im strengen Sinn)[130] nicht konstruieren ließ.

Bezeichnend für das Verhältnis von Befehlendem und Befehlsempfänger ist jedoch eine „mit der Intensität einer Nötigung vergleichbare psychische Drucksituation"[131]. So existiert in der Soziologie der Begriff der „sozialen

---

128 Vgl. zu diesen Fallgruppen nur *Roxin* (o. Fn. 12), § 25 Rn. 45 ff.

129 So bereits *Kraatz* (o. Fn. 55), 309.

130 Vgl. *Schulz*, JuS 1997, 109 (112); ähnlich *Stein* (o. Fn. 53), 202 f.

131 So *Schulz*, JuS 1997, 109 (112), der die Nötigungsherrschaft daher in diesem weiten Sinne verstehen möchte.

Herrschaft"[132], der (wie die Macht allgemein) dadurch gekennzeichnet ist, dass Personen „nicht als Gleiche einander gegenübertreten, sondern in einem Verhältnis von Befehl und Gehorsam, Über- und Unterordnung zueinander stehen"[133]. Ein derartiges Verhältnis ist geprägt einerseits durch „ein hohes Beherrschungspotential untergebener Personen durch hierarchisch übergeordnete Personen"[134], sodass die hierarchische Binnenstruktur der beteiligten Personen (etwa Politiker und Schütze) im Konfliktfall autoritär durchgesetzt werden kann und zum anderen durch einen internen innerorganisatorischen Konformitätsdruck.[135] Der Ausführende weiß, dass wenn er die Handlung nicht ausführt, eine Vielzahl weiterer bereitstehen, die hierzu bereit sind und er in den Augen dieser mit ihm auf einer Stufe stehenden Personen im Ansehen stark sinken würde. Hier tritt das Fungibilitäts-Element einzig in Erscheinung und bedingt einen erhöhten Druck auf den Ausführenden[136], der Anweisung nachzukommen, auch unabhängig von dem mit der Handlung verbundenen deliktischen Zweck. Dieser Gruppenzwang tritt neben mögliche Konsequenzen im Über- und Unterordnungsverhältnis und sorgt so dafür, dass der Untergebene zur Verfolgung eines anderen (weil auch durch dem Nachkommen des sozialen Drucks geprägten) Handlungsziels die Handlung begeht, die sich letztlich als Realisierung des Handlungsplans des Befehlenden ergibt. Dem „Schreibtischtäter" kommt so eine „gestufte Täterschaft" zu, die § 25 I Var. 2 StGB missverständlich als Tatbegehung „durch einen anderen" bezeichnet.

Voraussetzung hierfür ist jedoch neben einer gewissen Organisationsgröße mit streng hierarchischer Struktur, in die der Ausführende eingegliedert ist, dass die Organisation für die Ausführung der abverlangten Handlung überhaupt zuständig ist. Nur dann hält sich die Handlung im Rahmen der Organisationshandlungen und kann der Gruppenzwang maßgeblich die Handlung des Ausführenden (mit-)motivieren. Hier kommt *Roxins* Kriterium der Rechtsgelöstheit

132 Hierzu sowie in seiner Verwendung für die mittelbare Täterschaft kraft Organisationsherrschaft ausführlich *Schlösser* (o. Fn. 48), 274 ff.; ebenso *Gropp*, JuS 1996, 13 (16); in diese Richtung bereits *Otto*, Jura 2001, 753 (756): „soziales Herrschaftsverhältnis"; *Ransiek*, Unternehmensstrafrecht, 1996, 48: „soziale Machtverteilung"; *Schild*, Täterschaft als Tatherrschaft (1994), 22 f.: „soziale Herrschaft (Macht)"; *Welzel* (o. Fn. 47), 104: „soziale Tatherrschaft" zur mittelbaren Täterschaft bei Sonderdelikten.

133 *Raiser*, Grundlagen der Rechtssoziologie. Das lebende Recht, 6. Aufl. 2013, 282.

134 *Schlösser* (o. Fn. 48), 288.

135 *Schlösser* (o. Fn. 48), 332.

136 Ähnlich *Rübenstahl*, HRR-Strafrecht 2003, 210 (215), http://www.hrr-strafrecht.de/hrr/archiv/03-10/hrr10-03.pdf, abgerufen am 18.07.2017.

ins Spiel: So wird eine Organisationszuständigkeit zur Begehung von Straftaten (von Körperverletzungen durch Polizisten im Rahmen gewalttätiger Auseinandersetzungen mit Demonstranten abgesehen) nur bei mafiaähnlichen Strukturen gegeben sein oder wenn der Staat sich selbst außerhalb des Naturrechts stellt. Zugleich erfüllt diese „Rechtsgelöstheit" einen weiteren Zweck: Dem sozialen Zwang diametral entgegenstehen kann der Zwang, der durch die Einhaltung der Rechtsordnung – insbesondere auch strafrechtlicher Sanktionsdrohungen – vermittelt wird. Er kann den anderen Zwang wieder aufheben mit der Folge, dass die Handlung vom Vordermann gerade doch wegen ihres deliktischen Sinns primär ausgeführt wird und damit im gleichen Handlungssinn wie vom Hintermann erdacht – es wäre die Handlung, zu der der Vordermann im Sinne des § 26 StGB „bestimmt" wurde. Dieser „Gegenpol" zur sozialen Herrschaft existiert nur dort nicht, wo eine entgegenstehende Rechtsordnung nicht existiert oder deren Anordnungen den Ausführenden nicht beeinflussen, da er sich bereits mit seinem Organisationseintritt gegen die positive Rechtsordnung entschieden hat.[137]

Gerade hiervon kann – wie aufgezeigt – bei grundsätzlich legal agierenden Wirtschaftsunternehmen keine Rede sein, bei denen die Rechtsordnung den hierarchisch unterlegenen Mitarbeitern eine Rechtstreue abverlangt, die ein Ausmaß „sozialen Zwangs" entgegensteht, das den selbst gesetzten deliktischen Handlungssinn überspielt. Die vom Vordermann ausgeführte Handlung ist zwar jene, zu der er vom Hintermann bestimmt wurde, jedoch in Umsetzung des selbst gesetzten Handlungsziels, sodass er selbst und nicht der Hintermann über den Eintritt des tatbestandsmäßigen Erfolgs entschieden hat, der „sein Werk" „bleibt". Mit der innerdienstlichen Anweisung wurde er lediglich motiviert, sodass bei grundsätzlich legal agierenden Wirtschaftsunternehmen mit den überwiegenden Stimmen in der Literatur[138] von einer Anstiftung auszugehen ist.

---

137 Auf diese Weise und auch nur so kommt das von *F.-C. Schroeder* (o. Fn. 11), 152 ff. entwickelten Kriterium des „Einsatzes eines zur Tat Bereiten" eine Bedeutung zu. Eine zentrale Bedeutung muss der Auslösung des vom Ausführenden bereits zuvor getroffenen „bedingten Tatentschlusses" hingegen versagt bleiben, zeigt doch § 30 II StGB, dass der klassische Fall einer bedingten wie unbedingten Tatbereitschaft gerade der typische Fall einer versuchten oder vollendeten Anstiftung ist; so auch *Ambos*, GA 1998, 226 (230); *Roxin*, JZ 1995, 49 (51).

138 Nachweise in Fn. 99.

V Fazit

Mit seiner Verminderung von *Roxins* Lehre von der „mittelbaren Täterschaft kraft organisatorischem Machtapparat" um Merkmale der „Rechtsgelöstheit" sowie Elemente der Fungibilität hat der Bundesgerichtshof diese bereits vom naturalistisch menschlichen Handlungsmodell gelöste und den in der bereits normativierten Lehre angelegten richterlichen Ermessensspielraum weiter ausgedehnt und damit jegliche dogmatische Konturen des § 25 I Var. 2 StGB endgültig aufgelöst.[139] Dies mag zwar von dem rechtspolitischen Wunsch nach einer Erfassung jener Menschen geprägt sein, die sich hinter Organisationen verstecken, um mit der sich aus juristischen Personen und breiter Arbeitsteilung ergebenden relativen Anonymisierung Straftaten zu begehen.[140] Und es erscheint durchaus verführerisch, in Umkehrung des sprichwörtlichen „die Kleinen hängt man, die Großen lässt man laufen" als „Ausdruck des Strebens nach mehr materieller Gerechtigkeit"[141] gerade den Unternehmensleiter für alles als Täter haftbar zu machen, was in seinem Betrieb geschieht und von seinem Wissen und Wollen auch nur in ganz allgemeiner Form umfasst ist. Der angenommenen höheren Verantwortung einer Unternehmensleitung in den Augen der Bevölkerung wird dieses Ergebnis zwar gerecht. Doch kriminalpolitisch sinnvolle Lösungen, die wie die von der Rechtsprechung letztlich praktizierte rein normative Verantwortungszuschreibung, die sich verfassungsrechtlich bedenklich von der Feststellung und Bewertung tatsächlich-naturalistischer Tatherrschaft und damit letztlich vom verfassungsrechtlichen Schuldprinzip entfernt, und dogmatisch nicht haltbar sind, sind ohne notwendige Gesetzesänderungen nicht zu praktizieren. Dennoch sind die Grundsätze der Organisationsherrschaft in Wirtschaftsunternehmen als „praktisch bedeutsamste Fallgruppe"[142] der „gestuften Täterschaft" („Täter hinter dem Täter") leider viel zu verlockend, als dass damit gerechnet werden kann, dass der Bundesgerichtshof hier in nächster Zeit diesen „Irrweg"[143]

139 In diese Richtung bereits die Kritik von *Rübenstahl*, HRR-Strafrecht 2003, 210 (219), http://www.hrr-strafrecht.de/hrr/archiv/03-10/hrr10-03.pdf, abgerufen am 18.7.2017.

140 Dieses rechtspolitische Ziel vermutet hinter den Rechtsprechungsgrundsätzen gleichfalls *Brammsen/Apel*, ZJS-Online 2008, 256 (264), http://www.zjs-online.com/dat/artikel/2008_3_59.pdf, abgerufen am 18.7.2017.

141 *Rübenstahl*, HRR-Strafrecht 2003, 210 (218), http://www.hrr-strafrecht.de/hrr/archiv/03-10/hrr10-03.pdf, abgerufen am 18.7.2017.

142 *Nack*, GA 2006, 342 (343).

143 *Eidam* (o. Fn. 99), § 25 StGB Rn. 6.

revidieren[144] und diese Rechtsfigur wie die gesamte Täterschaftslehre, derzeit noch (in den Worten des Jubilars) „ein fein ziselierter Koloss auf tönernden Füßen", wieder auf ein (längst überfälliges) sicheres dogmatisches Fundament (neu) errichten wird.[145]

---

144 Ebenso die Vermutung von *Rotsch*, NStZ 2005, 13 (18); *ders.*, in: Rotsch (Hrsg.), Criminal Compliance, 2014, § 4 Rn. 8.

145 Dies werden voraussichtlich auch die Ex-Vorstände des Volkswagen-Konzerns aufgrund der Vorwürfe in der Diesel-Affäre zu spüren bekommen: umfassend hierzu sowie zu deren strafrechtlichen Problemen *Isfen*, JA 2016, 1 ff.

Volker Krey

About Magicians and Witches Reflections on Legal History

The Early Modern Age (from the 16th until the 18th Century) as a Janus-faced Era: Reign of Terror by Excessive Witch Hunting in the first two Centuries. Ending the Witch Hunting in Europe during the 18th Century

Abstract: The reign of terror by excessive waves of witch hunting, characterized through merciless torture and burning the convicted, caused many tens of thousands of killed victims. Those monstrous witch trials did not dominate the Middle Ages (Dark Ages), even though the conditions for such witch hunting already were laid down during the Late Middle Ages (13th to 15th century), namely the raise of inquisitory proceedings *ex officio*, capital punishment and torture. However, the mentioned excessive waves of witch hunting didn't take place until the **Early Modern Age**, the first two centuries of which (the 16th and 17th) were dominated by a reign of terror. This is outlined thoroughly and in detail in the paper at hand. In doing so, the author in particular discusses the issues *victims* of and *reasons* for witch trials, offering numerous examples. The final part of this paper deals with *ending witch hunting* during the 18th century (the Century of Enlightenment).

Keywords: Monstrous waves of witch trials during the 16th and 17th century; witch hunting for absurd accusations such as "pactum cum diabolo", "coitus cum diabolo", "Witches Sabbath"; use of torture and death penalty by burning; victims of witch trials and reasons for eliminating so many tens of thousands for witchcraft.

1.1.1 Introduction

I. Black Magic and Witchcraft – Witch Hunting during the Period from the Ancient World up to the Late Middle Ages

1. As already stated in previous papers of the author,[1] the belief in black magic/witchcraft was omnipresent from the Ancient World to the Early Modern Age and can still be found today.

---

1 In particular: *Krey, Von Zauberern und Hexen – Rechtshistorische Betrachtungen*, in: Festschrift for *Kristian Kühl*, University Tübingen, 2014, p. 19–46. The first part of

Thus, there already was, if only to a certain extent, a tradition to **criminalise black magic/witchcraft** from the Ancient World up to the Classic Antiquity. In this respect, the reference to the Code of Hammurabi, the Old Testament and the Roman Law may be sufficient.[2]

In contrast, during the eras of the Early Middle Ages as well as the High Middle Ages brutal witch hunting in principle was unwanted from the secular authorities' point of view; the same held for the Church. Nevertheless, there were cases of cruel witch hunting also during such eras, be it as case of lynch law or as case of unauthorized acting local authorities.[3]

2. Anyhow, not until the Late Middle Ages (13th to 15th century), the **conditions for such witch hunting** were laid down, namely the following key prerequisites:[4]
   a) The rise of the *Inquisitionsprozess* (i.e. inquisitory proceedings), carried out *ex officio* and back then gradually taking the place of the *Anklageprozess* which required a private person as accuser.
   b) The combination of such proceedings *ex officio* with the following rigorous law of evidence:

The conviction of the accused required ***two witnesses*** *with good repute or his* ***confession****, the latter being characterized as royal proof.*

Such predominance of the confession resulted in an increasing use of interrogational torture: The *Inquisitionsprozess* by its very nature opened the floodgates to torture as an essential instrument to obtain a confession where no witness or only one was available.

---

this paper, p. 19–28, in a version, extended and improved to a certain extent, has been **published in English**, namely in: Festschrift for *Walter Lindacher* (C.H. Beck, Munich, publication 2017, p. 235–251). The second part of the mentioned paper, p. 29–36, is also **published in English** in a version, extended and improved to a certain extent, namely in Festschrift for *Manuel da Costa Andrade* (University of Coimbra), Volume II, 2017, p. 423–439.

2 Thereto *Krey*, Von Zauberern und Hexen (supra note 1), p. 20–25. Also see *Krey*, in: Festschrift for *Lindacher*, (supra note 1), **p. 236–243**; each with further references.

3 See *Krey*, Von Zauberern und Hexen, p. 25–28; *Krey*, in: Festschrift for *Lindacher*, **p. 243–249.**

4 Thereto in detail and with further references: *Krey*, Von Zauberern und Hexen, p. 29–36; *Krey* in: Festschrift for *da Costa Andrade*, *passim*.

c) The legal and consistent implementation of interrogational torture since the 13th century in northern Italian cities as a means to fight urban mass crime, later adopted by the Church in the ecclesial heresy trials.
d) The gradual implementation of the *"peinliches Strafrecht"*, characterized by cruel punishment striking life and limb, since the 13th century, also starting in northern Italy and then in the mentioned heresy trials.
e) The infamous *Hexenbulle* of *Pope Innocent VIII* (1484) and the even more disastrous *Hexenhammer* of the Inquisitor *Heinrich Kramer* (1486/1487) as a legitimation for the subsequent cruel and extensive witch hunting.

II. No Omnipresence of Brutal Witch Hunts throughout the Late Middle Ages

1. The mentioned awful changes of the law (see supra, a-d) were successively taken over to some extent for **witch trials** carried out during the Late Middle Ages. Hence, in this era the floodgates to cruel witch hunting by use of torture and capital punishment were opened to a certain extent. Such opening the floodgates also resulted from the aforesaid *Hexenbulle* and particularly the *Hexenhammer*.
   However, such witch hunting neither was omnipresent throughout this era nor was it by any means comparable with the monstrous waves of witch trials during the first two centuries of the Early Modern Age.
2. Rather, the decisive – so to say – "bursting of the dam", enabling that inhuman "war of extermination" against witches and sorcerers did take place not until the **Early Modern Age**, namely in its first two centuries (the 16th and the 17th ones).

Such development throughout those centuries is subject of the **First Part** of the following publication. This part will show

> *that from a criminal law point of view the first two centuries of the Early Modern Age are still to be characterized as Dark Ages, more precisely: as their prolongation.*

Nevertheless, the last century of the Early Modern Age (the 18th one) as "Century of Enlightenment" brought to an end the witch trials and thus really ended the Dark Ages. This historical highlight is subject of the **Second Part** of the paper at hand.

Part One

The First Two Centuries of the Early Modern Age still Being Dark Ages: Reign of Terror by Excessive Witch Hunting during the 16th and 17th Century/Decline of Criminal Law and Criminal Proceedings

I Assessment of these Centuries from a Criminal Law Perspective

From the perspective of criminal law and criminal proceedings, the designation of the 16th and 17th century as part of the **Early Modern Age** is euphemistic or even misleading.

1. However, at first glance, there are **some good reasons** for such designation from the perspective of the general history and the history of law in general, namely in particular the following ones:

a) The completion of the so called *Rezeption* (i.e. the reception of Roman and Canon Law).[5]

b) The *Ewiger Landfrieden* (i.e. Eternal Public Peace) in Germany, dated 1495, in conjunction with the foundation of the *Reichskammergericht* (dated in the same year) as one of the German Imperial High Courts,[6] aiming at the final ending of feuds within the German Empire
This intention was successful on a large scale. Nevertheless, in the period that followed there repeatedly were dramatic new cases of feuds, as shown in the examples below:

- The so called *Trierer Fehde*, i.e. the attack of *Knight Franz von Sickingen* against the *Kurfürstentum Trier* (i.e. Electorate of Trier), started in 1522. As the leader of the Rhenisch and Swabian Knighthood, he intended to conquer and then

---

5 Thereto: *Fried*, Das Mittelalter, 2nd edition 2009, p. 110, 111, 195, 196, 232 et seq., 359; *Krey*, Von Zauberern und Hexen (supra note 1), p. 27 with footnote 49, p. 29; *Krey*, About Magicians and Witches … **Up to the High Middle Ages**, in: Festschrift for *Walter Lindacher* (supra note 1), p. 247 at the end with footnote 89; *Krey*, About Magicians and Witches … **The Late Middle Ages** …, in: Festschrift for *Manuel da Costa Andrade* (supra note 1), p. 425; *Rüping/Jerouschek*, Grundriss der Strafrechtsgeschichte, 6th edition 2011, side note 29, 30–34; *Wesel*, Geschichte des Rechts, 4th edition 2014, side note 202, 215–217.

6 See *inter alia*: *Rüping/Jerouschek*, side note 87, 88 et seq.; *Wesel*, side note, 207, 242. Subsequently, the *Reichskammergericht* was added by the *Reichshofrat* as an additional and competing German Imperial Court; see *Fischer*, Juristenzeitung (JZ, i.e. a German Law Journal), 2010, p. 1077 et seq.

secularize that Electorate. Yet, his bolder attack failed, and *v. Sickingen* was put under the **ban of the German Empire** (in German: *Reichsacht*).[7]

- Another example of a breach of the Eternal Public Peace, unsuccessful as well, was the open war against all of Swabia by the Elector of Bavaria and his brother, Elector of Cologne, starting at the beginning of the 18th century. Thereby, both breakers of the Public Peace frankly made a deal with the French and devastated the entire Swabia by Bavarian and French troops.[8] However, they suffered defeat at the end.
- Finally, a 3rd example of feuds, being banned under the *Ewiger Landfrieden* but although happened, shall be mentioned here: In 1787 a military occupation of the Earldom of Schaumburg-Lippe by the Landgrave of Hessen-Kassel took place. The island fortress Wilhelmstein, belonging to Schaumburg-Lippe, thereby was besieged.
  Yet, such siege remained unsuccessful. Furthermore, the troops of Hessen-Kassel retreated back, when troops of Prussia and the electorate of Hannover approached, equipped with the mandate of the German Emperor to end that foolish feud.[9]

c) The *Constitutio Criminalis Carolina* **(CCC)**, also called *Peinliche Gerichtsordnung Kaiser Karl V*[10], dated 1552.
   Here, the following brief remarks may be sufficient:
   This Imperial Law, enacted by the German Imperial Diet, by its very nature was both, an imperial **criminal procedure code** and at the same time **criminal code** of the Holy Roman Empire of the German Nation.[11] It aimed at ending the much-lamented legal uncertainty and judicial arbitrariness, furthermore at insuring the unification of laws.[12]

---

7 *Franz*, Trier zur Reformationszeit (4th item: Sickingen-Fehde …) in: University Trier (editor), 2000 Jahre Trier, Vol. 2: *Anton/Haverkamp* (editors), Trier im Mittelalter, 1996, p. 553, 570 et seq.

8 *Burkhardt*, Deutsche Geschichte in der Frühen Neuzeit, 2009, p. 102 ff, 105.

9 See Wikipedia, keyword: „*Wilhelmstein*" (4th item: *Belagerung* – i.e. siege – *von 1787*). The fortress Wilhelmstein is situated on an artificial small island in the middle of the "*Steinhuder Meer*", being a large lake near by the City of Hannover.

10 *Karl V* was German Emperor from 1519 to 1556.

11 In the following, the **CCC** is cited from: *Schroeder* (editor), Die Peinliche Gerichtsordnung *Kaiser Karl V.* mit Erläuterungen, published in 2000.

12 Thereto *Krey*, Keine Strafe ohne Gesetz, Einführung in die Dogmengeschichte des Satzes „*nullum crimen, nulla poena sine lege*", 1983, side note 10, 11.

However, such Imperial Code did not take unconditional priority over laws of the German territories since at that time the principle *"Reichsrechts bricht Landesrecht"* (meaning: German Imperial Laws prevail over territorial laws) did not generally apply.[13] Rather, the *CCC* in its preamble[14] laid down a certain priority of the territorial laws by using the following *Salvatorische Klausel:*[15]

Yet, this Imperial Code shall not affect Electors, Princes and Estates of the Realm (in German: Stände) in their old traditional just and equitable customs.[16]

In addition, the *CCC* wanted to achieve to some extent more **rationality and humanity** of the criminal law and the criminal proceedings in Germany. Insofar, the reference to the significant restrictions on the use of interrogational torture, in addition the limitation of the criminal liability for **witchcraft** to cases of black magic, both laid down in the *CCC,*[17] may be sufficient.

d) The final breakthrough of *Gutenberg's* invention of printing as the beginning of the media age, namely since *Martin Luther's* Protestant Reformation.[18]

e) *Luther's* Reformation since 1517 as well as the start of religious freedom due to the *Augsburger Religionsfrieden* (religious peace of Augsburg) dated 1555.[19] The religious peace in Germany was finally accepted under the Peace of Westphalia, dated 1648 and ending the *Dreißigjähriger Krieg* (Thirty Year's War).[20]

2. Despite those rays of hope, the fact remains: The assessment that the 16th and 17th century all in all ought not to be denoted as a real part of the Early Modern Age but rather as a continuation of the Late Middle Ages[21]should be accepted. Such assessment corresponds with an emerging opinion[22], saying:

---

13 Nevertheless, judges and jurymen were obliged to swear an oath of allegiance to the **CCC** pursuant to Art. 3 and 4 of this code.

14 Original version: *„Vorrede"* (at its end).

15 Near translation into English by the author.

16 Additionally see *Krey*, Interogational Torture in Criminal Proceedings – Reflections on Legal History –, Vol. II, in: Rechtspolitisches Forum (Legal Policy Forum), Institut für Rechtspolitik (IRP), University of Trier, No 73, dated 2015, p. 25–27.

17 Yet, very soon such restrictions/limitations **were disregarded increasingly**. See the following text (III. 1.).

18 In detail and thoroughly *Burkhardt* (supra note 8), p. 21 et seq.

19 See: *Burkhardt*, p. 43, 45 et seq.; *Wesel* (supra note 5), side note 241, 242.

20 Footnote 19.

21 Likewise: *Fried* (supra note 5), p. 535, 536, **558**; *Gmür/Roth*, Grundriss der deutschen Rechtsgeschichte, 11th edition 2006, side note 231; *Krey* (supra note 16), p. 24, 25; *Eb. Schmidt*, Einführung in die Geschichte der deutschen Strafrechtspflege, 3rd edition 1965, p. 17, 18; *Wesel*, side note 241 et seq.

22 See footnote 21.

By its very nature, the Early Modern Age began ***not before the 18th century*** *(the Century of Enlightenment).*

Primarily, this is because of the fact that the irrationality and inhumanity of criminal law and criminal proceedings, especially with regard to witch hunting, became much more terrible throughout the 16th and 17th century. Such insight particularly is so weighty because criminal law and criminal procedure law are justly to be described as "seismograph" of the legal system's darkness or modernity.

Secondly, the situation of most **peasants** became worse throughout the 16th and 17th century because typically they were bondsmen (in German: *Leibeigene*), whose personal dependence on their landlord in principle became even more pressing at that time.[23] So, the shameful social and legal status of that lowest social class throughout those centuries is another reason for their designation as Dark Ages.[24]

II Hexenbulle (1484) and Hexenhammer (1486/1487): Opening the Floodgates to Cruel Witch Hunting by Use of Torture and Capital Punishment – however with a Significant Delay in the Beginning of the Excessive Waves of Witch Trials

1. *Hexenbulle* and *Hexenhammer*[25] have given an important legitimacy to the waves of cruel witch hunting throughout the 16th and 17th century; in this context, the *Hexenhammer* offered the necessary legal instruments.[26]
   Surprisingly, it took many decades before the madness of witch trials in their manifestation as excessive and awful **waves of persecution** against witches and sorcerers prevailed. Such waves occurred not before the second half of the 16th century and were continued in the thirties and sixties of the 17th century.[27] The reasons for this delay may be *inter alia* the following:

---

23 Thereto *inter alia Wesel*, side note 202, 241, **244**.

24 Likewise *Krey* (supra note 16), p. 24, 25; *Wesel* (supra note 5), side note 244 (at the end).

25 See thoroughly and in detail: *Decker*, Magie, Mythen und die Wahrheit, 2004, p. 36–46; *Krey* in Festschrift for *Manuel da Costa Andrade* (supra note 1), Part Three; also see: *Frenschkowski*, Die Hexen. Eine kulturgeschichtliche Analyse, 2012, p. 120, 127 et seq.; *Gaskill*, Hexen und Hexenverfolgung. Eine kurze Kulturgeschichte, translation into German by *Blank-Sangmeister*, Reclam 2013, p. 38–40 (original English version: Oxford 2010).

26 *Fried*, p. 278, 483; *Krey* in Festschrift for *da Costa Andrade*, p. 430 et seq.

27 Thereto: *Hammes*, Hexenwahn und Hexenprozesse, 1977 (Sonderausgabe 1995, p. 61, 99, 170 et seq.); *Rüping/Jerouschek* (supra note 5), side note 145–147; *Rummel/Voltmer*,

a) The limitation of the punishment for witchcraft/sorcery to **black magic** *(maleficium)* under the above mentioned ***CCC***[28] in its Art. 109, saying:

Straff der zauberey
109. Item so jemandt den leuten durch zauberey schaden oder nachtheyl zufügt, soll man straffen vom leben zum todt, vnnd man soll solche straff mit dem fewer[29] *thun.*
Near translation into English by the author:
He who (whoever) causes damage or disadvantage to third parties by using black magic shall be punished with death to be executed by burning.

Here, witchcraft/sorcery in their appearance as *pactum cum diabolo, coitus cum diabolo* and/or Witches' Sabbath (i.e. a secret nocturnal meeting of witches with the devil) were not defined as punishable. This meant at least a step towards more rationality in the field of criminal law, even if only a rather small one.
Unfortunately, in addition there was a statutory regulation on the criminal liability for **attempted** black magic (Art. 109 second sentence *CCC*), laying down:

"Wo aber jemandt zauberey gebraucht, vnnd damit niemant schaden gethan hett, soll sunst[30]*gestrafft warden, nach gelegenheit der sach, darinnen die vrtheyler*[31] *radts gebrauchen sollen, wie vom radt suchen hernach geschriben steht."*[32]
Near translation:
In case of using black magic without causing damage to third parties, the offender shall be punished in another manner according to the circumstances of the case at hand, and here the judges shall carry out the *Aktenversendung* (according to Art. 219 *CCC*).[33]

Such expansion of criminal liability to **attempted** black magic

---

Die Verfolgung eigener Interessen durch Untertanen, Funktionäre und Herrschaften bei den Hexenjagden im Rhein-Maas-Mosel-Raum, in: Unrecht und Recht … im Wandel von 1500–2000, Veröffentlichungen der Landesarchivverwaltung Rheinland-Pfalz, Volume 98, 2002, p. 297, 298; additionally see: *Krey* (supra note 16), p. 31 with footnote 54.

28 See above, Part One, I 1 c with footnote 10 et seq.

29 I.e. *Feuer* in German, fire in English.

30 Meaning *auf andere Weise* in German (*Schroeder*, supra note 11, *Anhang*, p. 170), in another manner in English.

31 I.e. *Urteiler (Richter)* in German, judge in English.

32 Here, the *CCC* refers to its Art. 219 (thereto below, footnote 33).

33 As to such *Aktenversendung*, by its very nature being the request for legal advice to be addressed to the Superior Courts or Law Faculties, see *Krey* (supra note 16), p. 27 at the end, 28.

– the latter being by its very nature a criminal offence based on insane delusions, like the delusion of the real existence of black magic itself –

diluted the mentioned limitation of punishment for witchcraft under Art. 109 first sentence not insignificantly. Apart from that, Art. 109 second sentence *CCC* was an extremely vague provision.

b) Another reason for the aforesaid[34] delay in the beginning of the excessive waves of witch trials are regulations of the *CCC* which aimed at fighting the then incomprehensible legal uncertainty and arbitrariness of the German criminal justice. This applied in particular to the use of **interrogational torture**. Even though the *CCC* in principle adopted the use of torture, this code tried to restrict such use significantly, inter alia in the following ways:[35]

   Firstly, by laying down the requirement of serious incriminating circumstantial evidence (Art. 20, 22).
   Secondly, by offering a comprehensive **catalogue** of sufficient circumstantial evidence (Art. 18–44), but unfortunately no exhaustive one.
   Thirdly, by requiring a careful weighing the incriminating and the exculpatory evidence (Art. 28).
   Fourthly, in case of doubts as to the admissibility of torture, by laying down the judge's duty to carry out the so-called *Aktenversendung* as request for legal advice, to be addressed to Superior Courts or Law Faculties.[36]

c) Finally, an additional reason for the mentioned delay[37] is the fact that the so-called *Inquisitionsprozess* (i.e. inquisitory proceedings), carried out *ex officio* and back then gradually taking the place of the *Anklageprozess* which required a private person as accuser,[38] **not yet dominated**. This applies at least to the period of time between the publication of *Hexenbulle* and *Hexenhammer* (1484 respectively 1486/1487)[39] up to the first subsequent waves of witch trials, the latter not occurring before the second half of the 16th century.[40]

---

34 See above, II, 1 before a).

35 Thereto the author's more detailed publication on interrogational torture (supra note 16), p. 27 et seq., with critical remarks.

36 Art. 28 at the end, in connection with Art. 219 *CCC*. – Additionally see supra note 33.

37 See above, II 1 with footnote 27.

38 See above, Introduction, I 2 a.

39 As to the *Hexenhammer* see the following source: *Heinrich Institoris* (i.e. *Heinrich Kramer*), *Der Hexenhammer*, translated by *J.W.R. Schmidt*, 1870 (reprint in 2004). There is also to be found the literal translation of the *Hexenbulle* into German, p. XXIII–XXXII.

40 Thereto above, Part One, II 1 with footnote 27, and below, III, 2.

The *Anklageprozess* was very dangerous for private accusers because they were threatened with serious sanctions if they could not give evidence for the charge of witchcraft.[41] This is the reason why the *Hexenhammer* gives the strong advice to avoid the *Anklageprozess* in the persecution of witches. Concerning this, the *Hexenhammer* stated:[42]

> *This type of criminal proceedings was too dangerous due to the punishment of retaliating the private prosecutor when the charge of witchcraft was not provable. Rather, the* ***"Inquisitionsprozess"****, meaning criminal proceedings ex officio, was more suitable. For the latter type of process it might be sufficient, that "in any town or village there was the rumour going around that there were witches". A specific denunciation was not required.*

2. In the second half of the 16th century, the aforesaid delay in the beginning of the excessive waves of witch trials came to an end, namely by the first extensive and cruel wave of witch hunting[43]: Only now, *Hexenbulle* as well as *Hexenhammer* could take their fatal effect as important source of legitimacy for witch hunting.

III The Horrors of Witch Hunting during the 16th and 17th Century

It is hard for the author, not to discuss this issue in great depth, because it is exceptionally fascinating and the literature on this subject is almost unmanageable. Furthermore, important aspects like the **causes**

- for such morbid mass killing by witch hunts, and
- for the **delusion**, confessions obtained under torture and regarding nonsense like *"pactum cum diabolo", "coitus cum diabolo" or "Witches' Sabbath"* were credible,

are still quite cryptic, at least not sufficiently clarified.

Finally, the following discrepancy seems to be puzzling: On the one hand, the horrors of witch hunting characterized by complete irrationality and incredible cruelty were predominant throughout the 16th and 17th century. On the other hand, such era was increasingly influenced through the early Enlightenment,

---

41 See, *inter alia*, *Jerouschek*, Juristische Schulung (JuS, i.e. a German Law Journal), 1995, p. 576, 579. Therefore, he rightly characterizes the *Akkusationsprozess* as an impediment to witch hunting.

42 *Hexenhammer* (supra note 39), p. 362. – Near translation into English by the author.

43 Thereto with further references: above, II 1.

characterized by the **demands** of the so called Natural Law Theorists for more rationality, secularism and humanity.[44]

Nevertheless, the author has to limit this chapter of the current publication in order not to overstretch the latter's extent.

1 Disregarding the Legal Bounds, Laid Down by the CCC, in the Persecution of Witches

The aforesaid limitation of the punishment for witchcraft/sorcery to **black magic**[45] as well as the above mentioned legal bounds of using interrogational **torture**[46], both laid down by the *CCC*, were disregarded at the latest during the first excessive wave of witch hunting in the second half of the 16th century. In order to give reason for this disobedience to the law the following statement was made at that time:

> *Witchcraft was a delictum atricissimum (crimen exceptum), meaning an extremely serious criminal offence; in the fight against such crimes breaches of the law were permitted and at the same time necessary.*

Due to this disastrous statement, the boundless use of interrogational torture as well as the inclusion of *pactum cum diabolo, coitus cum diabolo,* and Witches' Sabbath into "witchcraft/sorcery" as criminal offence could be legitimated and legalized.[47]

2 Temporal Main Focus of the Witch Trials

The 16th century, more precisely its second half, denoted the temporal main focus of witch hunting. During the 17th century, there still are extensive waves of witch trials, namely throughout the thirties and the sixties. However, the obsessive and fatal belief in witchcraft and sorcery at that time already decreased.[48]

---

44 Thereto below, Part Two, I, II; in addition see: *Eisenhardt*, Deutsche Rechtsgeschichte, 6th edition 2013, side note 273 et seq., 277, 284, 285 et seq., 289 et seq.; *Krey*, Interrogational Torture …Vol. II (supra note 16), p. 36, 37; *Rüping/Jerouschek* (supra note 5), side note 151 et seq., 158 et seq., 162, 163, 173; *Wesel* (supra note 5), side note 249 with 261.

45 See above, Part One, I. 1 c (at the end).

46 See supra note 45.

47 *Decker* (supra note 25), p. 46; *Krey* (supra note 16), p. 30 et seq., 36; *Rüping/Jerouschek* (supra note 5), side note 133; *Wesel* (supra note 5), side note 261.

48 Thereto inter alia: *Decker*, p. 51, 53, 57, 58, 61 et seq., 68–70; *Frenschkowski* (supra note 25), p. 121–123; *Gaskill* (supra note 25), p. 103 at the end, 104; *Krey*, p. 30 et seq., 31, 33; *Rüping/Jerouschek*, side note 147, 148; *Wesel*, side note 261.

In the following century, the 18th one, witch trials became more and more seldom and at least were definitively abolished, which will be discussed below (Part Two). In Germany, the very last sentencing to death for witchcraft took place in the Diocese of Kempten (a catholic territory), 1775.[49]

3 Local Priorities of Witch Hunting

Within Europe, most witch trials were carried out in Germany, originating from the **Catholic** territories in South Germany. However, also in **Protestant** territories witch trials occurred on a large scale. In particular, focal points were small and medium-sized territories with a weak public authority such as Bishoprics because they did not put up sufficient resistance against the pressure by the local people to carry out extensive witch trials. Here, primarily the (arch) dioceses Trier, Mainz, Würzburg, Bamberg, and Fulda ought to be named.[50]

Even *Martin Luther* was one of the followers of witch hunting. He approved this madness with statements such as the following:

> *Regarding witches, no one should be merciful; he himself (Luther) would burn them.*[51]
> This delusional belief in witchcraft apparently was influenced by the fatal provision on sorcery/witchcraft contained in the Holy Bible's Old Testament, saying:
> *"Die Zauberinnen sollst Du nicht am Leben lassen"*,[52] meaning: *Thou shalt not allow witches to live.*[53]

In large German principalities such as Bavaria with powerful state authority witch trials in general were significantly more seldom.[54] Here, the authority was more willing and able to resist the pressure by local people to carry out extensive witch trials. Furthermore the authority in such principalities was more willing and able to fight unauthorized witch hunting as case of lynch law, especially in rural areas.[55]

---

49 As to the 18th century, called "Century of Enlightenment", see below, Part Two of the manuscript at hand.

50 *Jerouschek* (supra note 41), p. 578; *Rummel/Voltmer* (supra note 27), p. 301 et seq., 314 et seq.; *Wesel* (supra note 5), side note 261 („*Kernzone*", i.e. core area).

51 Thereto *Hammes* (supra note 27), p. 154 et seq., 156.

52 2 Moses 22, 17 (in the version of the *Luther* Bible).

53 In modern English: Do not allow a witch to live.

54 *Rummel/Voltmer* (supra note 27), p. 301 with footnote 15; *Wesel* (supra note 5), side note 261.

55 See: *Jerouschek* (supra note 41), p. 581; *Kleßmann*, So unschuldig wie Gott im Himmel. Erst die Folter schuf die Hexen, in: *U. Schultz* (editor), Große Prozesse, 1997, p. 167; *Rüping/Jerouschek* (supra note 5), side note 148; *Rummel/Voltmer* (supra note 27), p. 308, 309, 310 et seq.

The aforesaid cases of massive pressure by the people on the authority to carry out extensive witch hunts often resulted in political unrest, sometimes up to cases of riot.[56]

In European comparison, the number of executed victims of witch trials in Germany mostly is estimated to be more than 50 percent[57], being a major blot on the history of the Holy Roman Empire of the German Nation.

4 The Victims of the Witch Hunts

a) Most of such victims were **women**, mainly older ones. The female share amounted up to 75 percent or more.[58]
   Men, condemned for sorcery, often had attracted attention by criticism of witch hunting or by their restraint in such cases. Another wide spread reason for witch trials against men was their wealth: the assets of such victims were so great that burning them was profitable due to the intended enrichment from the victim's assets.[59] In many cases, the victim was creditor of the denunciator; furthermore, the accusation, *someone was a witch/sorcerer*, often occurred in cases of unwelcome rivals in the political sphere or of annoying neighbours.[60]
b) Despite the mentioned cases of intent to profit as motivation for the denunciation of supposed witches/sorcerers, the vast majority of the victims belonged to the lower class: the typical victim of witch trials was a woman, being poor and old (and mostly a widow) living in rural areas.[61]

Among women, also midwives and herb women (in German *"Kräuterweiblein"*) were endangered.[62]

---

56 See supra note 55.
57 *Jerouschek*, p. 578; *Rüping/Jerouschek*, side note 147.
58 *Jerouschek*, p. 581; *Kleßmann* (supra note 55), p. 171 et seq.; *Rüping/Jerouschek*, side note 145; *Schild*, Alte Gerichtsbarkeit, 1980, p. 116; *Wesel* (supra note 5), side note 261.
59 Thereto: *Hammes* (supra note 27), p. 28, 171; *Kleßmann*, p. 172, 175; *Rummel/Voltmer* (supra note 27), p. 301, 312, 316; *Schild*, p. 120.
60 See: *Hammes*, p. 99 (creditors, neighbours); *Kleßmann*, p. 174, 175 (rivals); *Rummel/Voltmer*, p. 308 et seq., 318, 339 (neighbours).
61 Thereto: *Hammes*, p. 60 et seq. (poor old women); *Rüping/Jerouschek*, side note 148 (lower classes); *Wesel*, side note 261 (poor old women, lower class). Also see *Gaskill* (supra note 25), p. 54, 55.
62 *Hammes*, p. 61, 62; *Kleßmann* (supra note 55), p. 172, 173; *Schild* (supra note 58), p.120; critical: *Jerouschek* (supra note 41), p. 580; *Rummel/Voltmer*, p. 297, 300; differentiating view: *Frenschkowski* (supra note 25), p. 137 et seq.

c) As already mentioned, **members of the upper class** too were convicted for sorcery; this even holds for prominent and powerful ones. In this context, the following three relevant examples shall be sufficient:

(1) Burning at the stake because of sorcery/witchcraft the chancellor of the Prince-Bishopric of Bamberg, *Dr. iur. Georg Haan,* and his close relatives in the twenties of the 17th century:[63]
Haan had been so foolish, to appeal to the *Reichskammergericht* [64] against the criminal prosecution of relatives for witchcraft. Moreover, he had made enemies at the court of the Prince-Bishop, being powerful ones. By means of swift execution of *Haan* and his respective relatives, accomplished facts were created in order to prevent any suitable countermeasures of the *Reichskammergericht.*[65]

(2) Execution of *Dr. iur. Dietrich Flade* for sorcery in 1589:[66]
Flade was Judge in the city of Trier and at the same time Rector of Trier University. He had been accused of participation in cases of Witches' Sabbath by numerous suspects, being persecuted for witchcraft/sorcery and **under torture testifying**:

Even Flade had been seen there.

Regardless of the hesitant treatment of the case against *Flade* by the jurors of his own court, he was incarcerated. Subsequently, due to extensive torture he confessed to being guilty of sorcery (*pactum cum diabolo*). So, *Flade* was burned at the stake. The driving force behind these awful proceedings was *Binsfeld*, Auxiliary Bishop of Trier. He was the author of a tract against witchcraft/sorcery being a concoction in the succession of the *"Hexenhammer"*.[67]
The following facts might have been fatal to *Flade*: On the one hand, he was by no means a strong supporter of extensive witch hunting during the late eighties of the 16th century. On the other hand, as a prominent and wealthy citizen *Flade* had powerful enemies. After all, his sovereign, the Elector and Archbishop of Trier, dropped him.

---

63 Thereto in detail: *Hammes*, p. 88 et seq.

64 See above, Part One, I 1 b with footnote 6.

65 Through this and the subsequent burning of other relatives of *Haan*, the Bamberg Haan family was exterminated under the guise of persecuting witches and sorcerers (see supra note 63).

66 As to the following see: *Hammes* (supra note 27), p. 171 at the end, 174 et seq.; *Kleßmann*, p. 167 et seq.

67 Regarding the *Hexenhammer* see above, Part One, II.

(3) Burning at the stake the Mayor and Councillor of the city of Bamberg, *Johann Junius*, in 1628:

This atrocity occurred in the context of a horrible **wave of witch trials** in the region of Bamberg during the twenties of the 17th century, resulting in a couple of hundreds of victims.[68] *Uwe Wesel*, a German legal historian, has published the farewell letter of *Junius*, addressed to his *"hertzliebe dochter Veronica"* (meaning dearest daughter), beginning to read as follows:[69]

As an innocent man, I was incarcerated; as an innocent man, I was brutally tortured; as an innocent man, I shall die. This is due to the following insight: He who goes to prison because of the accusation of sorcery has to become a sorcerer; otherwise he will be ***tortured*** *until he, out of desperation, confesses corresponding accusations, he had made up in his mind.*

d) The three cases described above may clarify: Although there were privileges for the nobility, clergy, and doctors of law, not to be subjected to torture *(Folterprivilegien)*,[70] such privileges did not always provide sufficient cover in cases of witch trials. This applied at least for doctors of law and members of the clergy.[71]
Such **limited** protection against torture, as far as witch hunting was concerned, is another reason for the phenomenon that the madness of believing in witches/sorcerers could result in totally irrational and blood-thirsty witch trials **over centuries**:

Certainly, there were many doctors of law and members of the clergy, having dealt with witch trials, who were reasonable contemporaries and thus seeing through such madness as well as abhorring the cruelties of such trials. However, if they therefore tried to prevent or at least delay cases of witch hunting, as a rule, they signed their own death warrant. This is because those critics of the belief in witchcraft in principle were attacked, persecuted, and tortured for witchcraft or sorcery, and after all burned at the stake.[72] These consequences surely had a sufficiently deterrent effect.

---

68 Also see above, case (1).

69 As to the original version of this letter, written down in Early New High German, see inter alia *Wesel* (supra note 5), side note 263. Near translation into English by the author of the publication at hand.

70 Thereto: *Krey* (supra note 16), p. 20 with footnotes 19, 20; *Rüping/Jerouschek* (supra note 5), side note 129.

71 Many **priests**, bravely opposing the excessive witch hunting, themselves became victims of witch trials.

72 *Fried* (supra note 5), p. 278; *Hammes* (supra note 27), p. 54, 55, 59: *Hexenhammer* (supra note 39), p. 5, 389, 398; *v. Hippel*, Deutsches Strafrecht, Volume One, 1925 (reprint 1971), p. 231: *criticism was life-threatening.*

e) But the **most monstrous cases** among the witch trials shall be documented by the following examples:

(1) Exterminating entire families by burning at the stake, based on the superstition that witchcraft was heritable. [73]

In this context, possibly the following rational motives have played a role as well: On the one hand, by executing also the wife and the children of the sorcerer, the access to his assets became easier. One the other hand, revenge by the sons of the burned victim was prevented.

(2) The witch trials against a group of boys, being between ten and fourteen years old, in Freising (near by the city of Munich), then being a residence city of a Prince Bishop; such trials took place from 1715 until 1723. The accused boys became victims of torture respectively threat of torture. In their desperate situation, some of the accused committed suicide; most of the others were executed for sorcery.[74]

5 *Cases of Fatal and Unsuccessful Torture*

a) Interrogational torture aimed at forcing the accused's confession. Thus, torturing typically was brutal, sometimes so severe and persistent, that the victims concerned have died,[75] and this without previously having confessed their guilt. Such torture with deathly outcome was, so to say, the worst case in the persecution of witches/sorcerers:
Confessions were religiously overstated because criminal offences were treated as sin against God. This particularly held in cases of witch hunting because witchcraft was considered as heresy. Hence, such proof from a religious standpoint being the accused's **confession of his sins** was necessary for the salvation of his soul.[76] At the same time even the confession under torture could give a good feeling to judges, torturers, and executioners, namely the belief in the victim's guilt

– even though such belief was from today's point of view a delusion –.

---

73 *Hammes*, p. 88 et seq.; also see above, Part One, III 4 c (1) with footnote 65.
74 *R. Beck*, Mäuselmacher oder die Imagination des Bösen, 2011; *Zimmermann*, Neue Juristische Wochenschrift (NJW, i.e. a German Law Jounal), 2012, p. 3558, 3562 et seq.
75 *Schild* (supra note 58), p. 162. Also see: *Frenschkowski* (supra note 25), p. 167, 168, and *Gaskill* (supra note 25), p. 134 et seq., both regarding the **Salem witch trials**, 1692/93 in Massachusetts (New England).
76 Thereto with further references *Krey* (supra note 16), p. 22.

But if the tortured victim died without having confessed, possibly an **innocent** person had been persecuted, incarcerated, and brutally tortured; such situation may be called a disaster.

b) Sometimes there were people, charged with witchcraft/sorcery, incarcerated and brutally tortured who survived without having made a confession. Nevertheless, they typically suffered a bad fate: mostly they were crippled mentally and/or physically.[77] In addition, they were not acquitted; rather, the criminal proceedings against them merely were temporarily closed; this with the result that the proceedings could be revived at any time in case of a new suspicion.[78]

Thereto, the *Hexenhammer* stated that in cases, where due to lack of proof no condemnation was permitted, the following applied:

> *The respective judge ought to abstain from any* ***acquittal combined with the determination of the accused's innocence****. Rather, the judge merely had to determine that legally nothing was proven yet. This was because then the accused could be persecuted for witchcraft again and – where appropriate – be sentenced to death, provided that the witch/sorcerer was accused once again.*[79]

6 *The Devilry of Torturing Witches despite their Confessions: Interrogational Torture as Instrument to Force an Incriminating Testimony against other Witches*

The torments of torture which the accused for witchcraft typically had to suffer from often were continued even after having achieved her confession of guilt. Here, cases of using torture against a confessed witch are meant intending to force her incriminating testimony **as a witness against other witches.**[80]

> By the way, the malpractice of torturing accused witches in order to force her to denounce other supposed witches/sorcerers became one of the reasons for the aforesaid terrible waves of persecuting witchcraft.[81]

---

77 See *Jerouschek*, (supra note 41), p. 580, 581.

78 *Jerouschek*; also see the *Hexenhammer* (supra note 39), p. 434.

79 *Hexenhammer*, p. 434. Near translation into English by the author.

80 As to such „*Zeugenfolter*“ (i.e. torturing witnesses) see: *Krey*, Interogational Torture in Criminal Proceedings – Reflections on Legal History –, Vol. I, in: Rechtspolitisches Forum (Legal Policy Forum), Institut für Rechtspolitik (IRP), University of Trier, No 68, dated 2014, p. 12, 13; *Krey* (supra note 16), p. 34.

81 Thereto: *Krey* (supra note 16), p. 34; *Rüping/Jerouschek* (supra note 5), side note 146–148; *Eb. Schmidt* (supra note 21), p. 210; *Wesel* (supra note 5), side note 261.

7 Conjectures about the Number of Executed Victims of the Witch Trials

Here, own estimates on the number of such victims shall not be carried out. Rather, the following findings may be sufficient: Previous conjectures stating that hundreds of thousands victims were concerned[82] nowadays surely ought to be denoted as totally exaggerated. In the meantime, it is common opinion that throughout Europe fifty thousand to one hundred thousand victims had to be lamented.[83]

*8 Thoughts about the **Reasons** for the Excessive Waves of Witch Hunting during the Early Modern Age*

In this context, particularly the following more or less plausible reasons are to be named:

a) The **Bible**'s influence due to its commandment "Thou shalt not allow witches to live".[84] This rule as a *lex divina* (i.e. a divine law) has shaped both *Martin Luther* and subsequently *Benedict Carpzov*[85] in their standpoint on persecuting witches.[86]
b) Respect and fear of the **Church**, which then denoted witchcraft and the denying of its existence as heresy.
c) Fear of poverty, famine, Black Death (pest), and atrocities committed by marauding mercenaries. Here, *Hattenhauer* speaks of the *"europäischen Recht der Angst"* (meaning European law dominated by fear):[87] Such fears were accompanied by the delusion, ***witches and sorcerers*** *were able to conjure up such disasters.* Therefore, they then could be used as scapegoats, whereas the Jews, having been victims of terrible pogroms for a long time, in those days no longer served as scapegoats.
d) No sufficient resistance of the weak public authority in small and medium-sized territories against massive pressure by the local people to carry out extensive witch trials.

---

82 So e.g. *v. Hippel* (supra note 72), p. 231.

83 *Frenschkowski* (supra note 25), p. 22, 23; *Gaskill* (supra note 25), p. 117: between 40 and 50 thousand; *Rüping/Jerouschek*, side note 147 (approximately 100.000); *Wesel* (supra note 5), side note 261.

84 See above, Part One, III, 3 with footnote 51–53.

85 1595–1666, professor of criminal law and judge at High Courts in Saxony.

86 Regarding *Luther* see supra note 84. As to *Carpzov* see *Rüping/Jerouschek* (supra note 5), side note 115, 131.

87 *Hattenhauer*, Europäische Rechtsgeschichte, 4th edition 2004, side note 1055–1058.

Such pressure might be based on reasons like the mentioned fear, enmity and greed, [88] or the perverse pleasure in the pain of others caused by torture and execution.[89]

e) Witch hunting as an excess of the misogyny being widespread at that time.[90]
f) Hostility of the Church and doctors towards midwives and herb women (in German *"Kräuterweiblein"*).[91]
g) Intent of enrichment out of the victims' assets, furthermore the use of witch trials in political power struggles.[92]
h) Witch trials in connection with executing the convicted persons as a manifestation of arrogated *Hochgerichtsbarkeit* (i.e. high jurisdiction covering the use of capital punishment). [93]

To sum up the *thoughts about the reasons for the excessive waves of witch hunting during the Early Modern Age,* the following comments may be made:

All of those aforesaid reasons had become more or less effective. However, the main reasons might have been the following ones: The Bible's influence; the doctrine of the Church, ***witchcraft** and **its denying** were heresy*; the predominant misogyny back then; fear and despair in times of distress and misery. The latter reason is even from today's view very worrying because such times of crisis certainly may appear again – who knows which groups will then have to serve as scapegoats.

Part Two

The 18th Century as "Century of Enlightenment": Bringing the Witch Trials to an End and thus Ending the Dark Ages

I Largely Unsuccessful Resistance against the Obsessive Belief in Witchcraft during the 16th and 17th Century

1. *Reichskammergericht* and *Reichshofrat*, being the two German Imperial Courts at that time,[94] have tried within the limits of their possibilities to

---

88 See above III, 3, 4, a).
89 Convincing *Schild* (supra note 58), p. 93, 94.
90 *Jerouschek* (supra note 41), p. 581; *Kleßmann* (supra note 55), p. 171 et seq.; *Schild*, p. 116; *Wesel*, side note 261.
91 As to such victims see above, III, 4 b).
92 *Hammes* (supra note 27), p. 28, 171; *Rüping/Jerouschek*, side note 148; *Schild*, p. 120. In addition see above, III, 4 a).
93 *Rüping/Jerouschek*, side note 148; *Rummel/Voltmer* (supra note 27), p. 302, 303, 314 et seq., 316; *Schild*, p. 120.
94 See above, Part One, I, 1 a) with footnote 6, III, 4 c) with footnote 64, 65.

prevent cases of abuse and arbitrariness in the German territories, but with little success.[95]

2. Very bravely, *Johann Weyer*, personal physician to the Duke of Jülich, Cleve and Berg, has fought against the witch hunting at that time, namely in his combat writing dated 1563 and entitled "*Von den Blendwerken der Dämonen*" (i.e. About the Illusions of the Demons). Here, *Weyer* was prudent enough not to primarily fight against the belief in witchcraft as such; rather he essentially stated:
   The victims of witch trials, having been tortured and executed, **in truth** had not been guilty of witchcraft but typically had been insane, mentally ill people; thus, medical doctors were competent and responsible here but not criminal tribunals for witchcraft and sorcery.
   Nevertheless, every fight against witch hunting was potentially life-threatening then. Consequently, *Weyer* was heavily attacked, inter alia as "*sagarum patronus*" (Latin, meaning: witches' patron), but he was under the protection of the Duke. Subsequently, within the Duchy of Jülich, Cleve and Berg witch hunting came to an end.[96] By contrast, *Weyer's* influence outside of that Duchy was limited.
3. Largely unsuccessful was also the famous **combat writing** of the Jesuit *Friedrich Spee* against the delusional witch trials, entitled *Cautio Criminalis.*

   In German: *Cautio Criminals oder rechtliches Bedenken wegen der Hexenprozesse* (meaning: Legal Doubts about Witch Trials).

This book, written in Latin, was anonymously published in 1631. *Spee* had as their spiritual guide accompanied many victims of witch trials and thereby witnessed first-hand the **victims collapsing under torture.** Just like *Weyer*, also *Spee* was prudent enough not to primarily fight against the delusional belief in witchcraft; rather he attacked the witch trials due to the use of torture as an indispensable instrument for criminal convictions: Witch trials without interrogational torture de facto were unthinkable. Therefore, *Spee's* criticism was much more serious than *Weyer's*. Anyhow, *Spee* survived due to the protection of his Jesuit Order.[97]

---

95 *Rüping/Jerouschek* (supra note 5), side note 92, 93, 131. Also see above, Part One, III, 4 c), (1) with footnote 64, 65.

96 As to the text above see: *Hammes* (supra note 27), p. 193 et seq., 204 et seq.; *Rüping/Jerouschek,* side note 149, 172 *Wesel* (supra note 5), side note 261. Also see: *Decker* (supra note 25), p. 53; *Gaskill* (supra note 25), p. 89, 90, 93, 152.

97 Source: *Spee,* Cautio Criminalis oder Rechtliches Bedenken wegen der Hexenprozesse, translated into present High Germann by *Ritter*, 1983; secondary literature: *Franz*, Geistes- und Kulturgeschichte (of the City of Trier), in: University Trier (editor), 2000

II Bringing to an End the Witch Trials during the 18th Century

The precursors of this "Century of Enlightenment", the so called *Naturrechtler* (i.e. Natural Law Theorists) such as particularly *Grotius* (1583–1645) and *Pufendorf* (1632–1694) had deserved praise for their merits for a rational, secular and appropriate legal order. However, they neglected to refuse clearly and without reservation the witch trials as well as torture.[98] Rather, the abolition of witch trials is thanks to great Enlightenment philosophers and sovereigns **of the 18th century**, as will be shown below:

1. The Enlightenment philosopher *Thomasius* (1655–1728), professor of law, was the man, who fought forcefully and successfully against witch trials, namely by declaring witchcraft to be an insane delusion. In his pioneering publication *"De Crimine Magiae"* (i.e. About the Criminal Offence "Witchcraft"), dated 1701, he convincingly stated:
   Pactum cum diabolo *and* ***coitus cum diabolo*** *were physically impossible; witchcraft was a delusional construct; therefore, witch trials had to be finished definitively.*[99]
   Regarding this fight, *Thomasius* had, so to say, changed from *Saulus* to *Paulus*, more precisely from a supporter of witch trials to a convincing opponent:

a) Still at the end of the 17th century, *Thomasius* had **voted for the use of interrogational torture** in a certain witch trial, namely in his proposal for the decision of the University of Halle, Law Faculty, in that case.[100]

For clarification: Here, on the basis of the *Aktenversendung* addressed to the Law Faculty, *Thomasius* together with other colleagues of his Law Faculty had to decide almost like a Judge at a Court of Appeals the question of law: *using torture or not?*[101]
– This question typically was a matter of live or death. –

Jahre Trier, Vol. 3: *Düvel/Irsigler* (editors), Trier in der Neuzeit, 1988, p 203, 289, 290, 299, 337; *Hattenhauer* (supra note 87), side note 1374–1378; *Jerouschek* (supra note 41), p. 577; *Kleßmann* (supra note 55), p. 174 et seq.; *Rüping/Jerouschek*, side note 149, 172, 173; *Wesel*, side note 261. Also see: *Decker*, p. 59, 60; *Gaskill*, p. 92, 93.

98 *Krey* (supra note 16), p. 36 (at the end), 37.

99 Thereto: *Decker*, p. 92, 94; *Hammes*, p. 239, 240; *v. Hippel* (supra note 72), p. 233 with footnote 3; *Jerouschek*, p. 577; *Rüping/Jerouschek*, side note 149; *Wesel*, side note 261.

100 Regarding the ***Aktenversendung*** **in witch trials, to be addressed to Superior Courts or Law Faculties**, see the text above, Part One, II. 1 a) with footnote 32, 33, b), fourthly with footnote 36.

101 See supra note 100.

Fortunately, *Thomasius* was outvoted; in consequence, the faculty ordered the accused's release.

b) Under the impression of this defeat, he changed from *Saulus* to *Paulus* and became a convincing as well as successful fighter against witch trials. Thus, none other than *Friedrich der Große* (Frederick the Great), King of Prussia from 1740 to 1786, has with good reason designated *Thomasius being that man, who has given the women the certainty that they could grow old calmly (meaning: without fear of witch hunting).*[102]

2. Shortly after the mentioned combat writing of *Thomasius* against witch trials, *Friedrich Wilhelm I.*, King of Prussia, de facto finished such trials by royal edict, dated 1714. In addition, during his reign this termination was carried out by Prussian statute law *("revidiertes Landrecht des Königreichs Preußen")* in 1721.[103]
3. At a later time, his successor *Frederick the Great* abolished the use of torture in 1740 (with some exceptions) and definitively by removal of such exceptions in 1754.[104] As a result, he finally took away the **basis for witch trials**, because by the very nature of the matter credible criminal confessions concerning *pactum cum diabolo* and/or *coitus cum diabolo* indeed were impossible.[105]
4. Furthermore, the great Enlightenment philosophers *Voltaire* (1694–1778) and *Beccaria* (1738–1794) opposed torture and witch trials, *Beccaria* in his publication in Italian *"Dei delitti e delle pene"* (meaning "About Crimes and Punishment"), dated 1764, which soon became famous all over Europe.[106]
5. Nevertheless, there still were shocking cases of witch trials and even new penal laws against witchcraft during the 18th century:

Here, as an example for such trials the mentioned trials for witchcraft against a group of boys, being between ten and fourteen years old, in Freising are to be named.[107]

A good example for those penal laws provides the *Codex Iuris Bavarici Criminalis* (i.e. the Bavarian Criminal Code) dated 1751. It still contained witchcraft as

102 Thereto: *Hammes* (supra note 27), p. 239 et seq.; *Jerouschek* (supra note 99); *Rüping/Jerouschek* (supra note 5), side note 196.

103 *Gaskill* (supra note 25), p. 145 at the end; *Hammes*, p. 124, 242; *v. Hippel* (supra note 27), p. 256; *Krey* (supra note 16), p. 38, 39; *Eb. Schmidt* (supra note 21), p. 211; *Wesel* (supra note 5), side note 261.

104 *Krey* (supra note 16), p. 37–39, 40.

105 *Krey*, p. 37, 38.

106 *Krey*, p. 39, 40 with further references.

107 See above, Part One, III 4 e (2) with footnote 74,

a criminal offence, covering even *coitus cum diabolo*, in addition interrogational torture.[108]

The very last criminal conviction for witchcraft, sentencing the accused to death, in Germany was given in 1775.[109]

Closing Words and Words of Thanks

The paper at hand may have illustrated what inhuman madness in criminal law and criminal proceedings can arise through religion, superstition, stupidity due to lack of education, furthermore through customary vice such as greed, envy, competitiveness, etc. In addition, this paper has shown how long such madness may remain the dominant spirit of the time. Moreover, the author wanted to point out, how agonizingly difficult and lengthy the fight against such irrational cruelties may be.

Last but not least, the author wants to thank Dr. *Thomas Roggenfender, Jan Klein, Peter Staudacher,* and *Stefan Weber* from the University of Trier for their friendly assistance in the completion of the English version of the paper at hand.

108 *v. Hippel*, p. 257 footnote 3; *Rüping/Jerouschek*, side note 203.

109 See above, Part One, III 2 with footnote 49.

Hans Kudlich

Mehr wagen müssen – mehr wagen dürfen

Abstract: § 266 StGB (German criminal code) penalises the breach of fiduciary duty, in economic life there is a tension between fiduciary duty and important corporate proactive decisions. Also, faineance can be dangerous for enterprises. By using examples, it is shown how complex aspects behind expensive decisions can be. By not considering them, omission may constitute a breach of duty. As a result, it is being pleaded for a proper balance and an extended area of discretion for enterprises.

Keywords: breach of fiduciary duty, faineance, corporate proactive decisions

A. Hinführung

Insbesondere in seiner aktuellen Internetpräsenz unter bzw. http://prof-wolf-gesamtkonzeption.de/startseite.html sieht man deutlich, was den Jubilar jedenfalls in der jüngeren Zeit wissenschaftlich vorrangig antreibt: Für die dort skizzierte – und dem Medium Internet entsprechend ständig im Ausbau befindliche und sich wandelnde – Gesamtkonzeption der Rechtswissenschaft kann mit einem einzelnen kurzen Festschriftbeitrag nicht viel beigetragen werden. Also bleibt mir nichts anderes übrig, als doch nach einem etwas kleiner dimensionierten Thema zu suchen, und ein Blick in das Literaturverzeichnis legt nahe,[1] dass auch der Jubilar sich – wie so viele andere in den letzten zwei Jahrzehnten – vertieft mit der Untreue nach § 266 StGB befasst hat. Auch hierzu ist es zugegebenermaßen schwierig, nach dem „Untreue-Hype" der letzten 10–15 Jahre im Windschatten von Mannesmann,[2] Siemens/ENEL,[3]

---

1 Vgl. etwa die Monographie über „Die Strafbarkeit der rechtswidrigen Verwendung öffentlicher Mittel", 1998 sowie die Beiträge zu „Haushaltsuntreue – Die zweckwidrige Verwendung öffentlicher Mittel als strafbare Untreue gemäß § 266 StGB", in: wistra 2003, 334 ff., sowie über „Die Strafbarkeit des ehemaligen CDU-Vorsitzenden Dr. Helmut Kohl nach § 266 StGB", in: KJ 2000, 531 ff.

2 Vgl. BGHSt 50, 331 m. Anm. *Jakobs*, NStZ 2005, 276 ff.; *Kudlich*, JA 2006, 171 ff.; *Jahn*, JuS 2006, 379 ff.; *Rönnau/Hohn*, NStZ 2004, 113 ff.; zum Ganzen auch *Bittmann*, NStZ 2012, 57; *Bosch/Lange*, JZ 2009, 225 ff.

3 BGHSt 52, 323 m. Anm. *Ransiek*; hierzu auch die Anmerkungen von *Becker* HRRS 2012, 237; *Knauer*, NStZ 2009, 151 ff.; *Schlösser*, HRRS 2009, 19 ff. sowie *Saliger/Gaede*, HRRS 2008, 57 ff.

Siemens/AUB[4] und BVerfGE 126, 170[5] noch etwas grundsätzlich Neues zu schreiben.

Dennoch hoffe ich, im Folgenden einen Aspekt stärker in den Fokus zu rücken, der bislang eher nur beiläufig Beachtung findet. Es geht – stark verkürzt gesprochen – um die Frage, inwieweit bei der schwierigen Prüfung einer Untreue (und insbesondere bei der Entscheidung zwischen Feststellung einer Verletzung der qualifizierten Vermögensbetreuungspflicht[6] und unternehmerischem Handlungsspielraum bzw. Ermessen) berücksichtigt werden kann, wenn im Einzelfall auch die Nichtvornahme der *ex post* auf ihre Strafbarkeit untersuchten Handlung bei einer *ex ante*-Betrachtung ebenfalls eine potenziell untreuerelevante Pflichtverletzung dargestellt hätte. Der Entscheidungsträger könnte hier mit Blick auf den durch Tun und Unterlassen grundsätzlich gleichermaßen erfüllbaren § 266 StGB[7] gezwungen sein, zwischen der Skylla eines strafbaren Tuns und

4 BGHSt 55, 288 m. Anm. *Bittmann,* NJW 2011, 88; *Brand,* JR 2011, 394; *Kraatz,* wistra 2011, 447; *Kudlich* in: FS-Stöckel 2010, S. 93 ff; *Jahn,* JuS 2011, 183; *Schünemann* in: FS-Gauweiler, 2009, S. 520 ff.

5 Vgl. dazu *Beckemper*, ZJS 2011, 88 ff.; *Krüger*, NStZ 2011, 369 ff.; *Kudlich*, JA 2011, 66 ff.; *ders.*, ZHW 2011, 1 ff.; *Kuhlen*, JR 2011, 246 ff.; *Radtke*, GmbHR 2010, 1121 ff.; *Saliger*, NJW 2010, 3195 ff.; *Safferling*, NStZ 2011, 376 ff.; *Steinberg/Dinter*, JR 2011, 224 ff.

6 Anders als in potenziell untreuerelevanten Konstellationen im Alltagsleben (didaktisch gedacht könnte man auch sagen: anders als bei Fällen im „Pflichtstoffbereich"), geht es bei typischen wirtschaftstrafrechtlichen Konstellationen, insbesondere in Fallgestaltungen aus dem Unternehmensbereich heraus, meistens nicht um die Frage, ob eine hinreichend qualifizierte Vermögensbetreuungspflicht vorliegt; diese ist etwa bei Organen einer Gesellschaft regelmäßig relativ unproblematisch zu bejahen. Schwierig ist hier vielmehr, ob diese Pflicht unter Berücksichtigung des unternehmerischen Handlungsspielraums für Organe, wie er etwa in § 93 I 2 AktG Ausdruck gefunden hat, verletzt worden ist.

7 Vgl. dazu, dass eine Untreue auch durch Unterlassen begangen werden kann, statt vieler nur *Saliger*, in: Satzger/Schluckebier/Widmaier, 3. Aufl. 2017, § 266 Rn. 33; *Fischer*, StGB, 64. Aufl. 2017, § 266 Rn. 55; *Kindhäuser*, in Kindhäuser/Neumann/Paeffgen, 5. Aufl. 2017, Bd. 2, § 266 Rn. 64; *Dierlamm*, in: Münchener Kommentar StGB, 2. Aufl. 2014, § 266 Rn. 184; *Fischer*, StGB, 64. Aufl. 2017, § 266 Rn. 55; umstritten ist allein, ob in solchen Fällen die fakultative Strafrahmenverschiebung nach § 13 II StGB anwendbar ist, da die Untreue hier eine gewisse Zwitterstellung zwischen einem echten und einem unechten Unterlassungsdelikt hat; bejahend BGHSt 36, 227 = NJW 1990, 332 sowie BGH NStZ-RR 1997, 357 vgl. dazu etwa SSW/*Kudlich*, § 13 Rn. 56; *Schünemann*, in Leipziger Kommentar, Bd. 9/1, 12. Aufl. 2012, § 266 Rn. 202.

der Charybdis eines ebenfalls strafbewehrten Unterlassungsvorwurfs zu segeln, was sich naheliegenderweise auf den Strafbarkeitsmaßstab auswirken könnte.

B. Unsicherheiten der Untreuefeststellung, Kriterien und unternehmerischer Handlungsspielraum

I. Unsicherheiten bei der Untreuefeststellung

Die Prüfung eines Untreuevorwurfs ist bekanntlich erheblichen Schwierigkeiten ausgesetzt, die nicht zuletzt darin wurzeln, dass die Rechtsprechung zahlreiche Tatbestandsmerkmale und Problemkreise der Untreue stark kasuistisch bestimmt, sodass immer noch der schon in den Diskussionen zur Großen Strafrechtsreform von *Hellmuth Mayer* geprägte bekannte Satz gilt: „Soweit nicht einer der klassischen alten Fälle der Untreue gegeben ist, weiß kein Gericht und keine Anklagebehörde, ob § 266 vorliegt oder nicht“.[8]

II. Pflicht und Pflichtverletzung bei der Untreue

1. Die Vermögensbetreuungspflicht

Für beide Varianten der Untreue und insbesondere für den Treubruchstatbestand als zentrales Merkmal konstitutiv ist zunächst das Vorliegen einer qualifizierten Vermögensbetreuungspflicht.[9] Ob eine solche vorliegt, hängt letztlich von den Umständen des konkreten Einzelfalles ab und wird von der Rechtsprechung (und letztlich auch von der h.L.) im Ergebnis anhand eines „Indizienkatalogs“[10] mit unterschiedlicher Gewichtung der Indizien im jeweils konkreten Einzelfall entschieden. Verbreitet werden dabei insbesondere folgende Faktoren betont:[11] Das Vorliegen eines fremdnützig typisierten Schuldverhältnisses mit Geschäftsbesorgungscharakter,[12] die Charakterisierung der Pflicht als Hauptpflicht (und zumindest nicht als nur beiläufige Nebenpflicht),[13] eine gewisse Bedeutung der Pflicht begründenden Tätigkeit (insbesondere mit Blick auf

---

8 Vgl. *Mayer*, Die Untreue, Materialien zur Strafrechtsreform Bd. I, 1954, S. 337.

9 Vgl. nur *Fischer* (Fn. 8) § 266 Rn. 21 ff., 35 ff.; SSW/*Saliger* (Fn. 8) § 266 Rn. 6, 9 ff.; NK/*Kindhäuser* (Fn. 8) § 266 Rn. 31 ff.

10 Grundlegend bereits RGSt 69, 58; vgl. ferner BGHSt 13, 315, 317.

11 Vgl. zusammenfassend, jeweils mit vielen weiteren Nachweisen aus der Rspr. etwa *Fischer*, StGB, 64. Aufl. § 266 Rn. 35 ff.; LK/*Schünemann*, § 266 Rn. 73; NK/*Kindhäuser*, § 266 Rn. 33 ff.; SSW/*Saliger*, § 266 Rn. 10.

12 Vgl. BGH GA 1977, 18, 19; NJW 1991, 2574; BGHSt 41, 224, 228 f.; BGHSt 49, 147, 155.

13 Vgl. bereits RGSt 69, 58, 62; sodann auch BGHSt 1, 186, 189; 33, 244, 250; stdg. Rspr.

Dauer und Umfang)[14] sowie die Möglichkeit zu eigenständigen Entscheidungen innerhalb eines Ermessensspielraums.[15]

2. Die Pflichtverletzung

Soweit eine Vermögensbetreuungspflicht besteht, kommt als strafbarkeitsbegründende Pflichtverletzung grundsätzlich jedwedes Fehlverhalten in Betracht, freilich nur, soweit dieses gerade bei der Betreuung des fremden Vermögens (und nicht nur gelegentlich derselben) erfolgt ist.[16] Die Frage, ob ein Pflichtverstoß vorliegt, beurteilt sich im Grundsatz nach den zugrunde liegenden Rechtsverhältnissen unter Würdigung und Berücksichtigung der konkreten Umstände des jeweiligen Einzelfalls.[17] Klar ist dabei, dass aufgrund der eigenständigen Bedeutung der verschiedenen Tatbestandsmerkmale des § 266 StGB nicht aus jedem späteren Vermögensverlust automatisch eine Pflichtverletzung abgeleitet werden kann (auch wenn diese u.U. einen gewissen Indizwert haben kann).[18] Ferner ist auch nicht etwa die Eingehung jedes Risikos als unzulässig ausgeschlossen; vielmehr sind sogenannte Risiko- oder auch „gewagte" Geschäfte im Grundsatz durchaus möglich.[19]

Die Zulässigkeitsgrenzen sind dabei freilich schwierig und mitunter fließend. Das Hauptproblem liegt hierbei darin, dass (als solches durchaus konsensfähige) normative Begriffe wie die „Unvertretbarkeit" des eingegangenen Risikos oder die Grenzen des „wirtschaftlich erlaubten Risikos" gerade nichts darüber aussagen, wann diese Grenzen eingehalten sind, d.h. wann ein Risiko „unvertretbar" ist bzw. „nach Art eines Spielers" eingegangen wird[20] oder aber noch „wirtschaftlich erlaubt" ist.[21] Erschwert wird die Diskussion noch durch die letztlich nicht völlig geklärte Bedeutung des zusätzlichen Korrektivs einer „gravierenden Pflichtverletzung" für § 266 StGB (gegenüber allgemeinen Pflichtverletzungen

---

14 Vgl. bereits RGSt 77, 337, 339; sodann aber etwa auch BGHSt 3, 289, 293 f.; 4, 170, 172.

15 Vgl. bereits RGSt 69, 58, 62; sodann auch BGHSt 3, 289, 294; 13, 315, 317 ff.; 41, 224, 229; BGH NStZ-RR 2002, 107.

16 Vgl. NK/*Kindhäuser* (Fn. 8) § 266 Rn. 62; SSW/*Saliger* (Fn. 8) § 266 Rn. 35 ff.

17 Vgl. BGHSt 8, 254, 258; 24, 386, 387; BGH wistra 1991, 266; *Fischer* (Fn. 8) § 266 Rn. 66.

18 Vgl. *Fischer* (Fn. 8) § 266 Rn. 64; NK/*Kindhäuser* (Fn. 8) § 266 Rn. 73.

19 Vgl. *Fischer* (Fn. 8) § 266 Rn. 63 ff.; LK/*Schünemann* (Fn. 8) § 266 Rn. 115 ff.; NK/*Kindhäuser* (Fn. 8) § 266 Rn. 73; SSW/*Saliger* (Fn. 8) § 266 Rn. 47, jeweils auch m. Nachw. aus der Rspr.

20 Zu dieser Metapher vgl. bereits BGH GA 1977, 342, 343.

21 Vgl. *Fischer*, § 266 (Fn. 8) Rn. 66.

bei der Begründung einer zivilrechtlichen Haftung). Dieses Erfordernis wurde bekanntlich vom 1. Strafsenat des BGH im Zusammenhang mit bestimmten Risikogeschäften (etwa riskante Kreditvergaben) entwickelt,[22] ist im Einzelnen in seiner Berechtigung aber umstritten bzw. wird (insbesondere auch von den übrigen Strafsenaten) nicht generell herangezogen.[23] In der Literatur wird die gravierende Pflichtverletzung als zusätzliches Kriterium eines wirklich strafwürdigen Unrechts verlangt,[24] wobei sie freilich umso weniger relevant sein dürfte, je weiter der bereits zivilrechtlich bestehende Entscheidungsspielraum des Vermögensbetreuungspflichtigen ist, da ein Pflichtverstoß dann ohnehin nur bei gravierendem Fehlverhalten angenommen werden kann.

III. Unternehmerischer Handlungsspielraum

Die Frage nach der Pflichtverletzung durch die Eingehung eines Risikos bzw. durch Entscheidungen mit Prognoseunsicherheiten ist also der dogmatische Anknüpfungspunkt dafür, dass dem Vermögensbetreuungspflichtigen vielfach ein großer Ermessens- und Entscheidungsspielraum zugestanden werden muss, wenn er mit dem betreuten Vermögen wirtschaften muss und deshalb unternehmerische Entscheidungen trifft. Dieser Spielraum ist für den wichtigen Bereich der Aktiengesellschaften für den Vorstand in der Kodifizierung der Business Judgement Rule in § 93 I 2 AktG niedergelegt, welche jedenfalls für unternehmerische Entscheidungen über § 116 AktG auch für den Aufsichtsrat gilt.[25] Auch für andere juristische Personen wird die Heranziehung einer Analogie bzw. zumindest des zugrunde liegenden Rechtsgedankens diskutiert.[26] Darüber hinaus ergibt sich das Bedürfnis für ein gewisses Maß an Ermessensspielraum aber

22 Vgl. BGHSt 47, 148, 150; 47, 187, 189.

23 Vgl. insbesondere aus der Rspr. des 3. Senats die Entscheidung BGHSt 50, 331, 344 zum Fall Mannesmann sowie BGH NJW 2017, 578 m. Anm. *Brand* (HSH Nordbank); m. Anm. *Becker* NStZ 2017, 227.

24 Vgl. Münchener Kommentar-StGB/*Dierlamm* (Fn. 8), § 266 Rn. 175; *Krause*, StV 2006, 307, 308.

25 Vgl. etwa *Drygala*, in: Schmidt/Lutter, AktG, 3. Aufl. 2015, § 116 AktG Rn. 13, 23.

26 Vgl. etwa für den eingetragenen Verein zusammenfassend zur Diskussion *Reschke*, Untreue, Bankrott und Insolvenzverschleppung im eingetragenen Verein, 2015, S. 144 ff. Für eine solche Übertragung etwa (z.T. allgemein bezogen auf Non-Profit-Organisationen) *Reuter*, in: Münchener Kommentar BGB, Bd. I, 6. Aufl. 2012, § 27 Rn. 44; *Lutter*, ZIP 2007, 841, 848; *Unger*, NJW 2009, 3269, 3272; krit. *Jungmann*, Karsten Schmidt-FS, 2009, S. 831, 853. Für eine Orientierung am Maßstab des § 93 AktG auch *Stöber/Otto* Handbuch des Vereinsrechts, 11. Aufl. 2015, Rn. 468.

auch daraus, dass wirtschaftliches Handeln, soweit es über das Feld mündelsicherer Kapitalanlagen hinausgeht, notwendig auch gewisse Risiken birgt.

C. Wenn Untätigkeit allein auch keine Lösung ist: Kollidierende Untreuerisiken

I. Grundlagen

Nachdem nun zwar im Prinzip unstreitig ein Ermessensspielraum für unternehmerische Entscheidungen eingeräumt wird,[27] andererseits nun aber dennoch in gewissem Maße unvorhersehbar bleibt, welche Ermessensausübungen ein Staatsanwalt – insbesondere bei einer rückschauenden Betrachtung mit dem überlegenen Wissen über die wirtschaftlichen Verläufe in den Jahren nach der unternehmerischen Entscheidung[28] – noch zu akzeptieren bereit ist, könnte man auf den ersten Blick meinen, dass grundsätzlich Untätigkeit die Empfehlung der Wahl ist: „Wer nichts macht, kann auch nichts falsch machen." Ein solches Signal wäre aber nicht nur wirtschaftlich prekär,[29] sondern führt auch rechtlich in die Irre, da nicht nur unberücksichtigt bleiben würde, dass auch die Untätigkeit strafrechtliche Risiken in sich bergen würde, sondern vor allem nicht angemessen berücksichtigt würde, welche Rückwirkungen dieser Umstand auf die Bewertung von dennoch vorgenommenen, mehr oder weniger „riskanten" Verhaltensweisen hat.

Ausgangspunkt dieser Überlegungen ist der oben bereits erwähnte Aspekt, dass die Strafnorm des § 266 StGB hinsichtlich der in ihr enthaltenen Verhaltensnormen nicht nur Unterlassungs-, sondern auch Handlungspflichten enthält.[30] Zur Pflicht, fremde Vermögensinteressen wahrzunehmen, kann nämlich

---

27 Für bestimmte Entscheidungssituationen wird dieser auch spezialgesetzlich noch einmal bestätigt, so etwa für Vergütungsentscheidungen für den Vorstand durch den Aufsichtsrat einer Aktiengesellschaft, für welche § 87 I AktG einen relativ weiten Rahmen aufspannt, der mit entsprechenden Begründungen viele verschiedene Ergebnisse trägt, vgl. dazu statt vieler nur *Kudlich/Henn*, in nnfüge ich selbst einnn.

28 Zu diesem Problem des „Rückschaufehlers" bei der Bewertung unternehmerischen Handelns vgl. *Kudlich*, in: Jäger/Kett-Straub/Kudlich/Safferling (Hrsg.), FS Streng, 2017, S. 63 ff.

29 Nebenbei erwähnt: Eine solche „Kultur der Angst" ist nicht nur für wirtschaftliches Handeln, sondern auch für wissenschaftliche Forschung nicht förderlich. Vgl. daher ganz zutreffend die Überlegungen zu Trial and Error auch in der Wissenschaft auf der Homepage des Jubilars unter prof-wolf-gesamtkonzeption.de/startseite/publikationskonzept/dauerbaustelle.html.

30 Vgl. oben zu A. und in Fn. 8.

auch gehören, aktiv tätig zu werden, um (möglicherweise sogar: das Vermögen in angemessener Weise zu mehren, jedenfalls aber) drohende Schäden vom Vermögen abzuwenden. Um die bekannte *Tolksdorf*sche Metapher aufzugreifen: Zwar ist der Vermögensbetreuungspflichtige regelmäßig nicht Gutsherr, sondern nur Gutsverwalter; aber auch von einem guten Gutsverwalter wird man im Einzelfall zu fordern haben, dass er Geld in die Hand nimmt, um einen drohenden – wenngleich *ex ante* natürlich nie mit Sicherheit feststehenden – Schaden vom Vermögen abzuwenden, selbst wenn dies seinerseits mit Kosten verbunden ist.[31] Dieser Aspekt scheint in der Bewertung von Verhaltensweisen vielfach vernachlässigt zu werden (und findet sich auch theoretisch kaum einmal ausbuchstabiert). Dies mag zum einen daran liegen, dass bei einer (unzutreffend!) rein „statischen Betrachtung" nur zwischen der vermeintlich schadensträchtigen Handlung und ihrem Unterlassen differenziert wird, ohne sich genau darüber klar zu werden, welche Konsequenzen dieses Unterlassen jedenfalls *ex ante* hätte haben können. Vielfach wird man auch eingestehen müssen, dass bei einer entsprechenden Untätigkeit keine wirklich reale Gefahr eines Untreuevorwurfs im Raume steht, da der Zusammenhang zwischen der Untätigkeit und einem später eintretenden Schaden nur schwer nachweisbar ist.[32] Gleichwohl gibt es – und möglicherweise gar nicht all zu wenige – Fälle, in denen ein solches

31 Um das Bild vom Gutsverwalter fortzuführen: In einem heißen und trockenen Sommer, in welchem es in der Nachbarschaft schon viele Scheunenbrände gegeben hat, mag es erforderlich sein, Geld für einen Wassertank oder eine Feuerversicherung auszugeben; die Sinnhaftigkeit dieser Handlungsoption darf auch nicht aus dem Blick verloren werden, wenn man das Verhalten des Gutsverwalters drei Jahre später untersucht und inzwischen weiß, dass es in dem betreffenden Sommer doch zu keinem Brand auf dem verwalteten Gut gekommen ist.

32 Geht es etwa um die Diskussion einer möglicherweise zu hohen Vergütung für einen neuen Vorstand, so ist es – wenn man ausnahmsweise einmal zu dem Ergebnis kommen würde, dass die Maßstäbe des § 87 I AktG nicht eingehalten worden sind – vergleichsweise einfach, auch den daraus resultierenden Schaden in Höhe der „zu hoch" gezahlten Bezüge festzustellen; scheitert dagegen die Verpflichtung eines neuen Vorstandsmitglieds an einem zu niedrigen Gehaltsangebot und entstehen der Gesellschaft später aufgrund von strategischen Fehlern der stattdessen bestellten Vorstände wirtschaftliche Nachteile, so ist kaum vorstellbar, dass ein verurteilungsrelevanter Zusammenhang zwischen der bloßen Nicht-Verpflichtung des ursprünglich gewünschten Vorstandskandidaten und den späteren Schäden für die Gesellschaft vor Gericht nachgewiesen wird.

Risiko nicht so fernliegend ist, dass es umgekehrt bei der Bewertung der tatsächlich vorgenommenen Handlung unberücksichtigt bleiben könnte.[33]

II. Fallbeispiele

1. Ein ungeliebter CEO

a) V ist Vorstandsvorsitzender der A-AG, welche sich in Zeiten einer schwierigen teilweisen Umstrukturierung ihres Geschäftsfeldes befindet. In dieser Krise hat V sowohl mit den Banken, bei denen hohe Kredite aufgenommen worden sind, als auch mit verschiedenen Unternehmen über den An-und Verkauf von Tochtergesellschaften intensiv verhandelt. Dabei sind die Verhandlungen hinsichtlich der neuen Geschäftsfelder insgesamt positiv verlaufen, während V sich bei den Banken nicht beliebt gemacht hat. Hier gibt es das Signal, dass die zum Überleben der A-AG notwendigen Kredite unter einem Vorstandsvorsitzenden V nur schwierig verlängert werden können und dass ein neuer Vorstandsvorsitzender deutlich bessere Chancen hätte. Der Aufsichtsrat verhandelt in dieser Situation eine Vertragsauflösung für V und ein Ausscheiden aus dem Vorstand. V stimmt dem zu, erwartet aber trotz des bevorstehenden Ausscheidens in diesem Zusammenhang am Jahresende die Zahlung von Sonder-Boni, die nach einer in seinem Anstellungsvertrag existierenden Klausel nach dem pflichtgemäßen Ermessen des Aufsichtsrats für herausragende Leistungen gezahlt werden können. Der Aufsichtsrat ist nicht nur der Auffassung, dass V im Zusammenhang mit der Restrukturierung der Geschäftsfelder solche Leistungen erbracht hat, sondern sieht in einer solchen Zahlung auch die Chance, den Vertrag mit V zügig und im gegenseitigen Einvernehmen aufzulösen, um für einen neuen Vorstandsvorsitzenden Platz zu machen, der die Kreditverhandlungen mit den Banken erfolgreich führen kann. Trotz dieser zunächst erfolgreichen Kreditverhandlungen kommt es später zur Insolvenz der A-AG.

b) Den Mitgliedern des Aufsichtsrates wird der Vorwurf der Untreue durch überhöhte bzw. unangemessene Bonus-Zahlungen gemacht. Dabei wird nicht nur darauf abgestellt, dass alle Bemühungen am Ende aufgrund der dennoch eingetretenen Insolvenz ohnehin erfolglos waren, sondern dass die nur wenige Monate vor der Insolvenzreife erfolgten Zahlungen an einen ohnehin im Ausscheiden befindlichen Manager ermessensfehlerhaft seien.

---

33 Die nachfolgenden Beispiele sind in der konkreten Gestaltung alle „erdacht", lehnen sich aber in ihrer Grundproblematik an tatsächlichen Lebenssachverhalten an, mit denen der Verfasser dieses Beitrags auch in der Praxis zu tun hatte.

c) Nun ist diese Argumentation schon von Haus aus zweifelhaft, und insbesondere ein späterer Insolvenzeintritt ist nicht aussagekräftig, solange bei einer Bewertung *ex ante* mit dem Fortbestand der Gesellschaft gerechnet werden konnte. Bei der Gewährung von ermessensabhängigen Sonderzahlungen hat der Aufsichtsrat einen großen Spielraum, und insbesondere das spätere Ausscheiden ist hier nicht notwendig ein Gegenargument, da die mit Sonderzahlungen verbundenen Anreize nicht nur das belohnte Vorstandsmitglied, sondern auch andere (und auch eventuell neu zu gewinnende) Führungspersonen zu besonderen Leistungen motivieren können; im „Kampf um die besten Köpfe" mag die Frage, wie mit verdienten Managern – und zwar durchaus auch in deren gegebenenfalls letzten Amtszeit – „umgegangen" wird, durchaus ein Argument sein.

Vor allem aber ist Folgendes zu berücksichtigen: Hätte der Aufsichtsrat den nach dem Vertrag möglichen Sonderbonus verweigert und wäre deswegen eine rasche und problemlose Vertragsauflösung mit V sowie in der Folge deshalb die Kreditverhandlungen mit den Banken gescheitert, so könnte theoretisch auch dies einen Untreuevorwurf begründen, weil im Moment einer konkreten Gefahr für das Vermögen der Gesellschaft (Zahlungsunfähigkeit aufgrund fehlender Kreditverlängerung) vom Aufsichtsrat nicht reagiert worden ist. Zur Vermögensbetreuungspflicht gehört nämlich auch, derartige Risiken zu erkennen und – soweit möglich – aktiv gegenzusteuern. Wer hier rein passiv den Dingen ihren Lauf lässt, verletzt seine Vermögensbetreuungspflicht ebenfalls und kann sich daher strafbar machen, wenn daraus ein Schaden resultiert. Bei der Bewertung des Verhaltens der Aufsichtsratsmitglieder ist also auch das gegenläufige Risiko mit einzustellen, das bestanden hätte, wenn der von V gewünschte Bonus nicht bezahlt worden wäre.

2. Einen Vergleich wagen?

a) Die B-Bank hat hohe Forderungen gegen ihren Kunden K und für diese auch bereits umfangreiche Sicherheiten erhalten. Infolge der Verhandlungen über die Verwertung dieser Sicherheiten kommt es zwischen B und K zu Klage bzw. Widerklage: Die B macht ihre Forderungen geltend; der K verlangt Schadensersatz in erheblicher Höhe aufgrund von Falschberatungen und Aufklärungsmängeln im Zusammenhang mit den zu den Schulden führenden Geschäften. Das Zivilgericht neigt in einem Hinweisbeschluss vorsichtig der Sichtweise der B zu, legt sich jedoch nicht verbindlich fest und weist auch darauf hin, dass in einer neuen Instanz natürlich alles auch anders gesehen werden kann. Angesichts dieser Schwebelage und der schon lange laufenden Verhandlungen bereiten die

Vertreter der B-Bank und die Anwälte des K einen Vergleich vor, der zu hohen Zahlungen und Verwertungsmöglichkeiten zu Gunsten der B, aber aufgrund des dem K im Vergleich belassenen Vermögens nominell trotzdem zu deutlichen Forderungsausfällen bei der B führt.

b) Die Vorstandsmitglieder der B zögern, den Vergleich zu schließen, da er aufgrund des teilweisen Verzichts auf Zahlungen bzw. Ansprüche trotz der grundsätzlich der Rechtsauffassung der B zuneigenden Sichtweise des Tatgerichts den Vorwurf einer Untreue fürchtet.

c) Neben dem Umstand, dass ohne einen Vergleich trotz der nach gegenwärtigem Stand überwiegenden Wahrscheinlichkeit einer Verurteilung des K eine Restungewissheit nicht nur in der ersten Instanz, sondern insbesondere im (noch dazu zeitintensiven) Rechtsmittelzug droht, können auch noch weitere Aspekte eine Rolle spielen, die es zumindest als prüfenswert erscheinen lassen, ob der Vorstand der B nicht sogar durch den Verzicht auf den Vergleich einem Untreuevorwurf ausgesetzt sein könnte: So mag etwa dem K bei einem Unterliegen im Prozess die Insolvenz drohen. In einem Insolvenzverfahren, wäre damit zu rechnen, dass ein Insolvenzverwalter eine Insolvenzanfechtung der gestellten Sicherungen nach § 129 InsO erfolgt, soweit diese möglich ist; wenn dies dazu führt, dass B die bestellten Sicherheiten verliert und damit im Insolvenzverfahren gleichrangig mit anderen Gläubigern des K steht, wäre zu prüfen, ob nicht angesichts der zusätzlichen Gläubiger, der Kosten des Insolvenzverfahrens und der nicht immer optimalen Verwertung von Vermögensgegenständen in einem solchen Verfahren der Erlös für Bank noch mehr oder weniger deutlich unter dem Betrag liegt, mit dem bei einem Vergleich zu rechnen ist.

Aber selbst bei einer regulären Einzelzwangsvollstreckung wäre – je nach Umständen des Einzelfalles – aufgrund von deren Kosten und der möglicherweise nicht optimalen Verwertungsquoten zu prüfen, ob der zu erwartende Erlös über den Betrag hinausgeht, der mit dem Vergleich zu erlangen wäre. Dies gilt umso mehr, als im Fall eines Unterliegens in erster Instanz durch die zu erwartende Berufungseinlegung nicht nur der Rechtsstreit und damit möglicherweise auch die Befriedigung der B in die Länge gezogen werden, sondern dass auch bei einem endgültigen Obsiegen der B noch weitere Anwaltskosten auflaufen würden, ohne dass das zu verwertende Vermögen dadurch größer geworden ist, sodass diese Kosten als Minderungsfaktor noch hinzukommen.

Es wären also durchaus (realistische!) Konstellationen vorstellbar, in denen aus einer *ex ante*-Betrachtung ein Untreuevorwurf keineswegs fern liegt, wenn der Vorstand die Dinge einfach „laufen lässt" und selbst nach einem obsiegenden Urteil der B letztlich weniger Mittel zufließen, als es nach dem Vergleich der Fall gewesen wäre.

3. *Trennung vom umstrittenen Geschäftsführer?*

a) Der G ist Geschäftsführer des als e.V. organisierten Industrieverbandes I, der vor allem Lobbyarbeit für die Branchen seiner Mitglieder betreibt, Schulungen veranstaltet, Verbandsinteressen vertritt etc. G gerät in Verdacht, größere (und mithin die Grenzen der Sozialadäquanz überschreitende) Geschenke sowohl an Politiker als auch an Entscheidungsträger in der öffentlichen Verwaltung gemacht zu haben. Die Staatsanwaltschaft startet gegen G ein Strafverfahren wegen des Verdachts auf Untreue gegenüber I und Korruption. Der Verbandsrat (der nach der Satzung des I ähnliche Aufgaben hat wie der Aufsichtsrat einer Aktiengesellschaft) erwägt eine Ablösung des G. In den Verhandlungen stehen bei einem sofortigen Ausscheiden des G eine Abfindung in Höhe des halben Gehalts, welches G nach dem erst vor Kurzem verlängerten Vertrag für die kommenden vier Jahre bezogen hätte, die Übernahme von näher bezifferten Verteidigungskosten im Ermittlungsverfahren sowie ein Verzicht auf Regressansprüche gegen G für solche Vorfälle, die zum gegenwärtigen Zeitpunkt bereits Mitgliedern des Verbandsrates bekannt waren, im Raume.

b) Vor Abschluss dieser Vereinbarung sorgen sich die Mitglieder des Verbandsrates, ob darin nicht eine untreuerelevante Vermögensschädigung des Vereins liegen könnte, da an G ohne irgendwelche Gegenleistungen noch zwei Jahre Gehalt bezahlt und außerdem auf möglicherweise dem Verein zustehende Schadensersatzansprüche verzichtet wird. Dabei ist zu berücksichtigen, dass bei einem eingetragenen Verein ein solcher Verzicht zwar mangels einer § 93 IV 3 AktG entsprechenden Vorschrift nicht per se unwirksam und in jedem Fall unzulässig sein dürfte,[34] im konkreten Einzelfall jedoch gleichwohl problematisch ist, da Aktiva des Vereins verringert werden.

c) „Auf der Habenseite" ist jedoch zu verzeichnen, dass die problematische und gerade für einen mit Imagepflege beschäftigten Verband problematische Zusammenarbeit mit G auf diese Weise vergleichsweise rasch beendet werden

34 Vgl. Patzina/Bank/Schimmer/Simon-Widmann/*Bank*, Haftung von Unternehmensorgangen, 2010, Kap. 17 Rn. 40 m.w.Nachw. Sollte dies anders zu bewerten sein, würden sich mangels wirksamer (Verzichts-) Vereinbarung die daran anknüpfenden strafrechtlichen Folgefragen ohnehin nicht stellen.

kann und so länger andauernde Reputationsschäden vermieden werden.[35] Hinzu kommt, dass zum gegenwärtigen Zeitpunkt erst ein Ermittlungsverfahren läuft und eine etwa drohende Schuldfeststellung des G dann nicht mehr in seine aktive Tätigkeit für G fallen würde. Ferner ist zu berücksichtigen, dass das – und zwar nicht nur halbe, sondern sogar ganze – Gehalt über die nächsten Jahre ohnehin angefallen wäre, obwohl G jedenfalls auf unabsehbare Zeit für I nicht sinnvoll arbeitsfähig wäre. Unterstellt man, dass zum gegenwärtigen Zeitpunkt auch arbeitsrechtlich allenfalls eine Freistellung, aber noch keine zulässige Verdachtskündigung möglich gewesen wäre, muss auch berücksichtigt werden, dass selbst im Fall eines späteren Nachweises der Schuld des G noch unsicher ist, ob die Trennung von ihm (wesentlich) vor Ablauf der Zeit möglich wäre, bis zu der die nun als Abfindung gezahlten Beträge ohnehin auch als Gehalt fällig geworden wären. Was den Verzicht auf Ansprüche angeht, ist natürlich eine Tatfrage des Einzelfalls, wie hoch diese letztlich wären. Da es jedoch nur um Ansprüche geht, von denen der Verbandsrat Kenntnis hatte, drohen hier zum einen keine Überraschungen, und zum anderen ist auch die Wertigkeit dieser Ansprüche dadurch verringert, dass ihnen möglicherweise der Einwand eines Mitverschuldens entgegengehalten werden könnte.

In der Gesamtschau all dieser Umstände wäre es also durchaus vorstellbar, dass der I ohne eine entsprechende Vertragsauflösung am Ende schlechter stehen würde, wenn er noch über längere Zeit hinweg für einen letztlich nicht handlungsfähigen Geschäftsführer Gehalt bezahlt, wegen eines Mitverschuldens keine oder nur geringe Schadensersatzansprüche erlangt und ohne finanzielle Ersparnis mit der Belastung eines „politisch angeschossenen" Geschäftsführers weiter agieren muss sowie dadurch – wenngleich letztlich wohl nur schwer bezifferbare – Image- und Effektivitätseinbußen hinnehmen musste. Gerade dieser letztgenannte Aspekt einer schwierigen Bezifferbarkeit von Image- und Effektivitätseinbußen dürfte in Verbindung mit der schweren Prognostizierbarkeit der Dauer und des Ausgangs der staatsanwaltschaftlichen Ermittlungen dazu führen, dass die Verbandsratsmitglieder im Ergebnis kein ernsthaftes Risiko einer Untreuestrafbarkeit tragen würden, wenn sie den G einstweilen „nur" freistellen und die Geschäftsführung interimsmäßig in andere Hände geben würden – rein strukturell und jenseits der Nachweisprobleme besteht ein solches Risiko aber durchaus, und allein die nicht fernliegende Möglichkeit,

35 Vgl. zur generellen Berücksichtigungsfähigkeit solcher Interessen auch *Werner*, CCZ 2011, 201, 202.

dass ein Unterlassen des Einschreitens an sich eine strafbare Pflichtverletzung sein könnte, erweitert umgekehrt den Handlung- und Ermessensspielraum für ein solches Einschreiten.

D. Konsequenzen: Berücksichtigung gegenläufiger Untreuerisiken – und ihre Grenzen

I. Berücksichtigung gegenläufiger Untreuestrafbarkeitsrisiken

Auf den ersten Blick erscheint die Situation vergleichsweise einfach: Wenn, wie hier dargestellt, durch eine Untätigkeit[36] für die treuegebende juristische Person ein Schaden und damit für die Treunehmer eine Strafbarkeit nach § 266 StGB droht, kann durch die vorgenommenen Handlungen[37] gerade keine Schädigung vorliegen. So einfach ist es aber natürlich nicht. Das Problem besteht in der Ungewissheit (und letztlich *ex post* auch nicht etwa experimentellen Überprüfbarkeit), ob sich das Handeln/Tätigwerden oder aber die Untätigkeit letztlich negativ für die Treugeberin auswirkt. Beide Szenarien sind vorstellbar, und auch ganz unabhängig davon, ob auf der Grundlage der tatsächlich getroffenen Entscheidung die Sachverhalte für die Treugeberin letztlich „gut ausgehen" oder nicht, kann auch nicht mit Gewissheit bestimmt werden, ob dies bei der gegenteiligen Entscheidung anders oder letztlich ähnlich gewesen wäre.

Ist damit aber erst recht im Moment der jeweiligen Entscheidung letztlich ungewiss, wie diese sich auswirkt, so sitzen die Entscheidungsträger gewissermaßen zwischen den Stühlen, und es scheint auf den ersten Blick keine Entscheidungsmöglichkeit ohne Eingehung eines Strafbarkeitsrisikos zu bestehen.[38] Insoweit kann man also das schon lange geltende Credo, dass für ein erfolgreiches unternehmerisches Handeln ein wirtschaftlicher Ermessensspielraum bestehen muss, noch dahin gehend erweitern, dass in einer bestimmten Entscheidungssituation im Rechtsstaat selbstverständlich „Legalität möglich sein muss". Genau dieser Aspekt macht dann auch das bei einem alternativen Verhalten gleichwohl

---

36 Also hier durch die Nichtgewährung einer Bonuszahlung, durch den Nicht-Abschluss eines Vergleichs oder durch die Nichtbeendigung der Zusammenarbeit mit dem Geschäftsführer.

37 Hier also durch die Gewährung der Bonuszahlung zur Beschleunigung der einvernehmlichen Vertragsauflösung, durch den Abschluss eines Vergleichs und durch die Maßnahmen zur Beendigung der Zusammenarbeit mit dem Geschäftsführer.

38 Dieses Problem wird dadurch verschärft, dass es für derartige Fälle kein Verfahren gibt, wie es etwa für die Gestaltung von Arbeitsverhältnissen im Statusfeststellungsverfahren nach § 7a SGB IV existiert: Staatsanwaltschaften pflegen auf Anfragen keine Auskunft

bestehende Strafbarkeitsrisiko zu einem wichtigen Argument für die Behandlung des tatsächlich gewählten Handelns: Wenn nämlich die Untätigkeit anstelle des einem Entscheidungsträger vorgeworfenen Handelns nicht nur aus seiner Sicht wirtschaftlich die schlechtere Option ist, sondern ebenfalls strafrechtliche Risiken in sich birgt, spricht umso mehr dafür, einen Ermessensspielraum einzuräumen. In einem rechtsstaatlichen Strafrecht kann der Entscheidungsträger selbstverständlich nicht vor der Wahl zwischen zwei strafbaren Verhaltensoptionen stehen, während die Wahl zwischen zwei Optionen, welche beide strafrechtlich irrelevant sind, jedenfalls strafrechtstheoretisch völlig unbedenklich ist (fragmentarischer Charakter des Strafrechts!). Wenn man sich dies vergegenwärtigt, ist im Übrigen auch die Gefahr geringer, bei der strafrechtlichen Bewertung Rückschaufehlern der Art zu unterliegen,[39] dass allein aus einem wirtschaftlich *ex post* festgestellten schlechten Ausgang die Pflichtverletzung ex ante geschlossen wird.

---

zu geben, ob sie in einer bestimmten Konstellation eine entsprechende Handlung als untreuerelevant einstufen würden oder nicht, und von den praktischen Problemen eines solchen Verfahrens einmal ganz abgesehen, besteht auch kein normativer Rahmen dafür. Die einzige Möglichkeit für Entscheidungsträger besteht insoweit in der Einholung von Gutachten, denen – ungeachtet aller damit verbundenen Probleme (vgl. zu den Anforderungen an eine rechtliche Präventivberatung, aber auch zu den damit verbundenen Problemen *Kudlich/Wittig*, ZWH 2013, 253; 303; eingehend *Stolzenberger*, Strafrechtliche Haftungsbegrenzung durch präventiven Rechtsrat und Compliance Systeme, 2016) – die jüngere Rechtsprechung jedenfalls in Fällen einer gründlichen und seriös durchgeführten Beratung durchaus Bedeutung zumisst (vgl. BGH NJW 2017, 1487 mit Anm. *Kudlich/Koch*). Freilich muss man sich in solchen Fällen nicht einmal auf die Frage nach der Unvermeidbarkeit eines Verbotsirrtums beschränken, sondern kann bei einer hinreichend fundierten gutachtlichen Aufbereitung auch darauf hoffen, dass die entsprechenden gedanklichen Schritte auch von den Strafverfolgungsbehörden bei ihrer Prüfung des Sachverhalts nachvollzogen werden bzw. dass sie den Entscheidungsträgern zumindest zubilligen, dass Entscheidungen unter der Berücksichtigung solcher Erwägungen (soweit diese auf einer zutreffenden bzw. hinreichend sorgfältig ermittelten Tatsachengrundlage beruhen) jedenfalls vertretbar und damit ermessensfehlerfrei sind.

39 Vgl. zu diesem Problem im Zusammenhang mit der strafrechtlichen Bewertung wirtschaftlicher Entscheidungen nochmals *Kudlich*, in: FS Streng (Fn. 8), S. 63.

II. Grenzen der Berücksichtigung alternativer Risiken durch formale Verfahrensvorgaben

Eine Grenze für die vorgenannte Argumentation besteht freilich dort, wo formale (z.B. prozedurale) Vorgaben bestehen, welche den Entscheidungsträger binden sollen. Ist etwa bei einer Bank die Gewährung von Krediten an bestimmte formale Voraussetzungen gebunden, so wird man bei einer diesen Richtlinien entsprechenden, einen Kredit verweigernden Entscheidung nicht darüber nachdenken müssen, dass das Kreditverhältnis auch bei einer Abweichung von diesen Vorgaben *ex post* gut hätte ausgehen und die Bank damit Geld hätte verdienen können.[40] Anders gewendet: Die Tatsache, dass bei einer Nicht-Gewährung des Kredites wegen Fehlens der Vergabevoraussetzungen bestimmte Geschäfte/Gewinne nicht gemacht werden können, ist gewissermaßen ein „erlaubtes Risiko", das natürlich nicht zur Begründung einer Untreue herangezogen werden kann. Damit kann also bei einer den Richtlinien widersprechenden Kreditvergabe auch nicht etwa damit gegen die Pflichtwidrigkeit argumentiert werden, dass der Kredit gewährt werden musste, um eine Schädigung bzw. ein Unterlassen der gebotenen Mehrung des betreuten Vermögens zu verhindern.

Wenngleich damit die hier entwickelte Argumentation für eine ganze Reihe von Bereichen nicht anwendbar ist, bleiben gleichwohl genügend Sachverhalte, in denen sie weiterhelfen kann. Denn gerade unternehmerische Entscheidungen liegen entweder oft ohnehin außerhalb von Richtlinien, die für Standardgeschäfte vorgegeben sind. In anderen Fällen mag es so sein, dass entsprechende Richtlinien bestehen, diese aber den Entscheidungsträgern bewusst große Spielräume offen lassen, so wie dies etwa für die gesetzlichen Vorgaben zur Vorstandsvergütung in § 87 I AktG der Fall ist.

III. Grenzen der „Erpressbarkeit"?

Darüber hinaus stellt sich aber auch noch folgendes Problem: Wenn die Nichtvornahme einer bestimmten Handlung (also in unseren Beispielen: Nichtgewährung des Bonus, Nicht-Abschluss des Vergleichs, Nicht-Beendigung des Arbeitsverhältnisses) ebenfalls ein Untreuerisiko birgt, stellt sich die Frage, bis zu welcher Grenze der jeweilige Verhandlungspartner des Entscheidungsträgers „den Preis diktieren" kann. Am deutlichsten ist dies im erstgenannten Beispiel des Vorstandsvorsitzenden, der gewiss allein aufgrund der drohenden

40 Zugrunde gelegt ist hier die historische Situation, in welcher mit den regulären Kreditzinsen noch gute Gewinne für die Banken erzielt werden konnten.

Nichtverlängerung der Kredite keinen Bonus verlangen kann, der sich der Höhe dieser Kredite annähert. Vergleichbare Grenzen sind aber auch für die Gestaltung des Vergleichs bzw. für die Abfindung im dritten Fallbeispiel des Geschäftsführers anzuerkennen. Eine Bezifferung ist hier schwierig; klar dürfte aber sein, dass die Grenzen der Vertretbarkeit damit noch einmal verschoben werden, weil in einer solchen Situation (Untreuerisiko bei Unterlassen der Zahlung) die objektive und vor allem auch subjektive Nutzlosigkeit der Zahlung in weite Ferne rücken.

E. Fazit

Unternehmerische und strategische Entscheidungen sind oft risikobehaftet. Das Eingehen gewisser Risiken ist allerdings für den wirtschaftlichen Erfolg unverzichtbar. Aber nicht nur riskante Handlungsentscheidungen, sondern auch die Untätigkeit in einer Krisensituation kann potentiell untreuerelevant sein; auch gute Gutsverwalter müssen mitunter Risiken zur Rettung des Guts eingehen. Dass diese Kehrseite der Entscheidungssituation – soweit ersichtlich – vielfach in der Argumentation zum Ermessensspielraum bestenfalls eine untergeordnete Rolle spielt, liegt teilweise sicherlich daran, dass auf ein solches Unterlassen nachfolgende negative wirtschaftliche Entwicklungen vielfach weniger klar zuzuordnen sind. Zumindest teilweise dürfte es aber auch daran liegen, dass diese Zusammenhänge schlicht „verkürzt wahrgenommen“ werden. Denn die menschliche Wahrnehmung nimmt Kausalketten, die an einem aktiven Tun anknüpfen, leichter wahr als Zurechnungszusammenhänge, die letztlich nur normativ mit einem Unterlassen verbunden sind.

Für die Argumentation im konkreten Fall sind solche drohenden gegenläufigen Untreuerisiken aber durchaus wichtig. Die Risikoeinschätzung ist ganz anders vorzunehmen, wenn ein riskantes Verhalten aus wirtschaftlichen Gründen nicht einer Nullsumme, sondern einem auch existierenden Strafbarkeitsrisiko bei Untätigkeit gegenübergestellt werden muss. Insoweit findet sich hier ein besonders starkes Argument für die Einräumung eines weiten Ermessensspielraums, da der Entscheidungsträger nicht vor die „Wahl zwischen zwei Strafbarkeiten“ gestellt werden darf. Aufgrund der ohnehin schwer feststellbaren und noch schwieriger prognostizierbaren Auswirkungen schon getroffener (und erst recht der hypothetischen Auswirkungen nicht getroffener!) Entscheidungen kann eine Lösung nur so aussehen, dass Entscheidungen, die vertretbar begründet werden und bei denen keine klar erkennbare Willkür zutage tritt, jedenfalls nicht strafrechtlich relevant sein dürfen.

Im Sinne der von *Gerhard Wolf* in seiner oben genannten Internetpräsenz verwendeten Kategorien handelt es sich hier gewiss um ein „Detailproblem" und um keine wichtige Grundlinie der Rechtswissenschaft (wenngleich mit der Rückkopplung an die Forderung, dass in einer Entscheidungssituation ein legales Handeln jedenfalls möglich sein muss und keine Alternativität allein zwischen zwei strafbaren Verhaltensmöglichkeiten bestehen darf, gewiss ein wichtiges Grundsatzpostulat einer Strafrechtsordnung angesprochen ist). Es handelt sich mit dem mit dieser Argumentation verknüpften Argument einer weiten wirtschaftlichen Einschätzungsprärogative und damit einer gewissen Zurückdrängung der Untreuestrafbarkeit auch gewiss um „subjektive Standpunkte" im Sinne der Kategorisierung auf der Internet-Präsenz des *Jubilars*. Gleichwohl hege ich die Hoffnung, mit dem Beitrag sein Interesse getroffen zu haben.

Kristian Kühl

Freud und Leid des Festschriftbeitrags – Ein ungewöhnlicher Beitrag –

Abstract: What is the essence of an article for a Festschrift? After reflecting about typical and atypical topics the bottom line is, that writing this kind of literature generally triggers joy and suffering. This applies to the author as well as to the addressee. A jungle of habits is to be measured by measure, tact is to be preserved. But at some point the scientific issues are exhausted, so an atypical approach is imposed. The result surprises not only the addressee, but even the author who has written more than 50 articles for Festschriften.

Keywords: Problems writing an article for a Festschrift, exhausted scientific issues

Vorwort zur Zwischenüberschrift

Es ist zwar ungewöhnlich zu einer Zwischenüberschrift ein Vorwort zu verfassen, doch drängt es sich (mir) im vorliegenden Fall förmlich auf. Und zwar wegen der „Ungewöhnlichkeit des Beitrags", man könnte auch von Atypizität sprechen. Bei einem Beitrag zu einem Vorwort ist man fast automatisch zur Kürze verpflichtet. Vielen Lesern wird schon das nicht kurz genug sein. Deshalb nur kurz abstrakt zu typischen und atypischen Festschriftbeiträgen. Man muss sich nur in einer Festschrift umschauen, um auf typische Beiträge in diesem Genre zu stoßen. „Aus dem Kopf" würden einem Titel wie „Die Vermeidbarkeit des Verbotsirrtums" oder „Die Abgrenzung des Wahndelikts vom untauglichen Versuch" einfallen. Solche Titel wirken zwar lehrbuchartig, kommen einem aber immer wieder auf den Schreibtisch. Sie sind also auch heute noch Wirklichkeit und deshalb auch in speziellerer Formulierung sogar Wirklichkeit in der aktuellen Festschrift-Literatur.

Gerade heute ist die Festschrift für Ulfried Neumann bei mir als Mitautor eingegangen. Diese Festschrift ist zwar einem Strafrechtler und Rechtsphilosophen gewidmet, müsste aber dennoch genug Material für typische Festschriftbeiträge zu Ehren eines Strafrechtlers enthalten. Man muss aber schon lange in der Festschrift blättern, um zum „verdächtigen" Teil für dogmatische bzw. dem Allgemeinen Teil des Strafrechts zuzuordnende Beiträge (ab S. 743) zu gelangen. Da findet sich – wie erwartet – genügend einschlägiges Material. So etwa der Beitrag von Volker Erb zu „Automatisierten Notstandshandlungen" (S. 785 ff.) oder von

Wilfried Küper zu „Die Kollision von Garantenpflichten und die Rechtfertigung pflichtwidrigen Unterlassens".

Zu den strafrechtlichen Themen im engeren Sinne, insbesondere den strafrechtsdogmatischen Themen, kommen weitere Themen bereits aus Verbindungen des Strafrechts mit Grundlagenfächern wie etwa der Rechtsphilosophie hinzu. Diese Themen liegen vor allem in Festschriften nahe, deren Adressaten Strafrecht und Rechtsphilosophie betreiben (wie dies oben für Ulfried Neumann reklamiert wurde und für den Autor dieses Festschriftbeitrags – hoffentlich ohne Widerspruch – behauptet werden kann). Deshalb ist bei der Themensuche reichhaltiges Material zu erwarten. Hier kann sich der Autor dieses Beitrags der Einfachheit halber auf seinen Beitrag in der Neumann-Festschrift berufen: „Naturrecht und Moral als Stolpersteine für das Strafrecht" (S. 643 ff.); – es gäbe natürlich auch andere, wahrscheinlich sogar bessere Beiträge zu diesem Themenbereich, doch macht ein „Ranking" hier keinen Sinn.

Interessanter und – erst recht – schwieriger ist die Suche nach Beiträgen, die für Festschriften atypisch oder ungewöhnlich sind. Dieses Thema hätte der Autor vermutlich nicht angesprochen, wenn er nicht selbst mit der vorliegenden Skizze einen solchen Beitrag geliefert hätte. Und das nicht zum ersten Mal. Dahinter steht die Überzeugung, dass auch Atypisches in Festschriften passt, die voll von Typischem sind. Man kann zwar „typisch" nicht mit „gut" übersetzen und „atypisch" nicht mit „schlecht". Wer dennoch Angst vor solchen Typisierungen hat, soll deshalb hier nicht durch Namensnennung und mit Titeln weiter verängstigt werden. Genauso wenig wie der Autor eines Festschriftbeitrags vor dem ungewöhnlichen Titel „Freud und Leid", wenn er in Bezug zu einem Festschriftbeitrag steht, und zwar nicht künstlich.

Schon die Überschrift vor der Zwischenüberschrift dieses Festschriftbeitrags lässt manchen Leser der Festschrift „stutzen": gehört ein solcher Beitrag überhaupt in eine Festschrift eines wissenschaftlich arbeitenden Jubilars? Zwar ist der Begriff des „Festschriftbeitrags" durchaus passend, denn solche Beiträge machen den wesentlichen Teil – den wissenschaftlichen Teil – einer Festschrift aus. Störend sind aber die Worte „Freud und Leid", die eher als Titel eines Romans denn als Überschrift eines Festschriftbeitrags passen. Romanhaftes ist aber etwas anderes als Wissenschaftliches. Der Autor dieses Beitrags ist sich nicht sicher, in welche Kategorie sein Beitrag gehört. Das liegt nicht daran, dass er nichts Romanhaftes in seinem Beitrag finden kann, obwohl er stolz wäre, wenn jemand dort so etwas finden könnte; – ein Stolz, der ihn schon zu Schulzeiten beschlich, wenn ihm ein Aufsatz – ein sog. Besinnungsaufsatz – vom Korrektor/Lehrer mit viel Lob, aber mit der Note 6 = unzureichend zurückgegeben wurde.

Während der Ausschluss des Romanhaften keine Zweifel beim Autor hervorruft, ist das Wörtchen „Wissenschaftliches" zur Kennzeichnung des folgenden Beitrags nicht unbedingt passend. Denn damit wird postuliert, dass der Beitrag der Wissenschaft – bei Strafrechtlern als Festschriftadressat und als Schreiber eines Beitrags zu dieser Festschrift – speziell der Strafrechtswissenschaft gewidmet ist. Und zwar nicht nur der Wissenschaft vom Rechtsgebiet ‚Strafrecht', sondern auch den angrenzenden, auf das Strafrecht bezogenen Wissenschaften.

Das dürfte für die „Nebenfächer" wie Strafprozessrecht, aber auch Kriminologie gelten, zumindest wird das so gehandhabt. Wegen des empirischen Charakters ist das bei der Kriminologie schon problematisch – es gibt Rechtsordnungen, bei denen Strafrecht und Kriminologie getrennt sind, und zwar sowohl in Forschung und Lehre -. Mindestens ebenso problematisch ist die Zuordnung der Rechtsphilosophie zum Strafrecht. Jedenfalls ist es, je nachdem, von welchem Fach man kommt, unterschiedlich. Philosophen befassen sich nur selten mit der Rechtsphilosophie, Strafrechtler dagegen häufiger. Dennoch kann man von einer unterschiedlich starken Befassung des je anderen Rechtsgebiets sprechen. Wenn man dann noch vorsichtig formuliert: die auf strafrechtliche Fragen bezogene Rechtsphilosophie kann man von Zugehörigkeit, ja von Bezogenheit der Rechtsphilosophie auf das Strafrecht reden.

Nach diesen Vorab-Klärungen muss auf die „Freud" und das „Leid", die bzw. das auch schon in der Überschrift angeklungen ist, zurückkommen bzw. erst richtig eingegangen werden. Dabei sollte man wieder zwischen dem Festschrift(beitrags-) Adressaten und dem Autor des Festschriftbeitrags unterscheiden. Zumindest was die „Freud" betrifft, ist diese fest auf der Seite des Festschriftadressaten zu verorten. Jedenfalls im Regelfall freut sich der Adressat der Festschrift über die in dieser enthaltenen Beiträge; dass der eine Beitrag ihm besser gefällt als der andere, ändert daran kaum etwas, wenn man die gesamte Festschrift samt aller Beiträge ins Auge fasst.

Ordnet man die „Freude" dem Festschriftadressaten zu, liegt es nahe – wenn man der Überschrift überhaupt einen Sinn zuschreibt –, das „Leid" dem Autor des Festschriftbeitrags vorzubehalten. So einfach und klar ist das allerdings nicht.

Das „Leid" des Autors beginnt bei der verzweifelten Suche nach einem geeigneten Thema. Es setzt sich fort bei der Suche nach einem für das Thema passenden Adressaten. Man kann das Leid kaum verhindern, wenn man umgekehrt vorgeht und für den feststehenden Adressaten ein geeignetes Thema sucht. Wenn glücklicherweise Thema und Adressat gefunden sind, ist das „Leid" noch nicht vorüber. Wie soll man damit umgehen, dass der Autor feststellt – oder auch nur der verfehlten Meinung, die sich aber bei ihm festgesetzt hat, ist, – dass der Adressat dasselbe auch von ihm bearbeitete Thema verfehlt hat oder ihm nicht gerecht geworden ist: „Eiskalt“ bloßlegen oder geschickt umgehen? Letzteres respektiert – wenn auch nur förmlich den Adressaten, der ja schließlich den Autor ausgesucht und eingeladen hat; – Einladung zum Mitmachen wohlgemerkt, nicht oder selten zur Anreise samt Kosten. Das „eiskalte“ Bloßlegen der Mängel könnte der Wissenschaft dienen, muss es aber nicht, wenn der Beitrag des Autors selbst voller Mängel steckt. Aber Mängel gegen Mängel ausspielen kann auch die Wissenschaft voranbringen, wenn beim „Kampf“ der Mängel am Schluss „die Wahrheit“ bzw. „das Richtige“ herauskommt; etwa weil die Mängel einander ausschließen und gar nichts anderes als „die Wahrheit“ übrig bleibt.

Selbst wenn alles gut gegangen ist, bleibt als „Rest vom Leid“ die Unsicherheit als Autor, ob man alles „recht“ gemacht hat oder ob man sich vor der Übergabe der Festschrift nicht lieber drücken sollte. Egal wofür man sich entschieden hat, bleibt man vor Rezensenten der Festschrift nicht sicher. Auch von diesen (oder meist nur einem) kann man zur „Rechenschaft gezogen“ oder eines „Besseren belehrt“ werden. Sich dagegen auf derselben Ebene – in einer „Gegenrezension“ – zu wehren, kommt selbst bei Sachlichkeit und Berechtigung nicht gut an. Ein Glücksfall ist es, wenn der „Gekränkte“ oder auch nur falsch Verstandene zugleich Kommentar- oder Lehrbuchautor ist und er sich durch „Richtigstellen“ oder negativ formuliert: nachhaken, wehren kann.

Um die Aufzählung denkbarer Konsequenzen eines Festschriftbeitrags einem Ende zuzuführen, sei neben dem vielen „Leid“ auch noch auf den damit manchmal oder – im Glücksfall – häufig aufkommenden „Stolz“ verwiesen werden. Leider hält dieser „Stolz“ nicht lange vor. Wenn einmal die Zahl 50 bei den verfassten Festschriftbeiträgen überschritten ist, beschleicht einen – unweigerlich –, das Gefühl „dass es reicht“. Der bisher ausgeschöpfte Fundus an neuen Gedanken ist leer. Man müsste eigentliche damit aufhören, „alten Wein in neue Schläuche“ zu füllen. Wenn da nicht der einladende Adressat der Festschrift wäre. In Bezug auf ihn – den Festschriftempfänger – wäre das Beenden des Schreibens von Festschriftbeiträgen schwer zu vertreten. Er kann ja nichts dafür, dass bei dem von ihm eingeladenen Autor, „die Luft ausgegangen ist“. Und nichts ist leichter als einem zögernden Gast zu suggerieren, man würde sich gerade auf einen seiner doch immer so originellen Festschriftbeiträge freuen. Nach nur kurzem Überlegen kommt der geschmeichelte und „geladene“ Autor dann möglicherweise auch zu der Überzeugung, dass der Festschrift-Adressat mit seiner „Erwartung“ wohl richtig liegt. Nichts ist leichter, als jemand von seiner wissenschaftlichen Qualität, auch wenn er meint, sie verloren zu haben, (wieder) zu überzeugen. Außerdem kann man sich sagen, was es schon schadet, wenn jemand sich nur daran hält, was ein Anderer von ihm will. Sich selbst zu überwinden, fällt jedenfalls dann leichter, wenn man dem, der diese „Überwindung“ von einem erwartet, von dieser Überwindungsleistung nichts weiß, sondern meint, sie entspreche auch dem Willen/Wunsch des „Gebetenen".

Der Festschriftbeitrag erweist sich als heikle Sache, für die die Worte der Überschrift – „Freud" und „Leid" – besser passen, als der Autor dieses Festschriftbeitrags bei der Konzeption dieses Beitrags erwartete. Dass dieser hier vorgelegte Festschriftbeitrag trotz seiner genauen Konzeption Überraschungen selbst für den konzipierenden Autor enthielt, ist allerdings nichts Ungewöhnliches. Von vorne bis hinten durchkonzeptionierte Beiträge sind nicht schwierig umzusetzen, sondern für den Schreibenden auch langweilig, es sein denn, er ist ein „Besserwisser".

Nur der Klarstellung halber soll wenigstens am Schluss dieses Festschriftbeitrags – wahrscheinlich wäre es schon an früherer Stelle angebracht gewesen – darauf hingewiesen werden, dass mit dem oben öfter angesprochenen „Festschriftadressaten" nicht der konkrete Adressat dieser Festschrift gemeint war, sondern ein beliebiger Adressat einer Festschrift. Den geschätzten Kollegen Gerhard Wolf hat der Autor damit an keiner Stelle dieses Beitrags im Visier gehabt. Er erinnert sich zwar an frühere Begegnungen mit ihm, die aber zu selten und zu kurz waren, um darauf eine Aussage über die Person zu stützen. Auch stehen die nachlesbaren wissenschaftlichen Arbeiten dem Autor dieses Festschriftbeitrags nicht so nahe, dass er sich mit ihnen auseinandersetzen möchte; auch ist der Respekt vor ihnen zu groß, insbesondere vor der Rechtsinformatik. Die „engste" Verbindung ergab sich traurigerweise durch den Tod von Dieter Meurer in der diesem gewidmeten Gedächtnisschrift aus dem Jahre 2007. In dieser schrieb Wolf typischerweise zur Rechtsinformatik, Kühl typischerweise zu Strafrecht und Moral. Meurer war nicht nur der „Habilitationsvater" von Gerhard Wolf, sondern auch ein guter Freund des Autors des hier vorgelegten Festschriftbeitrags.

Dorothea Magnus

§ 56a StGB: Gründe für wider die gesetzliche Dauer der Bewährungszeit[1]

Abstract: The lower limit of the probation period under the German Criminal Code is two years. The author examines the legislative reasons for the lower limit and possible consequences of its increase. She refers to general preventive considerations, criminal claim of the state and the idea of resocialization for the perpetrator and shows the link to § 56 StGB, in which the conditions for the suspension of parole are regulated. In the end Magnus proposes to raise the upper limit for the legal possibility to grant probation from two to three years imprisonment and to raise the lower limit of the probation period to three years.

Keywords: Strafaussetzung zur Bewährung, Dauer der Bewährungszeit, Anhebung der Obergrenze, Strafzwecke, Resozialisierungsinteresse wider staatlicher Vollstreckungsanspruch, Vorschlag einer Ausweitung des Strafaussetzung

I Zwecke der Bewährungszeit

Nach § 56a StGB bestimmt das Gericht die Dauer der Bewährungszeit, die fünf Jahre nicht über- und zwei Jahre nicht unterschreiten darf. Innerhalb dieses Zeitrahmens muss der Verurteilte zeigen, dass er „sich schon die Verurteilung zur Warnung dienen lassen und künftig auch ohne die Einwirkung des Strafvollzugs keine Straftaten mehr begehen wird“ (§ 56 Abs. 1 StGB). Diese von der Strafaussetzung zur Bewährung vorausgesetzte Sozialprognose wird abgesichert durch den andernfalls bestimmten Widerruf der Bewährung, § 56f StGB. Die Bewährungszeit führt dem Verurteilten die Spürbarkeit der Strafaussetzung vor Augen und setzt ihn unter den Druck des Widerrufs der Strafaussetzung über einen längeren Zeitraum, um ihn zu einem straffreien Leben anzuhalten. Warum die Untergrenze der Bewährungszeit allerdings gerade bei 2 Jahren gezogen wird, ist fraglich. Als Grund wird angeführt, dass unterhalb dieser Schwelle ein nachhaltiger Erfolg, insbesondere durch begleitende Weisungen nach § 56c StGB nicht zu erwarten ist.[2] Entscheidend sei die Zeit, die erforderlich ist, um auf den Verurteilten zur Vermeidung eines Rückfalls nachhaltig einzuwirken.[3]

1 Dem Jubilar Herrn Professor Dr. Gerhard Wolf mit herzlichen Glückwünschen zu seinem 65. Geburtstag gewidmet.

2 Schönke/Schröder/Stree/Kinzig 29. Aufl. 2014, § 56a Rn. 1.

3 SK-*Schall* 9. Aufl. 2016, § 56a Rn. 3; LK-*Hubrach* 12. Aufl. 2008, § 56a Rn. 2; MK-*Groß* 3. Aufl. 2016, § 56a Rn. 9.

Diese Begründungen sind zwar zutreffend und überzeugend, doch könnten sie genauso eine Untergrenze von 3 oder mehr Jahren rechtfertigen. Warum genau 2 Jahre als Untergrenze festgelegt wurde, lässt sich nur im Verhältnis zu § 56 StGB erklären. Nach geltendem Recht dürfen Gerichte eine Strafe zur Bewährung nur aussetzen, wenn eine Freiheitsstrafe von nicht mehr als zwei Jahren verwirkt ist (§ 56 Abs. 2 S. 1 StGB, § 21 Abs. 2 JGG). Jenseits dieser Grenze ist die Aussetzung unzulässig. An dieser 2 Jahresgrenze orientiert sich auch die Bewährungszeit des § 56a StGB, der auch als Appendix zur Strafaussetzung verstanden wird.[4] Die enge Verbindung zu § 56 StGB und ihrer Obergrenze verkennen auch die Teile des Schrifttums nicht, die bei der Bemessung der Bewährungszeit die Strafdauer – wenngleich nachrangig – berücksichtigen.[5] Es ist zu überlegen, ob bei einer Anhebung der 2 Jahresgrenze bei der Strafaussetzung zur Bewährung nicht zugleich auch die 2 Jahresgrenze der Bewährungszeit mit angehoben werden müsste. Die Frage, ob der Anwendungsbereich der Strafaussetzung auszuweiten ist, hat sich in den letzten Jahrzehnten immer wieder gestellt und ist auch heute von rechtspolitischer Bedeutung. Denn zwingende Gründe, warum diese Grenze gerade bei 2 Jahren gezogen wird, sind weder der Gesetzesbegründung noch der zu § 56 Abs. 2 StGB ergangenen Rechtsprechung zu entnehmen. Im Folgenden soll daher in einem ersten Schritt untersucht werden, welche Gründe für und gegen die Beschränkung der Strafaussetzung zur Bewährung auf 2 Jahre Freiheitsstrafe sprechen. In einem zweiten Schritt ist dann zu klären, welche Auswirkungen eine Ausweitung der Strafaussetzung auf die Bewährungszeit hätte.

II Ausdehnung der Strafaussetzung zur Bewährung

1 Gesetzgeberisches Ziel der derzeitigen Regelung

Der Gesetzgeber führte als Grund für die strikte Grenzziehung bei 2 Jahren Freiheitsstrafe an, dass eine Ausdehnung über diese Jahresgrenze „Ersttätern das Risiko nehme, auch bei verhältnismäßig schwerwiegenden Taten Freiheitsstrafen verbüßen zu müssen".[6] Dies erscheine unter generalpräventiven Gesichtspunkten unvertretbar und würde das Vertrauen der Bevölkerung in einen

---

4 MK-*Groß* 3. Aufl. 2016, § 56a Rn. 1.

5 *Fischer* 64. Aufl. 2017, § 56a Rn. 1; Beck-OK/v. Heintschel-Heinegg 34. Ed. 2017, § 56a Rn. 4; SSW/*Mosbacher/Claus* 3. Aufl. 2016 § 56a Rn. 5; aA NK-*Ostendorf* 5. Aufl. 2017 § 56a Rn. 2; HK/GS-*Braasch* 4. Aufl. 2017, § 56a Rn. 3, MK-*Groß* § 56a Rn. 8, SK-*Schall* § 56a Rn. 3.

6 BT-Drs. 10/4391, S. 16 vom 27.11.85 zu dem Entwurf eines Strafrechtsänderungsgesetzes (Beschlussempfehlung und Bericht).

wirksamen Rechtsgüterschutz gefährden. Einen damals von der SPD Fraktion als Opposition eingereichten Antrag, die Jahresgrenze auf 3 Jahre Freiheitsstrafe anzuheben[7], lehnte die Mehrheit im Bundestag ab. Die Begründung war, dass die damalige Strafrechtsreform dem Anliegen der SPD-Fraktion bereits weitgehend Rechnung getragen habe und die neu beschlossenen (heute geltenden) Regelungen bereits an die Grenze dessen gingen, was ohne Beeinträchtigung des Rechtsgüterschutzes noch vertretbar gewesen sei. Da Gerichte Freiheitsstrafen von mehr als zwei Jahren nur bei einem vergleichsweise erheblichen Unrechtsgehalt der Tat verhängen würden, würde das Vertrauen der Bevölkerung in die Unverbrüchlichkeit der Rechtsordnung erschüttert, wenn Täter dieser Delikte auf freiem Fuß blieben.[8] Diese Begründungen des Gesetzgebers sind zwar zustimmungswürdig, doch würden sie genauso auf Freiheitsstrafen zur Bewährung von 3, 4 oder mehr Jahren zutreffen. Unausgesprochen steht hinter der Obergrenze von 2 Jahren auch, dass es einen Bereich schwerer Kriminalität geben soll, in dem der Vollzug der Strafe zwingend ist. Die Obergrenze dient dazu, die in den jeweiligen hohen Strafrahmen getroffenen Entscheidungen des Gesetzgebers abzusichern. Durch die Strafaussetzung soll diese gesetzgeberische Entscheidung nicht relativiert werden. So erscheint es wenig sinnvoll, bestimmte Rechtsgüter durch Einführung hoher Mindeststrafen stärker schützen zu wollen, diese Entscheidung aber dann durch ausgedehnte Aussetzungsmöglichkeiten wieder zurückzunehmen.[9] Zutreffenderweise steigt der Unrechts- und Schuldgehalt mit den Jahren Freiheitsstrafe und damit auch das Bedürfnis, Täter nicht in Freiheit zu belassen. Doch warum ließe sich nicht bei einer günstigen Sozialprognose, „wenn der Verurteilte sich schon die Verurteilung zur Warnung dienen lassen und künftig auch ohne die Einwirkung des Strafvollzugs keine Straftaten mehr begehen wird“ (§ 56 Abs. 1 StGB) und zudem „nach der Gesamtwürdigung von Tat und Persönlichkeit des Verurteilten besondere Umstände vorliegen“ (§ 56 Abs. 2 StGB), eine verwirkte Freiheitsstrafe von 3 Jahren zur Bewährung aussetzen? Sind es vor allem generalpräventive Gründe, wie sie der Gesetzgeber angibt und die sich im Gesetz in der Verteidigung der Rechtsordnung (§ 56 Abs. 3 StGB) wiederfinden, die einer Strafaussetzung entgegenstehen?

Betrachtet man die Rechtsprechung, so handhabte auch der BGH nach der Einführung der 2 Jahresgrenze im Jahre 1970 durch das 1. StrRG[10] die

---

7 BT-Drs. 10/1116 vom 14.3.1984, Entwurf eines Strafrechtsänderungsgesetzes – Gesetz zum weiteren Ausbau der Strafaussetzung zur Bewährung (StrÄndG).

8 BT-Drs. 10/4391, S. 16.

9 *König* ZRP 2001, 67, 68; vgl. auch *Weigend* GA 1992, 345.

10 In der jetzigen Fassung seit dem 23. StRÄndG v. 13.4.1986; vgl. BR-Drs. 370/84, S. 10.

Strafaussetzung zur Bewährung zunächst äußerst restriktiv und ließ Bewährungsstrafen über einem Jahr Freiheitsstrafe nur in außergewöhnlichen Fällen zu.[11] Mittlerweile wendet der BGH die Strafaussetzung jedoch auch in dem Bereich bis zwei Jahre Freiheitsstrafe regelmäßig an.[12] Während auch historisch gesehen die Bewährung als Gnadenakt nur in Ausnahmefällen im Begnadigungsrecht der neunziger Jahre des 19. Jahrhunderts gewährt wurde[13], hat sich das ehemalige Regel-Ausnahmeverhältnis heute seit Langem umgekehrt. Ob die Rechtsprechungspraxis bei einer Erhöhung der Grenze auf 3 Jahre Freiheitsstrafe zur Bewährung nicht ähnlich verlaufen wäre, lässt sich zwar nur vermuten, unwahrscheinlich ist eine solche Praxis indes nicht.

2 Gründe für eine Änderung der Gesetzeslage

Die Praxis hat in den vergangenen Jahrzehnten durchweg gute Erfahrungen mit der Strafaussetzung gemacht, sodass die Bewährung mittlerweile der Regelfall geworden ist und die Zahlen der Vollstreckung von Freiheitsstrafe bei Weitem übersteigt. So wurden im Jahr 2014 69 Prozent aller Verurteilungen von Erwachsenen zu Freiheitsstrafe nach allgemeinem Strafrecht zur Bewährung ausgesetzt.[14] Bei Heranwachsenden waren es sogar 85 Prozent.[15] Im Jugendstrafrecht lagen die Zahlen knapp darunter. Eine Ausweitung des Anwendungsbereichs der Strafaussetzung zur Bewährung hätte durchaus positive Auswirkungen. Sie würde nicht nur den Strafvollzug entlasten[16], sondern auch stigmatisierende Effekte bei dem Verurteilten vermeiden, ihn nicht aus seinem Lebens-und Arbeitsumfeld herausreißen („sozial entwurzeln") und ihn nicht der Gefahr eines negativen Einflusses durch die Subkultur der Mithäftlinge aussetzen. Mögliche alternative Arbeits- und Ausbildungsangebote im Vollzug können ohnehin erst nach einem längeren Zeitraum greifen und die Motivation, die eigenen Lebensbedingungen zu verbessern, ist regelmäßig in Freiheit höher als in Unfreiheit. Auch die Wiedergutmachung durch den Täter ist in Freiheit leichter wenn nicht sogar überhaupt nur

11 BGHSt 24, 3; BGHSt 25, 142, 144; BGH GA 1973, 84.

12 Vgl. BGH v. 25.9.1984 – 1 StR 552/84; BGH v. 6.11.1984 – 4 StR 577/84; BGH 27.8.1986 – 3 StR 265/86; NStZ 1987, 21; BGH 12.10.1989 – 4 StR 525/89; MK-*Groß* § 56 Rn. 44; LK-*Hubrach* § 56 Rn. 35. Schönke/Schröder/*Stree/Kinzig* 29. Aufl. 2014, § 56 Rn. 35.

13 LK-StGB/*Hubrach*, Vor § 56 Rn. 2.

14 Statistisches Bundesamt, Statistisches Jahrbuch 2016, S. 313.

15 Statistisches Bundesamt ebd., S. 313.

16 Vgl. zu diesem Ziel bereits BT-Drs. V/4094, S. 1; s. aber auch *Albrecht* Festschrift Böttcher, 2007, S. 239 sowie *Meier* StV 2008, 267.

möglich. Insgesamt könnten die resozialisierungsfeindlichen Auswirkungen des Freiheitsentzuges vermieden werden.[17] Die Erfahrungen der Praxis zeigen, dass der Strafvollzug in den wenigsten Fällen geeignet ist, den Täter zu bessern.[18] Die negativen Auswirkungen der Freiheitsentziehung stehen einer Wiedereingliederung des Verurteilten in die Gesellschaft entgegen. Vielfach wie beispielsweise im Bereich der schweren Wirtschaftskriminalität läuft der Zweck des Strafvollzugs ins Leere. Dem Wirtschaftsstraftäter wird man in der Regel eine günstige Sozialprognose ausstellen können, es sei denn, es handelt sich um einen mehrfach auffällig gewordenen Serienbetrüger oder Seriendieb. Bei Letzteren würde eine Strafaussetzung zur Bewährung bereits an der ungünstigen Sozialprognose scheitern. Gerade im Bereich der Vermögensdelikte sind – auch aus generalpräventiver Sicht – Geldstrafen das deutlich probatere Mittel. Hier Freiheitsstrafen zu verhängen, wenn insbesondere angesichts des Ausmaßes des Vermögensschadens und damit der Sozialschädlichkeit des Verhaltens, die 2-Jahresgrenze überschritten ist, ist verfehlt. So könnte etwa im Fall von Steuerhinterziehungen in Millionenhöhe eine deutlich höhere Geldstrafe dem Strafausspruch und dem Genugtuungsinteresse der Bevölkerung stärkeres Gewicht verschaffen. Doch auch bei Gewaltdelikten, soweit sie sich als Konflikttaten darstellen und nicht Ausdruck eines Hanges zur Gewalttätigkeit sind, wird man eine günstige Sozialprognose nicht von vornherein ausschließen können. War die Tat von einer aufgeladenen Konfliktsituation geprägt, in welcher der Täter im Affekt gehandelt hat und lagen weitere besondere Umstände vor, so kann auch hier im Einzelfall eine Bewährungsstrafe angemessen sein.

3 Abzulehnende Vorschläge

Eine Differenzierung nach Gewalt-und Verletzungsdelikten einerseits und Vermögensdelikten andererseits, wie sie hinsichtlich der Strafaussetzung vorgeschlagen wurde[19], überzeugt hingegen nicht. Deliktsgruppen von der Aussetzungsmöglichkeit generell auszunehmen, würde nicht nur einige Straftäter

17 BGHSt 24, 42; 31, 28; *Frisch* ZStW 102 (1990), 716; Schönke/Schröder/*Stree/Kinzig* § 56 Rn. 3; Lackner/Kühl/*Heger* 28. Aufl. 2014, § 56 Rn. 3; *H.J. Schneider* Festschrift Seebode, 2008, S. 529.

18 Zur kriminogenen Auswirkungen von vollstreckten Freiheitsstrafen auf Straftäter s. *H.J. Schneider* Festschrift Seebode, S. 529 f.

19 S. den Gesetzentwurf BT-Drs. 12/6141, der für eine Strafaussetzung bis zwei Jahre gem. § 56 Abs. 2 StGB forderte, dass „die Tat ein Eigentums- oder Vermögensdelikt ist, bei dem keine Gewalt gegen eine Person angewandt oder mit Gefahren für Leib oder Leben gedroht wurde".

unangemessen privilegieren, sondern auch das einheitliche Sanktionssystem ins Rutschen bringen. So sähe sich eine Differenzierung dem Einwand ausgesetzt, dass allein die Zugehörigkeit der Straftat zu einer Deliktsgruppe über die Sanktionsform entscheidet und nicht das Unrecht der Tat und die Schuld des Täters im Einzelfall. Nur Letztere sind jedoch nach unserem Sanktionssystem die Grundlage für die schuldangemessene Strafe und die entsprechende Sanktionsart.[20]

4 Gründe gegen eine Änderung der Gesetzeslage

Gegen eine Ausdehnung der Bewährungsstrafe und Anhebung der Obergrenze werden vor allem Gründe des gerechten Schuldausgleichs und generalpräventive Gesichtspunkte angeführt. Bedenkt man, dass die generalpräventiven Strafzwecke der Normverdeutlichung und Abschreckung der Allgemeinheit sich statistisch nicht in Fallzahlen von mehr oder weniger (potentiellen) Straftätern messen lassen, ist bei ihrer Heranziehung Zurückhaltung geboten. Im Jugendstrafrecht, das nach § 21 JGG ebenfalls die Strafaussetzung zur Bewährung vorsieht, gilt der Gedanke der Generalprävention ohnehin nicht im demselben Maße wie im Erwachsenenstrafrecht, allerdings dient auch das JGG einem wirksamen Rechtsgüterschutz, der von der Allgemeinheit als Strafzweck anerkannt wird. Neben dem Gesichtspunkt der Generalprävention sind die durch das *BVerfG* und den *BGH* anerkannten Strafzwecke der Sühne bzw. der Vergeltung begangenen Unrechts sowie des gerechten Schuldausgleichs zu beachten.[21] Bei längeren Freiheitsstrafen, deren Unrechts- und Schuldgehalt hoch ist, solle der gerechte Schuldausgleich die Vollstreckung gebieten. Gegen eine Ausweitung der Aussetzungsmöglichkeiten spreche, dass auch die Freiheitsstrafen angehoben werden und somit im Falle eines Widerrufs längere Freiheitsstrafen zu verbüßen sind.[22] Diesen Einwänden lässt sich entgegenhalten, dass im Sinne eines gerechten Ausgleichs zwischen dem Resozialisierungsinteresse des Verurteilten und dem staatlichen Vollstreckungsanspruch die genannten Strafzwecke mit den unbestreitbaren Vorzügen der Strafaussetzung zur Bewährung abzuwägen sind. Dass bei einem Widerruf die längere Freiheitsstrafe zu verbüßen ist, zeichnet den Charakter der Strafaussetzung gerade aus. Der Verurteilte soll sich unter dem Druck des Widerrufs bewähren. Dass damit die Verurteilung

---

20 *Streng* Strafrechtliche Sanktionen, 3. Aufl. 2012, S. 233 ff.

21 BVerfGE 45, 187, 253 f. = NJW 1977, 1525; BGHSt 24, 132, 134.

22 *Kommission zur Reform des strafrechtlichen Sanktionensystems,* Abschlussbericht, 2000, Ziff. 7.2.

zur Bewährung nicht nur symbolische Bedeutung, sondern auch strafenden Charakter hat, kommt formal mit der Eintragung ins Zentralregister (§ 7 BZRG) und der Aufnahme in das Führungszeugnis sowie der permanenten Kontrolle des Betroffenen und der konkreten Auswirkungen auf seine Lebensführung in der Bewährungszeit zum Ausdruck.[23] Nur wo ein Freiheitsentzug als „schärfste Waffe“ des Staates unerlässlich ist, darf auf die Bewährung verzichtet werden. Das ehemals vorherrschende Regel-Ausnahme-Verhältnis von Freiheitsentzug und Bewährung hat sich wie gesehen in der Praxis umgedreht. Der Gefahr, dass eine zu milde Strafverfolgungspraxis auf Unverständnis in der Bevölkerung stößt, lässt sich teilweise damit begegnen, dass andere Sanktionsformen wie z.B. stärker ausgeprägte Geldstrafen, insbesondere in Wirtschaftsstrafverfahren, oder Möglichkeiten der Sicherung, etwa durch elektronische Fußfesseln genützt werden und die Überwachung und Sozialarbeit durch Bewährungshelfer umfassend gewährleistet ist. Betont werden soll noch einmal, dass die Verschiebung der Obergrenze auf Ausnahmefälle beschränkt werden soll, in denen wegen der besonderen Lage des Einzelfalls ein Freiheitsentzug als unangemessen erscheint. Den Gerichten sollte in diesen Fällen ein Spielraum zur Verfügung stehen, den sie nach der Gesamtwürdigung von Straftätern, von denen zu erwarten ist, dass sie künftig keine Straftaten mehr begehen werden, ausschöpfen können.

5 Anwendungsbereich für die erfassten Verurteilungen

Dass der Gesetzeszweck, dem Strafausspruch (generalpräventives) Gewicht zu verleihen und höheres Unrecht mit Freiheitsstrafe zu begegnen, erst ab 2 Jahren Freiheitsstrafe und nicht 3 Jahren erreicht werde, erscheint als eine gewillkürte Grenzziehung. Fallzahlen, die diesen Unterschied belegen könnten, existieren nicht. Schaut man sich die aktuelle Strafverfolgungsstatistik an, so sieht man, dass 655.446 Erwachsene und 21.242 Heranwachsende nach allgemeinen Strafrecht verurteilt wurden.[24] Von diesen wurden nur 7.729 Erwachsene (also 1,17 Prozent) und 32 Heranwachsende (0,15 Prozent) zu Freiheitsstrafen von 2 bis 5 Jahren verurteilt.[25] Nach Jugendstrafrecht wurden Freiheitsstrafen über einem Jahr bei 1.800 Jugendlichen (5,1 Prozent) und 4.127 Heranwachsenden (11

23 NK-*Ostendorf vor* §§ 56a Rn. 4.

24 *Statistisches Bundesamt* Statistisches Jahrbuch 2016, S. 313 (ohne Straßenverkehrsdelikte; Zahlen für 2014).

25 Zu Freiheitsstrafen insgesamt (mit Bewährung) wurden 109.223 Erwachsene und 823 Heranwachsende nach allgemeinen Strafrecht verurteilt, *Statistisches Bundesamt* ebd.

Prozent) bei allen nach dem JGG Verurteilten verhängt.[26] Insgesamt handelt es sich um eine niedrige Anzahl, bei der überhaupt Freiheitsstrafen ohne Bewährung über 2 Jahren verhängt wird. Eine Stichprobe vom 31.3.2015 ergab, dass an diesem Tag 10.924 Strafgefangene mit einer Freiheitsstrafe zwischen 2 bis 5 Jahren und 1.700 Strafgefangene mit einer Jugendstrafe von mehr 2 Jahren im Strafvollzug saßen, was fast ein Viertel (24,3 Prozent) der insgesamt 51.883 Strafgefangenen ausmachte.[27] Für diesen kleinen Teil aller Straftaten, der gleichwohl im Strafvollzug verhältnismäßig stark repräsentiert ist, würde die Frage der Bewährung überhaupt nur virulent werden. In den Jahren seit Einführung der 2 Jahresgrenze ist die Anzahl der Strafaussetzungen zur Bewährung stetig gestiegen. Zu Freiheitsstrafen über 2 Jahren verurteilt wurden vor allem Täter von Tötungs- und Körperverletzungsdelikten, von Delikten gegen die sexuelle Selbstbestimmung, Diebstahl und Betrug, Raubkriminalität, Brandstiftung und Betäubungsmitteldelikten, insbesondere bei Wiederholungstätern oder hohem Unrechtsgehalt mit schweren Folgen. Bedenkt man, dass durch Gesamtstrafen und erhöhte Mindeststrafen das Strafmaß grundsätzlich erhöht und die 2-Jahresgrenze dann leichter überschritten ist, wird den Gerichten in vielen Fällen der Weg versperrt, die Strafe zur Bewährung auszusetzen. Dies kann im Einzelfall dazu führen, dass trotz Vorliegen einer guten Sozialprognose und besonderen Umständen die Freiheitsstrafe vollstreckt wird, obgleich das nicht der schuldangemessenen Strafe entspricht. Gerichte könnten gewillt sein, einen minder schweren Fall anzunehmen, um unterhalb der 2-Jahresgrenze zu bleiben. Sieht das Gesetz ein Regelbeispiel indes nicht vor, bleibt auch diese Möglichkeit versperrt. Gerichten bleibt dann nur der verfassungsrechtlich bedenkliche Weg, eine insgesamt mildere Strafe als schuldangemessen festzusetzen, um doch noch eine Bewährungsstrafe verhängen zu können.[28]

---

26 Zu Freiheitsstrafen insgesamt (mit Bewährung) wurden 3.909 Jugendliche und 7.863 Heranwachsende verurteilt, *Statistisches Bundesamt* ebd.

27 *Statistisches Bundesamt* Statistisches Jahrbuch 2016, S. 315 (Zahlen für 2014).

28 Zum Verbot die schuldangemessene Strafe zu unterschreiten, um noch eine Strafaussetzung zu bewilligen s. BVerfG HRRS 2006, Nr. 293; BGHSt 29, 321; NJW 2004, 2255; NStZ 1984, 117; NStZ 2001, 311; wistra 2007, 341; s. aber auch zum Ermessensspielraum, die Aussetzbarkeit der Strafe bei der Sanktionswahl zu berücksichtigen BGHSt 57, 133, wistra 2002, 137.

III Vorschlag einer Ausweitung der Strafaussetzung

Hier wird der Vorschlag unterbreitet, die Strafaussetzung zur Bewährung auszuweiten. Dafür ist erforderlich, einen Ausgleich zwischen dem Resozialisierungsinteresse des Verurteilten einerseits und dem staatlichen Vollstreckungsanspruch andererseits zu schaffen. Eine Anhebung der Obergrenze würde den Rechtsgüterschutz dann nicht tangieren, wenn die Gründe für die Strafaussetzung den staatlichen Strafanspruch und die generalpräventive Verteidigung der Rechtsordnung überwiegen. Um den Befürchtungen entgegenzuwirken, schwere Kriminalität nicht mit Freiheitsstrafe zu bestrafen und Schwerstverbrecher auf freiem Fuß zu lassen, darf eine Anhebung der Grenze nicht zu hoch sein. Sie sollte auf Ausnahmefälle beschränkt werden, um Straftätern von schwerer Kriminalität nicht die Sicherheit zu geben, stets einen „Freispruch zweiter Klasse" zu erhalten und damit weniger abschreckend zu wirken und nicht durch eine scheinbar folgenlose Reaktion auf das sozial unerträgliche Verhalten des Täters das Rechtsgefühl der Bevölkerung erschüttern. Eine Anhebung auf 3 Jahre wäre die Obergrenze, die noch verhältnismäßig erscheint, wenn ausnahmsweise Umstände bei Tat und Täter vorliegen, die eine solche Bewährungsstrafe rechtfertigen würden.[29] Hier ließe sich an die „besonderen Umstände" des § 56 Abs. 2 StGB anknüpfen, wobei anders als dort der Ausnahmecharakter zu betonen ist.[30] Diese Umstände müssen mithin „Milderungsgründe von besonderem Gewicht sein, die eine Strafaussetzung trotz des Unrechts-und Schuldgehalts, der sich in der Strafhöhe widerspiegelt, als nicht unangebracht erscheinen lassen".[31] Welche Umstände das sind, lässt sich nicht abstrakt und abschließend sagen. Die Bedeutung des „Besonderen" können solche Umstände erlangen, die *kumulativ* vorliegen und die Tat zugunsten des Täters *vom Regelfall abheben.* Nur solchen Umständen sollte der hier erstmals neu vorgeschlagene Ausnahmecharakter zukommen.[32]Die besonderen Umstände müssen vom Richter im Wege einer Gesamtwürdigung festgestellt werden und gegen den Verurteilten sprechende Umstände wesentlich überwiegen. Das Merkmal des kumulativen

---

29 Vgl. ebenso den Entwurf eines Strafrechtsänderungsgesetzes der *SPD Fraktion* BT-Drs. 10/1116.

30 BGH NStZ-RR 2016, 9; NStZ-RR 2013, 41; NStZ 2009, 441; StV 1992, 13.

31 BGHSt 29, 371; NStZ 1981, 62; BGHSt 82, 114; *Fischer* § 56 Rn. 20.

32 Nach bisheriger Praxis reichte schon das Zusammentreffen von Milderungsgründen aus, die für sich allein *nur* einfache oder durchschnittliche Umstände waren, auf besondere, wie hier vorgeschlagen, vom Regelfall abweichende Umstände kam es nicht an, s. BGH NJW 1983, 1624; NStZ 1985, 410.

Vorliegens von besonderen, d.h. über dem Durchschnitt liegenden Milderungsgründen erfüllt eine Begrenzungsfunktion. Es verdeutlicht, dass im Bereich von Freiheitsstrafen, die zwei Jahre übersteigen nur bei einer Häufung besonderer mildernder Umstände, eine Strafaussetzung erlaubt ist. So ist etwa das kumulative Vorliegen von einer besonderen Konfliktlage, angespannten wirtschaftlichen Verhältnissen, starker nervlicher und affektiver Belastung zur Tatzeit sowie eine Stabilisierung der Lebensverhältnisse und Vorbeugung weiterer Taten durch Suchttherapie, erfolgreiche Arbeitsplatzsuche oder Bemühen um Schadenswiedergutmachung etc. nach der Tat geeignet, eine Freiheitsstrafe von 3 Jahren zur Bewährung auszusetzen, selbst wenn belastende Umstände vorliegen. Welches Gewicht den einzelnen Milderungsgründen beizumessen ist, liegt im Ermessen des Gerichts. Das Gebot der Verteidigung der Rechtsordnung gem. § 56 Abs. 3 StGB gilt weiterhin, sollte jedoch deutlich relativiert werden durch eine Abwägung mit den Vorzügen der Strafaussetzung zur Bewährung und einer ggfs. schon spezialpräventiv erreichten Abschreckung des Täters. Ein solches Verständnis der besonderen Umstände und Verteidigung der Rechtsordnung, das neben die sorgfältige Feststellung der günstigen Sozialprognose tritt, würde den Rechtsgüterschutz durch Anhebung der Obergrenze nicht tangieren. Stellt sich indes im Wege der Gesamtwürdigung heraus, dass der Täter nur im Vollzug der Freiheitsstrafe fähig werden würde, „künftig in sozialer Verantwortung ein Leben ohne Straftaten zu führen" (§ 2 StVollzG), sollte die Freiheitsstrafe verhängt werden.

IV Stärkere Rechtsmitteleinlegung?

Hebt man die derzeitige Obergrenze an, dann ist möglicherweise damit zu rechnen, dass Strafverteidiger häufiger in Revision gehen, wenn die Strafaussetzung bei einer Freiheitsstrafe über 2 Jahren nicht gewährt wurde. Dies würde zu einer stärkeren Inanspruchnahme der Gerichte führen. Dem damit verbundenen höheren Arbeitsaufwand und den höheren Kosten steht auf der anderen Seite eine Entlastung der Gerichte gegenüber, wenn von einer Verständigung in diesem Bereich stärker Gebrauch gemacht wird. Eine Bewährungsstrafe als Rechtsfolge zu erreichen, bietet einen großen Anreiz für Strafverteidiger und Angeklagte eine Verständigung einzugehen. Kommt eine solche zustande, ermöglicht sie dem Gericht insbesondere durch die Beschleunigung des Verfahrens, die Erleichterung der Beweisaufnahme und die Rechtssicherheit infolge eines Geständnisses seine Ressourcen zu schonen und gerade in schwierigen Verfahren zu einem schnelleren und ökonomischeren Abschluss zu kommen.[33]

V Auswirkungen der Ausdehnung der Strafaussetzung auf die Bewährungszeit nach § 56a StGB

Wollte man, wie hier vorgeschlagen, die Strafaussetzung zur Bewährung bis zu einer Grenze von 3 Jahren Freiheitsstrafe zulassen, stellt sich zwangsläufig die Frage, wie sich eine solche Ausdehnung auf die Bewährungszeit auswirkt. Wie gesehen ist der Sinn der Bewährungszeit, den Verurteilten über eine längere Zeit unter den Druck des Widerrufs der Bewährung zu setzen und zur Vermeidung eines Rückfalls nachhaltig auf ihn einzuwirken. Die vom Gesetz vorgesehene Untergrenze von 2 Jahren ist jedoch nicht empirisch dergestalt abgesichert, dass ein nachhaltiger Erfolg erst und nur ab 2 Jahren nachweisbar ist. Denkbar ist durchaus auch eine höhere Untergrenze. Strafaussetzung zur Bewährung und Bewährungszeit sind eng miteinander verbunden und aufeinander bezogen. Nach *Groß* bezieht sich die Aussetzung der Strafe zur Bewährung auf das künftige Verhalten des Verurteilten, dass sich „naturgemäß in der Zeitdimension abspielt, womit sich denknotwendig die Figur der Bewährungszeit ergibt".[34] Diese enge Verknüpfung zwischen Bewährung und Bewährungszeit muss zwangsläufig dazu führen, dass eine Ausweitung des Anwendungsbereichs der Bewährung auch Folgen für den Anwendungsbereich der Bewährungszeit hat. Es ist wohl kein Zufall, dass die bisherige Obergrenze des § 56 Abs. 2 StGB und die Untergrenze des 56a Abs. 1 StGB in beiden Fällen 2 Jahre beträgt. Das hat seinen guten Sinn, greifen doch die als strafähnliche Reaktion verstandenen Auflagen (§ 56b StGB) und die als Hilfe dienenden Weisungen (§ 56c StGB) in dieser Zeit ein und sollen neben dem Druck des Widerrufs der Strafaussetzung dem Strafausspruch Gewicht verleihen. Diese zweifache Einwirkung auf den Täter[35] soll mindestens 2 Jahre, mithin ebenso lange wie die nicht verhängte Freiheitsstrafe maximal dauern würde, möglich sein. In der Gesetzesbegründung zur derzeitigen Fassung des § 56a StGB hat der Gesetzgeber darauf hingewiesen, „daß sich

33 MK-StPO/*Jahn/Kudlich* 1. Aufl. 2016, § 257 c Rn. 5; *Kudlich* Gutachten zum 68. DJT, C 18 f., 30 ff.; *Hettinger* JZ 2011, 292; *Schlothauer/Weider* StV 2009, 600, 602.

34 MK-*Groß* § 56a Rn. 1.

35 Wohlgemerkt es handelt sich bei der Bewährungszeit um kein „Strafübel", allein die Auflagen haben strafähnlichen Charakter und der Widerruf der Bewährung, unter dem die ganze Bewährungszeit steht, übt entsprechenden Druck aus und führt beim Vorliegen seiner Voraussetzungen zum Vollzug der Strafe.

die Bewährungszeit — auch im Regelfall — in einem gewissen Verhältnis zur Strafhöhe halten soll".[36] Dieser Grundgedanke findet sich ebenfalls im Gesetz in § 57 Abs. 3 StGB wieder. Danach darf die „Bewährungszeit, auch wenn sie nachträglich verkürzt wird, die Dauer des Strafrestes nicht unterschreiten". In der für die Strafrestaussetzung geltenden Vorschrift kommt der Grundgedanke unseres geltenden Rechts deutlich zum Ausdruck, dass die Dauer der Bewährungszeit nicht hinter der Dauer der ausgesetzten Strafe zurückbleiben darf. Diese Wertung des Gesetzgebers spricht dafür, die Bewährungszeit an die Strafaussetzung zu koppeln und eine Ausweitung dort auch mit einer Ausweitung bei der Bewährungszeit zu verbinden. Bei der hier vorgeschlagenen Anhebung der Obergrenze auf 3 Jahre im Rahmen des § 56 Abs. 2 StGB sollte daher auch die Untergrenze der Bewährungszeit von 2 auf 3 Jahren angehoben werden. Dies beugt einerseits der Befürchtung vor, der Strafausspruch könne an Gewicht verlieren. Zum anderen hätte es den Vorteil, den Verurteilten die Folgen seiner Tat und den Druck des Widerrufs der Strafaussetzung über einen längeren Zeitraum spüren zu lassen, um einem Rückfall vorzubeugen. Nach der Begründung des Gesetzgebers muss „die Strafaussetzung für den Verurteilten in ihrer Spürbarkeit in einem angemessenen Verhältnis zu der an sich zu vollstreckenden Freiheitsstrafe stehen".[37] An einer derartigen Ausgewogenheit fehle es indes, wenn die an die Stelle einer längeren Freiheitsstrafe eine zu kurze Bewährungsfrist trete „In derartigen Fällen würde der Strafausspruch seines Gewichts entbehren, auch würde das Ziel, den Verurteilten unter dem Druck des Widerrufs der Strafaussetzung über einen längeren Zeitraum hinaus zu einem straffreien Leben anzuhalten, verfehlt werden. Dort wo es dieses Drucks nicht bedürfte und nur eine vergleichsweise kurze Freiheitsstrafe zur Bewährung ausgesetzt werde, sei das Gericht schon nach geltendem Recht in der Lage, entsprechend kürzere Bewährungsfristen zu bestimmen (vgl. § 56 a Abs. 1 Satz 2 StGB)".[38]

Für eine längere Dauer der Bewährung durch Anhebung der Untergrenze spricht auch, dass in der verlängerten Bewährungszeit stärker ambulante Maßnahmen wie z.B. die Arbeit eines Bewährungshelfers greifen können. Die längere Aufsicht und Leitung durch den Bewährungshelfer bedeutet nicht nur eine Unterstützung im Bereich der äußeren Lebenssorge wie der Vermittlung einer Wohnung, Arbeitsstelle und der Hilfe bei der Regulierung von Schulden, sondern

36 BT-Drs. 10/2720, S. 29.

37 BT-Drs. 10/4391, S. 17 (zu § 56a StGB).

38 BT-Drs. 10/4391, S. 17 (zu § 56a StGB). So kostet eine 5-jährige Bewährungshilfe 4.560 EUR, eine zweijährige Freiheitsstrafe 63.500 EUR, s. NK-*Ostendorf* vor §§ 56 Rn. 7 mit Verweis auf *Schellhoss* NK 2004, 9.

auch die Einübung sozialer Verhaltensweisen, die regelmäßig eine längere Zeit in Anspruch nimmt. Die durch die Verlängerung der Bewährungshilfe um ein Jahr entstehenden höheren Kosten werden dadurch aufgefangen, dass der Verurteilte keinen Vollzugsplatz in Anspruch nehmen muss, welcher die Kosten für die Bewährungshilfe übersteigen würde.[39]Zwar würde sich möglicherweise auch schon in einer kürzeren Bewährungszeit zeigen, ob sich die mit der Strafaussetzung verbundene Erwartung erfüllt habe, doch ist angesichts der Möglichkeit in der Bewährungszeit resozialisierend auf den Straftäter einzuwirken, eine längere Dauer sinnvoll. Die Erkenntnis, daß der Verurteilte vor allem in den ersten zwei Jahren nach Verurteilung auf eine besonders nachhaltige Betreuung durch den Bewährungshelfer angewiesen ist, während er danach entweder relativ zügig zu einer selbstverantwortlichen Lebensführung zurückfindet oder aber trotz aller Hilfe in seinem Bewährungsversuch scheitert[40], sollte Anlass dafür geben, gerade nach zwei Jahren den Verurteilten besonders intensiv zu überwachen und zu unterstützen, um einen Rückfall zu verhindern. Die Forderung nach kürzeren Bewährungszeiten überzeugt angesichts dessen nicht. So wird vorgebracht, ein allzu langer Zeitraum könne den Verurteilten entmutigen und überfordern und derjenige, der sich 2 Jahre bewährt habe, zeige eine abschließende gute Prognose.[41] Gegen kürzere Bewährungszeiten spricht, dass gerade Täter, die eine Straftat mit nicht geringem Unrechts-und Schuldgehalt verwirkt haben, den Belastungen der Bewährungszeit, die nicht nur eine Wohltat ist, über längere Zeit ausgesetzt werden sollten. Insbesondere bei Wiederholungstätern ist ein Rückfall auch nach 2 Jahren nicht unwahrscheinlich. Die „Resozialisierung in Freiheit" bedarf einer gewissen Zeit, um die Lebensverhältnisse des Verurteilten zu ordnen, soziale Verhaltensweisen zu trainieren, Auflagen und Weisungen ihre Wirkung entfalten und den Verurteilten die Folgen seiner Tat spüren zu lassen. Letztlich erscheint der Verzicht auf die Vollstreckung der Freiheitsstrafe nur vertretbar, wenn gleichzeitig die Betreuung und Überwachung des Verurteilten durch einen Bewährungshelfer über die ganze Zeit gewährleistet ist.

VI Schluß

Es hat sich gezeigt, dass den Gesichtspunkten der Spezialprävention und Verhältnismäßigkeit, aber auch Gerechtigkeitserwägungen, die neben präventiven

39 Ebenso schon der Gesetzesantrag des Landes Niedersachen zur Fortentwicklung des strafrechtlichen Sanktionensystems, BR-Drs. 204/95, S. 2.

40 BT-Drs. 10/2720, S. 21.

41 NK-*Ostendorf* § 56a Rn. 2.

Gründen die Strafaussetzung legitimieren[42], dann nicht genügend Rechnung getragen wird, wenn eine Freiheitsstrafe aus Gründen der Vergeltung und des Schuldausgleichs vollzogen und dem Genugtuungsinteresse der Bevölkerung damit Genüge getan wird, obgleich der Zweck, den Verurteilten zu einem straffreien Leben anzuhalten, ihn mithin individuell abzuschrecken, weitere Straftaten zu begehen, auch durch eine Bewährungsstrafe erreicht werden könnte. In solchen Fällen überwiegt der Resozialisierungsgedanke die anderen Strafzwecke. Damit sollte nach hier vertretener Ansicht das Spannungsfeld, in dem die Strafaussetzung steht, einerseits den Strafvollzug wegen seiner Resozialisierungsfeindlichkeit nach Möglichkeit zu beschränken, anderseits schwerere Straftaten nicht „ungesühnt" und Täter auf freiem Fuß zu lassen, in den oben genannten geeigneten Fällen auch bei 3 Jahren Freiheitsstrafe zugunsten der Bewährung entschieden werden. Für diese Ausnahmefälle ist das Merkmal des kumulativen Vorliegens von besonderen, d.h. über dem Durchschnitt liegenden Milderungsgründen entscheidend, das eine Begrenzungsfunktion erfüllt. Wegen der engen Verknüpfung von Strafaussetzung und Bewährungszeit hätte eine Ausdehnung der Strafaussetzung auch auf die Bewährungszeit nach § 56a StGB Auswirkungen. Für die Länge der Bewährungszeit ist entscheidend, wieviel Zeit benötigt wird, um auf den Verurteilten zur Vermeidung eines Rückfalls nachhaltig einzuwirken. Bei einer Erhöhung der Obergrenze des § 56 Abs. 2 StGB auf 3 Jahre werden zwangsläufig Straftaten mit höherem Unrechts-und Schuldgehalt erfasst. Bei Straftätern, die eine solche Strafe verwirken, erscheint eine längere Zeit der Einwirkung notwendig, um auf sie nachhaltig einzuwirken. Bei leichterer Kriminalität kann diese Einwirkung, insbesondere die Weisungen und Auflagen und der Einsatz der Bewährungshilfe, entsprechend milder ausfallen. Da der Unrechts- und Schuldgehalt bei Straftaten mit 3 Jahren Freiheitsstrafe nicht gering ist, ist ein Verzicht auf die Vollstreckung nur dann gerechtfertigt, wenn der Verurteilte die Folgen seiner Tat über längere Zeit zu spüren bekommt und mit Unterstützung und unter Aufsicht in Freiheit dazu angehalten wird, zukünftig ein straffreies Leben zu führen. Da sich nach dem Willen des Gesetzgebers die Bewährungszeit in einem gewissen Verhältnis zur Strafhöhe halten soll, sollte eine Ausweitung der Strafaussetzung durch Anhebung der Strafhöhe auch zu einer Ausweitung der Bewährungszeit führen. Es wird daher hier vorgeschlagen, die Obergrenze des § 56 Abs. 2 StGB auf 3 Jahre Freiheitsstrafe zu erhöhen und entsprechend die Untergrenze des § 56a StGB auf 3 Jahre anzuheben.

---

42 Schönke/Schröder/*Stree/Kinzig* § 56 Rn. 3; MK-*Groß* vor §§ 56 ff. Rn. 1; NK-*Ostendorf* vor §§ 56 ff. Rn. 3; *Bruns* GA 1956, 196.

Andreas Mosbacher

Der neue § 169 Abs. 3 GVG, insbesondere in Strafsachen

Abstract: The article deals with the law on the extension of media coverage of court proceedings in the court room. The main focus is the application and implementation of the newly reformed § 169 GVG. It is now allowed to voice record a court hearing in a special media room, for scientific and historical purposes as well as to record both visual and acoustic data for public television programs, including live broadcasts of the proclamation of a sentence of the Federal Supreme Courts. The "if" and "how" of the approval of this records is comprehensively presented.

Keywords: media coverage, court preoceedings, reform of § 166 GVG

I „Wir schalten um nach Karlsruhe…"

Durch das Gesetz zur Erweiterung der Medienöffentlichkeit in Gerichtsverfahren und zur Verbesserung der Kommunikationshilfen für Menschen mit Sprach- und Hörbehinderungen (Gesetz über die Erweiterung der Medienöffentlichkeit in Gerichtsverfahren – EMöGG)[1] wurde § 169 GVG ganz erheblich geändert. Drei wesentliche Neuerungen bringt die Neufassung des § 169 GVG: Die Möglichkeit der Tonübertragung einer Gerichtsverhandlung in einen Medien-Arbeitsraum (§ 169 I 3–5 GVG), die Möglichkeit der Tonaufnahme von Gerichtsverhandlungen zu wissenschaftlichen und historischen Zwecken (§ 169 II GVG) und schließlich die Möglichkeit von Ton- und Fernsehaufnahmen zwecks öffentlicher Vorführung einschließlich Live-Übertragungen der Entscheidungsverkündungen an den obersten Bundesgerichten (§ 169 III GVG).

Der Vorschlag einer Änderung von § 169 GVG ist sehr kontrovers aufgenommen worden. Die Präsidentinnen und Präsidenten der obersten Bundesgerichte haben sich in seltener Einmütigkeit gegen den Vorschlag einer Übertragung von Urteilsverkündungen ausgesprochen,[2] während umgekehrt

1 Vom 8.10.2017, BGBl. I S. 3546; Inkrafttreten der Änderungen in § 169 GVG zum 19.4.2018; Gesetzesmaterialien: BT-Drs. 18/10144 (Gesetzesentwurf der Bundesregierung nebst Stellungnahme des Bundesrates und Gegenäußerung der Bundesregierung), BT-Drs. 18/12591 (Beschlussempfehlung und Bericht des Ausschusses für Recht und Verbraucherschutz).

2 Vgl. *Janisch*, Süddeutsche Zeitung vom 28.3.2016.

zahlreiche Medienvertreter für diese geplante Öffnung plädiert haben. Schon die Titel der 2016/2017 erschienen Aufsätze zeigen die Spannweite der Debatte:[3] „Gründe gegen Fernsehübertragungen aus dem Gerichtssaal"[4]; „Chance statt Risiko: das Gesetz zur Erweiterung der Medienöffentlichkeit in Gerichtsverfahren"[5]; „Erweiterung der Medienöffentlichkeit in Gerichtssälen: (k)eine gute Idee?"[6]; „Gesicht zeigen!"[7]; Keine Angst vor Fernsehkameras!"[8]; „Kameras beim BGH: eine Chance für die Justiz" [9]. Eine breite Diskussion des Themas ermöglichte die strafrechtliche Abteilung des 71. Deutschen Juristentages, die sich mit der Frage der Öffentlichkeit im Strafverfahren befasste.[10] Für Verfahren vor den obersten Bundesgerichten befürwortete der Juristentag eine dem bisherigen § 17a BVerfGG entsprechende Norm.[11]

Der Jubilar hat sich schon vor mehr als 20 Jahren intensiv mit dem Thema beschäftigt und sehr kritisch die Entwicklungen in der Fernsehberichterstattung begleitet.[12] Seitdem haben sich die medialen Rahmenbedingungen nicht unerheblich geändert. Das Internet schafft eine Plattform, die mit den Print-, Radio- und TV-Medien alter Prägung wenig vergleichbar ist und in der Inhalte in weiten Teilen durch unmittelbare Anschauung (Bilder/Videos) von den jüngeren Generationen aufgenommen werden. Wie die Justiz als dritte Gewalt im Staat ihre Inhalte unter derart veränderten Rahmenbedingungen zeitgemäß transportieren kann, bleibt eine spannende Frage. Der Gesetzgeber hat mit der Neufassung von § 169 III GVG einen Schritt hin zur medialen Öffnung der Justiz gewagt. Die vom Jubilar vor vielen Jahren perhorreszierte Liveübertragung aus einer strafgerichtlichen (Revisions)-Hauptverhandlung ist jetzt möglich.

---

3 Vgl. zur Diskussion zudem die Beiträge von *von Coelln*, AfP 2016, 491; *Exner*, Jura 2017, 770; *Franke*, NJW 2016, 2618; *Norouzi*, StV 2016, 590; *Rittig*, NJ 2016, 265; *Rosenthal*, AnwBl 2016, 654; *Saliger*, JZ 2016, 824.

4 *Limperg/Gerhardt*, ZRP 2016, 124.

5 *Bernzen/Bräutigam*, K & R 2017, 555.

6 *Hofmann/Loubal*, MMR 2016, 669.

7 *Janisch*, DRiZ 2016, 136.

8 *Mosbacher*, DRiZ 2016, 299.

9 *Mosbacher*, LTO v. 31.3.2016.

10 Vgl. *Altenhain*, Gutachten C zum 71. Deutschen Juristentag, Öffentlichkeit im Strafverfahren – Transparenz und Schutz der Verfahrensbeteiligten, ders., DRiZ 2016, 304; ders., NJW-Beil. 2016, 37.

11 Vgl. NJW-Spezial 2016, 634.

12 Vgl. *Wolf*, Die Gesetzeswidrigkeit von Fernsehübertragungen aus Gerichtsverhandlungen, NJW 1994, 681; *ders.*, Gerichtsberichterstattung – künftig „live" im Fernsehen?, ZRP 1994, 187; *ders.*, „Wir schalten um nach Karksruhe …", JR 1997, 441.

Bundestag locuta – causa finita? Ja und nein: Angesichts der Entscheidung des Gesetzgebers für die Änderung von § 169 GVG – der Verfasser hat diesen Prozess nicht nur publizistisch,[13] sondern auch als Sachverständiger im Rechtsausschuss des Bundestages[14] begleitet – sollen hier nicht erneut die rechtspolitischen oder verfassungsrechtlichen Argumente pro oder contra ausgebreitet werden. Es gilt vielmehr: Nach der Diskussion ist vor der Diskussion. Denn spannende Fragen stellen sich jetzt bei der Auslegung der neuen Vorschrift. Hierbei konzentrieren sich die nachfolgenden Ausführungen auf die Auslegung von § 169 III GVG, insbesondere in Strafsachen.

II Zur Auslegung von § 169 Abs. 3 GVG, insbesondere in Strafsachen

1 Grundsätzliches

Systematisch stellt § 169 Abs. 3 GVG eine Ausnahme von dem Verbot in § 169 I S. 2 GVG dar, was sich schon durch die Wortwahl „abweichend" in Satz 1 deutlich zeigt. Ausnahmevorschriften sind nach dem althergebrachten Grundsatz „singularia non sunt extendenda" nicht erweiternd, sondern eng auszulegen.[15] Zwar betrifft § 169 III GVG zunächst lediglich den Bundesgerichtshof als oberstes Bundesgericht der ordentlichen Gerichtsbarkeit. Über die Verweisungsnormen in § 55 VwGO, § 52 Abs. 1 FGO, § 61 Abs. 1 SGG und § 72 ArbGG (in neuer Fassung) gilt die Neuregelung indes auch für die übrigen obersten Bundesgerichte, also das Bundesverwaltungsgericht, den Bundesfinanzhof, das Bundessozialgericht und das Bundesarbeitsgericht. Auf das Bundespatentgericht, das kein oberstes Bundesgericht ist, ist die Neuregelung nach § 59 III S. 4 PatG nicht anwendbar; die Verweisung dort gilt nach entsprechender Änderung nur für § 169 I GVG.

In Strafsachen kann ein gesetzlicher Ausschluss der Öffentlichkeit kraft Gesetzes wie in Jugendsachen (§ 48 I JGG) oder kraft Einzelanordnung (vgl. §§ 171a, 171b, 172 GVG) der Zulassung von Medienübertragungen entgegenstehen, denn die Medienöffentlichkeit ist stets nur Ausfluss des Öffentlichkeitsgrundsatzes als solchen.[16] Der bisherige Regelungsgehalt von § 169 I S. 1 und 2 GVG bleibt von

13 Vgl. *Mosbacher*, DRiZ 2016, 299; *ders.*, LTO v. 31.3.2016.

14 Vgl. Öffentliche Sitzung des Ausschusses für Recht und Verbraucherschutz vom 29.3.2017.

15 Vgl. hierzu nur *Mosbacher* in Löwe/Rosenberg, StPO, 26. Aufl. 2009, § 254 Rn. 1.

16 BT-Drs. 18/10144 S. 20.

der Änderung unberührt. Soweit es also um Aufnahmen vor oder nach der Entscheidungsverkündung geht, gelten weiterhin die bisherigen Regelungen, die in die Kompetenz des Vorsitzenden fallen (§ 176 GVG).[17] Das Gesetz entzieht in § 169 IV GVG einen nach § 169 III GVG ergangenen Beschluss ausdrücklich der Anfechtung, was sich beim Bundesgerichtshof in Strafsachen allerdings bereits aus § 304 IV 1 StPO ergibt.

2 Gegenstand und Adressat der Zulassung

Der Inhalt der Ausnahmegestattung betrifft Ton- und Fernseh-Rundfunkaufnahmen sowie Ton- und Filmaufnahmen zum Zweck der öffentlichen Vorführung oder Veröffentlichung ihres Inhalts. Mit dieser Begriffsverwendung knüpft der Gesetzgeber an die Verbotsregelung in § 169 I 2 GVG an. Nicht erfasst sind hiervon Fotoaufnahmen, deren Verbot in der Regel auf einer Anordnung des Vorsitzenden beruht.[18] Rundfunkaufnahmen sind zur sofortigen Sendung bestimmt, also zur Live-Übertragung. Nach der Begriffsbestimmung in § 2 Rundfunkstaatsvertrag ist Rundfunk ein linearer Informations- und Kommunikationsdienst; er ist die für die Allgemeinheit und zum zeitgleichen Empfang bestimmte Veranstaltung und Verbreitung von Angeboten in Bewegtbild oder Ton entlang eines Sendeplans unter Benutzung elektromagnetischer Schwingungen. Bei den sonst genannten Ton- und Filmaufnahmen ist anerkannt, dass es auf die Art und Weise der Speicherung nicht ankommt.[19] Entscheidend dafür, dass diese Aufnahmen von § 169 I 2 GVG erfasst werden, ist ihre Zweckbestimmung. Schon bislang nicht erfasst hiervon wurden Aufnahmen des Gerichts für interne Zwecke.[20]

Nach der Neuregelung von § 169 III GVG fragt sich, ob die obersten Bundesgerichte im Falle der Zulassung der Medienöffentlichkeit bei der Entscheidungsverkündung nunmehr auch selbst befugt sind, Aufnahmen von den Entscheidungsverkündungen herzustellen, zu speichern und diese etwa online auf ihren Web-Seiten der Öffentlichkeit zugänglich zu machen. Der Gesetzgeber scheint davon auszugehen, dass eine positive Entscheidung nach § 169 III GVG außenstehenden Personen die Möglichkeit gibt, selbst Aufnahmen im Saal zu fertigen (anders als bei § 169 I 2 oder II GVG).[21] Vom Gericht selbst ist in der

17 Vgl. auch BT-Drs. 18/10144 S. 29.

18 Vgl. *Wickern* in Löwe/Rosenberg, StPO, 26. Aufl. 2010, § 169 GVG Rn. 52; *Schmitt* in Meyer-Goßner/Schmitt, StPO, 60. Aufl. 2017, § 169 GVG Rn. 10.

19 Vgl. *Wickern* in Löwe/Rosenberg, StPO, 26. Aufl. 2010, § 169 GVG Rn. 43.

20 *Wickern* in Löwe/Rosenberg, StPO, 26. Aufl. 2010, § 169 GVG Rn. 44 ff. m.w.N.

21 BT-Drs. 18/10144 S. 30.

Gesetzesbegründung bei § 169 III GVG nicht die Rede.[22] Eigentlich liegt nahe, dass Aufnahme, Speicherung und Zurverfügungstellung einer Urteilsverkündung durch oberste Bundesgerichte Persönlichkeitsrechte[23] von Verfahrensbeteiligten tangieren können.

Der Verf. hat deshalb in seiner gutachterlichen Stellungnahme im Gesetzgebungsverfahren eine Klarstellung dieser Frage durch folgende Formulierung von § 169 III 1 GVG empfohlen:

> „Abweichend von Absatz 1 Satz 2 kann das Gericht für die Verkündung von Entscheidungen des Bundesgerichtshofs in besonderen Fällen Ton- und Fernseh-Rundfunkaufnahmen sowie Ton- und Filmaufnahmen zum Zweck der öffentlichen Vorführung oder der Veröffentlichung ihres Inhalts, auch durch das Gericht selbst, zulassen."

Damit wäre zugleich auch eine eindeutige Rechtsgrundlage für die entsprechende Aufnahme, Speicherung und Veröffentlichung solcher Aufzeichnungen geschaffen worden, die sich – anders als bei Medienvertretern (vgl. Art. 5 I GG) – für die obersten Bundesgerichte bislang jedenfalls nicht eindeutig aus dem Gesetz ergibt. Der Gesetzgeber hat diese Klarstellung nicht treffen wollen,[24] was dafür sprechen könnte, dass er – wie die Gesetzesbegründung nahelegt – lediglich eine Erweiterung der Öffentlichkeit für Medienvertreter erreichen, für die Gerichten selbst aber keine erweiterten Aufnahme-, Speicher- und Veröffentlichungsmöglichkeiten schaffen wollte.

3 Ausübung des Entschließungsermessens: „Ob"

Bei der Entscheidung, ob ein Senat des Bundesgerichtshofs von der ihm durch § 169 III GVG eröffneten Möglichkeit einer Aufzeichnung der Urteilsbegründung Gebrauch macht oder nicht, handelt es sich um eine Ermessensentscheidung.[25] Auszuüben ist das Ermessen vom Gericht, also vom Spruchkörper insgesamt, nicht etwa nur vom Vorsitzenden allein. Der Senat kann derartiges beschließen, muss es aber nicht. Zwar besteht kein Anspruch der Verfahrensbeteiligten auf Zulassung der Aufzeichnung und Medienübertragung,[26] es besteht

22 Vgl. auch BT-Drs. 18/10144 S. 17.

23 Hierzu und insb. zum Recht auf informationelle Selbstbestimmung näher *Di Fabio* in Maunz/Dürig, Grundgesetz-Kommentar, 80. EL Juli 2017, Art. 2 Rn. 173 ff. m.w.N.

24 Vgl. BT-Drs. 18/12591.

25 Vgl. BT-Drs. 18/10144 S. 29.

26 Vgl. BT-Drs. 18/10144 S. 29.

aber – wie auch sonst in derartigen Fällen – ein Anspruch auf ermessensfehlerfreie Entscheidung.[27]

Das Entschließungsermessen des Senats sollte nach Auffassung des Gesetzgebers von folgenden Faktoren geprägt sein:[28] einerseits von dem Informationsbedürfnis der Öffentlichkeit und von der Bedeutung der Entscheidung über den Einzelfall hinaus für eine Vielzahl vergleichbarer Fallgestaltungen, andererseits von dem Schutz der allgemeinen Persönlichkeitsrechte der Beteiligten, dem Anspruch auf ein faires Verfahren, der Funktionstüchtigkeit der Rechtspflege, den technischen und räumlichen Kapazitäten des Gerichts sowie möglichen Verfahrensverzögerungen. Ein besonderes Informationsinteresse der Öffentlichkeit sieht der Gesetzgeber insbesondere in solchen Fällen, in denen bisher Pressmitteilungen des obersten Bundesgerichts erschienen sind, wobei hiervon nur ein geringer Teil für die überregionale Presse von Bedeutung sei; nicht jeder durch eine Pressemitteilung begleitete Fall eigne sich auch für eine Übertragung durch die Hörfunk- und Fernsehanstalten.[29]

In Strafsachen soll insbesondere darauf Bedacht zu nehmen sein, inwieweit sich eine Medienübertragung der Urteilsverkündung auf die Belange des Angeklagten auswirken wird. Hier sei neben dem Persönlichkeitsschutz auf die Sicherheit des Angeklagten und dessen Resozialisierungsinteresse abzustellen.[30] In Haftsachen soll eine Zulassung der Medienübertragung dann nicht in Betracht kommen, wenn dies zu einer unangemessenen Verzögerung des Verfahrens führt.[31] Folgende Strafverfahren aus der Vergangenheit hätten sich demnach beispielsweise für eine Übertragung der Urteilsverkündung geeignet: das Verfahren gegen den ehemaligen Staatsratsvorsitzenden der DDR Krenz wegen Beteiligung an der Erschießung Flüchtender an der innerdeutschen Grenze[32], das Verfahren wegen des Vorwurfs der Beihilfe zum Betrug gegen den Schiedsrichter Hoyzer mit der allgemeinen Frage der Strafbarkeit des Sportwettenbetrugs[33], das Verfahren gegen Aufsichtsrats- und Vorstandsmitglieder der Mannesmann AG mit der Rechtsfrage der Untreue durch nachträgliche Bewilligung einer Anerkennungsprämie[34] oder das Verfahren wegen der Beteiligung am Massenmord durch die

27 Nicht nur – wie die Gesetzesmaterialien nahelegen (BT-Drs. 18/10144 S. 29) – in Fällen der Zulassung.

28 BT-Drs. 18/10144 S. 29.

29 BT-Drs. 18/10144 S. 29.

30 BT-Drs. 18/10144 S. 29.

31 BT-Drs. 18/10144 S. 30.

32 BGHSt 45, 270.

33 BGHSt 51, 165.

34 BGHSt 50, 331.

Tätigkeit als Wachmann im Konzentrationslager Auschwitz.[35] Nach der verfassungsrechtlichen Rechtsprechung zur Medienöffentlichkeit am Rande von strafrechtlichen Hauptverhandlungen richtet sich das Informationsinteresse der Öffentlichkeit auch auf die Personen, die als Mitglieder des Spruchkörpers an der Rechtsfindung im Namen des Volkes mitwirken. Dabei haben Personen, die im Gerichtsverfahren infolge ihres öffentlichen Amtes oder in einer anderen Position als Organ der Rechtspflege im Blickpunkt der Öffentlichkeit stehen, nicht in gleichem Ausmaß einen Anspruch auf Schutz ihrer Persönlichkeitsrechte wie eine von dem Verfahren betroffene Privatperson oder wie anwesende Zuhörer.[36]

In Zivilverfahren vor dem Bundesgerichtshof soll nach Auffassung des Gesetzgebers von Belang sein, ob die Entscheidung Auswirkung auf eine Vielzahl von Betroffenen hat und deshalb nicht nur für das juristische Fachpublikum von Interesse ist.[37] Zu denken ist hierbei etwa an grundsätzliche Fragen des Wohnraummietrechts, von Verbraucherkrediten oder von Reiseverträgen. Gründe für die Zulassung einer Medienübertragung sind aus Sicht des Gesetzgebers folgende: besonders schutzwürdige Belange der Allgemeinheit oder Rechtsmaterien, die eine tief greifende und nachhaltige wirtschaftliche und gesellschaftspolitische Bedeutung haben; zivilrechtliche Fragestellungen, die über bloße Neugier oder Sensationslust hinaus auf ein großes Interesse der Öffentlichkeit stoßen; schwerwiegende Auswirkungen einer zivilrechtlichen Entscheidung auf die Funktionstüchtigkeit der Zivilrechtspflege oder auf das entsprechende Vertrauen der Bevölkerung darin. Gegen eine Zulassung soll dagegen sprechen, dass ein Urteil lediglich auf abstrakten Feststellungen beruht oder die Sache lediglich an die Vorinstanz zurückverwiesen wird, ohne dass sich daraus unmittelbare Folgen für die Allgemeinheit ergeben.[38]

Beim Bundesarbeitsgericht ist im Rahmen der Abwägung zwischen dem Informationsinteresse der Öffentlichkeit und den schutzwürdigen Interessen der Betroffenen insbesondere zu beachten, ob etwa der Krankheitszustand einer Person, ihre Charaktereigenschaften, ihre fachliche Eignung oder Betriebs-, Geschäfts- oder Erfindungsgeheimnisse erörtert werden; Letzteres spricht dann gegen die Zulassung der Medienübertragung. Zudem kommt diese auch dann nicht in Betracht, wenn sich dadurch die Urteilsverkündung unangemessen verzögern würde.[39]

---

35 BGHSt 61, 252 – dieses Verfahren wurde allerdings durch Beschluss erledigt.

36 Vgl. nur BVerfG NJW 2017, 798 m. Anm. *Bernzen* und m.w.N.

37 BT-Drs. 18/10144 S. 30.

38 BT-Drs. 18/10144 S. 30.

39 BT-Drs. 18/10144 S. 30.

Diese Kriterien sollen auch die Ermessensausübungen bei den öffentlich-rechtlichen Gerichtsbarkeiten bestimmen. Besonderheiten gelten nach Auffassung des Gesetzgebers dann, wenn es lediglich um abstrakte Fragen wie etwa in Normenkontrollverfahren oder um Revisionsrechtsstreitigkeiten in Rechtssachen von grundsätzlicher Bedeutung geht, weil hier nicht der Bürger wie im Strafverfahren gleichsam „am Pranger" steht, sondern sich gegen seiner Auffassung nach rechtswidriges Verwaltungshandeln wendet. Die schutzwürdigen Interessen der Betroffenen sollen allerdings regelmäßig dann gegen die Medienöffnung sprechen, wenn der Persönlichkeitsschutz wie in Asylverfahren oder bei Streitigkeiten um die Gewährung von Sozialleistungen besonderes Gewicht hat.[40] Auch hierbei kommt die Medienzulassung dann nicht in Betracht, wenn sich die Entscheidungsverkündung hierdurch erheblich verzögern würde.[41]

Besonderheiten des finanzgerichtlichen Verfahrens (Schutz des Steuergeheimnisses) sind bei den Entscheidungsverkündungen des Bundesfinanzhofs zu beachten. Liegt etwa ein Antrag nach § 52 II FGO vor, die Öffentlichkeit zum Schutz des Steuergeheimnisses auszuschließen, ist die Urteilsverkündung zwar in jedem Fall öffentlich (§ 173 I GVG). In derartigen Fällen kann sich das Gericht aber ermessensfehlerfrei nur für die Zustellung des Urteils anstelle der öffentlichen Verkündung entscheiden.[42]

Außerhalb solcher Ermessenerwägungen sollten die in der rechtspolitischen Debatte vor der Gesetzesänderung formulierten Bedenken gegen die Neuregelung keine Rolle spielen. Verträte etwa ein Senat die Auffassung, aufgrund grundsätzlicher Bedenken solle in eigenen Sachen nie eine Medienübertragung zugelassen werden, käme es aufgrund der Weigerung, das durch § 169 III GVG eröffnete Ermessen auszuüben, zu einem rechtswidrigen Ermessensausfall. Denn die Frage, ob derartiges überhaupt zulässig sein soll, hat aufgrund einer umfassenden Abwägung bereits der Gesetzgeber beantwortet.

4 Notwendigkeit intensiverer Vorbereitung als Hinderungsgrund?

Teilweise wird vertreten, dass es durch die Notwendigkeit intensiverer Vorbereitung der Entscheidungsverkündung und Abstimmung der Entscheidungsgründe im Senat häufig zu einer Verfahrensverzögerung bei Zulassung der Medienübertragung käme. Dem ist in dieser Allgemeinheit zu widersprechen.

---

40 BT-Drs. 18/10144 S. 30.

41 BT-Drs. 18/10144 S. 30.

42 BT-Drs. 18/10144 S. 21.

Für die Urteilsverkündung in Strafsachen gilt nach § 356 StPO auch im Revisionsverfahren § 268 StPO. Danach wird das Urteil durch Verlesung der Urteilsformel und Eröffnung der Urteilsgründe verkündet. Die Eröffnung der Urteilsgründe geschieht durch Verlesung oder durch mündliche Mitteilung ihres wesentlichen Inhalts. Bei der Entscheidung, ob die Urteilsgründe verlesen werden oder ihr wesentlicher Inhalt mündlich mitgeteilt wird, sowie im Fall der mündlichen Mitteilung des wesentlichen Inhalts der Urteilsgründe soll bereits auf die schutzwürdigen Interessen von Prozessbeteiligten, Zeugen oder Verletzten Rücksicht genommen werden.

Es geht jedenfalls beim Bundesgerichtshof in Strafsachen nicht darum, dass immer schon ein fertig unterschriebener Urteilstext vorliegt. Wird mündlich verhandelt, berät der Senat die Rechtssache anschließend auf der Grundlage meist ausführlicher Vorworten und kommt dann aufgrund dieser Beratung zu einem Ergebnis, das sich im Urteilstenor niederschlägt. Die Urteilsverkündung ist nach dem Gesetz als Akt der Verhandlungsleitung alleine Sache des Vorsitzenden, der Spruchkörper hat dabei kein Mitspracherecht. Einer internen Abstimmung über den Inhalt der Urteilsbegründung bedarf es nach Einführung der Neuregelung nicht. In der mündlichen Urteilsbegründung soll der Senatsvorsitzende die wesentlichen Gründe, die den Senat zu der Entscheidung bewogen haben, bekannt geben. Dies dürfte für Senatsvorsitzende keine unlösbare Aufgabe sein. Dass ein Vorsitzender in einer wichtigen und die Öffentlichkeit interessierenden Sache mündlich ein Urteil ganz anders begründet als es der Senatsberatung entspricht, ist nicht zu erwarten.

Die schriftlichen Urteilsgründe dienen demgegenüber dazu, das Beratungsergebnis ausführlicher zu dokumentieren und auf die von den Verfahrensbeteiligten vorgebrachten Argumente im Einzelnen einzugehen. Anders als bei Urteilen von Instanzgerichten kann der Inhalt von Revisionsurteilen relativ frei gestaltet werden (manchmal bestehen sie bei den Strafsenaten sogar nur aus drei Sätzen)[43], denn sie dienen nicht der Entscheidungsüberprüfung im Instanzenzug. Die Situation unterscheidet sich nach Zulassung von Aufnahmen nicht grundsätzlich von der früheren, in der ebenfalls der Inhalt der mündlichen Urteilsbegründung (meist in Verbindung mit einer mit dem Senat abgestimmten Pressemitteilung) Grundlage der anschließenden Berichterstattung ist. Die meist erst einige Zeit später veröffentlichten schriftlichen Urteilsgründe werden dann in der Regel nur noch von der Fachpresse zur Kenntnis genommen, nicht aber von einer breiten Öffentlichkeit.

43 Vgl. etwa BGH, Urt. v. 2.7.2015 – 3 StR 118/15.

Wer der spontanen Rede weniger mächtig ist, muss auch ohne § 169 III GVG mehr Zeit in die Vorbereitung der Urteilsverkündung investieren. Jedenfalls sollte die Notwendigkeit ausführlicherer Vorbereitung in medienbegleiteten Urteilsverkündungen nicht generell die Ermessensentscheidung nach § 169 III 1 GVG leiten. Entscheidend kann insoweit nur sein, ob es wirklich ein erhebliches „Mehr" an Vorbereitung im Vergleich zu der schon ohne Live-Übertragung überaus sorgfältigen Vorbereitung bei medienbegleiteten Fällen gibt.

5 Teilweise Gestattung und Auflagen: „Wie"

Schon bei der Ausübung des Entschließungsermessens ist zu bedenken, dass – sofern ein besonderes öffentliches Interesse an einer Medienübertragung besteht – die schutzwürdigen Interessen der Verfahrensbeteiligten und von Dritten nicht nur durch die Art und Weise der Urteilsverkündung (vgl. § 268 II 3 i.V.m. § 356 StPO), sondern auch durch eine Teilöffnung oder die Anordnung von Auflagen gewahrt werden können. Geht es etwa in einem Strafverfahren einerseits um besonders öffentlichkeitsrelevante Rechtsfragen wie etwa den Tötungsvorsatz bei PKW-Rennen im öffentlichen Straßenverkehr, andererseits um Fragen, die wie etwa bei einer Bewährungsentscheidung die Persönlichkeit des Angeklagten besonders betreffen, kann die Übertragung lediglich für den Teil der Urteilsverkündung gestattet werden, in dem abstrakte Rechtsfragen erörtert werden.

Auflagen können etwa die Kameraführung betreffen. Es kann der Medienöffentlichkeit also beispielsweise untersagt werden, Naturalparteien während der Urteilsbegründung zu filmen. Für einen ordnungsgemäßen Ablauf des Verfahrens sorgen Auflagen, die etwa den Standort von Kamera und Mikrofon im Verhandlungssaal betreffen. Zu denken ist hier bei großem Medieninteresse auch an sog. „Pool"-Lösungen, wonach die Aufzeichnung nur wenigen Medienvertretern mit der Auflage gestattet wird, ihre Bilder anderen kostenfrei zur Verfügung zu stellen.

Außerhalb dieser Zwecksetzung – Wahrung der Rechte Verfahrensbeteiligter und Sicherung eines ordnungsgemäßen Verfahrensablaufs – sind Auflagen oder Einschränkungen wie etwa die Anweisung, eine Kamera so aufzustellen, dass die Richter in besonders gutem Licht erscheinen, nicht zulässig. Im Bereich des § 169 III S. 2 GVG gehen die Senatsanordnungen etwaigen sitzungspolizeilichen Verfügungen des Vorsitzenden vor. Nicht von der gesetzgeberischen Wertung umfasst erschiene auch die Auflage, sich lediglich gerichtsintern hergestellter Aufnahmen zu bedienen. Dem Wunsch verschiedener Gerichtspräsidenten im Gesetzgebungsverfahren, die Aufnahmehoheit bei den Gerichten zu verorten, ist der Gesetzgeber nicht nachgekommen. Er geht vielmehr davon aus, dass die Zulassung nach § 169 III 1 GVG dazu führt, dass außenstehende Personen selbst Aufnahmen im Saal machen und Teiluntersagungen wie auch Auflagen geeignet sind, die Kontrolle über den Schutz von Persönlichkeitsrechten Beteiligter zu gewährleisten.[44]

6 Verfahren, Bescheidung von Anträgen und Rechtsschutz

Erwägt ein Senat von sich aus, nach § 169 III GVG zu verfahren, hört er die Verfahrensbeteiligten hierzu vorher an. Die Notwendigkeit einer Gewährung rechtlichen Gehörs ergibt sich aus § 33 StPO. Auch bei Prozess leitenden Verfügungen, also solchen, die lediglich den Ablauf des Verfahrens betreffen, ist eine Anhörung dann erforderlich, wenn sie unmittelbar Eingriffe in Rechte und Rechtstellungen von Verfahrensbeteiligten bewirken.[45] Der Senatsbeschluss zur Erweiterung der Medienöffentlichkeit betrifft in aller Regel die Persönlichkeitsrechte der Beteiligten, sodass deren verfahrensrechtliche Stellung jedenfalls mitbetroffen ist. Anzuhören sind die Beteiligten vor Erlass der Entscheidung, die Staatsanwaltschaft nach § 33 II StPO, die übrigen Verfahrensbeteiligten, die bei der Urteilsverkündung anwesend sein wollen und dürfen, nach § 33 III StPO. Es bietet sich eine kurze schriftliche Anhörung unter Mitteilung der beabsichtigten Verfahrensweise an, eine mündliche Anhörung ist aber auch möglich. Erwägt der Senat in der Hauptverhandlung, einen Beschluss nach § 169 III GVG für die anschließende Urteilsverkündung zu fassen, hört er die Anwesenden mündlich an (§ 33 I StPO).

Damit Medienvertretern auch effektiv von der durch eine positive Entscheidung nach § 169 III GVG eröffneten Möglichkeit Gebrauch machen können, ist ein zeitlicher Vorlauf wünschenswert. Bei wichtigen, die Öffentlichkeit besonders interessierenden Entscheidungen, die nach mündlicher Hauptverhandlung getroffen werden, haben die Senate des Bundesgerichtshofs schon bisher hierauf zumeist geachtet. Die Senatsentscheidung zur Medienöffnung nach § 169 III GVG kann – anknüpfend an die Übung bisheriger Pressemitteilungen, mit der bevorstehende wichtige Entscheidungen angekündigt werden – durch die Pressestelle im Rahmen einer Pressemitteilung verlautbart werden.

Ein Antragsrecht sieht § 169 III GVG zwar nicht vor, es ist den Verfahrensbeteiligten oder Medienvertretern aber auch nicht etwa untersagt, sich mit

44 BT-Drs. 18/10144 S. 30.

45 Vgl. hierzu und zum Folgenden näher *Mosbacher/Claus* in SSW-StPO, 3. Aufl. 2018, § 33 Rn. 3 ff. m.w.N.

Anträgen auf eine Erweiterung der Medienöffentlichkeit an das Gericht zu wenden. Geht ein solcher Antrag bei Gericht ein, ist er dem zuständigen Senat zuzuleiten und sinnvoller Weise von dort den übrigen Verfahrensbeteiligten mit der Gelegenheit zur (kurzen) Stellungnahme zu übersenden. Anträge an das Gericht sind grundsätzlich von diesem zu bescheiden. Wer sich ausdrücklich mit einem (zulässigen) Begehren an das Gericht wendet, kann zu Recht eine „Antwort" verlangen. Inzident ergibt sich diese Bescheidungspflicht aus § 34 Alt. 2 StPO, wonach Beschlüsse, durch die ein Antrag abgelehnt wird, mit Gründen zu versehen sind.[46] Die Begründung eines ablehnenden Beschlusses sollte den Antragsteller hinreichend bescheiden, also auf seine Argumente eingehen, und erkennen lassen, dass sich der Senat seines Ermessens bewusst war und weshalb er davon in bestimmter Weise Gebrauch machen möchte. Bei prozessualen Ermessensentscheidungen wie derjenigen über eine Öffnung nach § 169 III GVG ist eine eingehende Begründung jedenfalls nicht erforderlich.[47]

Fraglich ist, ob Medienvertreter gegen eine ablehnende Entscheidung eines Strafsenats des Bundesgerichtshofs, nach § 169 III GVG zu verfahren, mangels anderweitiger Rechtsschutzmöglichkeit (vgl. § 169 IV GVG und § 304 IV 1 StPO) mit Aussicht auf Erfolg das Bundesverfassungsgericht anrufen und im Wege einer einstweiligen Anordnung beantragen können, eine Medienübertragung zu gestatten. Bei Vorsitzendenverfügungen, die sich wegen des Verbots von Film- und Fernsehaufnahmen vor Hauptverhandlungsbeginn bzw. in Sitzungspausen als Eingriff in die nach Art. 5 II 2 GG gewährleistete Presse- und Rundfunkfreiheit erweisen, ist diese Möglichkeit anerkannt und in der Praxis nicht ganz selten.[48] Diese Problematik stellt sich bei § 169 III GVG anders: Das Verbot von Aufnahmen in laufender Hauptverhandlung zum Zweck der Liveübertragung oder öffentlichen Vorführung beruht auf einer Anordnung des Gesetzgebers und besteht nach wie vor. Die Regelung des § 169 I 2 GVG ist verfassungsgemäß.[49] Durch die Möglichkeit, von diesem gesetzlichen Verbot in besonderen Fällen Ausnahmen zuzulassen, wird die Nichtzulassung nicht zu einem begründungsbedürftigen Eingriff in die Rechte von Medienvertretern nach Art. 5 II 2 GG. Deren Rechte sind bei der Abwägung im Rahmen des Entschließungsermessens zwar in den Blick zu nehmen. Mehr als ein Anspruch auf ermessenfehlerfreie

46 Vgl. zu alldem näher *Mosbacher*, NStZ-Sonderheft Miebach, 2009, S. 20 (21).

47 Näher hierzu *Mosbacher/Claus* in SSW-StPO, 3. Aufl. 2018, § 34 Rn. 13 m.w.N.

48 Vgl. nur BVerfG NJW 2017, 798 m. Anm. *Bernzen* und m.w.N.; grundlegend BVerfGE 91, 125 („Honecker"); BVerfGE 119, 309 („Misshandlung von Rekruten bei der Bundeswehr").

49 BVerfGE 103, 44 („n-tv").

Entscheidung kann ihnen aber hierdurch nicht erwachsen; die Erfolgsaussichten eines Antrags auf einstweilige Anordnung dürften also denkbar gering sein.

III Fazit: Mut zur positiven Außendarstellung!

Durch eine Öffnung des Verbots in § 169 I 2 GVG bei den Entscheidungsverkündungen der obersten Bundesgerichte hat der Gesetzgeber der Justiz die Möglichkeit eröffnet, in besonders wichtigen Einzelfällen ausführlicher und anders als bisher in den Medien Präsenz zu zeigen. Die dritte Gewalt wird besser wahrnehmbar, wenn neben dem Bundesverfassungsgericht auch die obersten Bundesgerichte in Bild und Ton wiedergegeben werden. Die abstrakte Rechtsanwendung bekommt hierdurch ein Gesicht und wird für die von den Entscheidungen betroffenen Bürger transparenter. Das Volk, in dessen Namen Recht gesprochen wird, kann sich nunmehr selbst einen unmittelbareren Eindruck von der Tätigkeit der obersten Bundesgerichte verschaffen. Zu hoffen bleibt, dass der neue § 169 III GVG von allen Beteiligten nunmehr im Sinne des Gesetzgebers mit Leben gefüllt wird, um ein positiveres Bild der Justiz in der Bevölkerung zu vermitteln, falschen Vorstellungen über die Tätigkeit der Justiz vorzubeugen und Verständnis und Akzeptanz der Entscheidungen zu verstärken.[50] Eine starke und selbstbewusste Justiz muss sich nicht verstecken. Sie sollte ein Mehr an Öffentlichkeit nicht scheuen, sondern als Chance für den Dialog mit allen betrachten, die das Recht verstehen wollen.

50 Vgl. BT-Drs. 18/10144 S. 13, 15.

Martin Mrosk

Die Reform des Tötungsstrafrechts nach dem Referentenentwurf des Bundesjustizministeriums aus dem Jahr 2016

Abstract: The author deals with the attempt to reform the homicide laws in the German criminal code. In this context, he refers to existing reform proposals, particularly with regard to the demarcation of murder and manslaughter, and explains the weaknesses of these proposals. The detailed examination of the draft of the federal department from the year 2016 forms the main focus of the work. It is assessed critically and evaluated in its usability.

Keywords: Reform, Homocide Law, German criminal law; Tötungsstrafrecht, Abgrenzung Mord und Totschlag

Dem verehrten Jubilar soll mit diesem Beitrag für seine wissenschaftliche und lehrende Tätigkeit gedankt werden. Ich lernte *Prof. Dr. Gerhard Wolf* im ersten Semester meines Studiums der Rechtswissenschaften an der Europa-Universität Viadrina in Frankfurt (Oder) kennen. Aufgrund seines unkonventionellen Wesens vermochte er nicht nur mich frühzeitig für das Strafrecht zu begeistern. Ein Ansinnen des Jubilars war es, dass die Studierenden Gesetze nicht als Subsumtionsmaschinen anwenden, sondern Hintergründe durchdringen. In diesem Rahmen hat er seine Bedenken bezüglich der aktuellen Fassung der §§ 211, 212 StGB zum Ausdruck gebracht und hierzu mehrfach veröffentlicht[1]. Die nachfolgenden Ausführungen sind ihm gewidmet.

A Einleitung

Als Justizminister Maas im Jahr 2014 eine grundlegende Reform des Tötungsstrafrechts ankündigte,[2] fanden sich in der Literatur ausschließlich nur Befürworter einer Novellierung.[3] Kritische Stimmen,[4] welche die Argumente der

---

1 *Wolf*, in: FS-Schreiber, 519ff.; *Wolf*, JuS 1996, 189ff.; *Wolf*, HFR 1996, 52ff.

2 *Maas*, RuP 2014, 65 (65f.).

3 *Haas*, ZStW 2016, 316ff.

4 *Hinz*, SchlHA 2015, 47ff.; *Mrosk*, Die Reform des Tötungsstrafrechts, 2015; *Pisal*, ZRP 2015, 158; *Krehl*, ZRP 2014, 98ff. zu den verfassungsrechtlichen Grenzen einer Reform der Tötungsdelikte.

Befürworter widerlegten oder auch nur infrage stellten, wurden gänzlich verschwiegen. Seit 2016 liegt ein Referentenentwurf des Justizministeriums vor, welcher der Öffentlichkeit offiziell bisher nicht zugänglich gemacht worden ist. *Fischer*[5] veröffentlichte folgenden Text des Entwurfs:[6]

§ 211 Totschlag

(1) *Wer einen anderen Menschen tötet, wird mit Freiheitsstrafe nicht unter fünf Jahren bestraft.*
(2) *In besonders schweren Fällen ist auf lebenslange Freiheitsstrafe zu erkennen.*
(3) [1]*Liegen besondere Umstände vor, welche das Unrecht der Tat oder die Schuld des Täters erheblich mindern, ist die Strafe Freiheitsstrafe von einem Jahr bis zehn Jahren.* [2]*Das ist insbesondere dann der Fall, wenn der Täter*
   1. *aus Verzweiflung handelt, um sich oder einem ihm nahe stehenden Menschen aus einer ausweglos erscheinenden Konfliktlage zu befreien, oder*
   2. *ohne eigene Schuld durch eine ihm oder einem ihm nahe stehenden Menschen zugefügte schwere Beleidigung, Misshandlung oder sonstige Rechtsverletzung zum Zorn gereizt oder in eine vergleichbar heftige Gemütsbewegung versetzt und dadurch unmittelbar zur Tat veranlasst worden ist.*

§ 212 Mord

(1) [1]*Wer einen anderen Menschen tötet und dabei*

   1. *dessen Wehrlosigkeit ausnutzt,*
   2. *grausam handelt oder*
   3. *wenigstens einen weiteren Menschen in die Gefahr des Todes bringt,*

wird mit lebenslanger Freiheitsstrafe bestraft.
[2]*Ebenso wird bestraft, wer einen anderen Menschen aus besonders verwerflichen Beweggründen tötet, insbesondere*

   1. *aus Mordlust,*
   2. *zur Befriedigung des Geschlechtstriebs,*
   3. *aus Habgier,*
   4. *um eine andere Straftat zu ermöglichen oder zu verdecken oder*
   5. *aus menschenverachtenden Beweggründen (§ 46 Abs. 2 S. 2).*

(2) [1]*Liegen besondere Umstände vor, welche das Unrecht der Tat oder die Schuld des Täters erheblich mindern, ist auf Freiheitsstrafe nicht unter fünf Jahren zu erkennen.* [2]*Das ist insbesondere dann der Fall, wenn der Täter*

---

5 Zeit vom 19.5.2016, 12.

6 Gleichlautende Ausführungen finden sich bei *Grünewald*, AnwBl 2016, 608 (609); *Gerhold*, NK 2016, 231 (232); welche sich auf die gleiche Quelle in: Zeit vom 19.5.2016, 12 beziehen.

1. *aus Verzweiflung handelt, um sich oder einem ihm nahe stehenden Menschen aus einer ausweglos erscheinenden Konfliktlage zu befreien, oder*
2. *ohne eigene Schuld durch eine ihm oder einem ihm nahe stehenden Menschen zugefügte schwere Beleidigung, Misshandlung oder sonstige Rechtsverletzung zum Zorn gereizt oder in eine vergleichbar heftige Gemütsbewegung versetzt und dadurch unmittelbar zur Tat veranlasst worden ist.*

B Reformvorschläge in der Vergangenheit

Nahezu seit 50 Jahren werden im Schrifttum Aufbau und Ausgestaltung der Tötungsdelikte, insbesondere die Abgrenzung zwischen Mord und Totschlag, kritisiert und Reformvorschläge formuliert. Die wesentlichen Kernpunkte der einzelnen Reformvorschläge werden im Folgenden dargestellt.[7]

I Reformvorschlag Otto

Einen umfassenden Reformvorschlag der Tötungsdelikte stellte *Otto* 1971 dar.[8] Die Änderung des Mordtatbestandes bezieht sich im Wesentlichen darauf, dass eine Freiheitsstrafe von 25 Jahren auszusprechen sei, wenn Qualifikationsmerkmale erfüllt sind und zugleich eine sozialunerträgliche Einstellung des Täters in der Tat zum Ausdruck kommt. Neben den tatbestandlich genannten Qualifikationskriterien[9] muss mit der sozialunerträglichen Einstellung des Täters ein weiteres Kriterium zur positiven Bestätigung der „bösen Tat" hinzutreten. Hierbei handelt es sich wohl um ein subjektives Kriterium, welches unter Umständen als niedriger Beweggrund zu verstehen wäre. Es stellt sich als schwierig, wenn nicht gar kaum lösbar dar, eine im besonderen Maße sozialunerträgliche Einstellung des Täters, die in der Tat zum Ausdruck kommen muss, praktikabel zu definieren.

II Reformvorschläge Rüping, Eser, Beckmann und Thomas

Rüping, Eser, Beckmann und *Thomas* nehmen in unterschiedlicher Ausgestaltung eine Abgrenzung zwischen Mord und Totschlag im Wesentlichen nach Gefährlichkeitsaspekten oder im Rahmen der Strafzumessung durch eine Regelbeispielsystematik vor.

---

7 Ausführlichere Darstellung bei *Mrosk*, Die Reform des Tötungsstrafrechts, 2015, 35–63.

8 *Otto*, ZStW 1971, 39ff.

9 Der Vorschlag greift bekannte Merkmale auf (grausam, Befriedigung des Geschlechtstriebs, Habgier, Ermöglichungs- und Verdeckungsabsicht).

Nach einem Vorschlag von *Rüping* aus dem Jahr 1979 sollen die Mordmerkmale vollständig zu Regelbeispielen mit einer Möglichkeit der Gegenindikation[10] werden. Auf die Merkmale der Heimtücke und des niedrigen Beweggrundes solle verzichtet werden. Um jede moralisierende Auseinandersetzung mit der Persönlichkeit des Täters zu vermeiden, müsse das Merkmal der Gefährlichkeit des Täters in den Vordergrund rücken.[11]

Den Gedanken der Gefährlichkeit greift *Eser* auf und schlägt in seinem Reformvorschlag von 1980 vor, dass die Abgrenzung zwischen Mord und Totschlag im Rahmen der Strafzumessung vorzunehmen sei.[12] Die Gefährlichkeit des Täters sei danach in der Regel indiziert, bei Tötung oder zusätzlicher Gefährdung mehrerer Personen, Schusswaffen-, Banden-, Sexualmord, Quälerei, Vertrauensbruch, Gewinnsucht, Ermöglichungs- und Verdeckungsabsicht. Eine Steigerung des Tötungsunrechts mittels Gefährlichkeits- bzw. Gemeingefährlichkeitsaspekten, die in Regelbeispielen ihren Ausdruck finden, haben – mit unterschiedlicher Begründung – auch *Beckmann*[13] und *Thomas*[14] vorgeschlagen. Bekannte Mordmerkmale (Grausamkeit, Heimtücke, zur Befriedigung des Geschlechtstriebes, Ermöglichungs- und Verdeckungsabsicht) werden zum Teil unter anderer Bezeichnung in eine Regelbeispielssystematik verschoben. Etwaige Auslegungsprobleme werden dadurch nicht gelöst, sondern nur auf eine andere Ebene verdrängt.[15] Ungeachtet dessen liegt die grundsätzliche Kritik an Regelbeispielen darin, dass sie straferhöhende Kriterien nicht abschließend aufzählen, sondern eine erhöhte Strafbarkeit indizieren. Ein besonders schwerer Fall könnte daher auch durch richterliche Würdigung von Tat und Täter angenommen werden, was Zweifel an der Bestimmtheit nach Art. 103 II GG der Normierung aufkommen lässt. Es würde ein Interpretationsspielraum eröffnet werden, der bei einer lebenslangen Freiheitsstrafe nicht zu rechtfertigen ist. Weiterhin könnte die Annahme eines unbenannten schweren Falles zu Rechtsunsicherheiten und

---

10 *Rüping*, JZ 1979, 617 (621).

11 *Rüping*, JZ 1979, 617 (619).

12 *Eser*, Abgrenzung Mord und Totschlag – 53. dt. Juristentag, 171–182, der zudem eine Kombination mit einem Privilegierungsmodell vorschlägt. Ähnliches Konzept mit eigenem Vorschlag: *Kubik/Zimmermann*, StV 2013, 582 (586ff.).

13 *Beckmann*, GA 1981, 337 (360).

14 *Thomas*, Geschichte des Mordparagraphen, 1985, 333ff.

15 *Jähnke*, MDR 1980, 705 (706).

Rechtsunklarheiten führen.[16] Die Reformvorschläge beinhalten eine Vielzahl neuer Probleme.

III Arbeitsentwurf Bundesjustizministerium

In einem Arbeitsentwurf des Bundesjustizministeriums vom 21.3.2001 wurden folgende Regelungen vorgeschlagen:[17]

a) *§ 211 wird aufgehoben.*
b) *§ 212 wird wie folgt gefasst:*

§ 212
Totschlag

(1) *Wer einen anderen Menschen tötet, wird mit Freiheitsstrafe nicht unter fünf Jahren bestraft.*
(2) *In besonders schweren Fällen ist auf lebenslange Freiheitsstrafe zu erkennen. In minder schweren Fällen ist die Strafe Freiheitsstrafe von einem Jahr bis zu zehn Jahren.*

c) *§ 213 wird durch folgende Vorschrift ersetzt.*

§ 213
Mord

(1) *Wer einen anderen Menschen*

1. *aus Mordlust, zur Befriedigung des Geschlechtstriebs, aus Habgier oder sonst niedrigen Beweggründen,*
2. *heimtückisch, grausam oder mit gemeingefährlichen Mitteln oder*
3. *in der Absicht, eine andere Straftat zu ermöglichen oder zu verdecken, tötet, wird mit lebenslanger Freiheitsstrafe bestraft.*

(2) *Liegen bei einer heimtückischen Tötung besondere Umstände vor, welche die Schuld des Täters erheblich mindern, so ist auf Freiheitsstrafe nicht unter fünf Jahren zu erkennen.*

d) *§ 214 erhält den Wortlaut des bisherigen § 216.*

---

16 *Sotelsek*, Zur Quantifizierung von Unrecht und Schuld bei vorsätzlichen Tötungsdelikten, 2012, 223.

17 Abgedruckt bei: *Otto*, Jura 2003, 612 (622).

Der Arbeitsentwurf wurde in der strafrechtlichen Literatur kaum diskutiert und nach der 14. Wahlperiode auch nicht mehr verfolgt.[18] In erster Linie handelt es sich nur um eine sprachliche Änderung. Einzig in § 213 II – E wird ein Strafmilderungsgrund für das Mordmerkmal der Heimtücke normiert, was der Rechtsfolgenlösung des Großen Senats entspricht.[19] Eine Änderung des tatbestandlichen Regelungsgehaltes sieht der Arbeitsentwurf nicht vor, sodass es sich um eine überflüssige Wortlautveränderung handelt. Ob dies der Grund war, weshalb der Arbeitsentwurf nicht weiterverfolgt wurde, ist spekulativ.

IV Reformvorschlag Alternativentwurf-Leben

Ein aus Strafrechtswissenschaftlern bestehender Arbeitskreis stellte 2008 einen Alternativentwurf-Leben vor, der im Jahr 2014 aktualisiert wurde.[20] Der Alternativentwurf-Leben stellt einen der umfangreichsten Vorschläge dar. Der bestehende dreistufige Aufbau der §§ 211–213 StGB wird im Rahmen des Entwurfs durch eine zweistufige Konzeption mit drei Strafrahmen ersetzt. „Mord" ist der Grundtatbestand (§ 211 AE), „Totschlag" (§ 212 AE) stellt eine Privilegierung dar. Der „Normalfall" der nichtprivilegierten Tötung gem. § 211 I AE wird mit 5 bis 15 Jahren bestraft und ist dem jetzigen § 212 I StGB angeglichen. Erst bei Vorliegen von regelbeispielhaften Strafschärfungsgründen (§ 211 II AE) – in denen sich das erhöhte Unrecht widerspiegelt –, wie der Tötung oder zusätzlichen Gefährdung mehrerer Menschen, Bandenmord, rassistischer Motivation, Töten um des Tötens willen, Sexualmord, Quälen, Absicht/Mutwilligkeit, Ermöglichungs-/Verdeckungsabsicht und wirtschaftlicher Motive, soll eine Verurteilung mit bis zu lebenslanger Freiheitsstrafe möglich sein.[21] Der Alternativentwurf-Leben wurde in Kommentaren und Festschriften diskutiert, fand aber nur wenig Resonanz.[22] Dies überrascht nicht. In tatbestandlicher Hinsicht werden nämlich die bestehenden Mordmerkmale Mordlust, Tötung zur Befriedigung des Geschlechtstriebes, Grausamkeit, Habgier und in geringerem Umfang auch die Tötung aus sonst niedrigen Beweggründen (rassistische Motive) lediglich unter neuem Namen unter der Etikettierung des Regelbeispiels als unwerterhöhendes

---

18 *Deckers/Fischer/König u.a.*, NStZ 2014, 9 (11).

19 *Otto*, Jura 2003, 612 (622).

20 *Höynck/Behnsen/Haug*, ZIS 2014, 102ff.

21 *Höynck/Behnsen/Haug*, ZIS 2014, 102 (103).

22 *Grünewald*, JA 2012, 401 (401); *Kreuzer*, in: FS-Schöch, 2010, 495 (502).

Merkmal beibehalten.[23] Insoweit liegt auch dem Entwurf des AE-Leben keine Neuerung oder Innovation zugrunde, die eine umgehende Umsetzung als zwingend aufdrängt. Zur grundsätzlichen Kritik an der Ausgestaltung von Mordmerkmalen in einer Regelbeispielsystematik wurde bereits Stellung genommen.

V Reformvorschlag des Bundeslandes Schleswig-Holstein

Einen weiteren Vorstoß wagte mit Antrag vom 14.3.2014 das Bundesland Schleswig-Holstein und legte dem Bundesrat den Entwurf eines Gesetzes zur Änderung des Strafgesetzbuches zur Bereinigung der §§ 211 ff. StGB vor. Der Antrag sah vor, die §§ 211, 212, 213 StGB redaktionell dahin gehend zu überarbeiten, dass die bisherigen Absätze des § 211 StGB zu einem Absatz zusammengefasst werden, die Formulierung „Mörder ist …" gestrichen wird und die aufgeführten Mordmerkmale sprachlich unverändert zu Modalitäten der Tathandlung werden.[24] In § 212 StGB sollten die Wörter „ohne Mörder zu sein" und „als Totschläger" gestrichen werden, da diese nach allgemeiner Auffassung inhaltlich bedeutungslos seien. Insoweit liegt eine rein sprachliche Korrektur vor.

VI Reformvorschlag des Deutschen Anwaltvereins

Einen radikalen Vorschlag zur Reform der Tötungsdelikte machte – ebenfalls im Jahr 2014 – der Deutsche Anwaltverein (DAV). Der Vorschlag sieht vor, §§ 211, 57a I 1 Nr. 2 StGB vollständig zu streichen und §§ 212, 213 StGB neu zu fassen.[25] § 212 soll danach lauten: „*Wer einen Menschen tötet, wird mit einer Freiheitsstrafe nicht unter fünf Jahren oder mit lebenslanger Freiheitsstrafe bestraft.*" § 213 soll den minder schweren Fall betreffen und wie folgt lauten: „*Im minder schweren Fall der Tötung ist die Freiheitsstrafe ein bis 10 Jahre.*"

Dieser Vorschlag verzichtet auf eine begriffliche Unterscheidung zwischen Mord und Totschlag, auch eröffnet er zu § 212 StGB nur noch die bloße Möglichkeit, die lebenslange Freiheitsstrafe zu verhängen. Dies würde letztlich eine Abkehr von dieser Sanktion zur Folge haben.[26] „Der Richter ist im Allgemeinen milder als der Gesetzgeber und neigt bisweilen dazu, der schwersten Strafe auch in den Fällen möglichst auszuweichen, in denen sie der Gesetzgeber angewandt wissen wollte. Diese Neigung ist umso größer, je höher die gesetzliche

---

23 *Mrosk*, Die Reform des Tötungsstrafrechts, 2015, 51.

24 BR-Plenarprotokoll 920, S. 30f. – 14.3.2014; BR-Drs. 54/14.

25 Stellungnahme des Deutschen Anwaltvereins durch den Ausschuss Strafrecht zur Reform der Tötungsdelikte Mord und Totschlag; §§ 211, 212, 213 StGB, 2014, 3.

26 *Bausback*, DRiZ 2014, 249; *Mitsch*, JR 2015, 122 (129).

Mindeststrafe ist."[27] Selbst verwerflichste Tötungen würden danach überwiegend mit einer zeitigen Freiheitsstrafe geahndet werden.[28] Ferner werden sämtliche Probleme des Tatbestandes – nämlich die Ausgestaltung unrechtserhöhender Merkmale – auf die Ebene der Strafzumessung verschoben. An welchen straferhöhenden Kriterien im Rahmen der Strafzumessung die vorgeschlagene lebenslange Freiheitsstrafe zu bemessen sein soll, verrät die Stellungnahme des DAV nicht. Das Fehlen jeglicher inhaltlicher Festlegungen lässt bereits Zweifel an der Gesetzesbestimmtheit aufkommen.[29] Nach dem Vorschlag des DAV soll es der Praxis vorbehalten bleiben, entsprechende Fallgruppen zu entwickeln, welche sich zunächst an den bisherigen Mordmerkmalen orientieren sollen.[30] Dadurch werden jedoch die Mordmerkmale durch die Hintertür wieder eingeführt. Das Ausmaß einer Sanktion wäre danach nicht mehr zu prognostizieren.[31] Dieser Vorschlag führt zu Rechtsunsicherheiten über mehrere Jahrzehnte. Einzelne, neu gebildete Fallgruppen könnten im Zweifel erst durch eine Revision zum BGH endgültig angenommen oder abgelehnt werden. Es würde zu einem nicht hinzunehmenden Zustand der schwebenden (Un-)Wirksamkeit von Strafzumessungserwägungen kommen.[32]

VII Reformvorschlag Walter

Eine umfangreiche Neufassung der Normen des Tötungsstrafrechts nimmt *Walter* in seinem Vorschlag von 2014 vor.[33]

§ 211 Totschlag.

(1) *Wer einen anderen tötet, wird mit Freiheitsstrafe nicht unter fünf Jahren bestraft.*

(2) [1]*In minder schweren Fällen ist auf Freiheitsstrafe von zwei Jahren bis zu zehn Jahren zu erkennen.* [2]*Ein minder schwerer Fall liegt in der Regel vor, wenn sich der Täter durch eine verständliche Gefühlsaufwallung zur Tat hat hinreißen lassen, namentlich durch Zorn nach einer schweren, unverschuldeten Provokation.* [3]*Gleiches gilt, wenn der Täter zum vermeintlich Besten des Opfers handelt, namentlich aus Mitleid, und wenn das Opfer ihn oder ihm nahestehende Menschen seit geraumer Zeit körperlich misshandelt und er keinen anderen Weg erkennt, künftige Misshandlungen zu verhindern.*

---

27 BVerfG 45, 187 (261).

28 *Mrosk*, Die Reform des Tötungsstrafrechts, 2015, 57.

29 *Krehl*, ZRP 2014, 98 (99).

30 *Deckers/Fischer/König u.a.*, NStZ 2014, 9 (16).

31 *Eser*, AnwBl 2014, 877 (881).

32 *Mrosk*, Die Reform des Tötungsstrafrechts, 2015, 58.

33 *Walter*, NStZ 2014, 368 (374).

§ 212 Mord.

(1) [1]*Mit Freiheitsstrafe nicht unter fünfzehn Jahren wird bestraft, wer einen anderen qualvoll tötet, mit gemeingefährlichen Mitteln oder indem er ausnutzt, dass der andere ihm besonders vertraut.* [2]*Liegt zugleich ein Umstand vor, den § 211 Absatz 2 Sätze 2 und 3 nennen, ist die Strafe Freiheitsstrafe nicht unter fünf Jahren.*

(2) [1]*Mit Freiheitsstrafe nicht unter fünfzehn Jahren wird ferner bestraft, wer einen anderen um eines geldwerten Vorteils willen tötet, um eine andere Straftat zu ermöglichen, aus Freude an der Gewalt oder dem Leid des Opfers, aus Langeweile oder um seine sexuelle Lust oder die eines Dritten zu befriedigen.* [2]*Gleiches gilt, wenn der Täter einen anderen wegen dessen Geschlecht tötet, wegen dessen Herkunft oder Abstammung oder wegen dessen religiöser oder politischer Anschauung oder Zugehörigkeit.*

Positiv hervorzuheben ist, dass *Walter* konkrete, schärfende Tatbestandsmerkmale nennt. Diese erinnern jedoch stark an die bereits bekannten Mordmerkmale Habgier, Ermöglichungsabsicht, grausam, gemeingefährliche Mittel, Heimtücke (soweit die Ausnutzung eines Vertrauensverhältnisses verlangt wird), Mordlust, Tötung zur Befriedigung des Geschlechtstriebes und auch die sonst niederen Beweggründe (jedoch begrenzt auf Tötungen aufgrund des Geschlechts, Herkunft, Abstammung und religiöser oder politischer Anschauungen sowie Zugehörigkeiten). Die Mordmerkmale der geltenden Fassung erscheinen überwiegend in einem neuen Gewand. Dafür wird auf die tückische Vorgehensweise und die Verdeckungsabsicht verzichtet. Auch die sonst niedrigen Beweggründe werden kupiert auf eng begrenzte Einzelfälle. Hierdurch können erhebliche Lücken entstehen, welche trotz Verwerflichkeit der Tat nur noch als Totschlag bestraft werden könnten. Ferner kehrt *Walter* von der zwingend zu verhängenden lebenslangen Freiheitsstrafe ab. Auf Tatbestandsebene wird im Wesentlichen durch neue Formulierungen auf Bewährtes zurückgegriffen.

VIII Reformvorschlag Grünewald

Eine reine Privilegierungslösung vertritt *Grünewald* und erarbeitete im Jahr 2016 einen eigenen Reformvorschlag:[34]

§ 211 E Mord
Wer einen anderen Menschen tötet, wird mit lebenslanger Freiheitsstrafe bestraft oder mit Freiheitsstrafe nicht unter acht Jahren.
§ 212 E Totschlag
Wurde dem Täter oder einem seiner Angehörigen (alternativ: einer ihm nahe stehenden Person) ohne eigenes Zutun vom Getöteten eine schwere Beleidigung, Misshandlung oder

34 *Grünewald*, Reform der Tötungsdelikte, 2016, 57 (nachfolgender Entwurfstext entstammte der Schrift).

andere Rechtsverletzung zugefügt und er hierdurch unmittelbar zur Tat veranlasst, so ist die Strafe Freiheitsstrafe von zwei bis zu zehn Jahren.

Die lebenslange Freiheitsstrafe sei an erster Stelle aufgeführt, um aufzuzeigen, dass sie grundsätzlich die angemessene Strafe einer vorsätzlichen Tötung sei.[35] Es bleibt aber fraglich, welche Umstände Ausnahmen von diesem Grundsatz rechtfertigen, um zu einer zeitigen Freiheitsstrafe zu gelangen, aber noch keine Privilegierung im Sinne des § 212 E darstellen. Ferner drängt sich der Gedanke auf, es könnte sich bei der zeitigen Freiheitsstrafe aus § 211 E um die Annahme eines minder schweren Falls des Mordes handeln.

Der Gedanke einer Privilegierung zum Totschlag ist nicht neu.[36] Positiv hervorzuheben ist, dass der Privilegierungstatbestand nicht in Fällen verminderter Schuld, einer Affekttat oder sittlich-moralischer Verfehlungen eingreifen soll,[37] sondern davon abhängig ist, dass das getötete Opfer zuvor in geschützte Rechte des Täters eingriff.[38] Eine Ausgestaltung der Abgrenzung von Mord und Totschlag nach den Verantwortungssphären ist akademisch interessant, weil sie von einem völlig anderen Denkansatz ausgeht.[39] Einzig die Praktikabilität ist zweifelhaft. Die Abgrenzung nach den Verantwortungsbereichen und die Formulierung „oder andere Rechtsverletzung" eröffnet zudem eine Vielzahl von möglichen Fallgestaltungen, die eine ausufernde Anwendung befürchten lassen könnten.

C Umsetzung von Reformvorschlägen im Referentenentwurf

Der Referentenentwurf bricht die bisherige Dogmatik der vorsätzlichen Tötungsdelikte auf. Der Mord wird nunmehr als Qualifikation zum Totschlag ausgestaltet und dementsprechend nach dem Totschlag als Grundtatbestand aufgeführt. Hierdurch wird der Meinungsstreit zwischen Rechtsprechung und Literatur, in welchem Verhältnis die Normen stehen, obsolet. Auch Folgeprobleme um § 28 I und II StGB erübrigen sich. Ferner wird das System der strengen, absoluten Strafandrohung der lebenslangen Freiheitsstrafe bei Vorliegen eines Mordmerkmals durch die Eröffnung einer Strafmilderung nach § 212 II Ref-E durchbrochen. Mithin soll es also eine Mordtat geben können, welche nach Betrachtung der Tatumstände weniger schwer wiegt.

---

35 *Grünewald*, Reform der Tötungsdelikte, 2016, 59.

36 *Eser*, AnwBl 2014, 877 (879).

37 *Grünewald*, Reform der Tötungsdelikte, 2016, 58, 59, 61.

38 *Grünewald*, Reform der Tötungsdelikte, 2016, 40ff.

39 Mit ähnlichem Ansatz bereits: *Müssig*, Mord und Totschlag, 2005, 129, 168, 262ff.

Die Verfasser des Referentenentwurfes hatten die Möglichkeit, sich zwischen einem Tatbestandsmodell, einem Strafzumessungsmodell, einem Privilegierungsmodell oder einer Kombination aus verschiedenen Modellen zu entscheiden. Von diesen möglichen Ansätzen wurde konsequent kein Gebrauch gemacht. Der Referentenentwurf verändert teilweise in Wortlaut, teilweise in Ausgestaltung oder auch nur in tatbestandlicher Anordnung bestehende Mordmerkmale. Er eröffnet ferner für Totschlag und Mord einen einheitlichen Strafmilderungstatbestand, mit dem Ergebnis, dass sich Mordmerkmale und Strafmilderung in ihren Voraussetzungen widersprechen.[40]

D Inhaltliche Ausgestaltung des Referentenentwurfs

Der Referentenentwurf zeigt teilweise Kreativität in der Formulierung neuer Tatbestands- bzw. Qualifikationsmerkmale, die im Folgenden näher betrachtet werden:

I Objektive Mordmerkmale

1 Wehrlosigkeit

Das objektive Mordmerkmal der Wehrlosigkeit ist ein rudimentärer Rest der Heimtücke, welche als das Ausnutzen der auf Arglosigkeit beruhenden Wehrlosigkeit definiert wird. Wehrlos ist das Opfer, wenn es nicht oder nur eingeschränkt imstande ist, sich zu verteidigen.[41] Durch den Verzicht auf das einschränkende Kriterium der Arglosigkeit wird der Tatbestand des Mordes ausgeweitet.

Hierdurch wird jedoch ein Ziel der Reform verfehlt. Von den Befürwortern der Reform wurde die Sanktionsschere zwischen Mord (zwingend lebenslange Freiheitsstrafe) und Totschlag (Freiheitsstrafe von 5 bis 15 Jahren) im Einzelfall als ungerecht empfunden, insbesondere bei heimtückischen Tötungen eines sog. Haustyrannen.[42] Hierbei geht es im Kern darum, dass der gewalttätige Ehemann, der seine Frau jahrelang prügelt, misshandelt und sie irgendwann erschlägt, nicht wegen Mordes bestraft wird, weil er kein Mordmerkmal verwirklicht hat. Die über Jahre gepeinigte Ehefrau dagegen, die in ihrer Not keinen anderen Ausweg weiß, tötet ihrerseits ihren Peiniger. Sie ist jedoch dem Mann körperlich unterlegen und könnte in einer offenen Konfrontation mit dem

---

40 Hierzu „E. Widerspruch der Mordmerkmale zur Strafmilderung nach § 212 II Ref-E" der Ausarbeitung.

41 *Schneider*, in: MüKo-StGB, 2. Aufl. 2012, § 211 Rn. 175.

42 *Maas*, DRiZ 2014, 248; *Maas*, RuP 2014, 65 (66).

gewalttätigen Partner nicht bestehen. Sie tötet ihn deswegen im Schlaf oder mit Gift und mordet dadurch heimtückisch. Der Mann hätte wegen eines Totschlags eine zeitige Freiheitsstrafe zu erwarten, die Frau dagegen wäre wegen Mordes zu einer lebenslangen Freiheitsstrafe zu verurteilen.[43] Die Sanktionsfolge des § 211 StGB benachteilige auf diese Weise die physisch unterlegene Frau.[44] Selbst bei Anwendung des § 49 I Nr. 1 StGB bliebe sie als Mörderin stigmatisiert. Dies sei als reformbedürftig anzusehen.[45] Der beabsichtigte Schutz der gepeinigten Frau wird leider aus zwei Gründen verfehlt.

Die Tötung des Haustyrannen stellt zum einen auch nach dem Referentenentwurf einen Mord dar. Die jahrelang gequälte und misshandelte Frau, die ihren Mann mit Gift oder im Schlaf tötet, tötet eine wehrlose Person und verwirklicht damit ein Mordmerkmal. Die Tötung des Haustyrannen wird nicht zum Totschlag „herabgestuft". Die Frau wäre weiterhin als Mörderin zu bestrafen und als eine solche stigmatisiert.

Die Zielsetzung der Reform wird aber auch aus einem zweiten Grund verfehlt. Nach geltender Rechtsprechung wäre im genannten Haustyrannenfall eine Strafmilderung über § 49 StGB möglich, was eine Mindeststrafe von 3 Jahren eröffnet. Nach dem Referentenentwurf lägen zwar über § 212 II Ref-E besondere Umstände vor, welche den Strafrahmen verschieben. Die Freiheitsstrafe läge danach jedoch bei mindestens 5 Jahren. Die gepeinigte Frau würde unter Anwendung des § 212 II Ref-E danach höher bestraft werden, als nach dem aktuell bestehenden Recht. Von der beabsichtigten „Privilegierung" der gepeinigten Frauen[46] ist im Ergebnis nichts geblieben. Im Gegenteil. Die zu erwartende Sanktion fiele schwerer aus.

2 *Grausam*

Das Merkmal „grausam" scheint der Referentenentwurf ohne Änderungen aus der bestehenden Rechtslage übernommen zu haben. Grausam tötet nach bisheriger Auslegung, wer sein Opfer in gefühlloser, unbarmherziger Gesinnung Schmerzen oder Qualen körperlicher oder seelischer Art zufügt, die nach Stärke

---

43 *Maas*, RuP 2014, 65 (66); http://www.bmjv.de/SharedDocs/Reden/DE/2014/20140520_Expertengruppe_Toetungsdelikte.html?nn=1468700, abgerufen am 13.6.2015;

44 *Maas*, DRiZ 2015, 248.

45 *Maas*, RuP 2014, 65 (66); *Deckers/Fischer/König u.a.*, NStZ 2014, 9 (15).

46 *Maas*, DRiZ 2014, 248; *Maas*, RuP 2014, 65 (66).

oder Dauer über das für eine Tötung erforderliche Maß hinausgehen.[47] Der bisher nicht veröffentlichte Referentenentwurf wird klarstellen, ob darunter weiterhin dasselbe zu verstehen ist oder eine Abkehr jeglicher subjektiver Komponente erfolgen soll. Letzteres würde den Anwendungsbereich erweitern.

3 Gefahr des Todes eines weiteren Menschen

Der Referentenentwurf sieht vor, dass es als unwerterhöhend anzusehen sei, wenn der Täter einen Menschen tötet und gleichzeitig wenigstens einen weiteren Menschen in die Gefahr des Todes bringt. Die Gefährdung zusätzlicher Menschen findet sich bereits als Strafschärfungsgrund im AE-Leben[48] und im Reformvorschlag von *Kubik/Zimmermann*[49]. Die Formulierung des Referentenentwurfs hinsichtlich der „Gefahr des Todes" entspricht dem Wortlaut der §§ 176a V, 250 II Nr. 3b) und 306b II Nr. 1 StGB. Danach muss es sich um eine konkrete Gefahr handeln,[50] die vorsätzlich herbeigeführt wurde.[51]

Dieses neue Mordmerkmal ist wohl das Pendant zu dem bereits bestehenden Mordmerkmal der Tötung „mit gemeingefährlichen Mitteln". Ein Mittel ist gemeingefährlich, wenn es eine Gefahr für eine unbestimmte Anzahl an Menschen mit sich bringt und der Täter das Mittel nicht beherrscht bzw. nicht in seiner Gewalt hat.[52] Diese Definition ist weiter gefasst, als die der Todesgefahr. Während die Todesgefahr eine konkrete Gefahr verlangt,[53] reicht es nach der bisherigen Regelung aus, wenn das freigesetzte Mittel unkontrollierbar ist.[54] Die Formulierung des Referentenentwurfs schränkt insoweit die Tatbestandsmäßigkeit des Mordes ein.

II Subjektive Mordmerkmale

In subjektiver Hinsicht soll mit lebenslanger Freiheitsstrafe bestraft werden, wer aus besonders verwerflichen Motiven vorgeht. Hierbei handelt es sich um eine

---

47 *Eisele*, StrafR BT I, 2. Aufl. 2012, Rn. 109; Joecks, StGB, 11. Aufl. 2014, § 211 Rn. 24.

48 *Heine/Höpfel/Huber u.a.*, GA 155 (2008), 193 (212); *Höynck/Behnsen/Haug*, ZIS 2014, 102 (103).

49 *Kubik/Zimmermann*, StV 2013, 582 (588).

50 *Kindhäuser*, LPK-StGB, 7. Aufl. 2017, § 176a Rn. 9, § 250 Rn. 27, § 306b Rn. 5.

51 *Kudlich*, in: SSW-StGB, 3. Aufl. 2016, § 250 Rn. 25; *Wolters*, in: SSW-StGB, 3. Aufl. 2016, § 306b Rn. 8.

52 *Lackner/Kühl*, StGB, 28. Aufl. 2014, § 211 Rn. 11.

53 Gesamtschau der Normen: §§ 176a V, 250 II Nr. 3b) und 306b II Nr. 1 StGB.

54 *Kindhäuser*, LPK-StGB, 7. Aufl. 2017, § 211 Rn. 26.

Motivgeneralklausel. Konkretisiert wird die Motivgeneralklausel – wie aus der bisherigen Regelung bekannt – durch die Mordmerkmale der Mordlust, der Befriedigung des Geschlechtstriebs, der Habgier, der Ermöglichung oder Verdeckung einer Straftat und menschenverachtenden Beweggründen. Diese bleiben ohne sprachliche und (wohl) inhaltliche Änderungen unangetastet.

Neu ist das Merkmal der „menschenverachtenden Beweggründe", welche sich wegen des Klammerzusatzes explizit aus § 46 II 2 StGB ergeben sollen. Damit werden Erwägungen aus dem Strafzumessungsrecht leitende Merkmale für die Tatbestandsmäßigkeit eines Mordmerkmals. Neben den ausdrücklich genannten rassistischen und fremdenfeindlichen Motiven dürfte auch die Tötung aus religiösen, antisemitischen, sexuellen Beweggründen und Gründen des gesellschaftlichen Status als besonders verwerfliche Beweggründe anzusehen sein. Diese Beweggründe sind jedoch bereits nach bisherigem Recht als niedrig anzusehen.[55] Die bisherige Formulierung des sonst niedrigen Beweggrundes wird daher lediglich durch eine Umformulierung ersetzt. Eine Änderung des Regelungsinhalts erfolgt nicht, auch ist kein Nutzen einer rein sprachlichen Umgestaltung erkennbar. Sie erscheint daher überflüssig. Die (nicht veröffentlichte) Begründung des Referentenentwurfes wird hierzu sicherlich Stellung nehmen und den praktischen Nutzen der Neuformulierung erläutern.

E Widerspruch der Mordmerkmale zur Strafmilderung nach § 212 II Ref-E

Grundsätzlich soll bei Vorliegen eines Mordmerkmals auf lebenslange Freiheitsstrafe erkannt werden. Liegen indes besondere Umstände vor, nach denen das Unrecht der Tat oder die Schuld des Täters erheblich in einem milderen Licht erscheint, wird die Mindeststrafe auf fünf Jahre abgesenkt. Solche besonderen Umstände sollen unter anderem vorliegen, wenn der Täter „aus Verzweiflung handelt, um sich oder einen ihm nahe stehenden Menschen aus einer ausweglos erscheinenden Konfliktlage zu befreien, oder ohne eigene Schuld durch eine ihm oder einem ihm nahe stehenden Menschen zugefügte schwere Beleidigung, Misshandlung oder sonstige Rechtsverletzung zum Zorn gereizt oder in eine vergleichbar heftige Gemütsbewegung versetzt und dadurch unmittelbar zur Tat veranlasst worden ist". Die Strafmilderung nach § 212 II Ref-E erstreckt sich auf die gesamte Tat und damit auf alle Mordmerkmale des § 212 I Ref-E. Dies führt jedoch zu erheblichen Widersprüchen. Nach dem bisherigen Verständnis der

55 *Neumann/Saliger*, in: NK-StGB, 5. Aufl. 2017, § 211 Rn. 30–43.

Merkmale Grausamkeit, Mordlust, Befriedigung des Geschlechtstriebs, Habgier, Verdeckungs- und Ermöglichungsabsicht ist es nämlich nicht möglich, dass eine verwerfliche Mordtat vorliegt und gleichzeitig nicht vorliegt.

I Grausam

Es erscheint äußerst widersprüchlich und ist kaum nachvollziehbar, wie es möglich sein soll, dass ein Täter in gefühlloser, unbarmherziger Gesinnung handelt und seinem Opfer Schmerzen oder Qualen körperlicher oder seelischer Art zufügt, die nach Stärke oder Dauer über das für eine Tötung erforderliche Maß hinausgehen und er zugleich „ohne eigene Schuld durch eine … schwere Beleidigung, Misshandlung oder sonstige Rechtsverletzung zum Zorn gereizt oder in eine vergleichbar heftige Gemütsbewegung versetzt und dadurch unmittelbar zur Tat veranlasst worden" sein kann. Lägen nämlich die Voraussetzungen der Strafmilderung vor, so wäre das Handeln in gefühlloser, unbarmherziger Gesinnung zu verneinen. Sind aber die Voraussetzungen eines Mordmerkmals zu verneinen, so ist wegen Totschlags zu bestrafen und nicht die Strafe wegen Mordes im Nachhinein zu mildern. Es ist daher nicht möglich, dass die Tatbestandsmäßigkeit des Merkmals „grausam" und gleichzeitig die Voraussetzungen der Strafmilderung nach § 212 II 2 Nr. 2 Ref-E vorliegen; es sei denn, das Mordmerkmal „grausam" soll nach dem Entwurf zukünftig ohne jegliche subjektive Komponente ausgelegt werden.

II Mordlust

Nichts anderes gilt für das subjektive Mordmerkmal der Mordlust. Handelt der Täter aus Mordlust, kommt es ihm darauf an, einen Menschen sterben zu sehen.[56] Weitere Gründe können Mutwillen, Angeberei, purer Zeitvertreib, nervliche Stimulans, die Tötung „aus sportlichem Vergnügen heraus" oder die Freude am Töten sein.[57] Es ist widersprüchlich und nicht nachvollziehbar, wie der Referentenentwurf davon ausgehen kann, dass trotz Vorliegens der Voraussetzungen der Mordlust der Täter dennoch aus Verzweiflung gehandelt haben könnte oder eine ausweglose Lage für ihn vorgelegen habe oder, dass der Spaß am Töten aufgekommen sei, weil er schwer beleidigt oder misshandelt worden ist. Beides kann nicht gleichzeitig gegeben sein. Wiederum würde das Vorliegen

---

56 *Rengier*, BT II, 16. Aufl. 2015, § 4 Rn. 11.

57 *Eisele*, BT I, 2. Aufl. 2012, Rn. 80.

der Voraussetzungen der Strafmilderung dazu führen, dass das Handeln aus Mordlust auszuschließen ist und der Täter wegen Totschlags zu verurteilen wäre.

III Befriedigung des Geschlechtstriebs

Abstrus wird die Vermutung des Referentenentwurfs, dass ein Täter zur Befriedigung des Geschlechtstriebes handelt und dennoch eine Strafmilderung nach § 212 II 2 Ref-E eröffnet sein kann. Zur Befriedigung des Geschlechtstriebs tötet, wer das Töten als Mittel zur geschlechtlichen Befriedigung einsetzt.[58] Hierbei werden im Wesentlichen drei Fallgruppen unterschieden:[59]

- Der Täter ist schon durch den Tötungsakt selbst befriedigt.
- Der Täter tötet, um seine Geschlechtslust an der Leiche zu befriedigen.
- Der Täter wendet im Interesse eines ungestörten Geschlechtsgenusses Gewalt an und nimmt es als mögliche Folge in Kauf, dass das Opfer stirbt.

Bei der Tötung zur Befriedigung des Geschlechtstriebs steht die Geschlechtslust des Täters im Vordergrund, welcher er um jeden Preis nachkommen will. Er kann daher denklogisch nicht aus Verzweiflung handeln, um sich oder einen ihm nahe stehenden Menschen aus einer ausweglos erscheinenden Konfliktlage zu befreien. Welche Vorstellungen dem Referentenentwurf zugrunde lagen, kann ohne dessen Veröffentlichung nicht nachvollzogen werden.

IV Habgier

Unter Habgier wird das gesteigerte Gewinnstreben um jeden Preis, auch um den Preis eines Menschenlebens, verstanden.[60] Eine Vermögensmehrung ist nicht erforderlich. Es genügt, wenn Aufwendungen eingespart werden.[61] In Fällen eines Motivbündels muss das Motiv der Habgier bewusstseinsdominant gewesen sein.[62]

Ein zweifelhafter, aber denkbarer Anwendungsfall für die Milderung nach § 212 II 2 Nr. 1 Ref-E wäre, wenn der Täter oder eine ihm nahestehende Person

58 *Krey/Heinrich/Hellmann*, BT 1, 15. Aufl. 2012, Rn. 60; *Rössner/Wenkel*, in: NK-GS, 3. Aufl. 2013, § 211 Rn. 23; Lackner/Kühl, StGB, 28. Aufl. 2014, § 211 Rn. 4.

59 *Krey/Heinrich/Hellmann*, BT 1, 15. Aufl. 2012, Rn. 60; *Joecks*, StGB, 11. Aufl. 2014, § 211 Rn. 13; *Neumann/Saliger*, in: NK-StGB, 5. Aufl. 2017, § 211 Rn. 11; BGHSt 50 (80).

60 *Rengier*, BT II, 16. Aufl. 2015, § 4 Rn. 13.

61 *Eisele*, BT I, 2. Aufl. 2012, Rn. 86.

62 *Joecks*, StGB, 11. Aufl. 2014, § 211 Rn. 17; *Rössel/Wenkel*, in: NK-GS, 3. Aufl. 2013, § 211 Rn. 26.

existenzbedrohend verschuldet ist und der Täter einen Menschen tötet, um hierdurch selbst oder die ihm nahestehende Person in den Genuss einer Erbschaft zu bringen, mit welcher die Verschuldung ausgeglichen werden kann. Sind danach aber die Milderungsgründe nach § 212 II 2 Nr. 2 Ref-E leitend, entfällt wiederum ein Mordmerkmal, diesmal das der Habgier. Es wäre danach wiederum wegen Totschlags zu bestrafen.

V Verdeckungs- und Ermöglichungsabsicht

Die Widersprüchlichkeit zwischen subjektivem Mordmerkmal und Strafmilderung des Referentenentwurfs wird bei den Mordmerkmalen der Verdeckungs- und Ermöglichungsabsicht besonders deutlich. Nach bisherigem Verständnis stellt die Ermöglichungs- bzw. Verdeckungsabsicht auf die Verwerflichkeit des deliktischen Motivs der Tötung ab. Die Tötung muss nach Ansicht des Täters auf eine ‚andere Straftat' bezogen sein.[63] Die andere Tat kann sowohl eine des Täters selbst, als auch die eines Dritten sein; sie muss auch keine selbstständige Tat i.S.d. § 264 StPO darstellen. Zwingend ist, dass es sich um eine strafbare Handlung gemäß § 11 I Nr. 5 StGB handelt. Denkt der Täter, eine bloße Ordnungswidrigkeit zu verdecken oder zu ermöglichen, ist dies nicht ausreichend.[64] Das Verwerfliche der Ermöglichungsabsicht liegt darin, dass die Tötung zur Begehung weiteren kriminellen Unrechts dient.[65] Weiteres Unrecht soll durch die Tötung ermöglicht oder erleichtert werden. Töten in Verdeckungsabsicht beschreibt eine Handlung, durch die der Täter eine Bestrafung zu vereiteln sucht. Er will bedeutende Tatumstände, wie u.a. Beteiligung an der Tat, Motive, Verbleib von Tatbeute verdecken, welche bei näherer Untersuchung ermittelt werden könnten.[66]

Wiederum schwer nachvollziehbar verhält sich hierzu die Strafmilderung nach § 212 II Ref-E. Danach lägen die Voraussetzungen der Strafminderung vor, wenn beispielsweise ein Dieb einen Wohnungseinbruchsdiebstahl begeht, vom Hausherren ertappt und schwer beleidigt wird und der Dieb den Hausherren aufgrund der schweren Beleidigung tötet und gleichzeitig hofft,[67] hierdurch der Bestrafung zu entgehen, ohne dass aufgeklärt werden kann, welches Motiv überwiegt. Wie in den obigen Ausführungen aufgezeigt, kann jedoch nicht

63 *Neumann/Saliger*, in: NK-StGB, 5. Aufl. 2017, § 211 Rn. 91.

64 *Lackner/Kühl*, StGB, 28. Aufl. 2014, § 211 Rn. 12.

65 *Schneider*, in: MüKo-StGB, 2. Aufl. 2012, § 211 Rn. 250.

66 *Küper*, JZ 1995, 1158 (1159).

67 Vgl. § 212 II 2 Nr. 2 Ref-E.

gleichzeitig die Tatbestandsmäßigkeit des Mordmerkmals und der Strafmilderung angenommen werden. Dies führt zwangsläufig dazu, dass das Mordmerkmal zu verneinen ist und wegen Totschlags zu bestrafen wäre.

VI Handeln aus menschenverachtenden Beweggründen

Eine Motivgeneralklausel stellt, wie bereits dargelegt, dass Handeln aus menschenverachtenden Beweggründen dar. An diesem Merkmal wird die Inkonsequenz der subjektiven Mordmerkmale besonders deutlich. Es ist denklogisch nicht nachvollziehbar, wie ein Täter gemäß § 46 II 2 StGB handeln kann (namentlich kommen in Betracht:

- die Beweggründe und die Ziele des Täters, besonders auch rassistische, fremdenfeindliche oder sonstige menschenverachtende,
- die Gesinnung, die aus der Tat spricht, und der bei der Tat aufgewendete Wille,
- das Maß der Pflichtwidrigkeit,
- die Art der Ausführung und die verschuldeten Auswirkungen der Tat,
- das Vorleben des Täters, seine persönlichen und wirtschaftlichen Verhältnisse sowie
- sein Verhalten nach der Tat, besonders sein Bemühen, den Schaden wiedergutzumachen, sowie das Bemühen des Täters, einen Ausgleich mit dem Verletzten zu erreichen)

und er gleichzeitig im Sinne des § 212 II 2 Ref-E aus Verzweiflung handelt, um sich oder einem ihm nahe stehenden Menschen aus einer ausweglos erscheinenden Konfliktlage zu befreien oder ohne eigene Schuld durch eine ihm oder einem ihm nahe stehenden Menschen zugefügte schwere Beleidigung, Misshandlung oder sonstige Rechtsverletzung zum Zorn gereizt oder in eine vergleichbar heftige Gemütsbewegung versetzt und dadurch unmittelbar zur Tat veranlasst worden ist. Es ist nicht verständlich, wie dies möglich sein soll.

VII Zwischenergebnis

Das Vorliegen der Mordmerkmale nach § 212 I Ref-E und die Annahme eines Strafmilderungsgrundes nach § 212 II Ref-E hängt zweifellos von der Würdigung des Einzelfalls ab. Liegen jedoch deren Voraussetzungen gleichzeitig vor, so führt dies – ausgehend vom bisherigen Verständnis der Mordmerkmale – stets dazu, dass auch die Tatbestandsmäßigkeit des jeweiligen Mordmerkmals abzulehnen wäre. Dies führt wiederum dazu, dass in derartigen Fallgestaltungen wegen Totschlages zu verurteilen wäre, weshalb § 212 II Ref-E leerlaufen würde. Schließlich gibt es für eine Strafmilderung keinen Anwendungsfall, wenn bereits der zugrunde liegende Tatbestand nicht erfüllt ist. Tatkonstellationen, die dem Referentenentwurf zugrunde lagen und nach denen ein Schuldspruch wegen Mordes ergehen sowie die Bestrafung aus dem Strafrahmen der Strafmilderung erfolgen soll, drängen sich nicht auf.

F Fazit

Der Referentenentwurf erscheint nur wenig durchdacht und ist letztlich missglückt. *Gerhold* fasst treffend zusammen, dass „sich der bisherige Zustand noch [verschlechtert], da die Neufassung in vielen Fällen zu einer drastischen und unbegründeten Strafrahmenerhöhung führt und gängigen Korrekturmechanismen einen Riegel vorschiebt. Die Auslegungsspielräume werden verengt, ein einheitliches Regelungskonzept liegt der Neuregelung nicht zugrunde. Im Ergebnis gilt daher: Lieber keine Reform als diese."[68]

Die Abgrenzung zwischen Mord und Totschlag sowie die Frage, welche Strafe für die gewollte Beendigung eines Lebens angemessen ist, ist nicht nur strafrechtlicher, sondern auch philosophischer Natur. Das Problem einer trennscharfen juristischen Begriffsbestimmung, was das eine vom anderen unterscheidet, ist nur schwer lösbar.[69] Gleiches gilt für eine als Recht empfundene Sanktion. Eine Vielzahl von Reformvorschlägen konnte sich nicht durchsetzen oder kam gar über akademische Ansätze nicht hinaus. Dies hat seinen Grund darin, dass mit der bestehenden Regelung die Gerichte einen Weg beschreiten können, der den weit überwiegenden Teil von besonders verwerflichen Tötungen zu erfassen und zu bestrafen vermag. Diesem Weg wird vom Gesetzgeber grundsätzlich Vertrauen entgegengebracht,[70] was wohl auch ein Grund dafür war, dass der Arbeitsentwurf des Bundesjustizministeriums von 2001 nicht weiterverfolgt wurde. Der Gesetzgeber hat dadurch zum Ausdruck gebracht, dass in der Praxis keine unerträgliche Situation besteht, welche die Legislative zum Handeln zwingt.[71] Die Rechtsprechung hat den Tatbestandsmerkmalen Kontur gegeben. Punkte, welche weiteren Diskussionsbedarf erforderlich machen, sind nur noch schwer auszumachen. Einzelne Fallkonstellationen mögen die Diskussion

---

68 *Gerhold*, NK 2016, 231 (240).

69 *Kubiciel*, Kölner Papier zur Kriminalpolitik, 6/2014, 8 – der seinerseits verweist auf: „*v. Liszt, in: Birkmeyer*, van Calker, von Liszt, Vergleichende Darstellung des deutschen und ausländischen Strafrechts, 5. Bd., 1905, S. 68"; *Mrosk*, Die Reform des Tötungsstrafrechts, 2015, 102.

70 *Hirsch*, in: FS-Rissing-van Saan, 2011, 219 (223).

71 *Höhne*, KJ 2014, 283 (287).

an einer Novellierung der Tötungsdelikte erneut aufleben lassen. Dann ist es aber verfrüht, sogleich den Gesetzgeber anzurufen und das geltende Recht als unbrauchbar abzutun, um es durch zweifelhafte Neuregelungen zu ersetzen, obwohl es weiter durchdrungen und ausgelegt werden kann.[72] Dies bedeutet nicht, dass man sich einer Reform des Tötungsstrafrechts per se verschließen soll. Jede Verbesserung ist wünschenswert, auch, wenn das Perfekte nicht zu erreichen ist.[73] Eine Novellierung darf aber erst dann ernsthaft ins Auge gefasst werden, wenn hierdurch eine Verbesserung der Rechtslage zum Greifen nah ist. Hierzu trägt der Referentenentwurf jedoch nicht bei.

72 *Jähnke*, MDR 1980, 705 (709).
73 *Grünwald*, AnwBl 2016, 608 (611).

Hartmut Schneider

Zur Rechtsstellung des Beschuldigten im Ermittlungsverfahren

Abstract: The author examines the rights of an accused person in the criminal investigation proceedings are in detail. Under alia are presented: the requirements status as an accused person, the consequences of a faulty accusation status attribution, the nature, content of necessity of instruction and a "qualified" instruction, the right to consult a defender. The article also refers to circumstances in which the law enforcement authorities have a duty to support the defendant's contact with a defender. The manner of the support action is also discussed. The consequences of a faulty instruction and possibly based problems of the exploitation of the accused are explained. The author sets further out how to differentiate the means regarding imprisoned and undetained defendants.

Keywords: criminal invesitigations, rights of the accused, defence lawyer

Der Beschuldigte ist die Zentralgestalt des strafprozessualen Ermittlungsverfahrens. In seiner Eigenschaft als Prozesssubjekt kann er auf den Gang der Ermittlungen Einfluss nehmen, indem er die ihm zustehenden Verfahrensrechte ausübt. Zugleich kann er als Adressat strafprozessualer Zwangsmaßnahmen Objekt der die Abschlussentscheidung der Staatsanwaltschaft vorbereitenden Untersuchungen sein. Ausgehend hiervon kann das Einrücken einer der Tatbeteiligung verdächtigen Person in den Status des Beschuldigten für diese sowohl positive Folgen haben als auch negative Konsequenzen nach sich ziehen.[1] Mit Blick auf das in § 136 Abs. 1 S. 2 StPO verankerte Schweigerecht kommt der Bestimmung des Beginns der Beschuldigteneigenschaft herausragende Bedeutung zu. Darüber hinaus erweist sich die Ausübung des ebenfalls in § 136 Abs. 1 S. 2 StPO normierten Anwaltskonsultationsrechts für eine effektive Ausgestaltung der Verteidigung als überaus bedeutsam.[2] Facetten beider Themenfelder werden im Folgenden abgehandelt.

1 Anschaulich hierzu BGHSt 51, 367(371 f); *Rogall*, FS Frisch, S. 1199 (1213 f.); *Schumann* GA 2010, 699 (712).

2 Siehe dazu insbesondere BGHSt 58, 301 (303 f., 308 f.).

I Zum Beginn der Beschuldigteneigenschaft

Die Frage nach den Kriterien für die Einordnung einer mit strafprozessualen Ermittlungsmaßnahmen überzogenen Person als Beschuldigter ist keineswegs akademischer Natur. Sie ist rechtspraktisch vor allem mit Blick auf die Vernehmung tatverdächtiger Auskunftspersonen relevant.[3] Da die Verwertbarkeit hierbei geäußerter selbstbelastender Umstände in aller Regel von der rechtlich zutreffenden Belehrung des Vernommenen entweder über sein beschuldigtentypisches vollumfängliches Recht zur Verweigerung der Einlassung oder aber über die gemeinhin nur punktuell wirkende und zudem glaubhaft zu machende zeugenspezifische Berechtigung zur Auskunftsverweigerung abhängt,[4] ist die Festlegung des Beginns der Beschuldigteneigenschaft nachgerade in solchen Verfahrenskonstellationen rechtlich belangvoll.

1 Der Begriff des Beschuldigten

Die höchstrichterliche Rechtsprechung bestimmt den gesetzlich nicht näher definierten Begriff des Beschuldigten sowohl mithilfe subjektiver als auch objektiver Kriterien. Sie sieht als Beschuldigten den Tatverdächtigen an, gegen den das Ermittlungsverfahren in dieser Eigenschaft betrieben wird. Im Ausgangspunkt ist in subjektiver Hinsicht ein personifizierter Verfolgungswille der Strafverfolgungsbehörden erforderlich; dieser muss sich in einem dahin gehenden Willensakt der Inkulpation aussagekräftig manifestieren.[5] Objektiver Bezugspunkt dieser Entschließung ist der gegen den Verfolgten sprechende Tatverdacht.[6]

a Tatverdacht

Der einen rechtlich tragfähigen Anlass für die Verfolgung einer bestimmten Person als Beschuldigter bietende Verdachtsgrad der Tatbeteiligung ist nicht derselbe, der nach § 152 Abs. 2 StPO für die Einleitung eines Ermittlungsverfahrens ausreicht. Während es für den Anfangsverdacht genügt, dass aufgrund zureichender tatsächlicher Anhaltspunkte unter Berücksichtigung kriminalistischer Erfahrung die Möglichkeit des Vorliegens einer Straftat besteht, verlangt

---

3 Eingehend BGHSt 51, 367 ff.; BGHSt 53, 112 (114); BGH NStZ 2008, 48 f.

4 Siehe dazu BGHSt 10, 8 (12 f.); BGHSt 51, 367 (371); BGH NStZ 2008, 48 f.; BGH NStZ 2015, 291 (292 f.).

5 BGHSt 51, 367 (370 f.); BGH NStZ 1997, 398; BGH NStZ 2008, 48; BGH NStZ 2015, 291 (2929); KK/StPO-Diemer § 136 Rn. 4; *Meyer-Goßner*/Schmitt Einl Rn. 76.

6 BGH NStZ 2015, 291 (292); KK/StPO-Diemer § 136 Rn. 4; SK/StPO-*Rogall* Vor § 133 ff. Rn. 14; *Geppert*, FS Schroeder, S. 675 (680).

der personenbezogene „Inkulpationsverdacht“ mehr.[7] Dies veranschaulichen die Vorschriften der §§ 55 und 60 Nr. 2 StPO.[8] Sie belegen, dass es Verdächtige gibt, die strafprozessual die Rolle des Zeugen einnehmen können. Daraus folgt, dass der „einfache“ Tatverdacht als solcher zur Begründung der Beschuldigtenstellung nicht ausreicht kann; denn in den von §§ 55, 60 Nr. 2 StPO erfassten Prozesskonstellationen sind die Strafverfolgungsbehörden gerade nicht gezwungen, die Vernehmung eines tatverdächtigen Zeugen abzubrechen, um diesen fortan als Beschuldigten zu verfolgen.[9] Hierzu besteht erst dann Anlass, wenn sich die Verdachtslage derart verdichtet hat, dass die vernommene Person in Ansehung der konkreten Verdachtsstärke ernstlich als Täter der untersuchten Straftat in Betracht kommt.[10] Dies einzuschätzen obliegt den Strafverfolgungsbehörden nach Maßgabe der Umstände des Einzelfalles. Dabei steht ihnen ein Beurteilungsspielraum zu.[11] Dessen Grenzen überschreiten sie erst dann, wenn sie trotz starken Tatverdachts nicht zur Beschuldigtenbelehrung einschließlich der dann gebotenen Belehrung über das Schweigerecht aus §§ 136 Abs. 1 S. 2, 163a Abs. 3 und 4 StPO übergehen.[12] Unterbleibt in solchen Fällen die Inkulpation, erweist sich das Vorgehen der Strafverfolgungsbehörden als rechtsfehlerhaft, weil es – jedenfalls nach Ansicht der Rechtsprechung – auf ein Aushöhlen der Beschuldigtenrechte hinausläuft.[13]

Fasst man die vorstehenden Überlegungen zusammen, so lässt sich der Unterschied zwischen dem sachbezogenen Anfangsverdacht im Sinne des § 152

---

7 Eingehend hierzu *Rogall*, FS Frisch, S. 1199 (1214–1218). Ebenso BGHSt 37, 48 (51 f.) sowie OLG Hamburg StV 1995, 588 (589). Abweichend hingegen *Geppert*, FS Schroeder, S. 675 (681).

8 BGH NStZ 2008, 48; BGH NStZ-RR 2004, 368; *Geppert*, FS Schroeder, S. 657 (679); *Rogall*, FS Frisch, S. 1199 (1216 f.).

9 BGH NStZ 2008, 48; KK/StPO-*Diemer* § 136 Rn. 4; *Rogall*, FS Frisch, S. 1199 (1216 f.).

10 BGHSt 37, 48 (51 f.); BGHSt 38, 214 (228); BGHSt 53, 112 (114); BGH NStZ 1997, 398; BGH NStZ-RR 2004, 368; KK/StPO-*Diemer* § 136 Rn. 4; *Meyer-Goßner*/Schmitt § 136 Rn. 77;

11 BGHSt 10, 8 (12); BGHSt 37, 48 (52); BGHSt 38, 214 (228); BGHSt 53, 112 (114); BGH NStZ 1997, 398; BGH NStZ 2008, 48; *Meyer-Goßner*/Schmitt Einl Rn. 77; *Geppert*, FS Schroeder, S. 675 (681); *Rogall*, FS Frisch, S. 1199 (1217). Kritisch hierzu *Störmer* ZStW 108, 494 (521).

12 BGHSt 37, 48 (52); BGHSt 38, 214 (228); BGHSt 53, 112 (114); SK/StPO-*Rogall* Vor § 133 ff Rn. 17.

13 BGHSt 10, 8 (12); BGHSt 51, 367 (371); BGHSt 53, 112 (114); BGH NStZ 1997, 398; *Geppert*, FS Schroeder, S. 675 (681). Kritisch gegen einen automatischen Statuserwerb SK/StPO-*Rogall* Vor §§ 133 ff. Rn. 17 sowie *ders.* NStZ 1997, 399 (400).

Abs. 2 StPO und dem personengerichteten Inkulpationsverdacht sowohl an der Stärke als auch an der Qualität des Tatverdachts festmachen. Während für den Anfangsverdacht die kriminalistisch fundierte plausible Möglichkeit des Vorliegens einer verfolgbaren Straftat genügt, verlangt die Annahme des Inkulpationsverdachts das Vorliegen einer tatsachenbasierten erhöhten Wahrscheinlichkeit der Tatbeteiligung des Betroffenen.[14] Dass danach dem Tatverdächtigen nicht ohne Weiteres die Rechtsstellung des Beschuldigten zuwächst, hat seinen guten Grund. Durch die Anhebung der personenbezogenen Verdachtsstufe soll verhindert werden, dass der Betroffene vorschnell einem Ermittlungsverfahren mit den hierfür typischen nachteiligen Konsequenzen ausgesetzt wird.[15] Namentlich bei Tötungsdelikten erwartet die höchstrichterliche Rechtsprechung eine besonders sorgfältige Beurteilung der für die Bejahung des Inkulpationsverdachts sprechenden Tatsachen unter Abwägung der dagegen streitenden Umstände.[16]

Liegen aussagekräftige Tatsachen für die Annahme des Inkulpationsverdachts vor, müssen die Strafverfolgungsbehörden gegen den solchermaßen „qualifiziert" Verdächtigen unverzüglich als Beschuldigten ermitteln. Die Pflicht zur Inkulpation folgt aus dem Legalitätsprinzip. Es gebietet nicht nur die Erforschung von Straftaten, sondern auch die Verfolgung derjenigen, die nach Lage der Dinge ernsthaft der Tatbeteiligung verdächtig sind.[17]

b Inkulpationsakt

Es ist klar, dass ein wie auch immer gearteter Tatverdacht den Beschuldigtenstatus niemals automatisch zu begründen vermag.[18] Selbst wenn eine bestimmte Person nach dem Stand der Ermittlungen einem Inkulpationsverdacht im vorstehend skizzierten Sinne ausgesetzt ist, erlangt sie allein hierdurch die Eigenschaft des Beschuldigten noch nicht. Der Terminus der „Inkulpation" impliziert als begriffstypisches Element das Erheben eines Vorwurfs.[19] Daher rückt auch

---

14 Eingehend *Rogall*, FS Frisch, S. 1199 (1216).

15 BGHSt 51, 367 (372); BGH NStZ 2008, 48; BGH NStZ 2015, 291 (292); *Rogall*, FS Frisch, S. 1199 (1216).

16 BGHSt 37, 48 (52); BGHSt 51, 367 (371); BGH NStZ 2008, 48.

17 Prägnant *Rogall* NStZ 1997, 399 (400); SK/StPO-*Rogall* Vor § 133 ff Rn. 17. Der dort anschließend referierte („einfache") Verdachtsgrad ist durch die Ausführungen dieses Autors in seinem Beitrag zur Festschrift für Frisch (dort S. 1214–1217) überholt.

18 Zutreffend KK/StPO-*Diemer* § 136 Rn. 4; SK/StPO-*Rogall* Vor § 133 ff. Rn. 30. Ebenso *Meyer-Goßner*/Schmitt Einl Rn. 76 f. sowie *Schumann* GA 2010, 699 (714). Ähnlich, freilich mit gewissen Einschränkungen, *Geppert*, FS Schroeder, S. 675 (680 f.).

19 SK/StPO-*Rogall* Vor § 133 ff. Rn. 30.

eine im Sinne des § 112 Abs. 1 S. 1 StPO dringend verdächtige Person in die Rechtsstellung des Beschuldigten erst dann ein, wenn die Strafverfolgungsbehörden die sie belastende objektive Verdachtslage subjektiv nachvollziehen und sodann ihrer Pflicht zur unverzüglichen Inkulpation nachkommen.[20] Dem Vorgehen liegt notwendigerweise ein die Inkulpation herbeiführender Willensakt zugrunde.[21] Dieses factum internum liegt zuweilen auf der Hand. Häufig muss es indessen aus äußeren Umständen erschlossen werden.[22] Weiterführend sind Ermittlungshandlungen, aus denen deutlich wird, dass die Strafverfolgungsbehörden das Verfahren gegen eine bestimmte Person als Beschuldigten betreiben. In Anlehnung an die Vorschrift des § 397 Abs. 1 AO sind alle diejenigen Ermittlungshandlungen aussagekräftig, die erkennbar darauf abzielen, gegen jemanden strafrechtlich vorzugehen.[23] Im Einzelnen handelt es sich um Verhaltensweisen, die bereits nach ihrem äußeren Befund anzeigen, dass gegen einen bestimmten Verdächtigen ad personam ermittelt wird.[24] Dabei bleibt es belanglos, wie die Angehörigen der Strafverfolgungsbehörden ihr Verhalten selbst einschätzen.[25] Ausschlaggebend ist vielmehr, welche strafprozessuale Bedeutung ihrem Vorgehen aus der Perspektive eines objektiven Betrachters zukommt.[26] Es gilt Folgendes:

- Klar ist die Rechtslage, wenn die Strafverfolgungsbehörden gegen jemanden förmlich ein Ermittlungsverfahren führen.[27] Der solchermaßen Inkulpierte avanciert durch die Einleitungsverfügung ohne Weiteres zum Beschuldigten, und zwar unabhängig davon, ob die Verfahrenseinleitung in zutreffender Beurteilung der Verdachtslage zu Recht erfolgt ist oder aber ob sie – etwa bei

---

20 BGHSt 10, 8; KK/StPO-*Diemer* § 136 Rn. 4; *Moos*, FS Jescheck, S. 725 (754); *Geppert*, FS Schroeder, S. 675 (680); *Rogall*, FS Frisch, S. 1199 (1217 f.).

21 *Rogall*, FS Frisch, S. 1199 (1217).

22 BGH NStZ 2015, 291 (2929); *Rogall*, FS Frisch, S. 1199 (1219); *ders.* NStZ 1997, 399.

23 Siehe dazu BGHSt 38 214 (228); BGH NStZ 1997, 398; BGH NStZ 2008, 48; BGH NStZ 2015, 291 (292); OLG Hamburg StV 1995, 588 (589); SK/StPO-*Rogall* Vor § 133 ff. Rn. 31; *Geppert*, FS Schroeder, S. 675 (679). Der Sache nach übereinstimmend BGHSt 51, 367 (370 f.).

24 Siehe dazu BGHSt 38, 214 (228); BGH NStZ 1997, 398; Rogall, FS Frisch, S. 1199 (1221).

25 BGH NStZ 2015, 291 (292); *Geppert*, FS Schroeder, S. 675 (680 f.); *Rogall*, FS Frisch, S. 1199 (1222); *Mikolajczyk* ZIS 2007, 565.

26 BGH NStZ 2015, 291 (292). Weiterführend mit Beispielen *Rogall*, FS Frisch, S. 1199 (1223 f). Ebenso *Geppert*, FS Schroeder, S. 675 (681).

27 BGH NStZ 2015, 291 (292).

strafunmündigen Kindern oder extraterritorialen Personen – gar nicht hätte vorgenommen werden dürfen.[28]

- Da die Versetzung in den Beschuldigtenstand auch formlos erfolgen kann, erweisen sich Ermittlungshandlungen, die allein gegenüber einem Beschuldigten rechtlich statthaft sind, gleichermaßen eindeutig als eine damit denknotwendig einhergehende Inkulpation des hiervon Betroffenen.[29] Derart unmissverständliche „Kriegserklärungen" liegen etwa bei Inhaftierung einer tatverdächtigen Person (§ 112 StPO), bei deren vorläufiger Festnahme (§ 127 Abs. 2 StPO), bei einstweiliger Unterbringung (§ 126a Abs. 1 StPO) oder bei vorläufiger Entziehung der Fahrerlaubnis (§ 111a Abs. 1 StPO) vor.

In den vorgenannten Konstellationen ist die Rechtslage mit Blick auf die Begründung der Beschuldigteneigenschaft solchermaßen verfolgter Personen eindeutig. Abgrenzungsschwierigkeiten entstehen gemeinhin erst dann, wenn Maßnahmen in Rede stehen, die nach ihrem äußeren Erscheinungsbild nicht zwingend für Beschuldigte reserviert sind. In derart ambivalenten Sachverhalten stellt sich die Frage, ob im Vorgehen der Strafverfolgungsbehörden nach Maßgabe der Umstände des Einzelfalles eine konkludente Inkulpation der davon Betroffenen zu Tage tritt. Nach höchstrichterlicher Rechtsprechung gelten insoweit folgende Richtlinien:

- Ermittlungshandlungen, die an einen strafprozessualen Tatverdacht anknüpfen, sollen nach Ansicht des Bundesgerichtshofs grundsätzlich die Beschuldigteneigenschaft des damit Überzogenen begründen.[30] Diese Aussage ist durchaus problembehaftet. Insbesondere bei der Anordnung einer körperlichen Untersuchung (§§ 81a und 81c StPO), der Überwachung der Telekommunikation (§ 100a Abs. 3 StPO) oder einer Durchsuchung (§§ 102 und 103 StPO) wird nicht stets deutlich, dass hiervon Betroffene Beschuldigte sind; denn solche Ermittlungsmaßnahmen dürfen auch gegenüber Zeugen beziehungsweise bloßen Verdächtigen sowie Dritten vorgenommen werden.[31] Allerdings können sich in diesen Fällen weiterführende Erkenntnisse über den rechtlichen Status des Adressaten der Eingriffe aus der Begründung des

---

28 BGHSt 51, 367 (370 f); BGH NStZ 2008, 48; *Meyer-Goßner*/Schmitt Einl Rn. 76; SK/StPO-*Rogall* Vor § 133 ff. Rn. 14, 18; *ders.*, FS Frisch, S. 1199 (1221, 1225); *Geppert*, FS Schroeder, S. 675 (681); *Schumann* GA 2010, 699 (714).

29 BGHSt 38, 214 (228); BGHSt 51, 367 (370); *Meyer-Goßner*/Schmitt Einl Rn. 76; *Geppert*, FS Schroeder, S. 675 (682); *Rogall*, FS Frisch, S. 1199 (1222).

30 BGHSt 51, 367 (370 f.).

31 Siehe dazu *Geppert*, FS Schroeder, S. 675 (682 f.).

Antrags der Strafverfolgungsbehörden gegenüber dem für ihre Anordnung primär zuständigen Ermittlungsrichter ergeben.[32] Wird daraus erkennbar, dass gegen ihn als Beschuldigten vorgegangen werden soll, etwa weil dort von der Gewinnung geeigneter Beweismittel für seine Überführung die Rede ist, so rückt er in diese Rechtsstellung ein.[33]

- Besondere Schwierigkeiten können auftreten, wenn es darum geht zu klären, ob eine von der Polizei vernommene Person Zeuge oder Beschuldigter ist. Da die §§ 55 und 60 Nr. 2 StPO verdeutlichen, dass im Strafverfahren ein Verdächtiger zuweilen auch als Zeuge vernommen werden darf, können auf den Tatverdacht abzielende Fragen und Vorhalte nicht ohne Weiteres als Beleg dafür dienen, dass die Strafverfolgungsbehörden den hiermit Konfrontierten bereits konkludent als Beschuldigten eingestuft haben.[34] Wegweisende Anhaltspunkte können sich in solchen Fällen aus dem Ziel, der Gestaltung und den Begleitumständen der Befragung ergeben.[35] Demonstrieren beispielsweise Vorhalte, Fragen und Zwischenbemerkungen des Vernehmungsbeamten, dass er von der Täterschaft der Auskunftsperson ausgeht und bestrebt ist, den Verhörten in Widersprüche zu verwickeln, um ihn auf diesem Wege – möglicherweise durch die Erlangung eines Geständnisses – zu überführen, so verdeutlicht die taktische Ausgestaltung der Vernehmung die konkludente Inkulpation des Vernommenen. Der Sinn eines solchen verfolgungsorientierten Verhaltens ist für die Begründung des Beschuldigtenstatus eindeutig. Der Umstand, dass der Vernehmungsbeamte den Verhörten gleichwohl weiterhin als (tatverdächtigen) Zeugen angesehen hat, spielt demgegenüber im Lichte des hier zu berücksichtigenden Regelungsgedankens aus § 397 AO keine Rolle.[36] Darin zeigt sich der kategoriale Unterschied zwischen einer rein final fokussierten subjektiven Beschuldigtentheorie und deren im Interesse der Bekämpfung handfester Rollenmanipulationen rechtlich gebotener Modifikation durch objektive Beurteilungskriterien.[37]

---

32 Siehe dazu BGH NStZ 1997, 398 f.; *Rogall*, FS Frisch, S. 1199 (1222).

33 BGH NStZ 1997, 398 f; BGHSt 51, 367 (371); *Geppert*, FS Schroeder, S. 675 (683).

34 BGHSt 51, 367 (371); SK/StPO-*Rogall* Vor § 133 ff. Rn. 32.

35 BGHSt 51, 367 (371); BGH NStZ 2015, 291 (292).

36 BGH NStZ 2015, 291 (292); *Roxin* JR 2008, 17; *Rogall* NStZ 1997, 399; *ders.* in: FS Frisch, S. 1199 (1122); *Mikolajczyk* ZIS 2007, 565.

37 BGHSt 38, 214 (228); *Rogall*, FS Frisch, S. 1199 (1123); *Mikolajczyk* ZIS 2007, 565 (567).

2 Strafprozessuale Folgen einer fehlerhaften Statuszuschreibung

In der Praxis ist zu beobachten, dass die Polizei im Interesse der Optimierung der Überführungseffizienz ihrer Ermittlungen bestrebt ist, eine im Ermittlungsverfahren befragte tatverdächtige Person möglichst lange in der Rolle des Zeugen zu halten, um so deren aufklärungsrelevantes Wissen vollumfänglich ungestört abschöpfen zu können.[38] Der Grund für dieses rechtlich höchst problematische Vorgehen liegt darin, dass die Versetzung des Verhörten in den Beschuldigtenstand notwendigerweise dessen unverzügliche Belehrung über seine Rechte nach § 163a Abs. 4 S. 2 StPO nach sich ziehen muss. Die Praxis zeigt, dass der Hinweis auf das Schweige- sowie das Anwaltskonsultationsrecht des Beschuldigten den Redefluss der Auskunftsperson indessen merklich bremst oder gar gänzlich versiegen lässt. Einerseits wird ihr durch die Eröffnung des Beschuldigtenstatus gemeinhin deutlicher als durch die zuvor nach § 55 StPO erfolgte Belehrung über das (punktuelle) Auskunftsverweigerungsrecht vor Augen geführt, dass jedes selbstbelastende Wort Kopf und Kragen kosten kann. Andererseits wird häufig erst die in § 55 StPO nicht vorgesehene Unterrichtung über das Konsultationsrecht dem gleichsam „frisch" Beschuldigten nachdrücklich verdeutlichen, dass es für ihn ohne die Unterstützung durch einen professionellen Verteidiger bedrohlich eng werden kann.

Rechtlich ist ein derart motiviertes Hinauszögern des faktisch vorgezeichneten Rollenwechsels vom Zeugen zum Beschuldigten nicht statthaft. Vielmehr sind die Strafverfolgungsbehörden bei Vorliegen eines Inkulpationsverdachts gehalten, die von ihr zunächst zutreffend als Zeuge vernommene Auskunftsperson zum Beschuldigten zu machen und über die ihr dadurch zuwachsenden Rechte gemäß § 163a Abs. 3 und 4 S. 2 StPO in Verbindung mit § 136 Abs. 1 S. 2 StPO ordnungsgemäß zu belehren. Im Ausgangspunkt ist es zwar den Strafverfolgungsbehörden anheimgegeben zu beurteilen, ob sich die gegen einen Zeugen sprechende Verdachtslage derart verdichtet hat, dass dieser fortan als Beschuldigter einzustufen ist.[39] Im Rahmen der gebotenen sorgfältigen Abwägung aller Umstände des Einzelfalls kommt es dabei vor allem darauf an, inwieweit der gegen die Auskunftsperson sprechende Tatverdacht auf hinreichend gesicherten tatsachenfundierten Erkenntnissen über Tat und Täter oder lediglich auf kriminalistischer Erfahrung sowie tatsachengelöster Spekulation beruht.[40] Der Staatsanwaltschaft und Polizei dabei zukommende Entscheidungsspielraum ist

38 *Geppert*, FS Schroeder, S. 675 (676).

39 BGHSt 10, 8 (12).

40 BGHSt 38, 214 (228); BGHSt 51, 367 (371); *Meyer-Goßner*/Schmitt Einl Rn. 77.

durchaus weit.[41] Erweist sich indessen der Tatverdacht als so stark, dass die Strafverfolgungsbehörden ihren Beurteilungsspielraum überschreiten würden, wenn sie ihre Befragung der Auskunftsperson nicht als Beschuldigtenvernehmung einschließlich der dann erforderlichen Belehrung über das Schweige- und Konsultationsrecht fortsetzen, begründet das dann pflichtwidrige Unterbleiben der Inkulpation einen Verfahrensfehler.[42]

Der Verstoß gegen diese Pflicht führt nach einhelliger Ansicht dazu, dass die anschließend aus seiner Vernehmung ab diesem Zeitpunkt gewonnenen Erkenntnisse strafprozessual unverwertbar sind. Der Bundesgerichtshof folgert das Beweisverwertungsverbot aus dem Gedanken der missbräuchlichen Umgehung der Beschuldigtenrechte und der damit einhergehenden Verletzung der Belehrungspflichten nach §§ 163a Abs. 3 und 4 StPO in Verbindung mit § 136 Abs. 1 S. 2 StPO.[43] Allerdings verdient die maßgeblich auf dem Aspekt des Missbrauchs basierende höchstrichterliche Sichtweise rechtsdogmatisch keinen Beifall, weil die ihr zugrunde liegende These, derzufolge der faktisch inkulpationsverdächtige Zeuge fiktiv dem Beschuldigten gleichzustellen sei,[44] bei Lichte betrachtet darauf hinausläuft, das Erfordernis der Inkulpation als unerlässliches Element des Beschuldigtenbegriffs unter der Hand wieder preiszugeben. Dadurch scheint es so, als ob letztlich doch allein die Verdachtsstärke für den Statuserwerb maßgeblich ist. Zu derart fragwürdigen dogmatischen Verbiegungen besteht kein Anlass. *Rogall* hat überzeugend aufgezeigt, dass das Beweisverwertungsverbot als Reaktion auf verfahrenswidrige Statuszuweisungen in herkömmlicher Weise begründet werden kann:

Ergibt sich aus den näheren Umständen einer formell als Zeugenvernehmung ausgestalteten Befragung der tatverdächtigen Auskunftsperson, dass diese von den Strafverfolgungsbehörden konkludent als Beschuldigter behandelt worden ist, weil ihr vorangegangenes Vorgehen oder die Art der Vernehmung faktisch einen dahin gehenden Aussagegehalt hat (§ 397 Abs. 1 AO), so sind die solchermaßen erlangten Angaben wegen Verstoßes gegen die einschlägigen Belehrungspflichten über das Schweige- und Anwaltskonsultationsrecht der Auskunftsperson ohne Weiteres unverwertbar. Des vom Bundesgerichtshof in solchen Konstellationen eingeschlagenen argumentativen Umwegs über

---

41 Siehe dazu BGHSt 38, 214 (228); *Meyer-Goßner*/Schmitt Einl Rn. 77.

42 BGHSt 51, 367 (371 f.); *Meyer-Goßner*/Schmitt Einl Rn. 77; SK/StPO-*Rogall* Vor § 133 ff. Rn. 17.

43 BGHSt 51, 367 (371 f.); BGH NStZ-RR 2004, 368. Grundlegend BGHSt 10, 8 (12 f.).

44 Prägnant BGHSt 10, 8 (13).

fragwürdige Missbrauchskonstruktionen bedarf es nicht, weil die verhörte Person in solchen Fällen bereits Beschuldigter und deswegen belehrungsbedürftig war.

Die revisionsgerichtliche Durchschlagskraft dieses Rechtsverstoßes wird im Übrigen auch nicht dadurch abgefedert, dass ein tatverdächtiger Zeuge zu Beginn seiner Vernehmung über das Auskunftsverweigerungsrecht nach § 55 StPO belehrt worden ist. Ein solcher Hinweis vermag die pflichtwidrig unterlassene Unterrichtung einer konkludent zum Beschuldigten erhobenen Auskunftsperson über die aus § 136 Abs. 1 S. 2 StPO resultierenden Rechte deswegen nicht zu kompensieren, weil die Belehrung nach § 55 Abs. 2 StPO keinen Hinweis auf das Recht zur Konsultation eines Verteidigers vorsieht. Da allein schon ein Verstoß hiergegen grundsätzlich ein Beweisverwertungsverbot bewirkt,[45] muss die Aussage einer konkludent in den Status des Beschuldigten erhobenen Auskunftsperson ungeachtet einer ihr erteilten Belehrung nach § 55 StPO unverwertbar bleiben.[46]

Gestaltet sich die Rechtslage so, dass die Strafverfolgungsbehörden einer Person im Rahmen einer Vernehmung die rechtlich gebotene formelle Versetzung in den Beschuldigtenstand vorenthalten, ohne gegen sie zuvor aussagekräftige Ermittlungshandlungen im Sinne des § 397 Abs. 1 AO entfaltet zu haben, so sind daraufhin abgegebene Äußerungen strafprozessual unverwertbar. Der fehlerfolgenspezifische Grund hierfür ist allerdings nicht in einer wie auch immer gearteten missbräuchlichen Umgehung der Inkulpationspflicht, sondern schlicht in dem Verstoß hiergegen zu erblicken. Das Unterbleiben dieser rechtlich gebotenen Prozesshandlung rechtfertigt als Folgenbeseitigung die Unverwertbarkeit unbelehrt erlangter Angaben eines tatverdächtigen Zeugen.[47] Freilich dürften solche Fälle rechtspraktisch eher selten vorkommen; denn normalerweise lassen die Strafverfolgungsbehörden der Verdachtsschöpfung Ermittlungshandlungen nachfolgen, die bei sachgerechter Betrachtung als konkludente Begründung der Beschuldigteneigenschaft der Auskunftsperson angesehen werden können.[48]

Abschließend gilt es festzuhalten, dass das Unterbleiben der rechtlich gebotenen Inkulpation eines tatverdächtigen Zeugen und damit einhergehend das Unterlassen seiner an sich gebotenen Belehrung nach § 136 Abs. 1 S. 2 StPO nicht etwa nur von Fall zu Fall, sondern prinzipiell ein Beweisverwertungsverbot

---

45 BGHSt 51, 367 (376); *Beulke*, Strafprozessrecht Rn. 117.

46 BGHSt 51, 367 (376); BGH NStZ 2015, 291 (293); *Beulke*, Strafprozessrecht Rn. 117; *Mikolajczyk* ZIS 2007, 565 (567).

47 SK/StPO-*Rogall* Vor § 133 ff. Rn. 33; *Mikolajczyk* ZIS 2007, 565 (567).

48 *Rogall*, FS Frisch, S. 1199 (1224 f.).

für die solchermaßen erlangten Angaben auslöst.[49] Der Grund für diese strikte Reaktion auf den Gesetzesverstoß liegt darin, dass die Verletzung der Belehrungspflicht über das dem Beschuldigten zukommende Schweigerecht dessen im nemo-tenetur-Grundsatz verankerte und durch Art. 20 Abs. 3 bzw. Art. 2 Abs. 1 und 1 Abs. 1 GG geschützte Selbstbelastungsfreiheit verletzt. Ausgehend hiervon liegt es auf der Hand, dass die bei Herleitung von Beweisverwertungsverboten normalerweise einschlägige höchstrichterliche Rechtsprechung, wonach die Verwendung rechtlich bemakelter Beweismittel gemeinhin vom Ausgang einer Abwägung zwischen den dafür und dagegen sprechenden Aspekten abhängt,[50] im Kontext von Gesetzesverletzungen nach § 136 Abs. 1 S. 2 StPO keine Beachtung finden kann. Vielmehr thematisiert das dort normierte Schweigerecht des Beschuldigten eingedenk seines verfassungsrechtlichen Stellenwerts Unverfügbares im Strafverfahren; es muss deshalb auch im Rahmen der Diskussion über strafprozessuale Beweisverwertungsverbote als abwägungsresistent angesehen werden. Demnach können Verstöße hiergegen nur dann kein Beweisverwertungsverbot rechtfertigen, wenn der Beschuldigte auch ohne Belehrung sein Schweigerecht kannte.[51] Verhält es sich so, kann die unbelehrt zustande gekommene Aussage verwertet werden; denn in solchen Fällen liegt ungeachtet der Gesetzesverletzung mangels Beeinflussung des Aussageverhaltens des Vernommenen keine Beeinträchtigung der Selbstbelastungsfreiheit vor.[52] Freilich darf nicht einfach unterstellt werden, dass beispielsweise der bereits forensisch erfahrene oder einschlägig vorgebildete Beschuldigte bei Beginn der Vernehmung über sein Schweigerecht im Bilde war. Vielmehr spricht die in § 136 Abs. 1 S. 2 StPO zutage tretende normative Vermutung für das Gegenteil.[53] Deshalb kommt die Verwertung der Einlassung eines unbelehrten Beschuldigten nur dann in Betracht, wenn im Wege des Freibeweises sicher geklärt werden kann, dass dieser sein Schweigerecht kannte. Bleibt dies hingegen offen, muss sich die normative Regelvermutung der Unkenntnis durchsetzen.[54] Sie mündet in die Annahme

---

49 KK/StPO-*Diemer* § 136 Rn. 26; Meyer-Goßner/*Schmitt* § 136 Rn. 20; SK/StPO-*Rogall* § 136 Rn. 76; *Beulke*, Strafprozessrecht Rn. 117.

50 BVerfG NJW 2012, 907, 911; BGHSt 38, 214, 219 f.; BGHSt 42, 170, 172; BGHSt 44, 243, 249; BGHSt 47, 172, 179 f.; BGHSt 53, 112, 116; BGHSt 54, 69, 87.

51 BGHSt 38, 214, 224 f.; BGH NStZ 2012, 581, 582; KK/StPO-*Diemer* § 136 Rn. 27; Meyer-Goßner/*Schmitt* § 136 Rn. 20; SK/StPO-*Rogall* § 136 Rn. 76; *Beulke*, Strafprozessrecht Rn. 117. Abweichend MüKoStPO-*Schuhr* § 136 Rn. 56.

52 BGH NStZ 2012, 581, 582.

53 Eingehend dazu BGHSt 38, 214, 225.

54 BGHSt 38, 214, 225. Ebenso KK/StPO-*Diemer* § 136 Rn. 27; Meyer-Goßner/*Schmitt* § 136 Rn. 20; SK/StPO-*Rogall* § 136 Rn. 76.

eines Beweisverwertungsverbots. Im Revisionsverfahren kann dieses allerdings nur dann mit Aussicht auf Erfolg reklamiert werden, wenn der Angeklagte oder sein Verteidiger in der Hauptverhandlung der Verwertung der fehlerbehafteten Angaben aus dem Ermittlungsverfahren rechtzeitig bis zum Zeitpunkt des § 257 StPO widersprochen hat.[55]

3 „Qualifizierte" Belehrung

a Ausgangslage

Eng verknüpft mit der zuvor erörterten Frage nach den Auswirkungen von Verstößen gegen die Inkulpations- und Belehrungspflicht ist das Problemfeld der sogenannten „qualifizierten" Belehrung. Sie wird namentlich beim Übergang von der Zeugen- zur Beschuldigtenvernehmung relevant.[56] Wird ein tatverdächtiger Zeuge zu Unrecht gar nicht oder zu spät in die Rolle des Beschuldigten versetzt, steht fest, dass seine Angaben ab dem Zeitpunkt, in dem er nach § 136 Abs. 1 S. 2 StPO hätte belehrt werden müssen, nicht verwertet werden dürfen. In aller Regel wird in solchen Fällen die Auskunftsperson im Anschluss an die fehlerbehaftete Vernehmung später nochmals und nunmehr sachlich zutreffend als Beschuldigter vernommen. Fraglich ist, ob der Belehrungsverstoß anlässlich der ersten Vernehmung über diese hinauswirkt und auch für die aus der Folgevernehmung gewonnenen Erkenntnisse ein Beweisverwertungsverbot begründet, sofern die Strafverfolgungsbehörden den Beschuldigten vor Vernehmungsbeginn zwar allgemein korrekt belehrt, jedoch nicht gesondert auf die Unverwertbarkeit seiner fehlerbehafteten Ersteinlassung hingewiesen haben. Diese Problematik hat Sprengkraft; sie wird unter dem Stichwort „qualifizierte Belehrung" thematisiert.[57]

Ausgangspunkt der hierum kreisenden Überlegungen ist die nicht fernliegende Annahme, dass der Beschuldigte bei Beginn der Zweitvernehmung selbst nach Belehrung gemäß § 136 Abs. 1 S. 2 StPO seine Verteidigungsmöglichkeiten nicht sachgerecht einzuschätzen weiß und in Unkenntnis der Unverwertbarkeit seiner ursprünglichen Angaben irrig davon ausgeht, eine frühere Selbstbelastung nicht mehr aus der Welt schaffen zu können. Vorstellbar ist, dass er in dieser

---

55 Zum Widerspruchserfordernis siehe BGHSt 38, 214 (225 f.); BGHSt 42, 15 (22) sowie zustimmend BVerfG NJW 2007, 504; BVerfG NJW 2012, 907 (911). Nachweise zu kritischen Stimmen finden sich bei Meyer-Goßner/*Schmitt* § 136 Rn. 25a.

56 Meyer-Goßner/*Schmitt* § 136 Rn. 9. Zu weiteren Fallkonstellationen *Geppert*, GS Meyer, S. 93, 101 ff.

57 Grundlegend *Geppert*, GS Meyer, S. 93 ff sowie *Rogall*, FS Geppert, S. 519 ff.

misslichen Lage von einer an sich in Erwägung gezogenen Verteidigung durch Schweigen deswegen Abstand nimmt, weil er meint, dass Passivität in Ansehung seiner Erstaussage nunmehr keine sinnvolle Verhaltensalternative darstellt.[58]

Es ist unschwer vorstellbar, dass derartige Folgewirkungen der fehlerbehafteten Erstvernehmung eine Fehleinschätzung der Bedeutung des Schweigerechts vor Beginn der Zweitvernehmung nach sich ziehen und dadurch im Beschuldigten einen psychisch wirkenden Druck zur Sacheinlassung, ja möglicherweise sogar zu einem Geständnis auslösen können. Ein solcher Mechanismus ist rechtlich nicht hinnehmbar; denn durch den nemo-tenetur-Grundsatz soll dem Beschuldigten die Möglichkeit einer eigenverantwortlichen Entscheidung über sein Prozessverhalten in Vernehmungen eingeräumt werden.[59] Dies setzt indessen voraus, dass er in Kenntnis der Rechtslage über sein Schweigerecht wohlinformiert disponieren kann.[60] Es ist unbestreitbar, dass dafür die allgemeine Beschuldigtenbelehrung nach § 136 Abs. 1 S. 2 StPO nicht ausreicht. Vielmehr kann die Entscheidungsfreiheit des Beschuldigten über die Ausgestaltung seiner Verteidigung vollumfänglich nur dadurch hergestellt werden, dass die Strafverfolgungsbehörden dem Fortwirken des ursprünglichen Verfahrensfehlers entgegen treten. Angezeigt ist deshalb eine „qualifizierte" Belehrung dergestalt, dass der Beschuldigte bei Vernehmungsbeginn über die Unverwertbarkeit seiner unbelehrt zustande gekommenen früheren Angaben ausdrücklich und in ihm verständlicher Weise unterrichtet wird.[61] Ihm muss vermittelt werden, dass seine zurückliegende Einlassung im Verfahren fortan ignoriert wird und er deshalb davon unbeeindruckt und ohne jedes Risiko darüber befinden kann, ob er sich nunmehr zum Tatvorwurf äußern möchte oder ob er dazu schweigen will.[62]

Während das strafprozessuale Schrifttum bereits früh die Notwendigkeit einer qualifizierten Belehrung als die durch den nemo-tenetur-Grundsatz vorgezeichnete Antwort auf das staatlich zu verantwortende Fortwirken von Belehrungsfehlern erkannt hatte,[63] sperrte sich der Bundesgerichtshof lange Zeit

---

58 Vgl. BGHSt53, 112, 115; *Geppert*, GS Meyer, S. 93, 94 f.; *Roxin* HRRS 2009, 186, 187; SK/StPO-*Rogall* § 136 Rn. 60, 86.

59 Siehe dazu BGHSt 53, 112, 115 f.; *Roxin* JR 2008, 16, 17; *Rogall*, FS Geppert, S. 519, 539 f.

60 Prägnant *Rogall*, FS Geppert, S. 519, 539 f.

61 BGHSt 53, 112, 115 f.; KK/StPO-*Diemer* § 136 Rn. 27a; MüKoStPO-*Schuhr* § 136 Rn. 29, 68; SK/StPO-*Rogall* § 136 Rn. 60.

62 SK/StPO-*Rogall* § 136 Rn. 60.

63 Siehe dazu *Grünwald* JZ 1968, 752, 754; *Schünemann* MDR 1969, 101, 103. Grundlegend *Geppert*, GS Meyer, S. 93 ff; *Rogall*, FS Geppert, S. 519 ff. Weiterführend LR-*Erb* § 163a Rn. 21b; Meyer-Goßner/*Schmitt* § 136 Rn. 9; SK/StPO-*Rogall* § 136 Rn. 60–62; *Roxin* HRRS 2009, 186–188; *Beulke*, Strafprozessrecht Rn. 119.

hiergegen.[64] Erst im Jahre 2008 leitete der 4. Strafsenat eine Wende ein.[65] Er hat entschieden, dass die Verletzung der Belehrungspflichten nach § 163a Abs. 4 i.V.m. § 136 Abs. 1 S. 2 StPO zur Folge hat, dass der Beschuldigte vor Beginn einer Folgevernehmung qualifiziert über die Unverwertbarkeit seiner Angaben aus der ersten Vernehmung zu belehren ist. Zur rechtsdogmatischen Herleitung dieser strafprozessualen Pflicht hat der 4. Strafsenat den „nemo-tenetur"-Grundsatz – verstanden als Kernstück des in Art. 6 Abs. 1 EMRK geregelten „fair-trial"-Prinzips – angeführt. [66]

b Fehlerfolgen bei unterbliebener „qualifizierter" Belehrung

In seiner Grundsatzentscheidung zur „qualifizierten" Belehrung hat der 4. Strafsenat ausgeführt, dass der Verstoß gegen die Pflicht zur qualifizierten Belehrung nicht automatisch die Annahme eines Beweisverwertungsverbots rechtfertigen könne. Vielmehr sei über die Verwertbarkeit der mangels qualifizierter Belehrung ebenfalls fehlerbehafteten weiteren Aussage des Beschuldigten durch Abwägung im Einzelfall zu entscheiden.[67] Dabei sei einerseits das Gewicht des Verfahrensverstoßes (absichtlicher oder lediglich versehentlicher Belehrungsfehler), andererseits das staatliche Interesse an der Sachaufklärung in Gestalt des Stellenwerts der in Rede stehenden Straftat zu beachten. [68] Darüber hinaus müsse maßgeblich darauf abgestellt werden, ob der Beschuldigte angenommen hat, von seinen früheren Angaben nicht mehr abrücken zu können. Dies – so führt der 4. Strafsenat aus – sei im Einzelfall freibeweislich zu ermitteln. Dabei spreche der Umstand, dass sich die Zweitvernehmung als bloße Wiederholung oder Fortsetzung der ersten Anhörung des Beschuldigten darstellt, in aller Regel für ein Fortwirken des ursprünglichen Belehrungsverstoßes. Hingegen sollen weitergehende Angaben, insbesondere solche selbstbelastender Art, für die Verwertbarkeit der Erkenntnisse aus der Zweitvernehmung streiten; denn eine solche Entwicklung der Einlassung lege die Annahme nahe, dass sich der Beschuldigte auch nach „einfacher" Belehrung seiner Entscheidungsfreiheit bewusst war und

---

64 Siehe dazu BGHSt 22, 129, 134 f. Eingehend zur früheren Spruchpraxis des Bundesgerichtshofs *Geppert*, GS Meyer, S. 93, 101 ff.

65 BGHSt 53, 112, 115 f.

66 Siehe BGHSt 53, 112, 115 f. Ähnlich auch das OLG Hamm NStZ-RR 2009, 283, 284, das allerdings allein auf das Fairnessprinzip abstellt.

67 Ebenso KK/StPO-*Diemer* § 136 Rn. 27a; Meyer-Goßner/*Schmitt* § 136 Rn. 9.

68 Vgl. BGHSt 53, 112, 116; BGH NStZ 2009, 702, 703; KK/StPO-*Diemer* § 136 Rn. 27a; Meyer-Goßner/*Schmitt* § 136 Rn. 9.

seine Aussage nicht mehr unter dem Einfluss der unverwertbaren Erstvernehmung gemacht habe.[69]

Die Anerkennung des Rechtsinstituts der „qualifizierten" Belehrung durch den 4. Strafsenat des Bundesgerichtshofs ist nachhaltig zu begrüßen. Der in Art. 6 Abs. 1 EMRK verankerte Grundsatz des fairen Verfahrens gebietet es, das Fortwirken der Folgen staatlicher Belehrungsverstöße im Kontext des § 136 Abs. 1 S. 2 StPO zu beseitigen. Umstritten ist hingegen die vom 4. Strafsenat verfochtene These, dass ein Verstoß gegen die Pflicht zur qualifizierten Belehrung kein generelles, sondern lediglich ein nach Maßgabe der Einzelfallumstände durch Abwägung zu ermittelndes Verwertungsverbot begründe. Leitet man die Notwendigkeit einer qualifizierten Belehrung in Übereinstimmung mit dem Senat aus dem „nemo-tenetur"-Grundsatz her, wäre an sich mit Blick auf dessen überragenden Stellenwert – ähnlich wie bei Verstößen gegen die basale Belehrungspflicht aus § 136 Abs. 1 S. 2 StPO – die prinzipielle Unverwertbarkeit der fehlerhaft erlangten Angaben des Beschuldigten zu erwarten. [70] Der 4. Strafsenat hält dem entgegen, dass einem Verstoß gegen die Pflicht zur qualifizierten Belehrung ein vergleichsweise geringeres Gewicht zukomme, sodass die Fehlerfolgenbetrachtung einem Abwägungsprozess zu unterziehen sei.[71] Diese Sicht der Dinge leuchtet nicht ohne Weiteres ein, geht es doch immerhin um die Absicherung des Schweigerechts des Beschuldigten gegenüber irrtumsbedingter Selbstbelastung aufgrund staatlichen „Vorverschuldens". [72]

aa Einschlägigkeit der Abwägungslehre

Das soeben erwähnte Stichwort des „Schutzes vor irrtumsbedingter Selbstbelastung" liefert ein rechtsdogmatisch tragfähiges Argument für die vom 4. Strafsenat verfochtene Abwägungslösung. Hierzu im Einzelnen:

Die im Gesetz nicht näher geregelte „qualifizierte" Belehrung unterscheidet sich von den in § 136 Abs. 1 S. 2 StPO aufgeführten Pflichten dadurch, dass sie den Strafverfolgungsbehörden Informationen über die Rechtstatsache der Unverwertbarkeit eines Beweisergebnisses abverlangt, während die gleichsam „klassischen" Hinweise der Unterrichtung des Beschuldigten über ein Recht

---

69 BGHSt 53, 112, 116 f.

70 Siehe dazu *Roxin* JR 2008, 18 f.; *ders.* HRRS 2009, 186, 187. Ebenso *Rogall*, FS Geppert, S. 519, 545; *ders.* in SK/StPO § 136 Rn. 87; *Ellbogen* NStZ 2010, 464, 465; *Neuhaus* StV 2010, 48, 51; *Beulke*, Strafprozessrecht Rn. 119.

71 BGHSt 53, 112, 116. Ebenso BGH NStZ 2009, 702, 703; OLG Hamm NStZ-RR 2009, 283, 286; Meyer-Goßner/*Schmitt* § 136 Rn. 9; KK/StPO-*Diemer* § 136 Rn. 27a.

72 Eingehend *Roxin* HRRS 2009, 186, 187.

dienen.[73] Die der Strafprozessordnung an sich fremde Belehrung über Rechtstatsachen ist rechtlich ausnahmsweise deswegen angezeigt, weil andernfalls zu befürchten steht, dass der Beschuldigte in Unkenntnis der Unverwertbarkeit der Erkenntnisse aus der Erstvernehmung irrig davon ausgeht, dass Schweigen zum Tatvorwurf in der anstehenden Zweitvernehmung nunmehr vergeblich sei. Der Sache nach geht es also um eine mögliche Bewahrung der Rechtsausübung vor irrtumsmotiviertem Verzicht auf das Schweigerecht.[74] Da die „qualifizierte" Belehrung im Lichte des nemo-tenetur-Grundsatzes Schutz vor irrtumsbefangener Selbstbelastung bewirken soll, müssen bei der Beurteilung der Fehlerfolgen die speziell für solche Sachverhalte entwickelten Rechtsgrundsätze Anwendung finden. Einschlägig ist die vom Bundesgerichtshof rezipierte Rechtsprechung des Europäischen Gerichtshofs für Menschenrechte in den Fällen einer verdeckten Befragung des Beschuldigten durch V-Personen.[75] Danach gilt Folgendes:

Der nemo-tenetur-Grundsatz bezweckt in seinem Kernbereich Schutz vor staatlich erzwungener Selbstbelastung.[76] Verstöße hiergegen führen grundsätzlich zu einem Beweisverwertungsverbot.[77] Darüber hinaus soll der Beschuldigte vor staatlich veranlasster irrtumsbedingter Selbstbelastung bewahrt werden. Diese Schutzrichtung des Rechtsprinzips ist neu; sie aktualisiert sich vor allem in den Fällen der verdeckten Befragung eines Beschuldigten durch V-Personen.[78] Während die Zwangskomponente von nemo tenetur nach herrschender Ansicht im unantastbaren Kernbereich des Grundrechts aus Art. 2 Abs. 1 in Verbindung mit Art 1 Abs. 1 GG siedelt und somit abwägungsresistent ist,[79] wird der Schutz vor irrtumsbedingter Selbstbelastung lediglich im fair-trial-Grundsatz verankert.[80] Daraus resultiert ein unterschiedliches Schutzniveau; denn anerkanntermaßen mündet eine staatlich bewirkte irrtumsbedingte Selbstbelastung

73 Siehe dazu *Rogall*, FS Geppert, S. 519, 524, 537, 539.

74 Siehe dazu Rogall, FS Geppert, S. 519, 539 f.

75 Siehe dazu EGMR StV 2003, 257, 259 (Allan) und EGMR JR 2009, 514, 517 (Bykov). Für den Bundesgerichtshof sei auf BGHSt 52, 11, 19–21; BGHSt 55, 138, 144–146 und BGH NStZ 2009, 343, 344 verwiesen. Eingehend hierzu *Sowada*, FS Geppert, S. 689, 699 ff.

76 BGHSt 42, 139, 153.

77 Vgl. BGHSt 52, 11, 17.

78 EGMR StV 2003, 257, 259 (Allan); BGHSt 52, 11, 19–21. Weiterführend *Sowada*, FS Geppert, S. 689 ff.

79 *Sowada*, FS Geppert, S. 689, 701.

80 Siehe dazu vor allem OLG Hamm NStZ-RR 2009, 283, 286.

nicht automatisch in ein Beweisverwertungsverbot.[81] Vielmehr hängt dessen Annahme ausweislich der einschlägigen Rechtsprechung des Europäischen Gerichtshofs für Menschenrechte von einem Ensemble einzelner Faktoren mit durchaus erheblichen Wertungsspielräumen ab.[82] Darauf näher einzugehen, ist an dieser Stelle nicht geboten; denn rechtlich belangvoll ist hier allein die Erkenntnis, dass die Ergebnisse einer verdeckten Befragung des Beschuldigten durch einen V-Mann nicht bereits deswegen unverwertbar sind, weil sich jener in der irrigen Annahme eines Privatgesprächs zu selbstbelastenden Äußerungen hat hinreißen lassen. Hinzukommen müssen weitere Umstände, die es in ihrem einzelfallspezifischen Zusammenwirken wertungsmäßig angezeigt erscheinen lassen, diese Form der Selbstbelastung und die Sachverhalte erzwungener Selbstbelastung im Rahmen der Beweisverbotsdogmatik gleichzubehandeln.[83]

Vor diesem hier nur mit wenigen Strichen skizzierten Hintergrund drängt es sich im Lichte des vorstehend nach Fallgruppen konturierten nemo-tenetur-Grundsatzes auf, die Kernaussagen zur rechtlichen Bewertung einer verdeckten Befragung des Beschuldigten auf die bei wertender Betrachtung vergleichbaren Konstellationen der „qualifizierten Belehrung“ zu übertragen. Verfährt man dergestalt, so erweist sich der von Teilen des strafprozessualen Schrifttums postulierte Automatismus der Unverwertbarkeit der Einlassung eines nicht solchermaßen belehrten Beschuldigten als rechtlich verfehlt. Vielmehr findet die Rechtsprechung des 4. Strafsenats Bestätigung. Danach können Verstöße gegen die „qualifizierte“ Belehrung lediglich nach Maßgabe der Abwägungslehre ein Beweisverwertungsverbot begründen.

Hinzuweisen bleibt abschließend auf Folgendes: Fehlt es an der Erteilung einer rechtlich gebotenen „qualifizierten“ Belehrung, darf das Gericht nicht ohne Weiteres davon ausgehen, dass dem Beschuldigten vor Beginn der Zweitvernehmung unbewusst war, von seinen unverwertbaren Angaben abrücken und nunmehr völlig unbelastet aussagen zu können. Davon muss sich der Richter vielmehr positiv überzeugen. Dafür können sowohl der zeitliche Abstand zwischen den Vernehmungen sowie der Inhalt der Angaben des Beschuldigten indiziell aussagekräftig sein.[84]

---

81 Eingehend EGMR StV 2003, 257, 259 (Allan); EGMR JR 2009, 514, 517 f (Bykov) sowie *Sowada*, FS Geppert, S. 689, 701, 704 ff.

82 EGMR StV 2003, 257, 259 f. (Allan); BGHSt 52, 11, 22; BGH NStZ 2009, 343, 344. Eingehend *Sowada*, FS Geppert, S. 704–718.

83 Siehe dazu EGMR JR 2009, 514, 517 f. sowie *Sowada*, FS Geppert, S. 689, 701.

84 Siehe dazu *Rogall*, FS Geppert, S. 519, 540 f.

bb Sachgerechtigkeit einzelner Abwägungsfaktoren

Wenngleich dem 4. Strafsenat darin beizupflichten ist, dass Verstöße gegen das rechtliche Gebot zur Erteilung einer qualifizierten Vernehmung nur nach Maßgabe einer einzelfallspezifischen Abwägung ein Beweisverwertungsverbot rechtfertigen, können die vom Senat hierfür benannten Abwägungsfaktoren nicht unbesehen übernommen werden. Zu ihnen bleibt Folgendes anzumerken:

- Die Frage nach der Kenntnis des Beschuldigten von der Unverwertbarkeit seiner ursprünglichen Angaben betrifft genau genommen keinen Abwägungsfaktor. [85] Weiß er hierum, kann seine Selbstbelastungsfreiheit durch das Unterbleiben der „qualifizierten" Belehrung schlechterdings nicht beeinträchtigt worden sein. Unter diesen Umständen kommt ein Beweisverwertungsverbot von vornherein nicht in Betracht. [86]
- Erachtet man den Kenntnisstand des Beschuldigten um seine Rechte hingegen als einen Abwägungsfaktor zur Ermittlung strafprozessualer Fehlerfolgen eines Belehrungsverstoßes, leuchtet es nicht ein, weshalb ausgerechnet weitergehende selbstbelastende Angaben dafür sprechen sollen, dass diesem bewusst gewesen sei, von seinen ursprünglichen Angaben abrücken und damit zugleich hiervon ungefährdet von seinem Schweigerecht Gebrauch machen zu können. Der Hinweis von *Roxin*, wonach ein solches Einlassungsverhalten gerade darauf beruhen kann, dass der Beschuldigte davon ausging, seine Lage wegen der Verwertbarkeit der ursprünglichen Angaben nur noch durch ein umfassendes Geständnis verbessern zu können, ist berechtigt.[87]
- Rechtlich zutreffend ist demgegenüber die Erwägung, dass die gezielte Umgehung der Pflicht zur Erteilung einer qualifizierten Belehrung durchgängig zur Annahme eines Beweisverwertungsverbots führen muss.[88] Derartige

85 Siehe dazu OLG Hamm NStZ-RR 2009, 283, 285 sowie auch *Roxin* HRRS 2009, 186, 187.

86 Ebenso BGHSt 38, 214, 224 f.

87 Hiergegen OLG Hamm NStZ-RR 2009, 283, 285. Der dort referierte Hinweis auf das Fehlen eines seelischen Zwanges des Beschuldigten zur Fortsetzung einer einmal erfolgten Selbstbelastung nach Belehrung über die Möglichkeit zum Schweigen „passt" nicht zur Grundidee von Belehrungspflichten. Denn diese fußen sachgedanklich auf der Annahme, dass der (hier qualifiziert) zu Belehrende seine Rechte nicht kennt und deswegen darüber zu unterrichten ist.

88 Vgl. BGHSt 53, 112, 116; BGH NStZ 2009, 702, 703 sowie für Durchsuchungen bereits zuvor BGH NStZ 2007, 601, 603.

„vorsätzliche" Rechtsverletzungen unterminieren die Legitimität staatlicher Beweisführung.[89]

- Weitere Anhaltspunkte für die Unverwertbarkeit der Angaben eines nicht qualifiziert belehrten Beschuldigten können sich aus dem Vorgehen der Vernehmungsbeamten ergeben. Entfalten diese gegenüber dem Beschuldigten unterhalb der Schwelle des § 136a StPO anzusiedelnden Druck in Richtung auf den Verzicht auf das Schweigerecht, können darin Umstände erblickt werden, die den Verhaltensspielraum des Beschuldigten zusätzlich eingeengt haben und daher im Rahmen der anzustellenden Gesamtabwägung den Ausschlag für die Annahme eines Beweisverwertungsverbots geben.[90]

II Das Recht zur Verteidigerkonsultation

Die Vorschrift des § 137 Abs. 1 StPO bestimmt, dass sich der Beschuldigte in jeder Lage des Verfahrens eines Verteidigers bedienen darf. Der Anspruch darauf ist verfassungsrechtlich verankert.[91] In engem Zusammenwirken mit dem aus dem nemo-tenetur-Grundsatz folgenden Schweigerecht gewährleistet sie die Subjektstellung des Beschuldigten im Strafverfahren.[92] Daran anknüpfend sind die Strafverfolgungsbehörden nach § 163a Abs. 3 und 4 StPO in Verbindung mit § 136 Abs. 1 S. 2 StPO verpflichtet, ihn auf sein Anwaltskonsultationsrecht hinzuweisen.

Das Wissen um die Möglichkeit zur Verteidigerkonsultation ist keineswegs gesichertes Allgemeingut. Zudem können situative Besonderheiten dazu führen, dass sich ein Beschuldigter in Verkennung oder gar Unkenntnis der ihn belastenden Umstände und Überschätzung seiner eigenen Fähigkeiten vorschnell dazu entschließt, seine Verteidigung selbst zu führen. Eine tendenziell bedrohliche Zuspitzung der Lage von Beschuldigten ist rechtspraktisch insbesondere dann auszumachen, wenn sie im Anschluss an ihre vorläufige Festnahme polizeilich vernommen werden.[93] Häufig geben sie ihrem natürlichen Drang nach, den ihnen unterbreiteten Tatvorwurf durch eine überstürzt und unreflektiert erfolgte Sacheinlassung zu entkräften. Ein derartiges Vorgehen ist riskant; denn

---

89 Hierzu *Roxin* HRRS 2009, 186. Grundlegend *Schneider* NStZ-Sonderheft Miebach, S. 46, 48.

90 Vgl. BGH NStZ 2009, 702, 703; OLG Hamm NStZ-RR 2009, 283, 286.

91 Siehe dazu BVerfGE 63, 380 (390); BVerfGE 70, 297 (322 f.); BGHSt 42, 15 (20 f.).

92 BGHSt 42, 15 (21); BGHSt 47, 172 (174); BGHSt 58, 301 (303 f.); SK/StPO-*Rogall* § 136 Rn. 45; *Geppert*, FS Otto, S. 913 f.

93 Siehe dazu BGHSt 42, 15 (19); *Schneider* JURA 1997, 131.

in aller Regel vermögen vorläufig Festgenommene nicht zu überschauen, welche Gefahren unfreiwilliger Selbstbelastung von ihrem Einlassungsverhalten ausgehen. Mit ihren Angaben zur Sache reden sie sich nicht selten um Kopf und Kragen.[94]

Vor diesem hier nur mit wenigen Strichen skizzierten Hintergrund soll die in § 136 Abs. 1 S. 2 StPO normierte Belehrung des Beschuldigten über das Recht zur Verteidigerkonsultation vor Beginn seiner Vernehmung sicherstellen, dass ihm die Möglichkeit zur Inanspruchnahme professionellen Beistands bewusst wird. Die Besprechung mit einem Verteidiger soll – wie die Verknüpfung mit der Belehrungspflicht über das Schweigerecht sinnfällig verdeutlicht – vor allem der Klärung der Frage dienen, ob er sich gegen den Tatvorwurf (zunächst) schweigend oder aber redend zur Wehr setzt.[95]

1 Belehrungspflicht

Die ordnungsgemäße Belehrung des Beschuldigten über sein Recht zur Verteidigerkonsultation vor Vernehmungsbeginn ist deswegen von überragender Bedeutung, weil die Verwertbarkeit einer unverteidigt abgegebenen Sacheinlassung davon maßgeblich abhängt.[96] Angesichts dessen gilt es zu klären, wie eine rechtlich korrekte Belehrung auszugestalten ist und welche Folgen ein Verstoß hiergegen nach sich zieht.

a Art und Inhalt der Belehrung

aa Basisinformationen

Die Belehrung nach §§ 163a Abs. 3 und 4 soll den Beschuldigten in verständlicher Weise darüber unterrichten, dass er noch vor Beginn seiner Vernehmung zur Sache das Recht hat, sich mit einem von ihm gewählten Verteidiger über sein weiteres Vorgehen zu beraten. Dabei kommt es nicht darauf an, dass der Vernehmungsbeamte der Belehrungspflicht mit den Worten des Gesetzes nachkommt. Vielmehr hat er unter Berücksichtigung des Alters sowie des geistigen und körperlichen Zustands des Beschuldigten durch Art und Tiefgang der Belehrung zu gewährleisten, dass dieser den Informationsgehalt der rechtlich

---

94 Eingehend hierzu *Schneider* JURA 1997, 131 f.; *Geppert*, FS Otto, S. 913 f.

95 BGHSt 38, 372 (373); BGHSt 47, 172 (174); BGHSt 58, 301 (303 f.); Meyer-Goßner/*Schmitt* § 136 Rn. 10; SK/StPO-*Rogall* § 136 Rn. 45; *Schneider* JURA 1997, 131 f.

96 Siehe dazu BGHSt 47, 172 (174); Meyer-Goßner/*Schmitt* § 136 Rn. 21; SK/StPO-*Rogall* § 136 Rn. 92.

gebotenen Hinweise unter den obwaltenden Bedingungen des konkreten Einzelfalles unschwer verstehen kann.[97] Treten dabei Sprachschwierigkeiten auf, muss zu deren Überbrückung in aller Regel ein Dolmetscher hinzugezogen werden.[98] Darüber hinaus ist der Vernehmungsbeamte grundsät.zlich gehalten, Nachfragen zu Einzelheiten des Konsultationsrechts der Wahrheit gemäß zu beantworten. Allerdings ist er zu einer rechtlichen Beratung nicht verpflichtet. Zudem hat er darauf Bedacht zu nehmen, den Beschuldigten durch seine Erläuterungen nicht in eine bestimmte Richtung zu drängen, etwa indem er ihm anrät, sein Schicksal ohne Inanspruchnahme fremder Hilfe selbst in die Hand zu nehmen oder einen bestimmten Verteidiger (gerade nicht) zu konsultieren.[99] Geboten ist eine stimulierungsneutrale Unterrichtung über die eröffnete Möglichkeit, entweder sich selbst zu verteidigen oder sich hierbei durch einen Verteidiger seiner Wahl unterstützen zu lassen.

Die Analyse des Wortlauts von § 136 Abs. 1 S. 2 StPO ergibt, dass eine korrekte Belehrung des Beschuldigten über sein Recht zur Verteidigerkonsultation folgende Angaben umfassen muss:

- Zunächst muss dem Beschuldigten – gleichsam als Basis seiner Handlungsoptionen – vor Augen geführt werden, dass er sich bei Ausgestaltung seiner Verteidigung jederzeit eines Rechtsbeistands bedienen und sich von diesem ohne Einschränkung beraten lassen darf.
- Weiterhin ist ihm zu verdeutlichen, dass er einen Verteidiger frei wählen kann.
- Schließlich ist er gesondert darüber zu informieren, dass das Recht zur Verteidigerkonsultation bereits vor Beginn der Vernehmung besteht.

Dem letztgenannten Hinweis kommt mit Blick auf die zeitgleich zu erteilende Belehrung über das Schweigerecht herausgehobene Bedeutung zu; denn vor Beginn der ersten Vernehmung des Beschuldigten dürfte die Frage seines Einlassungsverhaltens im Zentrum der anwaltlichen Beratung stehen.[100] Allerdings muss der Vernehmungsbeamte die Möglichkeit zur Verteidigerkonsultation vor Vernehmungsbeginn nicht hervorheben.

97 Näher dazu *Geppert*, FS Otto, S. 913 (915 f.); MüKoStPO/*Schuhr* § 136 Rn. 31.
98 *Geppert*, FS Otto, S. 913 (916).
99 *Geppert*, FS Otto, S. 913 (916).
100 Siehe dazu BGHSt 58, 301 (303 f.); KK/StPO-*Diemer* § 136 Rn. 14; Meyer-Goßner/*Schmitt* § 136 Rn. 10.

bb Belehrungshinweis auf Voraussetzungen und Verfahren einer Pflichtverteidigerbestellung

Rechtspraktisch ist zuweilen zu beobachten, dass ordnungsgemäß belehrte Beschuldigte vor Beginn ihrer Vernehmung zwar den Wunsch nach Beratung durch einen Rechtsanwalt äußern, auf dessen Hinzuziehung jedoch letztlich deswegen verzichten, weil sie in Ansehung ihrer angespannten wirtschaftlichen Lage der Meinung sind, sich einen Verteidiger finanziell nicht leisten zu können. Der Bundesgerichtshof hat in zwei Entscheidungen klargestellt, dass die Strafverfolgungsbehörden dieser Fehlvorstellung entgegen treten müssen, sofern nach Lage des konkreten Falles gleichwohl von der Übernahme einer kostenlosen Erstberatung des Beschuldigten durch einen Verteidiger auszugehen ist.[101] Davon ist der 1. Strafsenat insbesondere in Fällen der Tötungsdelinquenz ausgegangen.[102] Darüber hinaus hat er hervorgehoben, dass ein derartiges Vorgehen der Vernehmungsbeamten auch in weiteren Konstellationen einer sich im Vernehmungszeitpunkt abzeichnenden notwendigen Verteidigung nach § 140 StPO in Betracht kommt.[103] Zur Begründung dieser das gesetzliche Belehrungsprogramm erweiternden Sichtweise hat der Senat darauf verwiesen, dass Rechtsanwälte mit Blick auf die sich abzeichnende Möglichkeit einer späteren Pflichtverteidigerbestellung jedenfalls bei Verbrechensvorwürfen gemeinhin bereit sind, mittellosen Beschuldigten sofort beizustehen. Ausgehend hiervon müssen Vernehmungsbeamte im Fall notwendiger Verteidigung dafür Sorge tragen, dass ein solcher Beschuldigter in Ansehung seiner finanziellen Lage nicht irrig davon absieht, die an sich von ihm erstrebte Hinzuziehung eines Rechtsanwalts zu verlangen.[104]

In Umsetzung europarechtlicher Vorgaben hat der Gesetzgeber mittlerweile die Pflicht zur Unterrichtung des Beschuldigten über die Voraussetzungen und das Verfahren einer Pflichtverteidigerbestellung in § 136 Abs. 1 S. 5 StPO normiert. Damit ist er über die vorstehend referierte höchstrichterliche Rechtsprechung deutlich hinausgegangen; denn nunmehr ist jeder Beschuldigte ungeachtet der Lage des Einzelfalles darüber standardmäßig zu belehren.[105] Genau genommen handelt es sich bei den in § 136 Abs. 1 S. 5 StPO vorgesehenen Hinweisen und Erläuterungen um Informationen über bestimmte Modalitäten der

---

101 BGH NStZ 2006, 236 (237); BGH NStZ-RR 2006, 181 (182).

102 BGH NStZ 2006, 236 (237); BGH NStZ-RR 2006, 181 (182).

103 BGH NStZ 2006, 236 (237).

104 KK/StPO-*Diemer* § 136 Rn. 14; Meyer-Goßner/*Schmitt* § 136 Rn. 10b; SK/StPO-*Rogall* § 136 Rn. 52.

105 Eingehend MüKoStPO/*Schuhr* § 136 Rn. 37.

Ausübung des Rechts zur Verteidigerkonsultation.[106] Der Sache nach soll der Beschuldigte dadurch von Möglichkeiten unentgeltlicher Rechtsberatung und deren Voraussetzungen in Kenntnis gesetzt werden.[107] Angesichts dieses Schutzzwecks darf sich die Belehrung nach § 136 Abs. 1 S. 5 StPO nicht in der Wiedergabe schwer verständlicher technischer Einzelheiten des Rechtsinstituts der Pflichtverteidigung erschöpfen. Vielmehr kommt es rechtlich darauf an, dem Beschuldigten an prominenter Stelle unmissverständlich vor Augen zu führen, dass der Erstkontakt zu einem Verteidiger nicht an finanziellen Hürden scheitern muss. Unterbleibt ein derartiger Hinweis, verfehlt die Belehrung ihr Ziel. Die Staatsanwaltschaften haben in Ausübung ihrer Leitungsfunktion darauf hinzuwirken, dass die Polizei ordnungsgemäß verfährt.

cc Sonderkonstellationen

Obschon über Art und Inhalt der dem Beschuldigten zu erteilenden Belehrung nach § 136 Abs. 1 S. 2 StPO mittlerweile weitestgehend Einigkeit besteht, gibt es nach wie vor zwei umstrittene Problemkreise. Hierzu in aller Kürze nur so viel:

(1) In einem vom 1. Strafsenat des Bundesgerichtshofs entschiedenen Fall stellte sich die Frage, ob ein wiederholt vernommener Beschuldigter nach ordnungsgemäßer Belehrung vor seiner Erstvernehmung später nochmals über seine Rechte nach § 163a Abs. 4 S. 2 StPO unterrichtet werden muss, wenn zwischen der ersten und der aktuell anstehenden polizeilichen Vernehmung ein Zeitraum von einigen Jahren liegt. Der 1. Strafsenat hat – freilich nicht rechtsverbindlich – ausgeführt, dass Sinn und Zweck der Belehrungspflicht sowie Erwägungen der fürsorglichen Fairness dafür sprächen, dem Beschuldigten in solchen Konstellationen sein Recht zur Verteidigerkonsultation durch Wiederholung der Belehrung erneut ins Bewusstsein zu rufen.[108] Dieser überaus beschuldigtenfreundlichen Sichtweise kann nicht gefolgt werden. Nach dem eindeutigen Gesetzeswortlaut besteht die Belehrungspflicht lediglich bei Beginn der ersten Vernehmung durch das jeweilige Strafverfolgungsorgan. Ein Mehr ist rechtsstaatlich nicht erzwungen,[109] zumal da eine überproportionale Ausweitung der Beschuldigtenrechte zu einer fühlbaren Zurückdrängung der gleichermaßen legitimen Belange einer

---

106 MüKoStPO/*Schuhr* § 136 Rn. 38.
107 Siehe dazu Art. 3 Abs. 1 lit. b der RL 2012/13/EU, ABl. 2012 L 142/1.
108 BGHSt 47, 172 (175).
109 *Geppert*, FS Otto, S. 913 (916 f.).

funktionstüchtigen Strafrechtspflege führt.[110] Pointiert: Der geistig gesunde und auch ansonsten voll handlungskompetente Beschuldigte wird durch die Zumutung, sich den Inhalt der ihm einmal erteilten Belehrung auch über längere Zeiträume zu merken, ganz gewiss nicht überfordert. Dies gilt namentlich bei schwerwiegenden Straftaten. Obliegenheitswidrige Vergesslichkeit muss von Rechtsstaats wegen nicht zulasten der Strafverfolgungsbehörden gehen; denn fairnessorientierte Fürsorge darf die systemimmanente basale Eigenverantwortlichkeit des Beschuldigten für die Wahrung seiner Rechte nicht einfach ausblenden.[111]

(2) Unklar ist, ob der Beschuldigte über sein Anwaltskonsultationsrecht zu belehren ist, wenn er bereits vor Vernehmungsbeginn über einen Verteidiger verfügt. Stellt man allein auf den Wortlaut des § 136 Abs. 1 S. 2 StPO ab, ist in solchen Fällen ein entsprechender Hinweis nicht angezeigt.[112] Freilich haftet eine solche Handhabung der Vorschrift allzu stark am Gesetzestext.[113] Bei ratio-orientierter Betrachtung drängt sich in solchen Sachverhalten der Hinweis auf das Recht zur Verteidigerkonsultation auf.[114] Allein aus dem Umstand, dass der Beschuldigte vor Beginn der Vernehmung bereits einen Verteidiger hat, ergibt sich nicht ohne Weiteres die Kenntnis seines Rechts zum Verkehr mit dem Anwalt vor Vernehmungsbeginn.[115] Rechtsstaatsspezifische Gegengründe sind nicht ersichtlich; denn anders als im vorstehend abgehandelten Fall der nicht mehr gesondert belehrungsbedürftigen Zweitvernehmung ist der Beschuldigte in den Konstellationen des vorab gewählten Verteidigers noch nicht belehrt worden.

b Verwertungsfragen

aa Verstöße gegen die Kernbelehrungspflicht nach § 136 Abs. 1 S. 2 StPO

Der Bundesgerichtshof hat entschieden, dass Verstöße gegen die Pflicht zur Belehrung über das Recht zur Verteidigerkonsultation nach § 136 Abs. 1 S. 2 StPO grundsätzlich zu einem Beweisverwertungsverbot führen.[116] Diese

---

110 Eingehend hierzu *Schneider* JURA 1997, 131 (136).

111 Siehe hierzu *Schneider* JURA 1997, 131 (137).

112 KK/StPO-*Diemer* § 136 Rn. 14; Meyer-Goßner/*Schmitt* § 136 Rn. 10b.

113 Eingehend hierzu *Roxin* JZ 1993, 426.

114 SK/StPO-*Rogall* § 136 Rn. 46; *Geppert*, FS Otto, S. 913 (917); *Roxin* JZ 1993, 426.

115 *Geppert*, FS Otto, S. 913 (917). Siehe dazu auch MüKoStPO/*Schuhr* § 136 Rn. 32 sowie SK/StPO-*Rogall* § 136 Rn. 46.

116 BGHSt 47, 172 (174). Siehe auch OLG Hamm NStZ-RR 2006, 47.

Rechtsauffassung verdient uneingeschränkte Zustimmung; denn wertungsmäßig zählt das Konsultations- ebenso wie das Schweigerecht zum unantastbaren Kernbereich der Rechtsstellung des Beschuldigten im Strafverfahren.[117]

Das aus dem Gedanken der Gewährleistung einer effektiven Verteidigung hergeleitete Beweisverwertungsverbot greift allerdings dann nicht, wenn der Beschuldigte zu Beginn der Vernehmung sein Recht zur Verteidigerkonsultation gekannt hat.[118] Zwar muss er selbst unter diesen Umständen nach §§ 163a Abs. 3 S. 2 und Abs. 4 S. 2, 136 Abs. 1 S. 2 StPO belehrt werden; denn im Gesetz sind keine Ausnahmen von der Hinweispflicht vorgesehen.[119] Ein Verstoß hiergegen zieht jedoch deswegen kein Verwertungsverbot nach sich, weil aufgrund der Rechtskenntnis des Beschuldigten ausgeschlossen werden kann, dass sein Einlassungsverhalten auf der Gesetzesverletzung beruht.[120] Allerdings darf nicht vorschnell davon ausgegangen werden, dass er darüber auch ohne Belehrung im Bilde war. Allein daraus, dass der Beschuldigte in einem früheren Strafverfahren ordnungsgemäß über seine Rechte nach § 136 Abs. 1 S. 2 StPO unterrichtet wurde, folgt nicht ohne Weiteres dessen Rechtskenntnis in späteren Vernehmungssituationen. Im Gegenteil: Gerade weil das Gesetz die Belehrungspflicht uneingeschränkt normiert hat, gilt die Vermutung, dass er vor Vernehmungsbeginn seine Rechte zum Schweigen und zur Anwaltskonsultation nicht kennt und deshalb darüber in verständlicher Weise informiert werden muss.[121] Daher zieht das Unterlassen der Belehrung nur dann keine beweisrechtlichen Fehlerfolgen nach sich, wenn aufgrund freibeweislicher Aufklärung positiv feststeht, dass der Beschuldigte seine Rechte kannte. Verbleibende Zweifel hierüber müssen zulasten des strafverfolgenden Staates gehen.[122]

---

117 BGHSt 47, 172 (174); BGHSt 58, 301 (303, 308); Meyer-Goßner/*Schmitt* § 136 Rn. 21; MüKoStPO/*Schuhr* § 136 Rn. 62; SK/StPO-*Rogall* § 136 Rn. 91 f.; *Beulke*, Strafprozessrecht Rn. 117; *Geppert*, FS Otto, S. 913 (926); *Beulke* NStZ 1996, 257; *Schneider* JURA 1997, 131 (134).

118 BGHSt 47, 172 (174 f.). Siehe dazu auch BGH NJW 2005, 1060; KK/StPO-*Diemer* § 136 Rn. 27.

119 Vgl. dazu BGHSt 38, 214 (224); KK/StPO-*Diemer* § 136 Rn. 27; *Geppert*, FS Otto, S. 913 (916).

120 Siehe dazu BGHSt 38, 214 (224 f.). Ebenso SK/StPO-*Rogall* § 136 Rn. 76; *Geppert*, FS Otto, S. 913 (916).

121 Vgl. BGHSt 38, 214 (225).

122 BGHSt 38, 214 (225); KK/StPO-*Diemer* § 136 Rn. 27.

bb Verstöße gegen die Belehrungspflicht nach § 136 Abs. 1 S. 5 StPO

Fraglich ist, ob eine Verletzung der Pflicht zur Belehrung des Beschuldigten über die Voraussetzungen und das Verfahren der Pflichtverteidigerbestellung ebenfalls ein Beweisverwertungsverbot bewirken kann. Einschlägige Rechtsprechung liegt noch nicht vor. Allerdings bleibt zu konstatieren, dass der 1. Strafsenat des Bundesgerichtshofs in seinen Entscheidungen vor Einführung des § 136 Abs. 1 S. 5 StPO zu dem Ergebnis gelangt ist, dass der bloße Verstoß gegen die Pflicht zur Unterrichtung des ansonsten ordnungsgemäß belehrten Beschuldigten über die Möglichkeit zur Erlangung einer unentgeltlichen Rechtsberatung durch einen Rechtsanwalt selbst bei Tötungsdelikten nicht zur Unverwertbarkeit seiner Sacheinlassung führt.[123] Erste Stellungnahmen im strafprozessualen Schrifttum greifen diese Rechtsprechung auf und machen sie für die Fehlerfolgendiskussion im Rahmen des § 136 Abs. 1 S. 5 StPO fruchtbar.[124]

Im Ausgangspunkt ist dieser Sichtweise beizupflichten. Verstöße gegen die vorgenannte Vorschrift betreffen die Rechtsstellung des Beschuldigten weitaus weniger intensiv als der gänzlich unterbliebene Hinweis auf das Anwaltskonsultationsrecht. Gleichwohl gilt es zu berücksichtigen, dass § 136 Abs. 1 S. 5 StPO dem Beschuldigten in einer zugespitzten Situation mit erheblichen Selbstbelastungsgefahren gleichsam aus einer von ihm als ausweglos empfundenen finanziellen Klemme helfen und somit die Effektivität der Verteidigung stärken soll. Befindet er sich vor Vernehmungsbeginn nicht nur wegen der Festnahme in Ansehung einer schweren Straftat, sondern auch deshalb unter besonderem Druck, weil er meint, sich einen Verteidiger finanziell nicht leisten zu können, so spricht vieles für eine Modifikation der überkommenen höchstrichterlichen Rechtsprechung.[125] Angesichts der Aufwertung der in § 136 Abs. 1 S. 5 StPO thematisierten Belehrungspflicht durch den Gesetzgeber zeichnet sich ab, dass in den vorgenannten Fällen des Zusammentreffens mehrerer Druckmomente der Belehrungsverstoß ein Beweisverwertungsverbot begründen kann. Das gilt freilich nur dann, wenn im konkreten Einzelfall davon ausgegangen werden muss, dass die mangelnde Kenntnis des Beschuldigten über unentgeltliche Rechtsberatung auf seine Entschließung zur Einlassung maßgeblichen Einfluss hatte und der Auslöser dafür war, dem Vernehmungsbegehren der Strafverfolgungsbehörden

---

123 BGH NStZ 2006, 236 (237); BGH NStZ-RR 2006, 181 (182). Kritisch hierzu SK/StPO-*Rogall* § 136 Rn. 94 sowie Meyer-Goßner/*Schmitt* §136 Rn. 10b.

124 Meyer-Goßner/*Schmitt* § 136 Rn. 21; MüKoStPO/*Schuhr* § 136 Rn. 63.

125 Ähnlich MüKoStPO/*Schuhr* § 136 Rn. 63, freilich ohne die im Text aufgeführten Einschränkungen.

ohne Einholung vorherigen Rechtsrats nachzukommen. Eine dahin gehende Regelvermutung ist dem Gesetz indessen nicht zu entnehmen; sie scheidet allein schon deswegen aus, weil die Belehrung über das Institut der Pflichtverteidigung trotz ihrer an sich beschränkten Schutzrichtung auf Fälle finanziellen Notstands pauschal vorgesehen ist und auch im Übrigen nicht auf erfahrungsgespeisten Erkenntnissen des Gesetzgebers über das typische Einlassungsverhalten „armer“ Beschuldigter basiert.[126] Schließlich hängt die Annahme eines Beweisverwertungsverbots davon ab, dass bei Vernehmungsbeginn die Voraussetzungen für eine spätere notwendige Verteidigung hinreichend verlässlich absehbar gewesen sind; denn nur unter solchen Umständen ist es vorstellbar, dass der Verstoß gegen § 136 Abs. 1 S. 5 StPO das weitere Vorgehen des Beschuldigten beeinflusst haben kann.[127] Ist der ansonsten über sein Konsultationsrecht korrekt belehrte Beschuldigte den vorgenannten situativen Druckmomenten nicht ausgesetzt, etwa weil er sich bei Vernehmungsbeginn auf freiem Fuß befindet, liegt ein Beweisverwertungsverbot nach Maßgabe der höchstrichterlichen Abwägungslehre fern.

2 Maßnahmen zur Ermöglichung der Konsultation eines Verteidigers

a Ausgangslage

Das Recht des Beschuldigten zur Verteidigerkonsultation impliziert, dass ihm die Strafverfolgungsbehörden vor der ersten Vernehmung nicht nur die Möglichkeit einräumen müssen, einen Verteidiger zu benennen, sondern auch mit ihm Kontakt aufzunehmen.[128] Befindet er sich auf freiem Fuß, können kaum Probleme auftreten. Wünscht er nach Belehrung einen Verteidiger zu sprechen, so muss die Fortsetzung der Vernehmung auf einen späteren Termin verschoben und dessen Entscheidung über die Ausübung seiner Einlassungsfreiheit abgewartet werden.[129] Die Strafverfolgungsbehörden sind gehalten, dem Beschuldigten eine angemessene Frist einzuräumen, damit sich dieser nach einem Verteidiger

126 Zur Schutzrichtung der Vorschrift siehe nochmals die europarechtlichen Vorgaben in Art. 3 Abs. 1 lit. b der RL 2012/13/EU, ABl. 2012 L 142/1.

127 Siehe dazu SK/StPO-*Rogall* § 136 Rn. 94 sowie MüKoStPO/*Schuhr* § 136 Rn. 63.

128 Prägnant *Ransiek* StV 1994, 343. Siehe auch *Beulke* NStZ 1996, 257 (260); *Roxin* JZ 1997, 343 (344) und *Schneider* JURA 1997, 131 (132).

129 BGHSt 38, 372 (373); BGHSt 42, 15 (19); BGHSt 58, 301 (304 f.); Meyer-Goßner/*Schmitt* § 136 Rn. 10a; MüKoStPO/*Schuhr* § 136 Rn. 33; SK/StPO-*Rogall* § 136 Rn. 47; *Beulke* NStZ 1996, 257 (259); *Geppert*, FS Otto, S. 913 (917).

umsehen und sich mit ihm beraten kann.[130] In § 136 Abs. 1 S. 3 StPO ist zudem vorgesehen, dass ihm ungefragt Informationen zur Verfügung gestellt werden müssen, die es ihm erleichtern, einen Verteidiger zu kontaktieren. Dabei ist er gemäß § 136 Abs. 1 S. 4 StPO auf bestehende anwaltliche Notdienste gesondert hinzuweisen.[131]

Komplizierter liegen die Dinge, wenn sich der Beschuldigte im Zeitpunkt der geplanten Vernehmung in amtlichem Gewahrsam befindet. Artikuliert er den Wunsch nach Verteidigerkonsultation, ist die Vernehmung sogleich abzubrechen, um ihm Gelegenheit zu geben, mit einem Verteidiger in Kontakt zu treten.[132] Allerdings fällt es Festgenommenen häufig nicht leicht, ihre in § 136 Abs. 1 S. 2 StPO normierten Rechte wirkungsvoll auszuüben.[133] Darüber hinaus trifft das Begehren nach Herstellung des Kontakts zu einem Verteidiger oft auf Durchsetzungsschwierigkeiten. Zahlreiche Beschuldigte kennen keinen Rechtsanwalt und wissen daher nicht, an wen sie sich wenden sollen. Andere wiederum geben bereits nach einem ersten fehlgeschlagenen Kontaktversuch auf und sagen zur Sache aus, anstelle unter Verweis auf ihr Schweigerecht weitere Anläufe zu unternehmen.[134] Nachgerade solche Sachverhalte werfen die Frage auf, in welchem Umfang die Strafverfolgungsbehörden den festgenommenen Beschuldigten bei seiner Suche nach einem Verteidiger unterstützen müssen.

Lange Zeit war die Rechtslage insoweit nicht eindeutig. Der Strafprozessordnung ließ sich nicht entnehmen, was genau den Strafverfolgungsbehörden zur Erfüllung des Konsultationswunsches abverlangt werden muss.[135] Mittlerweile hat der Gesetzgeber in Umsetzung europarechtlicher Vorgaben Regelungen zur Erleichterung des Zugangs zu einem Verteidiger vorgesehen.[136] Besondere Erwähnung verdient die Vorschrift des § 136 Abs. 1 S. 4 StPO, wonach der Beschuldigte vor Beginn seiner Vernehmung auf bestehende anwaltliche Notdienste hinzuweisen ist.

---

130 Eingehend *Beulke* NStZ 1996, 257 (259); SK/StPO-*Rogall* § 136 Rn. 47; MüKoStPO/*Schuhr* § 136 Rn. 33; *Geppert*, FS Otto, S. 913 (917).

131 Zu den vorgenannten Regelungen siehe BTDrs. 18/9534, S. 7.

132 BGHSt 38, 372 (373); BGHSt 42, 15 (19); BGHSt 58, 301 (304 f.); Meyer-Goßner/*Schmitt* § 136 Rn. 10a; SK/StPO-*Rogall* § 136 Rn. 47; *Beulke* NStZ 1996, 257 (260).

133 BGHSt 42, 15 (19); BGHSt 58, 301 (308); *Beulke* NStZ 1996, 257 (260).

134 Siehe dazu *Beulke* NStZ 1996, 257 (258–260).

135 *Schneider* JURA 1997, 131 (134 f.).

136 Siehe dazu BTDrs. 18/9534 S. 7.

b Maßnahmen zur Unterstützung des Konsultationsverlangens eines festgenommenen Beschuldigten

Die Rechtspflicht, einen in seinen Handlungsmöglichkeiten stark eingeschränkten festgenommenen Beschuldigten bei der Kontaktaufnahme mit einem Verteidiger zu unterstützen, ist nicht allein ein (unselbstständiger) Regelungsreflex des § 136 Abs. 1 S. 2 StPO. Vielmehr folgt sie aus § 137 StPO, wonach sich der Beschuldigte in jeder Lage des Verfahrens eines Verteidigers bedienen darf. Dieser den Programmsatz des Art. 6 Abs. 3 lit. c EMRK konkretisierenden Aussage lässt sich unschwer entnehmen, dass die Strafverfolgungsbehörden einem in amtlichem Gewahrsam befindlichen Beschuldigten in seinen Bemühungen um Kontaktaufnahme mit einem Verteidiger ernsthaft und effektiv unterstützen müssen.[137] Im Einzelnen gilt Folgendes:

aa Allgemeine Unterrichtung über mögliche Verteidiger

Vor Beginn der Vernehmung ist dem Beschuldigten gemäß § 136 Abs. 1 S. 3 StPO der Zugang zu einem Verteidiger zukünftig dadurch zu erleichtern, dass ihm allgemeine Informationen zur Verteidigerkonsultation zur Verfügung gestellt werden. Eine Konkretisierung dieser gesteigerten Hilfspflichten leistet Nr. 106 der Richtlinien für das Straf- und Bußgeldverfahren. Danach können die Vernehmungsbeamten dem Beschuldigten ein alphabetisch geordnetes Verzeichnis der Rechtsanwälte des Landgerichtsbezirks vorlegen, um ihm die Auswahl eines Verteidigers zu ermöglichen. Ist ein solches Verzeichnis nicht vorhanden oder vorrätig, ist grundsätzlich nichts gegen die Aushändigung des Branchenfernsprechbuchs unter der Rubrik „Rechtsanwälte" einzuwenden, sofern dem Beschuldigten dessen Handhabung – gegebenenfalls unter Hervorhebung der Fachanwälte für Strafrecht – erläutert wird.[138] Die an dieser durchaus verbreiteten Praxis geübte Kritik ist weitestgehend unbegründet;[139] denn es ist nicht einzusehen, weshalb das an parater Stelle aufgeschlagene Branchenfernsprechbuch dem Beschuldigten weniger helfen sollte als das in Nr. 106 RiStBV aufgeführte Verzeichnis mit den Rechtsanwälten des Gerichtsbezirks.[140]

---

137 Eingehend BGHSt 42, 15 (19 f.); *Beulke* NStZ 1996, 257 (259).

138 Eingehend *Schneider* JURA 1997, 131 (134 f.).

139 Zur Kritik siehe BGHSt 42, 15 (20); *Beulke* NStZ 1996, 257 (260).

140 Siehe dazu *Schneider* JURA 1997, 131 (135 f.).

bb Hinweis auf anwaltliche Notdienste

Weiterhin muss der Beschuldigte in seinem Bemühen um Zugang zu einem Verteidiger nach § 136 Abs. 1 S. 4 StPO auf bestehende anwaltliche Notdienste hingewiesen werden. Die Vorschrift ist für den festgenommenen Beschuldigten vor allem in Fällen nächtlicher Vernehmungen rechtspraktisch überaus bedeutsam; denn dort dürfte es ihm schwerfallen, auf anderem Wege als über den anwaltlichen Notdienst an einen zur Übernahme der Verteidigung bereiten Rechtsanwalt zu gelangen.

Mit dieser Bestimmung hat der Gesetzgeber einen lang währenden Streit über die Notwendigkeit der Einschaltung des anwaltlichen Notdienstes zum Zwecke der Erleichterung der Verteidigerkonsultation entschieden. Der vor allem im strafprozessualen Schrifttum erhobenen Forderung, dass ein Beschuldigter bei ersichtlichen Schwierigkeiten der Kontaktaufnahme – etwa zur Nachtzeit – prinzipiell auf die Inanspruchnahme eines regionalen anwaltlichen Notdienstes hinzuweisen sei,[141] ist der 5. Strafsenat des Bundesgerichtshofs nach anfänglichem Schwanken entgegen getreten.[142] Er hat entschieden, dass solche Hinweise jedenfalls dann nicht angebracht sind, wenn der korrekt belehrte Beschuldigte in freiverantwortlicher Entscheidung auf die Hinzuziehung eines Verteidigers verzichtet oder aber nach einem Fehlschlag seiner ordnungsgemäß unterstützten Versuche um Anwaltskonsultation von einer Fortführung dieser Bemühungen abgesehen hat.[143] Diese Rechtsauffassung war wohlfundiert. Effektive Defension ist in den einschlägigen Situationen – also auch bei Vernehmungen zur Nachtzeit – grundsätzlich bereits dadurch gewährleistet, dass sich der Beschuldigte nach dem erlebten Fehlgehen seiner Bemühungen um Kontaktaufnahme zunächst auf das ihm in aller Regel weiterhin gedanklich präsente Schweigerecht beruft und damit seine sofortige Vernehmung verhindert, um sein Bemühen um Anwaltskonsultation zu einem späteren Zeitpunkt weiter zu verfolgen.[144] Im forensischen Normalfall ist nicht ersichtlich, dass der geistig durchschnittlich

---

141 Siehe dazu SK/StPO-*Rogall* § 136 Rn. 48; *Hamm* NJW 1996, 2185 (2186), *Klein* StV 2007, 282 (283).

142 In BGHSt 42, 15 (20) findet sich keine Pflicht zum Hinweis auf den anwaltlichen Notdienst; vielmehr hat der Senat dort lediglich darauf aufmerksam gemacht, dass ein solcher dem festgenommenen Beschuldigten in seinem Bestreben nach Kontaktaufnahme mit einem Verteidiger geholfen hätte.

143 BGHSt 47, 233 (235) sowie BGH NStZ 2006, 114 (115). Kritisch dazu *Beulke/Barisch* StV 2006, 570.

144 Siehe dazu BGHSt 42, 170 (172); BGHSt 58, 301 (308 f); *Schneider* JURA 1997, 131 (136).

disponierte und korrekt belehrte Beschuldigte durch die gedankliche Kombination seines Konsultationsverlangens mit der fortwährenden Ausübung des ihm zugleich eingeräumten Schweigerechts überfordert wird.[145] Zudem liegt darin keine rechtlich völlig inakzeptable und deshalb unfaire Zumutung; denn sowohl Art. 6 Abs. 3 lit. c EMRK als auch § 137 Abs. 1 StPO gewährleisten lediglich eine effektive, nicht jedoch eine optimale Strafverteidigung. Freilich ist diese Sichtweise zwischenzeitlich überholt. Denn mit § 136 Abs. 1 S. 4 StPO hat sich der Gesetzgeber dazu durchgerungen, ein den Fairnessgrundsatz überbietendes Rundum-Sorglos-Paket zu normieren.

Ist der Beschuldigte auch nach Hinweiserteilung gemäß § 136 Abs. 1 S. 3 und 4 StPO nicht in der Lage, seinen Wunsch auf Konsultation eines Verteidigers zu konkretisieren, müssen ihn die Strafverfolgungsbehörden vor Beginn der Vernehmung in seinem Bestreben, einen zur Mandatsübernahme bereiten Verteidiger ausfindig zu machen, nicht zusätzlich unterstützen. Insbesondere werden sie davon absehen, dem Beschuldigten auf Nachfrage einen bestimmten Rechtsanwalt als potentiellen Verteidiger zu bezeichnen.[146] Von Empfehlungen irgendwelcher Art sollten die Strafverfolgungsbehörden allein schon deshalb Abstand nehmen, um späteren Vorwürfen einer unredlichen Beeinflussung der Verteidigerwahl zu entgehen.[147] Aber auch ein nochmaliger Hinweis auf den anwaltlichen Notdienst muss dem unschlüssigen Beschuldigten nicht erteilt werden. Da er über diese Möglichkeit des Zugangs zu einem Verteidiger bereits vor Beginn seiner Vernehmung belehrt worden ist, muss ein solcher Hinweis nicht wiederholt werden.[148] Vielmehr ist es ausschließlich Sache des Beschuldigten, eine Entscheidung zu treffen. Eine fairnessmotivierte Korrektur dieser Sichtweise ist rechtlich nicht geboten.

cc Erweiterte Hilfspflicht in Sonderfällen

Darüber hinausreichende Hilfspflichten können den Strafverfolgungsbehörden daraus erwachsen, dass sich die Unzulänglichkeit der vorstehend skizzierten Unterstützung des festgenommenen Beschuldigten in seinem Bemühen um Verteidigerkonsultation vor Vernehmungsbeginn herausstellt.[149] Im Fokus stehen Sachverhalte, in denen dessen situative Handlungskompetenz aufgrund

145 Siehe dazu BGHSt 42, 170 (173); *Schneider* JURA 1997, 131 (136). Kritisch dazu indessen BGHSt 42, 15 (20) sowie *Roxin* JZ 1997, 343 (345).

146 BGHSt 42, 15 (19 f.); *Beulke* NStZ 1996, 257 (260).

147 BGHSt 42, 15 (19 f.); MüKoStPO/*Schuhr* § 136 Rn. 33.

148 Zur früheren Rechtslage siehe BGHSt 42, 15 (19); *Beulke* NStZ 1996, 257 (260).

149 Siehe dazu BGH NStZ-RR 2006, 181 (182) sowie *Beulke* NStZ 1996, 257 (260).

von Besonderheiten des Einzelfalles derart massiv beeinträchtigt ist, dass eine Verteidigerkonsultation auf herkömmlichem Wege nicht in Betracht kommt. So kann es sich verhalten, wenn etwa bei Jugendlichen, der deutschen Sprache nicht mächtigen Ausländern sowie geistig oder körperlich Behinderten zutage tritt, dass sie mit den ihnen nach § 136 Abs. 1 S. 3 und 4 StPO dargebotenen Hilfsmitteln überhaupt nicht sachgerecht umzugehen wissen und deswegen vom Versuch der Herstellung des von ihnen an sich gewünschten Kontakts mit einem Rechtsanwalt von vornherein frustriert Abstand nehmen.[150] In solchen Fällen ist es ausnahmsweise geboten, das erkennbare Handicap des Beschuldigten durch einen erneuten Hinweis auf den rund um die Uhr erreichbaren anwaltlichen Notdienst zu kompensieren.[151] Diese vom Gesetz nicht vorgesehene Information ist vor dem Hintergrund von Art. 6 Abs. 1 EMRK angezeigt und rechtlich statthaft; denn außergewöhnliche Situationen erfordern außergewöhnliche Maßnahmen, aber eben auch nur solche!

dd Unterstützungshandlungen bei der Kontaktaufnahme

Wählt der festgenommene Beschuldigte nach Hinweiserteilung gemäß § 136 Abs. 1 S. 3 und 4 StPO einen bestimmten Verteidiger und begehrt er dessen Hinzuziehung zur anstehenden Vernehmung, müssen ihm die Strafverfolgungsbehörden – bei Fehlschlag gegebenenfalls auch wiederholt – dabei helfen, sich mit diesem telefonisch in Verbindung zu setzen. In Erfüllung der Basispflicht zur technischen Unterstützung des Konsultationsbegehrens werden die Vernehmungsbeamten den ihnen bezeichneten Rechtsanwalt anrufen, das Anliegen des Beschuldigten schildern und ihm sodann Gelegenheit zu einem Gespräch mit diesem geben.[152] In aller Regel werden sie das Gespräch zur Klärung der Mandatsübernahme nicht überwachen. Zwar ist solches rechtlich nicht zwingend geboten; denn die der Überwachung von Unterredungen zwischen Verteidiger und Mandant grundsätzlich entgegen stehende Vorschrift des § 148 Abs. 1 StPO setzt aus Gründen der Missbrauchsbekämpfung ein bestehendes Verteidigungsverhältnis voraus.[153] Hiervon dürfen jedoch Ausnahmen gemacht werden, sofern im Einzelfall – wie in den vorliegenden Konstellationen – ausgeschlossen

150 *Beulke* NStZ 1996, 257 (260).

151 Beulke NStZ 1996, 257 (260).

152 Siehe dazu *Beulke* NStZ 1996, 257 (260); MüKoStPO/*Schuhr* § 136 Rn. 33.

153 KG StV 1985, 405; KG StV 1991, 307; KG StV 1991, 524. Siehe dazu auch *Meyer-Goßner/Schmitt* § 148 Rn. 4 m.w.Nachw. Zur Gegenansicht siehe OLG Düsseldorf StV 1984, 106 sowie KK/StPO-*Laufhütte/Willnow* § 148 Rn. 5; *Danckert* StV 1986, 171 (173).

werden kann, dass der Beschuldigte ein unüberwachtes Gespräch zu verfahrensfremden oder gar verfahrenswidrigen Zwecken nutzen wird.[154]

Kommt es zur Mandatsübernahme und erklärt sich der Verteidiger zur Teilnahme an der Vernehmung bereit, ist deren Beginn mit Blick auf die gesetzlichen Vorgaben des § 136 Abs. 1 S. 2 StPO sowie des Art. 6 Abs. 3 lit. c EMRK aufzuschieben, um ihm eine frühzeitige Beratung seines Mandanten zu ermöglichen.[155] Einer mit Terminschwierigkeiten gerechtfertigten Bitte des Verteidigers zur Verlegung der Vernehmung auf einen deutlich späteren Zeitpunkt müssen die Strafverfolgungsbehörden allerdings nur dann entsprechen, wenn dadurch weder die Einhaltung gesetzlicher Fristen noch der Fortgang der Ermittlungen behindert werden.

Geht der auf einen bestimmten Verteidiger gerichtete Konsultationsversuch des Beschuldigten fehl, müssen ihn die Strafverfolgungsbehörden im Anschluss daran nicht nochmals auf die Existenz des anwaltlichen Notdienstes hinweisen. Zwar könnte ein solcher Akt der Unterstützung hilfreich sein; er ist jedoch – wie bereits der 5. Strafsenat des Bundesgerichtshofs nach alter Rechtslage überzeugend ausgeführt hat[156] – rechtlich nicht geboten. Nachdem der Gesetzgeber bereits die Belehrungspflicht vor Vernehmungsbeginn darauf erstreckt hat, ist für eine Wiederholung kein Raum. Vielmehr dürfen die Strafverfolgungsbehörden in solchen Konstellationen die zum Zwecke der Anwaltskonstellation unterbrochene Vernehmung fortsetzen, sofern der Beschuldigte dazu bereit ist.[157] Ihm ist insoweit eine auskömmliche Bedenkzeit einzuräumen.[158] Erklärt er sich sodann mit der Fortsetzung der Vernehmung einverstanden, muss ihm davor kein erneuter Hinweis auf das Konsultationsrecht erteilt werden.[159]

c Verwertungsfragen

Verletzen die Strafverfolgungsbehörden ihre Hinweispflichten aus § 136 Abs. 1 S. 3 und 4 StPO, gilt es zu klären, ob die Einlassung eines Beschuldigten unverwertbar ist, wenn er daraufhin von der Konsultation eines Verteidigers abgesehen

154 KG StV 1985, 405; KG StV 1991, 307; KG StV 1991, 524. *Meyer-Goßner/Schmitt* § 148 Rn. 4.

155 SK/StPO-*Rogall* § 136 Rn. 49; MüKoStPO/*Schuhr* § 136 Rn. 35.

156 BGHSt 47, 233 (235) sowie BGH NStZ 2006, 114 (115).

157 BGHSt 42, 15 (19); BGHSt 42, 170 (172); BGHSt 58, 301 (305).

158 BGHSt 42, 170 (174).

159 Siehe dazu BGHSt 42, 170 (172). Abweichend – indessen nicht tragend – BGHSt 42, 15 (19) sowie Meyer-Goßner/*Schmitt* § 136 Rn. 10a und wohl auch MüKoStPO/*Schuhr* § 136 Rn. 35.

und sich anschließend auf staatliche Initiative unberaten zur Sache eingelassen hat. Ausgehend von der höchstrichterlichen Abwägungslehre zur Begründung von Beweisverwertungsverboten drängt es sich auf, wie folgt zu differenzieren:

aa Der Beschuldigte auf freiem Fuß

Befindet sich der ansonsten korrekt belehrte Beschuldigte auf freiem Fuß, liegt die Annahme eines Beweisverwertungsverbots als Reaktion auf einen Verstoß gegen § 136 Abs. 1 S. 3 und 4 StPO fern. Entscheidend ist, dass er in solchen Situationen nicht nur über die ihm an sich eröffnete Möglichkeit zur Konsultation eines Verteidigers vollständig im Bilde, sondern auch dazu in der Lage ist, sein zunächst vergebliches Begehren nach anwaltlicher Unterstützung durch Ausübung des Schweigerechts und den daraufhin veranlassten Abbruch der Vernehmung effektiv durchzusetzen. Die dafür erforderliche gedankliche Kombination seiner beiden Rechtspositionen dürfte einen intellektuell und psychisch normal disponierten Beschuldigten nicht überfordern.[160] Ausgehend hiervon entfaltet die bloße Verletzung von § 136 Abs. 1 S. 3 und 4 StPO mit Blick auf den Rechtskreis des Beschuldigten nicht das Gewicht, das für die Annahme eines Beweisverwertungsverbots von Rechts wegen verlangt werden muss. Anders ist allerdings dann zu entscheiden, wenn die Strafverfolgungsbehörden auf den Beschuldigten besonders intensiven Druck ausüben, um ihn unter Verzicht auf anwaltlichen Rat sogleich zur Einlassung zu bewegen. Die bloße Aufforderung zur Fortsetzung der Vernehmung reicht hierfür aber nicht aus.

bb Der inhaftierte Beschuldigte

Komplizierter gestaltet sich die Rechtslage bei festgenommenen Beschuldigten. Da sie in ihren Handlungsmöglichkeiten massiv beschränkt sind und zumeist unter erhöhtem psychischem Druck stehen, werden sie sich dem Ansinnen der Strafverfolgungsbehörden auf Fortsetzung der Vernehmung nach unterbliebenem oder fehlgegangenem Konsultationsversuch nicht ohne Weiteres entziehen können. Darauf ist bei der Diskussion über ein Eingreifen von Beweisverwertungsverboten bedacht zu nehmen. Hierzu abschließend mit wenigen Strichen immerhin viel:

Unterlaufen die Strafverfolgungsbehörden das Gebot, den Beschuldigten bei Umsetzung seiner Konsultationsbemühungen zu unterstützen, indem sie

---

160 Siehe dazu BGHSt 42, 170 (171 f.).

lediglich Scheinaktivitäten entfalten, so ist seine unberaten erfolgte Einlassung prinzipiell unverwertbar. Dies gilt ungeachtet der Schwere des Tatvorwurfs sowie der konkreten Vernehmungssituation; denn durch das Demonstrieren der (vermeintlichen) Vergeblichkeit der Bemühungen um Herstellung des Kontakts mit einem Verteidiger wird dem festgenommenen Beschuldigten eine gemeinhin als bedrängend empfundene Lage der Aussichtslosigkeit vorgespiegelt. Sie kommt in ihren Auswirkungen wertungsmäßig einer verbotenen Täuschung im Sinne des § 136a Abs. 1 StPO gleich.

Unterbleiben die Hinweise nach § 136 Abs. 1 S. 3 und 4 StPO, weil die Strafverfolgungsbehörden ihre auf erleichterten Zugang zum Verteidiger abzielenden Informationspflichten versehentlich übergehen, scheidet ein allein darauf gestütztes Beweisverwertungsverbot grundsätzlich aus, wenn sich der über sein Konsultationsrecht korrekt belehrte Beschuldigte sogleich zur Sache einlässt, ohne ein Bedürfnis nach Hinzuziehen eines Verteidigers zu äußern. Verhält es sich so, basiert seine Entschließung in aller Regel nicht auf einem Defizit an Informationen über die Erreichbarkeit der als Verteidiger in Betracht kommenden Rechtsanwälte, sondern auf anderweitigen Erwägungen. Um sie muss sich der strafverfolgende Staat nicht kümmern.

Bewegen die Strafverfolgungsbehörden den festgenommenen Beschuldigten zur Fortsetzung der Vernehmung, nachdem dieser vergeblich versucht hat, einen Rechtsanwalt zu erreichen, können seine Angaben einem Beweisverwertungsverbot unterfallen, sofern eine Belehrung nach § 136 Abs. 1 S. 4 StPO unterblieben ist und seine Motivation zur Einlassung nachweisbar maßgeblich darauf zurückgeht. Genau in solchen Situationen entfaltet der Schutzzweck der Vorschrift bei Lichte betrachtet seine zentrale Bedeutung. Allerdings dürfte selbst dann allein die Festnahmesituation für die Annahme eines Beweisverwertungsverbots noch nicht ausreichen; denn auch in dieser Lage ist es dem Beschuldigten grundsätzlich zumutbar, sein vorerst gescheitertes Streben nach Verteidigerkonsultation durch zwischenzeitliche Ausübung des Schweigerechts zu einem späteren Zeitpunkt fortzusetzen. Für ein Beweisverwertungsverbot müssen zusätzlich zur Festnahme und zu dem frustrierenden Erlebnis des Scheiterns bei der Anwaltssuche weitere Umstände hinzukommen, die dem Beschuldigten den Eindruck vermitteln, dem Vernehmungsverlangen der Strafverfolgungsbehörden fortan hilflos ausgeliefert zu sein. Dies kann während der Nachtzeit sowie dann bedeutsam werden, wenn sich der Beschuldigte bei Fortsetzung der Vernehmung in einem merkbaren Zustand ausgeprägter Erschöpfung unterhalb der Schwelle aus § 136a Abs. 1 StPO befindet. Schließlich dürfte auch nachhaltiges Drängen der Strafverfolgungsbehörden auf Fortsetzung der Vernehmung das Eingreifen eines Beweisverwertungsverbots rechtfertigen.[161] Bei festgenommenen Jugendlichen ist hingegen das Vorliegen zusätzlicher psychischer Druckmomente nicht zu verlangen. Da diese gemeinhin nicht über die Fähigkeit zur sachgerechten gedanklichen Kombination von Schweige- und Konsultationsrecht als effektive Möglichkeit des Selbstschutzes gegen staatliches Drängen auf Fortsetzung der Vernehmung nach fehlgeschlagenem Konsultationsversuch verfügen, müssen sie weitergehenden Rechtsschutz genießen.

161 Siehe dazu BGH NJW 2006, 1008 f.; BGHSt 58, 301 (304); Meyer-Goßner/*Schmitt* § 136 Rn. 10a.

Friedrich-Christian Schroeder

Formen der Umsetzung europäischer Vorgaben zur Bekämpfung des Menschenhandels

Abstract: The European guidelines fighting human trafficking got newly regulated by guideline 2011/36/EU from 2011 opposite the framework decision 2002/629/JI from 2002. Implementing this guideline in existing national legal systems in Poland, Romania, Czech Republic, Austria and Hungary shows conceptual and structural differences among each other. Compared to the German legal system, where the guideline has been implemented the 11.10.2016 as law to optimize the fight against human trafficking, the greatest differences can be seen using historical observation or by comparing on a legal basis.

Keywords: Menschenhandel, Deutschland, Osteuropa, Rechtsvergleich

I Die europäischen Vorgaben

Nach langjährigen internationalen Bemühungen erging am 19.7.2002 der Rahmenbeschluss des Rates der Europäischen Union zur Bekämpfung des Menschenhandels. Der Wunsch nach Einbeziehung zusätzlicher Formen der Ausbeutung sowie nach Maßnahmen zum Schutz und zur Betreuung der Opfer führte nach nur neunjähriger Laufzeit zum Erlass der Richtlinie des Europäischen Parlaments und des Rats der Europäischen Union 2011/36/EU zur Verhütung und Bekämpfung des Menschenhandels und zum Schutz seiner Opfer sowie zur Ersetzung des Rahmenbeschlusses 2002/629/JI vom 5.4.2011. Die Richtlinie gleicht im Aufbau und in ihrer Formulierung - abgesehen von den erwähnten Erweiterungen - weitgehend dem Rahmenbeschluss von 2002.

Es fällt allerdings ins Auge, dass die Richtlinie im Gegensatz zum Rahmenbeschluss von 2002 nicht mehr von „Menschenhandel", sondern vorsichtig von „Straftaten und Strafen *im Bereich* Menschenhandel" (Art. 1), von „Straftaten *im Zusammenhang mit* dem Menschenhandel" (Überschrift von Art. 2) spricht. An der früheren Formulierung war vielfach Kritik geübt worden[1].

Art. 2 Abs. 1–3 der Richtlinie hat folgenden Wortlaut:

---

1 Schroeder, Das 37. Strafrechtsänderungsgesetz: Neue Vorschriften zur Bekämpfung des Menschenhandels, NJW 2005, 1393, 1394; *Maurach/SchroederMaiwald*, Strafrecht. Bes. Tl., Tlbd. 1, 10. Aufl. 2009, § 21 Rn. 23f.; *Renzikowski*, Die Reform der Straftatbestände gegen den Menschenhandel, JZ 2005, 879; *Brons*, Binnendissonanzen im AT, 2014, S. 302. Ich habe sogar von einer „legislativen Diskriminierung" gesprochen

(1) Die Mitgliedstaaten treffen die erforderlichen Maßnahmen, damit die nachstehenden vorsätzlich begangenen Handlungen unter Strafe gestellt werden: Die Anwerbung, Beförderung, Verbringung, Beherbergung oder Aufnahme von Personen, einschließlich der Übergabe oder Übernahme der Kontrolle über diese Personen, durch die Androhung oder Anwendung von Gewalt oder anderer Formen der Nötigung, durch Einführung, Betrug, Täuschung, Missbrauch von Macht oder Ausnutzung besonderer Schutzbedürftigkeit oder durch Gewährung oder Entgegennahme von Zahlungen oder Vorteilen zur Erlangung des Einverständnisses einer Person, die die Kontrolle über eine andere Person hat, zum Zweck der Ausbeutung.
(2) Eine besondere Schutzbedürftigkeit liegt vor, wenn die betreffende Person keine wirkliche oder für sie annehmbare andere Möglichkeit hat, als sich dem Missbrauch zu beugen.
(3) Ausbeutung umfasst mindestens die Ausnutzung der Prostitution anderer oder andere Formen sexueller Ausbeutung, Zwangsarbeit oder erzwungene Dienstleistungen, einschließlich Betteltätigkeiten, Sklaverei oder sklavereiähnliche Praktiken, Leibeigenschaft oder die Ausnutzung strafbarer Handlungen oder die Organentnahme.

Die Richtlinie versucht – wie schon der vorangegangene Rahmenbeschluss – sehr unterschiedliche Verhaltensweisen, die bisher in Deutschland in unterschiedlichen Abschnitten des Strafgesetzbuchs geregelt waren (Menschenraub, Straftaten gegen die sexuelle Selbstbestimmung, Wucher), unter dem verbindenden Ziel der Ausbeutung zusammenzufassen. Mit der Aufnahme neuer Ausbeutungsformen (Anstellung zur Bettelei und zu strafbaren Handlungen, Organentnahme) setzt sie den Ausbau des Menschenhandels zu einer einheitlichen Kriminalitätsform fort.

Der umfangreiche Abs. 1 ist zwar stark komprimiert und besteht nur aus einem einzigen Satz, zeigt aber eine klare Gliederung:

a) Rekrutierung und Weiterleitung von Opfern
b) Tatmittel
c) Tatzweck

Die Absätze 2 und 3 enthalten Konkretisierungen von in Abs. 1 enthaltenen Begriffen.

(in: *Vormbaum/Welp*, Das Strafgesetzbuch – Sammlung der Änderungsgesetze und Neubekanntmachungen, Supplementband I, 2004, S. 381, 416).

Die eigentlichen Ausbeutungshandlungen erscheinen in der Richtlinie nur als Zweck der Rekrutierung und Weiterleitung. Die Legaldefinition der Ausbeutung in Art. 1 Abs. 3 täuscht ein objektives Tatbestandselement vor.

Die Technik der Rahmenbeschluss- und Richtlinienformulierung weicht von der Gesetzgebungstechnik der meisten kontinentaleuropäischen Staaten mehr oder weniger stark ab. Charakteristisch ist eine kasuistische, variantenreiche, auf das anglo-amerikanische Rechtsdenken zurückzuführende Auflistung von Tathandlungen, deren Bedeutung oft nur geringfügig voneinander abweicht[2]. Die substantivische Formulierung der Tathandlungen findet sich allerdings auch in nationalen Gesetzgebungen, und zwar wegen der erwünschten Geschlechtsindifferenz in zunehmendem Maße[3].

II Einige ausländische Regelungen

Im Folgenden soll dargelegt werden, wie einige nationale Gesetzgebungen die Schwierigkeit der Umsetzung der Richtlinie (bzw. des in der Grundstruktur gleichen Rahmenbeschlusses von 2002) in das eigene Recht bewältigen[4].

1 Polen

Beginnen wir mit dem polnischen Strafrecht, mit dem sich der Jubilar – was angesichts der geographischen Nachbarschaft naheliegt – immer wieder beschäftigt.

Eigenartig ist die Gesetzestechnik des polnischen Strafgesetzbuchs. Sein – zum 10.9.2010 eingeführter – Art. 189a lautet kurz und bündig:

Menschenhandel

§ 1. Wer Menschenhandel begeht, wird mit Freiheitsstrafe nicht unter drei Jahren bestraft.

---

2 *Julia Brons*, Binnendissonanzen im AT. Die Vorfeld- und Beteiligungsstrafbarkeit nach dem StGB im Spannungsfeld zwischen europäischen Vorgaben und Deutscher Strafrechtsdogmatik, 2014, S. 167f.

3 Schroeder, Die sprachliche Formulierung von Strafvorschriften, in: Gössel/Triffterer, Gedächtnisschrift *für* Heinz Zipf, 1999, S. 153ff., 157f.

4 Für die Auffindung und Übersetzung der Texte danke ich den Länderreferenten des Instituts für Ostrecht München/Regensburg Dr. Bohata, RA Bormann, RAin de Vries und Prof. Dr. Küpper. Wenig ergiebig *Demko*, Die Bekämpfung des Menschenhandels im Straf- und Strafprozessrecht – Rechtsvergleichende Zusammenfassung mit Blick auf nationale Bestrebungen zur Bekämpfung des Menschenhandels, MenschenRechtsMagazin, 2007, 64ff.

§ 2. Wer die Begehung der in § 1 genannten Tat vorbereitet, wird mit Freiheitsstrafe von drei Monaten bis zu fünf Jahren bestraft.

Diese Regelung ist an Knappheit nicht mehr zu übertreffen. An unerwarteter Stelle, nämlich im XIV. Abschnitt des Allgemeinen Teils „Erläuterung verwendeter Begriffe", findet sich jedoch ein umfangreicher § 22, der den Menschenhandel durch die Rekrutierungs- und Weiterleitungsformen und in sechs Nrn. die Tatmittel definiert, die sich – wie bei der Richtlinie – nur auf die Rekrutierungs- und Weiterleitungsformen beziehen. Der erforderliche „Zweck der Ausbeutung" führt als Mittel „insbesondere" Prostitution, Pornographie oder andere Formen der sexuellen Ausbeutung, Ausbeutung als Arbeitskraft oder Dienstleistungen, die einen Zwangscharakter haben, Bettelei, Sklaverei und andere Formen der Ausbeutung, die die Menschenwürde verletzen oder dazu dienen, Körperzellen, Körpergewebe oder sonstige Organe auf eine rechtswidrige Art und Weise zu erlangen, auf.

In diesem Umfang hat das polnische Strafgesetzbuch noch nie den Inhalt eines Straftatbestandes in die „Begriffsbestimmungen" verlegt.

Im Übrigen beschränkt sich bei dieser Regelung der objektive Tatbestand auf die Rekrutierungs- und Weiterleitungshandlungen; die eigentliche Veranlassung zu dem Sich-ausbeuten-Lassen fehlt.

2 Rumänien

Von lapidarer Kürze ist das rumänische Strafgesetzbuch. Art. 210 von 2012 nennt als Tathandlungen die Rekrutierung und Weiterleitung, begnügt sich allgemein mit dem Zweck der Ausbeutung, ohne deren Zweck zu konkretisieren, und fasst in drei Buchstaben die Tatmittel der Richtlinie zusammen. Da sich die tatbestandsmäßigen Handlungen auf die Rekrutierung und Weiterleitung beschränken, fehlt – wie bei der Richtlinie (s.o. I) – hinsichtlich der eigentlichen Ausbeutungshandlungen der Anknüpfungspunkt.

3 Tschechien

Das tschechische Strafgesetzbuch von 2009 stellt in § 168 überzeugend vor die Rekrutierungshandlungen die Bestimmung zum Sich-ausbeuten-Lassen und führt anschließend die Formen der Ausbeutung auf (Buchst. a)–e)). Dabei finden sich über die sonst üblichen Zwecke hinaus die Entnahme von Gewebe, einer Zelle oder eines Organs und der Dienst in bewaffneten Kräften. Der Zweck der Benutzung zur Herstellung eines pornographischen Werks stammt noch aus dem Rahmenbeschluss. Erforderlich ist bei allen Ausbeutungsformen eine

Gewinnerzielung. Während Abs. 1 hinsichtlich Kindern auf besondere Tatmittel verzichtet, führt Abs. 2 die Tatmittel – zusammen mit den Rekrutierungs- und Weiterleitungshandlungen – auf.

4 Österreich

Das österreichische Strafgesetzbuch bestimmt in § 104a mit der Überschrift „Menschenhandel" die Strafbarkeit der Rekrutierungs- und Weiterleitungshandlungen mit dem Vorsatz des Ausgebeutetwerdens unter Einsatz unlauterer Mittel (Abs. 1). Hinsichtlich der Ausbeutung wird auf Abs. 3, hinsichtlich der unlauteren Mittel auf Abs. 2 verwiesen. Letztere sind die üblichen Mittel; die Ausbeutung umfasst die sexuelle Ausbeutung, die Ausbeutung durch Organentnahme, die Ausbeutung der Arbeitskraft, die Ausbeutung zum Betteln sowie zur Begehung mit Strafe bedrohter Handlungen.

5 Ungarn

Sehr detailliert ist die Regelung Ungarns von 2012 in § 192 „Menschenhandel". Abs. 1 erfasst a) das Verkaufen, Kaufen, Tauschen und das als Gegenleistung Geben oder Annehmen. Die Rekrutierungs- und Weiterleitungshandlungen werden unter b) als Handlungen „zur Verwirklichung der in Buchst. a) bestimmten Handlungen" aufgeführt (Freiheitsstrafe bis zu drei Jahren).

Abs. 2 bedroht alle in Abs. 1 genannten Handlungen beim „Zweck der Ausbeutung" mit Freiheitsstrafe von einem bis zu fünf Jahren. Die Ausbeutung wird in Abs. 8 definiert als das Bemühen, einen Vorteil zu erlangen unter Ausnutzung der Verbringung in eine ausgelieferte Lage oder der Haltung in einer solchen.

Bei Handeln zulasten einer ihrer Freiheit beraubten Person, mit Gewalt oder Drohung, durch Täuschung, durch Quälen des anderen, zulasten einer der Erziehung, Aufsicht, Fürsorge oder Heilbehandlung durch den Täter unterliegenden Person oder unter Missbrauch eines sonstigen Macht- oder Einflussverhältnisses im Bezug auf das Opfer, zum Zweck eines verbotenen Organhandels, als Amtsperson unter Missbrauch der Amtsstellung, in einer Bande oder geschäftsmäßig beträgt die Freiheitsstrafe 2–8 Jahre (Abs. 3).

Weitere Strafrahmen sind:

Freiheitsentzug von 5–10 Jahren bei Handeln gegenüber unter 18-jährigen, gegenüber einer ihrer Freiheit beraubten Person unter den Erschwerungsgründen des Abs. 3 (Abs. 4)

Freiheitsentzug ab fünf Jahren bei Handeln gegenüber unter 14-Jährigen, gegenüber unter 18-Jährigen bei Qualifizierung nach Abs. 3, besonders

großen Nachteilen oder Lebensgefahr, Handeln zum Zweck der Kinderpornographie (Abs. 5)
Freiheitsentzug zwischen fünf und 20 Jahren oder lebenslänglich gegenüber unter 14-jährigen unter den Erschwerungsgründen des Abs. 3, bei Verursachung besonders großer Nachteile oder Lebensgefahr und behandeln zum Zweck der Kinderpornographie (Abs. 6).
Die Vorbereitung eines Menschenhandels ist mit Freiheitsentzug bis zu zwei Jahren bedroht (Abs. 7).

III Deutschland

Das deutsche Strafgesetzbuch hatte im 37. StÄG von 2005 die bis dahin in den Straftaten gegen die sexuelle Selbstbestimmung enthaltenen Strafvorschriften gegen die Veranlassung zur Prostitution aufgrund des Rahmenbeschlusses des Rates der Europäischen Union vom 19.7.2002 zur Bekämpfung des Menschenhandels um eine Vorschrift gegen die Ausbeutung der Arbeitskraft erweitert und als §§ 232–233 StGB in den Abschnitt „Straftaten gegen die persönliche Freiheit" eingegliedert[5]. Dabei wurden die im Rahmenbeschluss aufgeführten „Zwecke der Ausbeutung" entsprechend der deutschen Strafgesetzgebungstradition in Erfolgsdelikte umgewandelt (§§ 232, 233) und die Rekrutierungs- und Weiterleitungshandlungen als „Förderung des Menschenhandels", als „Vorschubleisten" in § 233a erfasst. Ich hatte in der 10. Aufl. des Lehrbuchs von *Maurach/Schroeder/Maiwald* von 2009 (Besonderer Teil, Tlbd. 1) den heterogenen Komplex des Menschenhandels in seine Bestandteile zurückzerlegt und die Verbringung in Sklaverei mit dem Menschenraub zusammengefasst (§ 15 III), den Menschenhandel zum Zweck der Veranlassung zur Prostitution (§ 232) in die Straftaten gegen die sexuelle Selbstbestimmung zurückbefördert (§ 21 IV) und den Menschenhandel zur Ausbeutung der Arbeitskraft neben den Wucher in die Straftaten gegen das Vermögen gestellt (§ 43 III).

Der deutsche Strafgesetzgeber hat sich nicht damit begnügt, die in der Richtlinie 2011/36/EU des Europäischen Parlaments und des Rates vom 5.4.2011 zur Verhütung und Bekämpfung des Menschenhandels und zum Schutz seiner Opfer enthaltenen neuen Gegenstände des Menschenhandels in seine 2005 geschaffenen Vorschriften einzubauen, sondern mit dem Gesetz zur Verbesserung der

5 Die §§ 232–233 waren durch die Abschaffung von Sonderbestimmungen über die Strafbarkeit der Körperverletzung freigeworden; der Abschnitt „Straftaten gegen die persönliche Freiheit" wurde also nach vorn verschoben.

Bekämpfung des Menschenhandels vom 11.10.2016 die Vorschriften des Strafgesetzbuchs über den Menschenhandel grundlegend neu konzipiert. Grund waren – neben den in der Richtlinie aufgeführten neuen Erscheinungsformen des Menschenhandels – Mängel in der Umsetzung des alten Rechts und der Wunsch nach einer größeren Praxistauglichkeit der Vorschriften[6].

Dabei wurde der Aufbau der Vorschriften entsprechend der internationalen Übung umgekehrt: an die Stelle von Erfolgsdelikten und diesbezüglichen Vorbereitungshandlungen trat ein umfassender Zwecktatbestand (§ 232) mit anschließenden Veranlassungstatbeständen (§§ 232a–232b). Dabei wurde – entsprechend dem korrigierten Sprachgebrauch der Richtlinie (s.o. I) – nur noch der einleitende Zwecktatbestand als „Menschenhandel" bezeichnet, während die beiden spezialisierten Vorschriften die Bezeichnungen „Zwangsprostitution" und „Zwangsarbeit" tragen.

Der einleitende Zwecktatbestand (§ 232) enthält die bekannten Rekrutierungs- und Weiterleitungshandlungen, *wenn* Personen ausgebeutet oder in anderer Weise behandelt werden *sollen*. Mit dieser Formulierung vermeidet das Gesetz den Nachteil der deutschen Absichtsdelikte, nach denen der Täter selbst entsprechende Handlungen vornehmen will[7], und den zu der Vorgängervorschrift (§ 233a) entstandenen Streit, ob auch eigene zukünftige Handlungen des Täters erfasst werden[8].

Der einleitende Zwecktatbestand nimmt sämtliche Betätigungsfelder des Menschenhandels auf, nämlich Ausübung der Prostitution oder Vornahme oder Duldung sexueller Handlungen Beschäftigung, Anhaltung zur Bettelei und zu strafbaren Handlungen Sklaverei, Leibeigenschaft oder Schuldknechtschaft Organentnahme.

Die §§ 232a, 232b entsprechen weitgehend den bisherigen §§ 232, 233. Damit ist auch deren Auslegung teilweise noch verwertbar.

Der Zwecktatbestand enthält eine höhere Strafdrohung für die Anwendung von Gewalt, Drohung mit einem empfindlichen Übel oder List sowie Entführung oder Sich-Bemächtigung, die sich jedoch nur auf die Rekrutierungs- und Weiterleitungshandlungen des Abs. 1 bezieht (Abs. 2). Auch die Ausnutzung einer Zwangslage oder einer auslandsspezifischen Hilflosigkeit oder ein Alter unter 21 Jahren sind nicht erforderlich[9]. Für die in den folgenden §§ geregelten Verhaltensweisen (Veranlassung zur Prostitution und zu sexuellen Handlungen,

---

6 Drucksache des Deutschen Bundestags, 18. Wahlperiode, Nr. 9095, S. 18.

7 Näher *Schroeder*, FS Lenckner, 1998, S. 335f.

8 Näher *Kudlich*, LK, 12. Aufl., Bd. 7/2, § 233a Rn. 4.

9 *Bürger*, Die Reform der §§ 232 ff. StGB und ihre Auswirkungen auf das Transplantations-, Arbeits- und Sexualstrafrecht, Juristische Rundschau, 2017, S. 143 ff., 145.

Veranlassung zur ausgebeuteten Beschäftigung, Sichbegeben in Sklaverei, Leibeigenschaft Schuldknechtschaft, Aufnahme der Bettelei) sind eigene Qualifizierungsvorschriften vorgesehen (§§ 232a Abs. 3, 4, 232b Abs. 3). Diese Qualifizierungsvorschriften decken überwiegend die in der Richtlinie vorgesehenen Tatmittel ab; der Missbrauch von Macht und die Ausnutzung besonderer Schutzbedürftigkeit werden durch die Einleitungsworte der Straftatbestände „unter Ausnutzung ihrer persönlichen oder wirtschaftlichen Zwangslage oder ihrer Hilflosigkeit, die mit dem Aufenthalt in einem fremden Land verbunden ist" (Art. 1 Abs. 2 der Richtlinie) abgedeckt[10]. Die Vorschrift gegen die Veranlassung zur Prostitution (§ 232a) enthält auf Anregung von Art. 18 Abs. 4 der Richtlinie erstmals eine Strafvorschrift gegen die Inanspruchnahme der Dienste von in einer Zwangslage befindlichen Prostituierten, sog. Freierstrafbarkeit (Abs. 6).

Außerdem hat die deutsche Neuregelung noch zwei weitere Tatbestände eingeführt. Die „Ausbeutung der Arbeitskraft" (§ 233 StGB) soll für die Fälle gelten, in denen nicht nachgewiesen werden kann, dass der Täter die Entschließung des Opfers zur Aufnahme der ausgebeuteten Beschäftigung herbeigeführt hat, er sie aber kennt und sich zunutze macht[11]. Diese Vorschrift, die ohnehin eine geringe praktische Bedeutung hat[12], wurde noch um einen besonderen Absatz 6 über die Strafbarkeit der Vermietung von Geschäfts- oder Wohnräumen ergänzt, da „sie nicht in jedem Fall als Beihilfe strafbar bzw. nur schwer nachweisbar" sei[13]. Bei der „Ausbeutung unter Ausnutzung einer Freiheitsberaubung" (§ 233a StGB soll die Ausbeutung bei der Ausübung der Prostitution, einer Beschäftigung, der Ausübung der Bettelei oder der Begehung mit Strafe bedrohter Handlungen erfolgen. Eine derartige Ausbeutung dürfte nur bei einer weiten Auslegung der Freiheitsberaubung infrage kommen, zum Beispiel bei Verbringung an Orte mit erschwerter Möglichkeit des Verlassens[14].

IV Die deutsche Regelung im internationalen Vergleich

Die deutsche Regelung fällt schon durch ihren Umfang völlig aus dem internationalen Rahmen. Während die meisten Länder sich mit einem Artikel oder

---

Missverständlich *Fischer*, Strafgesetzbuch mit Nebengesetzen, 65. Aufl. 2018, § 232 Rn. 28: „Qualifikation".

10 Bundestags-Drucksache 18/9095, S. 24.

11 Bundestags-Drucksache 18/9095, S. 20, 39.

12 *Fischer*, Strafgesetzbuch mit Nebengesetzen, 65. Aufl. 2018, § 233 Erl. 3.

13 Bundestags-Drucksache 18/9095, S. 41.

14 *Fischer*, Strafgesetzbuch mit Nebengesetzen, 65. Aufl. 2018, § 233a Erl. 3.

Paragrafen begnügen, umfasst die deutsche Regelung deren sechs, überwiegend von beträchtlicher Länge.

Die Zahl der Paragrafen beruht zunächst auf der gesonderten Erfassung der tatsächlichen Ausbeutung neben dem einleitenden Zwecktatbestand. Dazu kommen noch zwei besondere Vorschriften, die allenfalls Randbereiche der Ausbeutung erfassen, nämlich bei fehlender Nachweisbarkeit der Veranlassung des Opfers zur Aufnahme der ausgebeuteten Tätigkeit und bei Ausnutzung einer Freiheitsentziehung.

Dazu tritt ein Übermaß an Strafschärfungsgründen bzw. Qualifizierungen. Diese sind gegliedert nach der Tätergefährlichkeit und der Opferbeeinträchtigung (s. z.B. § 232 Abs. 2, 3, § 232a Abs. 3, 4). Diese werden zum Teil wieder durch Strafmilderungen für „minder schwere Fälle“ aufgelockert (§ 232a Abs. 5, § 232b Abs. 4, § 233 Abs. 4, § 233a Abs. 4). Damit einher geht eine verwirrende Verweisungstechnik (§ 232a Abs. 3, 4, 5), z.T. mit Weiterverweisungen (§ 232b Abs. 4).

Bei allen Tatbeständen ist auch der Versuch strafbar, sogar bei dem Zwecktatbestand des § 232.

Es drängt sich der Eindruck eines legislativen Perfektionismus, wenn nicht gar eines Spieltriebs auf. Die komplizierten, hoch differenzierten Strafvorschriften mit ihren zahlreichen Verweisungen werden die Praxis vor erhebliche Probleme stellen und große rechtsmittelträchtige Fehlerquellen schaffen. Eine Vorbildwirkung der deutschen Gesetzgebung für das Ausland kann man von diesem Produkt kaum erwarten.

Eine international beachtliche Neuerung des deutschen Rechts ist allerdings die neu eingeführte Strafbarkeit der Ausnutzung der Zwangsprostitution durch Freier (§ 232a Abs. 6). Denn bisher werden alle Versuche zur strafrechtlichen Einschränkung der Prostitution durch die unersättliche Nachfrage konterkariert. Mögen ausländische Beobachter über diesen Versuch zur Eindämmung des unausrottbaren Phänomens der Prostitution, des „ältesten Gewerbes der Welt“, mitleidig lächeln, so ist es doch zu begrüßen, dass der deutsche Gesetzgeber hier wenigstens Flagge zeigt.

Sebastian Söllner

Reformbedarf bei den Sicherheitsbehörden des Bundes und deren verfassungsrechtliche Grenzen

Abstract: The article deals with the actual and legal requirements of a reform of the security authorities of Germany at federal level. Due to the federal constitution it's problematic to merge the Federal Office (BKA) and Federal Police (BPol). The proposals of the so-called 'Werthebach Commission' are addressed. The author concludes that there is a need to amend the Constitution. The tasks of a new security authority are compared with the tasks of the Department of Homeland Security and the Federal Bureau of Investigation. The author is looking forward to a reform of the security architecture.

Keywords: Federal Office, Federal Police, reform federal security agencys

Eine Stärkung der Strukturen der Inneren Sicherheit ist oft Gegenstand von Koalitionsvereinbarungen. Auch in den Sondierungen für eine Koalition in der 19. Wahlperiode des Deutschen Bundestages ist dieses Thema auf der Tagesordnung.

Bereits bei der letzten Regierungsbeteiligung von CDU/CSU und FDP war das Thema als Prüfauftrag aufgeworfen worden. Die Koalitionspartner CDU, CSU und FDP hatten sich im Jahr 2009 (17. Wahlperiode des Bundestages) im Koalitionsvertrag auf eine Überprüfung bestehender Strukturen und deren Optimierung geeinigt.[1] So sollten Aufgaben und Zuständigkeiten der Sicherheitsbehörden in Bund und Ländern evaluiert werden. Dazu hatte Bundesinnenminister Thomas de Maizière eine Kommission unter Führung des ehemaligen Präsidenten des Bundesamtes für Verfassungsschutz und ehemaligen Berliner Innensenators Eckhardt Werthebach eingerichtet, die am 19. Dezember 2010 ihre Vorschläge vorstellte. Thomas de Maizière kündigte an, dass die Reform entsprechend der Vorschläge der Kommission umgesetzt werden sollten. Er stellte in Aussicht, im März 2011 dazu die erforderlichen Grundsatzentscheidungen zu treffen. Aufgrund einer Kabinettsumbildung infolge des Rücktritts vom Bundesverteidigungsminister zu Guttenberg konnte Thomas de Maizière diese Entscheidung nicht mehr treffen. Er wechselte in das Amt des

1 Koalitionsvertrag der Bundesregierung in der 17. Wahlperiode des Bundestages, S. 99.

Bundesverteidigungsministers. Am 16. März 2011 wurde Hans-Peter Friedrich vor dem Deutschen Bundestag als neuer Bundesinnenminister vereidigt. Der neue Minister zeigte kein Interesse an der Umsetzung der Reformvorschläge. Im Koalitionsvertrag für die 18. Legislaturperiode des Deutschen Bundestages wurde die Umsetzung der „Ergebnisse der Evaluierung der Neuorganisation der Bundespolizei“ als Ziel genannt, jedoch nicht auf den Bericht der Kommission Bezug genommen.[2] Nach seiner Rückkehr in das Bundesministerium des Inneren verfolgte Thomas de Maizière nicht mehr die Umsetzung des Berichts.

Infolge der Erkenntnisse der Untersuchungsausschüsse zum Rechten Terror des NSU und den Erkenntnissen zu den Vorgängen zum Terroranschlag auf den Berliner Weihnachtsmarkt am Breitscheidplatz wurde von Unions-Politikern verstärkt ein Deutsches FBI gefordert. Das ist der Anlass, den bedeutendsten Vorschlag der Werthebach-Kommission, die Zusammenlegung von Bundespolizei und Bundeskriminalamt, erneut zu bewerten.

A. Änderungen beim Bundeskriminalamt (Erste Stufe)

Auf dem Weg zur Fusion beider Behörden empfiehlt die Kommission eine Stärkung der Kernkompetenzen des BKA. Diese sieht die Kommission durch die Entwicklung der Bundespolizei erheblich gestört. Die Kompetenz als Bundeskriminalpolizei und als Zentralstelle für die Kommunikation soll durch Aufgabenübertragung von der Bundespolizei an das BKA Stärkung erfahren.[3] Es stellt sich zunächst die Frage, ob sich die Stellung des BKA im Verfassungsgefüge durch diese Stärkung merklich ändert und ob diese Änderung sich im Rahmen des verfassungsrechtlich Möglichen bewegt.

I Das Bundeskriminalamt (BKA) im Verfassungsgefüge

Das Bundeskriminalamt ist Zentralstelle für die Zusammenarbeit in der Kriminalpolizei und Bundeskriminalpolizei zugleich. In beiden Funktionen ist das BKA als Zentralstelle eingerichtet worden.[4] Die Notwendigkeit, auch die Bundeskriminalpolizei als Zentralstelle einzurichten, ergibt sich aus Art. 87 I 2 Var. 3. GG. Dieser nennt als unmittelbare Bundesverwaltungen auch eine Zentralstelle für die Kriminalpolizei. Diese Verwaltungskompetenz bezieht sich

2 Koalitionsvertrag der Bundesregierung in der 18. Wahlperiode des Bundestages, S. 150.
3 Bericht der Werthebach-Kommission, S. 33.
4 *Becker*, DVBl 1977, 945 ff. (946).

direkt auf Art. 73 I Nr. 10 GG, der dem Bund die Gesetzgebungskompetenz zur Reglung der Bundeskriminalpolizei zugesteht.

Neben dem Amtssitz in Wiesbaden verfügt das BKA Außenstellen in Berlin und in Meckenheim. Das BKA fasst die Zentralstelle für die Kriminalpolizei und für die Zusammenarbeit und den Informationsaustausch zusammen.[5] Im Rahmen der Zentralstelle Kriminalpolizei kann das BKA in speziell bestimmten Fällen auch Weisungen an die Landespolizei erteilen.[6]

Das Wesen der Zentralstelle liegt darin, dass sie nicht über einen Verwaltungsunterbau verfügt[7]. Als Zentralstellen sind die Sicherheitsbehörden BKA und Bundesamt für Verfassungsschutz eingerichtet. Nur für diese Stellen wurde der zuvor unbekannte Verwaltungstypus der Zentralstelle geschaffen.[8] Beabsichtigt war eine Beschränkung der Exekutivmöglichkeiten der Bundessicherheitsbehörden. Vor dem Hintergrund der Erfahrungen mit dem Gestapo-Terror im NS-Staat sollte die Errichtung einer im gesamten Bundesgebiet präsenten Bundes-Geheimpolizei im Grundgesetz ausgeschlossen werden.

Anders als beim Zollkriminalamt, dem das Bundesverfassungsgericht die Einrichtung von untergeordneten Mittelbehörden zuerkennt,[9] korrespondiert die Vorschrift zur Gesetzgebungskompetenz in Art. 73 I Nr. 10 GG direkt mit der Verwaltungskompetenz zur Einrichtung der Zentralstelle für die Kriminalpolizei. Einen Mittelbau sollte es ausdrücklich nicht geben. Das Zollkriminalamt ist dagegen Teil der Finanzverwaltung des Bundes und darf als Zoll nach Art. 73 I Nr. 5 i.V.m. Art. 87 III GG auch mit einem Verwaltungsunterbau ausgestattet werden.[10]

II Verfassungsmäßigkeit der Änderungsvorschläge zum BKA

Der Vorschlag zur Neuorganisation sieht in der ersten Stufe eine Übertragung von Aufgaben der Bundespolizei an das BKA vor.

Dazu empfiehlt die Kommission eine Eingliederung der Abteilungen Kriminalitätsbekämpfung der Bundespolizeiinspektionen in das BKA unter Beibehaltung der Standorte.[11] Dies würde dem BKA Kriminalpolizeiinspektionen

---

5 *Ibler*, in: Maunz/Dürig, 80. EGL 2017, Art. 87 Rn. 129.
6 *Evers*, in: Bonner Kommentar zum GG, 188. Aufl. 2017, Art. 73 Nr. 10 Rn. 20.
7 Umfassend *Gusy*, DVBl 1993, 1117–1128 (1125).
8 *Becker*, DÖV 1978, 551–555, (554).
9 BVerfGE 110, 33–76.
10 BVerfGE 110, 33–76.
11 Bericht der Werthebach-Kommission, S. 32 f.

unterordnen, die dann von der Bundespolizei getrennt an den Standorten der Bundespolizeiinspektionen angesiedelt wären. Die Verlagerung eines Teils des Verwaltungsunterbaus der Bundespolizei schafft zweifelsfrei einen Verwaltungsunterbau beim BKA.

Durch diese Änderung würde das BKA seine Organisationsform als Zentralstelle verlieren. Mittel- und Unterbehörden lässt die Zentralstellenform nicht zu. Auch eine formelle Deklarierung als Außenstellen kann nicht über den faktischen Charakter der Unterbehörde hinweghelfen. Die Kommission geht offenbar davon aus, dass nur bezüglich des polizeilichen Auskunfts- und Nachrichtenwesens eine Zentralstelle erforderlich ist.[12]

Die Eingliederung von Kriminalpolizeiinspektionen in das BKA erfordert eine Änderung des Grundgesetzes.

B. Änderungen bei der Bundespolizei (Zweite Stufe)

Die Bundespolizei (bis 2005 Bundesgrenzschutz) ist eine Sonderpolizei des Bundes, die zunächst als Grenzschutzbehörde besteht.[13] Ihr können aber auch andere, nicht grenzbezogene Aufgaben übertragen werden, solange diese das sonderpolizeiliche Gepräge der Bundespolizei nicht überschreiten.[14] Zudem muss dem Bund die Kompetenz zur Regelung der betreffenden Materie zukommen. Die allgemeine Polizeikompetenz der Länder darf durch die Erweiterung von Kompetenzen der Bundespolizei nicht angetastet werden.[15]

Kernaufgabe der Bundespolizei bleibt nach ihrer Umbenennung von „Bundesgrenzschutz" in „Bundespolizei" der Grenzschutz. Sie ist nämlich in erster Linie als Grenzschutzbehörde eingerichtet worden.[16] Als Sonderpolizei für diesen Bereich obliegt der Bundespolizei als doppelfunktionaler Behörde sowohl Prävention als auch Repression. So ist die Bundespolizei – innerhalb ihres Aufgabenbereichs – auch Polizei im Sinne des § 163 StPO, ihr kommt damit auch die Aufgabe zu, Straftaten zu erforschen. Eine Einengung des Tätigkeitsbereichs auf rein präventivpolizeiliche Tätigkeit lässt sich aus einer Kernkompetenz heraus nicht rechtfertigen. Vielmehr lege es näher, die Kernkompetenz des Grenzschutzes mit dem Ausbau auch der repressiven und informationellen Möglichkeiten im Bereich der illegalen Migration auszubauen.

---

12 Bericht der Werthebach-Kommission, S. 33.

13 *Ibler*, in: Maunz/Dürig, 80. EGL 2017, Art. 87 Rn. 89.

14 BVerfGE 97, 198–228.

15 *Burgi*, in: v. Mangold/Starck/Klein GG III, 6. Aufl. 2010, Art. 87 Rn. 42.

16 *Burgi*, in: v. Mangold/Starck/Klein GG III, 6. Aufl. 2010, Art. 87 Rn. 40.

C. „Fusion" von Bundespolizei und Bundeskriminalamt als letzte Stufe des Umbaus

I. Vorschlag der Kommission

Die Kommission schlägt als Ziel und letzte Stufe eines Umbaus der Sicherheitsbehörden die Zusammenlegung von Bundespolizei und BKA in einer neuen Bundespolizei vor.

1. Neue Stellung des BKA

Das BKA hätte innerhalb der neuen Behörde zum einen die Stellung der Abteilung Kriminalpolizei und würde zudem wie bisher das polizeiliche Nachrichtenwesen als Zentralstelle ausüben. Als Kriminalpolizei des Bundes wäre das BKA durch die Übernahme der Kriminalpolizeiinspektionen im Bundesgebiet mit einem Unterbau präsent.

2. Neue Stellung der Bundespolizei

Die Bundespolizei wäre in der neuen Behörde als Bundesschutzpolizei auf präventivpolizeiliche Aufgaben beschränkt, Strafverfolgungsaufgaben würden entfallen.

II. Verfassungsmäßige Grenzen einer Zusammenlegung von BKA und Bundespolizei

Fraglich ist die Verwaltungskompetenz des Bundes. Unter dem Föderalismusaspekt stellt sich zudem die Frage, ob der Machtzuwachs einer neuen Bundespolizei mit dem Rechtsstaatsprinzip zu vereinbaren ist.

1. Beeinträchtigung der Zentralstellenfunktion (Art. 87 I 2 GG)

Die Errichtung einer Abteilung Kriminalpolizei in der neuen Bundespolizei würde die Zentralstelle Kriminalpolizei durch Errichtung eines Unterbaus abschaffen.

Die Zentralstelle für die Kriminalpolizei ließe sich nur ohne Unterbau in die neue Behörde integrieren. Ihr müsste, wie auch der Zentralstelle für das polizeiliche Nachrichtenwesen, eine besondere Stellung eingeräumt werden.

2. *Grenzen einer Polizei des Bundes durch den Föderalismus (Art. 30, 83 GG)*

a) Allgemeine Polizeikompetenz der Länder

Den Ländern kommt die allgemeine Polizeikompetenz zu; eine Bundespolizei dürfte ihr sonderpolizeiliches Gepräge nicht verlieren.[17] Dieses sonderpolizeiliche Gepräge erfordert eine Eingrenzung der Zuständigkeitsbereiche nach speziellen Sachgebieten. Auf die besondere Bedeutung einer Angelegenheit darf es dabei nicht ankommen. Eine Sonderpolizei darf kein Evokationsrecht ausüben. Dann würde sie nämlich in Konkurrenz zu den Polizeibehörden der Länder treten. Dies soll durch die besondere Ausgestaltung der Polizeikompetenzen des Bundes im Grundgesetz ausgeschlossen werden. Das Evokationsrecht steht auch nur der Zentralstelle zu, die ohne eigenen Verwaltungsunterbau auf die Mithilfe der Länder angewiesen ist und angewiesen sein soll. Eine Einbindung des BKA in seiner bestehenden Form in die Struktur einer Bundespolizei gefährdet das sonderpolizeiliche Gepräge und damit die allgemeine Polizeikompetenz der Länder.

b) Bundeskompetenz Grenzschutz/Grenzschutzbehörden

Die Errichtung einer Bundespolizei mit einer dominierenden Bundeskriminalpolizei als Zentrale für das Nachrichtenwesen und umfassender Kriminalpolizei mit Unterbau lässt sich nicht mehr ohne Weiteres auf die Kompetenz des Bundes zur Einrichtung von Grenzschutzbehörden stützen.

3. *Grenzen durch das Rechtsstaatsprinzip (Art. 20 III GG)*

Das Rechtsstaatsprinzip aus Art. 20 III GG legt zunächst die Gesetzmäßigkeit der Verwaltung fest. Darüber hinaus wird vertreten, dass auch innerhalb der Exekutive organisatorische Trennungen durch das Rechtsstaatsprinzip vorgegeben werden.[18] Wenn Machtfülle in einer Behörde den Missbrauch dieser Macht strukturell begünstigt, so kann dies bereits eine Verletzung des Rechtsstaatsprinzips darstellen. Wo rechtsstaatliches Handeln systematisch erschwert ist, bleibt nicht viel übrig von der Bindung der Verwaltung an Recht und Gesetz.

Die Begrenzung von Macht als bedeutender Teil des Rechtsstaatsprinzips kommt zunächst in der Teilung der drei Gewalten Exekutive, Legislative und Judikative zum Ausdruck. Darüber hinaus muss staatliches Handeln stets durch

---

17 BVerfG NVwZ 1998, 495 (497); BVerfGE 97, 198–228.

18 *Denninger*, ZRP 1981, 231.

eine unabhängige Justiz kontrollierbar sein. Die Machtbegrenzung besteht daher zunächst in zwei Formen, der Gewaltenteilung und der unabhängigen Kontrolle insbesondere der Verwaltung.[19] Eine Machtbegrenzung bei den Sicherheitsbehörden ist geeignet, den Missbrauch von Macht zu verhindern, geboten ist diese Trennung aber nur in Fällen, bei denen Missbrauch so erleichtert ist, dass er wahrscheinlich ist. In jedem Fall muss eine effektive unabhängige Kontrolle des Verwaltungshandelns insbesondere der Sicherheitsbehörden gewährleistet sein. Soweit Missbrauch nicht strukturell angelegt ist, kann sich eine Machtbegrenzung innerhalb der Gewalten nur aus weiteren Einschränkungen im Grundgesetz ergeben.[20] Diese finden sich in der Zuständigkeitsverteilung zwischen Bund und Ländern sowie im Funktionsvorbehalt für Beamte[21] aus Art. 33 IV GG. Eine Gewaltenteilung innerhalb der Exekutivgewalt legt das Grundgesetz nicht fest.[22]

D. Vergleich der „Bundespolizei NEU" mit dem Department of Homeland Security in den USA

In den USA wurden nach den Anschlägen vom 11. September 2001 verschiedene Sicherheitsbehörden zusammengelegt und im Department of Homeland Security (DHS) vereinigt. Errichtet wurde das DHS auf Grundlage des Homeland Security Acts im Jahr 2002.[23]

I. Aufbau und Auftrag des Department of Homeland Security (DHS)

Das DHS vereinigt 22 verschiedene US-Bundesbehörden,[24] dazu gehören der Zoll, die Einwanderungsbehörde, der Grenzschutz, die Transportsicherheit, die Küstenwache, Zivilschutzbehörden, Teile des FBIs und des Verteidigungsministeriums.[25] Geleitet wird das DHS von einem Mitglied des US-Bundeskabinetts (Secretary), das vom US-Präsidenten ernannt wird.

Aufgabe der neuen Behörde ist die Abwehr von Terroranschlägen auf die USA, Verringerung der Anfälligkeit für Anschläge und die Gefahrenvorsorge für Terrorfälle. Diese Ziele soll das DHS im Wesentlichen durch die Gewährleistung

19 *Baumann*, in: FS-Posser, 1997, 299 (302).
20 *Sachs*, in: Sachs GG, 7. Aufl. 2014, Art. 20 Rn. 161.
21 vgl. *Battis*, in: Sachs GG, 7. Aufl. 2014, Art. 33 Rn. 45.
22 vgl. *Pieper*, Aufsicht, 2006, 237ff.
23 Homeland Security Act of 2002, P.L. 107–296 (No. 25, 2002).
24 Homeland Security Bulletin 03-2003, S. 1.
25 https://www.dhs.gov/department-homeland-security-seal, abgerufen am 30.11.2017.

der Grenzsicherheit und Überwachung des Transportwesens, der Analyse von Informationen, der Koordinierung anderer Sicherheitsbehörden und dem Schutz kritischer Infrastrukturen erreichen.[26]

Besondere Bedeutung haben darin die Erlangung und der Umgang mit relevanten Informationen, so wird der Homeland Security Intelligence besondere Bedeutung eingeräumt.[27] Diese Einschätzung geht auf den Bericht einer nationalen Untersuchungskommission zu den Anschlägen vom 11. September 2001 zurück, der im Wesentlichen eine unzureichende Auswertung von Informationen bemängelte.[28]

II. Verhältnis des DHS zur US-Bundespolizei FBI

Die US-Bundespolizei FBI und das DHS arbeiten getrennt und unterstehen unterschiedlichen Mitgliedern des US-Kabinetts. Das FBI zählt zum Justizressort, während das DHS mit einem eigenen, neu geschaffenen Ressort im Kabinett vertreten ist.

III. Vergleichbarkeit der Bundespolizei NEU zum DHS

Sowohl bei der neuen Bundespolizei als auch beim DHS soll die Zusammenfassung von Sicherheitsbehörden die innere Sicherheit stärken. Jedoch dient das DHS im Wesentlichen der Abwehr des Terrorismus, das FBI betreibt dagegen Strafverfahren. In den USA besteht eine klare Trennung zwischen der Strafverfolgungsbehörde FBI und der Gefahrenabwehr durch das DHS, die sich auch im US-Kabinett widerspiegelt.

Bereits bei den bestehenden Sicherheitsbehörden bestehen sowohl Strafverfolgungs- als auch Gefahrenabwehrkompetenzen, die neue Bundespolizei würde ebenfalls in beiden Bereichen tätig werden.

Zoll und Grenzkontrolle blieben jedoch – anders als in den USA – in Deutschland getrennt. Die neue Bundespolizei ist stärker auf Strafverfolgung und polizeiliches Nachrichtenwesen ausgelegt und würde sich daher eher mit dem FBI vergleichen lassen.

26 Homeland Security Bulletin 03-2003, S. 1.

27 Randol, Congressional Research Service 7-5700 S. 1.

28 www.9-11commission.gov, abgerufen 30.11.2017.

E. Fazit

Die Vorschläge der Werthebach-Kommission entwickeln die Bundespolizei, die bislang eine Vollzugs-Sonderpolizei mit (punktuell) beschränkten Aufgaben war, zu einer Polizei. Mit dem Grundgesetz sind die Vorschläge der Kommission nicht ohne Weiteres vereinbar. Die Umgestaltung des Bundeskriminalpolizeiamts (BKA) in eine Bundesoberbehörde mit Verwaltungsunterbau ist unzulässig und verstößt gegen Art. 87 I 2 GG (Zentralstelle). Die Eingliederung einer Zentralstelle für das polizeiliche Nachrichtenwesen (BKA) in eine Bundesoberbehörde mit Verwaltungsunterbau ist unzulässig und verstößt gegen Art. 87 I 1 GG. Die erhebliche Bedrohung durch extremistischen Terrorismus kann eine Verschmelzung von BKA und Bundespolizei durchaus rechtfertigen, erfordert aber eine Grundgesetzänderung. Die Koalitionäre sollten den Mut haben, sich dieser Frage offen anzunehmen.

Brian Valerius*

Ton- und Filmaufnahmen und -übertragungen von Urteilsverkündungen. Eine kritische Betrachtung der neuen Fassung des § 169 GVG

Abstract: The author examines the reform of § 169 GVG according to the Act on the extension of the media public in court proceedings. He highlights the conflicting interests of press freedom, the Personality rights of the involved parties and the public interest for an undisturbed course of justice. The constituent elements of the amended law are presented and discussed on the basis of examples from the preamble to the new legislation. The article concludes with a detailed, critical opinion explaining, among other things, the preamble to the new law, the manner in which media coverage is being reported and the perception of Supreme Court judgments by the public.

Keywords: principle of public trial; media public; media transmission of pronouncements of judgement; media freedom; personality rights of parties to the proceedings; functioning of jurisdiction

A. Einleitung

Die seit 1965 geltende Rechtslage sah bis vor kurzem in § 169 S. 2 GVG vor, dass „Ton- und Fernseh-Rundfunkaufnahmen sowie Ton- und Filmaufnahmen zum Zwecke der öffentlichen Vorführung oder Veröffentlichung ihres Inhalts […] unzulässig" sind. Lediglich bei Verfahren vor dem BVerfG war es schon seit 1998 gestattet, die mündliche Verhandlung bis zur Feststellung der Anwesenheit der Beteiligten durch das Gericht sowie die öffentliche Verkündung von Entscheidungen aufzunehmen. Ob die grundsätzlichen Bedenken gegenüber Aufnahmen in bzw. Übertragungen aus Gerichtsverhandlungen in der heutigen zunehmend medialisierten Zeit überhaupt noch geteilt werden können, war Gegenstand einer Bund-Länder-Arbeitsgruppe, die 2013 auf der Justizministerkonferenz eingerichtet wurde. Zwei Jahre später stellte die Arbeitsgruppe ihren Abschlussbericht vor, in der sie sich für eine „Zeitgemäße Neufassung des § 169 GVG" aussprach. Das Bundesjustizministerium folgte dem Vorschlag und erarbeitete den „Entwurf eines Gesetzes zur Erweiterung der

* Der Verfasser ist Inhaber des Lehrstuhls für Strafrecht, Strafprozessrecht und Medizinstrafrecht an der Universität Bayreuth.

Medienöffentlichkeit in Gerichtsverfahren und zur Verbesserung der Kommunikationshilfen für Menschen mit Sprach- und Hörbehinderungen (Gesetz über die Erweiterung der Medienöffentlichkeit in Gerichtsverfahren – EMöGG)",[1] der am 22. Juni 2017 im Bundestag verabschiedet und am 18. Oktober 2017 verkündet wurde.[2] Nach Art. 6 EMöGG trat nicht zuletzt die Neufassung des § 169 GVG am 18. April 2018 in Kraft.

Die im Folgenden vorzustellende und zu beurteilende Änderung des § 169 GVG bildet den – voraussichtlich nur vorläufigen – Abschluss einer in regelmäßigen Abständen geführten Diskussion, ob nicht live oder auch nur zeitversetzt die Verkündung von Gerichtsentscheidungen in Bild und Ton übertragen oder auch mitten aus einer laufenden Gerichtsverhandlung berichtet, insbesondere zu diesem Zweck die Verhandlung mit Fernsehkameras aufgezeichnet werden soll. Auch der verehrte Jubilar, den ich vor knapp zehn Jahren in Frankfurt (Oder) bei meiner ersten Lehrstuhlvertretung kennen und schätzen lernen durfte, hat sich mit diesem Thema schon vor über zwanzig Jahren kritisch auseinandergesetzt.[3] Er sprach sich sogar gegen eine nur eingeschränkte Medienöffentlichkeit unter anderem deswegen aus, weil Bild- und Tonaufnahmen gegen den Willen der Betroffenen unzulässig seien und die Persönlichkeitsrechte der Betroffenen auch nicht im Rahmen einer Abwägung übergangen werden könnten.[4] Vor allem eine Gerichtsberichterstattung im Fernsehen riefe angesichts dessen Unterhaltungscharakters Gefahren hervor.[5] Die erhoffte Steigerung der Akzeptanz des Rechts bedürfe einer mediengerechten Aufbereitung, ohne welche die Übertragung aus der Gerichtsverhandlung „zu einem Eintopf von Berichterstattung, Unterhaltung und Schulfunk"[6] würde. Erfahren diese und weitere Argumente angesichts des erweiterten wie gewandelten Medienspektrums noch heute ihre Gültigkeit?

B. Veränderte Begebenheiten

Spontan könnten früher geäußerte Bedenken schon deswegen als unbeachtlich verworfen werden, weil sich die tatsächlichen Begebenheiten in den letzten Jahrzehnten nicht unerheblich geändert haben. Die zunehmende Digitalisierung wie Medialisierung der Gesellschaft ist eine nicht zu leugnende und wohl

---

1 Entwurf der Bundesregierung in BT-Drs. 18/10144, Beschlussempfehlung und Bericht des Rechtsausschusses in BT-Drs. 18/12591.

2 BGBl. I, S. 3546.

3 Siehe *Wolf*, NJW 1994, 681 und insbesondere *ders.*, ZRP 1994, 187.

4 *Wolf*, ZRP 1994, 187 (190 f.).

5 *Wolf*, ZRP 1994, 187 (188).

6 *Wolf*, ZRP 1994, 187 (189).

unumkehrbare Entwicklung, die sich durchaus auch auf die juristische Beurteilung der Zulässigkeit bzw. Gebotenheit von Filmaufnahmen in Gerichtssälen auswirken könnte. Wenn es heutzutage völlig normal (und bei Erscheinen dieses Beitrags nicht bereits wieder überholt) ist, bei jeder Gelegenheit noch so banale und alltägliche Tätigkeiten in sozialen Netzwerken wie Facebook zu posten, Selfies live von Konzerten, Sportereignissen und sonstigen Events über Instagram oder ähnliche Online-Dienste zum Teilen von Bild- und Videoaufnahmen zu verbreiten, unmittelbar aus Vorlesungen Kommentare über Dozentinnen und Dozenten und/oder gelegentlich auch über Inhalte zu „jodeln" und etwa der amtierende Präsident der Vereinigten Staaten seine Öffentlichkeitsarbeit zu einem Großteil über den Internet-Kurznachrichtendienst „Twitter" betreibt: Was ließe sich dann noch ernsthaft an einer Live-Berichterstattung mit Fernsehkameras aus dem Gerichtssaal aussetzen? Das Fernsehpublikum ist nachmittägliche Richtersendungen schließlich mehr als gewohnt, derer vielleicht sogar bereits überdrüssig. Ist ein Verbot von Rundfunk-, Ton- und Filmaufnahmen jeder Art daher nicht ein bloßer Anachronismus, dessen Beseitigung überfällig ist?

Nicht erst bei näherer Betrachtung entpuppt sich eine solche Denkweise aber freilich als Kniefall vor dem Faktischen, eine sich hierauf beschränkende Argumentation als unzulässiger Sein-Sollens-Schluss. Es ist zwar durchaus nicht ausgeschlossen, dass der zunehmende Umgang mit Medien aller Art und die Entwicklung in diesem Bereich in den letzten Jahren und Jahrzehnten den bisherigen Argumenten für ein generelles Verbot von Rundfunkübertragungen aus der Gerichtsverhandlung teilweise oder auch vollumfänglich die Überzeugungskraft nimmt. Selbstverständlich erscheint dies indessen nicht, wird zudem bedacht, dass die insoweit – auch vom Jubilar – geäußerten Befürchtungen Gefahren, die mit der Medialisierung im Generellen einhergehen, und somit eher die Qualität der Medien und nicht etwa deren inzwischen erheblich gewachsene Quantität und Vielgestaltigkeit im Blick haben. Es bedarf daher nach wie vor einer gründlichen Überprüfung der bestehenden Einwände anlässlich der veränderten Begebenheiten sowie einer kritischen Würdigung der vorgetragenen Argumente für die Zulassung von Ton- und Filmaufnahmen in Hauptverhandlungen.

C. Rechtliche Grundfragen

I Öffentlichkeit und Publizität

Grundlegende Bedeutung wird in der Diskussion um die Erweiterung der Medienöffentlichkeit dem sog. Öffentlichkeitsprinzip zuteil. Es ist in § 169 I 1 GVG normiert und besagt, dass die Verhandlung vor dem erkennenden Gericht einschließlich der Verkündung der Urteile und Beschlüsse öffentlich ist. Ebenso hält Art. 6 I 2 EMRK fest, dass das Urteil öffentlich zu verkünden ist,[7] ohne in seiner Garantie über die Regelung der §§ 169 ff. GVG hinauszugehen.[8] Gerade in Strafverfahren zählt das Öffentlichkeitsprinzip zu den grundlegenden Einrichtungen des Rechtsstaats.[9] Die Gerichte sollen – anders als die Geheim- und Kabinettsjustiz in den Zeiten des Absolutismus[10] – nicht hinter verschlossenen Türen, sondern in aller Öffentlichkeit verhandeln, um nicht zuletzt das Vertrauen in die Unabhängigkeit und Objektivität der Gerichte zu ermöglichen.[11] Demzufolge ist bzw. war es jedenfalls in erster Linie das Anliegen des Öffentlichkeitsprinzips, die Kontrolle des Verfahrens durch die Allgemeinheit zu ermöglichen.[12] Allerdings wird dem Öffentlichkeitsprinzip durchaus auch ein Bedeutungswandel attestiert, namentlich im Hinblick auf die Freiheit der Presse und des Rundfunks[13] einerseits sowie im Hinblick auf den Schutz der Persönlichkeitssphäre der Verfahrensbeteiligten, nicht zuletzt des Angeklagten, andererseits.[14]

Aus dem Öffentlichkeitsprinzip folgt, dass grds. jeder Mensch – ungeachtet der Zugehörigkeit zu einer bestimmten Bevölkerungsgruppe und ungeachtet bestimmter persönlicher Eigenschaften – an einer Hauptverhandlung als Zuhörer und Zuschauer teilnehmen können muss.[15] Dies setzt in einem ersten Schritt voraus, dass jeder interessierte Bürger ohne besondere Schwierigkeiten in Erfahrung bringen kann, wann und wo das erkennende Gericht eine

---

7 Siehe hierzu etwa BVerfG NJW 2012, 1863 (1865).

8 *Velten*, in: SK-StPO, 5. Auflage 2016, Vor § 169 GVG Rn. 16 m.w.N. Zur Vereinbarkeit der Neuregelung des § 169 GVG mit der EMRK *Kreicker*, ZIS 2017, 85 (92 ff.).

9 BGHSt 9, 280 (281) = NJW 1956, 1646 (1646); BGHSt 21, 72 (73) = NJW 1966, 1570 (1571); siehe auch BVerfGE 103, 44 (63) = NJW 2001, 1633 (1635) und BVerfG NJW 2012, 1863 (1864): „Bestandteil des Rechtsstaatsprinzips".

10 BVerfGE 103, 44 (63 f.) = NJW 2001, 1633 (1635); *Diemer*, in: KK-StPO, 7. Auflage 2013, § 169 GVG Rn. 1; *Velten*, in: SK-StPO, 5. Auflage 2016, Vor § 169 GVG Rn. 1.

11 BGHSt 9, 280 (281) = NJW 1956, 1646 (1646 f.); BGH NStZ 1988, 467 (468).

12 BGHSt 27, 13 (15) = NJW 1977, 157 (158); *Diemer*, in: KK-StPO, 7. Auflage 2013, § 169 GVG Rn. 2.

13 Kritisch *Bosch*, Jura 2016, 45 (47, 51 und 57).

14 *Diemer*, in: KK-StPO, 7. Auflage 2013, § 169 GVG Rn. 1; *Schmitt*, in: Meyer-Goßner/Schmitt, 60. Auflage 2017, § 169 GVG Rn. 1; *Trüg*, NJW 2011, 1040 (1041) bemerkt bzgl. der Verfahrensbeteiligten, dass insoweit „die Frage nicht mehr in erster Linie nach dem Schutz *durch* Öffentlichkeit, sondern eher *vor* Öffentlichkeit gestellt" wird [Hervorhebungen im Original].

15 BGHSt 27, 13 (14) = NJW 1977, 157 (157 f.); BGHSt 36, 119 (120) = NJW 1989, 1741 (1743).

Hauptverhandlung abhält.[16] Sodann genügt es allerdings, im Rahmen der tatsächlichen Möglichkeiten den Zutritt zur Hauptverhandlung zu gewähren.[17] Zwar darf die Öffentlichkeit nicht übermäßig und ohne Not eingeschränkt werden. So wurde es als Verstoß gegen den Öffentlichkeitsgrundsatz erachtet, dass eine Sitzung mangels ausreichender räumlicher Ausstattung des Gerichtsgebäudes in einem Beratungszimmer stattfand, in dem außer den Verfahrensbeteiligten lediglich ein Zuhörer Platz gefunden hätte. Vielmehr muss der Sitzungssaal Zuhörern in einer solchen Anzahl, in der sie noch als Repräsentanten einer keiner besonderen Auswahl unterliegenden Öffentlichkeit angesehen werden können, Raum bieten.[18] Die Gerichte müssen aber nicht über die vorhandenen Kapazitäten hinaus weitere Möglichkeiten ergreifen, um einem größeren Publikum den Zutritt zur Gerichtsverhandlung zu gewähren. Zu diesen Zwecken etwa eine Stadthalle oder einen Kinosaal anzumieten, hätte im Gegenteil zur Folge, den Angeklagten zum bloßen Schauobjekt zu degradieren und dessen Menschenwürde zu missachten.[19]

Ein Argument für oder gegen Ton- und Filmaufnahmen in bzw. Live-Übertragungen aus Gerichtssälen lässt sich somit aus dem Öffentlichkeitsprinzip nicht ableiten. Jedenfalls nach dem dargestellten, bislang herrschenden Verständnis betrifft das Öffentlichkeitsprinzip lediglich die sog. Saalöffentlichkeit, die unmittelbare Öffentlichkeit zum Zweck der Kontrolle der Gerichte durch die anwesenden Zuseher im Gerichtssaal. Nicht erfasst ist hingegen die nur mittelbare Öffentlichkeit, d.h. die Möglichkeit, ohne körperliche Anwesenheit im Sitzungssaal die Hauptverhandlung verfolgen zu können, nicht zuletzt mittels der Verbreitung über die Medien.[20] Das BVerfG hat in seiner bekannten

---

16 BVerfG NJW 2002, 814 (814); BGH NStZ 1982, 476 (477); *Diemer*, in: KK-StPO, 7. Auflage 2013, § 169 GVG Rn. 7; *Kissel/Mayer*, GVG, 8. Auflage 2015, § 169 GVG Rn. 47; *Schmitt*, in: Meyer-Goßner/Schmitt, 60. Auflage 2017, § 169 GVG Rn. 3; *Velten*, in: SK-StPO, 5. Auflage 2016, § 169 GVG Rn. 32; *Walther*, in: BeckOK-StPO, 27. Edition 2017, § 169 GVG Rn. 3.

17 BGHSt 21, 72 (73) = NJW 1966, 1570 (1571); BGH NJW 2006, 1220 (1222); *Schmitt*, in: Meyer-Goßner/Schmitt, 60. Auflage 2017, § 169 GVG Rn. 5.

18 BayÖbLG NJW 1982, 395 (396); OLG Köln NStZ 1984, 282 (282); siehe auch BGHSt 5, 75 (83 f.) = NJW 1954, 281 (283) zur Vernehmung zweier Krankenschwestern in einem engen Einzelzimmer eines Krankenhauses.

19 *Kissel/Mayer*, GVG, 8. Auflage 2015, § 169 GVG Rn. 26; *Schmitt*, in: Meyer-Goßner/Schmitt, 60. Auflage 2017, § 169 GVG Rn. 5; *Wickern*, in: Löwe/Rosenberg, 26. Auflage 2010, § 169 GVG Rn. 10; *Finger/Baumanns*, JA 2005, 717 (719).

20 BVerfGE 103, 44 (62) = NJW 2001, 1633 (1634 f.); *Kissel/Mayer*, GVG, 8. Auflage 2015, § 169 GVG Rn. 3; aA *Kaulbach*, JR 2011, 51 (51); ebenso wohl *Eberle*, NJW 1994,

n-tv-Entscheidung, auf die später noch einzugehen sein wird, diese sog. Medienöffentlichkeit ausdrücklich als „aliud" gegenüber der Saalöffentlichkeit bezeichnet.[21] Die Öffentlichkeit der Gerichtsverhandlung bedeutet mit anderen Worten somit nicht deren Publizität,[22] gestattet folglich nicht ohne Weiteres die Konservierung von Bild und Ton und deren Verbreitung aus einem laufenden Gerichtsverfahren.

II Freiheit der Medien und widerstreitende Interessen

Mag das Öffentlichkeitsprinzip somit nicht für die Zulassung von Ton- und Fernseh-Rundfunkaufnahmen aus der Hauptverhandlung streiten, bleibt indessen festzuhalten, dass ein entsprechendes Verbot in die Mediengrundrechte eingreift. Demzufolge ist es nicht verwunderlich, dass sich auch das BVerfG schon mehrmals mit der (Medien-)Öffentlichkeit von Gerichtsverhandlungen angesichts des Anliegens von Presse und Rundfunk einer umfassenden Medienberichterstattung auseinandersetzen musste. Beachtung fand vor allem eine Verfassungsbeschwerde, die anlässlich des sog. Politbüro-Verfahrens am LG Berlin, in dem Erich Honecker und andere Spitzenpolitiker der früheren DDR angeklagt waren, erhoben wurde. Der Vorsitzende Richter hatte im Rahmen seiner Sitzungsgewalt (zunächst generell, nach einer neuen Anordnung als Reaktion auf die Beantragung einer einstweiligen Anordnung im Rahmen einer Verfassungsbeschwerde gegen die erste Anordnung zumindest weitgehend) verfügt, Bild-, Film- und Tonaufnahmen im Sitzungssaal auch außerhalb der Verhandlung zu unterlassen. Das BVerfG hielt fest, dass eine solche Anordnung in das Grundrecht der Rundfunkfreiheit eingreife.[23] Schließlich reiche der Schutz

---

1637 (1638). *Wickern*, in: Löwe/Rosenberg, 26. Auflage 2010, Vor § 169 GVG Rn. 14 spricht hingegen auch bei der Berichterstattung durch die Medien von unmittelbarer Öffentlichkeit.

21 BVerfGE 103, 44 (68) = NJW 2001, 1633 (1636). Dass „Öffentlichkeit" und „Medienöffentlichkeit" zu unterscheiden sind, hat bereits *Wolf*, ZRP 1994, 187 (187 f.) hervorgehoben.

22 Siehe schon *Bockelmann*, NJW 1960, 217 (219); *Erdsiek*, NJW 1960, 1048 (1049); *Sarstedt*, JR 1956, 121 (121).

23 BVerfGE 91, 125 (135) = NJW 1995, 184 (185). Dieser Hauptsacheentscheidung ging die einstweilige Anordnung in BVerfGE 87, 334 = NJW 1992, 3288 voraus, mit welcher der Vorsitzende Richter angewiesen wurde, die erforderlichen Anordnungen zu treffen, um vor dem Beginn und nach dem Ende der Verhandlung in angemessenem zeitlichen Umfang das Filmen im Sitzungssaal des Gerichts zu gestatten; kritisch *Wolf*, NJW 1994, 681 (685 ff.) mit Erwiderung *Eberle*, NJW 1994, 1637; *Wolf*, ZRP 1994, 187 (191 f.).

der Rundfunk(- wie auch der Presse-)[24]freiheit von der Beschaffung der Information bis zur Verbreitung der Nachricht und der Meinung.[25] Dabei komme der Beschaffung von Informationen wie generell der publizistischen Vorbereitungstätigkeit ein besonderes Gewicht zu, da nur durch den grundsätzlich ungehinderten Zugang zu Informationen die Presse die ihr in der freiheitlichen Demokratie zukommende Funktion wirksam wahrnehmen könne. Dies gelte auch für gerichtliche Verfahren, in denen die Vertreter der Presse sich über Vorgänge in der öffentlichen Gerichtsverhandlung informieren und hierüber berichten dürfen.[26] Allerdings handele es sich bei der Rechts- und Wahrheitsfindung, denen eine Gerichtsverhandlung diene, und bei dem allgemeinen Persönlichkeitsrecht der Verfahrensbeteiligten um vorrangige Gemeinschaftsgüter. Das publizistische Informations- und Verbreitungsinteresse müsse daher hinter dem Schutz einer geordneten Rechtspflege zurücktreten. Diesem Schutz diene auch § 176 GVG, wonach die Aufrechterhaltung der Ordnung in der Sitzung dem Vorsitzenden obliegt.[27]

In der bereits erwähnten sog. n-tv-Entscheidung des BVerfG stand sodann außer der Reichweite der Sitzungsgewalt des Vorsitzenden nach § 176 GVG auch die Vorschrift des § 169 S. 2 GVG aF auf dem Prüfstein.[28] Nach Ansicht des BVerfG enthielt die Vorschrift eine zulässige Begrenzung der Gerichtsöffentlichkeit im Hinblick auf die entgegenstehenden Belange des Persönlichkeitsrechts der Verfahrensbeteiligten aus Art. 1 I i.V.m. Art. 2 I GG, deren Anspruch auf ein faires Verfahren sowie die Funktionstüchtigkeit der Rechtspflege, insbesondere

---

24 BVerfGE 91, 125 (134) = NJW 1995, 184 (185) m.w.N.; siehe auch BVerfGE 103, 44 (59) = NJW 2001, 1633 (1634).

25 BVerfGE 91, 125 (135) = NJW 1995, 184 (185); siehe auch BVerfGE 119, 309 (318) = NJW 2008, 977 (978).

26 BVerfGE 91, 125 (134) = NJW 1995, 184 (185) m.w.N. Kritisch gegenüber der Handhabung im sog. NSU-Verfahren *Alwart*, JZ 2014, 1091 (1092 ff.).

27 BVerfGE 91, 125 (136 f.) = NJW 1995, 184 (186); siehe schon BVerfGE 50, 234 (241) = NJW 1979, 1400 (1401). Zur Darlegungspflicht des Vorsitzenden BVerfG NJW 2014, 3013 (3014); BVerfG NJW 2017, 3288 (3289) weist darauf hin, dass die bloße Lästigkeit der Anwesenheit von Presse und Rundfunk als solche ein Verbot von Bildaufnahmen nicht zu rechtfertigen weiß. Gleiches gelte für nicht näher konkretisierte Auswirkungen eines Medienrummels oder das Bedürfnis der Verfahrensbeteiligten an einer stressfreien Teilnahme an den Verhandlungsterminen. Zu den Anforderungen des allgemeinen Persönlichkeitsrechts des Beschuldigten an die Medienarbeit durch die Strafjustiz außerhalb der Hauptverhandlung *Trüg*, NJW 2011, 1040 (1041 ff.).

28 BVerfGE 103, 44 = NJW 2001, 1633 mit Anm. *Siebrasse*, StV 2001, 661, mit Bespr. *Gündisch*, NVwZ 2001, 1004, *Huff*, NJW 2001, 1622 und *Stürner*, JZ 2001, 699.

die ungestörte Wahrheits- und Rechtsfindung.[29] Insoweit wurde insbesondere darauf hingewiesen, dass die für Angeklagte und Zeugen ohnehin nicht selten angespannte Situation einer Hauptverhandlung durch eine Fixierung von Ton und Bild und eine ggf. anschließende Verbreitung verstärkt würde. Zudem könne die Verbreitung der Aufnahmen eine Prangerwirkung nach sich ziehen und eine spätere Resozialisierung des Angeklagten erschweren.[30] Des Weiteren könne eine Medienöffentlichkeit in der Hauptverhandlung dem Interesse der Verfahrensbeteiligten an einem fairen Verfahren und der ungestörten Wahrheits- und Rechtsfindung entgegenstehen. So veränderten viele Menschen in Anwesenheit von Medien ihr Verhalten, sei es dass sie sich beflügelt oder auch gehemmt fühlten. Angeklagte und Zeugen könnten sich scheuen, intime, peinliche oder unehrenhafte Umstände vorzutragen, die zur Wahrheitsfindung indessen wichtig seien, oder ihr Verhalten an der erwarteten Medienwirkung ausrichten.[31]

Diese Bedenken dürften jedenfalls im Grundsatz einhellig geteilt werden. Fraglich ist jedoch, ob diesen Bedenken mit einem kategorischen Verbot von Ton- und Fernseh-Rundfunkaufnahmen innerhalb der Verhandlung Rechnung getragen werden darf. Der erkennende Senat des BVerfG befand mit der Mehrheit von fünf zu drei Stimmen, dass der Gesetzgeber nicht verpflichtet war, Ausnahmen zur damaligen Regelung in § 169 S. 2 GVG zuzulassen.[32] Schließlich könne eine flexible Regelung eine weitere Belastung in der Durchführung des Verfahrens bedeuten und ggf. nachfolgende gerichtliche Auseinandersetzungen nach sich ziehen. Zudem bleibe anzunehmen, dass Medien in denjenigen Verfahren, die sie besonders interessierten, öffentlichen Druck auf das Gericht ausübten. Vor solchen zusätzlichen Belastungen würde ein ausnahmsloses Verbot die Gerichte im Interesse einer möglichst ungestörten Wahrheits- und Rechtsfindung bewahren.[33]

Die Senatsminderheit betonte dagegen in ihrer abweichenden Meinung die schon damals wachsende Bedeutung der Medien und den Wandel zur Informationsgesellschaft[34] und verwies auf Erfahrungen in anderen westlichen Industriestaaten, die ihre Gerichtsverhandlungen für Hörfunk und Fernsehen öffneten.[35]

29 BVerfGE 103, 44 (67 ff.) = NJW 2001, 1633 (1636 f.); siehe auch BVerfGE 119, 309 (322) = NJW 2008, 977 (979).
30 BVerfGE 103, 44 (68) = NJW 2001, 1633 (1636); siehe auch BVerfGE 119, 309 (323) = NJW 2008, 977 (979 f.).
31 BVerfGE 103, 44 (68 f.) = NJW 2001, 1633 (1636 f.).
32 BVerfGE 103, 44 (62 ff.) = NJW 2001, 1633 (1635 ff.).
33 BVerfGE 103, 44 (70 f.) = NJW 2001, 1633 (1637).
34 BVerfGE 103, 44 (72 ff.) = NJW 2001, 1633 (1637 f.).
35 BVerfGE 103, 44 (77) = NJW 2001, 1633 (1638).

Daher sei ein ausnahmsloses Verbot von Ton- und Fernseh-Rundfunkaufnahmen insbesondere in Verwaltungsgerichtsverfahren nicht mehr zu rechtfertigen. Auch die von der Senatsmehrheit angeführten Praktikabilitätsgründe reichten im Hinblick auf die Bedeutung der mit der Medienöffentlichkeit verbundenen rechtlichen Belange nicht aus.[36] Für das Strafverfahren wurde indessen auch hier aufgrund der besonderen Schutzbedürftigkeit von Angeklagten und Zeugen und wegen der hohen Sensibilität der Wahrheitsfindung für ein grundsätzliches Verbot von Fernsehaufnahmen votiert.[37]

Schon zu seiner Verabschiedung durch das Gesetz zur Änderung der Strafprozessordnung und des Gerichtsverfassungsgesetzes (StPÄG) vom 19 Dezember 1964[38] war das kategorische Verbot in § 169 S. 2 GVG im Übrigen nicht alternativlos. So sah der von der Bundesregierung eingebrachte Entwurf des StPÄG[39] ursprünglich die Einfügung eines § 169 II GVG vor, nach dessen S. 1 Ton- und Fernseh-Rundfunkaufnahmen während des Ganges der Hauptverhandlung zwar unzulässig gewesen wären. Für die Verkündung des Urteils hätte der Vorsitzende nach dem angedachten § 169 II 2 GVG aus wichtigen Gründen jedoch Ausnahmen zulassen können. Entsprechendes sollte nach § 169 III GVG des Entwurfs für Filmaufnahmen gelten. Die ausnahmsweise Zulässigkeit von Ton- und Fernsehrundfunkaufnahmen während der Verkündung des Urteils wurde mit dem Interesse der Rechtspflege begründet, zum Beispiel die Öffentlichkeit über Urteile von allgemeiner politischer Bedeutung unmittelbar zu unterrichten.[40] Im weiteren Gesetzgebungsverfahren schlug jedoch der Rechtsausschuss die (frühere) Fassung des § 169 S. 2 GVG vor, weil allein das Gesetz selbst über die Zulassung von Ton- und Filmaufnahmen entscheiden solle, welche die Menschenwürde verletzen und „sogar" die Wahrheitsfindung beeinträchtigen könne.[41]

36 BVerfGE 103, 44 (77 f.) = NJW 2001, 1633 (1639); kritisch auch *von Coelln*, AfP 2014, 193 (199 ff.); *Kaulbach*, JR 2011, 51 (53); *Schwarz*, AfP 1995, 353 (355 ff.). Für eine „maßvolle Erweiterung" der Berichterstattung aus Gerichtsverhandlungen zuvor schon *Gündisch/Dany*, NJW 1999, 256 (259 f.); hiergegen für das Strafverfahren *Plate*, NStZ 1999, 391 (392 ff.).

37 BVerfGE 103, 44 (77) = NJW 2001, 1633 (1638).

38 BGBl. I, S. 1067.

39 BT-Drs. IV/178.

40 BT-Drs. IV/178, S. 46.

41 BT-Drs. zu IV/1020, S. 7.

D. Das Gesetz über die Erweiterung der Medienöffentlichkeit in Gerichtsverfahren (EMöGG)

I Allgemeines

Mit dem Gesetz über die Erweiterung der Medienöffentlichkeit in Gerichtsverfahren (EMöGG) vom 8. Oktober 2017 wurde nunmehr das – nach BVerfG zwar verfassungsrechtlich zulässige, aber nicht zwingende – Verbot des § 169 S. 2 GVG „moderat" gelockert.[42] Der Entwurf folgte den Empfehlungen[43] der bereits erwähnten Arbeitsgruppe von Bund und Ländern, die in ihrem Abschlussbericht drei Änderungen für eine „zeitgemäße Neufassung des § 169 GVG" – so die Überschrift des Abschlussberichts – vorschlug[44]:

(1) Zum einen sollen Entscheidungsverkündungen oberster Bundesgerichte grundsätzlich von Medien übertragen werden können.
(2) Zum anderen soll für Verfahren mit erheblichem Medieninteresse die Einrichtung einer gerichtsinternen Tonübertragung in Arbeitsräume für Vertreterinnen und Vertreter der Medien gesetzlich geregelt werden.
(3) Schließlich soll bei Verfahren von herausragender zeitgeschichtlicher Bedeutung eine audio-visuelle Dokumentation ermöglicht werden und der Gesetzgeber deren Voraussetzungen näher bestimmen sowie deren begrenzte Verwendung regeln.

Zur Begründung der vorgeschlagenen Änderungen wurde unter anderem auf die technischen und gesellschaftlichen Veränderungen, die weite Verbreitung von Livestreams öffentlicher Veranstaltungen als Ergänzung bzw. Ersatz für herkömmliche Formen der Berichterstattung und die zunehmende Medienberichterstattung in den verschiedensten Kommunikationsdiensten des Internets verwiesen.[45] Schließlich konnten bei der 1964 geführten Diskussion weder die Möglichkeit einer gerichtsinternen Live-Übertragung noch die diversen Kommunikationsdienste der modernen Medien berücksichtigt werden.[46] In anderen

---

42 BT-Drs. 18/10144, S. 2. Nicht eingegangen wird in diesem Beitrag auf das zweite Anliegen des EMöGG, einen barrierefreien Zugang zu Gerichtsverfahren für Personen mit Sprach- und Hörbehinderungen zu normieren.

43 Siehe etwa BT-Drs. 18/10144, S. 17.

44 Abschlussbericht der Bund-Länder-Arbeitsgruppe „Zeitgemäße Neufassung des § 169 GVG", S. 3, abrufbar unter http://www.bmjv.de/SharedDocs/Downloads/DE/PDF/Abschlussbericht_Bund_Laender_Arbeitsgruppe_ 169GVG.pdf?__blob=publicationFile&v=1, abgerufen am 31.07.2017.

45 BT-Drs. 18/10144, S. 1.

46 BT-Drs. 18/10144, S. 13.

Staaten Europas zeichne sich zudem eine Entwicklung ab, vermehrt Aufzeichnungen und Medienübertragungen aus Gerichtssälen zu gestatten.[47]

II Gerichtsinterne Tonübertragung

Im Einzelnen sieht § 169 I 3 GVG nunmehr vor, dass das Gericht – eine Beschränkung auf bestimmte Gerichte oder Fachgerichtsbarkeiten ist nicht vorgesehen – eine Tonübertragung der Gerichtsverhandlung in einen für Medienvertreter eingerichteten Arbeitsraum gestatten kann.[48] Von einer Bildübertragung wurde wegen der hiermit einhergehenden intensiveren Eingriffe in die Persönlichkeitsrechte der Beteiligten und wegen des größeren organisatorischen Aufwandes abgesehen.[49] Außerdem sei bei einer Tonübertragung das Risiko geringer, dass sich Zeugen und andere Prozessbeteiligte in ihrem Verhalten beeinflussen ließen.[50] Des Weiteren sollten durch diese begrenzte Erweiterung der Medienöffentlichkeit unzulässige Schauprozesse vermieden werden.[51] Generell werde das Gericht bei seiner Entscheidung einerseits das Informationsbedürfnis der Öffentlichkeit zu bedenken haben, andererseits aber den Schutz der allgemeinen Persönlichkeitsrechte der Beteiligten, deren Anspruch auf ein faires Verfahren sowie die Funktionstüchtigkeit der Rechtspflege berücksichtigen müssen.[52]

Die Entwurfsbegründung hält ausdrücklich fest, dass es sich bei der gerichtsinternen Übertragung nicht etwa um eine Erweiterung der allgemeinen Saalöffentlichkeit handele. Dadurch werde vermieden, dass das erkennende Gericht selbst die Abläufe im Arbeitsraum überwachen müsse. Die Ordnung im Arbeitsraum habe vielmehr der Gerichtspräsident im Rahmen seines Hausrechts aufrechtzuerhalten.[53] Das in § 169 I 2 GVG normierte und auch nach dem Entwurf des EMöGG fortbestehende grundsätzliche Verbot von (in Arbeitsräumen mangels Bildübertragung nicht relevant: Film- und) Tonaufnahmen bleibt insoweit bestehen (§ 169 I 5 GVG).

---

47 BT-Drs. 18/10144, S. 1.

48 Zum fehlenden Anspruch auf eine derartige Übertragung aus der Pressefreiheit nach Art. 5 I 2 GG BVerfGE 87, 331 = NJW 1993, 915. Zu Kritikpunkten an der neuen Regelung *Franke*, NJW 2016, 2618 (2620); *Hoeren*, NJW 2017, 3339 (3340 f.).

49 Kritisch *Altenhain*, DRiZ 2016, 304 (307); *Loubal/Hofmann*, MMR 2016, 669 (672); *Rittig*, NJ 2016, 265 (268). Zustimmend hingegen *von Coelln*, AfP 2016, 491 (493); *Kreicker*, ZIS 2017, 85 (103).

50 BT-Drs. 18/10144, S. 19.

51 BT-Drs. 18/10144, S. 27; kritisch *Altenhain*, DRiZ 2016, 304 (307).

52 BT-Drs. 18/10144, S. 26.

53 BT-Drs. 18/10144, S. 27.

III Dokumentation von Verfahren herausragender zeitgeschichtlicher Bedeutung

Ton- und Filmaufnahmen können nach den neu eingefügten § 169 II und III GVG in bestimmten Fällen von dem erkennenden Gericht ausnahmsweise zugelassen werden. So ermöglicht § 169 II GVG bei Verfahren von herausragender zeitgeschichtlicher Bedeutung für die Bundesrepublik Deutschland – eine rein regionale Relevanz genügt nicht[54] – Tonaufnahmen[55] zu wissenschaftlichen und historischen Zwecken.[56] Die Entwurfsverfasser hatten insoweit in erster Linie Verfahren mit terroristischem oder politischem Hintergrund im Blick;[57] ausdrücklich erwähnt wurden das sog. NSU-Verfahren sowie die sog. Auschwitz-Prozesse aus dem Jahr 1963.[58] Außerdem soll die herausragende zeitgeschichtliche Bedeutung Verfahren, die „Werteentscheidungen von gesamtgesellschaftlicher Bedeutung" betreffen, zu bescheinigen sein;[59] Beispiele werden insoweit nicht genannt. Anlass zur Aufzeichnung bestehe in den genannten Fällen vor allem dann, wenn die Verfahren mit besonders großem und überregionalem öffentlichem Interesse verfolgt würden, das voraussichtlich auch von künftigen Generationen geteilt werde, oder wenn es bedeutsam erscheine, gerade die Nachwelt über Einzelheiten der gerichtlich aufgearbeiteten Geschehnisse zu informieren.[60] Ob einem Verfahren eine herausragende zeitgeschichtliche Bedeutung zu attestieren bleibt, bestimme sich nach den Umständen zum Zeitpunkt der Entscheidung, die in jeder Instanz gesondert durch das jeweils zuständige Gericht zu treffen sei.[61] Maßgeblich für diese Einschätzung seien Sach- und Rechtsfragen. Eine herausragende zeitgeschichtliche Bedeutung beruhe jedenfalls nicht allein darauf, dass das Verfahren eine absolute oder relative Person der Zeitgeschichte betreffe.[62]

Die gestatteten Tonaufnahmen können die gesamte Verhandlung einschließlich der Verkündung der Urteile und Beschlüsse betreffen. Eine Beschränkung

---

54 BT-Drs. 18/10144, S. 27.

55 Im ursprünglichen Entwurf war noch von „Ton- und Filmaufnahmen" die Rede. Der Rechtsausschuss begrenzte § 169 II GVG jedoch auf Tonaufnahmen, „um die mit der Regelung verbundene Öffnung einzugrenzen" (BT-Drs. 18/12591, S. 5). Warum diese Eingrenzung erfolgte, wurde nicht näher begründet.

56 Grundsätzlich zustimmend *Kreicker*, ZIS 2017, 85 (103 f.).

57 BT-Drs. 18/10144, S. 24; siehe auch BT-Drs. 18/10144, S. 19 und 27.

58 BT-Drs. 18/10144, S. 19.

59 BT-Drs. 18/10144, S. 27.

60 BT-Drs. 18/10144, S. 27.

61 BT-Drs. 18/10144, S. 27.

62 BT-Drs. 18/10144, S. 28.

auf bestimmte (Fachgerichtsbarkeiten oder) Gerichte wurde nicht vorgenommen, was angesichts der vorgetragenen Beispiele „NSU-Prozess“ (OLG München) und „Auschwitz-Prozesse“ (LG Frankfurt am Main) verständlich ist. Nach der Schätzung der Entwurfsverfasser sollen Verfahren von herausragender zeitgeschichtlicher Bedeutung für die gesamte Bundesrepublik Deutschland „nur in größeren Zeitabständen“[63] bzw. – wie es an anderer Stelle heißt – „nur alle fünf Jahre“ stattfinden.[64] Die angefertigten Aufnahmen dürfen weder herausgegeben noch zu Zwecken des – durch den Rechtsausschuss zur Konkretisierung eingefügt:[65] „aufgenommenen oder eines anderen“ – Verfahrens genutzt oder verwertet werden, sondern sind vom Gericht nach Abschluss des Verfahrens demjenigen zuständigen Bundes- oder Landesarchiv zur Übernahme anzubieten, das nach dem Bundes- bzw. einem Landesarchivgesetz über den bleibenden Wert der Aufnahmen entscheidet. Sollte das (Bundes- oder Landes-)Archiv die Aufnahmen nicht annehmen, sind diese durch das Gericht zu löschen.

Fragen wirft die technische Umsetzung dieser Aufnahmen auf, fehlt doch eine nähere Regelung, wer etwa die Aufnahmen anfertigt. Da die Aufzeichnung aber ausschließlich für wissenschaftliche und historische Zwecke ermöglicht werden soll und in der Begründung sowohl einmalige Anschaffungskosten für die erforderlichen Anlagen zur Aufzeichnung einer Gerichtsverhandlung als auch im Falle deren Einsatzes Personalkosten für die Überwachung der Technik angesetzt werden,[66] wird die Dokumentation allein durch das Gericht selbst oder jedenfalls auf dessen Veranlassung vorgenommen werden müssen.[67]

IV Medienübertragungen von Urteilsverkündungen

Nach dem neuen § 169 III GVG kann der BGH schließlich – in Anlehnung an die seit 1998 bestehende Ausnahmevorschrift des § 17a BVerfGG[68] – „in besonderen Fällen“ Ton- und Fernseh-Rundfunkaufnahmen sowie Ton- und Filmaufnahmen[69] zum Zweck der öffentlichen Vorführung oder der Veröffentlichung ihres Inhalts zulassen. Von Originalton-Aufzeichnungen der Urteilsbegründungen versprach sich der Entwurf eine bessere Wirkkraft der medialen Verbreitung

63 BT-Drs. 18/10144, S. 24.
64 BT-Drs. 18/10144, S. 3.
65 BT-Drs. 18/12591, S. 5.
66 BT-Drs. 18/10144, S. 3.
67 Ebenso *von Coelln*, AfP 2016, 491 (493); *Kreicker*, ZIS 2017, 85 (91).
68 Kritisch bzgl. der Vergleichbarkeit der Verfahren vor dem BVerfG und vor dem BGH *Franke*, NJW 2016, 2618 (2620); *Rittig*, NJ 2016, 265 (267).
69 Kritisch wegen „des umständlichen Wortlauts“ *Altenhain*, DRiZ 2016, 304 (304).

der getroffenen Entscheidung.[70] Außer dem Informationsbedürfnis der Öffentlichkeit[71] einerseits bildeten der Schutz der Allgemeinen Persönlichkeitsrechte der Beteiligten, deren Anspruch auf ein faires Verfahren sowie die Funktionstüchtigkeit der Rechtspflege andererseits die maßgeblichen Kriterien für die Entscheidung des Gerichts.[72] Darüber hinaus könne die Bedeutung der Entscheidung über den Einzelfall hinaus für eine Vielzahl vergleichbarer Fallgestaltungen beachtet werden, zudem die technischen und räumlichen Kapazitäten des Gerichts sowie etwaige übertragungsbedingte Verfahrensverzögerungen,[73] in Strafsachen des Weiteren die Belange des Angeklagten, namentlich dessen Persönlichkeitsschutz, Sicherheit und Resozialisierungsinteresse.[74]

Diese Ausnahme vom Verbot des § 169 I 2 GVG gilt nur für die Verkündung von Entscheidungen. Aufzeichnungen in der Verhandlung selbst bleiben jedenfalls den Medien vorenthalten.[75] Außerdem betrifft die Neuregelung nur die obersten Bundesgerichte, seien die dort tätigen Richterinnen und Richter aufgrund ihrer besonderen Qualifikation und Erfahrung doch „am ehesten" geeignet, Medienübertragungen zu ermöglichen. In der Entwurfsbegründung werden als voraussichtliche Größenordnung 50 Urteilsverkündungen im Jahr genannt, für die eine Übertragung in den Medien in Betracht komme.[76]

V Gemeinsame Regelungen

Sämtliche der vorstehenden Entscheidungen stehen im Ermessen des erkennenden Gerichts.[77] Es bestehe insbesondere weder ein Anspruch auf Einrichtung

---

70 BT-Drs. 18/10144, S. 17. Ähnlich schon BVerfGE 119, 309 (320) = NJW 2008, 977 (978 f.), wonach die Anwesenheit von Medien und deren Berichterstattung die öffentliche Kontrolle von Gerichtsverhandlungen grundsätzlich förderten. Das Informationsinteresse der Öffentlichkeit an gerichtlichen Verfahren zu befriedigen, diene aber nicht nur der individuellen wie öffentlichen Meinungsbildung, sondern liege auch im Interesse der Justiz im Hinblick auf deren öffentliche Wahrnehmung.

71 Kritisch gegenüber diesem Abwägungskriterium, hinter dem sich lediglich das Interesse der Fernsehanstalten selbst verberge, bereits *Wolf*, ZRP 1994, 187 (190).

72 BT-Drs. 18/10144, S. 29.

73 BT-Drs. 18/10144, S. 29.

74 BT-Drs. 18/10144, S. 29 f.

75 Siehe hierzu BT-Drs. 18/10144, S. 18.

76 BT-Drs. 18/10144, S. 24 f.

77 BT-Drs. 18/10144, S. 26, 27 und 29. *Hoeren*, NJW 2017, 3339 (3340) geht davon aus, dass Aufnahmen häufig nicht gestattet werden: „Das Versprechen ‚kann' wird daher oft zum ‚Nein' werden."

eines Arbeitsraums[78] noch auf Zulassung einer Medienübertragung einer Urteilsverkündung.[79] Die diesbezüglichen Beschlüsse des Gerichts sind zudem nach § 169 IV GVG unanfechtbar, um den Fortgang des Verfahrens weder zu beeinträchtigen noch zu verzögern und um keinen Grund für nachträgliche Rügen zu schaffen.[80] Einer Verfassungsbeschwerde gegen die Ablehnung der Zulassung einer Medienübertragung einer Urteilsverkündung dürfte die Vorschrift allerdings nicht entgegenstehen.[81]

Die vorgestellten Änderungen betreffen sämtliche Fachgerichtsbarkeiten und nicht nur die ordentliche Gerichtsbarkeit.[82] Ausdrücklich wurde zwar im Wesentlichen lediglich § 169 GVG geändert. Allerdings verweisen § 55 VwGO, § 52 I FGO und § 61 I SGG auf diese Norm. Für das BAG wurde die Medienöffentlichkeit in einer § 169 III GVG vergleichbaren Regelung in § 72 VI ArbGG erweitert. Der Entwurf nimmt somit Abstand von Vorschlägen und Überlegungen,[83] unterschiedliche Regelungen für die verschiedenen Verfahrensarten zu erlassen. Vielmehr soll die notwendige Abwägung stets anhand des konkreten Falles und nicht abstrakt nach der Verfahrensart beurteilt werden, weil die Medien an der Übertragung aus verschiedenen Verfahren interessiert sein könnten.[84] Auf die insoweit ggf. in unterschiedlicher Art und Weise und in unterschiedlicher Intensität betroffenen Interessen der Verfahrensbeteiligten geht die Begründung nicht ein.

Bei Verfahren vor dem BVerfG sind nach § 17a I 1 BVerfGG Ton- und Fernseh-Rundfunkaufnahmen sowie Ton- und Filmaufnahmen zum Zwecke der öffentlichen Vorführung oder der Veröffentlichung ihres Inhalts eingeschränkt zulässig. Möglich ist dies zum einen in der mündlichen Verhandlung bis zur Feststellung der Anwesenheit der Beteiligten sowie zum anderen bei der öffentlichen Verkündung von Entscheidungen. Abgesehen von der auch hier nunmehr vorgesehenen – beim BVerfG ohnehin bereits seit Jahren praktizierten[85] – Tonübertragung in einen Arbeitsraum für Medienvertreter (§ 17a I 3 BVerfGG) können seit Inkrafttreten des EMöGG wiederum in Verfahren von herausragender

78 BT-Drs. 18/10144, S. 26.
79 BT-Drs. 18/10144, S. 29.
80 BT-Drs. 18/10144, S. 30. Kritisch *Loubal/Hofmann*, MMR 2016, 669 (672 f.).
81 *von Coelln*, AfP 2016, 491 (494).
82 BT-Drs. 18/10144, S. 20.
83 Zu den abweichenden Voten der n-tv-Entscheidung siehe oben C II; für eine nach Verfahrensarten differenzierende Regelung *Kaulbach*, JR 2011, 51 (53).
84 BT-Drs. 18/10144, S. 17 zu § 169 III GVG.
85 BT-Drs. 18/10144, S. 31.

zeitgeschichtlicher Bedeutung ebenso Ton- und Filmaufnahmen der Verhandlung einschließlich der Verkündung von Entscheidungen zu wissenschaftlichen und historischen Zwecken zugelassen werden (§ 17a III 1 BVerfGG). Schließlich verhandele nicht zuletzt das BVerfG Verfahren von besonderer zeitgeschichtlicher Bedeutung.[86]

E Stellungnahme

Die Gesetzesbegründung bezeichnet die vorgenommenen Änderungen als „moderat". Diese Einschätzung kann durchaus geteilt werden, wenn freilich überhaupt ein Handlungsbedarf diagnostiziert wird. Dann werden die vorgesehenen Neuerungen indessen fast als zu wenig weitreichend, etwa als „allenfalls eine zaghafte Öffnung des generellen Verbots aus § 169 S. 2 GVG"[87] oder als „ein halbherziger Entwurf"[88] beurteilt werden. Selbst von diesem Blickwinkel aus dürften zudem einzelne Aspekte der Neuregelung kritisch gesehen werden. Zum einen erscheint die Schätzung, dass voraussichtlich nur 50 Urteilsverkündungen im Jahr für eine Übertragung in den Medien in Betracht kommen, angesichts der bereits jetzt sehr häufigen Berichterstattung über Entscheidungen der obersten Bundesgerichte aller Fachgerichtsbarkeiten als sehr zurückhaltend. Zu bedenken bleibt vor allem die – jedenfalls gefühlt – übermäßige Verwendung von Superlativen in den Medien, die auch in der Gerichtsberichterstattung mitunter zu bemerken ist, sowie die Kurzlebigkeit von Meldungen. Es dürfte daher durchaus häufiger mit neuen Nachrichten aus den Sitzungssälen der Bundesgerichte zu rechnen sein. Zum anderen erscheint angesichts des Anliegens des Entwurfs, eine bessere Wirkkraft der medialen Verbreitung der jeweiligen Entscheidung zu erzielen, fraglich, warum in den aufgelisteten Ausgaben[89] keine Kosten für Medienschulungen vorgesehen werden. Schließlich weiß der Entwurf an einer Stelle nicht gerade zu verhehlen, dass er einen souveränen Umgang der Richter mit den Medien nicht gerade als selbstverständlich erachtet, traut er dies doch noch „am ehesten" den an den obersten Bundesgerichten tätigen Richterinnen und Richtern zu.[90]

86 BT-Drs. 18/10144, S. 31.

87 *Loubal/Hofmann*, MMR 2016, 669 (670).

88 So die Überschrift des Beitrags von *Altenhain*, DRiZ 2016, 304.

89 Siehe BT-Drs. 18/10144, S. 23 ff.

90 BT-Drs. 18/10144, S. 18. Zuversichtlich hingegen *Kreicker*, ZIS 2017, 85 (104), wonach „die Vorsitzenden Richterinnen und Richter der obersten Bundesgerichte […] angesichts ihrer Qualifikation und Erfahrung zweifelsohne unschwer in der Lage [seien],

Ebenso wenig vermag die Gesetzesbegründung zu überzeugen. Dafür wird zu sehr von der stetig zunehmenden Medialisierung der Gesellschaft und dem unaufhörlich wachsenden Stellenwert der immer zahlreicher und vielfältiger werdenden Kommunikationsdienste auf einen Änderungsbedarf auch bei der rechtlichen Regulierung geschlossen, ohne die aufgezeigte Entwicklung zunächst selbst nüchtern und differenziert zu bewerten und die damit verbundenen Gefahren hinreichend zu thematisieren.[91] Ähnlich wird schlicht auf die veränderte Rechtslage im europäischen Ausland hingewiesen, ohne zugleich Erfahrungsberichte zu bemühen, wie die Medien und die Öffentlichkeit diese Veränderungen wahrgenommen und gebraucht haben und ob die Akzeptanz des Rechts seitdem tatsächlich gestiegen ist.[92] Des Weiteren vermag die Bemerkung in der Gesetzesbegründung nicht weiterzuführen, dass die Urheber der früheren Fassung des § 169 GVG aus dem Jahre 1964 die aktuelle Entwicklung nicht vorhersehen konnten. Zum einen erscheint fraglich, ob nicht schon damals durchaus absehbar war, dass die Bedeutung der Medien – wie auch bereits zur damaligen Zeit – stetig wachsen könnte, ohne freilich die einzelnen

---

die eine Entscheidung tragenden Erwägungen auch vor laufender Kamera sachgerecht zu präsentieren."

91 Welche Risiken indessen mit der zunehmenden Medialisierung und Digitalisierung der Gesellschaft einhergehen, zeigt ein Gesetzesantrag des Freistaates Bayern im Bundesrat vom 29.3.2017. In diesem Antrag wurde auf die veränderten Begebenheiten und Möglichkeiten auch in Gerichtsverhandlungen reagiert, indem die Einführung einer neuen Strafvorschrift vorgeschlagen wurde. Da es immer häufiger zu beobachten sei, dass Zuhörer, Prozessbeobachter oder auch Verfahrensbeteiligte in Gerichtsverhandlungen heimlich Bild- und/oder Tonaufnahmen erstellten und sie sodann im Internet verbreiteten (BR-Drs. 254/17, S. 1), sollte das StGB um die Vorschrift des § 353e (Verbotene Aufnahmen in Gerichtsverhandlungen) ergänzt werden. Dadurch sollten die geordnete Rechtspflege, der Prozess der Rechts- und Wahrheitsfindung und die (insbesondere Persönlichkeits-)Rechte der Verfahrensbeteiligten geschützt werden (BR-Drs. 254/17, S. 10 ff.). Der Bundesrat beschloss in seiner Sitzung vom 12.5.2017, den Gesetzentwurf nicht beim Deutschen Bundestag einzubringen (BR-Drs. 254/17 (Beschluss)). Der Hinweis auf den Gesetzesantrag des Freistaates Bayern soll freilich nicht so verstanden werden, dass diesem Vorschlag das Wort geredet würde. Den darin geschilderten Gefahren dürfte etwa bereits durch bessere Kontrollmaßnahmen begegnet werden. Zudem dürften die Ordnungsmittel, die dem Gericht zur Verfügung stehen, ausreichen, ohne zugleich ein solches Handeln, das mitunter ggf. angesichts des heutzutage selbstverständlichen jederzeitigen Einsatzes von Medien auch unbedarft geschieht, sogleich mit Freiheits- oder Geldstrafe zu ahnden.

92 Siehe aber etwa *Gehring*, ZRP 2000, 197 (197 f.), zu Untersuchungen aus den Vereinigten Staaten von Amerika über Fernsehaufnahmen aus Gerichtsverhandlungen.

Möglichkeiten der Individual- wie Massenkommunikation abschätzen zu können.[93] Zum anderen folgt aus dem Umstand ohnehin nicht zwingend und wird stattdessen ohne Begründung postuliert, dass sich der Gesetzgeber der früheren Fassung dann anders entschieden hätte. Nicht näher aufgegriffen wird insbesondere die naheliegende Frage, ob die zunehmende Medialisierung nicht einen größeren Schutz der Verfahrensbeteiligten gebietet. Insgesamt bleibt somit dem Entwurf zu bescheinigen, dass eine fundierte Begründung fehlt und aus den veränderten Gegebenheiten mehr oder minder unmittelbar auf die Notwendigkeit einer Änderung der Rechtslage geschlossen wird.

Eine differenzierte Begründung hätte indessen für eine Öffnung nur der Urteilsverkündung beispielsweise anführen können, dass insoweit jedenfalls die Gefahr, Zeugen und Angeklagten bei ihren Aussagen zu beeinflussen, nicht besteht und dadurch die Risiken für die Wahrheitsfindung deutlich minimiert werden.[94] Des Weiteren wäre etwa in Strafsachen der unterschiedliche Inhalt der Urteile der Revisionsgerichte und der erstinstanzlichen Entscheidungen zu bedenken, stehen doch in der ersten Instanz die Feststellung des Lebenssachverhalts und bei der Begründung des Rechtsfolgenausspruchs persönliche Umstände des Angeklagten und der Zeugen im Vordergrund.[95] Diese und weitere[96] Unterschiede schon jetzt zu betonen, dürfte indessen auch von Bedeutung sein, falls eines Tages eine weitere Erweiterung der Medienöffentlichkeit entweder auf die Hauptverhandlung vor den Revisionsgerichten selbst oder auf die Tatsachengerichte erwogen wird,[97] die dann nicht einfach mit etwaigen positiven Erfahrungen mit dem EMöGG begründet werden kann, ohne die wesentlichen Unterschiede zwischen Entscheidungsverkündung und Hauptverhandlung einerseits und zwischen Revisions- und Tatsachengerichten andererseits zu würdigen. Freilich ist nicht ausgeschlossen, dass auch andere Verfahrensbeteiligte

---

93 Siehe hierzu auch *Hamm*, NJW 1995, 760 (760).

94 Siehe auch *Altenhain*, DRiZ 2016, 304 (305); näher *ders.*, Gutachten C zum 71. Deutschen Juristentag, S. 93 f.

95 *Kreicker*, ZIS 2017, 85 (105). *Altenhain*, Gutachten C zum 71. Deutschen Juristentag, S. 95, plädiert dagegen für die Zulassung von Ton- und Filmaufnahmen auch bei Entscheidungsverkündungen anderer Instanzen.

96 *Eberle*, NJW 1994, 1637 (1638 f.), merkt etwa an, im Hinblick auf die Intensität des Eingriffs in die Persönlichkeitsrechte der Verfahrensbeteiligten auch zwischen den einzelnen Medien (z.B. Ton- und Bildaufnahmen) differenzieren zu müssen.

97 So schlagen bereits *Loubal/Hofmann*, MMR 2016, 669 (673) „im Sinne eines progressiveren rechtspolitischen Ansatzes“ vor, § 169 III GVG „grundsätzlich für alle Instanzen zu öffnen“. Ablehnend für Strafurteile anderer Gerichte außer des BGH *Kreicker*, ZIS 2017, 85 (105).

als Zeugen und Sachverständige der Versuchung erliegen, sich vor laufender Fernsehkamera anders als sonst zu verhalten. Es bleibt aber zu hoffen, dass sich (nicht zuletzt oberste Bundes-)Richter aufgrund ihrer beruflichen Unparteilichkeit von einer Ton- und Filmübertragung nicht beeinflussen lassen und insbesondere auch eine in der Öffentlichkeit voraussichtlich kritisch aufgenommene Entscheidung treffen und verkünden.[98]

Ob es aufgrund der Öffnung der Entscheidungsverkündungen für Ton- und Filmübertragungen positive Erfahrungen geben wird, wird erst die Zeit zeigen, erscheint allerdings durchaus als fraglich. Die Entwurfsbegründung beklagt zwar zu Recht, dass „Bilder fiktiver Prozesse im Fernsehen […] teilweise die Vorstellung der Bevölkerung über die Justiz [prägen]. Diesen für die deutsche Situation nicht passenden falschen Bildern, die vielfach von amerikanischen Geschworenenprozessen geprägt werden, kann man möglicherweise durch eine realistische, bildliche Darstellung der hiesigen Gerichte entgegenwirken“.[99] Dies wäre in der Tat zwar wünschenswert und ein wohltuender Kontrapunkt zu den vielfach ungenauen oder auch mitunter unzutreffenden Darstellungen in Nachrichtensendungen, Online-Berichten und Zeitungsartikeln, in denen etwa Straf- und Zivilverfahren verwechselt oder bei der Verurteilung eines Angeklagten nur die Höhe der Geldstrafe ohne die Anzahl der Tagessätze angegeben wird. Es wäre erfreulich, wenn gezeigt werden könnte, dass anders als in den nachmittäglichen Gerichtssendungen der Überraschungszeuge und wütende Wortgefechte zwischen Staatsanwaltschaft und Verteidigung nicht die Regel darstellen,[100] wenn Rechtsanwälte zutreffende Urteile gegenüber ihren Mandanten nicht mehr ohne Weiteres als Justizirrtum darstellen könnten, um besser dazustehen ohne Rücksicht auf den Vertrauensverlust ihres Mandanten in den Rechtsstaat, oder wenn Dritt- und Viertsemester im Jurastudium schon vor der Vorlesung zum Strafprozessrecht wüssten, dass in Deutschland der Vorsitzende des Gerichts die Verhandlung leitet und weder ausschließlich noch in erster Linie Staatsanwaltschaft

---

98 Siehe auch *Kaulbach*, ZRP 2009, 236 (238), wonach sich die Übertragung jedoch ebenso positiv auf die Qualität der Urteilsbegründung auswirken könnte; ebenso *Altenhain*, DRiZ 2016, 304 (306). Zu möglichen Reaktionen der Vorsitzenden Richter auf die Anwesenheit von Medien des Weiteren *Rittig*, NJ 2016, 265 (267 f.).

99 BT-Drs. 18/10144, S. 13. Nach *Loubal/Hofmann*, MMR 2016, 669 (672) war die Abkehr von dem kategorischen Verbot des § 169 S. 2 GVG sogar essentiell, „um verlorenes Vertrauen in das Gerichtswesen einschließlich dessen Entscheidungsfindung zurückzugewinnen“; „exemplarisch“ wird hier indessen nur die Sitzplatzvergabe für Medienvertreter im sog. NSU-Verfahren genannt.

100 Siehe hierzu etwa *Ernst*, NJW 2010, 744 (744).

und Verteidigung Zeugen und Angeklagten vernehmen, begleitet von zahlreichen Einsprüchen der Gegenpartei, und das Kreuzverhör in Deutschland nur auf dem Papier steht. Doch lassen sich diese Ziele wirklich allein durch die Übertragung der Urteilsverkündung (oder bei weitergehender Öffnung ggf. der gesamten Hauptverhandlung) erreichen? Meines Erachtens ist dies eine sehr optimistische, wenn nicht sogar naive Sicht der Dinge, die von einem Idealzuseher und -zuhörer ausgeht, der durch das bloße Verfolgen der Urteilsverkündung vor dem Fernseher trotz fehlender juristischer Grundkenntnisse sogleich den rechtlichen Durchblick gewinnt. Die hehren Ziele einer höheren Akzeptanz des Rechts und einer Stärkung des Rechtsbewusstseins in der Bevölkerung[101] dürften durch Live-Übertragungen von Urteilsverkündungen vielmehr nur dann die gewünschten Ziele erreichen, wenn sie medial durch kompetente Leute begleitet und mediengerecht aufbereitet würden.[102] Dies hätte sich aber durchaus schon nach der früheren Rechtslage und ohne Mitschnitt der Urteilsverkündung selbst erreichen lassen.[103]

Zudem hat das BVerfG schon in seiner n-tv-Entscheidung darauf hingewiesen, dass es „keineswegs gesichert [sei], dass eine Fernsehberichterstattung zu einer möglichst wirklichkeitsgetreuen Abbildung von Gerichtsverhandlungen führen würde. Medien dürfen Sendungen nach ihren eigenen Interessen und nach den Gesetzmäßigkeiten ihrer Branche gestalten. Insbesondere der wirtschaftliche Wettbewerbsdruck und das publizistische Bemühen um die immer schwerer zu gewinnende Aufmerksamkeit der Zuschauer führen häufig zu wirklichkeitsverzerrenden Darstellungsweisen, etwa zu der Bevorzugung des Sensationellen, und zu dem Bemühen, dem Berichtsgegenstand nur das Besondere, etwa Skandalöses, zu entnehmen […]. Die Normalität ist für Medien meist kein attraktiver Berichtsanlass. Mit den gängigen Medienpraktiken sind daher Risiken der Selektivität bis hin zur Verfälschung verbunden."[104] Auch der Jubilar hat auf die Gefahr hingewiesen, dass eine fernsehgerechte Aufbereitung der

101 Siehe hierzu schon *Dieckmann*, NJW 2001, 2451 (2452); *Eberle*, NJW 1994, 1637 (1638); *Gündisch/Dany*, NJW 1999, 256 (259).

102 Ebenso schon *Wolf*, ZRP 1994, 187 (189); *Wyss*, EuGRZ 1996, 1 (14); aA *Altenhain*, Gutachten C zum 71. Deutschen Juristentag, S. 88 f., wonach sich der Zuschauer bereits durch den unmittelbaren Einblick in die Verhandlung ein eigenes Urteil bilden könne; *von Coelln*, AfP 2014, 193 (200).

103 So weist bereits *Huff*, NJW 2001, 1622 (1623) darauf hin, dass Ton- und Bildaufnahmen in der Hauptverhandlung für eine Information der Bevölkerung nicht erforderlich seien.

104 BVerfGE 103, 44 (67) = NJW 2001, 1633 (1636).

Aufnahmen das Verfahren nur verkürze oder verzerre, juristisch jedenfalls nicht korrekt darstelle.[105] Diese Befürchtungen dürften angesichts der zunehmenden Medialisierung keinesfalls entkräftet worden sein, sondern mit der größeren Vielfalt der Medien und der damit auch einhergehenden wachsenden Konkurrenz zwischen den Anbietern der unterschiedlichen Kommunikationswege an Bedeutung gewonnen haben. Ob die Neufassung des § 169 GVG daher wirklich zu einer realistischeren Darstellung der deutschen Gerichte und zu einer höheren Akzeptanz des Rechts beizutragen weiß, bleibt abzuwarten. Dass dies alles andere als sicher erscheint, lässt sich auch der Gesetzesbegründung entnehmen: „Die Sichtweisen dazu, ob die heutige Medienlandschaft einer sachlichen Berichterstattung zuträglich ist, gehen auseinander. Der Entwurf geht jedoch von der Grundannahme aus, dass die mediale Darstellung auch heute der Justiz gerecht werden und darüber hinaus der Bevölkerung auch ein positiveres Bild vermitteln kann."[106] Es bleibt nur zu hoffen, dass die Gesetzesbegründung zumindest mit dieser Einschätzung rückblickend zu überzeugen weiß.

---

105 *Wolf*, ZRP 1994, 187 (188); siehe schon *Erdsiek*, NJW 1960, 1048 (1050); aA *von Coelln*, AfP 2014, 193 (200). Zu möglichen Folgen und Gefahren der Medienberichterstattung auch Löwe/Rosenberg/*Wickern*, 26. Auflage 2010, Vor § 169 GVG Rn. 17 f.; *Ernst*, NJW 2010, 744 (745 f.).

106 BT-Drs. 18/10144, S. 13.

Joachim Wolf*

Grundrechtsschutz

- Eine textbezogene Analyse der elementaren Grundrechtswirkungen nach Maßgabe von Abschnitt I des Grundgesetzes: Die Grundrechte (Art. 1 bis 19)

Abstract: The basic rights have gained an enormous substructure regarding to the dogmatic development for the last decades, influenced by modern theories. The different theoretical ways of deduction and justifying partly eliminated text based deduction. For example, social theories about basic rights and the development of the general right of personality have developed an independent existence, which is not compatible with the wording of law offhand. The text of Art. 1 to 19 GG (German constitution) offers enormous potential, which should not be neglected.

Keywords: fundamental rights, Interpretation, definitions

I Verfassungstext: Grundrechtselemente statt Definition eines allgemeinen Grundrechtsbegriffs

In Abschnitt I des Grundgesetzes sucht man vergeblich nach einer umfassenden Definition des Begriffs *Grundrecht*. Schon der Plural im Titel von Abschnitt I des GG „Grundrechte" deutet auf einen anderen Befund hin als eine übereinstimmende definitorische Festlegung dessen, was generell unter einem Grundrecht im Sinne dieses ersten Abschnitts des GG zu verstehen sei. Die folgende Untersuchung steht unter der Fragestellung, was eine im Schwerpunkt auf den Verfassungstext ausgeniditete Auslegung der Art. 1 bis 19 GG für ein praktikables Verständnis und einen effizienten Umgang mit den Grundrechten in diesen Artikeln zu leisten vermag. Es geht also darum, ob und inwieweit schon der Verfassungstext ausreicht, um alle Bereiche des politischen, administrativen und judikativen Lebens im Staat, von denen die einzelnen Menschen tatsächlich wie rechtlich betroffen sind, grundrechtlich zu erfassen und für alle verfassungsrechtlichen Streitigkeiten im Rahmen von Abschnitt I des GG überzeugende und praktikable Lösungen zu begründen.

---

* Professor (em) des Ruhr-Universität Bochum (bis 2014) für öffentliches Recht, Verwaltungsrecht, Umweltrecht und Planungsrecht; Geschäftsführender Direktor des Instituts für Friedenssicherungs- und humanitäres Völkerrecht der Ruhr-Universität (1998–2014); Research Fellow am Centre for Human Rights der University of the Free State, Südafrika.

Diese gezielte Ausrichtung der Fragestellung auf den Verfassungstext hat ihren Grund. Das ist der uferlos gewordene Ballast an *modernen Grundrechtstheorien*, die namhafte Autoren wie Böckenförde[1], Kloepfer[2], Häberle[3], Suhr[4], Alexy[5], um nur einige zu nennen, für unabdingbar hielten, um durch wirtschaftliche und technische Entwicklungen bis hin zu gänzlich neuen Technologiebereichen erheblich gestiegene Belastungen und Gefahren für den Einzelnen grundrechtlich bewältigen zu können. Je weiter man mit einer bewusst textorientierten Grundrechtsauslegung kommt, um auch für solche gestiegenen Belastungen und zum Teil gänzlich neuen und vielfältigen Risiken unserer Zeit für einzelne Menschen verfassungsrechtlich überzeugende Lösungen zu finden, je mehr verliert der Rückgriff auf Grundrechtstheorien, die keinen Bezug mehr zum Verfassungstext aufweisen, seine bisherige Zugkraft.[6] Dieser Zusammenhang liegt auf der Hand. Es geht dabei keineswegs um jegliche Absage an einen grundrechtlichen Theoriebedarf. Nur muss dieser Bedarf aus dem Text der Grundrechtsartikel begründbar sein. Damit setzt sich der hier verfolgte Ansatz bewusst von den sog. modernen Grundrechtstheorien ab, denen es ja gerade um eine Erweiterung textlich verankerter grundrechtlicher Gewährleistungen durch objektivrechtliche neue Grundrechtsgehalte geht. Tragendes Motiv hinter dieser objektivrechtlichen Erweiterung ist die nahezu einhellig Annahme im Schrifttum, dass die Grundrechtstexte in Abschnitt I des Grundgesetzes zu karg und knapp ausgefallen seien.[7]

Die Grundrechtsbestimmungen der Art. 1 bis 19 GG weisen in der Tat hochabstrakte und oft karge Textfassungen mit generalklauselartiger Weite auf. Schon die erste Grundrechtsbestimmung in Art. 1 Abs. 1 GG: „Die Würde des Menschen ist unantastbar", belegt dies nachdrücklich. Es ist daher *common sense*, dass konkrete grundrechtliche Streitfälle auf der Grundlage einschlägiger

1 Grundrechtstheorie und Grundrechtsinterpretation, NJW 1974, 1529 ff.

2 Michael Kloepfer, Grundrechte als Entstehenssicherung und Bestandsschutz, 1970.

3 Peter Häberle, Grundrechte im Leistungsstaat, VVStRL 30 (1972), 43 ff.

4 Dieter Suhr, Gleiche Freiheit, 1988.

5 Robert Alexy, Theorie der Grundrechte, 3. Aufl. 1996.

6 Als einziger Verfassungsrechtler in Deutschland ist bisher *Friedrich Müller* diesen Weg gegangen. Seine Strukturierende Verfassungslehre beruht auf der Prämisse einer Konkretisierungsbedürftigkeit von Grundrechtsbestimmungen hin zu „Entscheidungsnormen", mit denen konkrete verfassungsrechtliche Streitfälle entschieden werden können. Die Methodik, die er hierfür entwickelt hat, bleibt durchweg an den Verfassungstext gebunden (grundlegend: „Die Positivität der Grundrechte", 2. Aufl. 1990; Juristische Methodik, 7. Aufl. 1997: Entwurf einer juristischen Methodik, S. 128 ff.).

7 Vgl. statt Vieler Pieroth/Schlink, Grundrechte. Staatsrecht II, 28. Aufl. 2012, Rn. 75, 86, 94.

Grundrechtsartikel nur mithilfe konkretisierender Auslegungsschritte entscheidungsreif werden, mit denen der Grundrechtsinterpret den jeweils zu entscheidenden Streitfall näher an den abstrakten Grundrechtstext heranführt. Hierfür sind entsprechende Konkretisierungs- und Annäherungselemente erforderlich, die ungeachtet aller Annäherung an den Streitstoff des Einzelfalles abstrakt bleiben. Eine Theorieabhängigkeit bleibt also auch auf der Grundlage textbezogener Konkretisierungsschritte erhalten. Die entscheidende Frage gilt der Ableitungsgrundlage, aus der ein solcher Theoriebedarf gedeckt wird: ein objektiver Wertgehalt, ein Prinzipiencharakter aller Grundrechte, die Grundrechte als Grundsatznormen, das „Ganze" der Verfassung – oder eben der Wortlaut des einzelnen Grundrechtsartikels in Verbindung mit dem in Bezug genommenen grundrechtlichen Schutzbereich oder dem sonstigen Wirklichkeitsausschnitt. Hier wird der zweite Weg eingeschlagen, von dem schon eingeräumt wurde, dass auch er in gewissem Umfang theoriegeleitet bleibt.

Eine zweite Arbeitshypothese dieser Untersuchung geht in die umgekehrte Richtung. Sie besagt, dass die hochgradige Allgemeinheit und mitunter formelhafte Weite im Wortlaut vieler Grundrechtsartikel dennoch zahlreiche Anknüpfungspunkte für ertragreiche Textinterpretationen enthält. Die Schwierigkeit besteht darin, den Abstraktionsgrad vieler grundrechtlicher Schlüsselbegriffe durch Auslegung zu bewältigen. Dafür werden in den folgenden Abschnitten zwei Ansätze präsentiert. Beide setzen beim Verfassungswortlaut von Abschnitt I des Grundgesetzes an. Der Erste ist struktureller Natur. Der Zweite stellt unterschiedliche grundrechtliche Schutzwirkungen in den einzelnen Grundrechtsartikeln zusammen.

1 Rechte jedermanns und aller Deutschen gegenüber dem Staat

a) Grundrechtsadressaten: Individuelle Grundrechtsberechtigte und grundrechtsverpflichteter Staat

Jedes Grundrecht der Art. 1 bis 19 GG ist entweder jedermann oder jedem Deutschen als Grundrechtsinhaber zugewiesen. Adressaten dieser verfassungsrechtlichen Zuweisung sind stets Einzelpersonen. Grundrechte sind durchweg Individualrechte, auch in den Fällen, in denen sich der Schutzbereich eines Grundrechts auf den Zusammenschluss mehrerer Menschen zu einer Vereinigung bezieht (Art. 9 GG).

Umgekehrt ist der deutsche Staat, gegenüber dem alle diese Grundrechte bestehen, der grundrechtsverpflichtete Adressat. Das kommt in Abschnitt I des Grundgesetzes in unterschiedlichen Formulierungen zum Ausdruck, die in ihren Abweichungen auch staatliche Grundrechtsverpflichtungen unterschiedlicher Reichweite und Intensität aufweisen. Die Gebundenheit von Gesetzgebung, vollziehender Gewalt und Rechtsprechung an die nachfolgenden Grundrechte „als unmittelbar geltendes Recht“ in Art. 1 Abs. 3 GG ist die umfassendste unter den staatlichen Grundrechtsbindungen.[8] Die inhaltlich intensivste staatliche Grundrechtsverpflichtung enthält Art. 1 Abs. 1 GG mit der „Unantastbarkeit“ der Menschenwürde. Andere Grundrechte werden im Verfassungstext als „unverletzlich“ bezeichnet (Art. 2 Abs. 2 S. 2 GG; Art. 4 Abs. 1 GG; Art. 10 Abs. 1 GG; Art. 13 Abs. 1 GG). Art. 4 Abs. 2 GG, Art. 5 Abs. 1 Satz 2 GG, Art. 7 Abs. 4 GG, Art. 9 Abs. 3 GG, Art. 14 Abs. 1 S. 1 GG enthalten Grundrechte, die entweder jedermann oder allen Deutschen „gewährleistet“ werden. Von der Freizügigkeit und vom Asylgrundrecht heißt es, dass alle Deutschen bzw. alle politisch Verfolgten diese Grundrechte „genießen“ (Art. 11 Abs. 1 GG, Art. 16a Abs. 1 GG). Das dürfte sinngemäß auf der Linie derjenigen erwähnten Fällen liegen, in denen Grundrechte „gewährleistet“ werden. Im Text des Petitionsgrundrechts (Art. 17 GG) wird der staatliche Verpflichtungsgehalt nicht beschrieben. Es bleiben die Fälle von grundrechtlichen Gleichheitssätzen (Art. 3 Abs. 1 bis 3 GG, Art. 6 Abs. 5 GG) und grundrechtlicher Schutz- und Förderpflichten des Staats (Art. 7 Abs. 4 GG). So unterschiedlich die einzelnen Formulierungen auch sein mögen, zusammengenommen ist die im Verfassungstext begründete Botschaft hinsichtlich der Grundrechtsbindungen des Staats aus Abschnitt I des GG unmissverständlich: die Durchgängigkeit aller Grundrechtsbindungen stellt einen grundrechtlichen Verpflichtungsgehalt des Staates gegenüber den Einzelpersonen dar, die den Staat des Grundgesetzes als Verfassungsstaat charakterisiert. Im Geltungsbereich der Grundrechte – das muss betont werden – ist der frühere obrigkeitliche Vorrang des Staates gegenüber den Einzelpersonen in sein Gegenteil verkehrt.

b) Übereinstimmende Grundstruktur aller Einzelgrundrechte: Rechtsverhältnismäßige Verknüpfung beider Seiten

Strukturell sind Grundrechte bipolare verfassungsrechtliche Rechtsverhältnisse, an denen nie nur einseitig ein individueller Grundrechtsinhaber, sondern stets auch der Staat als verpflichteter Grundrechtsadressat beteiligt ist. Mitunter können bestimmte Grundrechte darüber hinaus auch eine tripolare Struktur aufweisen, wenn ihr Wortlaut im jeweiligen Grundrechtsartikel sie für eine Schutzwirkung in den gesellschaftlichen Bereich hinein oder für unmittelbare Grundrechtswirkungen unter Privatpersonen öffnet. Das ist beispielsweise

---

8 Friedrich Müller hat unmittelbar aus Art. 1 Abs. 3 GG sein Konzept „Die Positivität der Grundrechte. Fragen einer praktischen Grundrechtsdogmatik“ abgeleitet, s. 2. Aufl. 1990.

beim Schutz- und Fürsorgeanspruch der Mutter nach Art. 6 Abs. 4 GG und in Art. 9 Abs. 3 GG der Fall. Die Struktur als beide Seiten – die individuellen Grundrechtsinhaber und den Staat – einschließendes verfassungsrechtliches Rechtsverhältnis schafft eine maßgebliche Grundlage für effektive grundrechtliche Schutzwirkungen zugunsten der Grundrechtsberechtigten. Diese Struktur garantiert zum einen die verfassungsrechtliche Unaufhebbarkeit der Verknüpfung von individuellen Grundrechtsinhabern und auf die Achtung und den Schutz ihrer Grundrechte verpflichteten Staat. Ob die im Grundrechtsverhältnis begründeten individual-rechtlichen Schutzwirkungen in einem negatorischen Ausschluss des Staates aus einer individuellen Freiheitssphäre des Einzelnen beruhen, in einer nur durch positive Maßnahmen erfüllbaren Schutz- und Förderverpflichtung des Staats oder in Gleichheitssätzen, die Diskriminierungen verbieten oder den grundrechtsverpflichteten Staat darüber hinaus zu positiven Gleichstellungsmaßnahmen verpflichten, lässt sich nicht strukturell aus einem Charakter der Grundrechte als Rechtsverhältnis beantworten. Die Antwort hierauf hängt vom Inhalt der elementaren grundrechtlichen Schutzwirkungen ab, über die der Wortlaut des jeweiligen Einzelgrundrechts Aufschluss gibt.

Wohl aber lassen sich der hier dargelegten Struktur der Grundrechte als verfassungsrechtliche Rechtsverhältnisse weitreichende Aussagen hinsichtlich der Reichweite der grundrechtlichen Schutzwirkungen zugunsten der individuellen Grundrechtsinhaber bzw. – korrespondierend hiermit – im Sinne staatlicher Schutzverpflichtungen entnehmen. Sie liegen nur auf einer anderen Ebene. Verfassungsrechtlich nicht aufhebbare genetische Verknüpfungen, wie sie in der Grundrechtsstruktur zwischen individuellen Rechtsinhabern und auf den Schutz der Grundrechte verpflichtetem Staat angelegt sind, entfalten ihre eigentlichen und weitreichenden Schutzwirkungen zugunsten der individuellen Grundrechtsinhaber vor allem dann, wenn der Staat seine grundrechtlichen Schutzpflichten verletzt. Aufgrund seiner trotz Verletzung des jeweiligen Grundrechts fortbestehenden grundrechtlichen Schutzpflichten ist der Staat nicht etwa nur zur Beendigung andauernder Grundrechtsverletzungen verpflichtet. Er hat darüber hinaus verwaltungsmäßige und gerichtliche Rechtsbehelfe und Rechtsschutzmöglichkeiten zu schaffen sowie – nach Erschöpfung des Rechtswegs – den Betroffenen den Rechtsbehelf der Verfassungsbeschwerde zum BVerfG zu eröffnen. Etwaige weitergehende staatliche Schutzpflichten bei Grundrechtseingriffen hängen dann vom Inhalt gerichtlicher Streitentscheidung ab.

Abschnitt I des GG enthält in den Art. 1 bis 19 GG eine klare grundrechtliche Regelungsstruktur: Individualrechte jedermanns und aller Deutschen gegenüber dem deutschen Staat, durch die dieser – wenn auch in den einzelnen Grundrechtsbestimmungen in abgestufter Weise – durchgängig verfassungsrechtlich verpflichtet wird. Das bleibt hinter einer einheitlichen Definition eines umfassenden Grundrechtsbegriffs deutlich zurück. Die verfassungsrechtliche Strukturvorgabe, die hierin für alle Grundrechte enthalten ist, liefert aber ein einheitliches Fundament für den praktischen Umgang mit jedem Einzelgrundrecht in Abschnitt I des GG.

2 Elementare grundrechtliche Schutzwirkungen in den Art. 1 bis 19 GG

Eine textbezogene Analyse fördert vier verschiedene Elemente grundrechtlicher Schutzwirkungen in Abschnitt I GG zutage. Es handelt sich um „elementare" grundrechtliche Schutzwirkungen. Elementar kennzeichnet ihre Originalität, d.h. ihre nicht weiter reduzierbare Bedeutung für die Eigenständigkeit unterschiedlicher Grundrechtswirkungen in diesem Abschnitt des Grundgesetzes. Zugleich bedeutet elementar auch die Verschiedenartigkeit in der Wirkungsweise dieser Elemente, die anhand unterschiedlicher Schutzwirkungen der Grundrechte in Abschnitt I GG näher darzulegen ist.

a) Im Überblick sind die vier Elemente des Grundrechtsschutzes nach den Artikeln 1 bis 19 GG die folgenden:
   - Die Menschenwürde, die sich mit dem in Art. 1 Abs. 1 GG verankerten verfassungsrechtlichen Würdegehalt der Person in unterschiedlicher Abstufung auch in anderen Grundrechtsartikeln von Abschnitt I nachweisen lässt
   - Die Grundrechte als klassische Freiheitsrechte gegenüber dem Staat (negatorische Abwehrrechte)
   - Grundrechtliche Schutzansprüche gegenüber dem Staat in Verbindung mit korrespondierenden staatlichen Schutzpflichten, nach Maßgabe des Verfassungswortlauts teils unmittelbar (Art. 1 Abs. 1 Satz 2 GG), teils im Rahmen von Drittwirkungseffekten (Art. 6 Abs. 4 GG). Ein besonderer Fall des Grundrechts jedermanns auf staatliche Maßnahmen zum Schutz seines Lebens und auf entsprechende Schutzpflichten des Staats ist das Grundrecht auf Leben und körperliche Unversehrtheit in Art. 2 Abs. 2 Satz 1 GG. Um einen besonderen Fall handelt es sich deshalb, weil der Wortlaut dieser Bestimmung individuelle Schutzansprüche und Schutzpflichten nicht explizit erwähnt, sondern sprachlich mit dem „Recht auf Leben und körperliche Unversehrtheit" lediglich andeutet. Die grundlegende Bedeutung des Rechts auf Leben auch für alle anderen Grundrechte wird aber einhellig und zu Recht als Gewährleistung individueller Schutzansprüche und staatlicher Schutzpflichten verstanden. Vornehmlich geht

es um gesetzliche Ausgestaltungen dieser Schutzwirkungen sowie um polizeiliche Maßnahmen der Gefahrenabwehr.[9]

- Grundrechtliche Gleichheitssätze unterschiedlicher Prägung und Reichweite
  - Allgemeiner Gleichheitssatz (Willkürverbot, Art. 3 Abs. 1 GG)
  - Besondere Gleichheitssätze (Art. 3 Abs. 2 Satz 1 GG, Art. 6 Abs. 5 GG)
  - Diskriminierungsverbote (negatorischer Schutz, Art. 3 Abs. 3 GG)
  - Positive Gleichbehandlungsansprüche (Gewährleistungspflichten des Staates – Art. 3 Abs. 2 Satz 2 GG, Art. 6 Abs. 5 GG)

b) Grundrechtliche Schutzwirkungen

Mehrfach spricht der Verfassungstext in Abschnitt I des GG von Schutzpflichten staatlicher Gewalt zugunsten von Grundrechtsinhabern. An herausgehobener Stelle in Art. 1 Abs. 1 GG mit der umfassenden Verpflichtung aller staatlichen Gewalt, die Menschenwürde „zu achten und zu schützen". Von staatlichem Schutz im Grundrechtskontext spricht gleich zweimal Art. 6 Abs. 1 und Abs. 4 GG mit dem Schutz von Ehe und Familie. Aus der langjährigen, bis in die Weimarer Zeit zurückreichenden Grundrechtsdiskussion ist bekannt, dass gerade auch in der klassischen negatorischen Abwehrfunktion der Grundrechte gegenüber dem Staat eine grundlegende Schutzwirkung zugunsten des Individuums gesehen wird. Vor diesem Hintergrund wirft der vorausgegangene Überblick über elementare textlich nachweisliche grundrechtliche Schutzwirkungen in den Art. 1 bis 19 GG weiterreichende Fragen auf.

Wenn es zutrifft, dass nicht nur ein im Verfassungstext enthaltener grundrechtlicher Schutz beiderseits korrespondierende Schutzwirkungen der Grundrechtsadressaten Individuum und Staat begründen, sondern darüber hinaus auch klassische Freiheitsrechte grundrechtliche Schutzwirkungen im beiderseitigen Verhältnis begründen: haben dann möglicherweise auch textlich und anders strukturierte Grundrechtsbestimmungen wie staatliche Gewährleistungspflichten, Gleichheitssätze etc. grundrechtlichen Schutzcharakter? Diese Fragestellung hat grundrechtsdogmatisch womöglich weitreichende Folgen. Sie könnten darin bestehen, dass das in Lehre und höchstrichterlicher Rechtsprechung noch immer dominierende negatorische Freiheitsdogma einer grundrechtlichen

9 Aus der umfassenden Judikatur des BVerfG's zu Art. 2 Abs. 2 GG siehe vor allem die Schutzpflicht um des Lebens willen bei Schwangerschaftsansprüchen (BVerfGE 39, 1 (42); 88, 203 (251 ff.)), bei terroristischer Bedrohung (BVerfGE 46, 160) sowie Schutzpflichten gegenüber der technischen Entwicklung bei atomaren (BVerfGE 49, 89 (140ff.); 53, 30 (57 ff.)) und elektromagnetischen Gefahren (BVerfG NVwZ 2007, 805).

Staatsabwehr niemals den Stand der geltenden Grundrechtsbindung des Staates unter dem Grundgesetz wiedergab, sondern schon im Jahre 1949 durch einen innovativ auf unterschiedliche grundrechtliche Schutzwirkungen gegründeten Grundrechtsteil des Grundgesetzes verfassungsrechtlich abgelöst worden ist. Für die weitere Untersuchung hat diese Frage erhebliche Tragweite. Jedenfalls kann schon hier festgehalten werden, dass die aus dem expliziten Wortlaut der einzelnen Grundrechtsbestimmungen ermittelten weitreichenden grundrechtlichen Schutzwirkungen erheblich über das hinausgehen, was im Schrifttum üblicherweise unter einer „Schutzfunktion" der Grundrechte verstanden wird.[10] Strukturelle grundrechtliche Schutzwirkungen kommen, wie angedeutet, möglicherweise noch hinzu.

3 Untersuchungsweg: Zusammenführung des strukturellen Ansatzes und des Ansatzes bei den elementaren Schutzwirkungen

Eine erste Aufgabe besteht darin, die aus dem Grundrechtstext der Art. 1 bis 19 GG im Überblick ermittelten vier originären Grundrechtselemente je für sich näher aufzuschlüsseln, indem ihre spezifischen grundrechtlichen Schutzwirkungen bestimmt und die für den Schutzbereich des jeweiligen Grundrechts maßgeblichen Schlüsselbegriffe textlich, begrifflich und anhand von Praxisbeispielen so weit wie möglich geklärt werden. Das ist aber angesichts der unterschiedlichen Schutzwirkungen der einzelnen Grundrechte, Freiheitsrechte, Schutzansprüche und Gleichheitssätze in Abschnitt I des Grundgesetzes nicht ausreichend, um die textlich verankerten unterschiedlichen Schutzwirkungen in diesem Abschnitt vollständig zu erfassen. Dazu müssen die elementaren Grundrechtswirkungen mit den strukturellen Unterschieden im jeweiligen Grundrechtsverhältnis zwischen jedermann bzw. allen Deutschen auf der einen Seite und dem grundrechtsgebundenen deutschen Staat auf der anderen zusammengeführt und abgeglichen werden. Wie die Ausführungen zu den in den einzelnen Grundrechten angelegten Strukturunterschieden zwischen Staat und Grundrechtsinhaber gezeigt haben, können weitergehende drittgerichtete Grundrechtswirkungen existieren, die über das normale bilaterale Verhältnis

10 Siehe hierzu die Ausführungen von Pieroth/Schlink, Grundrechte. Staatsrecht II (28. Aufl. 2012), in denen die Gebote grundrechtskonformer und verfassungskonformer Auslegung einfachen Gesetzesrechts im Vordergrund stehen. Unmittelbare individuelle Schutzwirkungen aus den Grundrechten selbst werden erst nachfolgend behandelt.

hinausgehen.[11] Ist das der Fall, muss auch die in den vier Grundelementen verankerte jeweilige grundrechtliche Schutzwirkung dem personell oder inhaltlich dreipolig strukturierten Grundrechtsverhältnis angepasst werden. Auch hierfür ist textliche und an praktischen Beispielen aus der Rechtsprechung ausgerichtete Auslegungsarbeit erforderlich.

Zur Erleichterung des Einblicks in die Leistungsfähigkeit und Reichweite einer im Schwerpunkt textorientierten Grundrechtsinterpretation werden im Wege von Gegenüberstellungen über strikte Wortlautbindungen bewusst hinausgehende Grundlinien und wesentliche Positionen der sog. modernen Grundrechtstheorien in die Darstellung und in die Analysen einbezogen. Wie im folgenden Abschnitt zu zeigen ist, lassen sich die wichtigsten unter den bewusst über den Text der Art. 1 bis 19 GG hinausgehenden modernen Grundrechtstheorien in der Annahme einer in den Grundrechten verankerten objektiven Wertordnung sowie im Verständnis der Grundrechte als Prinzipien- und Grundsatznormen zusammenfassen.

II Die neue Dimension „objektivrechtlicher Gewährleistungsgehalte" der Grundrechte in den sog. modernen Grundrechtstheorien

Es hat Jahrzehnte gedauert, bis die durch bahnbrechende Publikationen zu einem neuen und erweiterten Grundrechtsverständnis ausgelöste Lawine an Diskussionen und Veröffentlichungen zu neuen Grundrechtstheorien ihre Dynamik langsam verlor und wieder abebbte. Vor allem der Vortrag *Peter Häberles* über die „Grundrechte im Leistungsstaat" auf der Staatsrechtslehrertagung 1971 in Regensburg[12] und die systematisierende Zusammenfassung des Theorienchaos in einer „wertesystematischen, einer institutionellen, einer demokratisch-funktionalen und einer sozialstaatlichen Grundrechtstheorie" durch *E.W. Böckenförde* kurze Zeit später[13] haben zur Öffnung des klassischen Verständnisses der Grundrechte als negatorische Abwehr- und Freiheitsrechte und seiner Erweiterung in den modernen Grundrechtstheorien beigetragen. Wie der Titel des Vortrags von Häberle verdeutlicht, war die maßgebliche Triebkraft für den Aufbruch

11 Zu mittelbaren Grundrechtswirkungen unter Privaten siehe das Lüth-Urteil BVerfGE 7, 198 (206) sowie BVerfGE 73, 261 (269). Zu betonen ist, dass das BVerfG eine mittelbare Grundrechtewirkung unter Privaten nur aus einem „objektivrechtlichen" Grundrechtsgehalt ohne Textabsicherung in der jeweiligen Grundrechtsbestimmung herleitet.

12 VVDStrL 30 (1971), 43 ff.

13 „Grundrechtstheorie und Grundrechtsinterpretation", NJW 1974, 1529 ff.

zu neuen Grundrechtsufern ein verändertes Staatsverständnis. Es stand unter der Überschrift: „Vom liberalen Staat zum sozialen Rechtsstaat."[14] Dieser Wandel umschrieb formelhaft alles, was an technologisch, ökonomisch, politisch und gesellschaftlich veränderten und verengten Lebens- und Entfaltungsspielräumen für den Einzelnen mit verloren gegangenen Möglichkeiten autonomer privater Lebensführung zur Motivationsgrundlage für den Ruf nach neuen Grundrechtstheorien geworden war.

Wer diesem unter der Überschrift „Vom liberalen zum sozialen Rechtsstaat" stehenden Ansatz folgte, hielt an den Grundrechten als primär negatorischen Abwehr- und Freiheitsrechten fest. Es ging um eine Erweiterung des Grundrechtsverständnisses, um dem Staat ohne verfassungsrechtliche Hindernisse neue Wege zur Bewältigung ökonomischer, sozialer und technologischer Risiken des modernen Lebens eröffnen zu können. Dazu bedurfte es einer Öffnung des auf negatorische Staatsabwehr beschränkten klassischen Grundrechtsverständnisses, wofür die erweiterten objektivrechtlichen Gehalte der modernen Grundrechtstheorien von Anfang an standen und bis heute stehen. Es dauerte einige Zeit, bis klar wurde, dass auf diesem Weg der Entwicklung der Grundrechtstheorie ein gemeinsamer Sockel bestehen blieb: die Grundrechte als klassische negatorische Abwehr- und Freiheitsrechte gegenüber dem Staat und die hiermit in Abschnitt I des Grundgesetzes verbundene Grundrechtsstruktur.[15] Man kann diesen über alle grundrechtstheoretischen Streitigkeiten hinweg gebliebenen gemeinsamen Sockel folgendermaßen beschreiben.

Der Staat des Grundgesetzes ist an von ihm vorgefundene Menschenrechte jedes Individuums unter seiner Hoheitsgewalt gebunden (Art. 1 Abs. 2 GG). Aus der bereichsspezifischen Auffächerung besonderer Schutzbereiche in den der Menschenwürdegarantie des Art. 1 GG nachfolgenden Grundrechten und Grundfreiheiten der Art. 2 Abs. 1 bis Art. 19 GG ergibt sich zweierlei: in die jeweiligen grundrechtlichen Schutzbereiche kann der Staat im Wege normaler Aufgabenwahrnehmung prinzipiell und umfänglich nur nach Maßgabe der grundrechtlichen Schrankenvorbehalte eingreifen, durch welche die Schutzbereiche für staatliche Eingriffsmöglichkeiten geöffnet werden. Jeder staatliche

---

14 Das war ein grundlegendes Motto der damaligen Jahre: siehe die Schlussbemerkung in seinem Vortrag „Grundrechte im Leistungsstaat", VVDStRL 30 (1972), 131; ferner Pieroth/Schlink, Grundrechte. Verfassungsrecht II (28. Aufl. 2012) Rn. 95.

15 In diesem Sinne R. Poscher, Grundrechte als Abwehrrechte. Reflexive Regelung rechtlich geordneter Freiheit, 2003; G. Lübbe-Wolff, Grundrechte als Eingriffsabwehrrechte, 1988; meine Ausführungen, in: Medienfreiheit und Medienunternehmen (1985): Dritter Teil – Die grundrechtlichen Freiheiten des Art. 5 I 2 GG, S. 254 ff.

Grundrechtseingriff, den ein Schrankenvorbehalt zu einer Grundrechtsgewährleistung ermöglicht, bedarf einer eingriffsermächtigenden Gesetzesgrundlage. Aus der Gewährleistung der freien Entfaltung der Persönlichkeit in Art. 2 Abs. 1 GG – wie immer man den Schutzbereich dieses Grundrechts auch verstehen mag[16] – folgt, dass sich dieses System grundrechtlicher Schutzbereiche mit verfassungsrechtlich bestimmten Schrankenvorbehalten lückenlos auf alle erdenklichen Lebensbereiche erstreckt, die individueller und gemeinschaftlicher menschlicher Betätigung und Entfaltung zugänglich sind. In diesem traditionell geprägten Grundrechtsverständnis steht die Freiheit des Individuums zur individuellen Lebensgestaltung ohne staatliche Intervention an der Spitze. Daraus erklärt sich auch die maßgebliche grundrechtliche Schutzwirkung. Sie besteht im Ausschluss staatlicher Gesetzgebungsmacht für seine in individuelle Freiheiten eingreifende Aufgabenwahrnehmung, für die sich der Staat nicht auf eine Gesetzesgrundlage berufen kann, die eine entsprechende Aufgabenwahrnehmung innerhalb der durch die grundrechtlichen Schrankenvorbehalte gezogenen Grenzen ermöglicht. Ein im Widerspruch hierzu ergangenes Gesetz ist verfassungswidrig, weil das entgegenstehende Grundrecht die erforderliche staatliche Gesetzgebungsmacht ausschließt.

Die nicht von einem neuen Staatsverständnis des sozialen Rechtsstaats geprägten modernen Grundrechtstheorien über die Grundrechte als „Prinzipien und Grundsatznormen" verfolgen demgegenüber ein anderes Konzept. Ihr Ansatzpunkt ist die normative Struktur der Grundrechtsgewährleistung. Unter „normativer Struktur" sind der Verbindlichkeitsgrad, die Intensität und die Reichweite der Grundrechtsverpflichtungen von Gesetzgebung, vollziehender Gewalt und Rechtsprechung zu verstehen. Als bloße Prinzipien und Grundsatznormen werden Grundrechte nicht mehr als strikt verbindliches (Verfassungs-) Gesetzesrecht verstanden, sondern als Richtungs- und Orientierungsvorgaben, die offen bleiben für einen situationsbedingten Anpassungsbedarf. Ob das lediglich prinzipienhafte Grundrechtsverständnis auch noch eine „objektivrechtliche Grundrechtsfunktion" darstellt, wie die meisten im Namen des sozialen Rechtsstaats entwickelten modernen Grundrechtstheorien, mag hier dahinstehen. Jedenfalls ist die vor allem von *Robert Alexy* entwickelte Prinzipienlehre der Grundrechte nicht mehr mit dem Verfassungswortlaut in Abschnitt I des Grundgesetzes begründbar.[17] Nach Art. 1 Abs. 3 GG binden die nachfolgenden Grundrechte „Gesetzgebung, vollziehende Gewalt und Rechtsprechung als unmittelbar

16 Siehe hierzu unten VI. Ziff. 1 und 2.

17 Robert Alexy, Grundrechtstheorie, 3. Aufl. 1996.

geltendes Recht". Das ist eine Formulierung, die dem Richter und anderen Verfassungsinterpreten bei der streitlösenden Heranziehung von Grundrechten auf Einzelfälle lediglich gewisse, subjektiv unvermeidliche Erkenntnismargen einräumt, aber eindeutig keinen normativen Gestaltungsspielraum. Eben diesen Gestaltungsspielraum nimmt die Prinzipienlehre Alexy's aber für sich in Anspruch. Es ist ihr Sinn und Zweck, einen solchen Gestaltungsspielraum zu begründen.

1 Erweiternde objektivrechtliche Grundrechtsgehalte: unterschiedliche theoretische Ableitungswege und Begründungen

Nach allen modernen Grundrechtstheorien, die bei einer gewandelten Staatswirklichkeit und einem hiermit verbundenen Postulat eines gewandelten Grundrechtsverständnisses ansetzen, haben Grundrechte neben ihrer staatsbezogenen Abwehrfunktion auch den Charakter objektiver Ordnungsprinzipien für die von ihnen geschützten Lebensbereiche. Diese objektiven Ordnungsprinzipien werden aus der Annahme neuer Grundrechtsfunktionen abgeleitet, die aus dem vorausgesetzten gewandelten Staatsverständnis gewonnen werden. Insoweit stimmen alle beim Wandel zum sozialen Rechtsstaat ansetzenden modernen Grundrechtstheorien überein. Unterschiede gibt es in den verfassungsrechtlichen Anknüpfungspunkten für die verfassungsrechtliche Übertragung der Herausforderungen des Staatswandels auf die Ebene der Grundrechtstheorie und für die Implementierung neuer erweiterter Grundrechtsfunktionen im grundrechtlichen Gewährleistungsgehalt.

a) Institutionelle Grundrechtstheorien

Das Spezifikum institutionellen Rechtsdenkens ist die Vorstellung, dass bestimmte Lebensbereiche durch gesetzliche Regelungen oder auf dem Wege sonstiger langjähriger staatlicher oder gesellschaftlicher Ausgestaltungen eine verfestigte Form erhalten, die vielfache Nutzungsvorteile für Individuen, Gruppen oder die Gesellschaft insgesamt hervorbringt. Daraus werden rechtliche Beschränkungen des Staats im Hinblick auf verändernde oder gar aufhebende Interventionen in solche Institutionen hergeleitet. Dieses Grundschema institutionellen Rechtsdenkens ist im Rahmen der modernen Grundrechtstheorien auf alle Grundrechte übertragen worden. Über frühere institutionsrechtliche Vorstellungen, wonach z.B. die kommunale Selbstverwaltung oder das Berufsbeamtentum über ihre textliche Gewährleistung in der Verfassung hinaus zugleich objektivrechtliche Institutsgarantien darstellen, ging die institutionelle Grundrechtstheorie weit hinaus. Parallel zur negatorischen Eingriffsabwehr war der

Staat zugleich gehalten, durch normative Ausgestaltung des jeweiligen grundrechtlichen Schutzbereichs die rechtlichen und tatsächlichen Voraussetzungen für die Ausübung grundrechtlicher Freiheit durch den Grundrechtsinhaber zu schaffen. Solche staatlichen Ausgestaltungen sind in der institutionellen Grundrechtstheorie keine Grundrechtseingriffe mehr. Vielmehr komme in solchen normativen Ausgestaltungen institutioneller Art der Charakter der Grundrechte als objektive Ordnungsprinzipien zum Ausdruck.[18]

b) Grundrechte als „objektive Wertentscheidungen" der Verfassung

Staat und Grundrechte sind nach der Vorstellung der grundrechtlichen Werttheorie das Ergebnis wechselseitiger Integrationsvorgänge. Wie der Staat selbst aus ständigen Integrationsvorgängen entstehe, so stellen die Grundrechte nach dieser Theorie konstituierende Faktoren integrativer Staatshervorbringung dar. Sie konstituieren ein Wert-, Güter- und Kultursystem, aus dem der Staat als Werte-, Kultur- und Erlebnisgemeinschaft entsteht. Primär haben die Grundrechte von daher den Charakter objektiver Normen, nicht subjektiver Ansprüche. „Ihren objektiven Charakter" erhalten sie nach dieser Vorstellung „als Ausfluß der Wertgrundlage des staatlichen Gemeinwesens und Ausdruck der Wertentscheidung, die dieses Gemeinwesen für sich selbst" treffe.[19] Die Bestimmung des Grundrechtsinhalts wird infolgedessen zu einer Sinnermittlung des im Grundrecht enthaltenen Wertes und der Einfügung dieses Wertes in das zugrunde liegende grundrechtliche Wertsystem. Dieses Wertesystem korreliere mit dem geistig-kulturellen Wertbewusstsein der Zeit. Böckenförde deckt in seiner Darstellung der auf Smend zurückgehenden integrationistischen Wertetheorie den substanziellen Begründungsmangel dieser Theorie auf. Es werde ständig auf anderweit getroffene Wertentscheidungen verwiesen, die nicht aufgedeckt werden. Sein zutreffender Einwand lautet, die grundrechtliche Werttheorie bedeute eine „Verhüllungsformel für richterlichen bzw. interpretatorischen Dezisionismus".[20]

18 Zur Charakterisierung institutioneller Grundrechtstheorien vgl. Böckenförde in seiner noch heute aktuellen Abhandlung „Grundrechtstheorie und Grundrechtsinterpretation", NJW 1974, 1529.

19 Böckenförde, Grundrechtstheorie und Grundrechtsinterpretation, NJW 1974, 1533 unter Bezugnahme auf Smend, Staatsrechtliche Abhandlungen (1955), 265 f.

20 Böckenförde, Grundrechtstheorie und Grundrechtsinterpretation, NJW 1974, 1534.

c) Demokratisch-funktionale Grundrechtstheorie

Ähnlich wie in der integrationistischen Werttheorie, aber deutlich stärker konzentriert auf Vorgänge und Abläufe politischer Meinungsbildung im demokratischen Staat, werden die Grundrechte im Rahmen der demokratisch-funktionalen Grundrechtstheorie als „konstitutierende Faktoren eines freien Prozesses demokratischer, d.h. von unten nach oben verlaufender Staatshervorbringung ... und eines demokratischen Prozesses politischer Willensbildung" verstanden. „Die Grundrechte" seien „dem Staatsbürger nicht zur freien Verfügung eingeräumt, sondern in seiner Eigenschaft als Glied der Gemeinschaft und damit auch im öffentlichen Interesse."[21]

Während die Grundrechte ungeachtet ihrer objektivrechtlichen Erweiterungen in der institutionellen und der integrativ-wertbezogenen Grundrechtstheorie individuelle Freiheitsrechte gegenüber dem Staat bleiben, findet in der demokratisch-funktionalen Grundrechtstheorie ein weitreichender Wechsel in der Grundrechtsträgerschaft statt: an die Stelle des personhaften Individuums tritt ein anonymer demokratischer Meinungs- und Willensbildungsprozeß. „Die Freiheitsgewährleistung wird ein Mittel zur Ermöglichung und Sicherung dieses Prozesses".[22] Damit löst sich die demokratisch-funktionale Grundrechtstheorie von dem in allen anderen modernen Grundrechtstheorien erhalten gebliebenen gemeinsamen Sockel staatsabwehrender Individualfreiheit.

d) Sozialstaatliche Grundrechtstheorie

Die traditionelle Lebensgrundlage individueller Autarkie, die Grundprämisse der liberalen Grundrechtstheorie, sei durch den sozialen Lebensraum von Sozialleistungen und Sozialbeziehungen ersetzt worden, auf den ein immer größerer Anteil der Bevölkerung angewiesen sei. Das ist der gedankliche und politische Ansatz der sozialstaatlichen Grundrechtstheorie.[23] Die negatorische Freiheitsgewährleistung des traditionellen Grundrechtsverständnisses erweise sich als nicht mehr hinreichend, um die grundrechtliche Freiheit auch als eine reale Freiheit zu sichern.

Die Antwort der sozialstaatlichen Grundrechtstheorie auf dieses Auseinanderfallen von rechtlicher und realer Freiheit sind grundrechtlich vermittelte

---

21 Siehe die referierende Darstellung bei Böckenförde (NJW 1974, 1534) unter Bezugnahme auf BVerwGE 14, 21 (25).

22 So referierend Böckenförde (NJW 1974, 1535) unter Bezugnahme auf Ridder, Meinungsfreiheit, in: Die Grundrechte Bd. 2 (2. Aufl. 1968), 249, 262 ff.

23 Suhr, Rechtsstaatlichkeit und Sozialstaatlichkeit, Der Staat 9 (1970), 83 ff.

soziale Leistungsansprüche des Einzelnen an den Staat. In diesem Ansatz verlagert sich der Schwerpunkt grundrechtlicher Gewährleistung auf die Verpflichtung des Staates, die notwendigen sozialen Voraussetzungen für die Realisierung grundrechtlicher Freiheit zu schaffen sowie auf die Vermittlung grundrechtlicher Ansprüche auf staatlich geschaffene Sozialleistungen. Mit dieser realen Erweiterung im Schutzbereich ist unauflöslich eine reale Einbuße an grundrechtlichem Gewährleistungsgehalt verbunden: die finanzielle Leistungsfähigkeit des grundrechtlich verpflichteten Staats. Sozialstaatliche Grundrechtsgewährleistungen stehen unter einem Haushaltsvorbehalt. Das wird nicht nur von den Autoren sozialstaatlicher Grundrechtslehren eingeräumt, sondern auch in der Rechtsprechung des BVerfG's. Bleiben sozialstaatlich begründete grundrechtliche Leistungsansprüche ein bloßer Bonus zur negatorischen Freiheitssicherung, dann – so mag man einwenden – liege in einem Haushaltsvorbehalt für grundrechtliche Leistungsansprüche gegen den Staat kein verfassungsrechtlicher Einwand gegen eine solche sozialstaatliche Grundrechtstheorie. Darin liegt aber zugleich der Verzicht auf eine rechtssystematisch in sich stimmige Grundrechtstheorie: Einen Haushaltsvorbehalt darf es in den Verfassungsgrundlagen von Grundrechtsgewährleistungen nicht geben.

III Keine Grundlage erweiternder objektivrechtlicher Grundrechtsgehalte im Verfassungstext

Ein neues Staatsverständnis vom liberalen zum sozialen Rechtsstaat, das die meisten modernen Grundrechtstheorien zum Ausgangspunkt ihres erweiterten Grundrechtsverständnisses zugrunde legen, mag für die Grundrechtstheorie eine aufzuarbeitende Bedeutung haben. Grundrechte sind nun einmal ein verfassungsrechtliches Rechtsverhältnis zwischen Individuen und Staat, für das ein jeweils zugrunde gelegtes verfassungsrechtliches Staatskonzept nicht irrelevant ist. Solange jedoch Konzeptionen eines neuen Staatsverständnisses ohne nachweisliche Grundlage in der Verfassung bleiben, sind sie bedeutungslos, auch für die Grundrechtstheorie. Moderne Grundrechtstheorien, die ihren erweiterten objektivrechtlichen Grundrechtsgehalt aus einem Wandel des Staatsverständnisses herleiten, haben also insoweit keine Rechtsgrundlage. Sie bleiben zur Begründung ihrer verfassungsrechtlichen Relevanz auf eine unmittelbare oder zumindest mittelbare Verknüpfung mit dem Verfassungstext in den Art. 1 bis 19 GG angewiesen. Da sich keine der modernen Grundrechtstheorien von sich aus um eine Verankerung im Wortlaut des Grundgesetzes bemüht, ist dies keine Frage einer nachgewiesenen, sondern lediglich einer möglichen Verbindung mit dem Verfassungstext.

1 Individualitätsfeindliche Unvereinbarkeit institutioneller Grundrechtslehren mit Abschnitt I des Grundgesetzes

Die normative Ausgestaltung des grundrechtlichen Schutzbereichs, welche die institutionelle Grundrechtstheorie zur Grundlage ihrer erweiterten objektivrechtlichen Grundrechtsgewährleistungen macht, ist eine bloße Behauptung geblieben. Textliche Anknüpfungspunkte im Wortlaut einzelner Grundrechtsbestimmungen, die einen denkbaren Ausgangspunkt für vom Gesetzgeber hergestellte Institutionalisierungen bilden könnten, gibt es nur sehr wenige. Zu ihnen gehören die Presse[24] und der Rundfunk in Art. 5 Abs. 1 Satz 2 GG sowie das Eigentum in Art. 14 Abs. 1 Satz 1 GG und die zahlreichen Berufsordnungen im Schutzbereich des Art. 12 GG. Die Besonderheit der Presse- und Rundfunkgesetze sowie der Berufsordnungen und der eigentumsrechtlichen Gesetzesbestimmungen im BGB und in anderen Zivilgesetzen besteht darin, dass ihre Bestimmungen zumindest auch den jeweiligen grundrechtlichen Schutzbereich regeln und ausgestalten. Insoweit kommt eine institutionalisierende Ausgestaltungswirkung in Betracht. Die meisten anderen Gesetze, die einen thematischen Bezug zu einem der Grundrechte der Art. 1 bis 19 GG aufweisen, regeln lediglich den jeweiligen Schrankenvorbehalt und enthalten keine Aussagen über den grundrechtlichen Schutzbereich. Sie kommen als institutionalisierende Grundrechtsausgestaltung von vornherein nicht in Betracht. Für die Presse- und Rundfunkgesetze wie für eigentumsrechtliche und berufsordnende Gesetzesbestimmungen gilt, dass es für sie keinerlei systematische Untersuchungen darüber gibt, ob und ggf. inwieweit der Gesetzgeber mit diesen Bestimmungen den jeweiligen grundrechtlichen Schutzbereich ausgestalten wollte. Gegen diese Annahme spricht, dass alle diese Gesetzesbestimmungen uneingeschränkt der Normenkontrolle durch das BVerfG hinsichtlich ihrer Verfassungskonformität unterliegen. Soweit ersichtlich, ist dies unbestritten. Verfassungsrechtliche Institutionalisierungswirkungen dieser Gesetzgebung sind damit ausgeschlossen.

---

24 Nach Ansicht von Degenhart ist in Art. 5 Abs. 1 Satz 2 GG nicht nur das Grundrecht der Freiheit als subjektives Recht, sondern zugleich das „Institut der freien Presse“ verfassungsrechtlich garantiert (in: Bonner Kommentar, Art. 5 Abs. 1 und 2 Rn. 11, 55 ff.).

2 Grundgesetzwidriger rechtlicher Staatsvorrang vor dem Individuum in der Lehre von den Grundrechten als einer „objektiven Wertordnung“

Die Lehre von den Grundrechten als „objektiven Wertentscheidungen“ bewegt sich schon vom Ansatz her in einem textunabhängigen reinen Deutungs- und Vorverständnisbereich. Das gilt insbesondere auch für die gemeinhin als „oberster Wert“ des Grundgesetzes verstandene Menschenwürde in Art. 1 Abs. 1 Satz 1 GG. So abstrakt und jenseits aller sozialen menschlichen Erfahrbarkeit diese Bestimmung auch klingen mag. Der nachfolgende Absatz 2 „Das Deutsche Volk bekennt sich darum zu unverletzlichen und unveräußerlichen Menschenrechten ...“ eröffnet ein weitreichendes textbezogenes Auslegungsfeld. Der Zugang zu diesem Auslegungsfeld, das mit traditionellen Auslegungsregeln erschlossen werden kann, wird durch die apodiktische, assoziative und durch nichts belegte Charakterisierung der Menschenwürde als ein „oberster Wert“ verstellt.

Alle Grundrechte, die einen Menschenwürdegehalt aufweisen, sind insoweit vorstaatliche Rechte. Der Wortlaut des Art. 1 GG bringt dies unmissverständlich zum Ausdruck. Abschnitt I des Grundgesetzes über die Grundrechte enthält aufgrund seiner systematischen Stellung im Aufbau des Grundgesetzes dieselbe Botschaft. Der Abschnitt über die Grundrechte ist dem Abschnitt „Der Bund und die Länder“ mit seinen Staatsgrundlagenbestimmungen in Art. 20 und 28 GG vorangestellt. Schon diese Verfassungsstruktur verbietet es, die Ausrichtung der gesamten Verfassung und des Staates des Grundgesetzes auf das menschliche Individuum durch einen „demokratischen Willensbildungsprozeß“ zu ersetzen, wie es die demokratisch-funktionale Grundrechtstheorie tut. Es gibt keine einzige Grundrechtsbestimmung in den Art. 1 bis 19 GG, die einen textlichen Anhaltspunkt für eine derartige Umkehrung der Verfassungsordnung liefert. Dass demokratische Grundrechte außerhalb des Grundrechtsabschnitts des Grundgesetzes, wie das allgemeine Wahlrecht jedes Deutschen zu unmittelbaren, freien, gleichen und geheimen Parlamentswahlen in Art. 38 GG oder das Widerstandsrecht aller Deutschen gegen diktatorische Missbräuche der Staatsgewalt in Art. 20 Abs. 4 GG, grundrechtlich strukturierte Grundlagen der demokratisch-rechtsstaatlichen Staatsordnung bilden, ist durch den Verfassungstext belegt und unbestritten. Das erlaubt aber keine Reduzierung der Grundrechtsordnung der Verfassung auf einen entindividualisierten „demokratischen Prozess“.

3 Grundrechtsgewährleistung und Grundrechtsausübung – Defizite sozialstaatlicher Grundrechtstheorien

Der sozialstaatlichen Grundrechtstheorie geht es – wie dargelegt – darum, die in den Grundrechten verankerten rechtlichen Freiheits-, Gleichheits- und Schutzgewährleistungen auch real zu sichern. Damit verbindet sich eine Erweiterung des herkömmlichen Grundrechtshorizonts auf die Ebene der „Grundrechtsausübung". Nirgendwo wird in einem rechtssystematischen Sinne näher dargelegt, wie im Kontext der Grundrechtstheorie der Unterschied zwischen Grundrechtsgewährleistung und Grundrechtsausübung zu verstehen ist. In einem rein plakativ wörtlichen Sinne könnte man vereinfacht sagen, Grundrechtsausübung ist das tägliche menschliche Leben, soweit es einen behördlichen, gerichtlichen oder sonstigen Realbezug zum Staat aufweist. Grundrechtsgewährleistung ist demgegenüber der individual-rechtliche Verfassungsmaßstab für diesen Realbezug des Individuums zum Staat. Mit dem Wortlaut der Grundrechtsgewährleistungen in den Art. 1 bis 19 GG hat diese pauschale Deutung wenig zu tun. Zwar gibt es Textansätze, die explizit auf den Zusammenhang zwischen Grundrechtsgewährleistung und Grundrechtsausübung hinweisen. Nach Art. 3 Abs. 2 Satz 2 GG fördert der Staat die tatsächliche Durchsetzung der Gleichberechtigung von Männern und Frauen und wirkt auf die Beseitigung bestehender Nachteile hin". Art. 4 Abs. 2 GG gewährleistet „die ungestörte Religionsausübung". Die deutlichste gesellschaftliche Bindung der Grundrechtsausübung enthält Art. 14 Abs. 1 Satz 2 GG, wonach die Eigentumsgewährleistung in Art. 14 Abs. 1 Satz 1 GG zugleich verpflichtet. „Sein Gebrauch soll zugleich dem Wohle der Allgemeinheit dienen" (Art. 14 Abs. 2 GG).

Die Sozialpflichtigkeit des Eigentums in Art. 14 Abs. 2 GG scheint sprachlich dem Grundgedanken der sozialstaatlichen Grundrechtstheorien am nächsten zu stehen, ist von ihm aber tatsächlich denkbar weit entfernt. Nach allen sozialstaatlich geprägten Grundrechtstheorien ist es der Staat, der die verloren gegangene individuelle Autarkie im Bereich der Grundrechtsausübung durch seine Gesetzgebung im Rahmen seiner Möglichkeiten unterstützend und austarierend wiederherzustellen hat. Art. 14 Abs. 2 GG nimmt demgegenüber den individuellen Grundrechtsinhaber, den Eigentümer, in die soziale Gemeinwohlpflicht. Das sind unterschiedliche Rechtsebenen, die nichts miteinander zu tun haben. Der Gleichheitssatz und die ungestörte Religionsausübung, die wenigen textlichen Anknüpfungspunkte für eine sozialstaatliche Grundrechtsdimension, sind zu schmal, um den Grundrechten insgesamt eine auf eine grundrechtlich gesicherte sozialstaatliche Lebensführung ausgerichtete Gewährleistungsdimension abzugewinnen. Ein derartiges konzeptionell übergreifendes Grundrechtsdenken widerspricht der Grundaussage der Verfassung in Abschnitt I des Grundgesetzes: der individuellen Selbstbestimmtheit der Person und ihrer verfassungsrechtlichen Absicherung gegenüber dem Staat im Grundgesetz. Aus sich selbst heraus können die Grundrechte als reine individual-rechtliche Rechtsgarantien und korrespondierende staatliche Verpflichtungen auf die einzelnen Grundrechte diese individuelle Selbstbestimmtheit nicht in einem politisch praktischen Sinne garantieren. Dazu bedarf es darüber hinaus einer effektiven täglichen Wahrnehmung allgemeiner Staatsaufgaben. Der Impetus sozialstaatlicher Grundrechtstheorien geht in diese Richtung. Auf der Ebene der Grundrechtstheorie hat dieser Impetus aber nichts zu suchen. Er gehört auf die Ebene praktischer täglicher Staatsaufgabenerfüllung.

IV Textunabhängig mithilfe moderner Grundrechtstheorien begründete Rechtsprechungsergebnisse – Leitentscheidungen

Ausgangspunkt in der Rechtsprechung des BVerfgG's für das Bekenntnis zu den Grundrechten als einer „objektiven Wertordnung" mit weitreichenden Auswirkungen auf die Ergebnisse der anhängigen Streitfälle war bekanntlich das Lüth-Urteil. Nach den programmatischen Sätzen dieses Urteils sind die Grundrechte „ohne Zweifel in erster Linie dazu bestimmt, die Freiheitssphäre des Einzelnen vor Eingriffen der öffentlichen Gewalt zu sichern ... Ebenso richtig" sei „aber, dass das Grundgesetz, das keine wertneutrale Ordnung sein wolle (BVerfGE 2, 1 (12); 5, 85 (134 ff., 197 ff.); 6, 32, (40 f.)), in seinem Grundrechtsabschnitt auch eine objektive Wertordnung aufgerichtet" habe und „dass gerade hierin eine prinzipielle Verstärkung der Geltungskraft der Grundrechte zum Ausdruck" komme.[25] Der Boykottaufruf des Hamburger Innensenators Lüth gegen den Film „Unsterbliche Geliebte" des Regisseurs Veit Harlan, der im Dritten Reich den antisemitischen Propagandafilm „Jud Süß" produziert hatte, war nach geltendem deutschen Recht ein nach § 826 BGB rechtswidriger Eingriff in die Berufsfreiheit Harlans und seines Filmunternehmens. Das BVerfG rechtfertigte den Boykottaufruf Lüths mit einer Ausstrahlungswirkung der Grundrechte in die zivilrechtliche Rechtsordnung hinein, die zu einer grundlegenden Neuorientierung für das bis dahin vorherrschende Verständnis des systematischen Verhältnisses von Zivilrecht und Verfassungsrecht geführt hat. Auf Art. 5 Abs. 1 GG gestützte öffentliche und friedliche Meinungsäußerungen können

25 BVerfGE 7, 205 ff.

seit dieser Entscheidung in privatrechtliche Rechtspositionen eingreifen, ohne zivilrechtliche Unterlassungs- und Entschädigungsansprüche Betroffener auszulösen. Sie stehen sozusagen unter einer verfassungsrechtlichen Freistellung von zivilgesetzlichen Rechtsbindungen. Der bloße normhierarchische Vorrang des Verfassungsgesetzes vor dem einfachen Parlamentsgesetz liefert keine Grundlage für eine derart weitreichende Vorrangstellung und Überformung des Zivilrechts durch das Verfassungsrecht. Rechtsverbindliche Auswirkungen der Grundrechte auf andere Bereiche der Rechtsordnung sind im rangmäßigen Vorrang der Verfassung vor einfachem Gesetzesrecht und untergesetzliche Rechtsbestimmungen prinzipiell ermöglicht. Sie bedürfen jedoch für ihre vorrangige Rechtsverbindlichkeit einer Grundlage im Verfassungstext. Den hat das BVerfG im Lüth-Urteil nicht geliefert. Die verfassungsrechtliche Inpflichtnahme zivilrechtlicher Unterlassungs- und Entschädigungsansprüche, um freie Bahn für als wertmäßig vorrangig eingestufte Meinungsäußerungen und Boykottaufrufe zu schaffen, steht so, wie sie vom BVerfG im Lüth-Urteil proklamiert wurde, nicht im Grundgesetz.

Einen besonderen Schwerpunkt hat das BVerfG mit der von ihm vertretenen objektivrechtlichen Erweiterung des Grundrechtsschutzes in seinen Urteilen zu den grundrechtlichen Schutzpflichten des Staates aus Art. 2 Abs. 2 GG gesetzt. Zu nennen sind vor allem die beiden grundlegenden Entscheidungen zum Schutz des ungeborenen Lebens beim Schwangerschaftsabbruch und zur grundrechtlichen Schutzpflicht des Staates auf der Grundlage derselben Verfassungsbestimmung vor den Risiken der friedlichen Nutzung der Kernenergie. Dass Art 2 Abs. 2 Satz 1 GG nicht explizit von einem grundrechtlichen Schutz des Lebens und einer korrespondierenden Pflicht des Staates hierzu spricht, wohl aber in seinem Wortlaut Ansätze für eine solche Interpretation liefert, wurde bereits erwähnt. Diese Position ist von der Rechtsprechung des BVerfG's zu Art. 2 Abs. 2 GG zu unterscheiden. Letztlich ist diese hochinnovative, in grundlegende Bereiche wissenschaftlich-technischer Risiken unserer Zeit vorgedrungene Rechtsprechung in ihren objektivrechtlichen Prämissen ohne verfassungsrechtlich überzeugende Grundlinie geblieben. Zwar enthält sie die Substanz, eine solche Grundlinie zu finden und zu formulieren. Das BVerfG selbst ist diesen Schritt aber nicht gegangen. Der Einzelfallbezug der genannten Grundentscheidungen und die selbst auferlegte richterliche Zurückhaltung gegenüber wissenschaftlich und technologisch ungeklärten Grundfragen mögen hierzu beigetragen haben. Die in dieser Beschreibung der Rechtsprechung zum Ausdruck kommende Kritik ist dogmatischer Natur. Es gibt mehrere kritikwürdige Ansätze, die aber in den folgenden Überlegungen gezielt mit der Innovationskraft in der Grundrechte-Rechtsprechung des BVerfG verknüpft werden sollen.

Warum begründet das BVerfG die von ihm seiner Rechtsprechung zu Art. 2 Abs. 2 GG zu Recht zugrunde legte staatliche Schutzpflicht für das Leben, die Gesundheit und die körperliche Unversehrtheit des Menschen nicht uneingeschränkt und unmissverständlich mit dem individual-rechtlich ausgerichteten Textgehalt dieser Grundrechtsbestimmung?: „Jeder hat das Recht auf Leben und körperliche Unversehrtheit. Die Freiheit der Person ist unverletzlich". Klarer geht es doch kaum noch. In den Grundlagenurteilen zum Recht auf Leben der Ungeborenen und zum Schutz des Lebens und der Gesundheit vor den Risiken der friedlichen Nutzung der Kernenergie verschwimmt vieles in den Ausführungen des BVerfG's. Vor allem weiß man häufig nicht mehr, ist hier noch von einem individuellen grundrechtlichen Schutzanspruch gegenüber dem Staat die Rede oder nur noch von einer allgemeinen Staatsaufgabe zur Gefahrenabwehr und Gefahrenprävention? Das sind Unklarheiten, die einer konsequent textbezogenen Grundrechtsauslegung nicht passieren dürfen. Es geht um die Individualrechte jedermanns aus Art. 2 Abs. 2 GG.

Einen grundrechtsideologischen Absturz bedeutet die Rechtsprechung des BVerfG's zu Art. 2 Abs. 2 GG, wenn aus individual-rechtlichen Schutzansprüchen, denen korrespondierend grundrechtliche staatliche Schutzpflichten entsprechen, eine „objektivrechtliche Wertordnung" wird. Aus einer solchen „Wertordnung" werden übergreifende Abwägungskonstellationen hergeleitet, mit denen das BVerfG dem Gesetzgeber Maßstäbe zur Konfliktlösung durch „ausgleichende Gesetzgebung" in die Hand zu geben versucht. Keine der in den Abtreibungsurteilen oder in den Urteilen zur friedlichen Nutzung der Kernenergie auf diese Weise aufgestellten Abwägungsgrundlagen kann eine positivrechtliche Grundlage in der Verfassung für sich beanspruchen. Ohne jeglichen überzeugenden Sachzusammenhang und ohne jeden textlich tragfähigen Auslegungsansatz gibt das BVerfG die von ihm selbst entwickelten überzeugenden Textauslegungsansätze zu Art. 2 Abs. 2 GG als Grundlage für individual-rechtliche Schutzansprüche jedermanns gegenüber dem Staat und korrespondierende staatliche Schutzpflichten auf.

Man fragt sich, woher das BVerfG seine Vorstellungen von einer textunabhängigen „objektiven Wertordnung" als Quelle für seine zahlreichen Entscheidungen zu erweiterten grundrechtlichen Schutz- und Gewährleistungsbehalten bezieht: aus religiösen Vorstellungen, aus kirchlichen Lehren oder aus einem abendländisch aufgeklärten Kulturerbe? Jede dieser Alternativen weist einen transzendentalen objektiven Wertgehalt auf und eben dies passt zur stereotyp vom BVerfG wiederholten Formel, dass nämlich die objektive Wertordnung der Grundrechte im „Menschenbild des Grundgesetzes, insbesondere in Art. 1 Abs. 1 GG" verankert sei. Diesem Menschenbild zufolge sei „die Spannung

Individuum – Gemeinschaft im Sinne der Gemeinschaftsbezogenheit und Gemeinschaftsgebundenheit der Person entschieden."[26]

In keiner einzigen Bestimmung in Abschnitt I des GG wird unter Bezugnahme auf die Menschenwürde und die nachfolgenden Grundrechte von einem „Menschenbild" des Grundgesetzes gesprochen. Auch das in der Rechtsprechung des BVerfGs geschaffene „allgemeine Persönlichkeitsrecht" wird im Text der Grundrechte nirgendwo erwähnt.[27] Nimmt man hinzu, dass das BVerfG in seinen zahlreichen Entscheidungen zu Art. 1 Abs. 1 GG und zu Verknüpfungen von Art. 2 Abs. 1 GG mit Art. 1 Abs. 1 bis heute versäumt hat, den Begriff der Menschwürde in einer verfassungsrechtlich tragfähigen Weise zu definieren, bleibt nur eine Schlussfolgerung: die „objektive Wertordnung", die im Grundrechtsteil der Verfassung nach Auffassung des BVerfGs errichtet wurde, hat keine normative Grundlage. Es geht darum, dass das BVerfG von sich aus nicht überzeugende und wissenschaftlich nicht tragfähige Elemente seiner Grundrechtsrechtsprechung – wie insbesondere die „objektive Wertordnung" der Grundrechte – aufgibt. Mit einer solchen transzendentalen Wertordnung relativiert das BVerfG in unnötiger Weise die zahlreichen Schutzwirkungen und Freiheitssicherungen zugunsten des Individuums, die es sich in seiner jahrzehntelangen textorientierten Grundrechtsauslegung erarbeitet hat. Diese Kritik hat bisher am deutlichsten *Böckenförde* formuliert.[28] „Die Berufung auf eine Wertordnung oder eine Wertabwägung" begründe nichts, sondern verdecke lediglich „anderweit getroffene Kollisions- und Abwägungsentscheidungen, die dadurch einen rationalen Schein erhalten und der wirklichen Begründung enthoben" seien. „Praktisch gesehen" bedeute „sie eine Verhüllungsformel für richterlichen bzw. interpretatorischen Dezisionismus."

V Menschenwürde

Die Menschenwürde ist ein komplexer Tatbestand, der alle angeborenen Menschenrechte der Person umfasst und darüber hinaus übergreifend die 4 grundrechtlichen Kernelemente des 1. Kapitels des GG einschließt: die nachfolgend verfassungsrechtlich näher aufzuschlüsselnde Menschenwürde einschließlich des Menschenwürdegehalts in anderen Grundrechtsbestimmungen als Art. 1 Abs. 1 GG; die klassischen Freiheitsrechte einer individual-bezogenen negatorischen Staatsabwehr; die grundrechtlichen Schutzansprüche des Art. 2 Abs. 2

26 BVerfGE 65, (43) – Volkszählung; siehe auch BVerfGE 4, 7 (15); 27, 1 (7); 50, 290 (353).

27 Siehe hierzu unten VII.

28 Grundrechtstheorie und Grundrechtsinterpretation, NJW 1974, 1529 (1534).

GG und des Art. 6 Abs. 1 GG; die Drittwirkung der Grundrechte im Privatrecht, wie vor allem die Koalitionsfreiheit in Art. 9 Abs. 3 GG, sowie die grundrechtlichen Gleichheitssätze: den allgemeinen Gleichheitssatz, das sog. Willkürverbot in Art. 3 Abs. 1 GG, die Gleichheit von Mann und Frau in Art. 3 Abs. 2 GG, die Diskriminierungsverbote in Art. 3 Abs. 3 GG sowie der besondere Gleichbehandlungsanspruch und die hiermit korrespondierende staatliche Gewährleistungspflicht in Art. 6 Abs. 5 GG. In diesem Verständnis der Menschenwürde des Grundgesetzes ist enthalten, dass diese nicht nur in Art. 1 Abs. 1 GG ihre verfassungsrechtliche Grundlage hat, sondern darüber hinaus auch in den nachfolgenden Grundrechten von Fall zu Fall näher aufzuschlüsselnde „Ausstrahlungswirkungen" haben kann. Das ist kein bloßes theoretisches Postulat, sondern folgt aus einer Textauslegung des Art. 1 Abs. 1 Satz 2 GG i.V.m. Art. 1 Abs. 3 GG. Auf die Achtung und den Schutz der Menschenwürde wird der Staat in Abs. 1 Satz 2 verpflichtet. Wenn zugleich in Abs. 3 Gesetzgebung, vollziehende Gewalt und Rechtsprechung an alle nachfolgenden Grundrechte gebunden werden, kann sich derselbe durch Art. 1 GG verfassungsgebundene Staat einer Ausstrahlung der Menschenwürde auf alle Grundrechte nicht mehr prinzipiell entziehen. Diesen Zusammenhang hat der Verfassungsgeber im Regelungstext des Art. 1 GG hergestellt.

1 Keine subjektiv-individuelle Menschenwürde

Das GG meint in Art. 1 Abs. 1 GG nicht eine *subjektive Würde* des Menschen.

Subjektiv bleiben alle Formen der Menschenwürde, in denen die Würde des Individuums von einer Achtung und einem Respekt abhängig gemacht wird, den andere Menschen – einschließlich des Staates – diesem Individuum entgegenbringen. Häufig werden solche subjektiven Formen an das persönliche Verhalten des Individuums gekoppelt, um dessen Menschenwürde es geht. In allen Fällen subjektiver Formen der Menschenwürde eines Individuums bleibt diese abhängig von Beurteilungen durch andere. Bei diesem Verständnis ist die Menschenwürde stets verletzlich. Sie kann gewährt oder versagt werden. Mit Art. 1 Abs. 1 GG sind solche subjektiven, von anderen abhängigen Formen der Menschenwürde unvereinbar. Art. 1 Abs. 1 GG sagt unmissverständlich: „Die Würde des Menschen ist unantastbar." Das verlangt eine rechtliche Deutung, die jede Abhängigkeit der Würde eines bestimmten Menschen von anderen Menschen, vom Staat oder von sonstigen Instanzen ausschließt.

Über seine Würde im Sinne von Art. 1 Abs. 1 GG kann jeder Mensch nur selbst entscheiden. Das ist der grundlegende Ansatzpunkt für jedes verfassungskonforme Verständnis von Menschenwürde. Schließt man jede fremdbestimmte

Form und jeden fremdbestimmten Inhalt aus der Menschenwürde eines Individuums aus, dann wird die Menschenwürde gleichsam automatisch zu dem, was sie im System des GG nur sein kann: zur höchsten Stufe individueller Selbstbestimmung. Von einer „höchsten Stufe" darf hier deshalb gesprochen werden, weil diese Form der Selbstbestimmung verfassungsrechtlich eindeutig einem bestimmten Träger und Rechtsinhaber zugesprochen wird – jedem Menschen – und weil gleichzeitig alle von außen kommenden Einflussnahmen auf die Kompetenz, den Inhalt individueller Menschenwürde für den jeweiligen einzelnen Menschen zu bestimmen, verfassungsrechtlich ausgeschlossen werden. *Tiedemann*[29] hat diesen Letztbereich individueller Selbstbestimmtheit, der die Menschenwürde ausmache, „als die jederzeitige Möglichkeit einer Person" beschrieben, „sich ihr eigenes Verhalten als eigene Handlung selbst zurechnen zu können". Er hat hieraus alle Formen der Gewalt, Folter, Panik oder systematischer Irreleitung durch manipulierte Informationen verfassungsrechtlich ausgeschlossen, die den Betroffenen diese Zurechnung als selbstbestimmtes eigenes Verhalten verwehren. Das stimmt mit dem hier vertretenen Verständnis grundrechtlicher Menschenwürde in Art. 1 Abs. 1 GG überein. Bezugspunkt dieses Verständnisses ist der entwickelte selbstbewusste Mensch, der über sich selbst eigene Entscheidungen treffen kann. Die eingehende Diskussion darüber, ab welchem Zeitpunkt der Mensch ein Mensch ist und ob auch dem Embryo Menschenwürde zukommt[30], betrifft überwiegend ein Scheinproblem. Ab wann und wodurch das Menschsein beginnt, ist keine juristische, sondern eine medizinisch-biologische Frage. Offenkundig haben Embryos und Kleinkinder entwicklungsbedingt noch nicht die Fähigkeit, selbstbewusst ihr eigenes Leben zu gestalten und darüber zu entscheiden, was für sie würdevoll ist. Nur insoweit, also aus der Sicht der Ungeborenen und der Kleinkinder, kann ihnen auch keine Menschenwürde im hier verstandenen Sinne zukommen. Im Hinblick auf den negatorischen Ausschluss von staatlicher oder nicht-familiärer Fremdbestimmung sind selbstverständlich auch Ungeborene und Kleinkinder Träger des Menschenwürderechts. Für ihre noch nicht entwickelte Fähigkeit, dieses Recht auf eigene selbstbestimmte Entscheidungen zu gründen, gibt es im deutschen Recht wie in allen anderen Rechtsordnungen überbrückende Surrogate. Zu nennen ist vor allem das Recht und die Pflicht der Eltern und Verwandten zur Personensorge. Nach Art. 3 der Konvention über die Rechte des Kindes ist

---

29 Paul Tiedemann, Von den Schranken des allgemeinen Persönlichkeitsrechts, DÖV 2003, 73 (77).

30 E. W. Böckenförde, Menschenwürde als normatives Prinzip, JZ 2003, 809; Friedhelm Hufen, Der menschliche Embryo als Subjekt der Menschenwürde, JZ 2004, 313 ff.

„bei allen Maßnahmen, die Kinder betreffen, gleichviel ob sie von öffentlichen oder privaten Einrichtungen der sozialen Fürsorge, Gerichten, Verwaltungsbehörden oder Gesetzgebungsorganen getroffen werden, … das Wohl des Kindes ein Gesichtspunkt, der vorrangig zu berücksichtigen ist." Das Wohl des Kindes bezieht sich auf seine gesamte Entwicklung zur selbstbestimmten Persönlichkeit und auf alle hierin eingeschlossenen konkreten Lebensumstände. Auch bei noch nicht abgeschlossener Entwicklung gehört dieser Bereich mit zur Menschenwürde von Ungeborenen und Kindern. Es war eine schwere Fehlentscheidung des BVerfGs in den Abtreibungsurteilen[31], den Schutz des ungeborenen Lebens grundrechtlich nur an Art. 2 Abs. 2 GG zu messen. Hätte das BVerfG, wie es geboten gewesen wäre, auch Art. 1 Abs. 1 Satz 2 GG herangezogen, wäre eine Abwägung zwischen dem Grundrecht der Mutter und dem des Ungeborenen verfassungsrechtlich nicht möglich gewesen.

Die unantastbare Menschenwürde in Art. 1 Abs. 1 GG stellt die höchste Stufe individueller Selbstbestimmung dar. Sie erklärt, warum es in dem dem Abs. 1 nachfolgenden Abs. 2 des Art. 1 GG heißt: „Das deutsche Volk bekennt sich *darum* zu unverletzlichen und unveräußerlichen Menschenrechten…" Der individuelle Selbstbestimmungsgehalt dieser Menschenrechte wird in den nachfolgenden Grundrechtsbestimmungen tatbestandsmäßig unterschiedlich beschrieben und festgelegt. Der Würdegehalt ist jedoch im Kern in allen Fällen derselbe. Es ist die Freiheit jedes Menschen zur Selbstbestimmung über die eigene Würde in ihren unterschiedlichen Lebensbezügen. Man kann und muss die Frage stellen, ob eine in diesem Sinne verstandene Menschenwürde überhaupt einen verfassungsrechtlichen Regelungsgehalt aufweist, und wenn ja, welchen? Diese Frage ist zu bejahen. Es ist die verfassungsrechtliche Anerkennung der Letztkompetenz jedes Individuums, allein selbst über den Inhalt, die Form und die Tragweite „seiner" Menschenwürde zu entscheiden. Zugleich ist es der negatorische Ausschluss aller anderen Menschen und aller Instanzen, insbesondere solcher, die sich selbst in einer übergeordneten Position zum einzelnen Menschen sehen, den letzten Selbstbestimmungsgehalt des Individuums – eben das ist seine Menschenwürde – antasten und selbst (fremd-)bestimmen zu wollen. Ein Staat, der eine so verstandene Menschenwürde zum Ausgangspunkt und zur Grundlage seiner Verfassung macht, insbesondere ihres Grundrechtsabschnitts, hat sich damit verfassungsrechtlich selbst von jedem Eingriff in die individual-rechtliche Menschenwürde ausgeschlossen. Mit einem Eingriff in diese setzte er sich zu den selbst geschaffenen Verfassungsgrundlagen

31 BVerfGE 39, 1 (42); 88, 203 (251 ff.).

in Widerspruch. Zu diesem Bekenntnis hat sich der Verfassungsgeber im Jahre 1949 bei der Schaffung des Grundgesetzes mit Art. 1 GG durchgerungen. Damit hat er eine Höchststufe grundrechtlicher Schutzwirkungen für den Einzelnen und individual-rechtlicher Freiheitssicherungen geschaffen. Das BVerfG und mit ihm zunehmende Stimmen im Schrifttum glauben, das damals zugunsten jedes Menschen Erreichte durch eine nebulöse „objektive Wertordnung" der Grundrechte verfassungsrechtlich noch einmal „verstärken" zu können. Das ist eine Illusion.

Zur Verdeutlichung des selbstbestimmten verfassungsrechtlichen Gehalts der Menschenwürde und zu ihrer Abgrenzung von allen subjektiven fremdbestimmten Formen sind zwei Beispiele aufschlussreich, die im Kontext des Art. 1 Abs. 1 GG häufiger erwähnt werden. Nach einer lange zurückreichenden Seefahrertradition wurde von Kapitänen in Seenot geratener Schiffe erwartet, dass sie zusammen mit ihrem Schiff untergehen. Dies galt als würdevolles Verhalten. Im politischen Leben, vor allem im Zusammenhang mit Krisensituationen und schwerwiegenden Fehlentwicklungen, wird Menschen, die sich aus Verzweiflung über solche Zustände öffentlich verbrennen, um mit ihrem Tod ein Zeichen zu setzen und zur Umkehr aufzurufen, ein hohes Maß an Wertschätzung entgegengebracht. Ungeachtet der Tragik solcher Fälle kann man von einem würdevollen Tod sprechen, auch wenn die Selbsttötung, die hierin eingeschlossen ist, nicht gebilligt wird. Vor dem Hintergrund der Menschenwürde in Art. 1 Abs. 1 GG, wie sie hier gekennzeichnet wurde, sind beide Fälle grundverschieden. Sie haben letztlich nichts miteinander zu tun. Der Kapitän, der mit seinem Schiff untergeht, bestimmt nicht selbst den Würdegehalt seines Todes. Er folgt einer alten Seefahrerregel, die mit der Erwartung der Selbsttötung an ihn verbunden ist. Aus eigenem Antrieb würde er es wohl nicht tun. Er weiß aber, dass ihm Geringschätzung entgegengebracht wird, wenn er es nicht tut. In gewisser Weise handelt er unter Zwang. Ganz anders die Fälle der Selbstverbrennung, um ein politisches Zeichen zur Umkehr zu setzen. Es sind Fälle höchstpersönlicher Letztentscheidung über das eigene Leben. Hier kann man sehr wohl sagen, dass die Würde, die in der eigenen Entscheidung zur Selbstverbrennung liegt, unverletzlich ist. Jegliche Fremdbeeinflussung fehlt.

Der Menschenwürdegehalt in anderen Grund- und Freiheitsrechten als Art. 1 Abs. 1 GG besteht in der selbstbestimmten, von jeglichem Fremdeinfluss befreiten Entschließungs- und Entscheidungsfreiheit jedes Grundrechtsinhabers. Das ist – wohlgemerkt – eine Selbstbestimmung über die eigene Menschenwürde. So weit diese individual-rechtliche Selbstbestimmungsfreiheit reicht, weist das betreffende Grundrecht einen substanziell mit Art. 1 Abs. 1 GG übereinstimmenden Gehalt an Menschenwürde auf, in den der Staat nicht eingreifen darf.

Grundrechte und Freiheitsrechte, die nur Deutschen zustehen, haben keinen Würdegehalt im Sinne von Art. 1 Abs. 1 GG. Sie begründen zwar auch individuelle Selbstbestimmungsfreiheiten und Selbstbestimmungsrechte. Aber diese Selbstbestimmungsrechte sind inhaltlich und umfänglich durch den jeweiligen Schutzbereich des Grundrechts bestimmt. Um die Selbstbestimmung über die eigene Menschenwürde geht es hier nicht.

VI Das Grundrecht auf freie Entfaltung der Persönlichkeit nach Art. 2 Abs. 1 GG

Das Grundrecht auf freie Entfaltung der Persönlichkeit aus Art. 2 Abs. 1 GG steht in engem systematischen Regelungszusammenhang mit der Menschenwürde aus Art. 1 Abs. 1 GG. In der in Lehre und Rechtsprechung überwiegenden Deutung des Art. 2 Abs. 1 GG als „allgemeine Handlungsfreiheit“[32] kommt dieser Regelungszusammenhang nicht zum Ausdruck.

Wie die Menschenwürde, so enthält auch die freie Entfaltung der Persönlichkeit einen Letztbezug auf die dem Staat rechtlich vorgegebene Individualität des Menschen. Sie wird sprachlich in beiden Bestimmungen unterschiedlich zum Ausdruck gebracht und ist auch mit einer gewissen verfassungsrechtlichen Abstufung verbunden. Während die Menschenwürde eine identitätsbildende abschließende Selbstbestimmung über die eigene Persönlichkeit darstellt, die alle anderen Formen individueller Selbstbestimmung, die in den Schutzbereichen der nachfolgenden Grundrechte zum Ausdruck kommt, in sich aufnimmt, handelt es sich beim Grundrecht auf freie Entfaltung der Persönlichkeit um ein klassisches Freiheits- und Abwehrrecht gegenüber dem Staat. Auch die freie Entfaltung der Persönlichkeit hat einen umfassenden integrativen Charakter. Sie schließt als Grundrecht ebenso wie die Menschenwürde alle Schutzbereiche nachfolgender Grundrechte im Grundgesetz in sich ein.[33] Im Unterschied zur Selbstbezüglichkeit der Menschenwürde ist das Grundrecht auf freie Entfaltung der Persönlichkeit rein staatsbezogen. Es ist relational. Die grundrechtlichen Schutzwirkungen, die in der Menschenwürdegarantie in Form von verfassungsrechtlicher Staatsgebundenheit enthalten sind, können über eine negatorische Staatsabwehr deutlich hinausgehen.

---

32 BVerfGE 6, 32 (36) – Elfes; Hanno Kube, Die Elfes-Konstruktion JuS 2003, 111 m.w.Nachw.; Gunnar Duttke, Freiheit für alle oder allgemeine Handlungsfreiheit? NJW 1997, 3353 (krit.).

33 Das kommt in der verbreiteten Auffassung als „Muttergrundrecht“ zum Ausdruck. Kritisch hierzu Friedrich Müller, Die Positivität der Grundrechte, 2. Aufl. 1990, S. 12.

1 Umfassender Grundrechtsschutz

Art. 1 Abs. 1 und Art. 2 Abs. 1 GG bilden zusammengenommen den denkbar umfassendsten rechtlichen Schutz der menschlichen Persönlichkeit, im Hinblick auf die selbstbestimmte Eigenpersönlichkeit des Menschen wie im Verhältnis zum Staat. Im verfassungsrechtlich-grundrechtsbezogenen Sinne bedeutet *Schutz* nicht nur fremdbestimmtes Schützen durch Einsatz staatlicher Machtmittel. Es bedeutet auch Selbstschutz im Rechtssinne. Zwar verfügt der einzelne Mensch nicht über Machtmittel, wie sie dem Staat zur Verfügung stehen. Er hat aber die Rechtsmacht, sein eigenes Leben selbstbestimmt zu gestalten und hierfür Gestaltungsgrundlagen zu schaffen, an die auch der Staat rechtlich gebunden ist. Die rechtlichen Schutzwirkungen in Abschnitt I des Grundgesetzes sind mit der Menschenwürde und den negatorischen Freiheitsrechten im klassischen Sinne grundlegend, reichen aber für einen umfassenden und effektiven Grundrechtsschutz keineswegs aus. Abschnitt I des Grundgesetzes enthält in Art. 19 Abs. 4 GG selbst einen maßgeblichen Hinweis darauf, was für einen effektiven Grundrechtsschutz verfassungsrechtlich über die grundrechtlichen Gewährleistungsinhalte der Art. 1 bis 19 Abs. 3 GG zusätzlich erforderlich ist. Das ist die grundrechtliche Rechtsschutzgarantie gegen alle Beeinträchtigungen individueller Rechte durch die öffentliche Gewalt. *Peter Häberle* hat in seinem bahnbrechenden Referat über die „Grundrechte im Leistungsstaat" auf der Regensburger Staatsrechtslehrertagung 1971 zu Recht dargelegt, dass selbst die gerichtliche Rechtsschutzgarantie in Art. 19 Abs. 4 GG für einen wirklich effektiven Grundrechtsschutz nicht ausreicht. Er hat auch die verwaltungsrechtlichen Rechtsbehelfe jedermanns gegen belastende behördliche Entscheidungen in den grundrechtlichen Schutzbereich einbezogen. Die Gebundenheit von Gesetzgebung, vollziehender Gewalt und Rechtsprechung an die nachfolgenden Grundrechte „als unmittelbar geltendes Recht" in Art. 1 Abs. 3 GG liefert in Verbindung mit Art. 19 Abs. 4 GG eine ausreichende und tragfähige Textgrundlage für diesen Schritt.

2 Art. 2 Abs. 1 GG als „allgemeine Handlungsfreiheit": eine Fehldeutung

Es hat viele Bemühungen in der verfassungsrechtlichen Lehre und Rechtsprechung gegeben, der Formel von der „freien Entfaltung der Persönlichkeit" in Art. 2 Abs. 1 GG einen fassbaren, praktikablen und im Hinblick auf den gesamten Abschnitt I des Grundgesetzes systemtauglichen Inhalt zu geben. Fast alle dieser Bemühungen sind gescheitert oder konnten sich nicht durchsetzen. Als sich das BVerfG im Elfes-Urteil in seiner Deutung des Art. 2 Abs. 1 GG auf die

„allgemeine Handlungsfreiheit" zurückzog, war dies eher ein Akt der Resignation als ein überzeugtes Auslegungsbekenntnis. Im Elfes-Urteil hat sich das BVerfG kritisch mit der Persönlichkeitskernlehre zu Art. 2 Abs. 1 GG auseinandersetzt und diese - letztlich zu Recht - abgelehnt.[34] Der Persönlichkeitskernlehre ging es darum, Art. 2 Abs. 1 GG ungeachtet seines als zu weit empfundenen Wortlauts eine praktikable und überzeugende Eingrenzung des grundrechtlichen Schutzbereichs zu verleihen. Mit „Kernbereichen" menschlicher Persönlichkeit, wie sie diese Lehre vorschlug, konnten aber allenfalls topische Annäherungen an das erreicht werden, was der Verfassungsgeber mit Art. 2 Abs. 1 GG offenbar erreichen wollte. Zu Recht befürchtete das BVerfGE auf der Grundlage der Persönlichkeitskernlehre eine unvertretbare Einbuße an grundrechtlicher Freiheitsgewährleistung für das Individuum.

Warum ist der resignierende grundrechtliche Rückzug auf die allgemeine Handlungsfreiheit als Deutungssubstanz der „freien Entfaltung der Persönlichkeit" verfehlt? Im Schrifttum wird in diesem Kontext häufig auf die Beratungen des Parlamentarischen Rates bei der Ausarbeitung des Grundgesetzes verwiesen. Dort hieß es zu Art. 2 Abs. 1 GG bekanntlich zunächst: „Jeder kann machen, was er will". Damit ist eine politische Zielvorgabe formuliert. Sie umschreibt, was mit Art. 2 Abs. 1 GG erreicht werden sollte, enthält aber weder eine tragfähige Schutzbereichseingrenzung noch ein umsetzungsfähiges rechtliches Programm für eine solche. Das rechtliche Defizit der allgemeinen Handlungsfreiheit ist von den Vertretern der Persönlichkeitstheorie durchaus zutreffend erkannt worden.[35] Es ist die Konturlosigkeit eines uferlosen menschlichen Tun und Lassens ohne jeglichen Hinweis darauf, was den individual-rechtlichen Grundrechtsschutz gegenüber dem Staat begründen soll. Dazu bedarf es substanzieller Kriterien, mit denen menschliches Tun und Unterlassen in einen persönlichkeitlichen Rechtszusammenhang gestellt werden kann, der geeignet ist, ein rechtliches Schutzverhältnis gegenüber dem Staat zu begründen. Der Gleichsetzung des Rechts auf freie Entfaltung der Persönlichkeit mit einer allgemeinen Handlungsfreiheit wie das BVerfG sie versteht mißlingt diese Verknüpfung. Das BVerfG hat sich mit dem Rückzug auf die allgemeine Handlungsfreiheit einen selbstbestimmten eigenen Rechtsprechungsfreiraum geschaffen. So wie jedermann – angeblich – tun und lassen kann, was er will, kann auch das BVerfG gestützt

---

34 BVerfGE 6, 32 (36) – Elfes; in der Anerkennung eines „absolut geschützten Kernbereichs privater Lebensgestaltung" kommt das BVerfG in späteren Entscheidungen (BVerfGE 34, 238/245) der Kernbereichslehre jedoch sehr weit entgegen.

35 Siehe hierzu Tiedemann, Von den Schranken des allgemeinen Persönlichkeitsrechts, DÖV 2003, 75 f.

auf die immanenten Schrankenvorbehalte in Art. 2 Abs. 1 GG jedermann nach eigener Vorstellung sagen, was er nicht tun darf – also unterlassen muss – und was er nicht unterlassen darf – also tun muss. Was die eine Hand schrankenlos gewährt, nimmt die andere Hand schrankenlos wieder weg. Das ist l'art pour l'art. Wenn das wirklich der Schutzgehalt des „Muttergrundrechts" sein soll, das alle Schutzdefizite nachfolgender Grundrechte angeblich auffangen kann, ist es mit dem Grundrechtsschutz in Abschnitt I des Grundgesetzes nicht weit her.

3 Die individuelle Entschließungsfreiheit

Persönlichkeitsbildend ist nicht, zu tun und zu lassen, was einem so gerade in den Sinn kommt, wie die Lehre von der allgemeinen Handlungsfreiheit meint. Eine allgemeine Handlungsfreiheit ist in beliebigen äußeren Umständen begründet. Sie kommt zufällig zustande. Persönlichkeitsbildend ist das entschlusshafte Verhalten jedes Individuums, sich unter gegebenen äußeren Umständen bewußt dafür zu entscheiden, von einer bestimmten Handlungsmöglichkeit Gebrauch zu machen oder keinen Gebrauch zu machen. Das ist die Entschließungsfreiheit.[36] Ihr bewusster Einsatz führt zu eben denjenigen selbstbestimmten Lebensgestaltungen, die letztlich eine „freie Entfaltung der Persönlichkeit" ausmachen. Die Entschließungsfreiheit ist mit einem rein reaktiven Verhalten eines Menschen auf gegebene äußere Lebensumstände nicht erklärt. Vielmehr ist es umgekehrt so, dass jeder Mensch aufgrund seiner Entschließungsfreiheit über die Möglichkeit verfügt, seine äußeren Lebensumstände selbst zu gestalten. Das ist sehr viel mehr als eine allgemeine Handlungsfreiheit, der kein persönlichkeitliches Gestaltungselement innewohnt. Jeder Mensch, der in einer gegebenen Lebenssituation von seiner Entschließungsfreiheit positiv im Sinne eines Handlungsentschlusses oder negativ im Sinne eines Unterlassungsentschlusses Gebrauch gemacht hat, entscheidet über sich selbst. Er gestaltet sein Leben individuell in einer Weise, die unmittelbar – persönlichkeitlich – mit ihm selbst verbunden ist. Das ist es wohl, wonach die Persönlichkeitskernlehre zur verfassungsrechtlichen Erklärung der freien Entfaltung der Persönlichkeit im Sinne von Art. 2 Abs. 1 GG gesucht hat. Sie ist, wie erwähnt, über topische Einzelelemente nicht hinausgelangt. Im heutigen Stand von Lehre und Rechtsprechung hat das Individualrecht auf Entschließungsfreiheit als verfassungsrechtliche Grundsubstanz des Rechts auf freie Entfaltung der Persönlichkeit in Art. 2 Abs. 1 GG deutlich an

36 Ernst Wolf, Allgemeiner Teil des bürgerlichen Rechts, 3. Aufl. 1982, S. 7, 131.

Substanz gewonnen. Das belegt die durch eine Entscheidung der Zivilgerichte[37] ausgelöste höchstrichtliche Rechtsprechung zu der Frage, ob ein ungewolltes Kind ein Schaden sein könne.[38]

Die rechtliche Diskussion darüber, ob ein ungewolltes Kind ein Schaden der leiblichen Eltern sein könne, deren Familienplanung durch ein solches Kind fehlläuft, belegt die Verfehltheit der allgemeinen Handlungslehre des BVerfGs zu Art. 2 Abs. 1 GG. Natürlich ist nicht das Kind, das trotz Verhütungsmaßnahmen gezeugt wird und auf die Welt kommt, der Schaden. Ein Mensch ist ein Mensch und kein störungsbedingter Nachteil für andere. Der Schaden liegt in der fehlgelaufenen Familienplanung für die leiblichen Eltern. Das ist eine rechtliche Beeinträchtigung ihrer einvernehmlich koordinierten Entschließungsfreiheit. Sie haben sich durch Verhütungsmaßnahmen beide entschlossen, trotz geschlechtlichen Verkehrs kein Kind zu zeugen und es geht schief. Wenn der Apotheker, der Arzt oder der Hersteller des Verhütungsmittels schuld war, ist das ein Schaden im Sinne des § 823 BGB oder eine schädigende Vertragsverletzung. Wenn ein Gericht in einem anschließenden Rechtsstreit einen zivilrechtlichen Schadensersatzanspruch zu Unrecht verneint, liegt außerdem eine Grundrechtsverletzung aus Art. 2 Abs. 1 GG vor. Das ist im Wesentlichen auch der Stand der heutigen höchstrichterlichen Rechtsprechung zu dieser Problematik. Die höchstrichterliche Rechtsprechung sowohl der Zivil- als auch der Verfassungsgerichte hat sich mit anderen Worten der Anerkennung eines Individualrechts auf Entschließungsfreiheit als Grundsubstanz des Rechts auf freie Entfaltung der Persönlichkeit in Art. 2 Abs. 1 GG sehr weit angenähert.

Die verfassungsrechtliche Dogmatik zum Grundrecht auf freie Entfaltung der Persönlichkeit aus Art. 2 Abs. 1 GG ist nicht nur hinsichtlich ihrer Schutzbereichsbestimmung, sondern auch hinsichtlich ihrer Annahme nicht haltbar, bei den sog. immanenten Schranken der verfassungsmäßigen Ordnung, der Rechte anderer und des Sittengesetzes handele es sich um eine auch allen nachfolgenden Grundrechten in Abschnitt I des Grundgesetzes stillschweigend zugrunde liegende Vorbehaltsbestimmung.[39] Es ist die gegenständlich unbegrenzte Weite im Schutzbereich des Grundrechts auf freie Entfaltung der Persönlichkeit, die einen entsprechend weit gefassten Schrankenvorbehalt verlangt. Die verfassungsmäßige Ordnung und die Rechte anderer beziehen sich auf die geltende

---

37 Urteil des OLG München vom 20. Februar 1992 – 1 U 2278/91; Urteil des Landgerichts München vom 16. Januar 1991 – 9 O 738/90; siehe auch BGHZ 143, 389, Urteil vom 15.2.2000.

38 Beschluss des Ersten Senats vom 12. November 1997,1 BvR 479/92 und 1 BvR 307, 94.

39 Vgl. LG Hamburg NJW 1963, 675 Jörg Lücke, DÖV 2002, 93;

Rechtsordnung schlechthin. Sie sind aber inhaltlich im Detail offen und lassen der individuellen Entschließungsfreiheit den erforderlichen Spielraum im Rahmen des Rechts. Auch die Einbeziehung einer ethischen Begrenzung im Sittengesetz in diesen Schrankenvorbehalt ist aus der gegenständlichen Offenheit des Rechts auf freie Entfaltung der Persönlichkeit zu erklären. Es gibt gemeinschaftsunverträgliche Verhaltensweisen im Leben von Menschen, die sich mit rechtlichen Maßstäben nicht mehr erfassen lassen. Sie sind sittenwidrig und damit nach Maßgabe des Art. 2 Abs. 1 GG verfassungswidrig. Aber sie sind nicht nach Maßgabe der geltenden Gesetze und der Rechte anderer rechtswidrig. Das System der grundrechtlichen Schrankenvorbehalte in Abschnitt I des Grundgesetzes ist austariert und erschließt sich nur durch den Bezug des jeweiligen Vorbehalts auf das Einzelgrundrecht, zu dem er gehört. So wenig die sog. immanenten Schranken in Art. 2 Abs. 1 GG auf die nachfolgenden Grundrechte übertragen werden können[40], so wenig können diese nachfolgenden Grundrechte das Grundrecht auf freie Entfaltung der Persönlichkeit einschränken. Zwischen beiden Verfassungsgrundlagen, Art. 2 Abs. 1 und den nachfolgenden Einzelgrundrechten, besteht ein Spezialitätsverhältnis, das im Interesse des verfassungsgesetzlich positivierten Grundrechtsschutzes zu respektieren ist.[41]

VII Menschenwürde – Allgemeines Persönlichkeitsrecht

Die Entpersönlichung des Grundrechts auf freie Entfaltung der Persönlichkeit in Art. 2 Abs. 1 GG durch seine Reduzierung auf eine konturenlose allgemeine Handlungsfreiheit musste zu Fehlergebnissen führen. Nach Vorleistungen des BGH zum zivilrechtlichen Persönlichkeitsschutz hat auch das BVerfG die Konsequenzen aus dieser falschen Weichenstellung gezogen: durch schöpferischen Rekurs auf ein „allgemeines Persönlichkeitsrecht“, das es im Grundrechtsteil der Verfassung nicht gibt, mit dem aber bislang – ungeachtet der methodischen Ableitungsmängel dieses ungeschriebenen Grundrechts aus einer Verknüpfung von Art. 2 Abs. 1 und Art. 1 Abs. 1 GG – überwiegend überzeugende Rechtsprechungsergebnisse gewonnen wurden. Es genügen einige wenige Beispiele aus der einschlägigen Rechtsprechung des BVerfG's zum allgemeinen Persönlichkeitsrecht, um zu belegen, dass die jeweiligen Begründungen für diese Entscheidungen auch unmittelbar aus einer auf Art. 2 Abs. 1 beschränkten selbstbestimmten Persönlichkeitsentfaltung hätten gewonnen werden können. Das ist weniger

---

40 Tiedemann, Von den Schranken des allgemeinen Persönlichkeitsrechts, DÖV 2003, 74 ff.

41 So vor allem Friedrich Müller, Die Positivität der Grundrechte, 2. Aufl. 1990, S. 11 f.

eine Kritik, sondern eher eine Formalität. Auch hier sollte sich das BVerfG im Interesse systematischer Stimmigkeit zu einer Selbstbereinigung seiner bisherigen Rechtsprechung durchringen: durch schlichte Preisgabe der „allgemeinen Handlungsfreiheit" zugunsten eines persönlichkeitlichen Rechts auf individuelle Entschließungsfreiheit. Die Weite des Schutzbereichs eines solchen Grundrechts verlangt eine entsprechend weit gefasste Schrankenregelung. Das Grundgesetz hat die Antwort hierauf mit der in Art. 2 Abs. 1 GG formulierten Schrankentrias gegeben. Dazu einige Beispiele aus der Rechtsprechungspraxis.

Nach § 57 StGB setzt das Gericht die Vollstreckung des Restes einer zeitigen Freiheitsstrafe in der Regel zur Bewährung aus, wenn zwei Drittel der Strafe verbüßt sind. In einem Fall, in dem Ärzte und Psychiater einen Mörder, der zwei Drittel seiner lebenslangen Freiheitsstrafe verbüßt hatte, als gemeingefährlichen Straftäter einstuften und die Vollzugsbehörden auf uneingeschränkter Verbüßung der Freiheitsstrafe aus Sicherheitsgründen bestanden, hatte das BVerfG über die Verfassungsbeschwerde dieses Straftäters zu entscheiden, die auf eine Verletzung der Menschenwürde aus Art. 1 Abs. 1 GG gegründet war.[42] Das BVerfG wies die Verfassungsbeschwerde ab, weil der Vollzug einer lebenslangen Freiheitsstrafe ohne Haftaussetzung zur Bewährung nach 15 Jahren wegen der Gemeingefährlichkeit des Täters keine Verletzung der Menschenwürde aus Art. 1 Abs. 1 GG sei. Die Entscheidung ist im Ergebnis richtig, es fehlt aber eine überzeugende Begründung. Sie liegt im System des modernen Strafvollzugs mit all seinen Resozialisierungsbemühungen und Resozialisierungschancen. Wenn ein Straftäter eine 15-jährige Inhaftierung nicht nutzt, um sich auf ein gewaltfreies und strafloses Leben nach seiner Haftaussetzung zur Bewährung einzustellen, und Ärzte wie Psychiater ihm nach wie vor eine Gemeingefährlichkeit bescheinigen, hat dieser Täter eine individuelle Selbstbestimmung über sein künftiges Leben und damit auch über den eigenen Würdegehalt getroffen. Er hatte die Möglichkeit, durch sein eigenes Verhalten während des Strafvollzugs auf eine Strafaussetzung zur Bewährung nach 15 Jahren hinzuwirken. Die Entscheidung über die Sachverhaltsgrundlagen der gerichtlichen Entscheidung über eine bedingte Strafaussetzung lag in seiner Hand. Damit blieb zugleich auch die Entscheidung über seine eigene Menschenwürde in seiner Hand. Dieser Würdegehalt lässt sich bereits dem Grundrecht auf freie Entfaltung der Persönlichkeit aus Art. 2 Abs. 1 GG entnehmen. Eines Verweises auf Art. 1 Abs. 1 GG bedarf es nicht.[43]

---

42 BVerfGE 117, 71.

43 Wie hier Tiedemann, Von den Schranken des allgemeinen Persönlichkeitsrechts, DÖV 2003, 74 (77).

Eine Reihe von Entscheidungen des BVerfG's zum allgemeinen Persönlichkeitsrecht betrifft den Bereich ureigener persönlicher Lebensführung, den Intimbereich. Das BVerfG erkennt in diesen Entscheidungen stets die auf allgemeiner Lebenserfahrung beruhende Beobachtung an, dass Menschen eben nicht nur soziale Wesen sind, sondern Schutz für ihre Privatsphäre haben wollen und darüber hinaus einen ureigenen Bereich eigener Lebensführung beanspruchen. In diesem intimen Bereich des eigenen Lebens wird keinerlei Fremdeinwirkung geduldet. Es handelt sich, dem rechtlichen Anspruch nach, um einen vollständigen Ausschlussbereich. Wer außer dem jeweiligen Individuum Zugang zu dieser Intimsphäre erhält, bestimmt der einzelne Mensch ausschließlich selbst. Darin kann sich zugleich ein Würdegehalt äußern, der auch dem Recht auf freie Entfaltung der Persönlichkeit innewohnt. Folgerichtig hat das BVerfG daher auch das individuelle Selbstbestimmungsrecht über das eigene Geschlecht als verfassungsgeschütztes Grundrecht anerkannt. Im Transsexuellen-Urteil wurde festgestellt, dass die individuelle Selbstbestimmung über das selbst empfundene Geschlecht Vorrang vor dem personenstandsrechtlich anhand biologischer Geschlechtsmerkmale staatlich festgestellten Geschlecht des Individuums hat.[44]

Die verfassungsrechtliche Konfusion, welche das von den Zivilgerichten erfundene „allgemeine Persönlichkeitsrecht" ausgelöst hat, ist nicht nur die Folge der Entscheidung des BVerfGs, dieses Recht als „unbenanntes" Grundrecht ohne Textgrundlage im Grundgesetz in seine verfassungsgerichtliche Rechtsprechung aufzunehmen. Es ist vor allem die eigenwillige Verortung des allgemeinen Persönlichkeitsrechts in einer Verbindung aus Art. 2 Abs. 1 GG i.V.m. Art. 1 Abs. 1 GG. Sie hat im grundrechtlichen System der Verfassung keinen Platz hat und führt zu unlösbaren Problemen. Das zeigt die anhaltende Diskussion über die Frage, ob das allgemeine Persönlichkeitsrecht einem grundrechtlichen Schrankenvorbehalt unterliegt und wenn ja, welchem. Es war die erklärte Absicht des BVerfGs, dem allgemeinen Persönlichkeitsrecht durch Verweis auch auf Art. 1 Abs. 1 GG einen verstärkenden Menschenwürdegehalt zu verleihen, der über den Schutzbereich einer bloßen allgemeinen Handlungsfreiheit in Art. 2 Abs. 1 GG hinausführt. Konsequenterweise hätte damit jede Einschränkbarkeit und Abwägbarkeit mit anderen Grundrechten und Verfassungsgütern verneint werden müssen. Einen solchen Satz sucht man in der Rechtsprechung des BVerfGs vergeblich. Umgekehrt hat das BVerfG aber auch nie den alternativen Weg beschritten, nämlich das allgemeine Persönlichkeitsrecht den immanenten Schrankenvorbehalten in Art. 2 Abs. 1 GG zu unterstellen. Damit wäre nicht

44 BVerfGE 128, 109.

nur die selbst bewerkstelligte „Aufladung“ dieses Rechts mit einem Menschenwürdegehalt konterkariert worden. Die ganze auf die Menschenwürde gegründete Grundrechtsordnung wäre Gefahr gelaufen, zur bloßen Verfügungsmasse des einfachen Gesetzgebers zu werden, dem zur grundrechtsbeschränkenden „verfassungsmäßigen Ordnung“ jeder beliebige Gemeinwohlbelang genügt. Das BVerfG tat das, was es schon mit dem allgemeinen Persönlichkeitsrecht gemacht hatte: Es erfand eine neue unbenannte Grundrechtsschranke, den Gemeinschaftsvorbehalt als Schranke besonderer Art.[45]

Diese Konfusion mit ihren am eigenen Schopf aus dem Sumpf ziehenden Rechtsschöpfungen hätte leicht mit einer allein auf Art. 2 Abs. 1 gegründeten textbezogenen Auslegung des „Rechts auf freie Entfaltung der Persönlichkeit“ vermieden werden können. Je stärker der auf individuelle Selbstbestimmung ausgerichtete Persönlichkeitsbezug dieses Rechts ausgeprägt ist, worüber der jeweilige Kontext entscheidet, umso mehr fällt dieses Grundrecht mit dem Wesensgehalt des Art. 2 Abs. 1 GG im Sinne des Art. 19 Abs. 2 GG zusammen. Nach dieser Bestimmung darf ein Grundrecht „in keinem Fall… in seinem Wesensgehalt angetastet werden“. Damit ist man auf textlicher Verfassungsgrundlage bei eben jener Verstärkung des Grundrechtsschutzes in Art. 2 Abs. 1 GG, die das BVerfG durch Inbezugnahme des Art. 1 Abs. 1 GG für alle von ihm angenommenen Emanationen des allgemeinen Persönlichkeitsrechts erreichen wollte. Art. 1 Abs. 1 GG wie Art. 19 Abs. 2 GG sprechen von „unantastbar“. In allen erfassten Fällen sind Grundrechte schrankenlos gewährleistet. Es gibt andere Fälle, in denen die im Recht auf freie Entfaltung der Persönlichkeit geschützte Privatsphäre des Einzelnen über den Bereich personaler Selbstbestimmtheit hinaus auch soziale Bezüge aufweist, mit denen innerhalb des Art. 2 Abs. 1 GG neben der geschützten Privatsphäre auch eine Sozialsphäre relevant wird. Insoweit greift die grundrechtliche Schrankentrias.

VIII Art. 5 Abs. 1 Satz 2 GG: arbeitsteilige Produktionsordnungen und publizistische Verbreitungssysteme im Schutzbereich der Presse-, der Rundfunk- und der Filmfreiheit

Es gibt mehrere Grundrechte, deren Schutzbereich sich einem einfachen bipolaren Staat-Individuum-Verhältnis entzieht. Dazu gehören unter anderen die

45 Siehe hierzu Tiedemann, Von den Schranken des allgemeinen Persönlichkeitsrechts, DÖV 2003, 74.

Presse- und die Rundfunkreiheit, von denen hier nur der Pressefreiheit nähere Aufmerksamkeit geschenkt wird. Um Presseprodukte herzustellen, und auf ihrer Grundlage eine periodische publizistische Kommunikation in Gang zu halten, bedarf es nicht nur eines freien Wettbewerbs, sondern auch eines betrieblichen, professionell-redaktionellen, verlagsunternehmerischen und verbreitungstechnischen Umfelds. Diesem betrieblich-unternehmerisch-technischen Umfeld vorgelagert sind wiederum in sich hochgradig organisierte Vorgänge der Informationsbeschaffung und Informationsverarbeitung. Sowohl die innerbetrieblich als auch die außerbetrieblich journalistischen Arbeitsabläufe beruhen auf einer Vielzahl aufeinander abgestimmter zivilrechtlicher Verträge zwischen den mitwirkenden Akteuren. Es verwundert daher nicht, wenn nicht wenige Verfassungsinterpreten, die sich mit Art. 5 Abs. 1 Satz 2 GG beschäftigen, angesichts dieser Detailvielfalt „die Reißleine" ziehen und ohne weitere Einzelanalysen schlicht vom „Institut Freie Presse" sprechen.[46] Auf diesem pauschalen Weg lassen sich der verfassungsrechtliche Gewährleistungsgehalt der Pressefreiheit und die zahlrechtlichen Schutzwirkungen dieses Grundrechts aber nicht erschließen.

Sprachlich wie juristisch am korrektesten ist es wohl, von arbeitsteiligen betrieblichen, unternehmerischen und publizistischen Organisationen zu sprechen, die zusammengenommen im Zentrum des grundrechtlichen Schutzbereichs der Pressefreiheit stehen.[47] Welche Schutzwirkungen dieses Grundrecht gegenüber dem Staat entfaltet, muss dann eben anhand konkreter belastender Maßnamen des Staates von Fall zu Fall ermittelt werden. Bei einem derart hochgradig organisierten und komplexen Schutzbereich wie demjenigen der Pressefreiheit lässt sich das vorab in allgemeiner Form nicht näher bestimmen. Verfassungsrechtlich rechtfertigungsbedürftige Eingriffe in das Grundrecht der Pressefreiheit liegen nur vor, wenn irgendjemandem aus dem organisierten und

46 So u.a. Degenhart, Bonner Kommentar, Art. 5 Abs. 1 und 2 Rn. 11, 55 ff.

47 Hoffmann-Riem (Innere Pressefreiheit als politische Aufgabe. Über die Bedingungen und Möglichkeiten arbeitsteiliger Aufgabenwahrnehmung in der Presse, 1979) hat hierzu ein „Modell einer arbeitsteiligen Ausübung des Grundrechts der Pressefreiheit" präsentiert, um arbeitsrechtlich-publizistische Gegensätze im Schutzbereich der Pressefreiheit zu überwinden. Die verfassungsrechtliche Relevanz dieses Modells bleibt offen, weil Hoffmann-Riem nicht klärt, was unter „Grundrechtsausübung" zu verstehen ist. Die arbeitsteilige betrieblich-redaktionelle Pressetätigkeit ist per se keine Grundrechtsausübung. Von einer Grundrechtsausübung kann erst im Hinblick auf die Abwehr staatlicher Interventionen in diesen betrieblich-redaktionellen Arbeitsbereich gesprochen werden. Eine arbeitsteilige Struktur weist allein der Schutzbereich der Pressefreiheit auf, nicht das Grundrecht.

miteinander kooperierenden Umfeld der Pressemitarbeiter Entschließungs- und Entscheidungsmöglichkeiten durch staatliche Regelungen und Maßnahmen genommen werden, durch die selbstbestimmte Gestaltungsbeiträge und beabsichtigte Einwirkungsmöglichkeiten auf das abschließende Presseprodukt und seinen effektiven Zugang zum Leserpublikum versperrt werden. Diese Deutung des Eingriffsbegriffs bei einem arbeitsteilig strukturierten grundrechtlichen Schutzbereich wie demjenigen der Pressefreiheit bedeutet, dass das weite Umfeld staatlich hergestellter und gewährleisteter wirtschaftlicher Ordnung und die zahlreichen gesetzlichen und sonstigen Sicherungen einer störungsfreien pressemäßigen Kommunikation nicht zum Schutzbereich des Grundrechts der Pressefreiheit gehören. Sie bilden ein Umfeld, aus dem Möglichkeiten entstehen, die nicht nur die Presse, sondern sehr viel weiterreichende wirtschaftliche und geistig-kommunikative Lebensformen hervorbringen.

Das hier präsentierte, auf Einzelgrundrechte bezogene und singuläre staatliche Regelungen und Maßnahmen in ihrer jeweiligen grundrechtsbeschränkenden Wirkung analysierende Grundrechtsverständnis mag mitunter arbeitsaufwendiger sein, als andere Methoden der Grundrechtsanalyse. Es ist – soweit ersichtlich – der einzige Weg, um grundrechtliche Schutzwirkungen uneingeschränkt zu erkennen und ihnen durch Rechtsschutz und Vollzugsmaßnahmen konkrete Wirkung zu verleihen.

IX Berufsfreiheit

Das Grundrecht der Berufsfreiheit, ein individual-rechtliches Schutzrecht gegenüber dem Staat wie alle anderen Grundrechte auch, leidet in der Rechtsprechungspraxis des BVerfGs wie häufig auch in seiner dogmatischen Behandlung im Schrifttum unter zwei besonderen Lasten. Die eine Last ist ihrem Ursprung nach historischer Art. Es sind die Zugangsbarrieren der mittelalterlichen Zünfte zu den verschiedenen Handwerksberufen und das regulatorische Korsett, das die Zünfte der Ausübung der einzelnen Berufszweige auferlegten. Historiker mögen einwenden, ohne dieses Regulierungskorsett hätten viele Berufe in Deutschland, vor allem die handwerklichen Berufe, niemals das ausgeprägte Befähigungsniveau und ihre nachhaltige wirtschaftliche Leistungsfähigkeit erlangt. So richtig diese Einschätzung historisch ist: aus heutiger Sicht ist sie überholt. Die Berufsfreiheit ist ein Grundrecht, das eine individual-rechtliche Grundlage für ein selbstbestimmtes Berufsleben bietet. Es ist ein Freiheitsrecht, aus dessen Schutzbereich sich der Staat grundsätzlich herauszuhalten hat. Das kommt in der Berufswahlfreiheit des Art. 12 Abs. 1 Satz 1 GG auch angemessen zum Ausdruck. Mit der in Art. 12 Abs. 1 Satz 2 GG nur eingeschränkt gewährleisteten

Berufsausübungsfreiheit verbinden sich bis heute dogmatisch und in der Praxis der höchstrichterlichen Rechtsprechung ungelöste Probleme. In seinem noch heute aktuellen und richtungsweisenden Aufsatz „Berufsfreiheit – Erinnerung an ein Grundrecht" hat *Friedhelm Hufen* dem BVerfG ins Stammbuch geschrieben, wie man mit einem modernen, durch das Grundgesetz von 1949 von seinem historischen Ballast befreiten Grundrecht nicht umgehen darf. Sein Plädoyer für eine umfassend selbstbestimmte berufliche Freiheit, losgelöst von historisch überholten Regulierungsvorstellungen und staatlich respektiert in seiner grundlegenden Bedeutung für ein entwicklungsoffenes modernes Berufs- und Wirtschaftsleben, hat nichts von dem Gewicht verloren, das es schon zum Zeitpunkt seiner Veröffentlichung 1994 hatte.[48] Nur in diesem auf die individual-rechtliche Selbstbestimmung ausgerichteten Grundrechtsverständnis sind die maßgeblichen grundrechtlichen Schutzwirkungen begründet. Grundrechtsschutz ist Rechtsschutz. Tatsächliche Schutzwirkungen für sein tägliches Leben kann der Einzelne vom Staat nicht auf der Grundlage von Grundrechten, sondern nur aus der seriösen und professionellen Wahrnehmung allgemeiner Staatsaufgaben erwarten. Das Übrige muss jeder für sich selbst leisten, beruflich wie außerberuflich.

X Eigentumsfreiheit

Die Besonderheit des grundrechtlichen Schutzes des Eigentums besteht nach weitgehend übereinstimmender Auffassung unter Juristen darin, dass Eigentumsrechte an beweglichen und unbeweglichen Sachen sowie an ökonomisch werthaften Produkten wie Erfindungen, Verfahren, Informationen etc. aus gesetzlichen Regelungen entstehen. Der Staat schafft also das, woran er im Eigentumsgrundrecht verfassungsrechtlich gebunden ist, durch seine eigene Gesetzgebung selbst.[49] Ohne Gesetz kein Eigentum, lautet die Formel.[50] Zur Begründung hierfür wird insbesondere auf die Formulierung in Art. 14 Abs. 1 Satz 2 GG verwiesen: „Inhalt und Schranken des Eigentums bestimmt der Gesetzgeber". Das hat er bezogen auf das Sacheigentum in § 903 BGB getan. Andere in den Schutzbereich des Art. 14 Abs. 1 GG fallende Eigentumsrechte, die kein Sacheigentum darstellen, sind beispielsweise das Patentrecht (§§ 1, 9 PatentG) und

48 Friedhelm Hufen, Berufsfreiheit – Erinnerungen an ein Grundrecht, NJW 1994, 2913.

49 „Normgeprägtes Grundrecht", siehe Pieroth/Schlink, Grundrechte. Staatsrecht II (28. Aufl. 2012) Rn. 972.

50 Rolf Schwartmann, Urheberrechte, S. 3.

das Urheberrecht an selbst geschaffenen Werken der Literatur, Wissenschaft und Kunst (§ 2 UrhG).

In Rechtsprechung und Schrifttum hat man versucht, die Gesetzesabhängigkeit des Eigentums verfassungsrechtlich durch die Annahme einer „Institutsgarantie“ dauerhaft zu sichern.[51] Dass der Gesetzgeber Inhalt und Grenzen des Eigentums bestimmt, ist eine in den Entstehungsgrundlagen des Eigentums in staatlichen Gesetzgebungsakten wie durch Art. 14 Abs. 1 Satz 2 GG vorgegebene Regelung. Wenn es der Gesetzgeber ist, der das Privateigentum überhaupt erst schafft, kann er es dann auch wieder wegnehmen? Unabhängig von den im Einzelnen sehr unterschiedlichen eigentumstheoretischen Grundpositionen wird diese Frage durchweg – zu Recht – verneint. Wie aber lautet die verfassungsrechtliche Begründung hierfür? Die Berufung auf eine „Institutsgarantie“ ist ein metajuristisches Postulat. Sie liefert keine verfassungsrechtliche Begründung.

Anzusetzen ist beim Eigentum als privatnützigem Grundrecht und bei der Frage, was die Privatnützigkeit des Eigentums ausmacht. Diese individualrechtliche Privatnützigkeit, die das Eigentumsgrundrecht prägt, wird durch die ausschließliche Verfügungsmacht des Eigentümers über das jeweilige Eigentumsobjekt begründet. Mit beweglichen und unbeweglichen Sachen und wirtschaftlich nutzbaren Verfahrens-, Erfindungs-, Verwertungs- und Informationsrechten decken diese Eigentumsrechte die gesamte Bandbreite des Wirtschaftslebens und des güter- und nutzungsbezogenen Bereichs individueller Selbstversorgung ab. Der rechtliche Ausschluss aller Dritteinwirkungen anderer Privatpersonen oder des Staats auf den Eigentumsgegenstand, denen der Eigentümer nicht selbst zugestimmt hat, ist nur eine einfachgesetzliche Abrundung dieses Kernbereichs grundrechtsgeschützten Privateigentums. Man muss sich klar machen, was das bezogen auf ein Rechtssystem bedeutet, das neben der Unantastbarkeit der Menschenwürde das Privateigentum zu einer seiner Gestaltungsgrundlagen erhebt. Jedermann, der als Eigentümer privatnützige wirtschaftliche Verfügungsmöglichkeiten hat, kann von ihm selbst bestimmte unternehmerische und betriebliche Einrichtungen schaffen und – je nach eigener Leistungsfähigkeit – zu ganzen miteinander verbundenen Systemen ausbauen, die in ihrer Produktivität, in ihrer Finanzkraft, in ihrer Fähigkeit zur Beschaffung von Arbeitsplätzen und in ihrem Innovationspotential sogar dem Staat in vielerlei Hinsicht Konkurrenz machen können. Im Unterschied zur Gründung privatrechtlicher Vereinigungen, die nach Art. 9 Abs. 2 GG i.V.m. dem zivilrechtlichen Erfordernis der Eintragung in ein Vereinsregister und einer

51 Pieroth/Schlink, Grundrechte. Staatsrecht II (28. Aufl. 2012) Rn. 974.

hiermit verbundenen staatlichen Anerkennung unter einem Staatsvorbehalt stehen, bleibt die auf das Privateigentum gegründete wirtschaftliche Betätigung und Entfaltung des Individuums in vollem Umfang staatsfrei. Das Eigentumsgrundrecht ist nicht staatstragend. Aber es ist systemprägend im Hinblick auf das Rechtssystem der Bundesrepublik Deutschland. In der lange vor der Entstehung der Bundesrepublik geprägten Formel von „Freiheit und Eigentum“ wurde dieses Verständnis einer rechtsstaatlichen Ordnung vorweggenommen.

Den rechtsstaatlich systembildenden Zusammenhang zwischen individueller Persönlichkeit und Privateigentum hat auch das BVerfG uneingeschränkt anerkannt, obwohl viele Interpreten der eigentumsrechtlichen Grundrechtsrechtsprechung dieses Gerichts das im Hinblick auf die in Art. 14 Abs. 2 GG verankerte Sozialpflichtigkeit des Eigentums anders sehen. Das BVerfG hat das privatnützige Eigentumsgrundrecht aus Art. 14 Abs. 1 Satz 1 GG in mehreren grundlegenden Entscheidungen mit dem von ihm selbst auf Art. 2 Abs. 1 i.V.m. Art. 1 Abs. 1 GG gegründeten allgemeinen Persönlichkeitsrecht in einen unmittelbaren verfassungsrechtlichen Zusammenhang gestellt.[52] Die Grunderwägung lautete, vereinfacht ausgedrückt: die Erarbeitung, Gestaltung und Verwaltung einer selbst geschaffenen vermögensrechtlichen Lebensgrundlage ist ein persönlichkeitsbildender Faktor im Leben jedes Menschen. Der Mensch benötigt nicht nur soziale Beziehungen. Er braucht auch Vermögensobjekte, mit denen er sein Leben nach eigenen Vorstellungen gestalten kann. Eben diese vermögensmäßige (Mit)Gestaltungsgrundlage für sein Leben verschafft ihm das Eigentumsgrundrecht. Damit hat das BVerfG den Kern des Eigentumsgrundrechts aus Art. 14 Abs. 1 Satz 1 GG gekennzeichnet. Es ist von untergeordneter Bedeutung, ob man dieses Verständnis des Eigentumsgrundrechts unmittelbar aus einem selbstbestimmten Würdegehalt des Art. 14 Abs. 1 Satz 1 GG bezieht oder hierfür zusätzlich Art. 1 Abs. 1 GG oder eine Verbindung aus Art. 2 Abs. 1 mit Art. 1 Abs. 1 GG heranzieht, wie es das BVerfG tut. Ausschlaggebend für den Grundrechtsgehalt ist der persönlichkeitsbildende Selbstbestimmungsgehalt einer vermögensmäßigen Lebensgrundlage. Das wirft unbeantwortete Fragen bezüglich der gängigen Lehre und Rechtsprechung zu Art. 14 GG auf. Die These vom Eigentumsgrundrecht als „normgeprägtem Recht“ stimmt so nicht, wenn man sich nicht dem Einwand aussetzen will, dass der Gesetzgeber im Bereich des Schutzbereichs des Eigentumsgrundrechts persönlichkeitsbildend tätig wird.

Auf dieser Grundlage lässt sich auch ein überzeugendes Verständnis der in Art. 14 Abs. 2 GG begründeten Sozialpflichtigkeit des Privateigentums gewinnen.

52 BVerfGE 24, 367 (389); 31, 229 (239); 58, 300 (338 ff.).

Ähnlich wie Art. 12 Abs. 1 GG mit seiner Unterscheidung zwischen Berufswahl- und Berufsausübungsfreiheit stellt auch Art. 14 GG mit der Eigentumsgewährleitung in Satz 1 und der Sozialpflichtigkeit nach Abs. 2 bei der Wahrnehmung eigentumsmäßiger Verfügungsrechte auf rechtlich verschiedene Bereiche ab: die gewährleistende Einräumung der privatnützigen Rechtsposition und den Bereich des tatsächlichen Gebrauchmachens hiervon durch den Grundrechtsinhaber. Es liefe auf einen schlichten Widerspruch dieser Verfassungsbestimmungen mit sich selbst hinaus, wenn man besondere Erwartungshaltungen der Verfassung an den Ausübungsbereich als verfassungsrechtliche Beschränkung des vorausgehenden grundrechtlichen Gewährleistungsbereichs missverstehen würde. Das kann im Sinne einer widerspruchsfreien Verfassungsregelung so nicht gemeint sein. Sowohl bei der Berufsfreiheit als auch beim Privateigentum sind es die über die eigene Arbeitsleitung und die privaten Eigentumsverfügungen hinausgehenden wirtschaftlich nutzbringenden Effekte für Dritte, die mit der tatsächlichen Berufsausübung und den tatsächlichen getroffenen Eigentümerverfügungen verbunden sind, die dem Staat weitergehende – d.h. über den rein privatnützlichen Grundrechtsbereich hinausgehende – Regelungsmöglichkeiten eröffnen. Das kann in zahlreichen Einzelauswirkungen zu Beschränkungen in den berufsmäßigen und eigentumsrechtlichen Ausübungsfreiheiten führen. Verfassungskonform sind solche gesetzlichen Beschränkungen nur in dem Umfang, in dem die selbstbestimmte Privatnützigkeit dieser Grundrechte unangetastet bleibt.

Verfassungsrechtliche Schutzwirkungen des in Art. 14 Abs. 1 GG gewährleisteten Eigentumsgrundrechts gibt es in dreifacher Hinsicht, wenn die in Art. 14 GG verankerten Grundrechtsbindungen des Staates tatsächlich beachtet und respektiert werden.

Die privatnützige Verfügungsfreiheit des Eigentümers über das jeweilige Eigentumsobjekt wurde nicht nur bereits genannt, sondern auch in ihrer Tragweite für das Wirtschaftssystem und die gesamte rechtsstaatliche Ordnung hervorgehoben. Ihr Schutz für den einzelnen Eigentümer liegt zum einen in den Ausschlusswirkungen gegenüber anderen, die einen Bereich privater vermögensmäßiger Lebensgestaltung sichern. Das ist ein rechtlicher Schutz, der zusätzliche Absicherungen in Verfahrensregelungen sowie in Maßnahmen staatlicher Sicherheitsbehörden verlangt. Alle Verfahrensregelungen und behördlichen Sicherheitsmaßnahmen zugunsten betroffener und gefährdeter Eigentümer haben im grundrechtlich gesicherten Privateigentum und in seinen gesetzlichen Ausgestaltungen ihre Grundlage. In der Ausgestaltung des Wirtschaftssystems als eines maßgeblich auch eigentumsrechtlich geprägten Systems liegen weit über den individual-rechtlichen Lebensbereich von Eigentümern hinausgehende gemeinnützige Auswirkungen, die für alle Menschen, die in einer solchen

Staats- und Wirtschaftsordnung leben, vorteilhaft sein können und tatsächlich in erheblichem Umfang vorteilhaft sind – ob die Begünstigten nun selbst Privateigentümer an bestimmten Objekten sind oder nicht. Der dritte Bereich verfassungsrechtlicher Schutzwirkungen des Privateigentums aus Art. 14 GG betrifft den Staat selbst. Ein Staat, der die grundrechtlichen Eigentumsgebundenheiten aus Art. 14 GG ernst nimmt, sie in seiner Gesetzgebung konsequent umsetzt und ein administratives System in Verbindung mit einer kontrollierenden unabhängigen Rechtsprechung umsetzt und absichert, ist ein Rechtsstaat. Er hat die vielfältigen politischen Gefährdungen eines Abgleitens in rechtsstaatswidrige Machtmissbräuche oder gar in ein diktatorisches System in seiner eigenen staatlichen Rechts- und Verwaltungsordnung unter Kontrolle gebracht.

XI Die grundrechtliche Schutzwirkung von Gleichheitssätzen und Diskriminierungsverboten in Abschnitt I des Grundgesetzes

Die grundrechtlichen Freiheitssätze und Diskriminierungsverbote in Art. 3 und Art. 6 Abs. 5 GG setzen anders an als die negatorischen Freiheitsrechte gegenüber dem Staat. Sie stellen individuelle grundrechtliche Gleichheits- und Gleichstellungsansprüche stärker in den Vordergrund und sind in ihrer regulatorischen Blickrichtung dem Ansatz nach insgesamt stärker an gesellschaftlichen Sachverhalten orientiert, die grundrechtlichen Gleichheitsmaßstäben unterworfen werden. Auch grundrechtliche Gleichheitsmaßstäbe können in ihrer gesetzlichen und administrativen Auswirkung auf persönliche Lebensverhältnisse des Einzelnen starke staatsabwehrende negatorische Freiheitswirkungen traditioneller Prägung entfalten.[53] Das geht oft in dem übergreifenden Kontext unter, dass solche Gleichheitsrechte und Gleichbehandlungsansprüche erst durch eine konkretisierende Gesetzgebungsarbeit zu derjenigen Geltung gebracht werden, die im Grundrechtsteil der Verfassung angelegt ist. So breit gestreut die „Maßstabsfunktion“[54] des allgemeinen Gleichheitssatzes und die hiermit verbundenen

---

53 Die Willkürrechtsprechung des BVerfGs hat hierfür keinen Blick. Das hat schon vor einiger Zeit zu deutlicher Kritik geführt, siehe Kirchberg, NJW 1987, 1988 ff.

54 Auf eine bloße Maßstabsfunktion wird Art. 3 Abs. 1 GG von den meisten Interpreten reduziert, die gerade bei dieser Verfassungsbestimmung von einem rein objektivrechtlichen Grundrechtsgehalt ausgehen. Siehe Schoch (Der Gleichheitssatz, DVBl. 1988, 863), der selbst einen individual-rechtlichen Schutzgehalt des allgemeinen Gleichheitssatzes bejaht, aber klar zu erkennen gibt, dass der objektivrechtliche Schutzgehalt seiner Ansicht nach dominiert.

Verfassungsbindungen des Gesetzgebers in allen Gebieten des Rechts sind: Art. 3 Abs. 1 GG erschöpft sich hierin nicht. Nach seinem eindeutigen Wortlaut: „Alle Menschen sind vor dem Gesetz gleich", begründet Art. 3 Abs. 1 GG einen individual-rechtlichen Grundrechtsschutz gegenüber dem Gesetzgeber und allen Formen der Ausübung gesetzesgebundener Staatsgewalt.

Der allgemeine Gleichheitssatz nach Art. 3 Abs. 1, das sog. Willkürverbot, verpflichtet den Staat grundrechtlich umfassend auf die Gleichheit aller Menschen, Bürger wie Ausländer, vor dem Gesetz. „Vor dem Gesetz" bedeutet, dass in den allgemeinen Rechtsgrundlagen des Staates – der verfassungsmäßigen Ordnung, wie Art. 2 Abs. 1 Halbsatz 2 es ausdrückt – keine Regelungsunterschiede zwischen Menschen enthalten sein dürfen, die nicht aus den tatbestandsmäßigen Sachverhaltsgrundlagen des jeweiligen Gesetzes und der gesetzesgebundenen staatlichen Entscheidungen heraus begründet werden können. Das muss eine Begründbarkeit sein, die mit der jeweiligen Regelungswirkung des Gesetzes inhaltlich und funktional korrespondiert. Mit Gesetzen, die diese Anforderung erfüllen, ist verfassungsrechtlich gewährleistet, dass der Staat in neutraler Weise seine allgemeinen Regelungsaufgaben wahrnimmt. Gegen willkürliche Gesetze haben Betroffene Rechtsschutz, zunächst auf administrativem Wege, dann vor Verwaltungsgerichten, nach Erschöpfung des Rechtswegs durch Verfassungsbeschwerde. Auch dem allgemeinen Gleichheitssatz wohnt somit eine weitreichende grundrechtliche Abwehr- und Freiheitssicherungsfunktion inne. Darin liegt eine individual-rechtliche grundrechtliche Schutzwirkung und zugleich eine rechtsstaatliche Staatssicherungsfunktion.

Auch die Verpflichtung des Staates auf die Gleichberechtigung von Mann und Frau und die tatsächliche Durchsetzung ihrer Gleichberechtigung in Art. 3 Abs. 2 GG weist – letztlich – einen individual-rechtlichen negatorischen Abwehr- und Freiheitsgehalt auf. Dieser Grundrechtsgehalt ist besonders strukturiert. Das gilt zum einen für die biologischen Geschlechtsunterschiede zwischen Mann und Frau, die verfassungsrechtlich im Hinblick auf die Wahrnehmung aller Staatsaufgaben für bedeutungslos erklärt werden und den Staat hierauf verpflichten. Der Regelungsgehalt des Art. 3 Abs. 2 GG erschöpft sich aber nicht in verfassungsrechtlichen Ausschlusswirkungen. In Art. 3 Abs. 2 Satz 2 GG wird der Staat zur Förderung der tatsächlichen Durchsetzung der Gleichberechtigung von Frauen und Männern verpflichtet sowie darauf, auf die Beseitigung bestehender Nachteile hinzuwirken. Das ist die stärkste Verfassungsverpflichtung des Staates auf tatsächliche Maßnahmen zur effektiven Grundrechtsdurchsetzung. Wie erwähnt, geht die sozialstaatliche Grundrechtstheorie mit ihrer Annahme und Forderung einer durchgängigen staatlichen Verpflichtung auf tatsächliche Maßnahmen zur Grundrechtsrealisierung zu weit. Das ändert nichts an der erheblichen Tragweite einer solchen Grundrechtsverpflichtung des Staates auf die effektive Gleichstellung von Frauen und Männern in der Gesellschaft.

Die an den Staat adressierten spezifischen Diskriminierungsverbote wegen des Geschlechts, der Abstammung, der Rasse, der Sprache, der Heimat und Herkunft, des Glaubens, der religiösen und politischen Anschauungen von Menschen in Art. 3 Abs. 3 GG sind in einzelnen ihrer verpönten Diskriminierungselemente nur aus den Erfahrungen ideologisch-rassistischer politischer Systeme zu erklären, wie wir sie in Deutschland und Italien in den 30er und 40er Jahren des letzten Jahrhunderts erlebt haben. Es ist fraglich, ob Menschen überhaupt nach ihrer „Rasse“ unterschieden werden können. Hautfarbe, Herkunft, Sprache und Religion sind sicherlich in der politischen Praxis von Staaten – auch Deutschlands – wichtige Anknüpfungspunkte für Unterscheidungen, die der Staat in seinen Gesetzen und administrativen Maßnahmen zwischen verschiedenen Menschengruppen trifft und die ihm besondere verfassungsrechtliche Rechtfertigungsanforderungen abverlangen. Für „Rassenunterschiede“ dürfte es kaum belastbare Kriterien in den konkreten Lebenslagen einer Gesellschaft geben, die der Staat zum Anlass diskriminierender Unterscheidungen heranziehen könnte. Schon der Versuch hierzu – der in Deutschland heute nirgendwo ernstlich erkennbar ist – spräche für staatliche Willkür, die mit den in Art. 1 Abs. 1 und Art. 3 GG verankerten Verfassungsmaßstäben unvereinbar wäre. Diskriminierungsverbote sind in der Rechtsentwicklung vieler Staaten seit der französischen Revolution und in den Vereinten Nationen nach dem Zweiten Weltkrieg zu einem festen Bestandteil der grundrechtlich und menschenrechtlich orientierten Rechtsentwicklung geworden. Im nationalen Verfassungskontext waren und sind mit ihnen vornehmlich Integrationseffekte verbunden, die in Ländern mit einem hohen Einwanderungsanteil an Ausländern in Politik, Rechtsprechung und Verwaltungspraxis besonders gepflegt werden. Andere Länder ohne traditionell hohen Einwanderungsanteil, wie Deutschland, haben ihre Verfassungs- und Rechtsordnung aufgrund der Erfahrungen aus ihrer eigenen Verfangenheit nach dem Zweiten Weltkrieg bewusst auf eine größere internationale Öffnung ausgerichtet. Art. 1 Abs. 1 und Abs. 3 GG i.V.m. Art. 3 GG sind ein klarer Ausdruck dieser verfassungsrechtlichen Grundentscheidung.

Was folgt hieraus für grundrechtliche Schutzwirkungen der spezifischen Diskriminierungsverbote in Art. 3 Abs. 3 GG? Wie schon das verfassungsrechtliche Gleichberechtigungsgebot in Art. 3 Abs. 2 GG gezeigt hat, sind die grundrechtlichen Schutzwirkungen der Gleichberechtigungs- und Gleichbehandlungsgebote des Art. 3 Abs. 1 und 2 GG untereinander im Hinblick auf eine teils negatorisch-abwehrende teils positiv inpflichtnehmende staatliche Schutzwirkung zugunsten des Individuums untereinander verknüpft. Das gilt auch für die besonderen Diskriminierungsverbote in Art. 3 Abs. 3 GG. Zwar ist die Struktur der Rechtswirkung eine andere. In Art. 3 und Abs. 2 GG werden grundrechtliche Gewährleistungen durch den Staat ausgesprochen und dieser zu tatsächlichen Durchsetzungsleistungen verpflichtet. Die Verbotswirkung der spezifischen Diskriminierungsverbote in Art. 3 Abs. 3 GG bezieht sich demgegenüber auf ein stärker gesellschaftlich geprägtes Durchsetzungsfeld. Zwar haben auch die spezifischen Diskriminierungsverbote in Art. Abs. 3 GG eine unmittelbar auf den Staat bezogene Ausschluss- und Schutzwirkung. Der Staat darf in seinen Gesetzgebungs- und Verwaltungsmaßnahmen sowie in seiner Rechtsprechung keine verfassungsrechtlich „verbotenen" Unterscheidungen zwischen den von ihm gesetzlich, administrativ oder gerichtlich in Bezug genommenen Personen treffen, die nicht aus der Sachlage der jeweils geregelten oder im Einzelfall entschiedenen Materie heraus im Hinblick auf ein rechtlich gebotenes oder politisch vertretbares Ziel geboten sind. Die individual-rechtliche Schutzwirkung der spezifischen Diskriminierungsverbote ist von den Sachverhaltsgrundlagen her detaillierter als diejenige in Art. 3 Abs. 1 und Abs. 2 GG. Strukturell liegen aber alle grundrechtlichen Schutzwirkungen der verschiedenen Gleichheitssätze in Art. 3 GG auf derselben Grundlage. Es geht durchweg um die verfassungsrechtliche staatliche Verpflichtung auf die vorbehaltlose Anerkennung des Menschen als Person bei allen staatlichen Maßnahmen. Hiermit korrespondieren individual-rechtliche Schutzwirkungen.

XII Mittelbare Grundrechtswirkung unter Privaten – Grundrechtsdrittwirkung

Unter dem Terminus einer „Grundrechtsdrittwirkung" verbergen sich verschiedene Formen über das bilaterale Verhältnis zwischen Staat und Individuum hinausreichender Grundrechtswirkungen. In der Grundrechtsdiskussion im Schrifttum wird den Unterschieden zwischen solchen weitergehenden Grundrechtswirkungen in den gesellschaftlichen Bereich hinein wenig Beachtung geschenkt. Das BVerfG trifft klarere Unterscheidungen, vermeidet in seiner Rechtsprechung aber generell den Ausdruck „Drittwirkung" von Grundrechten. Hier muss von Fall zu Fall analysiert werden, um welche „drittwirkende" Konstellation es jeweils geht.

Nach Art. 9 Abs. 3 GG ist das Recht zur Wahrung und Förderung der Arbeits- und Wirtschaftsbedingungen Vereinigungen zu bilden, für jedermann und für alle Berufe gewährleistet. Dieses für den gewerkschaftlichen Schutz der Arbeitnehmer maßgebliche Grundrecht hat unmittelbare verfassungsrechtliche Auswirkungen auf die verbandsrechtliche Stellung der Gewerkschaften im Staat sowie auf privatrechtliche Abreden, die diesen grundrechtlich gesicherten Status arbeitnehmerisch hervorgebrachter gewerkschaftlicher Interessenwahrungen beeinträchtigen. Art. 9 Abs. 3 GG begründet eine unmittelbar in der Verfassung selbst verankerte Drittwirkung eines Grundrechts im Privatrecht.

Alle anderen Formen einer sog. mittelbaren Grundrechtsdrittwirkung sind im Schrifttum oder in der höchstrichterlichen Rechtsprechung entwickelt worden.[55] Ihren Grundgedanken kann man mit dem Bemühen der sozialstaatlichen Grundrechtstheorien in Verbindung bringen, verfassungsrechtliche Ansätze und Begründungen zu finden, um grundrechtliche Schutzwirkungen in den gesellschaftlichen Bereich hinein zu tragen. Letztlich verbinden sich mit diesen Drittwirkungs- und Drittrichtungstheorien rechtliche und politische Machtkämpfe innerhalb eines hierarchisch organisierten Gerichtssystems, in dem Verfassungsgerichte – allen voran das BVerfG – Fachgerichten der Zivilgerichtsbarkeit, der Strafgerichtsbarkeit, der Verwaltungs- und der Sozialgerichtsbarkeit mit häufig brüchiger verfassungsrechtlicher Argumentation vorschreiben, wie sie ihre fachgerichtliche Rechtsprechungsarbeit auszuführen haben.

Soweit eine solche verfassungsgerichtliche Rechtsprechung über klare Grundlagen für eine drittgerichtete, für privatrechtliche Rechtsbeziehungen relevante Kontrollkompetenz verfügt, ist dies ein Beitrag zu einer rechtsstaatlichen Staatsordnung, die in zentralen Bereich auch von verfassungsrechtlichen und verfassungsgerichtlichen Ausprägungen auf unterverfassungsrechtliche Bereiche des gesamten Rechtsystems geprägt sind. Die Grundlagen in der Verfassung für diese drittwirkenden und drittgerichteten gerichtlichen Kontrollkompetenzen sind genannt worden: Die Koalitionsfreiheit in Art. 9 Abs. 3 GG; die Gleichberechtigung von Frauen und Männern in Verbindung mit der staatlichen Verpflichtung, auf ihre tatsächliche Durchsetzung und die Beseitigung bestehender Nachteile hinzuwirken; die Verpflichtung des Staates, unehelichen Kindern die gleiche Stellung in der Gesellschaft wie ehelichen Kindern zu verschaffen sowie privatnützige Eigentumsrechte in einer Weise gesetzlich zu bestimmen und inhaltlich auszugestalten, dass der tatsächliche Gebrauch dieser Rechte auch dem Gemeinwohl dient (Art. 14 Abs. 1 und Abs. 2 GG).

Abgesehen von Art. 9 Abs. 3 GG, dem einzigen Fall eines unmittelbar unter Privaten geltenden Grundrechts in der Verfassung, sind alle anderen Fälle, in denen Grundrechte in ihrem Schutzbereich eine drittgerichtete tatbestandliche Auswirkung auf Rechtsbeziehungen, Wirtschaftsbeziehungen oder familiäre Beziehungen unter Privatpersonen aufweisen, auf Umsetzungsakte durch den

---

55 Siehe Herdegen, Maunz/Dürig/Herzog/Scholz, Grundgesetz, Art. 1 Abs. 3 Rn. 64 f.

Gesetzgeber angewiesen. Sie sind drittgerichtet, ohne selbst unmittelbare Drittwirkung unter Privaten zu entfalten. Ihre praktische Bedeutung und ihre – mittelbaren – grundrechtlichen Schutzwirkungen sind erheblich. Die grundrechtliche Gleichstellung nichtehelicher Kinder hat weite Bereiche des Familien- und des Erbrechts geprägt. In noch stärkerem Maße gilt das für die zivilrechtlichen Auswirkungen der Gleichberechtigung von Mann und Frau. Die zivilrechtlichen Auswirkungen der Sozialpflichtigkeit des Eigentums sind diffuser, in ihren wirtschaftlichen Auswirkungen aber deutlich unterschätzt. Es gibt keine einschlägigen Zahlen und Statistiken, weil die von der Sozialpflichtigkeit des Eigentums geprägten staatlichen Regelungen keiner einheitlichen Linie folgen und daher unübersichtlich bleiben. Von grundrechtlichen Schutzwirkungen lässt sich im Bereich drittgerichteter, sozialpflichtig ausgerichteter staatlicher Regelungen kaum sprechen. Um Schutzwirkungen zugunsten von Privateigentümern geht es sicherlich nicht. Es sind die Eigentümer, die in den privatnützigen Vorteilen aus ihrem Eigentumsobjekt durch Art. 14 Abs. 2 GG beschränkt werden. Daraus können gesamtgesellschaftliche Vorteile entstehen, aber keine privatnützigen Schutzwirkungen.

VIII Zusammenfassung und Ausblick: Sicherung grundrechtlicher Freiheit durch Grundrechtsschutz – ein textkonformes Grundrechtskonzept

Ein strikt auf den Verfassungstext der Art. 1 bis 19 GG ausgerichtetes Verständnis der Grundrechte fördert eine erhebliche Vielfalt unterschiedlicher Grundrechtswirkungen zutage: negatorische Freiheits- und Abwehrrechte gegenüber dem Staat; unmittelbare grundrechtliche Schutzansprüche gegen den Staat mit korrespondierenden grundrechtlichen Schutzpflichten des Staats gegenüber dem Individuum; Gewährleistungsansprüche des Individuums gegenüber dem Staat, durch die grundrechtliche Schutzbereiche nicht nur in einem negatorischen Sinne, sondern zugleich auch mit der staatlichen Verpflichtung auf positive Ausgestaltungsmaßnahmen im Sinne eines individuellen Schutzes von Grundrechtsinhabern von der Verfassung ausgestaltet werden; Gleichheitssätze, die unmittelbar grundrechtliche Verbotswirkungen gegenüber dem Staat zum Schutz von Einzelpersonen entfalten, sowie Gleichberechtigungsrechte und grundrechtliche Ansprüche des Einzelnen gegen den Staat, mit denen tatsächliche Gleichstellungsmaßnahmen durch den Staat zu einklagbaren Individualrechten werden. Das ist ein beachtliches grundrechtliches Repertoir. Es ist die Textorientierung in der Arbeit mit dem Grundgesetz, welche diese Vielfalt erschließt.

Dieser reiche textliche Ertrag macht einen objektivrechtlichen grundrechtstheoretischen Ballast, wie er seit den 60er Jahren in Deutschland aufgebaut worden ist, weitgehend überflüssig. Wie schon angedeutet, liegt hierin keineswegs eine pauschale Verwerfung aller Bemühungen um ein weiteres Voranbringen grundrechtstheoretischer Grundlagen in Lehre und Rechtsprechung. Gerade die Vielfalt der theoretischen Ansätze in diesen Bemühungen der letzten 50 bis 60 Jahre hat den Blick für die vorhandene textliche Vielfalt in Abschnitt I des Grundgesetzes geschärft und auf dieser Grundlage neue Spielräume für eine fundierte Grundrechtsinterpretation eröffnet. Die hierin liegenden Chancen für eine Entschlackung der Grundrechtsdiskussion und ihre Konzentration auf praktisch nutzbringende Ergebnisse sind hoch. Die Bausteine hierfür liefert der Grundrechtstext in den Art. 1 bis 19 GG. Dies zu belegen, war das Grundanliegen dieser Untersuchung. Bausteine müssen genutzt werden. Das BVerfG und namhafte Verfassungsrechtler in Deutschland haben das in jahrelanger Arbeit getan.

Nikolaus Wrage

Mittäterschaftlich begangener Mord durch unerlaubtes Autorennen? – LG Berlin NStZ 2017, 471*

Abstract: In the beginning of the year 2017, two car drivers were convicted of complicity murder by the district court of Berlin because there was a deadly accident involving a third person while racing downtown berlin. The intention to kill is the focus of the court's decision and media resonance in this legal precedent. But there are other important aspects, especially questions about complicity murder and the murder criterion. The sentence highlights basic problems of criminal law.

Keywords: car race and intention to kill, car race and complicity murder

A Einleitung

Es war seit jeher ein Anliegen des akademischen Lehrers *Gerhard Wolf*, kritisch auf nationalsozialistische Tiefenströmungen im deutschen Strafrecht hinzuweisen. In seiner Antrittsvorlesung an der Europa-Universität Viadrina in Frankfurt (Oder) im Sommer 1995[1] rückte der Jubilar unter anderem die tatbestandliche Fassung des § 211 StGB (Mord) in den Fokus. Sie geht auf das Jahr 1941[2] zurück und trägt sowohl den Geist des Täterstrafrechts,[3] als auch den Gedanken der freien Richterentscheidung im Mantel unbestimmter Rechtsbegriffe in sich („Mörder ist, wer" (…) „aus niedrigen Beweggründen"). Im Gegensatz dazu machte sich nach dem alten Reichsstrafgesetzbuch von 1871 derjenige wegen Mordes strafbar, der einen anderen Menschen „mit Überlegung" tötete.[4] Limitierende Semantik eines Rechtsstaats, flexible Semantik eines Unrechtsstaats. Große Zusammenhänge mit wenigen Federstrichen auf den Punkt zu bringen, war schon immer die Stärke von *Gerhard Wolf*. Seit seiner Antrittsvorlesung ist fast ein Vierteljahrhundert vergangen. Eine grundlegende Reform des § 211 StGB ist immer noch nicht realisiert.

---

* Der BGH hat das Urteil aufgehoben und die Sache an eine andere Schwurgerichtskammer des Landesgerichts zurückverwiesen, vgl. NJW 2018, 1621. Die Entscheidung des BGH erfolgte nach Fertigstellung des Beitrags.

1 *Wolf*, JuS 1996, 189 ff.

2 Gesetz zur Änderung des StGB vom 4.9.1941 (RGBl. I, 549).

3 Vgl. auch *Frommel*, JZ 1981, 559.

4 Darstellung und Nachweise bei *Wolf*, JuS 1996, 189 (192).

Im Februar 2017 hat das Landgericht Berlin entschieden, dass sich zwei Autofahrer durch den Unfalltod eines Unbeteiligten als Folge ihres unerlaubten Rennens in der Berliner Innenstadt im Kern wegen mittäterschaftlich begangenen Mordes strafbar gemacht haben.[5] Das Urteil steht als Monolith inmitten einer seichten Brandung vergleichbarer Entscheidungen verschiedener Spruchkörper und hat bundesweites Aufsehen erregt. Das juristische Novum ist die Feststellung des bedingten Tötungsvorsatzes durch die Beteiligung an einem Autorennen. Diesen Punkt hat das LG Berlin umfangreich begründet. Andere Aspekte sind nicht so intensiv ausgeleuchtet worden. Im Ergebnis darf die Entscheidung in einigen Facetten angezweifelt werden.

B Sachverhalt

N und H befuhren in einer Nacht Anfang 2016 die Berliner Innenstadt jeweils mit ihren gut eineinhalb Tonnen schweren Autos, welche baulich auf hohe Geschwindigkeiten ausgelegt waren. Die beiden standen nicht unter Einfluss von Drogen, keiner von beiden war übermüdet. Im Wagen des N saß die Beifahrerin K. Zu diesem Zeitpunkt befanden sich in dem bei Touristen beliebten Areal Zentrum West immer noch andere Verkehrsteilnehmer (Fußgänger, Taxis, Pkw's) in nicht unerheblichem Ausmaß, was für N und H erkennbar war. N und H trafen sich zufällig, und an einer Ampel vereinbarten sie durch die geöffneten Seitenfenster ein Rennen bis zu einem bestimmten Endpunkt, einem Kaufhaus. Es folgte eine rd. zweieinhalb Kilometer lange Fahrt, überwiegend auf dem Kurfürstendamm.

N und H steuerten ihre Autos nebeneinander bzw. versetzt kurz hintereinander weit jenseits der erlaubten 50 Km/h. Der Streckenabschnitt war für ein solches Rennen wegen der generell dichten Bebauung, fehlender Toleranzflächen rechts und links der Strecke, zusätzlicher Verengungen aufgrund von Baustellen und zahlreichen Kreuzungen – mit und ohne Ampel – nur schwer einsehbar und damit für diese Geschwindigkeit ungeeignet, was N und H auch erkannten. Die beiden Fahrer ignorierten auf der Strecke die Schaltungen von zehn Ampelanlagen, von denen einige zum Zeitpunkt der Überquerung auf Rot standen. Die Fahrt endete an der elften Ampelkreuzung, die N und H bei Rot überfuhren. Zu diesem Zeitpunkt hatten die Fahrzeuge eine Geschwindigkeit von etwa 160 bis 170 Km/h. N und H war bewusst, dass bei dieser Geschwindigkeit eine Kollision mit einem Dritten mit hoher Wahrscheinlichkeit zum Tode des Dritten führen

5 LG Berlin, Urteil vom 27.02.2017 – 535 Ks 8/17 (nicht rechtskräftig) = NStZ 2017, 471. Vgl. auch *Preuß*, NZV 2017, 303 ff.

konnte. Für sich selbst befürchteten sie ein vergleichbares Schicksal nicht, weil sie die Bauart ihrer Fahrzeuge für besonders sicher hielten; H war nicht angeschnallt. N und H war bewusst, dass K bei einem Unfall des N zumindest körperlichen Schaden nehmen konnte. Gleiches galt für die Gefahr der Verletzung Dritter durch herumfliegende Trümmerteile nach einem Unfall.

Der Wagen des gerade führenden H schlug in voller Fahrt in die Seite des regelgerecht (bei Grün) kreuzenden Wagens des unbeteiligten O ein. Einen Bremsversuch des H gab es nicht. Der Wagen des O wurde durch die Aufprallenergie durch die Luft geschleudert und kam nach 70 Metern zum Stillstand. Durch die Wucht des Aufpralls wurde der Wagen des H nach links gedrückt, wo er mit dem Wagen des N kollidierte. Anschließend stieß H gegen einen Granitblock, wurde hoch geschleudert und rotierte so um die eigene Achse, dass zahlreiche Teile des Fahrzeugs abgerissen und durch die Luft geschleudert wurden. Die Gegenstände verteilten sich auf einer Fläche von 60–70 Metern im Durchmesser. Teile des Auspuffs verfehlten den Kopf der Passantin D nur um Zentimeter. Der Wagen des H kam nach 60 Metern zum Stillstand. Der nach links gedrückte Wagen des N stieß ebenfalls an Granitblöcke, wurde in die Luft katapultiert und blieb einige Meter später liegen.

N und H wurden leicht verletzt. K erlitt mittelschwere Verletzungen und musste zwei Tage stationär behandelt werden. O verstarb am Unfallort. Weder N, noch H oder O hatten wegen der Geschwindigkeit der Fahrzeuge von N und H unmittelbar vor dem Zeitpunkt des Einschlages objektiv die Chance, den Unfall durch fahrerisches Geschick zu verhindern. Bei Einhaltung der zulässigen Höchstgeschwindigkeit hätte das Geschehen vermieden werden können.[6]

C Urteil

Das Landgericht Berlin verurteilte A und B wegen eines mittäterschaftlich begangenen Mordes in Tateinheit mit gefährlicher Körperverletzung und vorsätzlicher Gefährdung des Straßenverkehrs gemäß §§ 211, 223 Abs. 1, 224 Abs. 1 Nr. 2 und 5, 315c Abs. 1 Nr. 2a) und 2d), 25 Abs. 2, 52 StGB.

Dreh- und Angelpunkt der Entscheidung war die Frage, ob O vorsätzlich getötet worden ist oder zum Zeitpunkt des Unfalls der H (und der N) nur bewusst fahrlässig handelten. Das LG begründete diesen Punkt umfangreich. Im Ergebnis ging das LG von dolus eventualis aus und argumentierte mit der extremen Gefährlichkeit der Fahrt in diesem konkreten Einzelfall (Beschaffenheit des Streckenabschnitts und die Geschwindigkeit der Fahrzeuge). Als Mordmerkmal

6 LG Berlin, NStZ 2017, 471–478.

wurde das gemeingefährliche Mittel angenommen, das Vorliegen niedriger Beweggründe wurde keiner tiefschürfenden Betrachtung unterzogen.

N wurde als Mittäter verurteilt, weil es nur Zufall gewesen sei, dass beim Einschlag in den Wagen des O gerade H in Führung gelegen habe. Beide hätten das Rennen gemeinsam gewollt, beiden sei die extreme Gefährlichkeit bewusst gewesen. Die veröffentlichten Begründungen der Strafbarkeit wegen gefährlicher Körperverletzung zum Nachteil der K und der Strafbarkeit wegen vorsätzlicher Gefährdung des Straßenverkehrs fielen knapp aus.

D Bewertung

I Vorsatz zur Tötung?

Der Einschlag des Autos des H hat O getötet. H waren die Umstände der für Dritte tödlichen Gefährlichkeit seines Handelns bewusst. Das Vorliegen der Wissensseite hat das Landgericht herausgearbeitet. Wie immer im Grenzbereich zwischen dolus eventualis und bewusster Fahrlässigkeit, war die Willensseite der knifflige Punkt. Hat H trotz seines Wissens darauf vertraut, dass eine Kollision mit einem Dritten für diesen nicht tödlich enden würde? Das Landgericht beantwortete die Frage mit Nein, und die Ablehnung eines solchen Pseudo-Vertrauens ist im Ergebnis auch plausibel. H fuhr im Streckenabschnitt des Rennens absolut unkontrolliert mit rd. 160 bis 170 Km/h und kreuzte unmittelbar davor bewusst elfmal die Wege von anderen Verkehrsteilnehmern. Er und sein Auto waren eine eineinhalb Tonnen schwere Kanonenkugel, die mitten durch die Innenstadt flog. Es ist kein vernünftiger Ansatzpunkt erkennbar, warum H darauf hätte vertrauen können, dass die Kollision mit einem Dritten für diesen nicht tödlich enden würde. Abgesehen von sehr viel Glück, das O aber nicht hatte. Dieses fehlende Vertrauen lag nach den Umständen des Falles auch vor der letzten Kreuzung vor, denn die unbeherrschbare Situation war im Grunde bei jeder roten Ampel mit der in der zweiten Phase des Rennens gefahrene Geschwindigkeit gegeben.[7]

II Gemeingefährliches Mittel?

Gemeingefährlich sind Mittel, deren Wirkung auf Leib oder Leben einer Mehrzahl anderer Menschen der Täter nach den konkreten Umständen nicht in der Hand hat.[8] Eine generelle Gefährdung ist ausreichend.[9] Die einschlägige

7 A.A. BGH NJW, 2018, 1621.

8 BGH NJW 1985, 1477; Lackner/Kühl, StGB, 28. Aufl., § 211 RN 11.

9 Momsen, in: Satzger/Schluckebier/Widmaier, StGB, 3. Aufl., § 211 RN 63.

Kasuistik ist uneinheitlich. Während ein Pistolenschuss mit Querschlägergefahr oder das Auto bei einem Fahrfehler mit Abkommen von Straße keine gemeingefährlichen Mittel sein sollen, wird bei einer bewussten Geisterfahrt oder bei einer bewussten Fahrt mit dem Auto neben der Straße auf die Terrasse eines Cafés Gemeingefährlichkeit unterstellt.[10]

Im vorliegenden Fall sind zwei Anhaltspunkte möglich. Erstens die Fahrt selber, zweitens die Schrapnellwirkung des Autos unmittelbar nach dem Unfall.

Bei der Fahrt selber hätte der Wagen des O auch mit mehreren Personen besetzt sein können. Oder ein vollbesetzter Kleinbus hätte H in die Quere gekommen, der statt des O die elfte Kreuzung überquert hätte. Wen der Einschlag treffen würde, hatte H nicht unter Kontrolle.

Auch die Schrapnellwirkung seines sich in der Rotation befindlichen fliegenden Fahrzeugs konnte Leib und Leben vieler anderer Menschen bedrohen.

Objektiv lag also ein gemeingefährliches Mittel vor.

III Vorsatz bzgl. des gemeingefährlichen Mittels?

Eine andere Frage ist, ob H hinsichtlich des Einsatzes eines gemeingefährlichen Mittels vorsätzlich gehandelt hat. Absicht scheidet aus, denn das Rennen hat nicht stattgefunden, um jemanden zu töten. H hat den Wagen nicht als Waffe verwenden wollen, dafür war er ihm zu wertvoll. Dolus directus 2. Grades ist nach dem Sachverhalt auch auszuschließen, denn H konnte schon wegen der Nachtzeit nicht sicher wissen, dass andere gefährdet würden. Es wäre zumindest nicht unplausibel, dies anzunehmen.

Es bleibt wiederum der dolus eventualis. Schon hinsichtlich der Wissensseite ist es fraglich, ob sich H ebenso sicher war, dass ein Unfall für eine Mehrzahl von Menschen ebenso gefährlich sein konnte, wie für O. Regelmäßig ist in einem Unfallfahrzeug die Person der größten Gefahr ausgesetzt, die direkt an der Einschlagstelle sitzt. Andere Beteiligte im Fahrzeug können unter Umständen in geringerem Umfang oder gar nicht verletzt werden.

Diese Frage muss hier nicht endgültig entschieden werden, sofern es an der Willensseite mangelt.

H ist nachts gefahren. Es war Winter und es gab zwar noch Straßenverkehr, aber in einem viel geringeren Umfang als tagsüber. Generell fahren zu dieser Zeit eher wenige Menschen mit dem Auto und wenn, dann häufig alleine nach Hause. Dass solche Autorennen generell zu diesen Randzeiten stattfinden und dieses im speziellen Fall auch, dürfte an dem Bedürfnis liegen, gerade keine allgemeine

10 Überblick bei Fischer, StGB, 64. Aufl., § 211 RN 59.

Gefährdung zu verursachen. Einen oder zwei andere Menschen tödlich zu treffen, ist die eine Sache. Das hat H gewusst und im konkreten Tatzeitpunkt (zweite Phase des Rennens, rote Ampeln) auch billigend in Kauf genommen. Durch ein Autorennen viele Menschen zu gefährden, ist eine andere Sache. Das mag H zwar als Möglichkeit erkannt haben, aber nach dem Gesamtgeschehen erscheint es plausibel, dass er insofern eher auf den guten Ausgang vertraut hat.

Was die Schrapnellwirkung seines Fahrzeugs anging, ist ein dolus eventualis noch fraglicher. Mag es H auch bewusst gewesen sein, dass sich Fahrzeugteile lösen und andere gefährden können, so konnte dieses Bewusstsein nicht besonders hoch gewesen sein. Denn die spezifische ballistische Flugbahn seines Fahrzeugs war keineswegs zwingend. Die Autos von H und O hätten auch verkeilt die Fahrbahn entlang rutschen können, ohne dass ein einziges Teil herumfliegt. Was die Schrapnellwirkung seines Fahrzeugs anbelangt, hätte H durchaus auf den guten Ausgang des Unfalls vertrauen können. Dieses Vertrauen wäre jedenfalls nicht unplausibel gewesen.

Hinsichtlich des Einsatzes eines gemeingefährlichen Mittels handelte H nach dem veröffentlichten Sachverhalt nur bewusst fahrlässig.

IV Niedriger Beweggrund?

Das LG hat das Vorliegen eines niedrigen Beweggrundes recht knapp ausgeschlossen. Niedrig sind die Beweggründe nach sittlich anerkannten Anschauungen vom Standpunkt des unverbildeten Betrachters aus, wenn die Motivation der Tat nicht nur verwerflich ist, sondern auf tiefster Stufe steht und besonders verachtenswert erscheint.[11] Diese unklare Formel lässt Spielraum zu. Durch die gewählte „Randzeit" des Rennens haben beide Männer zumindest angedeutet, dass ihr Egoismus Grenzen hat. Im Ergebnis erscheint das Urteil des LG in diesem Punkt nachvollziehbar.[12]

V Zwischenergebnis 1

H hat sich lediglich wegen Totschlags gemäß § 212 Abs. 1 StGB strafbar gemacht.

VI Totschlag in Mittäterschaft?

N wird vom Berliner Landgericht hinsichtlich des Tötungsdeliktes in mittäterschaftliche Haftung genommen. Auf den ersten Blick scheint das nachvollziehbar

---

11 *Eser/Sternberg-Lieben*, in: *Schönke/Schröder*, StGB, 29. Aufl., § 211 RN 18a.

12 Im Ergebnis lehnt auch *Preuß* die niedrigen Beweggründe ab, NZV 2017, 303 (306).

zu sein, denn H und N fuhren gemeinsam ein Rennen aus und mal war der eine, mal der andere vorne. Beide verhielten sich gemeinsam sehr verantwortungslos im Straßenverkehr und handelten mit dolus eventualis hinsichtlich der Tötung eines anderen Menschen. Es war nur Zufall, dass der Wagen des H in den Wagen des O einschlug.

Mittäterschaft nach § 25 Abs. 2 StGB setzt aber einen gemeinsamen Entschluss zur Tat voraus. Zwei (oder mehr) gleichberechtigte Partner müssen auf dieser Grundlage einander wechselseitig ergänzende Tatbeiträge erbringen, durch die ein Straftatbestand erfüllt wird.[13]

H und N hätten verabredet haben müssen, gemeinsam und arbeitsteilig den O zu töten. Gerade das haben sie aber nicht getan. N und H wollten einen Wettbewerb. Gegen den anderen und nicht mit dem anderen zum Nachteil eines Dritten. Verabredet war lediglich das Rennen gegeneinander. Zu Beginn konnten weder H noch N wissen, welche maximale Geschwindigkeit sie erreichen würden. Auf einer Strecke von zweieinhalb Kilometern hätten tausend Dinge den Rennverlauf und vor allem die Geschwindigkeit ändern können. Die Geschwindigkeit in Relation zur Straßensituation war aber der entscheidende Faktor, denn sie war der Schlüssel zum Vorsatz. Der – jeweilige – Tötungsvorsatz hat sich erst im Laufe der Fahrt entwickeltund lag mit Blick auf die Geschwindigkeit und die überfahrenen roten Ampeln schon vor dem Zeitpunkt der Tötung vor – aber jeweils isoliert. Es gibt keinen Anhaltspunkt, dass H und N schon zu Beginn des Rennens einvernehmlich mit bedingtem Tötungsvorsatz zum Nachteil Dritter losfuhren. Nach dem Sachverhalt liegt es eher nahe anzunehmen, dass erst im Verlauf des Rennens die bewusste Fahrlässigkeit in den Vorsatz „kippte", vielleicht bei dem einen bei 100 Km/h und beim anderen erst bei 110 Km/h.

Das Weiterfahren trotz des bei beiden nun vorhandenen Tötungsvorsatzes geschah aber gerade nicht wegen einer vorherigen Vereinbarung als Tatbeitrag für irgendetwas, sondern wegen des *jeweiligen* selbstbezogenen Wunsches zu gewinnen. Nicht das arbeitsteilige gemeinsame Vorgehen machte die Gefährlichkeit der beiden aus, sondern das egoistische Nebeneinander-Herfahren zweier aufgeschaukelter Männer mit unreifen Persönlichkeiten.

Ratio legis der Mittäterschaft ist die erhöhte Gefährlichkeit des gezielten Handelns mehrerer Personen gegenüber der beschränkteren Schlagkraft einer einzelnen Person. Wenn zwei Menschen zusammenarbeiten, können sie leichter eine Bank überfallen als einer allein. Wenn aber zwei Bewaffnete gleichzeitig eine Bank betreten und einen Wettbewerb veranstalten würden, wer von beiden

13 *Murmann*, in: *Satzger/Schluckebier/Widmaier*, StGB, 3. Aufl., § 25 RN 32.

schneller mit einer Beute von 1000 Euro herauskommt, gingen sie gerade nicht arbeitsteilig vor. Jeder der beiden arbeitete auf eigene Rechnung und wäre nur angespornt, schneller zu handeln, wobei der erfolgreiche Tatbeitrag des einen gerade nicht im Interesse des anderen liegen würde. Würde der eine bei der Flucht den Wachmann erschießen, um schneller zu sein und zu gewinnen, dann handelte er gegen die Interessen des anderen (weil er gegen diesen gewinnt) und leistete gerade keinen verabredeten Tatbeitrag. Für den Tod des Wachmanns könnte der andere dann auch nicht in Haftung genommen werden.

Wettkampf gegeneinander und Mittäterschaft sind inkompatibel. Ob es Konstellationen geben kann, in denen beides im gleichen Augenblick vorliegt, erscheint ausgesprochen fraglich, braucht hier aber nicht aufgearbeitet zu werden, denn für eine solche Ausnahme sind keine Anhaltspunkte im Sachverhalt ersichtlich. N hat sich nicht wegen Totschlags in Mittäterschaft strafbar gemacht.

VII Zwischenergebnis 2

Wegen seines bedingten Tötungsvorsatzes zum Zeitpunkt des Unfalls, verbleibt es für N bei einer Strafbarkeit wegen versuchten Totschlags gemäß §§ 212 Abs. 1, 22 StGB.

VIII Gefährliche Körperverletzung?

Die Verurteilung wegen gemeinschaftlicher gefährlicher Körperverletzung mittels einer Waffe oder eines anderen gefährlichen Werkzeugs (§ 224 Abs. 1 Nr. 2 StGB) bzw. wegen einer das Leben gefährdenden Behandlung (§ 224 Abs. 1 Nr. 5 StGB) wirft ebenfalls Fragen auf.

N's Mitfahrerin K wurde beim Unfall verletzt. Bei der Körperverletzung *mittels* Waffe bzw. gefährlichem Werkzeug gehört vom Wortlaut her die äußere Einwirkung eines Gegenstandes auf den Körper des Verletzten. Das bloße Sitzen neben N im gleichen Fahrzeug, mit dem N zu keinem Zeitpunkt auf sie einwirkt, kann für die objektive Annahme einer Waffe bzw. eines gefährlichen Werkzeugs im Sinne von § 224 Abs. 1 Nr. 2 StGB wohl kaum ausreichen, ohne dass der Wortlaut der Norm überschritten wäre. Beim Unfall selbst wird K zwar im Fahrzeug verletzt aber nicht N wirkt auf K ein, sondern die Rotations- und Aufprallkräfte. Jedenfalls ist bei N die Annahme von Vorsatz zur gefährlichen Körperverletzung nach § 224 Abs. 1 Nr. 2 StGB zum Nachteil der K den Gesamtumständen nach abwegig. Auch hinsichtlich der lebensgefährlichen Behandlung (§ 224 Abs. 1 Nr. 5 StGB) ist der Wortlaut unzulässig überschritten, wenn der jedenfalls nicht angestrebte Unfall als solche Behandlung interpretiert werden würde. Auch in diesem Fall fehlt der Vorsatz, denn N hielt sein Fahrzeug für besonders sicher.

Selbst wenn man den objektiven Tatbestand für gegeben ansähe, könnte man für N allenfalls von bewusster Fahrlässigkeit ausgehen. N hat sich nicht wegen gefährlicher Körperverletzung strafbar gemacht.

Bei H liegt der Fall etwas anders. Sein Wagen hat den Wagen des N touchiert, K saß im Wagen des N. Die äußere Einwirkung lag damit vor. Die Frage ist aber schon, ob dies durch eine Handlung geschehen ist, also durch eine gewillkürte Körperbewegung. Denn der Wagen des H wurde durch die Aufprallenergie gegen den Wagen des N geschleudert. Bei dieser äußeren Einwirkung auf (letztlich) K war kein Willkürakt vorhanden. Schon der objektive Tatbestand des § 224 Abs. 1 Nr. 2 und 5 StGB liegt auch bei H nicht vor. Der Vollständigkeit halber sei nur darauf hingewiesen, dass – selbst bei Annahme des objektiven Tatbestandes – auch bei H der bedingte Vorsatz der gefährlichen Körperverletzung zum Nachteil der K nach dem Sachverhalt wie bei N keine plausible Schlussfolgerung darstellt.

IX Einfache Körperverletzung? Fahrlässige Körperverletzung?

Auch die Frage, ob sich N und H wegen einfacher Körperverletzung zum Nachteil der K gemäß § 223 Abs. 1 StGB strafbar gemacht haben, ist schwierig zu beantworten. K ist im Ergebnis körperlich misshandelt und an der Gesundheit beschädigt. Aber auch insofern fehlt es an einer Tathandlung, also an einem gewillkürten äußeren Einwirkungsakt auf die körperliche Unversehrtheit bzw. die Gesundheit der K. Das gilt sowohl für N, als auch für H.

Eine Variante wäre möglicherweise der Umweg über die mittelbare Täterschaft nach § 25 Abs. 1 2. Alt. StGB. Die K verletzt sich beim Unfall und könnte als Werkzeug gegen sich selbst bei Tatherrschaft zumindest von N angesehen werden. Es fehlt aber wieder beim Vorsatz des N. Damit scheidet selbst die einfache Körperverletzung aus.

Schließlich liegt auch keine Strafbarkeit wegen fahrlässiger Körperverletzung gemäß § 230 StGB zum Nachteil der K vor, denn sie hat in die Fahrt eingewilligt. Ein Wille zum Ausstieg aus dem Fahrzeug lässt sich dem Sachverhalt nicht entnehmen. Das bloße Danebensitzen der K dürfte auch nicht gegen die guten Sitten, d.h. das Anstandsgefühl aller billig und gerecht Denkenden, im Sinne von § 228 StGB verstoßen.

X Zwischenergebnis 3

Strafbarkeiten wegen Körperverletzungsdelikten zum Nachteil der K scheiden für N und H aus. Hinsichtlich des O treten die Körperverletzungsdelikte als notwendige Durchgangsstadien bei der Tötung zurück.

XI Mittäterschaftliche Gefährdung des Straßenverkehrs?

Es verbleibt bei N und H bei der Gefährdung des Straßenverkehrs gemäß § 315c Abs. 1 Nr. 2a) und 2d). Eine mittäterschaftliche Zurechnung ist aber nicht notwendig, denn beide erfüllen den Tatbestand (durch den bedingten Tötungsvorsatz) vollständig selbst. Dies betrifft den Unfall zum Nachteil des O. Hinsichtlich der Schrapnellgeschosse, die die Passantin D verfehlen, liegt sowohl bei H als auch bei N eine Vorsatz-Fahrlässigkeits-Kombination vor. Da alles im nahezu gleichen Augenblick passiert, tritt aber die strafrechtlich bedeutsame Relevanz des Geschehens um D hinter das Geschehen um O zurück.

XII Zusammenfassung

Der H hat sich wegen Totschlages in Tateinheit mit einer Gefährdung des Straßenverkehrs gemäß §§ 212 Abs. 1, 315c Abs. 1 Nr. 2a und 2d), 52 StGB strafbar gemacht. Für N verbleibt es bei einer Strafbarkeit wegen versuchten Totschlages in Tateinheit mit einer Gefährdung des Straßenverkehrs gemäß §§ 212, Abs. 1, 315c Abs. 1 Nr. 2a und 2d, 22, 52 StGB.

E Ausblick

Das Landgericht Berlin hat hinsichtlich der Kernfrage des Vorsatzes nachvollziehbar und im Ergebnis vertretbar argumentiert.[14] In diesem Punkt kann das Urteil Einfluss auf die Rechtsprechung haben, auch wenn der BGH das Urteil gekippt hat. Vermutlich wird sich nicht nur die Kasuistik bei vergleichbaren Fallkonstellationen verfeinern. Es wird sich auch ein neuer Pfad in der Radarfallen-Kasuistik ergeben. Klar dürfte z.B. sein, dass die dreifache Überschreitung einer Lärmschutz-Geschwindigkeitsbegrenzung nachts auf einer freien Autobahn keinen bedingten Tötungsvorsatz plausibel begründet. Ein Radarbild bei 250 Km/h führt in diesem Fall zum Entzug der Fahrerlaubnis, kann aber nicht ernsthaft Grundlage einer Anklage wegen versuchten Totschlags sein. Aber ein Radarbild bei 150 Km/h nachmittags um drei Uhr im Baustellenbereich einer Innenstadt vielleicht schon. Da wird es künftig noch viel zu klären geben.

Es bleibt zu hoffen, dass der Gesetzgeber die Signalwirkung des Urteils in vernünftige Aktivität umsetzt und die längst überfällige Reform des § 211 StGB realisiert.[15] Tatbestands- und Rechtsfolgenseite (lebenslange Freiheitsstrafe) bedürfen dringend einer tatsächlichen Änderung, nicht nur der ewigen Debatte

14 A.A. BGH NJW 2018, 1621.

15 So auch *Preuß*, NZV 2017, 303 (306).

darüber. Nach dem RStGB von 1871 wäre übrigens die Diskussion um die Anwendung des § 211 StGB schnell beendet gewesen. „Mit Überlegung" haben H und N den O jedenfalls nicht getötet. Wünschenswert wäre es, wenn sich der Gesetzgeber auch dazu durchringen würde, den permanenten Eiertanz um den dolus eventualis zu beenden und eine sprachlich eindeutige Lösung gesetzlich zu verankern. Der Vollständigkeit halber sei angemerkt, dass die Verschärfung der Strafbarkeit wegen illegaler Rasereien im Straßenverkehr schon in Angriff genommen ist (§ 315 d StGB) – vermutlich wird das kommen und der Gesetzgeber wird die zutage getretenen grundlegenden Fragen des Strafrechts *Vorsatz* und *Mord* zugunsten eines möglichst flexiblen Richterrechts wieder umschiffen.[16]

Was die hier beanstandeten Aspekte anbelangt, wird der Berliner Richterspruch ebenfalls Wirkung zeigen, denn er berührt bei näherer Betrachtung zahlreiche Grundlagenprobleme des Strafrechts. Insofern ist diese Entscheidung ein idealer Ausbildungsfall, an dem man das methodisch saubere Lösen eines strafrechtlichen Sachverhaltes üben kann. Ganz im Sinne des Strafrechtslehrers *Gerhard Wolf*, dem die strukturierte Herangehensweise an die Fallbearbeitung stets ein zentrales Anliegen in seinem Wirken als Universitätsprofessor in Frankfurt (Oder) gewesen ist.[17]

---

16 BT-Drs. 18/10145; 18/12936. Vgl. auch *Kusche* NZV 2017, 414 ff.

17 Vgl. *Wolf*, Bemerkungen zum Gutachtenstil, JuS 1996, 30 ff.

List of Figures

Abb. 1: causae 1 ... 171
Abb. 2: causae 2. Naucke/Harzer, Rz. 239 ff.; Kunz/Mona, Rechtsphilosophie, Rechtstheorie, Rechtssoziologie, 1. Aufl. 2006, 86, 92, 94 (zit. Kunz/Mona) zu Rechtspositivismus, insbesondere zur Befehlstheorie [Bentham, Austin] und zur reinen Rechtslehre. ... 172
Abb. 3: Naturzustand: rechtlich. Legende: Ein Pfeil bedeutet: Veränderungen im Startfaktor führen zu Steigerung (+) oder Absenkung (-) im Zielfaktor. Je dicker der Pfeil, je stärker der Einfluss. Querbalken bedeuten Verzögerung. ... 176
Abb. 4: Mehr Unrecht in der frühen Kultur ... 178
Abb. 5: Beginn von Recht ... 179

Thematisch geordnetes Schriftenverzeichnis – Prof. Dr. Gerhard Wolf

A. Realistische Wissenschaftliche Rechtslehre (Rechtstheorie/ Wissenschaftstheorie/Rechtsphilosophie)

Rechtsphilosophie - ein Irrweg!
Ernst Wolf/Gerhard Wolf, Marburg 2002, ISBN 3000098577

B. Strafrecht

Gestufte Täterschaft -Zur Lehre vom „Täter hinter dem Täter", in: FS-*F.C. Schroeder* 2006, 415 ff.

Kriminelles Versehen? Verbrecherische Unaufmerksamkeit?, in: FS-*Puppe* 2011, 1067 ff.

Falsche Aussage, Eid und eidesgleiche Beteuerungen
in: Juristische Schulung (JuS) 1991, 177 - 184.

Befreiung des Strafrechts vom nationalsozialistischen Denken?
in: Juristische Schulung (JuS) 1996, 189 - 195

Strafbarkeit wegen „Diskriminierung"
in: Joerden (Hrsg.), „Diskriminierung - Antidiskriminierung" Schriftenreihe des Interdisziplinären Zentrums für Ethik an der Europa-Universität Viadrina, Springer-Verlag, 1996

Die Strafbarkeit der rechtswidrigen Verwendung öffentlicher Mittel
Gutachten im Auftrag des Bundes der Steuerzahler, 167 Seiten, Privatdruck 1997
außerdem in: Juristische Abhandlungen Band 31, hrsg. von Wolfgang Naucke, Frankfurt am Main, 1998

„Politische Justiz?" - Rechtsstaatliche Gerichtsbarkeit oder Willkürjustiz
Hrsg. Vom Justizministerium des Landes NRW, 1998, Juristische Zeitgeschichte NRW, Band 7, Politische Strafjustiz 1951 - 1968

Kriminalität im Grenzgebiet - Ein Prüfstein für Kriminologie, Polizei und Justiz
in: Wolf (Hrsg.), „Kriminalität im Grenzgebiet, Band II: Wissenschaftliche Analysen", Schriftenreihe der Juristischen Fakultät der Europa-Universität Viadrina Frankfurt (Oder), Berlin u.a. 1998, ISBN 3-540-65032-6, S. 287 - 345

Strafbarkeit von Organentnahmen für Transplantationen?
in: Joerden (Hrsg), „Der Mensch und seine Behandlung in der Medizin. Bloß ein Mittel zum Zweck?" Schriftenreihe des Interdisziplinären Zentrums für Ethik an der Europa-Universität Viadrina Frankfurt (Oder), Berlin u.a. 1999, ISBN 3-540-64933-6

Die Strafbarkeit des ehemaligen CDU-Vorsitzenden Dr. Helmut Kohl nach § 266 StGB
in „Kritische Justiz" 4/2000, S. 531 - 556.

Völkerwanderung in der EU? Die Bedeutung des Strafrechts für die Lösung von Migrationsproblemen infolge der EU-Osterweiterung
in: Courakis (Hrsg.), Criminal Sciences in the 21st Century, Essays in Honour of Professor Dr. Dionysios Spienellis, Athen 2001

Mörder oder Totschläger?
in: Strafrecht, Biorecht, Rechtsphilosophie, Festschrift für Hans-Ludwig Schreiber, Heidelberg 2003, S. 519 ff.

Haushaltsuntreue - Die zweckwidrige Verwendung öffentlicher Mittel als strafbare Untreue gemäß § 266 StGB
Rezension zu der gleichnamigen Dissertation von Eva-Maria Hunz, Strafrecht der Wirtschaft Bd. 10, Berlin 2001, in: „Zeitschrift für Wirtschafts- und Steuerstrafrecht" (Wistra) 9/2003, S. 334 ff.

C. Verfahrensrecht

Aktenstücke zum Strafprozeß für Lehrzwecke
(Auszüge aus Original-Strafakten, 380 Seiten, Göttingen 1993).

Die Gesetzwidrigkeit von Fernsehübertragungen aus Gerichtsverhandlungen
in: „Neue juristische Wochenschrift" (NJW) 1994, 681-687

Gerichtsberichterstattung - künftig 'live' im Fernsehen?
in „Zeitschrift für Rechtspolitik" (ZRP) 1994, 187-192

Wir schalten um nach Karlsruhe ...
in „Juristische Rundschau" (JR) 1997, 441 - 448

„Waffengleichheit"? „Fairer Prozeß"? „Gerichtliche Fürsorge"?
in: Wolf (Hrsg.), „Kriminalität im Grenzgebiet, Bd. III: Ausländer vor deutschen Gerichten" Schriftenreihe der Juristischen Fakultät der Europa-Universität Viadrina Frankfurt (Oder), Berlin u.a. 2000, ISBN 3-540-66959-0, S. 121 - 140

„Das System des Rechts der Strafverteidigung" - Die Struktur der gesetzlichen Regelung und ihre Bedeutung für die Praxis
Habilitationsschrift, 476 S., Frankfurt (Oder) 2000, ISBN 3-00-007155-5.

Der Richter als Aktenbote
in „Neue Juristische Wochenschrift" (NJW) 2001, S. 46 f.

Einstellung des Verfahrens aus sachlichrechtlichen Gründen?
in: Wolf (Hrsg.) Kriminalität im Grenzgebiet, Band VII: Das Strafverfahrensgesetzbuch der Republik Polen, Schriftenreihe der Juristischen Fakultät der Europa-Universität Viadrina Frankfurt (Oder), Berlin u.a. 2003, ISBN 3-540-40422-8, S. 203 ff.

„Grundrechtsschutz" durch Strafgerichte?
in: Der gerichtliche Schutz der Grundrechte in Brandenburg und Bashkortostan. Deutsch-Russisches Kolloquium 16.-19. Juli 2003. Universität Potsdam. Juristische Fakultät. Konferenzmaterialien, S. 122 ff.

D. Rechtsinformatik

„juris. Ein denkbar einfacher Zugang zu allen Informationen, die Sie brauchen?"

1. Einleitung - Grundkonzeption und Datenbestand
in: „jur-PC" 1992, 1524-1536.

2. „Der Umgang mit dem System“ - „Problemlos und leicht erlernbar?“
in: „jur-PC“ 1992, 1568-1577.

3. Die Ursachen der Bedienungsschwierigkeiten
in: „jur-PC“ 1992, 1608-1619, dazu Herberger, S.1607.

4. Das Scheitern einer Oberflächenkorrektur - Der erforderliche Neuansatz
in: „jur-PC“ 1992, 1676-1691.

5. Die erforderliche Neuprogrammierung des juris-Zugangs
in: „jur-PC“, 1992, 1744-1752.

6. Schluß
in:“jur-PC“, 1992, 1801-1810.

JURISYS - ein systematischer Zugang zu juristischen Datenbanken
Software für juris- und andere Datenbankrecherchen, Diskettenbeilage mit erläuterndem Textbeitrag in „jur-PC“ 1992, 1840-1842.

Thesen zur ´2.Geburt der Rechtsinformatik´
in „jur-PC“ 1994, 2432-2442.

ex nihilo nihil fit
in „Computer und Recht“ (NJW-CoR) 1994, 174-180.

Rechtsinformatik
Beitrag „Lexikon Wirtschaftsinformatik“, herausgegeben von Stickel, Groffmann und Rau, 1996

Möglichkeiten der Computernutzung für Juristen
in: „Juristische Schulung“ (JuS) Beilage zu Heft 1/1997

Der Einsatz neuer Medien in Rechtslehre und Rechtspraxis
in: Neue Medien und Recht, Juristische Fakultät der Universität Potsdam 2002, ISBN 3-935024-44-4, S. 7 ff.

Lösung von Rechtsfällen mit Hilfe von Computern? Bisher ungenutzte Chancen der Rechtsinformatik
in: Wolf (Hrsg.), Gedächtnisschrift für Dieter Meurer, Berlin 2002, ISBN 3-89949-016-9, S. 665 ff.

E. Jugendstrafrecht

Strafe und Erziehung nach dem Jugendgerichtsgesetz
Dissertation, Kriminalwissenschaftliche Studien, Bd.3, herausgegeben von Meurer, D., XXIV, 387 S., Marburg 1984. ISBN 3-7708-0796-0.
Vgl. dazu die Rezensionen von Böhm, in: NJW 1986, 176; Brunner, in: Juristische Rundschau 6/1986; Grasnick, in: Goltdammer's Archiv 1985, 94 ff.; Nothacker, in: JZ 1985, 623; Miehe, in: ZStW 97 (1985), 1000 ff.; Rehbein, in: MSchrKrim 1986, 57 f.; Remschmidt, in: Zeitschrift f. Kinder- u. Jugendpsychiatrie, 1986, 187; Theis, in: MDR 1986, 261 f.; ferner in: ZblfJJ 1985, 424

Prognosen im Jugendstrafrecht?
in: Frisch/Vogt (Hrsg.), Prognoseentscheidungen in der strafrechtlichen Praxis, Schriftenreihe Deutsche Strafverteidiger e.V., Band 3, Baden-Baden 1994, S. 177 - 184

„Erziehungsvorrang" und Gesetzesauslegung im Jugendgerichtsgesetz (Rezension zu der gleichnamigen Dissertation von G. Nothacker, Strafrechtliche Abhandlungen, Neue Folge, Band 56, Berlin 1985), in: „Goltdammer's Archiv für Strafrecht" (GA) 1987, S. 424 - 427.

F. Wirtschaftsstrafrecht

Die Strafbestimmungen für Amtsträger im Genossenschaftswesen
Marburger Schriften zum Genossenschaftswesen, Bd. 62, Veröffentlichungen des Instituts für Genossenschaftswesen an der Philipps-Universität Marburg/Lahn, herausgegeben von Hamm, W., XIII, 185 S., Göttingen 1986. ISBN 3-525-86033-1. Vgl. dazu die Rezension von Geerds in: Goltdammer's Archiv 1986, 190.

Die Strafbarkeit von Vorstandsmitgliedern einer Genossenschaft wegen Mißachtung des sog. Förderungsauftrags
in: Jöstingmeier (Hrsg.), Aktuelle Probleme der Genossenschaften aus rechtswissenschaftlicher und wirtschaftswissenschaftlicher Sicht, Göttingen 1994, S. 71 - 85

G. Juristische Methodenlehre

Zur Methode der Lösung eines Strafrechtsfalles

Teil 1: in: Juristische Schulung (JuS), JuS-Lernbogen, 1987, S. L 57 - L 60.

Teil 2: in: Juristische Schulung (JuS), JuS-Lernbogen, 1987, S. L 73 - L 77.

Teil 3: in: Juristische Schulung (JuS), JuS-Lernbogen, 1988, S. L 1 f.

Bemerkungen zum Gutachtenstil
in: Juristische Schulung (JuS) 1996, 30 ff.

H. Rechtsvergleichung

Das Steuerstrafrecht in Polen
in: Kudert (Hrsg.), Das polnische Bilanz- und Steuerrecht, 2. neu bearb. und wesentlich erw. Aufl., Bielefeld 2001, ISBN 3-503-05754-4

Die Grundstruktur der polnischen und der deutschen Täterschaftslehre
in: Wolf (Hrsg.) Kriminalität im Grenzgebiet, Band 5/6: Das neue polnische Strafgesetzbuch, Schriftenreihe der Juristischen Fakultät der Europa-Universität Viadrina Frankfurt (Oder), Berlin u.a. 2002, ISBN 3-540-42474-1, S. 121 ff.

Kapitel XXXV k.k.: Straftaten gegen das Vermögen
in: Wolf (Hrsg.) Kriminalität im Grenzgebiet, Band 5/6: Das neue polnische Strafgesetzbuch, Schriftenreihe der Juristischen Fakultät der Europa-Universität Viadrina Frankfurt (Oder), Berlin u.a. 2002, ISBN 3-540-42474-1, S. 477 ff.

I. Kriminalwissenschaften

Kriminalität im Grenzgebiet - Ein Prüfstein für Kriminologie, Polizei und Jusitz in: Wolf (Hrsg.), „Kriminalität im Grenzgebiet, Band II: Wissenschaftliche Analysen“, Schriftenreihe der Juristischen Fakultät der Europa-Universität Viadrina Frankfurt (Oder), Berlin u.a. 1998, ISBN 3-540-65032-6, S. 287 - 345

J. (Mit-) Herausgegebene Bücher

Kriminalität im Grenzgebiet, Band 1: Erfahrungen aus der Praxis (Hrsg.)
Schriftenreihe der Juristischen Fakultät der Europa-Universität Viadrina Frankfurt (Oder), Berlin u.a. 1998, ISBN 3-540-65032-6

Przestepczosc przygranizna, Tom I: Relacie praktyków (Hrsg.)
hrsg. von Andrzej J. Szwarc und Gerhard Wolf, Wissenschaftliche Reihe des Collegium Polonicum und der Europa-Universität Viadrina Frankfurt (Oder), Slubice 2002, ISBN 83-88135-63-5

Kriminalität im Grenzgebiet, Band 2: Wissenschaftliche Analysen (Hrsg.)
Schriftenreihe der Juristischen Fakultät der Europa-Universität Viadrina Frankfurt (Oder), Berlin u.a. 1998, ISBN 3-540-65156-X

Kriminalität im Grenzgebiet, Band 3: Ausländer vor deutschen Gerichten (Hrsg.)
Schriftenreihe der Juristischen Fakultät der Europa-Universität Viadrina Frankfurt (Oder), Berlin u.a. 2000, ISBN 3-540-66959-0

Kriminalität im Grenzgebiet, Band 4: Strafverfahren gegen Ausländer in der Republik Polen (Hrsg.)
Schriftenreihe der Juristischen Fakultät der Europa-Universität Viadrina Frankfurt (Oder), Berlin u.a. 2002, ISBN 3-540-42475-X

Kriminalität im Grenzgebiet, Band 5/6: Das neue polnische Strafgesetzbuch (Hrsg.)
Schriftenreihe der Juristischen Fakultät der Europa-Universität Viadrina Frankfurt (Oder), Berlin u.a. 2002, ISBN 3-540-42474-1

Kriminalität im Grenzgebiet, Band VII: Das Strafverfahrensgesetzbuch der Republik Polen (Hrsg.)
Schriftenreihe der Juristischen Fakultät der Europa-Universität Viadrina Frankfurt (Oder), Berlin u.a. 2003, ISBN 3-540-40422-8

Kodeks postepowania karnego - Das Strafverfahrensgesetzbuch der Republik Polen (Hrsg.)
Zweisprachige Ausgabe von Michał Jakowczyk
Europa-Universität Viadrina Frankfurt (Oder), 2001, ISBN 3-9807720-1-2

Kodeks wykroczen - Das Übertretungsgesetzbuch der Republik Polen (Hrsg.)
Zweisprachige Ausgabe von Katarzyna Wojdalska
Europa-Universität Viadrina Frankfurt (Oder), 2001, ISBN 3-9807720-3-9

Kodeks karny skarbowy - Das Finanzstrafgesetzbuch der Republik Polen (Hrsg.)
Zweisprachige Ausgabe von Tomasz Major
Europa-Universität Viadrina Frankfurt (Oder), 2001, ISBN 3-9807720-0-4

Kodeks karny wykonawczy - Das Strafvollstreckungsgesetzbuch der Republik Polen (Hrsg.)
Zweisprachige Ausgabe von Bernard Lukanko/Grazyna Zboralska u.a.
Europa-Universität Viadrina Frankfurt (Oder), 2001, ISBN 3-9807720-2-0

Ustawa o postepowaniu w sprawach nieltnich - Das Gesetz der Republik Polen über das Verfahren in Jugendsachen (Hrsg.)
Zweisprachige Ausgabe von Anna Samsel
Europa-Universität Viadrina Frankfurt (Oder), 2001, ISBN 3-9807720-4-7

Gedächtnisschrift für Dieter Meurer (Hrsg.)
hrsg. von Eva Graul und Gerhard Wolf, Berlin 2002, ISBN 3-89949-016-9

K. Urteilsanmerkungen

Anmerkung zu den Beschlüssen des OLG Düsseldorf vom 30.9.1988 - 3 Ws 721/88 - und vom 6.12.1988 - 1 Ws 1142 und 1194/88
in: „Strafverteidiger" (StV) 1992, 364-370.

Anmerkung zum Urteil des BayObLG 4.Strafsenat vom 27.3.1991 (RReg 4 St 198/90)
in: „Juristische Rundschau" (JR) 1992, 428-431.

Anmerkung zum Urteil des BGH vom 20.4.1995 Aktenzeichen 4 StR 27/95 - LG Stralsund
in „Juristischen Rundschau" (JR) 1997, 72-77

L. Glossen

Das Gewicht des wichtigen Grundes
in: Juristenzeitung 1982, S. 653

Ein neuer Historikerstreit? Zur Entstehung der „Organformel"
in: „Juristische Schulung" (JuS) 1991, 976.

Ein Wunder für Blaue?
in: „Blutalkohol" 2000 / S. 245 - 246.

M. Rezensionen / Buchanzeigen

Buchanzeige „Volker Krey, Strafrecht Besonderer Teil, Band 2: Vermögensdelikte, 7. Auflage 1989"
in: „Juristische Schulung" (JuS) 1990, Heft 2, XVII f.

Buchanzeige „Hans-Joachim Hruschka: Strafrecht nach logisch-analytischer Methode, 2. Auflage 1988"
in: „Juristische Schulung" (JuS) 1990, Heft 4, XV f.

Buchanzeige „Karl Lackner: Strafgesetzbuch mit Erläuterungen. 18. Auflage 1989"
in: „Juristische Schulung" (JuS) 1990, Heft 7, XV.

Buchanzeige „Herbert Fiedler/Gerhard Oppenhorst: Computer in der Juristenausbildung. Elemente praktischer Rechtsinformatik. München 1989"
in: „Juristische Schulung" (JuS) 1990, Heft 7, XV.

Rezension „Wilhelm E. Feuerich: Bundesrechtsanwaltsordnung mit den Grundsätzen des anwaltlichen Standesrechts - RichtlA -. Kommentar. München 1987“
in: „Goltdammer‘s Archiv für Strafrecht“ (GA) 1990, S. 380 - 382.

Buchanzeige „Bund, Elmar: Einführung in die Rechtsinformatik. Berlin u.a. 1991“
in: „Juristische Schulung“ (JuS) 1992, Heft 5, XVII.

Buchanzeige „Schneider, Egon: Logik für Juristen. Die Grundlagen der Denklehre und der Rechtsanwendung, 3. Auflage 1991“
in: „Juristische Schulung“ (JuS) 1992, Heft 6, XVIII.

Buchanzeige „Müller, Norman/Schallbruch, Martin: PC-Ratgeber für Juristen. Textverarbeitung, Datenbanken, Internet. 1995“
in: „Juristische Schulung“ (JuS) 1997, Heft 3, XXVI

N. Hochschulpolitik

Frontalangriff gegen die Universität
in „Forschung & Lehre“ 1997, Heft 8, 414

www.ingramcontent.com/pod-product-compliance
Ingram Content Group UK Ltd.
Pitfield, Milton Keynes, MK11 3LW, UK
UKHW021825290926
8980IPUK00004B/270

9 783631 772737